GRöLS
Verlage

„Bücher sind wie Fallschirme. Sie nützen uns nichts, wenn wir sie nicht öffnen."

Gröls Verlag

Redaktionelle Hinweise und Impressum

Das vorliegende Werk wurde zugunsten der Authentizität sehr zurückhaltend bearbeitet. So wurden etwa ursprüngliche Rechtschreibfehler *nicht* systematisch behoben, denn kleine Unvollkommenheiten machen das Buch – wie im Übrigen den Menschen – erst authentisch. Mitunter wurden jedoch zum Beispiel Absätze behutsam neu getrennt, um den Lesefluss zu erleichtern.

Um die Texte zu rekonstruieren, werden antiquarische Bücher von Lesegeräten gescannt und dann durch eine Software lesbar gemacht. Der so entstandene Text wird von Menschen gegengelesen und korrigiert – hierbei treten auch Fehler auf. Wenn Sie ebenfalls antiquarische Texte einreichen möchten, finden Sie weitere Informationen auf www.groels.de

Viel Freude bei der Lektüre wünscht Ihnen das Team des Gröls-Verlags.

Adressen

Verleger: Sophia Gröls, Im Borngrund 26, 61440 Oberursel

Externer Dienstleister für Distribution & Herstellung: BoD, In de Tarpen 42, 22848 Norderstedt

Unsere „Edition | Werke der Weltliteratur“ hat den Anspruch, eine der größten und vollständigsten Sammlungen klassischer Literatur in deutscher Sprache zu sein. Nach und nach versammeln wir hier nicht nur die „üblichen Verdächtigen“ von Goethe bis Schiller, sondern auch Kleinode der vergangenen Jahrhunderte, die – zu Unrecht – drohen, in Vergessenheit zu geraten. Wir kultivieren und kuratieren damit einen der wertvollsten Bereiche der abendländischen Kultur. Kleine Auswahl:

Francis Bacon • Neues Organon • **Balzac** • Glanz und Elend der Kurtisanen • **Joachim H. Campe** • Robinson der Jüngere • **Dante Alighieri** • Die Göttliche Komödie • **Daniel Defoe** • Robinson Crusoe • **Charles Dickens** • Oliver Twist • **Denis Diderot** • Jacques der Fatalist • **Fjodor Dostojewski** • Schuld und Sühne • **Arthur Conan Doyle** • Der Hund von Baskerville • **Marie von Ebner-Eschenbach** • Das Gemeindekind • **Elisabeth von Österreich** • Das Poetische Tagebuch • **Friedrich Engels** • Die Lage der arbeitenden Klasse • **Ludwig Feuerbach** • Das Wesen des Christentums • **Johann G. Fichte** • Reden an die deutsche Nation • **Fitzgerald** • Zärtlich ist die Nacht • **Flaubert** • Madame Bovary • **Gorch Fock** • Seefahrt ist not! • **Theodor Fontane** • Effi Briest • **Robert Musil** • Über die Dummheit • **Edgar Wallace** • Der Frosch mit der Maske • **Jakob Wassermann** • Der Fall Maurizius • **Oscar Wilde** • Das Bildnis des Dorian Grey • **Émile Zola** • Germinal • **Stefan Zweig** • Schachnovelle • **Hugo von Hofmannsthal** • Der Tor und der Tod • **Anton Tschechow** • Ein Heiratsantrag • **Arthur Schnitzler** • Reigen • **Friedrich Schiller** • Kabale und Liebe • **Nicolo Machiavelli** • Der Fürst • **Gotthold E. Lessing** • Nathan der Weise • **Augustinus** • Die Bekenntnisse des heiligen Augustinus • **Marcus Aurelius** • Selbstbetrachtungen • **Charles Baudelaire** • Die Blumen des Bösen • **Harriett Stowe** • Onkel Toms Hütte • **Walter Benjamin** • Deutsche Menschen • **Hugo Bettauer** • Die Stadt ohne Juden • **Lewis Caroll** • *und viele mehr….*

Immanuel Kant

Kritik

der

reinen Vernunft

Inhalt

Vorrede

Ob die Bearbeitung der Erkenntnisse, die zum Vernunftgeschäfte gehören, den sicheren Gang einer Wissenschaft gehe oder nicht, das läßt sich bald aus dem Erfolg beurteilen. Wenn sie nach viel gemachten Anstalten und Zurüstungen, sobald es zum Zweck kommt, in Stecken gerät, oder, um diesen zu erreichen, öfters wieder zurückgehen und einen andern Weg einschlagen muß; imgleichen wenn es nicht möglich ist, die verschiedenen Mitarbeiter in der Art, wie die gemeinschaftliche Absicht erfolgt werden soll, einhellig zu machen: so kann man immer überzeugt sein, daß ein solches Studium bei weitem noch nicht den sicheren Gang einer Wissenschaft eingeschlagen, sondern ein bloßes Herumtappen sei, und es ist schon ein Verdienst um die Vernunft, diesen Weg womöglich ausfindig zu machen, sollte auch manches als vergeblich aufgegeben werden müssen, was in dem ohne Überlegung vorher genommenen Zwecke enthalten war.

Daß die *Logik* diesen sicheren Gang schon von den ältesten Zeiten her gegangen sei, läßt sich daraus ersehen, daß sie seit dem *Aristoteles* keinen Schritt rückwärts hat tun dürfen, wenn man ihr nicht etwa die Wegschaffung einiger entbehrlicher Subtilitäten, oder deutlichere Bestimmung des Vorgetragenen als Verbesserungen anrechnen will, welches aber mehr zur Eleganz, als zur Sicherheit der Wissenschaft gehört. Merkwürdig ist noch an ihr, daß sie auch bis jetzt keinen Schritt vorwärts hat tun können, und also allem Ansehen nach geschlossen und vollendet zu sein scheint. Denn, wenn einige Neuere sie dadurch zu erweitern dachten, daß sie teils *psychologische* Kapitel von den verschiedenen Erkenntniskräften (der Einbildungskraft, dem Witze), teils *metaphysische* über den Ursprung der Erkenntnis oder der verschiedenen Art der Gewißheit nach Verschiedenheit der Objekte (dem Idealismus, Skeptizismus usw.), teils *anthropologische* von Vorurteilen (den Ursachen derselben und Gegenmitteln) hineinschoben, so rührt dieses von ihrer Unkunde der eigentümlichen Natur dieser Wissenschaft her. Es ist nicht Vermehrung, sondern Verunstaltung der Wissenschaften, wenn man ihre Grenzen ineinander laufen läßt; die Grenze der Logik aber ist dadurch ganz genau bestimmt, daß sie eine Wissenschaft ist, welche nichts als die formalen Regeln alles Denkens (es mag a priori oder empirisch sein, einen Ursprung oder Objekt haben, welches es wolle, in unserem Gemüte zufällige oder natürliche Hindernisse antreffen) ausführlich darlegt und strenge beweist.

Daß es der Logik so gut gelungen ist, diesen Vorteil hat sie bloß ihrer Eingeschränktheit zu verdanken, dadurch sie berechtigt, ja verbunden ist, von allen Objekten der Erkenntnis und ihrem Unterschiede zu abstrahieren, und in ihr also der Verstand es mit nichts weiter, als sich selbst und seiner Form, zu tun hat. Weit schwerer mußte es natürlicherweise für die Vernunft sein, den sicheren Weg der Wissenschaft einzuschlagen, wenn sie nicht bloß mit sich selbst, sondern auch mit Objekten zu schaffen hat; daher jene auch als Propädeutik gleichsam nur den Vorhof der Wissenschaften ausmacht, und wenn von Kenntnissen die Rede ist, man zwar eine Logik zur Beurteilung derselben voraussetzt, aber die Erwerbung derselben in eigentlich und objektiv so genannten Wissenschaften suchen muß.

Sofern in diesen nun Vernunft sein soll, so muß darin etwas a priori erkannt werden, und ihre Erkenntnis kann auf zweierlei Art auf ihren Gegenstand bezogen werden, entweder diesen und seinen Begriff (der anderweitig gegeben werden muß) bloß zu *bestimmen*, oder ihn auch *wirklich zu machen*. Die erste ist *theoretische*, die andere *praktische Erkenntnis* der Vernunft. Von beiden muß der *reine* Teil, soviel oder sowenig er auch enthalten mag, nämlich derjenige, darin Vernunft gänzlich a priori ihr Objekt bestimmt, vorher allein vorgetragen werden, und dasjenige, was aus anderen Quellen kommt, damit nicht vermengt werden, denn es gibt üble Wirtschaft, wenn man blindlings ausgibt, was einkommt, ohne nachher, wenn jene in Stecken gerät, unterscheiden zu können, welcher Teil der Einnahme den Aufwand tragen könne, und von welcher man denselben beschneiden muß.

Mathematik und *Physik* sind die beiden theoretischen Erkenntnisse der Vernunft, welche ihre *Objekte* a priori bestimmen sollen, die erstere ganz rein, die zweite wenigstens zum Teil rein, dann aber auch nach Maßgabe anderer Erkenntnisquellen als der der Vernunft.

Die Mathematik ist von den frühesten Zeiten her, wohin die Geschichte der menschlichen Vernunft reicht, in dem bewundernswürdigen Volke der Griechen den sicheren Weg einer Wissenschaft gegangen. Allein man darf nicht denken, daß es ihr so leicht geworden, wie der Logik, wo die Vernunft es nur mit sich selbst zu tun hat, jenen königlichen Weg zu treffen, oder vielmehr sich selbst zu bahnen; vielmehr glaube ich, daß es lange mit ihr (vornehmlich noch unter den Ägyptern) beim Herumtappen geblieben ist, und diese Umänderung einer *Revolution* zuzuschreiben sei, die der glückliche Einfall eines einzigen Mannes in einem Versuche zustande brachte, von welchem an die Bahn, die man nehmen mußte, nicht mehr zu verfehlen war, und der sichere Gang einer Wissenschaft für alle Zeiten und in unendliche Weiten eingeschlagen und vorgezeichnet war. Die Geschichte dieser Revolution der Denkart, welche viel wichtiger war, als die Entdeckung des Weges um das berühmte Vorgebirge, und des Glücklichen, der sie zustande brachte, ist uns nicht aufbehalten. Doch beweist die Sage, welche *Diogenes der Laertier* uns überliefert, der von den kleinsten, und, nach dem gemeinen Urteil, gar nicht einmal eines Beweises benötigten, Elementen der geometrischen Demonstrationen den angeblichen Erfinder nennt, daß das Andenken der Veränderung, die durch die erste Spur der Entdeckung dieses neuen Weges bewirkt wurde, den Mathematikern äußerst wichtig geschienen haben müsse, und dadurch unvergeßlich geworden sei. Dem ersten, der den *gleichseitigen Triangel* demonstrierte (er mag nun *Thales* oder wie man will geheißen haben), dem ging ein Licht auf; denn er fand, daß er nicht dem, was er in der Figur sah, oder auch dem bloßen Begriffe derselben nachspüren und gleichsam davon ihre Eigenschaften ablernen, sondern durch das, was er nach Begriffen selbst a priori hineindachte und darstellte (durch Konstruktion), hervorbringen müsse, und daß er, um sicher etwas a priori zu wissen, er der Sache nichts beilegen müsse, als was aus dem notwendig folgte, was er seinem Begriffe gemäß selbst in sie gelegt hat.

Mit der Naturwissenschaft ging es weit langsamer zu, bis sie den Heeresweg der Wissenschaft traf, denn es sind nur etwa anderthalb Jahrhunderte, daß der Vorschlag des sinnreichen *Baco von Verulam* diese Entdeckung teils veranlaßte, teils, da man bereits auf der Spur derselben war, mehr belebte, welche eben sowohl durch eine schnell vorgegangene Revolution der Denkart erklärt werden kann. Ich will hier nur die Naturwissenschaft, so fern sie auf *empirische* Prinzipien gegründet ist, in Erwägung ziehen.

Als *Galilei* seine Kugeln die schiefe Fläche mit einer von ihm selbst gewählten Schwere herabrollen, oder *Torricelli* die Luft ein Gewicht, was er sich zum voraus dem einer ihm bekannten Wassersäule gleich gedacht hatte, tragen ließ, oder in noch späterer Zeit *Stahl* Metalle in Kalk und diesen wiederum in Metall verwandelte, indem er ihnen etwas entzog und wiedergab; so ging allen Naturforschern ein Licht auf. Sie begriffen, daß die Vernunft nur das einsieht, was sie selbst nach ihrem Entwurfe hervorbringt, daß sie mit Prinzipien ihrer Urteile nach beständigen Gesetzen vorangehen und die Natur nötigen müsse auf ihre Fragen zu antworten, nicht aber sich von ihr allein gleichsam am Leitbande gängeln lassen müsse; denn sonst hängen zufällige, nach keinem vorher entworfenen Plane gemachte Beobachtungen gar nicht in einem notwendigen Gesetze zusammen, welches doch die Vernunft sucht und bedarf. Die Vernunft muß mit ihren Prinzipien, nach denen allein übereinkommende Erscheinungen für Gesetze gelten können, in einer Hand, und mit dem Experiment, das sie nach jenen ausdachte, in der anderen, an die Natur gehen, zwar um von ihr belehrt zu werden, aber nicht in der Qualität eines Schülers, der sich alles vorsagen läßt, was der Lehrer will, sondern eines bestallten Richters, der die Zeugen nötigt, auf die Fragen zu antworten, die er ihnen vorlegt. Und so hat sogar Physik die so vorteilhafte Revolution ihrer Denkart lediglich dem Einfalle zu verdanken, demjenigen, was die Vernunft selbst in die Natur hineinlegt, gemäß, dasjenige in ihr zu suchen (nicht ihr anzudichten), was sie von dieser lernen muß, und wovon sie für sich selbst nichts wissen würde. Hierdurch ist die Naturwissenschaft allererst in den sicheren Gang einer Wissenschaft gebracht worden, da sie so viel Jahrhunderte durch nichts weiter als ein bloßes Herumtappen gewesen war.

Der *Metaphysik*, einer ganz isolierten spekulativen Vernunfterkenntnis, die sich gänzlich über Erfahrungsbelehrung erhebt, und zwar durch bloße Begriffe (nicht wie

Mathematik durch Anwendung derselben auf Anschauung), wo also Vernunft selbst ihr eigener Schüler sein soll, ist das Schicksal bisher noch so günstig nicht gewesen, daß sie den sicheren Gang einer Wissenschaft einzuschlagen vermocht hätte; ob sie gleich älter ist, als alle übrige, und bleiben würde, wenn gleich die übrigen insgesamt in dem Schlunde einer alles vertilgenden Barbarei gänzlich verschlungen werden sollten. Denn in ihr gerät die Vernunft kontinuierlich in Stecken, selbst wenn sie diejenigen Gesetze, welche die gemeinste Erfahrung bestätigt, (wie sie sich anmaßt) a priori einsehen will. In ihr muß man unzählige Male den Weg zurück tun, weil man findet, daß er dahin nicht führt, wo man hin will, und was die Einhelligkeit ihrer Anhänger in Behauptungen betrifft, so ist sie noch so weit davon entfernt, daß sie vielmehr ein Kampfplatz ist, der ganz eigentlich dazu bestimmt zu sein scheint, seine Kräfte im Spielgefechte zu üben, auf dem noch niemals irgend ein Fechter sich auch den kleinsten Platz hat erkämpfen und auf seinen Sieg einen dauerhaften Besitz gründen können. Es ist also kein Zweifel, daß ihr Verfahren bisher ein bloßes Herumtappen, und, was das Schlimmste ist, unter bloßen Begriffen, gewesen sei.

Woran liegt es nun, daß hier noch kein sicherer Weg der Wissenschaft hat gefunden werden können? Ist er etwa unmöglich? Woher hat denn die Natur unsere Vernunft mit der rastlosen Bestrebung heimgesucht, ihm als einer ihrer wichtigsten Angelegenheiten nachzuspüren? Noch mehr, wie wenig haben wir Ursache, Vertrauen in unsere Vernunft zu setzen, wenn sie uns in einem der wichtigsten Stücke unserer Wißbegierde nicht bloß verläßt, sondern durch Vorspiegelungen hinhält und am Ende betrügt! Oder ist er bisher nur verfehlt; welche Anzeige können wir benutzen, um bei erneuertem Nachsuchen zu hoffen, daß wir glücklicher sein werden, als andere vor uns gewesen sind?

Ich sollte meinen, die Beispiele der Mathematik und Naturwissenschaft, die durch eine auf einmal zustande gebrachte Revolution das geworden sind, was sie jetzt sind, wäre merkwürdig genug, um dem wesentlichen Stücke der Umänderung der Denkart, die ihnen so vorteilhaft geworden ist, nachzusinnen, und ihnen, soviel ihre Analogie, als Vernunfterkenntnisse, mit der Metaphysik verstattet, hierin wenigstens zum Versuche nachzuahmen. Bisher nahm man an, alle unsere Erkenntnis müsse sich nach den Gegenständen richten, aber alle Versuche über sie a priori etwas durch Begriffe auszumachen, wodurch unsere Erkenntnis erweitert würde, gingen unter dieser Voraussetzung zunichte. Man versuche es daher einmal, ob wir nicht in den Aufgaben der Metaphysik damit besser fortkommen, daß wir annehmen, die Gegenstände müssen sich nach unserem Erkenntnis richten, welches so schon besser mit der verlangten Möglichkeit einer Erkenntnis derselben a priori zusammenstimmt, die über Gegenstände, ehe sie uns gegeben werden, etwas festsetzen soll. Es ist hiermit ebenso, als mit den ersten Gedanken des *Kopernikus* bewandt, der, nachdem es mit der Erklärung der Himmelsbewegungen nicht gut fort wollte, wenn er annahm, das ganze Sternenheer drehe sich um den Zuschauer, versuchte, ob es nicht besser gelingen möchte, wenn er den Zuschauer sich drehen, und dagegen die Sterne in Ruhe ließ. In der

Metaphysik kann man nun, was die *Anschauung* der Gegenstände betrifft, es auf ähnliche Weise versuchen. Wenn die Anschauung sich nach der Beschaffenheit der Gegenstände richten müßte, so sehe ich nicht ein, wie man a priori von ihr etwas wissen könne; richtet sich aber der Gegenstand (als Objekt der Sinne) nach der Beschaffenheit unseres Anschauungsvermögens, so kann ich mir diese Möglichkeit ganz wohl vorstellen. Weil ich aber bei diesen Anschauungen, wenn sie Erkenntnisse werden sollen, nicht stehen bleiben kann, sondern sie als Vorstellungen auf irgend etwas als Gegenstand beziehen und diesen durch jene bestimmen muß, so kann ich entweder annehmen, die *Begriffe*, wodurch ich diese Bestimmung zustande bringe, richten sich auch nach dem Gegenstande, und dann bin ich wiederum in derselben Verlegenheit, wegen der Art, wie ich a priori hiervon etwas wissen könne; oder ich nehme an, die Gegenstände oder, welches einerlei ist, die *Erfahrung*, in welcher sie allein (als gegebene Gegenstände) erkannt werden, richte sich nach diesen Begriffen, so sehe ich sofort eine leichtere Auskunft, weil Erfahrung selbst eine Erkenntnisart ist, die Verstand erfordert, dessen Regel ich in mir, noch ehe mir Gegenstände gegeben werden, mithin a priori voraussetzen muß, welche in Begriffen a priori ausgedrückt wird, nach denen sich also alle Gegenstände der Erfahrung notwendig richten und mit ihnen übereinstimmen müssen. Was Gegenstände betrifft, sofern sie bloß durch Vernunft und zwar notwendig gedacht, die aber (so wenigstens, wie die Vernunft sie denkt) gar nicht in der Erfahrung gegeben werden können, so werden die Versuche sie zu denken (denn denken müssen sie sich doch lassen), hernach einen herrlichen Probierstein desjenigen abgeben, was wir als die veränderte Methode der Denkungsart annehmen, daß wir nämlich von den Dingen nur das a priori erkennen, was wir selbst in sie legen.

Dieser Versuch gelingt nach Wunsch, und verspricht der Metaphysik in ihrem ersten Teile, da sie sich nämlich mit Begriffen a priori beschäftigt, davon die korrespondierenden Gegenstände in der Erfahrung jenen angemessen gegeben werden können, den sicheren Gang einer Wissenschaft. Denn man kann nach dieser Veränderung der Denkart die Möglichkeit einer Erkenntnis a priori ganz wohl erklären, und, was noch mehr ist, die Gesetze, welche a priori der Natur, als dem Inbegriffe der Gegenstände der Erfahrung, zum Grunde liegen, mit ihren genugtuenden Beweisen versehen, welches beides nach der bisherigen Verfahrungsart unmöglich war. Aber es ergibt sich aus dieser Deduktion unseres Vermögens a priori zu erkennen, im ersten Teile der Metaphysik ein befremdliches und dem ganzen Zwecke derselben, der den zweiten Teil beschäftigt, dem Anscheine nach sehr nachteiliges Resultat, nämlich daß wir mit ihm nie über die Grenze möglicher Erfahrung hinauskommen können, welches doch gerade die wesentlichste Angelegenheit dieser Wissenschaft ist. Aber hierin liegt eben das Experiment einer Gegenprobe der Wahrheit des Resultats jener ersten Würdigung unserer Vernunfterkenntnis a priori, daß sie nämlich nur auf Erscheinungen gehe, die Sache an sich selbst dagegen zwar als für sich wirklich, aber von uns unerkannt, liegen lasse. Denn das, was uns notwendig über die Grenze der Erfahrung und aller

Erscheinungen hinaus zu gehen treibt, ist das *Unbedingte*, welches die Vernunft in den Dingen an sich selbst notwendig und mit allem Recht zu allem Bedingten, und dadurch die Reihe der Bedingungen als vollendet verlangt. Findet sich nun, wenn man annimmt, unsere Erfahrungserkenntnis richte sich nach den Gegenständen als Dingen an sich selbst, daß das Unbedingte *ohne Widerspruch gar nicht gedacht* werden könne; dagegen, wenn man annimmt, unsere Vorstellung der Dinge, wie sie uns gegeben werden, richte sich nicht nach diesen, als Dingen an sich selbst, sondern diese Gegenstände vielmehr, als Erscheinungen, richten sich nach unserer Vorstellungsart, *der Widerspruch wegfalle*; und daß folglich das Unbedingte nicht an Dingen, sofern wir sie kennen, (sie uns gegeben werden,) wohl aber an ihnen, sofern wir sie nicht kennen, als Sachen an sich selbst, angetroffen werden müsse: so zeigt sich, daß, was wir Anfangs nur zum Versuche annahmen, gegründet sei.Nun bleibt uns immer noch übrig, nachdem der spekulativen Vernunft alles Fortkommen in diesem Felde des Übersinnlichen abgesprochen worden, zu versuchen, ob sich nicht in ihrer praktischen Erkenntnis Data finden, jenen transzendenten Vernunftbegriff des Unbedingten zu bestimmen, und auf solche Weise, dem Wunsche der Metaphysik gemäß, über die Grenze aller möglichen Erfahrung hinaus mit unserem, aber nur in praktischer Absicht möglichen Erkenntnisse a priori zu gelangen. Und bei einem solchen Verfahren hat uns die spekulative Vernunft zu solcher Erweiterung immer doch wenigstens Platz verschafft, wenn sie ihn gleich leer lassen mußte, und es bleibt uns also noch unbenommen, ja wir sind gar dazu durch sie aufgefordert, ihn durch praktische Data derselben, wenn wir können, auszufüllen.

In jenem Versuche, das bisherige Verfahren der Metaphysik umzuändern, und dadurch, daß wir nach dem Beispiele der Geometer und Naturforscher eine gänzliche Revolution mit derselben vornehmen, besteht nun das Geschäft dieses Kritik der reinen spekulativen Vernunft. Sie ist ein Traktat von der Methode, nicht ein System der Wissenschaft selbst; aber sie verzeichnet gleichwohl den ganzen Umriß derselben, sowohl in Ansehung ihrer Grenzen, als auch den ganzen inneren Gliederbau derselben. Denn das hat die reine, spekulative Vernunft Eigentümliches an sich, daß sie ihr eigen Vermögen, nach Verschiedenheit der Art, wie sie sich Objekte zum Denken wählt, ausmessen, und auch selbst die mancherlei Arten, sich Aufgaben vorzulegen, vollständig vorzählen, und so den ganzen Vorriß zu einem System der Metaphysik verzeichnen kann und soll; weil, was das erste betrifft, in der Erkenntnis a priori den Objekten nichts beigelegt werden kann, als was das denkende Subjekt aus sich selbst hernimmt, und, was das zweite anlangt, sie in Ansehung der Erkenntnisprinzipien eine ganz abgesonderte, für sich bestehende Einheit ist, in welcher ein jedes Glied, wie in einem organisierten Körper, um aller anderen und alle um eines willen da sind, und kein Prinzip mit Sicherheit in *einer* Beziehung genommen werden kann, ohne es zugleich in der *durchgängigen* Beziehung zum ganzen reinen Vernunftgebrauch untersucht zu haben. Dafür aber hat auch die Metaphysik das seltene Glück, welches keiner anderen Vernunftwissenschaft, die es mit Objekten zu tun hat (denn die *Logik* beschäftigt sich nur mit der Form des Denkens überhaupt), zuteil werden kann, daß, wenn sie durch diese Kritik in den sicheren Gang einer Wissenschaft gebracht worden, sie das ganze Feld der für sie gehörigen Erkenntnisse völlig befassen und also ihr Werk vollenden und für die Nachwelt, als einen nie zu vermehrenden Hauptstuhl, zum Gebrauche niederlegen kann, weil sie es bloß mit Prinzipien und den Einschränkungen ihres Gebrauchs zu tun hat, welche durch jene selbst bestimmt werden. Zu dieser Vollständigkeit ist sie daher, als Grundwissenschaft, auch verbunden, und von ihr muß gesagt werden können: nil actum reputans, si quid superesset agendum.

Aber was ist denn das, wird man fragen, für ein Schatz, den wir der Nachkommenschaft mit einer solchen durch Kritik geläuterten, dadurch aber auch in einen beharrlichen Zustand gebrachten Metaphysik zu hinterlassen gedenken? Man wird bei einer flüchtigen Übersicht dieses Werkes wahrzunehmen glauben, daß der Nutzen davon doch nur *negativ* sei, uns nämlich mit der spekulativen Vernunft niemals über die Erfahrungsgrenze hinaus zu wagen, und das ist auch in der Tat ihr erster Nutzen. Dieser aber wird alsbald *positiv*, wenn man inne wird, daß die Grundsätze, mit denen sich spekulative Vernunft über ihre Grenze hinauswagt, in der Tat nicht *Erweiterung*, sondern, wenn man sie näher betrachtet, *Verengung* unseres Vernunftgebrauchs zum unausbleiblichen Erfolg haben, indem sie wirklich die Grenzen der Sinnlichkeit, zu der sie eigentlich gehören, über alles zu erweitern und so den reinen (praktischen) Vernunftgebrauch gar zu verdrängen drohen. Daher ist eine Kritik, welche die erstere einschränkt, sofern zwar *negativ*, aber, indem sie dadurch zugleich ein Hindernis, welches den letzteren Gebrauch einschränkt oder gar zu vernichten droht, aufhebt, in der Tat von *positivem* und sehr wichtigem Nutzen, sobald man überzeugt wird, daß es einen schlechterdings notwendigen praktischen Gebrauch der reinen Vernunft (den moralischen) gebe, in welchem sie sich unvermeidlich über die Grenzen der Sinnlichkeit erweitert, dazu sie zwar von der spekulativen keiner Beihilfe bedarf, dennoch aber wider ihre Gegenwirkung gesichert sein muß, um nicht in Widerspruch mit sich selbst zu geraten. Diesem Dienste der Kritik den *positiven* Nutzen abzusprechen, wäre eben so viel, als sagen, daß Polizei keinen positiven Nutzen schaffe, weil ihr Hauptgeschäft doch nur ist, der Gewalttätigkeit, welche Bürger von Bürgern zu besorgen haben, einen Riegel vorzuschieben, damit ein jeder seine Angelegenheit ruhig und sicher treiben könne. Daß Raum und Zeit nur Formen der sinnlichen Anschauung, also nur Bedingungen der Existenz der Dinge als Erscheinungen sind, daß wir ferner keine Verstandesbegriffe, mithin auch gar keine Elemente zur Erkenntnis der Dinge haben, als sofern diesen Begriffen korrespondierende Anschauung gegeben werden kann, folglich wir von keinem Gegenstande als Dinge an sich selbst, nur sofern es Objekt der sinnlichen Anschauung ist, d. i. als Erscheinung, Erkenntnis haben können, wird im analytischen Teile der Kritik bewiesen; woraus denn freilich die Einschränkung aller nur möglichen spekulativen Erkenntnis der Vernunft auf bloße Gegenstände der *Erfahrung* folgt. Gleichwohl wird, welches wohl gemerkt werden muß, doch dabei immer vorbehalten, daß wir eben dieselben Gegenstände auch als Dinge an sich selbst, wenn gleich nicht erkennen, doch wenigstens müssen denken können. Denn sonst würde der ungereimte Satz daraus folgen, daß Erscheinung ohne etwas wäre, was da erscheint. Nun wollen wir annehmen, die durch unsere Kritik notwendiggemachte Unterscheidung der Dinge als Gegenstände der Erfahrung, von eben denselben, als Dingen an sich selbst, wäre gar nicht gemacht, so mußte der Grundsatz der Kausalität und mithin der Naturmechanismus in Bestimmung derselben durchaus von allen Dingen überhaupt als wirkenden Ursachen gelten. Von eben demselben Wesen also, z. B. der menschlichen Seele, würde ich nicht sagen können, ihr Wille sei frei, und er sei doch zugleich der Naturnotwendigkeit unterworfen, d. i. nicht frei, ohne in einen offenbaren Widerspruch zu geraten; weil ich die Seele in beiden Sätzen in *eben derselben Bedeutung*, nämlich als Ding überhaupt (als Sache an sich selbst) genommen habe, und, ohne vorhergehende Kritik, auch nicht anders nehmen konnte. Wenn aber die Kritik nicht geirrt hat, da sie das Objekt in *zweierlei Bedeutung* nehmen lehrt, nämlich als Erscheinung, oder als Ding an sich selbst; wenn die Deduktion ihrer Verstandesbegriffe richtig ist, mithin auch der Grundsatz der Kausalität nur auf Dinge im ersten Sinne genommen, nämlich sofern sie Gegenstände der Erfahrung sind, geht, eben dieselben aber nach der zweiten Bedeutung ihm nicht unterworfen sind, so wird eben derselbe Wille in der Erscheinung (den sichtbaren Handlungen) als dem Naturgesetze notwendig gemäß und sofern *nicht frei*, und doch andererseits, als einem Dinge an sich selbst angehörig, jenem nicht unterworfen, mithin als *frei* gedacht, ohne daß hierbei ein Widerspruch vorgeht. Ob ich nun gleich meine Seele, von der letzteren Seite betrachtet, durch keine spekulative Vernunft (noch weniger durch empirische Beobachtung), mithin auch nicht die Freiheit als Eigenschaft eines Wesens, dem ich Wirkungen in der Sinnenwelt zuschreibe, *erkennen* kann, darum weil ich ein solches seiner Existenz nach, und doch nicht in der Zeit, bestimmt erkennen müßte, (welches, weil ich meinem Begriffe keine Anschauung unterlegen kann, unmöglich ist), so kann ich mir doch die Freiheit *denken*, d. i. die Vorstellung davon enthält wenigstens keinen Widerspruch in sich, wenn unsere kritische Unterscheidung beider (der sinnlichen und intellektuellen) Vorstellungsarten und die davon herrührende Einschränkung der reinen Verstandesbegriffe, mithin auch der aus ihnen fließenden Grundsätze, statt hat. Gesetzt nun, die Moral setze notwendig Freiheit (im strengsten Sinne) als Eigenschaft unseres Willens voraus, indem sie praktische in unserer Vernunft liegende ursprüngliche Grundsätze als *Data* derselben a priori anführt, die ohne Voraussetzung der Freiheit schlechterdings unmöglich wären, die spekulative Vernunft aber hätte bewiesen, daß diese sich gar nicht denken lasse, so muß notwendig jene Voraussetzung, nämlich die moralische, derjenigen weichen, deren Gegenteil einen offenbaren Widerspruch enthält, folglich *Freiheit* und mit ihr Sittlichkeit (denn deren Gegenteil enthält keinen Widerspruch, wenn nicht schon Freiheit vorausgesetzt wird,) dem *Naturmechanismus* den Platz einräumen. So aber, da ich zur Moral nichts weiter brauche, als daß Freiheit sich nur nicht selbst widerspreche, und sich also doch wenigstem denken lasse, ohne nötig zu haben, sie weiter einzusehen, daß sie also dem Naturmechanismus eben derselben Handlung (in anderer Beziehung genommen) gar kein Hindernis in den Weg lege: so behauptet die Lehre der Sittlichkeit ihren Platz, und die Naturlehre auch den ihrigen, welches aber nicht stattgefunden hätte, wenn nicht Kritik uns zuvor von unserer unvermeidlichen Unwissenheit in Ansehung der Dinge an sich selbst belehrt, und alles, was wir theoretisch *erkennen* können, auf bloße Erscheinungen eingeschränkt hätte. Eben diese Erörterung des positiven Nutzens kritischer Grundsätze der reinen Vernunft läßt sich in Ansehung des Begriffs von *Gott* und der *einfachen Natur* unserer *Seele* zeigen, die ich aber der Kürze halber vorbeigehe. Ich kann also *Gott*, *Freiheit* und *Unsterblichkeit* zum Behuf des notwendigen praktischen Gebrauchs meiner Vernunft nicht einmal annehmen, wenn ich nicht der spekulativen Vernunft zugleich ihre Anmaßung überschwenglicher Einsichten *benehme*, weil sie sich, um zu diesen zu gelangen, solcher Grundsätze bedienen muß, die, indem sie in der Tat bloß auf Gegenstände möglicher Erfahrung reichen, wenn sie gleichwohl auf das angewandt werden, was nicht ein Gegenstand der Erfahrung sein kann, wirklich dieses jederzeit in Erscheinung verwandeln, und so alle *praktische Erweiterung* der reinen Vernunft für unmöglich erklären. Ich mußte also das *Wissen* aufheben, um zum *Glauben* Platz zu bekommen, und der Dogmatismus der Metaphysik, d. i. das Vorurteil, in ihr ohne Kritik der reinen Vernunft fortzukommen, ist die wahre Quelle alles der Moralität widerstreitenden Unglaubens, der jederzeit gar sehr dogmatisch ist. – Wem es also mit einer nach Maßgabe der Kritik der reinen Vernunft abgefaßten systematischen Metaphysik eben nicht schwer sein kann, der Nachkommenschaft ein Vermächtnis zu hinterlassen, so ist dies kein für gering zu achtendes Geschenk; man mag nun bloß auf die Kultur der Vernunft durch den sicheren Gang einer Wissenschaft überhaupt, in Vergleichung mit dem grundlosen Tappen und leichtsinnigen Herumstreifen derselben ohne Kritik sehen, oder auch auf bessere Zeitanwendung einer wißbegierigen Jugend, die beim gewöhnlichen Dogmatismus so frühe und so viele Aufmunterung bekommt, über Dinge, davon sie nichts versteht, und darin sie, so wie niemand in der Welt, auch nie etwas einsehen wird, bequem zu vernünfteln, oder gar auf Erfindung neuer Gedanken und Meinungen auszugehen, und so die Erlernung gründlicher Wissenschaften zu verabsäumen; am meisten aber, wenn man den unschätzbaren Vorteil in Anschlag bringt, allen Einwürfen wider Sittlichkeit und Religion auf *sokratische* Art, nämlich durch den klarsten Beweis der Unwissenheit der Gegner, auf alle künftige Zeit ein Ende zu machen. Denn irgend eine Metaphysik ist immer in der Welt gewesen, und wird auch wohl ferner, mit ihr aber auch eine Dialektik der reinen Vernunft, weil sie ihr natürlich ist, darin anzutreffen sein. Es ist also die erste und wichtigste Angelegenheit der Philosophie, einmal für allemal ihr dadurch, daß man die Quelle der Irrtümer verstopft, allen nachteiligen Einfluß zu benehmen.

Bei dieser wichtigen Veränderung im Felde der Wissenschaften, und dem *Verluste*, den spekulative Vernunft an ihrem bisher eingebildeten Besitze erleiden muß, bleibt dennoch alles mit der allgemeinen menschlichen Angelegenheit, und dem Nutzen, den die Welt bisher aus den Lehren der reinen Vernunft zog, in demselben vorteilhaften Zustande, als es jemalen war, und der Verlust trifft nur das *Monopol der Schulen*, keineswegs aber das *Interesse der Menschen*. Ich frage den unbiegsamsten Dogmatiker, ob der Beweis von der Fortdauer unserer Seele nach dem Tode aus der Einfachheit der Substanz, ob der von der Freiheit des Willens gegen den allgemeinen Mechanismus durch die subtilen, obzwar ohnmächtigen Unterscheidungen subjektiver und objektiver praktischer Notwendigkeit, oder ob der vom Dasein Gottes aus dem Begriffe eines allerrealsten Wesens, (der Zufälligkeit des Veränderlichen, und der Notwendigkeit eines ersten Bewegers,) nachdem sie von den Schulen ausgingen, jemals haben bis zum Publikum gelangen und auf dessen Überzeugung den mindesten Einfluß haben können? Ist dieses nun nicht geschehen, und kann es auch, wegen der Untauglichkeit des gemeinen Menschenverstandes zu so subtiler Spekulation, niemals erwartet werden; hat vielmehr, was das erstere betrifft, die jedem Menschen bemerkliche Anlage seiner Natur, durch das Zeitliche (als zu den Anlagen seiner ganzen Bestimmung unzulänglich) nie zufrieden gestellt werden zu können, die Hoffnung eines *künftigen Lebens*, in Ansehung des zweiten die bloße klare Darstellung der Pflichten im Gegensatze aller Ansprüche der Neigungen das Bewußtsein der *Freiheit*, und endlich, was das dritte anlangt, die herrliche Ordnung, Schönheit und Fürsorge, die allerwärts in der Natur hervorblickt, allein den Glauben an einen weisen und großen *Welturheber*, die sich aufs Publikum verbreitende Überzeugung, sofern sie auf Vernunftgründen beruht, ganz allein bewirken müssen: so bleibt ja nicht allein dieser Besitz ungestört, sondern er gewinnt vielmehr dadurch noch an Ansehen, daß die Schulen nunmehr belehrt werden, sich keine höhere und ausgebreitetere Einsicht in einem Punkte anzumaßen, der die allgemeine menschliche Angelegenheit betrifft, als diejenige ist, zu der die große (für uns achtungswürdigste) Menge auch eben so leicht gelangen kann, und sich also auf die Kultur dieser allgemein faßlichen und in moralischer Absicht hinreichenden Beweisgründe allein einzuschränken. Die Veränderung betrifft also bloß die arroganten Ansprüche der Schulen, die sich gerne hierin (wie sonst mit Recht in vielen anderen Stücken) für die alleinigen Kenner und Aufbewahrer solcher Wahrheiten möchten halten lassen, von denen sie dem Publikum nur den Gebrauch mitteilen, den Schlüssel derselben aber für sich behalten (quod mecum nescit, solus vult scire videri). Gleichwohl ist doch auch für einen billigeren Anspruch des spekulativen Philosophen gesorgt. Er bleibt immer ausschließlich Depositär einer dem Publikum ohne dessen Wissen nützlichen Wissenschaft, nämlich der Kritik der Vernunft; denn die kann niemals populär werden, hat aber auch nicht nötig, es zu sein; weil, so wenig dem Volke die fein gesponnenen Argumente für nützliche Wahrheiten in den Kopf wollen, ebensowenig kommen ihm auch die eben so subtilen Einwürfe dagegen jemals in den Sinn; dagegen, weil die Schule, so wie jeder sich zur Spekulation erhebende Mensch, unvermeidlich in beide gerät, jene dazu verbunden ist, durch gründliche Untersuchung der Rechte der spekulativen Vernunft einmal für allemal dem Skandal vorzubeugen, das über kurz oder lang selbst dem Volke aus den Streitigkeiten aufstoßen muß, in welche sich Metaphysiker (und als solche endlich auch wohl Geistliche) ohne Kritik unausbleiblich verwickeln, und die selbst nachher ihre Lehren verfälschen. Durch diese kann nun allein dem *Materialismus*, *Fatalismus*, *Atheismus*, dem freigeisterischen *Unglauben*, der *Schwärmerei* und *Aberglauben*, die allgemein schädlich werden können, zuletzt auch dem *Idealismus* und *Skeptizismus*, die mehr den Schulen gefährlich sind und schwerlich ins Publikum übergehen können, selbst die Wurzel abgeschnitten werden. Wenn Regierungen sich ja mit Angelegenheiten der Gelehrten zu befassen gut finden, so würde es ihrer weisen Fürsorge für Wissenschaften sowohl als Menschen weit gemäßer sein, die Freiheit einer solchen Kritik zu begünstigen, wodurch die Vernunftbearbeitungen allein auf einen festen Fuß gebracht werden können, als den lächerlichen Despotismus der Schulen zu unterstützen, welche über öffentliche Gefahr ein lautes Geschrei erheben, wenn man ihre Spinneweben zerreißt, von denen doch das Publikum niemals Notiz genommen hat, und deren Verlust es also auch nie fühlen kann.

Die Kritik ist nicht dem *dogmatischen Verfahren* der Vernunft in ihrem reinen Erkenntnis als Wissenschaft entgegengesetzt, (denn diese muß jederzeit dogmatisch, d. i. aus sicheren Prinzipien a priori strenge beweisend sein,) sondern dem *Dogmatismus*, d. i. der Anmaßung, mit einer reinen Erkenntnis aus Begriffen (der philosophischen), nach Prinzipien, so wie sie die Vernunft längst im Gebrauche hat, ohne Erkundigung der Art und des Rechts, womit sie dazu gelangt ist, allein fortzukommen. Dogmatismus ist also das dogmatische Verfahren der reinen Vernunft, *ohne vorangehende Kritik ihres eigenen Vermögens*. Diese Entgegensetzung soll daher nicht der geschwätzigen Seichtigkeit, unter dem angemaßten Namen der Popularität, oder wohl gar dem Skeptizismus, der mit der ganzen Metaphysik kurzen Prozeß macht, das Wort reden; vielmehr ist die Kritik die notwendige vorläufige Veranstaltung zur Beförderung einer gründlichen Metaphysik als Wissenschaft, die notwendig dogmatisch und nach der strengsten Forderung systematisch, mithin schulgerecht (nicht populär) ausgeführt werden muß; denn diese Forderung an sie, da sie sich anheischig macht, gänzlich a priori, mithin zu völliger Befriedigung der spekulativen Vernunft ihr Geschäft auszuführen, ist unnachläßlich. In der Ausführung also des Plans, den die Kritik vorschreibt, d. i. im künftigen System der Metaphysik, müssen wir dereinst der strengen Methode des berühmten *Wolf*, des größten unter allen dogmatischen Philosophen, folgen, der zuerst das Beispiel gab, (und durch dies Beispiel der Urheber des bisher noch nicht erloschenen Geistes der Gründlichkeit in Deutschland wurde,) wie durch gesetzmäßige Feststellung der Prinzipien, deutliche Bestimmung der Begriffe, versuchte Strenge der Beweise, Verhütung kühner Sprünge in Folgerungen der sichere Gang einer Wissenschaft zu nehmen sei, der auch eben darum eine solche, als

Metaphysik ist, in diesen Stand zu versetzen vorzüglich geschickt war, wenn es ihm beigefallen wäre, durch Kritik des Organs, nämlich der reinen Vernunft selbst, sich das Feld vorher zu bereiten: ein Mangel, der nicht sowohl ihm, als vielmehr der dogmatischen Denkungsart seines Zeitalters beizumessen ist, und darüber die Philosophen seiner sowohl, als aller vorigen Zeiten einander nichts vorzuwerfen haben. Diejenigen, welche seine Lehrart und doch zugleich auch das Verfahren der Kritik der reinen Vernunft verwerfen, können nichts anderes im Sinne haben, als die Fesseln der *Wissenschaft* gar abzuwerfen, Arbeit in Spiel, Gewißheit in Meinung und Philosophie in Philodoxie zu verwandeln.

Was diese zweite Auflage betrifft, so habe ich, wie billig, die Gelegenheit derselben nicht vorbei lassen wollen, um den Schwierigkeiten und der Dunkelheit so viel möglich abzuhelfen, woraus manche Mißdeutungen entsprungen sein mögen, welche scharfsinnigen Männern, vielleicht nicht ohne meine Schuld, in der Beurteilung dieses Buchs aufgestoßen sind. In den Sätzen selbst und ihren Beweisgründen, imgleichen der Form sowohl als der Vollständigkeit des Plans, habe ich nichts zu ändern gefunden; welches teils der langen Prüfung, der ich sie unterworfen hatte, ehe ich es dem Publikum vorlegte, teils der Beschaffenheit der Sache selbst, nämlich der Natur einer reinen spekulativen Vernunft, beizumessen ist, die einen wahren Gliederbau enthält, worin alles Organ ist, nämlich alles um eines willen und ein jedes Einzelne um aller willen, mithin jede noch so kleine Gebrechlichkeit, sie sei ein Fehler (Irrtum) oder Mangel, sich im Gebrauche unausbleiblich verraten muß. In dieser Unveränderlichkeit wird sich dieses System, wie ich hoffe, auch fernerhin behaupten. Nicht Eigendünkel, sondern bloß die Evidenz, welche das Experiment der Gleichheit des Resultats, im Ausgange von den mindesten Elementen bis zum Ganzen der reinen Vernunft, und im Rückgange vom Ganzen (denn auch dieses ist für sich durch die Endabsicht derselben im Praktischen gegeben) zu jedem Teile bewirkt, indem der Versuch, auch nur den kleinsten Teil abzuändern, sofort Widersprüche, nicht bloß des Systems, sondern der allgemeinen Menschenvernunft herbeiführt, berechtigt mich zu diesem Vertrauen. Allein in der *Darstellung* ist noch viel zu tun, und hierin habe ich mit dieser Auflage Verbesserungen versucht, welche teils dem Mißverstande der Ästhetik, vornehmlich dem im Begriffe der Zeit, teils der Dunkelheit der Deduktion der Verstandesbegriffe, teils dem vermeintlichen Mangel einer genügsamen Evidenz in den Beweisen der Grundsätze des reinen Verstandes, teils endlich der Mißdeutung der der rationalen Psychologie vorgerückten Paralogismen abhelfen sollen. Bis hierher (nämlich nur bis zu Ende des ersten Hauptstücks der transzendentalen Dialektik) und weiter nicht erstrecken sich meine Abänderungen der Darstellungsart, weil die Zeit zu kurz und mir in Ansehung des übrigen auch kein Mißverstand sachkundiger und unparteiischer Prüfer vorgekommen war, welche, auch ohne daß ich sie mit dem ihnen gebührenden Lobe nennen darf, die Rücksicht, die ich auf ihre Erinnerungen genommen habe, schon von selbst an ihren Stellen antreffen werden. Mit dieser Verbesserung aber ist ein kleiner Verlust für den

Leser verbunden, der nicht zu verhüten war, ohne das Buch gar zu voluminös zu machen, nämlich, daß verschiedenes, was zwar nicht wesentlich zur Vollständigkeit des Ganzen gehört, mancher Leser aber doch ungern missen möchte, indem es sonst in anderer Absicht brauchbar sein kann, hat weggelassen oder abgekürzt vorgetragen werden müssen, um meiner, wie ich hoffe, jetzt faßlicheren Darstellung Platz zu machen, die im Grunde in Ansehung der Sätze und selbst ihrer Beweisgründe, schlechterdings nichts verändert, aber doch in der Methode des Vortrags hin und wieder so von der vorigen abgeht, daß sie durch Einschaltungen sich nicht bewerkstelligen ließ. Dieser kleine Verlust, der ohnedem, nach jedes Belieben, durch Vergleichung mit der ersten Auflage ersetzt werden kann, wird durch die größere Faßlichkeit, wie ich hoffe, überwiegend ersetzt. Ich habe in verschiedenen öffentlichen Schriften (teils bei Gelegenheit der Rezension mancher Bücher, teils in besonderen Abhandlungen) mit dankbarem Vergnügen wahrgenommen, daß der Geist der Gründlichkeit in Deutschland nicht erstorben, sondern nur durch den Modeton einer geniemäßigen Freiheit im Denken auf kurze Zeit überschrieen worden, und daß die dornigen Pfade der Kritik, die zu einer schulgerechten, aber als solche allein dauerhaften und daher höchstnotwendigen Wissenschaft der reinen Vernunft führen, mutige und helle Köpfe nicht gehindert haben, sich derselben zu bemeistern. Diesen verdienten Männern, die mit der Gründlichkeit der Einsicht noch das Talent einer lichtvollen Darstellung (dessen ich mir eben nicht bewußt bin) so glücklich verbinden, überlasse ich meine in Ansehung der letzteren hin und wieder etwa noch mangelhafte Bearbeitung zu vollenden, denn widerlegt zu werden ist in diesem Falle keine Gefahr, wohl aber nicht verstanden zu werden. Meinerseits kann ich mich auf Streitigkeiten von nun an nicht einlassen, ob ich zwar auf alle Winke, es sei von Freunden oder Gegnern, sorgfältig achten werde, um sie in der künftigen Ausführung des Systems dieser Propädeutik gemäß zu benutzen. Da ich während dieser Arbeiten schon ziemlich tief ins Alter fortgerückt bin (in diesem Monat ins vierundsechzigste Jahr,) so muß ich, wenn ich meinen Plan, die Metaphysik der Natur sowohl als der Sitten, als Bestätigung der Richtigkeit der Kritik der spekulativen sowohl als praktischen Vernunft, zu liefern, ausführen will, mit der Zeit sparsam verfahren, und die Aufhellung sowohl der in diesem Werke anfangs kaum vermeidlichen Dunkelheiten, als die Verteidigung den Ganzen von den verdienten Männern, die es sich zu eigen gemacht haben, erwarten. An einzelnen Stellen läßt sich jeder philosophische Vortrag zwacken, (denn er kann nicht so gepanzert auftreten, als der mathematische,) indessen, daß doch der Gliederbau des Systems, als Einheit betrachtet, dabei nicht die mindeste Gefahr läuft, zu dessen Übersicht, wenn es neu ist, nur wenige die Gewandtheit des Geistes, noch wenigere aber, weil ihnen alle Neuerung ungelegen kommt, Lust besitzen. Auch scheinbare Widersprüche lassen sich, wenn man einzelne Stellen, aus ihrem Zusammenhange gerissen, gegeneinander vergleicht, in jeder, vornehmlich als freie Rede fortgehenden Schrift ausklauben, die in den Augen dessen, der sich auf fremde Beurteilung verläßt, ein nachteiliges Licht auf diese werfen, demjenigen aber, der sich der Idee im Ganzen bemächtigt hat, sehr leicht aufzulösen sind. Indessen, wenn eine Theorie in sich Bestand hat, so dienen Wirkung und Gegenwirkung, die ihr anfänglich große Gefahr drohten, mit der Zeit nur dazu, um ihre Unebenheiten abzuschleifen, und wenn sich Männer von Unparteilichkeit, Einsicht und wahrer Popularität damit beschäftigen, ihr in kurzer Zeit auch die erforderliche Eleganz zu verschaffen.

Königsberg, im Aprilmonat 1787.

Einleitung

I. Von dem Unterschiede der reinen und empirischen Erkenntnis

Daß alle unsere Erkenntnis mit der Erfahrung anfange, daran ist gar kein Zweifel; denn wodurch sollte das Erkenntnisvermögen sonst zur Ausübung erweckt werden, geschähe es nicht durch Gegenstände, die unsere Sinne rühren und teils von selbst Vorstellungen bewirken, teils unsere Verstandestätigkeit in Bewegung bringen, diese zu vergleichen, sie zu verknüpfen oder zu trennen, und so den rohen Stoff sinnlicher Eindrücke zu einer Erkenntnis der Gegenstände zu verarbeiten, die Erfahrung heißt? *Der Zeit nach* geht also keine Erkenntnis in uns vor der Erfahrung vorher, und mit dieser fängt alle an.

Wenn aber gleich alle unsere Erkenntnis *mit* der Erfahrung anhebt, so entspringt sie darum doch nicht eben alle *aus* der Erfahrung. Denn es könnte wohl sein, daß selbst unsere Erfahrungserkenntnis ein Zusammengesetztes aus dem sei, was wir durch Eindrücke empfangen, und dem, was unser eigenes Erkenntnisvermögen (durch sinnliche Eindrücke bloß veranlaßt) aus sich selbst hergibt, welchen Zusatz wir von jenem Grundstoffe nicht eher unterscheiden, als bis lange Übung uns darauf aufmerksam und zur Absonderung desselben geschickt gemacht hat.

Es ist also wenigstens eine der näheren Untersuchung noch benötigte und nicht auf den ersten Anschein sogleich abzufertigende Frage: ob es ein dergleichen von der Erfahrung und selbst von allen Eindrücken der Sinne unabhängiges Erkenntnis gebe. Man nennt solche Erkenntnisse *a priori*, und unterscheidet sie von den *empirischen*, die ihre Quellen a posteriori nämlich in der Erfahrung, haben.

Jener Ausdruck ist indessen noch nicht bestimmt genug, um den ganzen Sinn, der vorgelegten Frage angemessen, zu bezeichnen. Denn man pflegt wohl von mancher aus Erfahrungsquellen abgeleiteten Erkenntnis zu sagen, daß wir ihrer a priori fähig oder teilhaftig sind, weil wir sie nicht unmittelbar aus der Erfahrung, sondern aus einer allgemeinen Regel, die wir gleichwohl selbst doch aus der Erfahrung entlehnt haben, ableiten. So sagt man von jemand, der das Fundament seines Hauses untergrub: er konnte es a priori wissen, daß es einfallen würde, d. i. er durfte nicht auf die Erfahrung, daß es wirklich einfiele, warten. Allein gänzlich a priori konnte er dieses doch auch nicht wissen. Denn daß die Körper schwer sind, und daher, wenn ihnen die Stütze entzogen wird, fallen, mußte ihm doch zuvor durch Erfahrung bekannt werden.

Wir werden also im Verfolg unter Erkenntnissen a priori nicht solche verstehen, die von dieser oder jener, sondern die schlechterdings von aller Erfahrung unabhängig stattfinden. Ihnen sind empirische Erkenntnisse, oder solche, die nur a posteriori, d. i. durch Erfahrung, möglich sind, entgegengesetzt. Von den Erkenntnissen a priori heißen aber die jenigen rein, denen gar nichts Empirisches beigemischt ist. So ist z. B. der Satz: eine jede Veränderung hat ihre Ursache, ein Satz a priori, allein nicht rein, weil Veränderung ein Begriff ist, der nur aus der Erfahrung gezogen werden kann.

II Wir sind im Besitze gewisser Erkenntnisse a priori, und selbst der gemeine Verstand ist niemals ohne solche

Es kommt hier auf ein Merkmal an, woran wir sicher ein reines Erkenntnis vom empirischen unterscheiden können. Erfahrung lehrt uns zwar, daß etwas so oder so beschaffen sei, aber nicht, daß es nicht anders sein könne. Findet sich also *erstlich* ein Satz, der zugleich mit seiner *Notwendigkeit* gedacht wird, so ist er ein Urteil a priori, ist er überdem auch von keinem abgeleitet, als der selbst wiederum als ein notwendiger Satz gültig ist, so ist er schlechterdings a priori. *Zweitens*: Erfahrung gibt niemals ihren Urteilen wahre oder strenge, sondern nur angenommene und komparative *Allgemeinheit* (durch Induktion), so daß es eigentlich heißen muß: soviel wir bisher wahrgenommen haben, findet sich von dieser oder jener Regel keine Ausnahme. Wird also ein Urteil in strengen Allgemeinheit gedacht, d. i. so, daß gar keine Ausnahme als möglich verstattet wird, so ist es nicht von der Erfahrung abgeleitet, sondern schlechterdings a priori gültig. Die empirische Allgemeinheit ist also nur eine willkürliche Steigerung der Gültigkeit, von der, welche in den meisten Fällen, zu der, die in allen gilt, wie z. B. in dem Satze: alle Körper sind schwer; wo dagegen strenge Allgemeinheit zu einem Urteile wesentlich gehört, da zeigt diese auf einen besonderen Erkenntnisquell desselben, nämlich ein Vermögen des Erkenntnisses a priori. Notwendigkeit und strenge Allgemeinheit sind also sichere Kennzeichen einer Erkenntnis a priori, und gehören auch unzertrennlich zueinander. Weil es aber im Gebrauche derselben bisweilen leichter ist, die empirische Beschränktheit derselben, als die Zufälligkeit in den Urteilen, oder es auch manchmal einleuchtender ist, die unbeschränkte Allgemeinheit, die wir einem Urteile beilegen, als die Notwendigkeit desselben zu zeigen, so ist es ratsam, sich gedachter beider Kriterien, deren jedes für sich unfehlbar ist, abgesondert zu bedienen.

Daß es nun dergleichen notwendige und im strengsten Sinne allgemeine, mithin reine Urteile a priori, im menschlichen Erkenntnis wirklich gebe, ist leicht zu zeigen. Will man ein Beispiel aus Wissenschaften, so darf man nur auf alle Sätze der Mathematik hinaussehen, will man ein solches aus dem gemeinsten Verstandesgebrauche, so kann der Satz, daß alle Veränderung eine Ursache haben müsse, dazu dienen; ja in dem letzteren enthält selbst der Begriff einer Ursache so offenbar den Begriff einer Notwendigkeit der Verknüpfung mit einer Wirkung und einer strengen Allgemeinheit der Regel, daß er gänzlich verlorengehen würde, wenn man ihn, wie *Hume* tat, von einer öftern Beigesellung dessen, was geschieht, mit dem, was vorhergeht, und einer daraus entspringenden Gewohnheit, (mithin bloß subjektiven Notwendigkeit,) Vorstellungen zu verknüpfen, ableiten wollte. Auch könnte man, ohne dergleichen Beispiele zum Beweise der Wirklichkeit reiner Grundsätze a priori in unserem Erkenntnisse zu bedürfen, dieser ihre Unentbehrlichkeit zur Möglichkeit der Erfahrung selbst, mithin a priori dartun. Denn wo wollte selbst Erfahrung ihre Gewißheit hernehmen, wenn alle Regeln, nach denen sie fortgeht, immer wieder empirisch, mithin zufällig wären; daher man diese schwerlich für erste Grundsätze gelten lassen kann. Allein hier können wir uns damit begnügen, den reinen Gebrauch unseres Erkenntnisvermögens als Tatsache samt den Kennzeichen desselben dargelegt zu haben. Aber nicht bloß in Urteilen, sondern selbst in Begriffen zeigt sich ein Ursprung einiger derselben a priori. Lasset von eurem Erfahrungsbegriffe eines *Körpers* alles, was daran empirisch ist, nach und nach weg: die Farbe, die Härte oder Weiche, die Schwere, selbst die Undurchdringlichkeit, so bleibt doch der Raum übrig, den er (welcher nun ganz verschwunden ist) einnahm, und den könnt ihr nicht weglassen. Ebenso, wenn ihr von eurem empirischen Begriffe eines jeden, körperlichen oder nicht körperlichen, Objekts alle Eigenschaften weglaßt, die euch die Erfahrung lehrt; so könnt ihr ihm doch nicht diejenige nehmen, dadurch ihr es als *Substanz* oder einer Substanz *anhängend* denkt, (obgleich dieser Begriff mehr Bestimmung enthält, als der eines Objekts überhaupt). Ihr müßt also, überführt durch die Notwendigkeit, womit sich dieser Begriff euch aufdringt, gestehen, daß er in eurem Erkenntnisvermögen a priori seinen Sitz habe.

III. Die Philosophie bedarf einer Wissenschaft, welche die Möglichkeit, die Prinzipien und den Umfang aller Erkenntnisse a priori bestimme

Was noch weit mehr sagen will als alles vorige, ist dieses, daß gewisse Erkenntnisse sogar das Feld aller möglichen Erfahrungen verlassen, und durch Begriffe, denen überall kein entsprechender Gegenstand in der Erfahrung gegeben werden kann, den Umfang unserer Urteile über alle Grenzen derselben zu erweitern den Anschein haben.

Und gerade in diesen letzteren Erkenntnissen, welche über die Sinnenwelt hinausgehen, wo Erfahrung gar keinen Leitfaden, noch Berichtigung geben kann, liegen die Nachforschungen unserer Vernunft, die wir, der Wichtigkeit nach, für weit vorzüglicher, und ihre Endabsicht für viel erhabener halten, als alles, was der Verstand im Felde der Erscheinungen lernen kann, wobei wir, sogar auf die Gefahr zu irren, eher alles wagen, als daß wir so angelegene Untersuchungen aus irgendeinem Grunde der

Bedenklichkeit, oder aus Geringschätzung und Gleichgültigkeit aufgeben sollten. Diese unvermeidlichen Aufgaben der reinen Vernunft selbst sind *Gott, Freiheit* und *Unsterblichkeit*. Die Wissenschaft aber, deren Endabsicht mit allen ihren Zurüstungen eigentlich nur auf die Auflösung derselben gerichtet ist, heißt Metaphysik, deren Verfahren im Anfange dogmatisch ist, d. i. ohne vorhergehende Prüfung des Vermögens oder Unvermögens der Vernunft zu einer so großen Unternehmung zuversichtlich die Ausführung übernimmt.

Nun scheint es zwar natürlich, daß, sobald man den Boden der Erfahrung verlassen hat, man doch nicht mit Erkenntnissen, die man besitzt, ohne zu wissen woher, und auf den Kredit der Grundsätze, deren Ursprung man nicht kennt, sofort ein Gebäude errichten werde, ohne der Grundlegung desselben durch sorgfältige Untersuchungen vorher versichert zu sein, daß man also vielmehr die Frage vorlängst werde aufgeworfen haben, wie denn der Verstand zu allen diesen Erkenntnissen a priori kommen könne, und welchen Umfang, Gültigkeit und Wert sie haben mögen. In der Tat ist auch nichts natürlicher, wenn man unter dem Worte natürlich das versteht, was billiger- und vernünftigerweise geschehen sollte; versteht man aber darunter das, was gewöhnlichermaßen geschieht, so ist hinwiederum nichts natürlicher und begreiflicher, als daß diese Untersuchung lange unterbleiben mußte. Denn ein Teil dieser Erkenntnisse, als die mathematischen, ist im alten Besitze der Zuverlässigkeit, und gibt dadurch eine günstige Erwartung auch für andere, ob diese gleich von ganz verschiedener Natur sein mögen. Überdem, wenn man über den Kreis der Erfahrung hinaus ist, so ist man sicher, durch Erfahrung nicht widerlegt zu werden. Der Reiz, seine Erkenntnisse zu erweitern, ist so groß, daß man nur durch einen klaren Widerspruch, auf den man stößt, in seinem Fortschritte aufgehalten werden kann. Dieser aber kann vermieden werden, wenn man seine Erdichtungen nur behutsam macht, ohne daß sie deswegen weniger Erdichtungen bleiben. Die Mathematik gibt uns ein glänzendes Beispiel, wie weit wir es, unabhängig von der Erfahrung, in der Erkenntnis a priori bringen können. Nun beschäftigt sie sich zwar mit Gegenständen und Erkenntnissen bloß so weit, als sich solche in der Anschauung darstellen lassen. Aber dieser Umstand wird leicht übersehen, weil gedachte Anschauung selbst a priori gegeben werden kann, mithin von einem bloßen reinen Begriff kaum unterschieden wird. Durch einen solchen Beweis von der Macht der Vernunft eingenommen, sieht der Trieb zur Erweiterung keine Grenzen. Die leichte Taube, indem sie im freien Fluge die Luft teilt, deren Widerstand sie fühlt, könnte die Vorstellung fassen, daß es ihr im luftleeren Raum noch viel besser gelingen werde. Ebenso verließ Plato die Sinnenwelt, weil sie dem Verstande so enge Schranken setzt, und wagte sich jenseit derselben, auf den Flügeln der Ideen, in den leeren Raum des reinen Verstandes. Er bemerkte nicht, daß er durch seine Bemühungen keinen Weg gewönne, denn er hatte keinen Widerhalt, gleichsam zur Unterlage, worauf er sich steifen, und woran er seine Kräfte anwenden konnte, um den Verstand von der Stelle zu bringen. Es ist aber ein gewöhnliches Schicksal der menschlichen Vernunft in der Spekulation, ihr Gebäude so früh, wie möglich, fertigzumachen, und hintennach allererst zu untersuchen, ob auch der Grund dazu gut gelegt sei. Alsdann aber werden allerlei Beschönigungen herbeigesucht, um uns wegen dessen Tüchtigkeit zu trösten, oder auch eine solche späte und gefährliche Prüfung lieber gar abzuweisen. Was uns aber während dem Bauen von aller Besorgnis und Verdacht frei hält, und mit scheinbarer Gründlichkeit schmeichelt, ist dieses. Ein großer Teil, und vielleicht der größte, von dem Geschäfte unserer Vernunft, besteht in Zergliederungen der Begriffe, die wir schon von Gegenständen haben. Dieses liefert uns eine Menge von Erkenntnissen, die, ob sie gleich nichts weiter als Aufklärungen oder Erläuterungen desjenigen sind, was in unsern Begriffen (wiewohl noch auf verworrene Art) schon gedacht worden, doch wenigstens der Form nach neuen Einsichten gleich geschätzt werden, wiewohl sie der Materie, oder dem Inhalte nach die Begriffe, die wir haben, nicht erweitern, sondern nur auseinander setzen. Da dieses Verfahren nun eine wirkliche Erkenntnis a priori gibt, die einen sichern und nützlichen Fortgang hat, so erschleicht die Vernunft, ohne es selbst zu merken, unter dieser Vorspiegelung Behauptungen von ganz anderer Art, wo die Vernunft zu gegebenen Begriffen ganz fremde und zwar a priori hinzutut, ohne daß man weiß, wie sie dazu gelangen und ohne sich eine solche Frage auch nur in die Gedanken kommen zu lassen. Ich will daher gleich anfangs von dem Unterschiede dieser zweifachen Erkenntnisart handeln.

IV. Von dem Unterschiede analytischer und synthetischer Urteile

In allen Urteilen, worinnen das Verhältnis eines Subjekts zum Prädikat gedacht wird, (wenn ich nur die bejahenden erwäge, denn auf die verneinenden ist nachher die Anwendung leicht,) ist dieses Verhältnis auf zweierlei Art möglich. Entweder das Prädikat B gehört zum Subjekt A als etwas, was in diesem Begriffe A (versteckterweise) enthalten ist; oder B liegt ganz außer dem Begriff A, ob es zwar mit demselben in Verknüpfung steht. Im ersten Fall nenne ich das Urteil analytisch, in dem andern synthetisch. Analytische Urteile (die bejahenden) sind also diejenigen, in welchen die Verknüpfung des Prädikats mit dem Subjekt durch Identität, diejenigen aber, in denen diese Verknüpfung ohne Identität gedacht wird, sollen synthetische Urteile heißen. Die ersteren könnte man auch Erläuterungs-, die andern Erweiterungs-Urteile heißen, weil jene durch das Prädikat nichts zum Begriff des Subjekts hinzutun, sondern diesen nur durch Zergliederung in seine Teilbegriffe zerfällen, die in selbigen schon (obgleich verworren) gedacht waren: dahingegen die letzteren zu dem Begriffe des Subjekts ein Prädikat hinzutun, welches in jenem gar nicht gedacht war, und durch keine Zergliederung desselben hätte können herausgezogen werden. Z. B. wenn ich sage: alle Körper sind ausgedehnt, so ist dies ein analytisch Urteil. Denn ich darf nicht über den Begriff, den ich mit dem Körper verbinde, hinausgehen, um die Ausdehnung, als mit demselben verknüpft, zu finden, sondern jenen Begriff nur zergliedern, d. i. des Mannigfaltigen, welches ich jederzeit in ihm denke, mir nur bewußt werden, um dieses

Prädikat darin anzutreffen; es ist also ein analytisches Urteil. Dagegen, wenn ich sage: alle Körper sind schwer, so ist das Prädikat etwas ganz anderes, als das, was ich in dem bloßen Begriff eines Körpers überhaupt denke. Die Hinzufügung eines solchen Prädikats gibt also ein synthetisch Urteil.

Erfahrungsurteile, als solche, sind insgesamt synthetisch. Denn es wäre ungereimt, ein analytisches Urteil auf Erfahrung zu gründen, weil ich aus meinem Begriffe gar nicht hinausgehen darf, um das Urteil abzufassen, und also kein Zeugnis der Erfahrung dazu nötig habe. Daß ein Körper ausgedehnt sei, ist ein Satz, der a priori feststeht, und kein Erfahrungsurteil. Denn, ehe ich zur Erfahrung gehe, habe ich alle Bedingungen zu meinem Urteile schon in dem Begriffe, aus welchem ich das Prädikat nach dem Satze des Widerspruchs nur herausziehen, und dadurch zugleich der Notwendigkeit des Urteils bewußt werden kann, welche mir Erfahrung nicht einmal lehren würde. Dagegen, ob ich schon in dem Begriff eines Körpers überhaupt das Prädikat der Schwere gar nicht einschließe, so bezeichnet jener doch einen Gegenstand der Erfahrung durch einen Teil derselben, zu welchem ich also noch andere Teile eben derselben Erfahrung, als zu dem ersteren gehörten, hinzufügen kann. Ich kann den Begriff des Körpers vorher analytisch durch die Merkmale der Ausdehnung, der Undurchdringlichkeit, der Gestalt usw., die alle in diesem Begriffe gedacht werden, erkennen. Nun erweitere ich aber meine Erkenntnis, und, indem ich auf die Erfahrung zurücksehe, von welcher ich diesen Begriff des Körpers abgezogen hatte, so finde ich mit obigen Merkmalen auch die Schwere jederzeit verknüpft, und füge also diese als Prädikat zu jenem Begriffe synthetisch hinzu. Es ist also die Erfahrung, worauf sich die Möglichkeit der Synthesis des Prädikats der Schwere mit dem Begriffe des Körpers gründet, weil beide Begriffe, ob zwar einer nicht in dem anderen enthalten ist, dennoch als Teile eines Ganzen, nämlich der Erfahrung, die selbst eine synthetische Verbindung der Anschauungen ist, zueinander, wiewohl nur zufälligerweise, gehören.

Aber bei synthetischen Urteilen a priori fehlt dieses Hilfsmittel ganz und gar. Wenn ich über den Begriff A hinausgehen soll, um einen andern B als damit verbunden zu erkennen, was ist das, worauf ich mich stütze, und wodurch die Synthesis möglich wird? da ich hier den Vorteil nicht habe, mich im Felde der Erfahrung danach umzusehen. Man nehme den Satz: Alles, was geschieht, hat seine Ursache. In dem Begriff von etwas, das geschieht, denke ich zwar ein Dasein, vor welchem eine Zeit vorhergeht usw. und daraus lassen sich analytische Urteile ziehen. Aber der Begriff einer Ursache liegt ganz außer jenem Begriffe, und zeigt etwas von dem, was geschieht, Verschiedenes an, ist also in dieser letzteren Vorstellung gar nicht mit enthalten. Wie komme ich denn dazu, von dem, was überhaupt geschieht, etwas davon ganz Verschiedenes zu sagen, und den Begriff der Ursache, obzwar in jenem nicht enthalten, dennoch, als dazu und sogar notwendig gehörig, zu erkennen. Was ist hier das Unbekannte = X, worauf sich der Verstand stützt, wenn er außer dem Begriff von A ein demselben fremdes Prädikat B aufzufinden glaubt, welches er gleichwohl damit verknüpft zu sein erachtet? Erfahrung kann es nicht sein, weil der angeführte Grundsatz nicht allein mit größerer Allgemeinheit, sondern auch mit dem Ausdruck der Notwendigkeit, mithin gänzlich a priori und aus bloßen Begriffen, diese zweite Vorstellungen zu der ersteren hinzugefügt. Nun beruht auf solchen synthetischen d. i. Erweiterungs-Grundsätzen die ganze Endabsicht unserer spekulativen Erkenntnis a priori; denn die analytischen sind zwar höchst wichtig und nötig, aber nur um zu derjenigen Deutlichkeit der Begriffe zu gelangen, die zu einer sicheren und ausgebreiteten Synthesis, als zu einem wirklich neuen Erwerb, erforderlich ist.

V. In allen theoretischen Wissenschaften der Vernunft sind synthetische Urteile a priori als Prinzipien enthalten

1. *Mathematische Urteile sind insgesamt synthetisch.* Dieser Satz scheint den Bemerkungen der Zergliederer der menschlichen Vernunft bisher entgangen, ja allen ihren Vermutungen gerade entgegengesetzt zu sein, ob er gleich unwidersprechlich gewiß und in der Folge sehr wichtig ist. Denn weil man fand, daß die Schlüsse der Mathematiker alle nach dem Satze des Widerspruchs fortgehen, (welches die Natur einer jeden apodiktischen Gewißheit erfordert,) so überredet man sich, daß auch die Grundsätze aus dem Satze des Widerspruchs erkannt würden; worin sie sich irrten; denn ein synthetischer Satz kann allerdings nach dem Satze des Widerspruchs eingesehen werden, aber nur so, daß ein anderer synthetischen Satz vorausgesetzt wird, aus dem er gefolgert werden kann, niemals aber an sich selbst.

Zuvörderst muß bemerkt werden: daß eigentliche mathematische Sätze jederzeit Urteile a priori und nicht empirisch sind, weil sie Notwendigkeit bei sich führen, welche aus Erfahrung nicht abgenommen werden kann. Will man aber dieses nicht einräumen, wohlan, so schränke ich meinen Satz auf die reine *Mathematik* ein, deren Begriff es schon mit sich bringt, daß sie nicht empirische, sondern bloß reine Erkenntnis a priori enthalte.

Man sollte anfänglich zwar denken: daß der Satz 7 + 5 = 12 ein bloß analytischer Satz sei, der aus dem Begriffe einer Summe von Sieben und Fünf nach dem Satze des Widerspruches erfolge. Allein, wenn man es näher betrachtet, so findet man, daß der Begriff der Summe von 7 und 5 nichts weiter enthalte, als die Vereinigung beider Zahlen in eine einzige, wodurch ganz und gar nicht gedacht wird, welches diese einzige Zahl sei, die beide zusammenfaßt. Der Begriff von Zwölf ist keineswegs dadurch schon gedacht, daß ich mir bloß jene Vereinigung von Sieben und Fünf denke, und, ich mag meinen Begriff von einer solchen möglichen Summe noch solange zergliedern, so werde ich doch darin die Zwölf nicht antreffen. Man muß über diese Begriffe hinausgehen, indem man die Anschauung zu Hilfe nimmt, die einem von beiden korrespondiert, etwa seine fünf Finger, oder (wie *Segner* in seiner Arithmetik) fünf Punkte, und so nach und nach die Einheiten der in der Anschauung gegebenen Fünf zu dem Begriffe der Sieben hinzutut.

Denn ich nehme zuerst die Zahl 7, und, indem ich für den Begriff der 5 die Finger meiner Hand als Anschauung zu Hilfe nehme, so tue ich die Einheiten, die ich vorher zusammennahm, um die Zahl 5 auszumachen, nun an jenem meinem Bilde nach und nach zur Zahl 7, und sehe so die Zahl 12 entspringen. Daß 7 zu 5 hinzugetan werden *sollten*, habe ich zwar in dem Begriffe einer Summe = 7 + 5 gedacht, aber nicht, daß diese Summe der Zahl 12 gleich sei. Der arithmetische Satz ist also jederzeit synthetisch; welches man desto deutlicher inne wird, wenn man etwas größere Zahlen nimmt, da es dann klar einleuchtet, daß, wir möchten unsere Begriffe drehen und wenden, wie wir wollen, wir, ohne die Anschauung zu Hilfe zu nehmen, vermittels der bloßen Zergliederung unserer Begriffe die Summe niemals finden könnten.

Ebensowenig ist irgendein Grundsatz der reinen Geometrie analytisch. Daß die gerade Linie zwischen zwei Punkten die kürzeste sei, ist ein synthetischen Satz. Denn mein Begriff vom *Geraden* enthält nichts von Größe, sondern nur eine Qualität. Der Begriff des Kürzesten kommt also gänzlich hinzu, und kann durch keine Zergliederung aus dem Begriffe der geraden Linie gezogen werden. Anschauung muß also hier zu Hilfe genommen werden, vermittels deren allein die Synthesis möglich ist.

Einige wenige Grundsätze, welche die Geometer voraussetzen, sind zwar wirklich analytisch und beruhen auf dem Satze des Widerspruchs, sie dienen aber auch nur, wie identische Sätze, zur Kette der Methode und nicht als Prinzipien, z. B. a = a, das Ganze ist sich selber gleich, oder (a + b) > a, d. i. das Ganze ist größer als sein Teil. Und doch auch diese selbst, ob sie gleich nach bloßen Begriffen gelten, werden in der Mathematik nur darum zugelassen, weil sie in der Anschauung können dargestellt werden. Was uns hier gemeiniglich glauben macht, als läge das Prädikat solcher apodiktischen Urteile schon in unserm Begriffe, und das Urteil sei also analytisch, ist bloß die Zweideutigkeit des Ausdrucks. Wir sollen nämlich zu einem gegebenen Begriffe ein gewisses Prädikat hinzudenken, und diese Notwendigkeit haftet schon an den Begriffen. Aber die Frage ist nicht, was wir zu dem gegebenen Begriffe hinzudenken *sollen*, sondern was wir *wirklich* in ihm, obzwar nur dunkel, denken, und da zeigt sich, daß das Prädikat jenen Begriffen zwar notwendig, aber nicht als im Begriffe selbst gedacht, sondern vermittels einer Anschauung, die zu dem Begriffe hinzukommen muß, anhänge.

2. *Naturwissenschaft* (Physica) *enthält synthetische Urteile a priori als Prinzipien in sich*. Ich will nur ein paar Sätze zum Beispiel anführen, als den Satz: daß in allen Veränderungen der körperlichen Welt die Quantität der Materie unverändert bleibe, oder daß, in aller Mitteilung der Bewegung, Wirkung und Gegenwirkung jederzeit einander gleich sein müssen. An beiden ist nicht allein die Notwendigkeit, mithin ihr Ursprung a priori, sondern auch, daß sie synthetische Sätze sind, klar. Denn in dem Begriffe der Materie denke ich mir nicht die Beharrlichkeit, sondern bloß ihre Gegenwart im Raume durch die Erfüllung desselben. Also gehe ich wirklich über den Begriff von der Materie hinaus, um etwas a priori *zu ihm* hinzuzudenken, was ich *in ihm* nicht dachte.

Der Satz ist also nicht analytisch, sondern synthetisch und dennoch a priori gedacht, und so in den übrigen Sätzen des reinen Teils der Naturwissenschaft.

3. *In der Metaphysik*, wenn man sie auch nur für eine bisher bloß versuchte, dennoch aber durch die Natur der menschlichen Vernunft unentbehrliche Wissenschaft ansieht, sollen *synthetische Erkenntnisse a priori enthalten sein*, und es ist ihr gar nicht darum zu tun, Begriffe, die wir uns a priori von Dingen machen, bloß zu zergliedern und dadurch analytisch zu erläutern, sondern wir wollen unsere Erkenntnis a priori erweitern, wozu wir uns solcher Grundsätze bedienen müssen, die über den gegebenen Begriff etwas hinzutun, was in ihm nicht enthalten war, und durch synthetische Urteile a priori wohl gar so weit hinausgehen, daß uns die Erfahrung selbst nicht so weit folgen kann, z. B. in dem Satze: die Welt muß einen ersten Anfang haben, u. a. m. und so besteht Metaphysik wenigstens *ihrem Zwecke nach* aus lauter synthetischen Sätzen a priori.

VI. Allgemeine Aufgabe der reinen Vernunft

Man gewinnt dadurch schon sehr viel, wenn man eine Menge von Untersuchungen unter die Formel einer einzigen Aufgabe bringen kann. Denn dadurch erleichtert man sich nicht allein selbst sein eigenes Geschält, indem man es sich genau bestimmt, sondern auch jedem anderen, der es prüfen will, das Urteil, ob wir unserem Vorhaben ein Genüge getan haben oder nicht. Die eigentliche Aufgabe der reinen Vernunft ist nun in der Frage enthalten: *Wie sind synthetische Urteile a priori möglich?*

Daß die Metaphysik bisher in einem so schwankenden Zustande der Ungewißheit und Widersprüche geblieben ist, ist lediglich der Ursache zuzuschreiben, daß man sich diese Aufgabe und vielleicht sogar den Unterschied der *analytischen* und *synthetischen* Urteile nicht früher in Gedanken kommen ließ. Auf der Auflösung dieser Aufgabe, oder einem genugtuenden Beweise, daß die Möglichkeit, die sie erklärt zu wissen verlangt, in der Tat gar nicht stattfinde, beruht nun das Stehen und Fallen der Metaphysik. *David Hume*, der dieser Aufgabe unter allen Philosophen noch am nächsten trat, sie aber sich bei weitem nicht bestimmt genug und in ihrer Allgemeinheit dachte, sondern bloß bei dem synthetischen Satze der Verknüpfung der Wirkung mit ihren Ursachen (Principium causalitatis) stehen blieb, glaubte herauszubringen, daß ein solcher Satz a priori gänzlich unmöglich sei, und nach seinen Schlüssen würde alles, was wir Metaphysik nennen, auf einen bloßen Wahn von vermeinter Vernunfteinsicht dessen hinauslaufen, was in der Tat bloß aus der Erfahrung erborgt und durch Gewohnheit den Schein der Notwendigkeit überkommen hat; auf welche, alle reine Philosophie zerstörende, Behauptung er niemals gefallen wäre, wenn er unsere Aufgabe in ihrer Allgemeinheit vor Augen gehabt hätte, da er dann eingesehen haben würde, daß, nach seinem Argumente, es auch keine reine Mathematik geben könnte, weil diese gewiß synthetische Sätze a priori enthält, vor welcher Behauptung ihn alsdann sein guter Verstand wohl würde bewahrt haben.

In der Auflösung obiger Aufgabe ist zugleich die Möglichkeit des reinen Vernunftgebrauches in Gründung und Ausführung aller Wissenschaften, die eine theoretische Erkenntnis a priori von Gegenständen enthalten, mit begriffen, d. i. die Beantwortung der Fragen:

Wie ist reine Mathematik möglich?
Wie ist reine Naturwissenschaft möglich?

Von diesen Wissenschaften, da sie wirklich gegeben sind, läßt sich nun wohl geziemend fragen: wie sie möglich sind; denn daß sie möglich sein müssen, wird durch ihre Wirklichkeit bewiesen. Was aber*Metaphysik* betrifft, so muß ihr bisheriger schlechter Fortgang, und weil man von keiner einzigen bisher vorgetragenen, was ihren wesentlichen Zweck angeht, sagen kann, sie sei wirklich vorhanden, einen jeden mit Grund an ihrer Möglichkeit zweifeln lassen.

Nun ist aber diese *Art von Erkenntnis* in gewissem Sinne doch auch als gegeben anzusehen, und Metaphysik ist, wenngleich nicht als Wissenschaft, doch als Naturanlage (metaphysica naturalis) wirklich. Denn die menschliche Vernunft geht unaufhaltsam, ohne daß bloße Eitelkeit des Vielwissens sie dazu bewegt, durch eigenes Bedürfnis getrieben bis zu solchen Fragen fort, die durch keinen Erfahrungsgebrauch der Vernunft und daher entlehnte Prinzipien beantwortet werden können, und so ist wirklich in allen Menschen, sobald Vernunft sich in ihnen bis zur Spekulation erweitert, irgendeine Metaphysik zu aller Zeit gewesen, und wird auch immer darin bleiben. Und nun ist auch von dieser die Frage:

Wie ist Metaphysik als Naturanlage möglich?

d. i. wie entspringen die Fragen, welche reine Vernunft sich aufwirft, und die sie, so gut als sie kann, zu beantworten durch ihr eigenes Bedürfnis getrieben wird, aus der Natur der allgemeinen Menschenvernunft?

Da sich aber bei allen bisherigen Versuchen, diese natürlichen Fragen, z. B. ob die Welt einen Anfang habe, oder von Ewigkeit her sei, usw. zu beantworten, jederzeit unvermeidliche Widersprüche gefunden haben, so kann man es nicht bei der bloßen Naturanlage zur Metaphysik, d. i. dem reinen Vernunftvermögen selbst, woraus zwar immer irgendeine Metaphysik (es sei welche es wolle) erwächst, bewenden lassen, sondern es muß möglich sein, mit ihr es zur Gewißheit zu bringen, entweder im Wissen oder Nicht-Wissen der Gegenstände, d. i. entweder der Entscheidung über die Gegenstände ihrer Fragen, oder über das Vermögen und Unvermögen der Vernunft in Ansehung ihrer etwas zu urteilen, also entweder unsere reine Vernunft mit Zuverlässigkeit zu erweitern, oder ihr bestimmte und sichere Schranken zu setzen. Diese letzte Frage, die aus der obigen allgemeinen Aufgabe fließt, würde mit Recht diese sein: *Wie ist Metaphysik als Wissenschaft möglich?*

Die Kritik der Vernunft führt also zuletzt notwendig zur Wissenschaft; der dogmatische Gebrauch derselben ohne Kritik dagegen auf grundlose Behauptungen, denen man ebenso scheinbare entgegensetzen kann, mithin zum *Skeptizismus*.

Auch kann diese Wissenschaft nicht von großer abschreckender Weitläufigkeit sein, weil sie es nicht mit Objekten der Vernunft, deren Mannigfaltigkeit unendlich ist, sondern es bloß mit sich selbst, mit Aufgaben, die ganz aus ihrem Schoße entspringen, und ihr nicht durch die Natur der Dinge, die von ihr unterschieden sind, sondern durch ihre eigene vorgelegt sind, zu tun hat; da es denn, wenn sie zuvor ihr eigen Vermögen in Ansehung der Gegenstände, die ihr in der Erfahrung vorkommen mögen, vollständig hat kennenlernen, leicht werden muß, den Umfang und die Grenzen ihres über alle Erfahrungsgrenzen versuchten Gebrauchs vollständig und sicher zu bestimmen.

Man kann also und muß alle bisher gemachten Versuche, eine Metaphysik *dogmatisch* zustande zu bringen, als ungeschehen ansehen; denn was in der einen oder der anderen Analytisches, nämlich bloße Zergliederung der Begriffe ist, die unserer Vernunft a priori beiwohnen, ist noch gar nicht der Zweck, sondern nur eine Veranstaltung zu der eigentlichen Metaphysik, nämlich seine Erkenntnis a priori synthetisch zu erweitern, und ist zu diesem untauglich, weil sie bloß zeigt, was in diesen Begriffen enthalten ist, nicht aber, wie wir a priori zu solchen Begriffen gelangen, um danach auch ihren gültigen Gebrauch in Ansehung der Gegenstände aller Erkenntnis überhaupt bestimmen zu können. Es gehört auch nur wenig Selbstverleugnung dazu, alle diese Ansprüche aufzugeben, da die nicht abzuleugnenden und im dogmatischen Verfahren auch unvermeidlichen Widersprüche der Vernunft mit sich selbst jede bisherige Metaphysik schon längst um ihr Ansehen gebracht haben. Mehr Standhaftigkeit wird dazu nötig sein, sich durch die Schwierigkeit innerlich und den Widerstand äußerlich nicht abhalten zu lassen, eine der menschlichen Vernunft unentbehrliche Wissenschaft, von der man wohl jeden hervorgeschossenen Stamm abhauen, die Wurzel aber nicht ausrotten kann, durch eine andere, der bisherigen ganz entgegengesetzte, Behandlung endlich einmal zu einem gedeihlichen und fruchtbaren Wuchse zu befördern.

VII. Idee und Einteilung einer besonderen Wissenschaft, unter dem Namen der Kritik der reinen Vernunft

Aus diesem allein ergibt sich nun die Idee einer besonderen Wissenschaft, die Kritik der reinen Vernunft heißen kann. Denn ist Vernunft das Vermögen, welches die Prinzipien der Erkenntnis a priori an die Hand gibt. Daher ist reine Vernunft diejenige, welche die Prinzipien, etwas schlechthin a priori zu erkennen, enthält. Ein Organon der reinen Vernunft würde ein Inbegriff derjenigen Prinzipien sein, nach denen alle reinen Erkenntnisse a priori können erworben und wirklich zustande gebracht werden. Die ausführliche Anwendung eines solchen Organon würde ein System der reinen Vernunft verschaffen. Da dieses aber sehr viel verlangt ist, und es noch dahin steht, ob auch hier überhaupt eine Erweiterung unserer Erkenntnis, und in welchen Fällen sie möglich sei; so können wir eine Wissenschaft der bloßen Beurteilung der reinen Vernunft, ihrer Quellen und Grenzen, als die Propädeutik zum System der reinen Vernunft ansehen. Eine solche würde nicht eine Doktrin, sondern nur Kritik der reinen Vernunft heißen müssen, und ihr Nutzen würde in Ansehung der Spekulation wirklich nur negativ sein, nicht zur Erweiterung, sondern nur zur Läuterung unserer Vernunft dienen, und sie von Irrtümern frei halten, welches schon sehr viel gewonnen ist. Ich nenne alle Erkenntnis transzendental, die sich nicht sowohl mit Gegenständen, sondern mit unserer Erkenntnisart von Gegenständen, insofern diese a priori möglich sein soll, überhaupt beschäftigt. Ein System solcher Begriffe würde Transzendental-Philosophie heißen. Diese ist aber wiederum für den Anfang noch zu viel. Denn, weil eine solche Wissenschaft sowohl die analytische Erkenntnis, als die synthetische a priori vollständig enthalten müßte, so ist sie, soweit es unsere Absicht betrifft, von zu weitem Umfange, indem wir die Analysis nur so weit treiben dürfen, als sie unentbehrlich notwendig ist, um die Prinzipien der Synthesis a priori, als warum es uns nur zu tun ist, in ihrem ganzen Umfange einzusehen. Diese Untersuchung, die wir eigentlich nicht Doktrin, sondern nur transzendentale Kritik nennen können, weil sie nicht die Erweiterung der Erkenntnisse selbst, sondern nur die Berichtigung derselben zur Absicht hat, und den Probierstein des Werts oder Unwerts aller Erkenntnisse a priori abgeben soll, ist das, womit wir uns jetzt beschäftigen. Eine solche Kritik ist demnach eine Vorbereitung, wo möglich, zu einem Organon, und wenn dieses nicht gelingen sollte, wenigstens zu einem Kanon derselben, nach welchem allenfalls dereinst das vollständige System der Philosophie der reinen Vernunft, es mag nun in Erweiterung oder bloßer Begrenzung ihrer Erkenntnis bestehen, sowohl analytisch als synthetisch dargestellt werden könnte. Denn daß dieses möglich sei, ja daß ein solches System von nicht gar großem Umfange sein könne, um zu hoffen, es ganz zu vollenden, läßt sich schon zum voraus daraus ermessen, daß hier nicht die Natur der Dinge, welche unerschöpflich ist, sondern der Verstand, der über die Natur der Dinge urteilt, und auch dieser wiederum nur in Ansehung seiner Erkenntnis a priori, den Gegenstand ausmacht, dessen Vorrat, weil wir ihn doch nicht auswärtig suchen dürfen, uns nicht verborgen bleiben kann, und allem Vermuten nach klein genug ist, um vollständig aufgenommen, nach seinem Werte oder Unwerte beurteilt und unter richtige Schätzung gebracht zu werden. Noch weniger darf man hier eine Kritik der Bücher und Systeme der reinen Vernunft erwarten, sondern die des reinen Vernunftvermögens selbst. Nur allein, wenn diese zum Grunde liegt, hat man einen sicheren Probierstein, den philosophischen Gehalt alter und neuer Werke in diesem Fache zu schätzen; widrigenfalls beurteilt der unbefugte Geschichtsschreiber und Richter grundlose Behauptungen anderer, durch seine eigenen, die ebenso grundlos sind.

Die Transzendental-Philosophie ist die Idee einer Wissenschaft, wozu die Kritik der reinen Vernunft den ganzen Plan architektonisch, d. i. aus Prinzipien, entwerfen soll, mit völliger Gewährleistung der Vollständigkeit und Sicherheit aller Stücke, die dieses Gebäude ausmachen. Sie ist das System aller Prinzipien der reinen Vernunft. Daß diese Kritik nicht schon selbst Transzendental-Philosophie heißt, beruht lediglich darauf, daß sie, um ein vollständiges System zu sein, auch eine ausführliche Analysis der ganzen menschlichen Erkenntnis a priori enthalten müßte. Nun muß zwar unsere Kritik allerdings auch eine vollständige Herzählung aller Stammbegriffe, welche die gedachte reine Erkenntnis ausmachen, vor Augen legen. Allein der ausführlichen Analysis dieser Begriffe selbst, wie auch der vollständigen Rezension der daraus abgeleiteten, enthält sie sich billig, teils weil diese Zergliederung nicht zweckmäßig wäre, indem sie die Bedenklichkeit nicht hat, welche bei der Synthesis angetroffen wird, um deren willen eigentlich die ganze Kritik da ist, teils, weil es der Einheit des Planes zuwider wäre, sich mit der Verantwortung der Vollständigkeit einer solchen Analysis und Ableitung zu befassen, deren man in Ansehung seiner Absicht doch überhoben sein konnte. Diese Vollständigkeit der Zergliederung sowohl, als der Ableitung aus den künftig zu liefernden Begriffen a priori, ist indessen leicht zu ergänzen, wenn sie nur allererst als ausführliche Prinzipien der Synthesis da sind, und in Ansehung dieser wesentlichen Absicht nichts ermangelt.

Zur Kritik der reinen Vernunft gehört demnach alles, was die Transzendental-Philosophie ausmacht, und sie ist die vollständige Idee der Transzendental-Philosophie, aber diese Wissenschaft noch nicht selbst; weil sie in der Analysis nur so weit geht, als es zur vollständigen Beurteilung der synthetischen Erkenntnis a priori erforderlich ist.

Das vornehmste Augenmerk bei der Einteilung einer solchen Wissenschaft ist: daß gar keine Begriffe hineinkommen müssen, die irgend etwas Empirisches in sich enthalten; oder daß die Erkenntnis a priori völlig rein sei. Daher, obzwar die obersten Grundsätze der Moralität und die Grundbegriffe derselben, Erkenntnisse a priori sind, so gehören sie doch nicht in die Transzendental-Philosophie, weil sie die Begriffe der Lust und Unlust, der Begierden und Neigungen usw., die insgesamt empirischen Ursprungs sind, zwar selbst nicht zum Grunde ihrer Vorschriften legen, aber doch im Begriffe der Pflicht, als Hindernis, das überwunden, oder als Anreiz, der nicht zum Bewegungsgrunde gemacht werden soll, notwendig in die Abfassung des Systems der reinen Sittlichkeit mit hineinziehen müssen. Daher ist die Transzendental-Philosophie eine Weltweisheit der reinen bloß spekulativen Vernunft. Denn alles Praktische, sofern es Triebfedern enthält, bezieht sich auf Gefühle, welche zu empirischen Erkenntnisquellen gehören.

Wenn man nun die Einteilung dieser Wissenschaft aus dem allgemeinen Gesichtspunkte eines Systems überhaupt anstellen will, so muß die, welche wir jetzt vortragen, erstlich eine *Elementar-Lehre,* zweitens eine *Methoden-Lehre* der reinen Vernunft enthalten. Jeder dieser Hauptteile würde seine Unterabteilung haben, deren Gründe sich gleichwohl hier noch nicht vortragen lassen. Nur so viel scheint zur Einleitung, oder Vorerinnerung, nötig zu sein, daß es zwei Stämme der menschlichen

Erkenntnis gebe, die vielleicht aus einer gemeinschaftlichen, aber uns unbekannten Wurzel entspringen, nämlich *Sinnlichkeit* und *Verstand*, durch deren ersteren uns Gegenstände gegeben, durch den zweiten aber gedacht werden. Sofern nun die Sinnlichkeit Vorstellungen a priori enthalten sollte, welche die Bedingung ausmachen, unter der uns Gegenstände gegeben werden, so würde sie zur Transzendental-Philosophie gehören. Die transzendentale Sinnenlehre würde zum ersten Teile der Elementarwissenschaft gehören müssen, weil die Bedingungen, worunter allein die Gegenstände der menschlichen Erkenntnis gegeben werden, denjenigen vorgehen, unter welchen selbige gedacht werden.

I.
Transzendentale Elementarlehre

Erster Teil
Die transzendentale Ästhetik

§ 1

Auf welche Art und durch welche Mittel sich auch immer eine Erkenntnis auf Gegenstände beziehen mag, es ist doch diejenige, wodurch sie sich auf dieselbe unmittelbar bezieht, und worauf alles Denken als Mittel abzweckt, die *Anschauung*. Diese findet aber nur statt, sofern uns der Gegenstand gegeben wird; dieses aber ist wiederum, uns Menschen wenigstens, nur dadurch möglich, daß er das Gemüt auf gewisse Weise affiziere. Die Fähigkeit (Rezeptivität), Vorstellungen durch die Art, wie wir von Gegenständen affiziert werden, zu bekommen, heißt *Sinnlichkeit*. Vermittelst der Sinnlichkeit also werden uns Gegenstände *gegeben*, und sie allein liefert uns *Anschauungen*; durch den Verstand aber werden sie *gedacht*, und von ihm entspringen *Begriffe*. Alles Denken aber muß sich, es sei geradezu (direkte) oder im Umschweife (indirekte), vermittelst gewisser Merkmale, zuletzt auf Anschauungen, mithin, bei uns, auf Sinnlichkeit beziehen, weil uns auf andere Weise kein Gegenstand gegeben werden kann.

Die Wirkung eines Gegenstandes auf die Vorstellungsfähigkeit, sofern wir von demselben affiziert werden, ist *Empfindung*. Diejenige Anschauung, welche sich auf den Gegenstand durch Empfindung bezieht, heißt *empirisch*. Der unbestimmte Gegenstand einer empirischen Anschauung heißt *Erscheinung*.

In der Erscheinung nenne ich das, was der Empfindung korrespondiert, die *Materie* derselben, dasjenige aber, welches macht, daß das Mannigfaltige der Erscheinung in gewissen Verhältnissen geordnet werden kann, nenne ich die *Form* der

Erscheinung. Da das, worinnen sich die Empfindungen allein ordnen, und in gewisse Form gestellt werden können, nicht selbst wiederum Empfindung sein kann, so ist uns zwar die Materie aller Erscheinung nur a posteriori gegeben, die Form derselben aber muß zu ihnen insgesamt im Gemüte a priori bereitliegen und daher abgesondert von aller Empfindung können betrachtet werden.

Ich nenne alle Vorstellungen *rein* (im transzendentalen Verstande), in denen nichts, was zur Empfindung gehört, angetroffen wird. Demnach wird die reine Form sinnlicher Anschauungen überhaupt im Gemüte a priori angetroffen werden, worinnen alles Mannigfaltige der Erscheinungen in gewissen Verhältnissen angeschaut wird. Diese reine Form der Sinnlichkeit wird auch selber *reine Anschauung* heißen. So, wenn ich von der Vorstellung eines Körpers das, was der Verstand davon denkt, als Substanz, Kraft, Teilbarkeit usw., imgleichen, was davon zur Empfindung gehört, als Undurchdringlichkeit, Härte, Farbe usw. absondere, so bleibt mir aus dieser empirischen Anschauung noch etwas übrig, nämlich Ausdehnung und Gestalt. Diese gehören zur reinen Anschauung, die a priori, auch ohne einen wirklichen Gegenstand der Sinne oder Empfindung, als eine bloße Form der Sinnlichkeit im Gemüte stattfindet.

Eine Wissenschaft von allen Prinzipien der Sinnlichkeit a priori nenne ich die *transzendentale Ästhetik*. Es muß also eine solche Wissenschaft geben, die den ersten Teil der transzendentalen Elementarlehre ausmacht, im Gegensatz derjenigen, welche die Prinzipien des reinen Denkens enthält, und transzendentale Logik genannt wird.

In der transzendentalen Ästhetik also werden wir zuerst die Sinnlichkeit *isolieren*, dadurch, daß wir alles absondern, was der Verstand durch seine Begriffe dabei denkt, damit nichts als empirische Anschauung übrigbleibe. Zweitens werden wir von dieser noch alles, was zur Empfindung gehört, abtrennen, damit nichts als reine Anschauung und die bloße Form der Erscheinungen übrigbleibe, welches das einzige ist, das die Sinnlichkeit a priori liefern kann. Bei dieser Untersuchung wird sich finden, daß es zwei reine Formen sinnlicher Anschauung, als Prinzipien der Erkenntnis a priori gebe, nämlich Raum und Zeit, mit deren Erwägung wir uns jetzt beschäftigen werden.

Erster Abschnitt
Von dem Raume

§ 2
Metaphysische Erörterung dieses Begriffs

Vermittelst des äußeren Sinnes, (einer Eigenschaft unseres Gemüts), stellen wir uns Gegenstände als außer uns, und diese insgesamt im Raume vor. Darinnen ist ihre Gestalt, Größe und Verhältnis gegeneinander bestimmt, oder bestimmbar. Der innere Sinn, vermittelst dessen das Gemüt sich selbst, oder seinen inneren Zustand anschaut, gibt zwar keine Anschauung von der Seele selbst, als einem Objekt; allein es ist doch eine bestimmte Form, unter der die Anschauung ihres inneren Zustandes allein möglich ist, so daß alles, was zu den inneren Bestimmungen gehört, in Verhältnissen der Zeit vorgestellt wird. Äußerlich kann die Zeit nicht angeschaut werden, so wenig wie der Raum, als etwas in uns. Was sind nun Raum und Zeit? Sind es wirkliche Wesen? Sind es zwar nur Bestimmungen, oder auch Verhältnisse der Dinge, aber doch solche, welche ihnen auch an sich zukommen würden, wenn sie auch nicht angeschaut würden, oder sind sie solche, die nur an der Form der Anschauung allein haften, und mithin an der subjektiven Beschaffenheit unseres Gemüts, ohne welche diese Prädikate gar keinem Dinge beigelegt werden können? Um uns hierüber zu belehren, wollen wir zuerst den Begriff des Raumes erörtern. Ich verstehe aber unter *Erörterung (expositio)* die deutliche, (wenn gleich nicht ausführliche) Vorstellung dessen, was zu einem Begriffe gehört; *metaphysisch* aber ist die Erörterung, wenn sie dasjenige enthält, was den Begriff, *als a priori gegeben*, darstellt.

1. Der Raum ist kein empirischer Begriff, der von äußeren Erfahrungen abgezogen worden. Denn damit gewiße Empfindungen auf etwas außer mich bezogen werden, (d. i. auf etwas in einem anderen Orte des Raumes, als darinnen ich mich befinde), imgleichen damit ich sie als außer- und nebeneinander, mithin nicht bloß verschieden, sondern als in verschiedenen Orten vorstellen könne, dazu muß die Vorstellung des Raumes schon zum Grunde liegen. Demnach kann die Vorstellung des Raumes nicht aus den Verhältnissen der äußeren Erscheinung durch Erfahrung erborgt sein, sondern diese äußere Erfahrung ist selbst nur durch gedachte Vorstellung allererst möglich.

2. Der Raum ist eine notwendige Vorstellung a priori, die allen äußeren Anschauungen zum Grunde liegt. Man kann sich niemals eine Vorstellung davon machen, daß kein Raum sei, ob man sich gleich ganz wohl denken kann, daß keine Gegenstände darin angetroffen werden. Er wird also als die Bedingung der Möglichkeit der Erscheinungen, und nicht als eine von ihnen abhängende Bestimmung angesehen, und ist eine Vorstellung a priori, die notwendigerweise äußeren Erscheinungen zum Grunde liegt.

3. Der Raum ist kein diskursiver oder, wie man sagt, allgemeiner Begriff von Verhältnissen der Dinge überhaupt sondern eine reine Anschauung. Denn erstlich kann man sich nur einen einigen Raum vorstellen, und wenn man von vielen Räumen redet, so versteht man darunter nur Teile eines und desselben alleinigen Raumes. Diese Teile können auch nicht vor dem einigen allbefassenden Raume gleichsam als dessen Bestandteile (daraus seine Zusammensetzung möglich sei) vorhergehen, sondern nur *in ihm* gedacht werden. Er ist wesentlich einig, das Mannigfaltige in ihm, mithin auch der allgemeine Begriff von Räumen überhaupt, beruht lediglich auf Einschränkungen. Hieraus folgt, daß in Ansehung seiner eine Anschauung a priori (die nicht empirisch ist) allen Begriffen von demselben zum Grunde liegt. So werden auch alle geometrischen Grundsätze, z. E. daß in einem Triangel zwei Seiten zusammen größer sind, als die dritte,

niemals aus allgemeinen Begriffen von Linie und Triangel, sondern aus der Anschauung und zwar a priori mit apodiktischer Gewißheit abgeleitet.

4. Der Raum wird als eine unendliche *gegebene* Größe vorgestellt. Nun muß man zwar einen jeden Begriff als eine Vorstellung denken, die in einer unendlichen Menge von verschiedenen möglichen Vorstellungen (als ihr gemeinschaftliches Merkmal) enthalten ist, mithin diese *unter sich* enthält, aber kein Begriff, als ein solcher, kann so gedacht werden, als ob er eine unendliche Menge von Vorstellungen *in sich* enthielte. Gleichwohl wird der Raum so gedacht (denn alle Teile des Raumes ins Unendliche sind zugleich). Also ist die ursprüngliche Vorstellung vom Raume *Anschauung* a priori, und nicht Begriff.

§ 3
Transzendentale Erörterung des Begriffs vom Raume

Ich verstehe unter einer *transzendentalen Erörterung* die Erklärung eines Begriffes, als eines Prinzips, woraus die Möglichkeit anderer synthetischen Erkenntnisse a priori eingesehen werden kann. Zu dieser Absicht wird erfordert, l) daß wirklich dergleichen Erkenntnisse aus dem gegebenen Begriffe herfließen, 2) daß diese Erkenntnisse nur unter der Voraussetzung einer gegebenen Erklärungsart dieses Begriffs möglich sind.

Geometrie ist eine Wissenschaft, welche die Eigenschaften des Raumes synthetisch und doch a priori bestimmt. Was muß die Vorstellung des Raumes denn sein, damit eine solche Erkenntnis von ihm möglich sei? Er muß ursprünglich Anschauung sein; denn aus einem bloßen Begriffe lassen sich keine Sätze, die über den Begriff hinausgehen, ziehen, welches doch in der Geometrie geschieht. Aber diese Anschauung muß a priori, d. i. vor aller Wahrnehmung eines Gegenstandes, in uns angetroffen werden, mithin reine, nicht empirische Anschauung sein. Denn die geometrischen Sätze sind insgesamt apodiktisch, d. i. mit dem Bewußtsein der Notwendigkeit verbunden, z. B. der Raum hat nur drei Abmessungen; dergleichen Sätze aber können nicht empirische oder Erfahrungsurteile sein, noch aus ihnen geschlossen werden.

Wie kann nun eine äußere Anschauung dem Gemüte beiwohnen, die vor den Objekten selbst vorhergeht, und in welcher der Begriff der letzteren a priori bestimmt werden kann? Offenbar nicht anders, als so fern sie, bloß im Subjekte, als die formale Beschaffenheit desselben, von Objekten affiziert zu werden, und dadurch *unmittelbare Vorstellung* derselben d. i. *Anschauung* zu bekommen, ihren Sitz hat, also nur als Form des äußeren *Sinnes* überhaupt.

Also macht allein unsere Erklärung die *Möglichkeit* der *Geometrie* als einer synthetischen Erkenntnis a priori begreiflich. Eine jede Erklärungsart, die dieses nicht liefert, wenn sie gleich dem Anscheine nach mit ihr einige Ähnlichkeit hätte, kann an diesen Kennzeichen am sichersten von ihr unterschieden werden.

Schlüsse aus obigen Begriffen

a) Der Raum stellt gar keine Eigenschaft irgend einiger Dinge an sich, oder sie in ihrem Verhältnis aufeinander vor, d. i. keine Bestimmung derselben, die an Gegenständen selbst haftete, und welche bliebe, wenn man auch von allen subjektiven Bedingungen der Anschauung abstrahierte. Denn weder absolute, noch relative Bestimmungen können vor dem Dasein der Dinge, welchen sie zukommen, mithin nicht a priori angeschaut werden.

b) Der Raum ist nichts anderes, als nur die Form aller Erscheinungen äußerer Sinne, d. i. die subjektive Bedingung der Sinnlichkeit, unter der allein uns äußere Anschauung möglich ist. Weil nun die Rezeptivität des Subjekts, von Gegenständen affiziert zu werden, notwendigerweise vor allen Anschauungen dieser Objekte vorhergeht, so läßt sich verstehen, wie die Form aller Erscheinungen vor allen wirklichen Wahrnehmungen, mithin a priori im Gemüte gegeben sein könne, und wie sie als eine reine Anschauung, in der alle Gegenstände bestimmt werden müssen, Prinzipien der Verhältnisse derselben vor aller Erfahrung enthalten könne.

Wir können demnach nur aus dem Standpunkte eines Menschen, vom Raum, von ausgedehnten Wesen usw. reden. Gehen wir von der subjektiven Bedingung ab, unter welcher wir allein äußere Anschauung bekommen können, so wie wir nämlich von den Gegenständen affiziert werden mögen, so bedeutet die Vorstellung vom Raume gar nichts. Dieses Prädikat wird den Dingen nur insofern beigelegt, als sie uns erscheinen, d. i. Gegenstände der Sinnlichkeit sind. Die beständige Form dieser Rezeptivität, welche wir Sinnlichkeit nennen, ist eine notwendige Bedingung aller Verhältnisse, darinnen Gegenstände als außer uns angeschaut werden, und, wenn man von diesen Gegenständen abstrahiert, eine reine Anschauung, welche den Namen Raum führt. Weil wir die besonderen Bedingungen der Sinnlichkeit nicht zu Bedingungen der Möglichkeit der Sachen, sondern nur ihrer Erscheinungen machen können, so können wir wohl sagen, daß der Raum alle Dinge befasse, die uns äußerlich erscheinen mögen, aber nicht alle Dinge an sich selbst, sie mögen nun angeschaut werden oder nicht, oder auch von welchem Subjekt man wolle. Denn wir können von den Anschauungen anderer denkenden Wesen gar nicht urteilen, ob sie an die nämlichen Bedingungen gebunden seien, welche unsere Anschauung einschränken und für uns allgemein gültig sind. Wenn wir die Einschränkung eines Urteils zum Begriff des Subjekts hinzufügen, so gilt das Urteil alsdann unbedingt. Der Satz: Alle Dinge sind nebeneinander im Raum, gilt unter der Einschränkung, wenn diese Dinge als Gegenstände unserer sinnlichen Anschauung genommen werden. Füge ich hier die Bedingung zum Begriffe, und sage: Alle Dinge, als äußere Erscheinungen, sind nebeneinander im Raum, so gilt diese Regel allgemein und ohne Einschränkung. Unsere Erörterungen lehren demnach 1 die *Realität* (d. i. die objektive Gültigkeit) des Raumes in Ansehung alles dessen, was äußerlich als Gegenstand uns vorkommen kann, aber zugleich die *Idealität* des Raumes in Ansehung der Dinge, wenn sie durch die Vernunft an sich selbst erwogen werden, d. i. ohne Rücksicht auf die Beschaffenheit unserer Sinnlichkeit zu nehmen. Wir behaupten also die *empirische Realität* des Raumes (in Ansehung aller möglichen äußeren Erfahrung), ob zwar zugleich die *transzendentale Idealität* desselben, d. i. daß er nichts sei, sobald wir die Bedingung der Möglichkeit aller Erfahrung weglassen, und ihn als etwas, was den Dingen an sich selbst zum Grunde liegt, annehmen.

Es gibt aber auch außer dem Raum keine andere subjektive und auf etwas *Äußeres* bezogene Vorstellung, die a priori objektiv heißen könnte. Denn man kann von keiner derselben synthetische Sätze a priori, wie von der Anschauung im Raume, herleiten § 3. Daher ihnen, genau zu reden, gar keine Idealität zukommt, ob sie gleich darin mit der Vorstellung des Raumes übereinkommen, daß sie bloß zur subjektiven Beschaffenheit der Sinnesart gehören, z. B. des Gesichts, Gehörs, Gefühls, durch die Empfindungen der Farben, Töne und Wärme, die aber, weil sie bloß Empfindungen und nicht Anschauungen sind, an sich kein Objekt, am wenigsten a priori, erkennen lassen.

Die Absicht dieser Anmerkung geht nur dahin: zu verhüten, daß man die behauptete Idealität des Raumes nicht durch bei weitem unzulängliche Beispiele zu erläutern sich einfallen lasse, da nämlich etwa Farben, Geschmack usw. mit Recht nicht als Beschaffenheiten der Dinge, sondern bloß als Veränderungen unseres Subjekts, die sogar bei verschiedenen Menschen verschieden sein können, betrachtet werden. Denn in diesem Falle gilt das, was ursprünglich selbst nur Erscheinung ist, z. B. eine Rose, im empirischen Verstande für ein Ding an sich selbst, welches doch jedem Auge in Ansehung der Farbe anders erscheinen kann. Dagegen ist der transzendentale Begriff der Erscheinungen im Raume eine kritische Erinnerung, daß überhaupt nichts, was im Raume angeschaut wird, eine Sache an sich, noch daß der Raum eine Form der Dinge sei, die ihnen etwa an sich selbst eigen wäre, sondern daß uns die Gegenstände an sich gar nicht bekannt sind, und, was wir äußere Gegenstände nennen, nichts anderes als bloße Vorstellungen unserer Sinnlichkeit sind, deren Form der Raum ist, deren wahres Korrelatum aber, d. i. das Ding an sich selbst, dadurch gar nicht erkannt wird, noch erkannt werden kann, nach welchem aber auch in der Erfahrung niemals gefragt wird.

Zweiter Abschnitt
Von der Zeit

§ 4
Metaphysische Erörterung des Begriffs der Zeit

Die Zeit ist 1. kein empirischer Begriff, der irgend von einer Erfahrung abgezogen worden. Denn das Zugleichsein oder Aufeinanderfolgen würde selbst nicht in die

Wahrnehmung kommen, wenn die Vorstellung der Zeit nicht a priori zum Grunde läge. Nur unter deren Voraussetzung kann man sich vorstellen, daß einiges zu einer und derselben Zeit (zugleich) oder in verschiedenen Zeiten (nacheinander) sei.

2. Die Zeit ist eine notwendige Vorstellung, die allen Anschauungen zum Grunde liegt. Man kann in Ansehung der Erscheinungen überhaupt die Zeit selbst nicht aufheben, ob man zwar ganz wohl die Erscheinungen aus der Zeit wegnehmen kann. Die Zeit ist also a priori gegeben. In ihr allein ist alle Wirklichkeit der Erscheinungen möglich. Diese können insgesamt wegfallen, aber sie selbst (als die allgemeine Bedingung ihrer Möglichkeit,) kann nicht aufgehoben werden.

3. Auf diese Notwendigkeit a priori gründet sich auch die Möglichkeit apodiktischer Grundsätze von den Verhältnissen der Zeit, oder Axiomen von der Zeit überhaupt. Sie hat nur Eine Dimension: verschiedene Zeiten sind nicht zugleich, sondern nacheinander (so wie verschiedene Räume nicht nacheinander, sondern zugleich sind). Diese Grundsätze können aus der Erfahrung nicht gezogen werden, denn diese würde weder strenge Allgemeinheit, noch apodiktische Gewißheit geben. Wir würden nur sagen können: so lehrt es die gemeine Wahrnehmung; nicht aber: so muß es sich verhalten. Diese Grundsätze gelten als Regeln, unter denen überhaupt Erfahrungen möglich sind, und belehren uns vor derselben, und nicht durch dieselbe.

4. Die Zeit ist kein diskursiver, oder, wie man ihn nennt, allgemeiner Begriff, sondern eine reine Form der sinnlichen Anschauung. Verschiedene Zeiten sind nur Teile eben derselben Zeit. Die Vorstellung, die nur durch einen einzigen Gegenstand gegeben werden kann, ist aber Anschauung. Auch würde sich der Satz, daß verschiedene Zeiten nicht zugleich sein können, aus einem allgemeinen Begriff nicht herleiten lassen. Der Satz ist synthetisch, und kann aus Begriffen allein nicht entspringen. Er ist also in der Anschauung und Vorstellung der Zeit unmittelbar enthalten.

5. Die Unendlichkeit der Zeit bedeutet nichts weiter, als daß alle bestimmte Größe der Zeit nur durch Einschränkungen einer einigen zum Grunde liegenden Zeit möglich sei. Daher muß die ursprüngliche Vorstellung *Zeit* als uneingeschränkt gegeben sein. Wovon aber die Teile selbst, und jede Größe eines Gegenstandes, nur durch Einschränkung bestimmt vorgestellt werden können, da muß die ganze Vorstellung nicht durch Begriffe gegeben sein, (denn die enthalten nur Teilvorstellungen,) sondern es muß ihnen unmittelbare Anschauung zum Grunde liegen.

§ 5
Transzendentale Erörterung des Begriffs der Zeit

Ich kann mich deshalb auf Nr. 3 berufen, wo ich, um kurz zu sein, das, was eigentlich transzendental ist, unter die Artikel der metaphysischen Erörterung gesetzt habe. Hier füge ich noch hinzu, daß der Begriff der Veränderung und, mit ihm, der Begriff der Bewegung (als Veränderung des Orts) nur durch und in der Zeitvorstellung möglich ist:

daß, wenn diese Vorstellung nicht Anschauung (innere) a priori wäre, kein Begriff, welcher es auch sei, die Möglichkeit einer Veränderung, d. i. einer Verbindung kontradiktorisch entgegengesetzter Prädikate (z.B. das Sein an einem Orte und das Nichtsein eben desselben Dinges an demselben Orte) in einem und demselben Objekte begreiflich machen könnte. Nur in der Zeit können beide kontradiktorisch-entgegengesetzte Bestimmungen in einem Dinge, nämlich *nacheinander*, anzutreffen sein. Also erklärt unser Zeitbegriff die Möglichkeit so vieler synthetischer Erkenntnis a priori, als die allgemeine Bewegungslehre, die nicht wenig fruchtbar ist, darlegt.

§ 6
Schlüsse aus diesen Begriffen

a) Die Zeit ist nicht etwas, was für sich selbst bestünde, oder den Dingen als objektive Bestimmung anhinge, mithin übrig bliebe, wenn man von allen subjektiven Bedingungen der Anschauung derselben abstrahiert; denn im ersten Fall würde sie etwas sein, was ohne wirklichen Gegenstand dennoch wirklich wäre. Was aber das zweite betrifft, so könnte sie als eine den Dingen selbst anhängende Bestimmung oder Ordnung nicht vor den Gegenständen als ihre Bedingung vorhergehen, und a priori durch synthetische Sätze erkannt und angeschaut werden. Diese letztere findet dagegen sehr wohl statt, wenn die Zeit nichts als die subjektive Bedingung ist, unter der alle Anschauungen in uns stattfinden können. Denn da kann diese Form der inneren Anschauung vor den Gegenständen, mithin a priori, vorgestellt werden.

b) Die Zeit ist nichts anderes, als die Form des inneren Sinnes, d. i. des Anschauens unserer selbst und unseres inneren Zustandes. Denn die Zeit kann keine Bestimmung äußerer Erscheinungen sein; sie gehört weder zu einer Gestalt, oder Lage usw., dagegen bestimmt sie das Verhältnis der Vorstellungen in unserem inneren Zustande. Und, eben weil diese innere Anschauung keine Gestalt gibt, suchen wir auch diesen Mangel durch Analogien zu ersetzen, und stellen die Zeitfolge durch eine ins Unendliche fortgehende Linie vor, in welcher das Mannigfaltige eine Reihe ausmacht, die nur von einer Dimension ist, und schließen aus den Eigenschaften dieser Linie auf alle Eigenschaften der Zeit, außer dem einigen, daß die Teile der ersteren zugleich, die der letzteren aber jederzeit nacheinander sind. Hieraus erhellt auch, daß die Vorstellung der Zeit selbst Anschauung sei, weil alle ihre Verhältnisse sich an einer äußeren Anschauung ausdrücken lassen.

c) Die Zeit ist die formale Bedingung a priori aller Erscheinungen überhaupt. Der Raum, als die reine Form aller äußeren Anschauung ist als Bedingung a priori bloß auf äußere Erscheinungen eingeschränkt. Dagegen, weil alle Vorstellungen, sie mögen nun äußere Dinge zum Gegenstande haben, oder nicht, doch an sich selbst, als Bestimmungen des Gemüts, zum inneren Zustande gehören, dieser innere Zustand aber, unter der formalen Bedingung der inneren Anschauung, mithin der Zeit gehört, so ist die Zeit eine Bedingung a priori von aller Erscheinung überhaupt, und zwar die unmittelbare Bedingung der inneren (unserer Seelen) und eben dadurch mittelbar auch der äußeren Erscheinungen. Wenn ich a priori sagen kann: alle äußeren Erscheinungen sind im Raume, und nach den Verhältnissen des Raumes a priori bestimmt, so kann ich aus dem Prinzip des inneren Sinnes ganz allgemein sagen: alle Erscheinungen überhaupt, d. i. alle Gegenstände der Sinne, sind in der Zeit, und stehen notwendigerweise in Verhältnissen der Zeit.

Wenn wir von unserer Art, uns selbst innerlich anzuschauen, und vermittelst dieser Anschauung auch alle äußeren Anschauungen in der Vorstellungskraft zu befassen, abstrahieren, und mithin die Gegenstände nehmen, so wie sie an sich selbst sein mögen, so ist die Zeit nichts. Sie ist nur von objektiver Gültigkeit in Ansehung der Erscheinungen, weil dieses schon Dinge sind, die wir als *Gegenstände unserer Sinne* annehmen; aber sie ist nicht mehr objektiv, wenn man von der Sinnlichkeit unserer Anschauung, mithin derjenigen Vorstellungsart, welche uns eigentümlich ist, abstrahiert, und von *Dingen überhaupt* redet. Die Zeit ist also lediglich eine subjektive Bedingung unserer (menschlichen) Anschauung, (welche jederzeit sinnlich ist, d. i. sofern wir von Gegenständen affiziert werden,) und an sich, außer dem Subjekte, nichts. Nichtsdestoweniger ist sie in Ansehung aller Erscheinungen, mithin auch aller Dinge, die uns in der Erfahrung vorkommen können, notwendigerweise objektiv. Wir können nicht sagen: alle Dinge sind in der Zeit, weil bei dem Begriff der Dinge überhaupt von aller Art der Anschauung derselben abstrahiert wird, diese aber die eigentliche Bedingung ist, unter der die Zeit in die Vorstellung der Gegenstände gehört. Wird nun die Bedingung zum Begriffe hinzugefügt, und es heißt: alle Dinge, als Erscheinungen (Gegenstände der sinnlichen Anschauung), sind in der Zeit, so hat der Grundsatz seine gute objektive Richtigkeit und Allgemeinheit a priori.

Unsere Behauptungen lehren demnach *empirische Realität* der Zeit, d. i. objektive Gültigkeit in Ansehung aller Gegenstände, die jemals unseren Sinnen gegeben werden mögen. Und da unsere Anschauung jederzeit sinnlich ist, so kann uns in der Erfahrung niemals ein Gegenstand gegeben werden, der nicht unter die Bedingung der Zeit gehörte. Dagegen bestreiten wir der Zeit allen Anspruch auf absolute Realität, da sie nämlich, auch ohne auf die Form unserer sinnlichen Anschauung Rücksicht zu nehmen, schlechthin den Dingen als Bedingung oder Eigenschaft anhinge. Solche Eigenschaften, die den Dingen an sich zukommen, können uns durch die Sinne auch niemals gegeben werden. Hierin besteht also die *transzendentale Idealität* der Zeit, nach welcher sie, wenn man von den subjektiven Bedingungen der sinnlichen Anschauung abstrahiert, gar nichts ist, und den Gegenständen an sich selbst (ohne ihr Verhältnis auf unsere Anschauung,) weder subsistierend noch inhärierend beigezählt werden kann. Doch ist diese Idealität, ebensowenig wie die des Raumes, mit den Subreptionen der Empfindung in Vergleichung zu stellen, weil man doch dabei von der Erscheinung selbst, der diese Prädikate inhärieren, voraussetzt, daß sie objektive Realität habe, die hier gänzlich wegfällt, außer, sofern sie bloß empirisch ist, d. i. den Gegenstand selbst bloß als Erscheinung ansieht: wovon die obige Anmerkung des ersteren Abschnitts nachzusehen ist.

§ 7
Erläuterung

Wider diese Theorie, welche der Zeit empirische Realität zugesteht, aber die absolute und transzendentale bestreitet, habe ich von einsehenden Männern einen Einwurf so einstimmig vernommen, daß ich daraus abnehme, er müsse sich natürlicherweise bei jedem Leser, dem diese Betrachtungen ungewohnt sind, vorfinden. Er lautet also: Veränderungen sind wirklich (dies beweist der Wechsel unserer eigenen Vorstellungen, wenn man gleich alle äußeren Erscheinungen, samt deren Veränderungen, leugnen wollte). Nun sind Veränderungen nur in der Zeit möglich, folglich ist die Zeit etwas Wirkliches. Die Beantwortung hat keine Schwierigkeit. Ich gebe das ganze Argument zu. Die Zeit ist allerdings etwas Wirkliches, nämlich die wirkliche Form der inneren Anschauung. Sie hat also subjektive Realität in Ansehung der inneren Erfahrung, d. i. ich habe wirklich die Vorstellung von der Zeit und meinen Bestimmungen in ihr. Sie ist also wirklich nicht als Objekt, sondern als die Vorstellungsart meiner selbst als Objekts anzusehen. Wenn aber ich selbst, oder ein ander Wesen mich, ohne diese Bedingung der Sinnlichkeit, anschauen könnte, so würden eben dieselben Bestimmungen, die wir uns jetzt als Veränderungen vorstellen, eine Erkenntnis geben, in welcher die Vorstellung der Zeit, mithin auch der Veränderung, gar nicht vorkäme. Es bleibt also ihre empirische Realität als Bedingung aller unserer Erfahrungen. Nur die absolute Realität kann ihr nach dem oben Angeführten nicht zugestanden werden. Sie ist nichts, als die Form unserer inneren Anschauung. Wenn man von ihr die besondere Bedingung unserer Sinnlichkeit wegnimmt, so verschwindet auch der Begriff der Zeit, und sie hängt nicht an den Gegenständen selbst, sondern bloß am Subjekte, welches sie anschaut.

Die Ursache aber, weswegen dieser Einwurf so einstimmig gemacht wird, und zwar von denen, die gleichwohl gegen die Lehre von der Idealität des Raumes nichts Einleuchtendes einzuwenden wissen, ist diese. Die absolute Realität des Raumes hoffeten sie nicht apodiktisch dartun zu können, weil ihnen der Idealismus entgegensteht, nach welchem die Wirklichkeit äußerer Gegenstände keines strengen Beweises fähig ist: dagegen die des Gegenstandes unserer inneren Sinne (meiner selbst und meines Zustandes) unmittelbar durchs Bewußtsein klar ist. Jene konnten ein bloßer Schein sein, dieser aber ist, ihrer Meinung nach, unleugbar etwas Wirkliches. Sie bedachten aber nicht, daß beide, ohne daß man ihre Wirklichkeit als Vorstellungen bestreiten darf, gleichwohl nur zur Erscheinung gehören, welche jederzeit zwei Seiten hat, die eine, da das Objekt an sich selbst betrachtet wird, (unangesehen der Art, dasselbe anzuschauen, dessen Beschaffenheit aber eben darum jederzeit problematisch bleibt,) die andere, da auf die Form der Anschauung dieses Gegenstandes gesehen wird, welche nicht in dem Gegenstande an sich selbst, sondern im Subjekte, dem derselbe erscheint, gesucht werden muß, gleichwohl aber der Erscheinung dieses Gegenstandes wirklich und notwendig zukommt.

Zeit und Raum sind demnach zwei Erkenntnisquellen, aus denen a priori verschiedene synthetische Erkenntnisse geschöpft werden können, wie vornehmlich die reine Mathematik in Ansehung der Erkenntnisse vom Raume und dessen Verhältnissen ein glänzendes Beispiel gibt. Sie sind nämlich beide zusammengenommen reine Formen aller sinnlichen Anschauung, und machen dadurch synthetische Sätze a priori möglich. Aber diese Erkenntnisquellen a priori bestimmen sich eben dadurch (daß sie bloß Bedingungen der Sinnlichkeit sind) ihre Grenzen, nämlich, daß sie bloß auf Gegenstände gehen, sofern sie als Erscheinungen betrachtet werden, nicht aber Dinge an sich selbst darstellen. Jene allein sind das Feld ihrer Gültigkeit, woraus, wenn man hinausgeht, weiter kein objektiver Gebrauch derselben stattfindet. Diese Realität des Raumes und der Zeit läßt übrigens die Sicherheit der Erfahrungserkenntnis unangetastet: denn wir sind derselben ebenso gewiß, ob diese Formen den Dingen an sich selbst, oder nur unserer Anschauung dieser Dinge notwendigerweise anhängen. Dagegen die, so die absolute Realität des Raumes und der Zeit behaupten, sie mögen sie nun als subsistierend, oder nur inhärierend annehmen, mit den Prinzipien der Erfahrung selbst uneinig sein müssen. Denn, entschließen sie sich zum ersteren, (welches gemeiniglich die Partei der mathematischen Naturforscher ist,) so müssen sie zwei ewige und unendliche für sich bestehende Undinge (Raum und Zeit) annehmen, welche da sind (ohne daß doch etwas Wirkliches ist), nur um alles Wirkliche in sich zu befassen. Nehmen sie die zweite Partei (von der einige metaphysische Naturlehrer sind), und Raum und Zeit gelten ihnen als von der Erfahrung abstrahierte, obzwar in der Absonderung verworren vorgestellte, Verhältnisse der Erscheinungen (neben- oder nacheinander), so müssen sie den mathematischen Lehren a priori in Ansehung wirklicher Dinge (z. E. im Raume) ihre Gültigkeit, wenigstens die apodiktische Gewißheit bestreiten, indem diese a posteriori gar nicht stattfindet, und die Begriffe a priori von Raum und Zeit, dieser Meinung nach, nur Geschöpfe der Einbildungskraft sind, deren Quell wirklich in der Erfahrung gesucht werden muß, aus deren abstrahierten Verhältnissen die Einbildung etwas gemacht hat, was zwar das Allgemeine derselben enthält, aber ohne die Restriktionen, welche die Natur mit denselben verknüpft hat, nicht stattfinden kann. Die ersteren gewinnen so viel, daß sie für die mathematischen Behauptungen sich das Feld der Erscheinungen freimachen. Dagegen verwirren sie sich sehr durch eben diese Bedingungen, wenn der Verstand über dieses Feld hinausgehen will. Die zweiten gewinnen zwar in Ansehung des letzteren, nämlich, daß die Vorstellungen von Raum und Zeit ihnen nicht in den Weg kommen, wenn sie von Gegenständen nicht als Erscheinungen, sondern bloß im Verhältnis auf den Verstand urteilen wollen; können aber weder von der Möglichkeit mathematischer Erkenntnisse a priori (indem ihnen eine wahre und objektiv gültige Anschauung a priori fehlt) Grund angeben, noch die Erfahrungssätze mit jenen Behauptungen in notwendige Einstimmung bringen. In unserer Theorie, von der wahren Beschaffenheit dieser zwei ursprünglichen Formen der Sinnlichkeit, ist beiden Schwierigkeiten abgeholfen.

Daß schließlich die transzendentale Ästhetik nicht mehr, als diese zwei Elemente, nämlich Raum und Zeit, enthalten könne, ist daraus klar, weil alle anderen zur Sinnlichkeit gehörigen Begriffe, selbst der der Bewegung, welcher beide Stücke vereinigt, etwas Empirisches voraussetzen. Denn diese setzt die Wahrnehmung von etwas Beweglichem voraus. Im Raum, an sich selbst betrachtet, ist aber nichts Bewegliches: daher das Bewegliche etwas sein muß, *was im Raume nur durch Erfahrung* gefunden wird, mithin ein empirisches Datum. Ebenso kann die transzendentale Ästhetik nicht den Begriff der Veränderung unter ihre Data a priori zählen: denn die Zeit selbst verändert sich nicht, sondern etwas, das in der Zeit ist. Also wird dazu die Wahrnehmung von irgendeinem Dasein, und der Sukzession seiner Bestimmungen, mithin Erfahrung erfordert.

§ 8
Allgemeine Anmerkungen zur transzendentalen Ästhetik

I. Zuerst wird es nötig sein, uns so deutlich, als möglich, zu erklären, was in Ansehung der Grundbeschaffenheit der sinnlichen Erkenntnis überhaupt unsere Meinung sei, um aller Mißdeutung derselben vorzubeugen.

Wir haben also sagen wollen: daß alle unsere Anschauung nichts als die Vorstellung von Erscheinung sei: daß die Dinge, die wir anschauen, nicht das an sich selbst sind, wofür wir sie anschauen, noch ihre Verhältnisse so an sich selbst beschaffen sind, als sie uns erscheinen, und daß, wenn wir unser Subjekt oder auch nur die subjektive Beschaffenheit der Sinne überhaupt aufheben, alle die Beschaffenheit, alle Verhältnisse der Objekte im Raum und Zeit, ja selbst Raum und Zeit verschwinden würden, und als Erscheinungen nicht an sich selbst, sondern nur in uns existieren können. Was es für eine Bewandtnis mit den Gegenständen an sich und abgesondert von aller dieser Rezeptivität unserer Sinnlichkeit haben möge, bleibt uns gänzlich unbekannt. Wir kennen nichts, als unsere Art, sie wahrzunehmen, die uns eigentümlich ist, die auch nicht notwendig jedem Wesen, obzwar jedem Menschen, zukommen muß. Mit dieser haben wir es lediglich zu tun. Raum und Zeit sind die reinen Formen derselben, Empfindung überhaupt die Materie. Jene können wir allein a priori, d. i. vor aller wirklichen Wahrnehmung erkennen, und sie heißt darum reine Anschauung; diese aber ist das in unserem Erkenntnis, was da macht, daß sie Erkenntnis a posteriori, d. i. empirische Anschauung heißt. Jene hängen unserer Sinnlichkeit schlechthin notwendig an, welcher Art auch unsere Empfindungen sein mögen; diese können sehr verschieden sein. Wenn wir diese unsere Anschauung auch zum höchsten Grade der Deutlichkeit bringen könnten, so würden wir dadurch der Beschaffenheit der Gegenstände an sich selbst nicht näher kommen. Denn wir würden auf allen Fall doch nur unsere Art der Anschauung, d. i. unsere Sinnlichkeit vollständig erkennen, und diese immer nur unter den, dem Subjekt ursprünglich anhängenden Bedingungen, von Raum und Zeit; was die Gegenstände an sich selbst sein mögen, würde uns durch die aufgeklärteste Erkenntnis der Erscheinung derselben, die uns allein gegeben ist, doch niemals bekannt werden.

Daß daher unsere ganze Sinnlichkeit nichts als die verworrene Vorstellung der Dinge sei, welche lediglich das enthält, was ihnen an sich selbst zukommt, aber nur unter einer Zusammenhäufung von Merkmalen und Teilvorstellungen, die wir nicht mit Bewußtsein auseinander setzen, ist eine Verfälschung des Begriffs von Sinnlichkeit und von Erscheinung, welche die ganze Lehre derselben unnütz und leer macht. Der Unterschied einer undeutlichen von der deutlichen Vorstellung ist bloß logisch, und betrifft nicht den Inhalt. Ohne Zweifel enthält der Begriff von *Recht*, dessen sich der gesunde Verstand bedient, ebendasselbe, was die subtilste Spekulation aus ihm entwickeln kann, nur daß im gemeinen und praktischen Gebrauche man sich dieser mannigfaltigen Vorstellungen in diesen Gedanken nicht bewußt ist. Darum kann man nicht sagen, daß der gemeine Begriff sinnlich sei, und eine bloße Erscheinung enthalte, denn das Recht kann gar nicht erscheinen, sondern sein Begriff liegt im Verstande, und stellt eine Beschaffenheit (die moralische) der Handlungen vor, die ihnen an sich selbst zukommt. Dagegen enthält die Vorstellung eines *Körpers* in der Anschauung gar nichts, was einem Gegenstande an sich selbst zukommen könnte, sondern bloß die Erscheinung von etwas, und die Art, wie wir dadurch affiziert werden, und diese Rezeptivität unserer Erkenntnisfähigkeit heißt Sinnlichkeit, und bleibt von der Erkenntnis des Gegenstandes an sich selbst, ob man jene (die Erscheinung) gleich bis auf den Grund durchschauen möchte, dennoch himmelweit unterschieden.

Die Leibniz-Wolfische Philosophie hat daher allen Untersuchungen über die Natur und den Ursprung unserer Erkenntnisse einen ganz unrechten Gesichtspunkt angewiesen, indem sie den Unterschied der Sinnlichkeit vom Intellektuellen bloß als logisch betrachtete, da er offenbar transzendental ist, und nicht bloß die Form der Deutlichkeit oder Undeutlichkeit, sondern den Ursprung und den Inhalt derselben betrifft, so daß wir durch die erstere die Beschaffenheit der Dinge an sich selbst nicht bloß undeutlich, sondern gar nicht erkennen, und, sobald wir unsere subjektive Beschaffenheit wegnehmen, das vorgestellte Objekt mit den Eigenschaften, die ihm die sinnliche Anschauung beilegte, überall nirgend anzutreffen ist, noch angetroffen werden kann, indem eben diese subjektive Beschaffenheit die Form desselben, als Erscheinung, bestimmt.

Wir unterscheiden sonst wohl unter Erscheinungen das, was der Anschauung derselben wesentlich anhängt, und für jeden menschlichen Sinn überhaupt gilt, von demjenigen, was derselben nur zufälligerweise zukommt, indem es nicht auf die Beziehung der Sinnlichkeit überhaupt, sondern nur auf eine besondere Stellung oder

Organisation dieses oder jenes Sinnes gültig ist. Und da nennt man die erstere Erkenntnis eine solche, die den Gegenstand an sich selbst vorstellt, die zweite aber nur die Erscheinung desselben. Dieser Unterschied ist aber nur empirisch. Bleibt man dabei stehen, (wie es gemeiniglich geschieht,) und sieht jene empirische Anschauung nicht wiederum (wie es geschehen sollte) als bloße Erscheinung an, so daß darin gar nichts, was irgendeine Sache an sich selbst anginge, anzutreffen ist, so ist unser transzendentaler Unterschied verloren, und wir glauben alsdann doch, Dinge an sich zu erkennen, ob wir es gleich überall (in der Sinnenwelt) selbst bis zu der tiefsten Erforschung ihrer Gegenstände mit nichts, als Erscheinungen, zu tun haben, So werden wir zwar den Regenbogen eine bloße Erscheinung bei einem Sonnregen nennen, diesen Regen aber die Sache an sich selbst, welches auch richtig ist, sofern wir den letzteren Begriff nur physisch verstehen, als das, was in der allgemeinen Erfahrung, unter allen verschiedenen Lagen zu den Sinnen, doch in der Anschauung so und nicht anders bestimmt ist. Nehmen wir aber dieses Empirische überhaupt, und fragen, ohne uns an die Einstimmung desselben mit jedem Menschensinne zu kehren, ob auch dieses einen Gegenstand an sich selbst (nicht die Regentropfen, denn die sind dann schon, als Erscheinungen, empirische Objekte,) vorstelle, so ist die Frage von der Beziehung der Vorstellung auf den Gegenstand transzendental, und nicht allein diese Tropfen sind bloße Erscheinungen, sondern selbst ihre runde Gestalt, ja sogar der Raum, in welchen sie fallen, sind nichts an sich selbst, sondern bloße Modifikationen, oder Grundlagen unserer sinnlichen Anschauung, das transzendentale Objekt aber bleibt uns unbekannt.

Die zweite wichtige Angelegenheit unserer transzendentalen Ästhetik ist, daß sie nicht bloß als scheinbare Hypothese einige Gunst erwerbe, sondern so gewiß und ungezweifelt sei, als jemals von einer Theorie gefordert werden kann, die zum Organon dienen soll. Um diese Gewißheit völlig einleuchtend zu machen, wollen wir irgendeinen Fall wählen, woran dessen Gültigkeit augenscheinlich werden und zu mehrer Klarheit dessen, was § 3 angeführt worden, dienen kann.

Setzet demnach, Raum und Zeit seien an sich selbst objektiv und Bedingungen der Möglichkeit der Dinge an sich selbst, so zeigt sich erstlich: daß von beiden a priori apodiktische und synthetische Sätze in großer Zahl vornehmlich vom Raum vorkommen, welchen wir darum vorzüglich hier zum Beispiel untersuchen wollen. Da die Sätze der Geometrie synthetisch a priori und mit apodiktischer Gewißheit erkannt werden, so frage ich: woher nehmt ihr dergleichen Sätze, und worauf stützt sich unser Verstand, um zu dergleichen schlechthin notwendigen und allgemeingültigen Wahrheiten zu gelangen? Es ist kein anderer Weg, als durch Begriffe oder durch Anschauungen; beide aber, als solche, die entweder a priori oder a posteriori gegeben sind. Die letzteren, nämlich empirische Begriffe, imgleichen das, worauf sie sich gründen, die empirische Anschauung, können keinen synthetischen Satz geben, als nur einen solchen, der auch bloß empirisch, d. i. ein Erfahrungssatz ist, mithin niemals Notwendigkeit und absolute Allgemeinheit enthalten kann, dergleichen doch das

Charakteristische aller Sätze der Geometrie ist. Was aber das erstere und einzige Mittel sein würde, nämlich durch bloße Begriffe oder durch Anschauungen a priori zu dergleichen Erkenntnissen zu gelangen, so ist klar, daß aus bloßen Begriffen gar keine synthetische Erkenntnis, sondern lediglich analytische erlangt werden kann. Nehmet nur den Satz: daß durch zwei gerade Linien sich gar kein Raum einschließen lasse, mithin keine Figur möglich sei, und versucht ihn aus dem Begriff von geraden Linien und der Zahl zwei abzuleiten; oder auch, daß aus drei geraden Linien eine Figur möglich sei, und versucht es ebenso bloß aus diesen Begriffen. Alle eure Bemühung ist vergeblich, und ihr seht euch genötigt, zur Anschauung eure Zuflucht zu nehmen, wie es die Geometrie auch jederzeit tut. Ihr gebt euch also einen Gegenstand in der Anschauung; von welcher Art aber ist diese, ist es eine reine Anschauung a priori oder eine empirische? Wäre das letzte, so könnte niemals ein allgemeingültiger, noch weniger ein apodiktischer Satz daraus werden: denn Erfahrung kann dergleichen niemals liefern. Ihr müßt also euren Gegenstand a priori in der Anschauung geben, und auf diesen euren synthetischen Satz gründen. Läge nun in euch nicht ein Vermögen, a priori anzuschauen; wäre diese subjektive Bedingung der Form nach nicht zugleich die allgemeine Bedingung a priori, unter der allein das Objekt dieser (äußeren) Anschauung selbst möglich ist; wäre der Gegenstand (der Triangel) etwas an sich selbst ohne Beziehung auf euer Subjekt: wie könntet ihr sagen, daß, was in euren subjektiven Bedingungen einen Triangel zu konstruieren notwendig liegt, auch dem Triangel an sich selbst notwendig zukommen müsse? denn ihr könntet doch zu euren Begriffen (von drei Linien) nichts neues (die Figur) hinzufügen, welches darum notwendig an dem Gegenstande angetroffen werden müßte, da dieser vor eurer Erkenntnis und nicht durch dieselbe gegeben ist. Wäre also nicht der Raum (und so auch die Zeit) eine bloße Form eurer Anschauung, welche Bedingungen a priori enthält, unter denen allein Dinge für euch äußere Gegenstände sein können, die ohne diese subjektiven Bedingungen an sich nichts sind, so könntet ihr a priori ganz und gar nichts über äußere Objekte synthetisch ausmachen. Es ist also ungezweifelt gewiß, und nicht bloß möglich, oder auch wahrscheinlich, daß Raum und Zeit, als die notwendigen Bedingungen aller (äußeren und inneren) Erfahrung, bloß subjektive Bedingungen aller unserer Anschauung sind, im Verhältnis auf welche daher alle Gegenstände bloße Erscheinungen und nicht für sich in dieser Art gegebene Dinge sind, von denen sich auch um deswillen, was die Form derselben betrifft, vieles a priori sagen läßt, niemals aber das Mindeste von dem Dinge an sich selbst, das diesen Erscheinungen zum Grunde liegen mag.

II. Zur Bestätigung dieser Theorie von der Idealität des äußeren sowohl als inneren Sinnes, mithin aller Objekte der Sinne, als bloßer Erscheinungen, kann vorzüglich die Bemerkung dienen: daß alles, was in unserem Erkenntnis zur Anschauung gehört, (also Gefühl der Lust und Unlust, und den Willen, die gar nicht Erkenntnisse, sind, ausgenommen,) nichts als bloße Verhältnisse enthalte, der Örter in einer Anschauung (Ausdehnung), Veränderung der Örter (Bewegung), und Gesetze, nach denen diese

Veränderung bestimmt wird (bewegende Kräfte). Was aber in dem Orte gegenwärtig sei, oder was es außer der Ortsveränderung in den Dingen selbst wirke, wird dadurch nicht gegeben. Nun wird durch bloße Verhältnisse doch nicht eine Sache an sich erkannt: also ist wohl zu urteilen, daß, da uns durch den äußeren Sinn nichts als bloße Verhältnisvorstellungen gegeben werden, dieser auch nur das Verhältnis eines Gegenstandes auf das Subjekt in seiner Vorstellung enthalten könne, und nicht das Innere, was dem Objekte an sich zukommt. Mit der inneren Anschauung ist es eben so bewandt. Nicht allein, daß darin die Vorstellungen *äußerer Sinne* den eigentlichen Stoff ausmachen, womit wir unser Gemüt besetzen, sondern die Zeit, in die wir diese Vorstellungen setzen, die selbst dem Bewußtsein derselben in der Erfahrung vorhergeht, und als formale Bedingung derart, wie wir sie im Gemüte setzen, zum Grunde liegt, enthält schon Verhältnisse des Nacheinander-, des Zugleichseins und dessen, was mit dem Nacheinandersein zugleich ist (des Beharrlichen). Nun ist das, was, als Vorstellung, vor aller Handlung irgend etwas zu denken, vorhergehen kann, die Anschauung, und, wenn sie nichts als Verhältnisse enthält, die Form der Anschauung, welche, da sie nichts vorstellt, außer so fern etwas im Gemüte gesetzt wird, nichts anderes sein kann, als die Art, wie das Gemüt durch eigene Tätigkeit, nämlich dieses Setzen ihrer Vorstellung, mithin durch sich selbst affiziert wird, d. i. ein innerer Sinn seiner Form nach. Alles, was durch einen Sinn vorgestellt wird, ist so fern jederzeit Erscheinung, und ein innerer Sinn würde also entweder gar nicht eingeräumt werden müssen, oder das Subjekt, welches der Gegenstand desselben ist, würde durch denselben nur als Erscheinung vorgestellt werden können, nicht wie es von sich selbst urteilen würde, wenn seine Anschauung bloße Selbsttätigkeit, d. i. intellektuell, wäre. Hierbei beruht alle Schwierigkeit nur darauf, wie ein Subjekt sich selbst innerlich anschauen könne, allein diese Schwierigkeit ist jeder Theorie gemein. Das Bewußtsein seiner selbst (Apperzeption) ist die einfache Vorstellung des Ich, und, wenn dadurch allein alles Mannigfaltige im Subjekt *selbsttätig* gegeben wäre, so würde die innere Anschauung intellektuell sein. Im Menschen erfordert dieses Bewußtsein innere Wahrnehmung von dem Mannigfaltigen, was im Subjekte vorher gegeben wird, und die Art, wie dieses ohne Spontaneität im Gemüte gegeben wird, muß, um dieses Unterschiedes willen, Sinnlichkeit heißen. Wenn das Vermögen sich bewußt zu werden, das, was im Gemüte liegt, aufsuchen (apprehendieren) soll, so muß es dasselbe affizieren, und kann allein auf solche Art eine Anschauung seiner selbst hervorbringen, deren Form aber, die vorher im Gemüte zugrunde liegt, die Art, wie das Mannigfaltige im Gemüte beisammen ist, in der Vorstellung der Zeit bestimmt, da es denn sich selbst anschaut, nicht wie es sich unmittelbar selbsttätig vorstellen würde, sondern nach der Art, wie es von innen affiziert wird, folglich wie es sich erscheint, nicht wie es ist.

III. Wenn ich sage: im Raum und der Zeit stellt die Anschauung, sowohl der äußeren Objekte, als auch die Selbstanschauung des Gemüts, beides vor, so wie es unsere Sinne affiziert, d. i. wie es erscheint; so will das nicht sagen, daß diese Gegenstände ein bloßer *Schein* wären. Denn in der Erscheinung werden jederzeit die Objekte, ja selbst die Beschaffenheiten, die wir ihnen beilegen, als etwas wirklich Gegebenes angesehen, nur daß, sofern diese Beschaffenheit nur von der Anschauungsart des Subjekts in der Relation des gegebenen Gegenstandes zu ihm abhängt, dieser Gegenstand als *Erscheinung* von ihm selber als Objekt *an sich* unterschieden wird. So sage ich nicht, die Körper *scheinen* bloß außer mir zu sein, oder meine Seele *scheint* nur in meinem Selbstbewußtsein gegeben zu sein, wenn ich behaupte, daß die Qualität des Raumes und der Zeit, welcher, als Bedingung ihres Daseins, gemäß ich beide setze, in meiner Anschauungsart und nicht in diesen Objekten an sich liege. Es wäre meine eigene Schuld, wenn ich aus dem, was ich zur Erscheinung zählen sollte, bloßen Schein machte. Dieses geschieht aber nicht nach unserem Prinzip der Idealität aller unserer sinnlichen Anschauungen; vielmehr, wenn man jenen Vorstellungsformen *objektive Realität* beilegt, so kann man nicht vermeiden, daß nicht alles dadurch in bloßen *Schein* verwandelt werde. Denn, wenn man den Raum und die Zeit als Beschaffenheiten ansieht, die ihrer Möglichkeit nach in Sachen an sich angetroffen werden müßten, und überdenkt die Ungereimtheiten, in die man sich alsdann verwickelt, indem zwei unendliche Dinge, die nicht Substanzen, auch nicht etwas wirklich den Substanzen Inhärierendes, dennoch aber Existierendes, ja die notwendige Bedingung der Existenz aller Dinge sein müssen, auch übrig bleiben, wenn gleich alle existierenden Dinge aufgehoben werden; so kann man es dem guten *Berkeley* wohl nicht verdenken, wenn er die Körper zu bloßem Schein herabsetzte, ja es müßte sogar unsere eigene Existenz, die, auf solche Art von der für sich bestehenden Realität eines Undinges, wie die Zeit, abhängig gemacht wäre, mit dieser in lauter Schein verwandelt werden, eine Ungereimtheit, die sich bisher noch niemand hat zuschulden kommen lassen.

IV. In der natürlichen Theologie, da man sich einen Gegenstand denkt, der nicht allein für uns gar kein Gegenstand der Anschauung, sondern der ihm selbst durchaus kein Gegenstand der sinnlichen Anschauung sein kann, ist man sorgfältig darauf bedacht, von aller seiner Anschauung (denn dergleichen muß alles sein Erkenntnis sein, und nicht *Denken*, welches jederzeit Schranken beweist) die Bedingungen der Zeit und des Raumes wegzuschaffen. Aber mit welchem Rechte kann man dieses tun, wenn man beide vorher zu Formen der Dinge an sich selbst gemacht hat, und zwar solchen, die, als Bedingungen der Existenz der Dinge a priori, übrig bleiben, wenn man gleich die Dinge selbst aufgehoben hätte: denn, als Bedingungen alles Daseins überhaupt, müßten sie es auch vom Dasein Gottes sein. Es bleibt nichts übrig, wenn man sie nicht zu objektiven Formen aller Dinge machen will, als daß man sie zu subjektiven Formen unserer äußeren sowohl als inneren Anschauungsart macht, die darum sinnlich heißt, weil sie *nicht ursprünglich*, d. i. eine solche ist, durch die selbst das Dasein des Objekts der Anschauung gegeben wird (und die, soviel wir einsahen, nur dem Urwesen zukommen kann), sondern von dem Dasein des Objekts abhängig, mithin nur dadurch, daß die Vorstellungsfähigkeit des Subjekts durch dasselbe affiziert wird, möglich ist.

Es ist auch nicht nötig, daß wir die Anschauungsart in Raum und Zeit auf die Sinnlichkeit des Menschen einschränken, es mag sein, daß alles endliche denkende Wesen hierin mit dem Menschen notwendig übereinkommen müsse, (wiewohl wir dieses nicht entscheiden können,) so hört sie um dieser Allgemeingültigkeit willen doch nicht auf Sinnlichkeit zu sein, eben darum, weil sie abgeleitet (intuitus derivativus), nicht ursprünglich (intuitus originarius), mithin nicht intellektuelle Anschauung ist, als welche aus dem eben angeführten Grunde allein dem Urwesen, niemals aber einem, seinem Dasein sowohl als seiner Anschauung nach (die sein Dasein in Beziehung auf gegebene Objekte bestimmt), abhängigen Wesen zuzukommen scheint; wiewohl die letztere Bemerkung zu unserer ästhetischen Theorie nur als Erläuterung, nicht als Beweisgrund gezählt werden muß.

Beschluß der transzendentalen Ästhetik

Hier haben wir nun eines von den erforderlichen Stücken zur Auflösung der allgemeinen Aufgabe der Transzendentalphilosophie: *wie sind synthetische Sätze a priori möglich?* nämlich reine Anschauungen a priori, Raum und Zeit, in welchen wir, wenn wir im Urteile a priori über den gegebenen Begriff hinausgehen wollen, dasjenige antreffen, was nicht im Begriffe, wohl aber in der Anschauung, die ihm entspricht, a priori entdeckt werden und mit jenem synthetisch verbunden werden kann, welche Urteile aber aus diesem Grunde nie weiter, als auf Gegenstände der Sinne reichen, und nur für Objekte möglicher Erfahrung gelten können.

Zweiter Teil
Die transzendentale Logik

Einleitung
Idee einer transzendentalen Logik

I.
Von der Logik überhaupt

Unsere Erkenntnis entspringt aus zwei Grundquellen des Gemüts, deren die erste ist, die Vorstellungen zu empfangen (die Rezeptivität der Eindrücke), die zweite das Vermögen, durch diese Vorstellungen einen Gegenstand zu erkennen (Spontaneität der Begriffe); durch die erstere wird uns ein Gegenstand *gegeben*, durch die zweite wird dieser im Verhältnis auf jene Vorstellung (als bloße Bestimmung des Gemüts) *gedacht*. Anschauung und Begriffe machen also die Elemente aller unserer Erkenntnis aus, so daß weder Begriffe, ohne ihnen auf einige Art korrespondierende Anschauung, noch Anschauung ohne Begriffe, ein Erkenntnis abgeben können. Beide sind entweder rein, oder empirisch. *Empirisch*, wenn Empfindung (die die wirkliche Gegenwart des Gegenstandes voraussetzt) darin enthalten ist: *rein* aber, wenn der Vorstellung keine

Empfindung beigemischt ist. Man kann die letztere die Materie der sinnlichen Erkenntnis nennen. Daher enthält reine Anschauung lediglich die Form, unter welcher etwas angeschaut wird, und reiner Begriff allein die Form des Denkens eines Gegenstandes überhaupt. Nur allein reine Anschauungen oder Begriffe sind a priori möglich, empirische nur a posteriori.

Wollen wir die *Rezeptivität* unseres Gemüts, Vorstellungen zu empfangen, sofern es auf irgendeine Weise affiziert wird, *Sinnlichkeit* nennen, so ist dagegen das Vermögen, Vorstellungen selbst hervorzubringen, oder die *Spontaneität* des Erkenntnisses, der *Verstand*. Unsere Natur bringt es so mit sich, daß die *Anschauung* niemals anders als *sinnlich* sein kann, d. i. nur die Art enthält, wie wir von Gegenständen affiziert werden. Dagegen ist das Vermögen, den Gegenstand sinnlicher Anschauung zu *denken*, der *Verstand*. Keine dieser Eigenschaften ist der anderen vorzuziehen. Ohne Sinnlichkeit würde uns kein Gegenstand gegeben, und ohne Verstand keiner gedacht werden. Gedanken ohne Inhalt sind leer, Anschauungen ohne Begriffe sind blind. Daher ist es ebenso notwendig, seine Begriffe sinnlich zu machen, (d. i. ihnen den Gegenstand in der Anschauung beizufügen,) als seine Anschauungen sich verständlich zu machen (d. i. sie unter Begriffe zu bringen). Beide Vermögen, oder Fähigkeiten, können auch ihre Funktionen nicht vertauschen. Der Verstand vermag nichts anzuschauen, und die Sinne nichts zu denken. Nur daraus, daß sie sich vereinigen, kann Erkenntnis entspringen. Deswegen darf man aber doch nicht ihren Anteil vermischen, sondern man hat große Ursache, jedes von dem andern sorgfältig abzusondern, und zu unterscheiden. Daher unterscheiden wir die Wissenschaft der Regeln der Sinnlichkeit überhaupt, d. i. Ästhetik, von der Wissenschaft der Verstandesregeln überhaupt, d. i. der Logik.

Die Logik kann nun wiederum in zwiefacher Absicht unternommen werden, entweder als Logik des allgemeinen, oder des besonderen Verstandesgebrauchs. Die erste enthält die schlechthin notwendigen Regeln des Denkens, ohne welche gar kein Gebrauch des Verstandes stattfindet, und geht also auf diesen, unangesehen der Verschiedenheit der Gegenstände, auf welche er gerichtet sein mag. Die Logik des besonderen Verstandesgebrauchs enthält die Regeln, über eine gewisse Art von Gegenständen richtig zu denken. Jene kann man die Elementarlogik nennen, diese aber das Organon dieser oder jener Wissenschaft. Die letztere wird mehrenteils in den Schulen als Propädeutik der Wissenschaften vorangeschickt, ob sie zwar, nach dem Gange der menschlichen Vernunft, das späteste ist, wozu sie allererst gelangt, wenn die Wissenschaft schon lange fertig ist, und nur die letzte Hand zu ihrer Berichtigung und Vollkommenheit bedarf. Denn man muß die Gegenstände schon in ziemlich hohem Grade kennen, wenn man die Regel angeben will, wie sich eine Wissenschaft von ihnen zustande bringen lasse.

Die allgemeine Logik ist nun entweder die reine, oder die angewandte Logik. In der ersteren abstrahieren wir von allen empirischen Bedingungen, unter denen unser Verstand ausgeübt wird, z. B. vom Einfluß der Sinne, vom Spiele der Einbildung, den

Gesetzen des Gedächtnisses, der Macht der Gewohnheit, der Neigung usw., mithin auch den Quellen der Vorurteile, ja gar überhaupt von allen Ursachen, daraus uns gewisse Erkenntnisse entspringen, oder untergeschoben werden mögen, weil sie bloß den Verstand unter gewissen Umständen seiner Anwendung betreffen, und, um diese zu kennen, Erfahrung erfordert wird. Eine *allgemeine*, aber *reine Logik*, hat es also mit lauter Prinzipien a priori zu tun, und ist ein *Kanon des Verstandes* und der Vernunft, aber nur in Ansehung des Formalen ihres Gebrauchs, der Inhalt mag sein, welcher er wolle, (empirisch oder transzendental). Eine *allgemeine Logik* heißt aber alsdann *angewandt*, wenn sie auf die Regeln des Gebrauchs des Verstandes unter den subjektiven empirischen Bedingungen, die uns die Psychologie lehrt, gerichtet ist. Sie hat also empirische Prinzipien, ob sie zwar insofern allgemein ist, daß sie auf den Verstandesgebrauch ohne Unterschied der Gegenstände geht. Um deswillen ist sie auch weder ein Kanon des Verstandes überhaupt, noch ein Organon besonderer Wissenschaften, sondern lediglich ein Kathartikon des gemeinen Verstandes.

In der allgemeinen Logik muß also der Teil, der die reine Vernunftlehre ausmachen soll, von demjenigen gänzlich abgesondert werden, welcher die angewandte (obzwar noch immer allgemeine) Logik ausmacht. Der erstere ist eigentlich nur allein Wissenschaft, obzwar kurz und trocken, und wie es die schulgerechte Darstellung einer Elementarlehre des Verstandes erfordert. In dieser müssen also die Logiker jederzeit zwei Regeln vor Augen haben.

1. Als allgemeine Logik abstrahiert sie von allem Inhalt der Verstandeserkenntnis, und der Verschiedenheit ihrer Gegenstände, und hat mit nichts als der bloßen Form des Denkens zu tun.

2. Als reine Logik hat sie keine empirischen Prinzipien, mithin schöpft sie nichts (wie man sich bisweilen überredet hat) aus der Psychologie, die also auf den Kanon des Verstandes gar keinen Einfluß hat. Sie ist eine demonstrierte Doktrin, und alles muß in ihr völlig a priori gewiß sein.

Was ich die angewandte Logik nenne, (wider die gemeine Bedeutung dieses Wortes, nach der sie gewisse Exerzitien, dazu die reine Logik die Regel gibt, enthalten soll,) so ist sie eine Vorstellung des Verstandes und der Regeln seines notwendigen Gebrauchs in concreto, nämlich unter den zufälligen Bedingungen des Subjekts, die diesen Gebrauch hindern oder befördern können, und die insgesamt nur empirisch gegeben werden. Sie handelt von der Aufmerksamkeit, deren Hindernis und Folgen, dem Ursprunge des Irrtums, dem Zustande des Zweifels, des Skrupels, der Überzeugung usw. und zu ihr verhält sich die allgemeine und reine Logik wie die reine Moral, welche bloß die notwendigen sittlichen Gesetze eines freien Willens überhaupt enthält, zu der eigentlichen Tugendlehre, welche diese Gesetze unter den Hindernissen der Gefühle, Neigungen und Leidenschaften, denen die Menschen mehr oder weniger unterworfen sind, erwägt, und welche niemals eine wahre und demonstrierte Wissenschaft abgeben kann, weil sie ebensowohl als jene angewandte Logik empirische und psychologische Prinzipien bedarf.

II.
Von der transzendentalen Logik

Die allgemeine Logik abstrahiert, wie wir gewiesen, von allem Inhalt der Erkenntnis, d. i. von aller Beziehung derselben auf das Objekt, und betrachtet nur die logische Form im Verhältnisse der Erkenntnisse aufeinander, d. i. die Form des Denkens überhaupt. Weil es nun aber sowohl reine, als empirische Anschauungen gibt, (wie die transzendentale Ästhetik dartut,) so könnte auch wohl ein Unterschied zwischen reinem und empirischem Denken der Gegenstände angetroffen werden. In diesem Falle würde es eine Logik geben, in der man nicht von allem Inhalt der Erkenntnis abstrahierte; denn diejenige, welche bloß die Regeln des reinen Denkens eines Gegenstandes enthielte, würde alle diejenigen Erkenntnisse ausschließen, welche von empirischem Inhalte wären. Sie würde auch auf den Ursprung unserer Erkenntnisse von Gegenständen gehen, sofern er nicht den Gegenständen zugeschrieben werden kann; da hingegen die allgemeine Logik mit diesem Ursprunge der Erkenntnis nichts zu tun hat, sondern die Vorstellungen, sie mögen uranfänglich a priori in uns selbst, oder nur empirisch gegeben sein, bloß nach den Gesetzen betrachtet, nach welchen der Verstand sie im Verhältnis gegeneinander braucht, wenn er denkt, und also nur von der Verstandesform handelt, die den Vorstellungen verschafft werden kann, woher sie auch sonst entsprungen sein mögen.

Und hier mache ich eine Anmerkung, die ihren Einfluß auf alle nachfolgenden Betrachtungen erstreckt, und die man wohl vor Augen haben muß, nämlich: daß nicht eine jede Erkenntnis a priori, sondern nur die, dadurch wir erkennen, daß und wie gewisse Vorstellungen (Anschauungen oder Begriffe) lediglich a priori angewandt werden, oder möglich sind, transzendental (d. i. die Möglichkeit der Erkenntnis oder der Gebrauch derselben a priori) heißen müsse. Daher ist weder der Raum, noch irgendeine geometrische Bestimmung desselben a priori eine transzendentale Vorstellung, sondern nur die Erkenntnis, daß diese Vorstellungen gar nicht empirischen Ursprungs sind, und die Möglichkeit, wie sie sich gleichwohl a priori auf Gegenstände der Erfahrung beziehen könne, kann transzendental heißen. Imgleichen würde der Gebrauch des Raumes von Gegenständen überhaupt auch transzendental sein: aber ist er lediglich auf Gegenstände der Sinne eingeschränkt, so heißt er empirisch. Der Unterschied des Transzendentalen und Empirischen gehört also nur zur Kritik der Erkenntnisse, und betrifft nicht die Beziehung derselben auf ihren Gegenstand.

In der Erwartung also, daß es vielleicht Begriffe geben könne, die sich a priori auf Gegenstände beziehen mögen, nicht als reine oder sinnliche Anschauungen, sondern bloß als Handlungen des reinen Denkens, die mithin Begriffe, aber weder empirischen noch ästhetischen Ursprungs sind, so machen wir uns zum voraus die Idee von einer Wissenschaft des reinen Verstandes und Vernunfterkenntnisses, dadurch wir Gegenstände völlig a priori denken. Eine solche Wissenschaft, welche den Ursprung, den Umfang und die objektive Gültigkeit solcher Erkenntnisse bestimmte, würde *transzendentale Logik* heißen müssen, weil sie es bloß mit den Gesetzen des Verstandes und der Vernunft zu tun hat, aber lediglich, sofern sie auf Gegenstände a priori bezogen wird, und nicht, wie die allgemeine Logik, auf die empirischen sowohl, als reinen Vernunfterkenntnisse ohne Unterschied.

III.
Von der Einteilung der allgemeinen Logik in Analytik und Dialektik

Die alte und berühmte Frage, womit man die Logiker in die Enge zu treiben vermeinte, und sie dahin zu bringen suchte, daß sie sich entweder auf einer elenden Dialexe mußten betreffen lassen, oder ihre Unwissenheit, mithin die Eitelkeit ihrer ganzen Kunst bekennen sollten, ist diese: *Was ist Wahrheit?* Die Namenerklärung der Wahrheit, daß sie nämlich die Übereinstimmung der Erkenntnis mit ihrem Gegenstande sei, wird hier geschenkt, und vorausgesetzt; man verlangt aber zu wissen, welches das allgemeine und sichere Kriterium der Wahrheit einer jeden Erkenntnis sei.

Es ist schon ein großer und nötiger Beweis der Klugheit oder Einsicht, zu wissen, was man vernünftigerweise fragen solle. Denn, wenn die Frage an sich ungereimt ist, und unnötige Antworten verlangt, so hat sie, außer der Beschämung dessen, der sie aufwirft, bisweilen noch den Nachteil, den unbehutsamen Anhörer derselben zu ungereimten Antworten zu verleiten, und den belachenswerten Anblick zu geben, daß einer (wie die Alten sagten) den Bock melkt, der andere ein Sieb unterhält.

Wenn Wahrheit in der Übereinstimmung einer Erkenntnis mit ihrem Gegenstande besteht, so muß dadurch dieser Gegenstand von anderen unterschieden werden; denn eine Erkenntnis ist falsch, wenn sie mit dem Gegenstande, worauf sie bezogen wird, nicht übereinstimmt, ob sie gleich etwas enthält, was wohl von anderen Gegenständen gelten könnte. Nun würde ein allgemeines Kriterium der Wahrheit dasjenige sein, welches von allen Erkenntnissen, ohne Unterschied ihrer Gegenstände, gültig wäre. Es ist aber klar, daß, da man bei demselben von allem Inhalt der Erkenntnis (Beziehung auf ihr Objekt) abstrahiert, und Wahrheit gerade diesen Inhalt angeht, es ganz unmöglich und ungereimt sei, nach einem Merkmale der Wahrheit dieses Inhalts der Erkenntnisse zu fragen, und daß also ein hinreichendes, und doch zugleich allgemeines Kennzeichen der Wahrheit unmöglich angegeben werden könne. Da wir oben schon den Inhalt einer Erkenntnis die Materie derselben genannt haben, so wird man sagen müssen: von der Wahrheit der Erkenntnis der Materie nach läßt sich kein allgemeines Kennzeichen verlangen, weil es in sich selbst widersprechend ist.

Was aber das Erkenntnis der bloßen Form nach (mit Beiseitesetzung alles Inhalts) betrifft, so ist ebenso klar: daß eine Logik, sofern sie die allgemeinen und notwendigen Regeln des Verstandes vorträgt, eben in diesen Regeln Kriterien der Wahrheit darlegen müsse. Denn, was diesen widerspricht, ist falsch, weil der Verstand dabei seinen allgemeinen Regeln des Denkens, mithin sich selbst widerstreitet. Diese Kriterien aber betreffen nur die Form der Wahrheit, d. i. des Denkens überhaupt, und sind sofern ganz richtig, aber nicht hinreichend. Denn obgleich eine Erkenntnis der logischen Form völlig gemäß sein möchte, d. i. sich selbst nicht widerspräche, so kann sie doch noch immer dem Gegenstande widersprechen. Also ist das bloß logische Kriterium der Wahrheit, nämlich die Übereinstimmung einer Erkenntnis mit den allgemeinen und formalen Gesetzen des Verstandes und der Vernunft zwar die *conditio sine qua non*, mithin die negative Bedingung aller Wahrheit: weiter aber kann die Logik nicht gehen, und den Irrtum, der nicht die Form, sondern den Inhalt trifft, kann die Logik durch keinen Probierstein entdecken.

Die allgemeine Logik löst nun das ganze formale Geschäft des Verstandes und der Vernunft in seine Elemente auf, und stellt sie als Prinzipien aller logischen Beurteilung unserer Erkenntnis dar. Dieser Teil der Logik kann daher Analytik heißen, und ist eben darum der wenigstens negative Probierstein der Wahrheit, indem man zuvörderst alle Erkenntnis, ihrer Form nach, an diesen Regeln prüfen und schätzen muß, ehe man sie selbst ihrem Inhalt nach untersucht, um auszumachen, ob sie in Ansehung des Gegenstandes positive Wahrheit enthalten. Weil aber die bloße Form des Erkenntnisses, so sehr sie auch mit logischen Gesetzen übereinstimmen mag, noch lange nicht hinreicht, materielle (objektive) Wahrheit dem Erkenntnisse darum auszumachen, so kann sich niemand bloß mit der Logik wagen, über Gegenstände zu urteilen, und irgend etwas zu behaupten, ohne von ihnen vorher gegründete Erkundigung außer der Logik eingezogen zu haben, um hernach bloß die Benutzung und die Verknüpfung derselben in einem zusammenhängenden Ganzen nach logischen Gesetzen zu versuchen, noch besser aber, sie lediglich danach zu prüfen. Gleichwohl liegt so etwas Verleitendes in dem Besitze einer so scheinbaren Kunst, allen unseren Erkenntnissen die Form des Verstandes zu geben, ob man gleich in Ansehung des Inhalts derselben noch sehr leer und arm sein mag, daß jene allgemeine Logik, die bloß ein *Kanon* zur Beurteilung ist, gleichsam wie ein *Organon* zur wirklichen Hervorbringung wenigstens zum Blendwerk von objektiven Behauptungen gebraucht, und mithin in der Tat dadurch gemißbraucht worden. Die allgemeine Logik nun, als vermeintes Organon, heißt *Dialektik*.

So verschieden auch die Bedeutung ist, in der die Alten dieser Benennung einer Wissenschaft oder Kunst sich bedienten, so kann man doch aus dem wirklichen Gebrauche derselben sicher abnehmen, daß sie bei ihnen nichts anderes war, als die *Logik des Scheins*. Eine sophistische Kunst, seiner Unwissenheit, ja auch seinen vorsätzlichen Blendwerken den Anstrich der Wahrheit zu geben, daß man die Methode der Gründlichkeit, welche die Logik überhaupt vorschreibt, nachahmte, und ihre Topik zu Beschönigung jedes leeren Vorgebens benutzte. Nun kann man es als eine sichere und brauchbare Warnung anmerken: daß die allgemeine Logik, *als Organon betrachtet*, jederzeit eine Logik des Scheins, d. i. dialektisch sei. Denn da sie uns gar nichts über den Inhalt der Erkenntnis lehrt, sondern nur bloß die formalen Bedingungen der Übereinstimmung mit dem Verstande, welche übrigens in Ansehung der Gegenstände gänzlich gleichgültig sind,; so muß die Zumutung, sich derselben als eines Werkzeugs (Organon) zu gebrauchen, um seine Kenntnisse, wenigstens dem Vorgeben nach, auszubreiten und zu erweitern, auf nichts als Geschwätzigkeit hinauslaufen, alles, was man will, mit einigem Schein zu behaupten, oder auch nach Belieben anzufechten.

Eine solche Unterweisung ist der Würde der Philosophie auf keine Weise gemäß. Um deswillen hat man diese Benennung der Dialektik lieber, als eine Kritik des dialektischen Scheins, der Logik beigezählt, und als eine solche wollen wir sie auch hier verstanden wissen.

IV.
Von der Einteilung der transz. Logik in die transzendentale Analytik und Dialektik

In einer transzendentalen Logik isolieren wir den Verstand, (so wie oben in der transzendentalen Ästhetik die Sinnlichkeit) und heben bloß den Teil des Denkens aus unserem Erkenntnisse heraus, der lediglich seinen Ursprung in dem Verstande hat. Der Gebrauch dieser reinen Erkenntnis aber beruht darauf, als ihrer Bedingung: daß uns Gegenstände in der Anschauung gegeben seien, worauf jene angewandt werden können. Denn ohne Anschauung fehlt es aller unserer Erkenntnis an Objekten, und sie bleibt alsdann völlig leer. Der Teil der transzendentalen Logik also, der die Elemente der reinen Verstandeserkenntnis vorträgt, und die Prinzipien, ohne welche überall kein Gegenstand gedacht werden kann, ist die transzendentale Analytik, und zugleich, eine Logik der Wahrheit. Denn ihr kann keine Erkenntnis widersprechen, ohne daß sie zugleich allen Inhalt verlöre, d. i. alle Beziehung auf irgendein Objekt, mithin alle Wahrheit. Weil es aber sehr anlockend und verleitend ist, sich dieser reinen Verstandeserkenntnisse und Grundsätze allein, und selbst über die Grenzen der Erfahrung hinaus, zu bedienen, welche doch einzig und allein uns die Materie (Objekte) an die Hand geben kann, worauf jene reinen Verstandesbegriffe angewandt werden können: so gerät der Verstand in Gefahr, durch leere Vernünfteleien von den bloßen formalen Prinzipien des reinen Verstandes einen materialen Gebrauch zu machen, und über Gegenstände ohne Unterschied zu urteilen, die uns doch nicht gegeben sind, ja vielleicht auf keinerlei Weise gegeben werden können. Da sie also eigentlich nur ein Kanon der Beurteilung des empirischen Gebrauchs sein sollte, so wird sie gemißbraucht, wenn man sie als das Organon eines allgemeinen und unbeschränkten Gebrauchs gelten läßt, und sich mit dem reinen Verstande allein wagt, synthetisch über Gegenstände überhaupt zu urteilen, zu behaupten, und zu entscheiden. Also würde der Gebrauch des reinen Verstandes alsdann dialektisch sein. Der zweite Teil der transzendentalen Logik muß also eine Kritik dieses dialektischen Scheines sein, und heißt transzendentale Dialektik, nicht als eine Kunst, dergleichen Schein dogmatisch zu erregen, (eine leider sehr gangbare Kunst mannigfaltiger metaphysischer Gaukelwerke) sondern als eine Kritik des Verstandes und der Vernunft in Ansehung ihres hyperphysischen Gebrauchs, um den falschen Schein ihrer grundlosen Anmaßungen aufzudecken, und ihre Ansprüche auf Erfindung und Erweiterung, die sie bloß durch transzendentale Grundsätze zu erreichen vermeint, zur bloßen Beurteilung und Verwahrung des reinen Verstandes vor sophistischem Blendwerke herabzusetzen.

Erste Abteilung
Die transzendentale Analytik

Diese Analytik ist die Zergliederung unseres gesamten Erkenntnisses a priori in die Elemente der reinen Verstandeserkenntnis. Es kommt hiebei auf folgende Stücke an: 1. Daß die Begriffe reine und nicht empirische Begriffe seien. 2. Daß sie nicht zur Anschauung und zur Sinnlichkeit, sondern zum Denken und Verstande gehören. 3. Daß sie Elementarbegriffe seien und von den abgeleiteten, oder daraus zusammengesetzten, wohl unterschieden werden. 4. Daß ihre Tafel vollständig sei, und sie das ganze Feld des reinen Verstandes gänzlich ausfüllen. Nun kann diese Vollständigkeit einer Wissenschaft nicht auf den Überschlag, eines bloß durch Versuche zustande gebrachten Aggregats, mit Zuverlässigkeit angenommen werden; daher ist sie nur vermittelst einer *Idee des Ganzen* der Verstandeserkenntnis a priori und durch die daraus bestimmte Abteilung der Begriffe, welche sie ausmachen, mithin nur durch ihren *Zusammenhang in einem System* möglich. Der reine Verstand sondert sich nicht allein von allem Empirischen, sondern sogar von aller Sinnlichkeit völlig aus. Er ist also eine für sich selbst beständige, sich selbst genugsame, und durch keine äußerlich hinzukommenden Zusätze zu vermehrende Einheit. Daher wird der Inbegriff seiner Erkenntnis ein unter einer Idee zu befassendes und zu bestimmendes System ausmachen, dessen Vollständigkeit und Artikulation zugleich einen Probierstein der Richtigkeit und Echtheit aller hineinpassenden Erkenntnisstücke abgeben kann. Es besteht aber dieser ganze Teil der transzendentalen Logik aus zwei *Büchern*, deren das eine die *Begriffe*, das andere die *Grundsätze* des reinen Verstandes enthält.

Erstes Buch
Die Analytik der Begriffe

Ich verstehe unter der Analytik der Begriffe nicht die Analysis derselben, oder das gewöhnliche Verfahren in philosophischen Untersuchungen, Begriffe, die sich darbieten, ihrem Inhalte nach zu zergliedern und zur Deutlichkeit zu bringen, sondern die noch wenig versuchte *Zergliederung des Verstandesvermögens selbst*, um die Möglichkeit der Begriffe a priori dadurch zu erforschen, daß wir sie im Verstande allein, als ihrem

Geburtsorte, aufsuchen und dessen reinen Gebrauch überhaupt analysieren; denn dieses ist das eigentümliche Geschäft einer Transzendental-Philosophie; das übrige ist die logische Behandlung der Begriffe in der Philosophie überhaupt. Wir werden also die reinen Begriffe bis zu ihren ersten Keimen und Anlagen im menschlichen Verstande verfolgen, in denen sie vorbereitet liegen, bis sie endlich bei Gelegenheit der Erfahrung entwickelt und durch ebendenselben Verstand, von den ihnen anhängenden empirischen Bedingungen befreit, in ihrer Lauterkeit dargestellt werden.

Der Analytik der Begriffe

Erstes Hauptstück
Von dem Leitfaden der Entdeckung aller reinen Verstandesbegriffe

Wenn man ein Erkenntnisvermögen ins Spiel setzt, so tun sich, nach den mancherlei Anlässen, verschiedene Begriffe hervor, die dieses Vermögen kennbar machen und sich in einem mehr oder weniger ausführlichen Aufsatz sammeln lassen, nachdem die Beobachtung derselben längere Zeit, oder mit größerer Scharfsinnigkeit angestellt worden. Wo diese Untersuchung werde vollendet sein, läßt sich, nach diesem gleichsam mechanischen Verfahren, niemals mit Sicherheit bestimmen. Auch entdecken sich die Begriffe, die man nur so bei Gelegenheit auffindet, in keiner Ordnung und systematischen Einheit, sondern werden zuletzt nur nach Ähnlichkeiten gepaart und nach der Größe ihres Inhalts, von den einfachen an, zu den mehr zusammengesetzten, in Reihen gestellt, die nichts weniger als systematisch, obgleich auf gewisse Weise methodisch zustande gebracht werden.

Die Transzendental-Philosophie hat den Vorteil, aber auch die Verbindlichkeit, ihre Begriffe nach einem Prinzip aufzusuchen; weil sie aus dem Verstande, als absoluter Einheit, rein und unvermischt entspringen, und daher selbst nach einem Begriffe, oder Idee, unter sich zusammenhängen müssen. Ein solcher Zusammenhang aber gibt eine Regel an die Hand, nach welcher jedem reinen Verstandesbegriff seine Stelle und allen insgesamt ihre Vollständigkeit a priori bestimmt werden kann, welches alles sonst vom Belieben, oder vom Zufall abhängen würde.

Des transzendentalen Leitfadens der Entdeckung aller reinen Verstandesbegriffe

Erster Abschnitt
Von dem logischen Verstandesgebrauche überhaupt

Der Verstand wurde oben bloß negativ erklärt: durch ein nichtsinnliches Erkenntnisvermögen. Nun können wir, unabhängig von der Sinnlichkeit, keiner Anschauung teilhaftig werden. Also ist der Verstand kein Vermögen der Anschauung. Es gibt aber, außer der Anschauung, keine andere Art, zu erkennen, als durch Begriffe. Also ist die Erkenntnis eines jeden, wenigstens des menschlichen, Verstandes, eine Erkenntnis durch Begriffe, nicht intuitiv, sondern diskursiv. Alle Anschauungen, als sinnlich, beruhen auf Affektionen, die Begriffe also auf Funktionen. Ich verstehe aber unter Funktion die Einheit der Handlung, verschiedene Vorstellungen unter einer gemeinschaftlichen zu ordnen. Begriffe gründen sich also auf der Spontaneität des Denkens, wie sinnliche Anschauungen auf der Rezeptivität der Eindrücke. Von diesen Begriffen kann nun der Verstand keinen anderen Gebrauch machen, als daß er dadurch urteilt. Da keine Vorstellung unmittelbar auf den Gegenstand geht, als bloß die Anschauung, so wird ein Begriff niemals auf einen Gegenstand unmittelbar, sondern auf irgendeine andere Vorstellung von demselben (sie sei Anschauung oder selbst schon Begriff) bezogen. Das Urteil ist also die mittelbare Erkenntnis eines Gegenstandes, mithin die Vorstellung einer Vorstellung desselben. In jedem Urteil ist ein Begriff, der für viele gilt, und unter diesem Vielen auch eine gegebene Vorstellung begreift, welche letztere denn auf den Gegenstand unmittelbar bezogen wird. So bezieht sich z. B. in dem Urteile: *alle Körper sind veränderlich*, der Begriff des Teilbaren auf verschiedene andere Begriffe; unter diesen aber wird er hier besonders auf den Begriff des Körpers bezogen, dieser aber auf gewisse uns vorkommende Erscheinungen. Also werden diese Gegenstände durch den Begriff der Teilbarkeit mittelbar vorgestellt. Alle Urteile sind demnach Funktionen der Einheit unter unseren Vorstellungen, da nämlich statt einer unmittelbaren Vorstellung eine *höhere*, die diese und mehrere unter sich begreift, zur Erkenntnis des Gegenstandes gebraucht, und viel mögliche Erkenntnisse dadurch in einer zusammengezogen werden. Wir können aber alle Handlungen des Verstandes auf Urteile zurückführen, so daß der *Verstand* überhaupt als ein *Vermögen zu urteilen* vorgestellt werden kann. Denn er ist nach dem obigen ein Vermögen zu denken. Denken ist das Erkenntnis durch Begriffe. Begriffe aber beziehen sich, als Prädikate möglicher Urteile, auf irgendeine Vorstellung von einem noch unbestimmten Gegenstande. So bedeutet der Begriff des Körpers etwas, z. B. Metall, was durch jenen Begriff erkannt werden kann. Er ist also nur dadurch Begriff, daß unter ihm andere Vorstellungen enthalten sind, vermittelst deren er sich auf Gegenstände beziehen kann. Es ist also das Prädikat zu einem möglichen Urteile, z. B. ein jedes Metall ist ein Körper. Die Funktionen des Verstandes können also insgesamt gefunden werden, wenn man die Funktionen der Einheit in den Urteilen vollständig darstellen kann. Daß dies aber sich ganz wohl bewerkstelligen lasse, wird der folgende Abschnitt vor Augen stellen.

Des Leitfadens der Entdeckung aller reinen Verstandesbegriffe

Zweiter Abschnitt

§ 9
Von der logischen Funktion des Verstandes in Urteilen

Wenn wir von allem Inhalte eines Urteils überhaupt abstrahieren, und nur auf die bloße Verstandesform darin achtgeben, so finden wir, daß die Funktion des Denkens in demselben unter vier Titel gebracht werden könne, deren jeder drei Momente unter sich enthält. Sie können füglich in folgender Tafel vorgestellt werden.

<table>
<tr><td colspan="2">1.
Quantität der Urteile
Allgemeine
Besondere
Einzelne</td></tr>
<tr><td>2.
Qualität
Bejahende
Verneinende
Unendliche</td><td>3.
Relation
Kategorische
Hypothetische
Disjunktive</td></tr>
<tr><td colspan="2">4.
Modalität
Problematische
Assertorische
Apodiktische</td></tr>
</table>

Da diese Einteilung in einigen, obgleich nicht wesentlichen Stücken, von der gewohnten Technik der Logiker abzuweichen scheint, so werden folgende Verwahrungen wider den besorglichen Mißverstand nicht unnötig sein.

1. Die Logiker sagen mit Recht, daß man beim Gebrauch der Urteile in Vernunftschlüssen die einzelnen Urteile gleich den allgemeinen behandeln könne. Denn eben darum, weil sie gar keinen Umfang haben, kann das Prädikat derselben nicht bloß auf einiges dessen, was unter dem Begriff des Subjekts enthalten ist, gezogen, von einigem aber ausgenommen werden. Es gilt also von jenem Begriffe ohne Ausnahme, gleich als wenn derselbe ein gemeingültiger Begriff wäre, der einen Umfang hätte, von dessen ganzer Bedeutung das Prädikat gelte. Vergleichen wir dagegen ein einzelnes Urteil mit einem gemeingültigen, bloß als Erkenntnis, der Größe nach, so verhält sie sich zu diesem wie Einheit zur Unendlichkeit, und ist also an sich selbst davon wesentlich unterschieden. Also, wenn ich ein einzelnes Urteil *(judicium singulare)* nicht bloß nach seiner inneren Gültigkeit, sondern auch, als Erkenntnis überhaupt, nach der Größe, die es in Vergleichung mit anderen Erkenntnissen hat, schätze, so ist es allerdings von gemeingültigen Urteilen *(judicia communia)* unterschieden, und verdient in einer vollständigen Tafel der Momente des Denkens überhaupt (obzwar freilich nicht in der bloß auf den Gebrauch der Urteile untereinander eingeschränkten Logik) eine besondere Stelle.

2. Ebenso müssen in einer transzendentalen Logik *unendliche Urteile* von *bejahenden* noch unterschieden werden, wenn sie gleich in der allgemeinen Logik jenen mit Recht beigezählt sind und kein besonderes Glied der Einteilung ausmachen. Diese nämlich abstrahiert von allem Inhalt des Prädikats (ob es gleich verneinend ist) und sieht nur darauf, ob dasselbe dem Subjekt beigelegt, oder ihm entgegengesetzt werde. Jene aber betrachtet das Urteil auch nach dem Werte oder Inhalt dieser logischen Bejahung vermittelst eines bloß verneinenden Prädikats, und was diese in Ansehung des gesamten Erkenntnisses für einen Gewinn verschafft. Hätte ich von der Seele gesagt, sie ist nicht sterblich, so hätte ich durch ein verneinendes Urteil wenigstens einen Irrtum abgehalten. Nun habe ich durch den Satz: die Seele ist nicht sterblich, zwar der logischen Form nach wirklich bejaht, indem ich die Seele in den unbeschränkten Umfang der nichtsterbenden Wesen setze. Weil nun von dem ganzen Umfange möglicher Wesen das Sterbliche einen Teil enthält, das Nichtsterbende aber den anderen, so ist durch meinen Satz nichts anderes gesagt, als daß die Seele eines von der unendlichen Menge Dinge sei, die übrigbleiben, wenn ich das Sterbliche insgesamt wegnehme. Dadurch aber wird nur die unendliche Sphäre alles Möglichen insoweit beschränkt, daß das Sterbliche davon abgetrennt, und in dem übrigen Umfang ihres Raums die Seele gesetzt wird. Dieser Raum bleibt aber bei dieser Ausnahme noch immer unendlich, und können noch mehrere Teile desselben weggenommen werden, ohne daß darum der Begriff von der Seele im mindesten wächst, und bejahend bestimmt wird. Diese unendlichen Urteile also in Ansehung des logischen Umfanges sind wirklich bloß beschränkend in Ansehung des Inhalts der Erkenntnis überhaupt, und insofern müssen sie in der transzendentalen Tafel aller Momente des Denkens in den Urteilen nicht übergangen werden, weil die hierbei ausgeübte Funktion des Verstandes vielleicht in dem Felde seiner reinen Erkenntnis a priori wichtig sein kann.

3. Alle Verhältnisse des Denkens in Urteilen sind die a) des Prädikats zum Subjekt, b) des Grundes zur Folge, c) der eingeteilten Erkenntnis und der gesammelten Glieder der Einteilung untereinander. In der ersteren Art der Urteile sind nur zwei Begriffe, in der zweiten zwei Urteile, in der dritten mehrere Urteile im Verhältnis gegeneinander betrachtet. Der hypothetische Satz: wenn eine vollkommene Gerechtigkeit da ist, so wird der beharrlich Böse bestraft, enthält eigentlich das Verhältnis zweier Sätze: Es ist eine vollkommene Gerechtigkeit da, und der beharrlich Böse wird bestraft. Ob beide dieser Sätze an sich wahr seien, bleibt hier unausgemacht. Es ist nur die Konsequenz, die durch dieses Urteil gedacht wird. Endlich enthält das disjunktive Urteil ein Verhältnis zweier, oder mehrerer Sätze gegeneinander, aber nicht der Abfolge, sondern der logischen Entgegensetzung, sofern die Sphäre des einen die des anderen ausschließt, aber doch zugleich der Gemeinschaft, insofern sie zusammen die Sphäre der eigentlichen Erkenntnis erfüllen, also ein Verhältnis der Teile der Sphäre eines Erkenntnisses, da die Sphäre eines jeden Teils ein Ergänzungsstück der Sphäre des anderen zu dem ganzen Inbegriff der eingeteilten Erkenntnis ist, z. E. die Welt ist entweder durch einen blinden

Zufall da, oder durch innere Notwendigkeit, oder durch eine äußere Ursache. Jeder dieser Sätze nimmt einen Teil der Sphäre des möglichen Erkenntnisses über das Dasein einer Welt überhaupt ein, alle zusammen die ganze Sphäre. Das Erkenntnis aus einer dieser Sphären wegnehmen, heißt, sie in eine der übrigen setzen, und dagegen sie in eine Sphäre setzen, heißt, sie aus den übrigen wegnehmen. Es ist also in einem disjunktiven Urteile eine gewisse Gemeinschaft der Erkenntnisse, die darin besteht, daß sie sich wechselseitig einander ausschließen, aber dadurch doch *im Ganzen* die wahre Erkenntnis bestimmen, indem sie zusammengenommen den ganzen Inhalt einer einzigen gegebenen Erkenntnis ausmachen. Und dieses ist es auch nur, was ich des Folgenden wegen hiebei anzumerken nötig finde.

4. Die Modalität der Urteile ist eine ganz besondere Funktion derselben, die das Unterscheidende an sich hat, daß sie nichts zum Inhalte des Urteils beiträgt, (denn außer Größe, Qualität und Verhältnis ist nichts mehr, was den Inhalt eines Urteils ausmachte,) sondern nur den Wert der Copula in Beziehung auf das Denken überhaupt angeht. *Problematische* Urteile sind solche, wo man das Bejahen oder Verneinen als bloß *möglich* (beliebig) annimmt. *Assertorische,* da es als *wirklich* (wahr) betrachtet wird. *Apodiktische,* in denen man es als *notwendig* ansieht. So sind die beiden Urteile, deren Verhältnis das hypothetische Urteil ausmacht, (antecedens und consequens), imgleichen in deren Wechselwirkung das Disjunktive besteht, (Glieder der Einteilung) insgesamt nur problematisch. In dem obigen Beispiel wird der Satz: es ist eine vollkommene Gerechtigkeit da, nicht assertorisch gesagt, sondern nur als ein beliebiges Urteil, wovon es möglich ist, daß jemand es annehme, gedacht, und nur die Konsequenz ist assertorisch. Daher können solche Urteile auch offenbar falsch sein, und doch, problematisch genommen, Bedingungen der Erkenntnis der Wahrheit sein. So ist das Urteil: *die Welt ist durch blinden Zufall da,* in dem disjunktiven Urteil nur von problematischer Bedeutung, nämlich, daß jemand diesen Satz etwa auf einen Augenblick annehmen möge, und dient doch, (wie die Verzeichnung des falschen Weges, unter der Zahl aller derer, die man nehmen kann,) den wahren zu finden. Der problematische Satz ist also derjenige, der nur logische Möglichkeit (die nicht objektiv ist) ausdrückt, d. i. eine freie Wahl einen solchen Satz gelten zu lassen, eine bloß willkürliche Aufnehmung desselben in den Verstand. Der assertorische sagt von logischer Wirklichkeit oder Wahrheit, wie etwa in einem hypothetischen Vernunftschluß das Antecedens im Obersatze problematisch, im Untersatze assertorisch vorkommt, und zeigt an, daß der Satz mit dem Verstande nach dessen Gesetzen schon verbunden sei, der apodiktische Satz denkt sich den assertorischen durch diese Gesetze des Verstandes selbst bestimmt, und daher a priori behauptend, und drückt auf solche Weise logische Notwendigkeit aus. Weil nun hier alles sich gradweise dem Verstande einverleibt, so daß man zuvor etwas problematisch urteilt, darauf auch wohl es assertorisch als wahr annimmt, endlich als unzertrennlich mit dem Verstande verbunden, d. i. als notwendig und apodiktisch

behauptet, so kann man diese drei Funktionen der Modalität auch so viel Momente des Denkens überhaupt nennen.

Des Leitfadens der Entdeckung aller reinen Verstandesbegriffe

Dritter Abschnitt

§ 10
Von den reinen Verstandesbegriffen oder Kategorien

Die allgemeine Logik abstrahiert, wie mehrmalen schon gesagt worden, von allem Inhalt der Erkenntnis, und erwartet, daß ihr anderwärts, woher es auch sei, Vorstellungen gegeben werden, um diese zuerst in Begriffe zu verwandeln, welches analytisch zugeht. Dagegen hat die transzendentale Logik ein Mannigfaltiges der Sinnlichkeit a priori vor sich liegen, welches die transzendentale Ästhetik ihr darbietet, um zu den reinen Verstandesbegriffen einen Stoff zu geben, ohne den sie ohne allen Inhalt, mithin völlig leer sein würde. Raum und Zeit enthalten nun ein Mannigfaltiges der reinen Anschauung a priori, gehören aber gleichwohl zu den Bedingungen der Rezeptivität unseres Gemüts, unter denen es allein Vorstellungen von Gegenständen empfangen kann, die mithin auch den Begriff derselben jederzeit affizieren müssen. Allein die Spontaneität unseres Denkens erfordert es, daß dieses Mannigfaltige zuerst auf gewisse Weise durchgegangen, aufgenommen, und verbunden werde, um daraus eine Erkenntnis zu machen. Diese Handlung nenne ich Synthesis.

Ich verstehe aber unter *Synthesis* in der allgemeinsten Bedeutung die Handlung, verschiedene Vorstellungen zueinander hinzuzutun, und ihre Mannigfaltigkeit in einer Erkenntnis zu begreifen. Eine solche Synthesis ist *rein*, wenn das Mannigfaltige nicht empirisch, sondern a priori gegeben ist (wie das im Raum und der Zeit). Vor aller Analysis unserer Vorstellungen müssen diese zuvor gegeben sein, und es können keine Begriffe *dem Inhalte nach* analytisch entspringen. Die Synthesis eines Mannigfaltigen aber (es sei empirisch oder a priori gegeben), bringt zuerst eine Erkenntnis hervor, die zwar anfänglich noch roh und verworren sein kann, und also der Analysis bedarf; allein die Synthesis ist doch dasjenige, was eigentlich die Elemente zu Erkenntnissen sammelt, und zu einem gewissen Inhalte vereinigt; sie ist also das erste, worauf wir acht zu geben haben, wenn wir über den ersten Ursprung unserer Erkenntnis urteilen wollen.

Die Synthesis überhaupt ist, wie wir künftig sehen werden, die bloße Wirkung der Einbildungskraft, einer blinden, obgleich unentbehrlichen Funktion der Seele, ohne die wir überall gar keine Erkenntnis haben würden, der wir uns aber selten nur einmal bewußt sind. Allein, diese Synthesis *auf Begriffe* zu bringen, das ist eine Funktion, die dem Verstande zukommt, und wodurch er uns allererst die Erkenntnis in eigentlicher Bedeutung verschafft.

Die reine *Synthesis, allgemein vorgestellt*, gibt nun den reinen Verstandesbegriff. Ich verstehe aber unter dieser Synthesis diejenige, welche auf einem Grunde der synthetischen Einheit a priori beruht: so ist unser Zählen (vornehmlich ist es in größeren Zahlen merklicher) eine *Synthesis nach Begriffen*, weil sie nach einem gemeinschaftlichen Grunde der Einheit geschieht (z. E. der Dekadik). Unter diesem Begriffe wird also die Einheit in der Synthesis des Mannigfaltigen notwendig.

Analytisch werden verschiedene Vorstellungen *unter* einen Begriff gebracht, (ein Geschäft, wovon die allgemeine Logik handelt). Aber nicht die Vorstellungen, sondern die *reine Synthesis* der Vorstellungen *auf* Begriffe zu bringen, lehrt die transz. Logik. Das erste, was uns zum Behuf der Erkenntnis aller Gegenstände a priori gegeben sein muß, ist das *Mannigfaltige* der reinen Anschauung; die *Synthesis* dieses Mannigfaltigen durch die Einbildungskraft ist das zweite, gibt aber noch keine Erkenntnis. Die Begriffe, welche dieser reinen Synthesis *Einheit* geben, und lediglich in der Vorstellung dieser notwendigen synthetischen Einheit bestehen, tun das dritte zum Erkenntnisse eines vorkommenden Gegenstandes, und beruhen auf dem Verstande.

Dieselbe Funktion, welche den verschiedenen Vorstellungen *in einem Urteile* Einheit gibt, die gibt auch der bloßen Synthesis verschiedene Vorstellungen *in einer Anschauung* Einheit, welche, allgemein ausgedrückt, der reine Verstandesbegriff heißt. Derselbe Verstand also, und zwar durch eben dieselben Handlungen, wodurch er in Begriffen, vermittelst der analytischen Einheit, die logische Form eines Urteils zustande brachte, bringt auch, vermittelst der synthetischen Einheit des Mannigfaltigen in der Anschauung überhaupt, in seine Vorstellungen einen transzendentalen Inhalt, weswegen sie reine Verstandesbegriffe heißen, die a priori auf Objekte gehen, welches die allgemeine Logik nicht leisten kann.

Auf solche Weise entspringen gerade so viel reine Verstandesbegriffe, welche a priori auf Gegenstände der Anschauung überhaupt gehen, als es in der vorigen Tafel logische Funktionen in allen möglichen Urteilen gab: denn der Verstand ist durch gedachte Funktionen völlig erschöpft, und sein Vermögen dadurch gänzlich ausgemessen. Wir wollen diese Begriffe, nach dem Aristoteles *Kategorien* nennen, indem unsere Absicht uranfänglich mit der seinigen zwar einerlei ist, ob sie sich gleich davon in der Ausführung gar sehr entfernt.

Tafel der Kategorien
1. **Der Quantität:** Einheit Vielheit Allheit.

2. **Der Qualität:** Realität Negation Limitation.	3. **Der Relation:** der Inhärenz und Subsistenz *(substantia et accidens)* der Kausalität und Dependenz (Ursache und Wirkung) der Gemeinschaft (Wechselwirkung zwischen dem Handelnden und Leidenden).
4. **Der Modalität:** Möglichkeit – Unmöglichkeit Dasein – Nichtsein Notwendigkeit – Zufälligkeit.	

Dieses ist nun die Verzeichnung aller ursprünglich reinen Begriffe der Synthesis, die der Verstand a priori in sich enthält, und um derentwillen er auch nur ein reiner Verstand ist; indem er durch sie allein etwas bei dem Mannigfaltigen der Anschauung verstehen, d. i. ein Objekt derselben denken kann. Diese Einteilung ist systematisch aus einem gemeinschaftlichen Prinzip, nämlich dem Vermögen zu urteilen, (welches ebensoviel ist, als das Vermögen zu denken,) erzeugt, und nicht rhapsodistisch, aus einer auf gut Glück unternommenen Aufsuchung reiner Begriffe entstanden, von deren Vollzähligkeit man niemals gewiß sein kann, da sie nur durch Induktion geschlossen wird, ohne zu gedenken, daß man noch auf die letztere Art niemals einsieht, warum denn gerade diese und nicht andere Begriffe dem reinen Verstande beiwohnen. Es war ein eines scharfsinnigen Mannes würdiger Anschlag des *Aristoteles*, diese Grundbegriffe aufzusuchen. Da er aber kein Prinzipium hatte, so raffte er sie auf, wie sie ihm aufstießen, und trieb deren zuerst zehn auf, die er *Kategorien* (Prädikamente) nannte. In der Folge glaubte er noch ihrer fünfe aufgefunden zu haben, die er unter dem Namen der Postprädikamente hinzufügte. Allein seine Tafel blieb noch immer mangelhaft. Außerdem finden sich auch einige *modi* der reinen Sinnlichkeit darunter, (*quando, ubi, situs,* imgleichen *prius, simul,*) auch ein empirischer, *(motus)* die in dieses Stammregister des Verstandes gar nicht gehören, oder es sind auch die abgeleiteten Begriffe mit unter die Urbegriffe gezählt, (*actio, passio,*) und an einigen der letzteren fehlt es gänzlich.

Um der letzteren willen ist also noch zu bemerken: daß die Kategorien, als die wahren *Stammbegriffe* des reinen Verstandes, auch ihre ebenso reinen abgeleiteten *Begriffe* haben, die in einem vollständigen System der Transzendental-Philosophie keineswegs übergangen werden können, mit deren bloßer Erwähnung aber ich in einem bloß kritischen Versuch zufrieden sein kann.

Es sei mir erlaubt, diese reinen, aber abgeleiteten Verstandesbegriffe die *Prädikabilien* des reinen Verstandes (im Gegensatz der Prädikamente) zu nennen.

Wenn man die ursprünglichen und primitiven Begriffe hat, so lassen sich die abgeleiteten und subalternen leicht hinzufügen, und der Stammbaum des reinen Verstandes völlig ausmalen. Da es mir hier nicht um die Vollständigkeit des Systems, sondern nur der Prinzipien zu einem System zu tun ist, so verspare ich diese Ergänzung auf eine andere Beschäftigung. Man kann aber diese Absicht ziemlich erreichen, wenn man die Ontologischen Lehrbücher zur Hand nimmt, und z. B. der Kategorie der Kausalität die Prädikabilien der Kraft, der Handlung, des Leidens; der der Gemeinschaft die der Gegenwart, des Widerstandes; den Prädikamenten der Modalität die des Entstehens, Vergehens, der Veränderung usw. unterordnet. Die Kategorien mit den *modis* der reinen Sinnlichkeit oder auch untereinander verbunden, geben eine große Menge abgeleiteter Begriffe a priori, die zu bemerken, und wo möglich, bis zur Vollständigkeit zu verzeichnen, eine nützliche und nicht unangenehme, hier aber entbehrliche Bemühung sein würde.

Der Definitionen dieser Kategorien überhebe ich mich in dieser Abhandlung geflissentlich, ob ich gleich im Besitz derselben sein möchte. Ich werde diese Begriffe in der Folge bis auf den Grad zergliedern, welcher in Beziehung auf die Methodenlehre, die ich bearbeite, hinreichend ist. In einem System der reinen Vernunft würde man sie mit Recht von mir fordern können: aber hier würden sie nur den Hauptpunkt der Untersuchung aus den Augen bringen, indem sie Zweifel und Angriffe erregten, die man, ohne der wesentlichen Absicht etwas zu entziehen, gar wohl auf eine andere Beschäftigung verweisen kann. Indessen leuchtet doch aus dem wenigen, was ich hievon angeführt habe, deutlich hervor, daß ein vollständiges Wörterbuch mit allen dazu erforderlichen Erklärungen nicht allein möglich, sondern auch leicht sei zustande zu bringen. Die Fächer sind einmal da; es ist nur nötig, sie auszufüllen, und eine systematische Topik, wie die gegenwärtige, laßt nicht leicht die Stelle verfehlen, dahin ein jeder Begriff eigentümlich gehört, und zugleich diejenige leicht bemerken, die noch leer ist.

§ 11

Über diese Tafel der Kategorien lassen sich artige Betrachtungen anstellen, die vielleicht erhebliche Folgen in Ansehung der wissenschaftlichen Form aller Vernunfterkenntnisse haben könnten. Denn daß diese Tafel im theoretischen Teile der Philosophie ungemein dienlich, ja unentbehrlich sei, *den Plan zum Ganzen einer Wissenschaft*, sofern sie auf Begriffen a priori beruht, vollständig zu entwerfen, und sie mathematisch *nach bestimmten Prinzipien abzuteilen*, erhellt schon von selbst daraus, daß gedachte Tafel alle Elementarbegriffe des Verstandes vollständig, ja selbst die Form eines Systems derselben im menschlichen Verstande enthält, folglich auf alle *Momente* einer vorhabenden spekulativen Wissenschaft, ja sogar ihre *Ordnung*, Anweisung gibt, wie ich denn auch davon anderwärtseine Probe gegeben habe. Hier sind nun einige dieser Anmerkungen.

Die erste ist: daß sich diese Tafel, welche vier Klassen von Verstandesbegriffen enthält, zuerst in zwei Abteilungen zerfällen lasse, deren erstere auf Gegenstände der Anschauung (der reinen sowohl als empirischen), die zweite aber auf die Existenz dieser Gegenstände (entweder in Beziehung aufeinander oder auf den Verstand) gerichtet sind.

Die erste Klasse würde ich die der *mathematischen,* die zweite der *dynamischen* Kategorien nennen. Die erste Klasse hat, wie man sieht, keine Korrelate, die allein in der zweiten Klasse angetroffen werden. Dieser Unterschied muß doch einen Grund in der Natur des Verstandes haben.

2te Anmerk. Daß allerwärts eine gleiche Zahl der Kategorien jeder Klasse, nämlich drei sind, welches eben sowohl zum Nachdenken auffordert, da sonst alle Einteilung a priori durch Begriffe Dichtomie sein muß. Dazu kommt aber noch, daß die dritte Kategorie allenthalben aus der Verbindung der zweiten mit der ersten ihrer Klasse entspringt.

So ist die *Allheit* (Totalität) nichts anderes als die Vielheit als Einheit betrachtet, die *Einschränkung* nichts anderes als Realität mit Negation verbunden, die Gemeinschaft ist die *Kausalität* einer Substanz in Bestimmung der anderen wechselseitig, endlich die *Notwendigkeit* nichts anderes als die Existenz, die durch die Möglichkeit selbst gegeben ist. Man denke aber ja nicht, daß darum die dritte Kategorie ein bloß abgeleiteter und kein Stammbegriff des reinen Verstandes sei. Denn die Verbindung der ersten und zweiten, um den dritten Begriff hervorzubringen, erfordert einen besonderen Aktus des Verstandes, der nicht mit dem einerlei ist, der beim ersten und zweiten ausgeübt wird. So ist der Begriff einer *Zahl* (die zur Kategorie der Allheit gehört) nicht immer möglich, wo die Begriffe der Menge und der Einheit sind (z. B. in der Vorstellung des Unendlichen), oder daraus, daß ich den Begriff einer *Ursache* und den einer *Substanz* beide verbinde, noch nicht sofort der *Einfluß*, d. i. wie eine Substanz Ursache von etwas in einer anderen Substanz werden könne, zu verstehen. Daraus erhellt, daß dazu ein besonderer Aktus des Verstandes erforderlich sei; und so bei den übrigen.

3te Anmerk. Von einer einzigen Kategorie, nämlich der der *Gemeinschaft*, die unter dem dritten Titel befindlich ist, ist die Übereinstimmung mit der in der Tafel der Logischen Funktionen ihm korrespondierenden Form eines disjunktiven Urteils nicht so in die Augen fallend, als bei den übrigen.

Um sich dieser Übereinstimmung zu versichern, muß man bemerken: daß in allen disjunktiven Urteilen die Sphäre (die Menge alles dessen, was unter ihm enthalten ist) als ein Ganzes in Teile (die untergeordneten Begriffe) geteilt vorgestellt wird, und, weil einer nicht unter dem anderen enthalten sein kann, sie als einander *koordiniert,* nicht *subordiniert,* so daß sie einander nicht *einseitig,* wie in einer *Reihe,* sondern *wechselseitig,* wie in einem *Aggregat,* bestimmen (wenn ein Glied der Einteilung gesetzt wird, alle übrigen ausgeschlossen werden, und so umgekehrt), gedacht werden.

Nun wird eine ähnliche Verknüpfung in einem *Ganzen der Dinge* gedacht, da nicht eines, als Wirkung, dem anderen, als Ursache seines Daseins, *untergeordnet*, sondern zugleich und wechselseitig als Ursache in Ansehung der Bestimmung der anderen *beigeordnet* wird, (z.B. in einem Körper, dessen Teile einander wechselseitig ziehen, und auch widerstehen,) welches eine ganz andere Art der Verknüpfung ist, als die, so im bloßen Verhältnis der Ursache zur Wirkung (des Grundes zur Folge) angetroffen wird, in welchem die Folge nicht wechselseitig wiederum den Grund bestimmt, und darum mit diesem (wie der Weltschöpfer mit der Welt) nicht ein Ganzes ausmacht. Dasselbe Verfahren des Verstandes, wenn er sich die Sphäre eines eingeteilten Begriffes vorstellt, beobachtet er auch, wenn er ein Ding als teilbar denkt, und, wie die Glieder der Einteilung im ersteren einander ausschließen und doch in einer Sphäre verbunden sind, so stellt er sich die Teile des letzteren als solche, deren Existenz (als Substanzen) jedem auch ausschließlich von den übrigen zukommt, doch als in einem Ganzen verbunden vor.

§ 12

Es findet sich aber in der Transzendentalphilosophie der Alten noch ein Hauptstück vor, welches reine Verstandesbegriffe enthält, die, ob sie gleich nicht unter die Kategorien gezählt werden, dennoch, nach ihnen, als Begriffe a priori von Gegenständen gelten sollten, in welchem Falle sie aber die Zahl der Kategorien vermehren würden, welches nicht sein kann. Diese trägt der unter den Scholastikern so berufene Satz vor: quodlibet ens est unum, verum, bonum. Ob nun zwar der Gebrauch dieses Prinzips in Absicht auf die Folgerungen (die lauter tautologische Sätze gaben) sehr kümmerlich ausfiel, so, daß man es auch in neueren Zeiten beinahe nur ehrenhalber in der Metaphysik aufzustellen pflegt, so verdient doch ein Gedanke, der sich so lange Zeit erhalten hat, so leer er auch zu sein scheint, immer eine Untersuchung seines Ursprunges, und berechtigt zur Vermutung, daß er in irgend einer Verstandesregel seinen Grund habe, der nur, wie es oft geschieht, falsch gedolmetscht worden. Diese vermeintlich transzendentalen Prädikate der *Dinge* sind nichts anderes als Logische Erfordernisse und Kriterien aller *Erkenntnis* der *Dinge* überhaupt, und legen ihr die Kategorien der Quantität, nämlich der *Einheit*, *Vielheit* und *Allheit*, zum Grunde, nur daß sie diese, welche, eigentlich material, als zur Möglichkeit der Dinge selbst gehörig, genommen werden müßten, in der Tat nur in formaler Bedeutung als zur logischen Forderung in Ansehung jeder Erkenntnis gehörig brauchten, und doch diese Kriterien des Denkens unbehutsamerweise zu Eigenschaften der Dinge an sich selbst machten. In jedem Erkenntnisse eines Objektes ist nämlich *Einheit* des Begriffes, welche man *qualitative Einheit* nennen kann, sofern darunter nur die Einheit der Zusammenfassung des Mannigfaltigen der Erkenntnisse gedacht wird, wie etwa die Einheit des Thema in einem Schauspiel, einer Rede, einer Fabel. Zweitens *Wahrheit* in Ansehung der Folgen. Je mehr wahre Folgen aus einem gegebenen Begriffe, desto mehr

Kennzeichen seiner objektiven Realität. Dieses könnte man die *qualitative Vielheit* der Merkmale, die zu einem Begriffe als einem gemeinschaftlichen Grunde gehören, (nicht in ihm als Größe gedacht werden,) nennen. Endlich drittens *Vollkommenheit*, die darin besteht, daß umgekehrt diese Vielheit zusammen auf die Einheit des Begriffes zurückführt, und zu diesem und keinem anderen völlig zusammenstimmt, welches man die *qualitative Vollständigkeit* (Totalität) nennen kann. Woraus erhellt, daß diese logischen Kriterien der Möglichkeit der Erkenntnis überhaupt die drei Kategorien der Größe, in denen die Einheit in der Erzeugung des Quantums durchgängig gleichartig angenommen werden muß, hier nur in Absicht auf die Verknüpfung auch *ungleichartiger* Erkenntnisstücke in einem Bewußtsein durch die Qualität eines Erkenntnisses als Prinzips verwandeln. So ist das Kriterium der Möglichkeit eines Begriffs (nicht des Objekts derselben) die Definition, in der die *Einheit* des Begriffs, die *Wahrheit* alles dessen, was zunächst aus ihm abgeleitet werden mag, endlich die *Vollständigkeit* dessen, was aus ihm gezogen worden, zur Herstellung des ganzen Begriffs das Erforderliche desselben ausmacht; oder so ist auch das *Kriterium einer Hypothese* die Verständlichkeit des angenommenen *Erklärungsgrundes* oder dessen *Einheit* (ohne Hilfshypothese) die *Wahrheit* (Übereinstimmung unter sich selbst und mit der Erfahrung) der daraus abzuleitenden Folgen, und endlich die *Vollständigkeit* des Erklärungsgrundes zu ihnen, die auf nichts mehr noch weniger zurückweisen, als in der Hypothese angenommen worden, und das, was a priori synthetisch gedacht war, a posteriori analytisch wieder liefern und dazu zusammenstimmen. – Also wird durch die Begriffe von Einheit, Wahrheit und Vollkommenheit die transzendentale Tafel der Kategorien gar nicht, als wäre sie etwa mangelhaft, ergänzt, sondern nur, indem das Verhältnis dieser Begriffe auf Objekte gänzlich beiseite gesetzt wird, das Verfahren mit ihnen unter allgemeine logische Regeln der Übereinstimmung der Erkenntnis mit sich selbst gebracht.

Der transzendentalen Analytik

Zweites Hauptstück
Von der Deduktion der reinen Verstandesbegriffe

Erster Abschnitt

§ 13
Von den Prinzipien einer transz. Deduktion überhaupt

Die Rechtslehrer, wenn sie von Befugnissen und Anmaßungen reden, unterscheiden in einem Rechtshandel die Frage über das, was Rechtens ist, *(quid juris)* von der, die die Tatsache angeht, *(quid facti)* und indem sie von beiden Beweis fordern, so nennen sie den ersteren, der die Befugnis, oder auch den Rechtsanspruch dartun soll, die *Deduktion*. Wir bedienen uns einer Menge empirischer Begriffe ohne jemandes Widerrede, und halten uns auch ohne Deduktion berechtigt, ihnen einen Sinn und eingebildete Bedeutung zuzueignen, weil wir jederzeit die Erfahrung bei der Hand haben, ihre objektive Realität zu beweisen. Es gibt indessen auch usurpierte Begriffe, wie etwa *Glück*, *Schicksal*, die zwar mit fast allgemeiner Nachsicht herumlaufen, aber doch bisweilen durch die Frage: *quid juris*, in Anspruch genommen werden, da man alsdann wegen der Deduktion derselben in nicht geringe Verlegenheit gerät, indem man keinen deutlichen Rechtsgrund weder aus der Erfahrung, noch der Vernunft anführen kann, dadurch die Befugnis seines Gebrauchs deutlich würde.

Unter den mancherlei Begriffen aber, die das sehr vermischte Gewebe der menschlichen Erkenntnis ausmachen, gibt es einige, die auch zum reinen Gebrauch a priori (völlig unabhängig von aller Erfahrung) bestimmt sind, und dieser ihre Befugnis bedarf jederzeit einer Deduktion; weil zu der Rechtmäßigkeit eines solchen Gebrauchs Beweise aus der Erfahrung nicht hinreichend sind, man aber doch wissen muß, wie diese Begriffe sich auf Objekte beziehen können, die sie doch aus keiner Erfahrung hernehmen. Ich nenne daher die Erklärung der Art, wie sich Begriffe a priori auf Gegenstände beziehen können, die ***transzendentale*** *Deduktion* derselben, und unterscheide sie von der *empirischen* Deduktion, welche die Art anzeigt, wie ein Begriff durch Erfahrung und Reflexion über dieselbe erworben worden, und daher nicht die Rechtmäßigkeit, sondern das Faktum betrifft, wodurch der Besitz entsprungen.

Wir haben jetzt schon zweierlei Begriffe von ganz verschiedener Art, die doch darin miteinander übereinkommen, daß sie beiderseits völlig a priori sich auf Gegenstände beziehen, nämlich, die Begriffe des Raumes und der Zeit, als Formen der Sinnlichkeit, und die Kategorien, als Begriffe des Verstandes. Von ihnen eine empirische Deduktion versuchen wollen, würde ganz vergebliche Arbeit sein; weil eben darin das Unterscheidende ihrer Natur liegt, daß sie sich auf ihre Gegenstände beziehen, ohne etwas zu deren Vorstellung aus der Erfahrung entlehnt zu haben. Wenn also eine Deduktion derselben nötig ist, so wird sie jederzeit transzendental sein müssen.

Indessen kann man von diesen Begriffen, wie von allem Erkenntnis, wo nicht das Prinzipium ihrer Möglichkeit, doch die Gelegenheitsursachen ihrer Erzeugung in der Erfahrung aufsuchen, wo alsdann die Eindrücke der Sinne den ersten Anlaß geben, die ganze Erkenntniskraft in Ansehung ihrer zu eröffnen, und Erfahrung zustande zu bringen, die zwei sehr ungleichartige Elemente enthält, nämlich eine *Materie* zur Erkenntnis aus den Sinnen und eine gewisse *Form*, sie zu ordnen, aus dem inneren Quell des reinen Anschauens und Denkens, die, bei Gelegenheit der ersteren, zuerst in Ausübung gebracht werden, und Begriffe hervorbringen. Ein solches Nachspüren der ersten Bestrebungen unserer Erkenntniskraft, um von einzelnen Wahrnehmungen zu allgemeinen Begriffen zu steigen, hat ohne Zweifel seinen großen Nutzen, und man hat es dem berühmten *Locke* zu verdanken, daß er dazu zuerst den Weg eröffnet hat. Allein eine *Deduktion* der reinen Begriffe a priori kommt dadurch niemals zustande, denn sie liegt ganz und gar nicht auf diesem Wege, weil in Ansehung ihres künftigen Gebrauchs, der von der Erfahrung gänzlich unabhängig sein soll, sie einen ganz anderen Geburtsbrief, als den der Abstammung von Erfahrungen, müssen aufzuzeigen haben. Diese versuchte physiologische Ableitung, die eigentlich gar nicht Deduktion heißen kann, weil sie eine *quaestionem facti* betrifft, will ich daher die Erklärung des *Besitzes* einer reinen Erkenntnis nennen. Es ist also klar, daß von diesen allein es eine transzendentale Deduktion und keineswegs eine empirische geben könne, und daß letztere, in Ansehung der reinen Begriffe a priori, nichts als eitle Versuche sind, womit sich nur derjenige beschäftigen kann, welcher die ganz eigentümliche Natur dieser Erkenntnisse nicht begriffen hat.

Ob nun aber gleich die einzige Art einer möglichen Deduktion der reinen Erkenntnis a priori, nämlich die auf dem transzendentalen Wege eingeräumt wird, so erhellt dadurch doch eben nicht, daß sie so unumgänglich notwendig sei. Wir haben oben die Begriffe des Raumes und der Zeit, vermittelst einer transzendentalen Deduktion zu ihren Quellen verfolgt, und ihre objektive Gültigkeit a priori erklärt und bestimmt. Gleichwohl geht die Geometrie ihren sicheren Schritt durch lauter Erkenntnisse a priori, ohne daß sie sich, wegen der reinen und gesetzmäßigen Abkunft ihres Grundbegriffs vom Raume, von der Philosophie einen Beglaubigungsschein erbitten darf. Allein der Gebrauch des Begriffs geht in dieser Wissenschaft auch nur auf die äußere Sinnenwelt, von welcher der Raum die reine Form ihrer Anschauung ist, in welcher also alle geometrische Erkenntnis, weil sie sich auf Anschauung a priori gründet, unmittelbare Evidenz hat, und die Gegenstände durch die Erkenntnis selbst, a priori (der Form nach) in der Anschauung, gegeben werden. Dagegen fängt mit den *reinen Verstandesbegriffen* die unumgängliche Bedürfnis an, nicht allein von ihnen selbst, sondern auch vom Raum die transzendentale Deduktion zu suchen, weil, da sie von Gegenständen nicht durch Prädikate der Anschauung und der Sinnlichkeit, sondern des reinen Denkens a priori redet, sie sich auf Gegenstände ohne alle Bedingungen der Sinnlichkeit allgemein beziehen, und die, da sie nicht auf Erfahrung gegründet sind, auch in der Anschauung a priori kein Objekt vorzeigen können, worauf sie vor aller Erfahrung ihre Synthesis gründeten, und daher nicht allein wegen der objektiven Gültigkeit und Schranken ihres Gebrauchs Verdacht erregen, sondern auch jenen *Begriff des Raumes* zweideutig machen, dadurch, daß sie ihn über die Bedingungen der sinnlichen Anschauung zu gebrauchen geneigt sind, weshalb auch oben von ihm eine transzendentale Deduktion vonnöten war. So muß denn der Leser von der unumgänglichen Notwendigkeit einer solchen transzendentalen Deduktion, ehe er einen einzigen Schritt im Felde der reinen Vernunft getan hat, überzeugt werden; weil er sonst blind verfährt, und, nachdem er mannigfaltig umhergeirrt hat, doch wieder zu der Unwissenheit zurückkehren muß, von der er ausgegangen war. Er muß aber auch die unvermeidliche Schwierigkeit zum voraus deutlich einsehen, damit er nicht über Dunkelheit klage, wo die Sache selbst tief eingehüllt ist, oder über die Wegräumung der Hindernisse zu früh verdrossen werden, weil es darauf ankommt, entweder alle Ansprüche zu Einsichten der reinen Vernunft, als das beliebteste Feld, nämlich dasjenige über die Grenzen aller möglichen Erfahrung hinaus, völlig aufzugeben, oder diese kritische Untersuchung zur Vollkommenheit zu bringen.

Wir haben oben an den Begriffen des Raumes und der Zeit mit leichter Mühe begreiflich machen können, wie diese als Erkenntnisse a priori sich gleichwohl auf Gegenstände notwendig beziehen müssen; und eine synthetische Erkenntnis derselben, unabhängig von aller Erfahrung, möglich machten. Denn da nur vermittelst solcher reinen Formen der Sinnlichkeit uns ein Gegenstand erscheinen, d. i. ein Objekt der empirischen Anschauung sein kann, so sind Raum und Zeit reine Anschauungen, welche die Bedingung der Möglichkeit der Gegenstände als Erscheinungen a priori enthalten, und die Synthesis in denselben hat objektive Gültigkeit.

Die Kategorien des Verstandes dagegen stellen uns gar nicht die Bedingungen vor, unter denen Gegenstände in der Anschauung gegeben werden, mithin können uns allerdings Gegenstände erscheinen, ohne daß sie sich notwendig auf Funktionen des Verstandes beziehen müssen, und dieser also die Bedingungen derselben a priori enthielte. Daher zeigt sich hier eine Schwierigkeit, die wir im Felde der Sinnlichkeit nicht antrafen, wie nämlich *subjektive Bedingungen des Denkens* sollten *objektive Gültigkeit* haben, d. i. Bedingungen der Möglichkeit aller Erkenntnis der Gegenstände abgeben: denn ohne Funktionen des Verstandes können allerdings Erscheinungen in der Anschauung gegeben werden. Ich nehme z. B. den Begriff der Ursache, welcher eine besondere Art der Synthesis bedeutet, da auf etwas A was ganz verschiedenes B nach einer Regel gesetzt wird. Es ist a priori nicht klar, warum Erscheinungen etwas dergleichen enthalten sollten, (denn Erfahrungen kann man nicht zum Beweise anführen, weil die objektive Gültigkeit dieses Begriffs a priori muß dargetan werden können,) und es ist daher a priori zweifelhaft, ob ein solcher Begriff nicht etwa gar leer sei und überall unter den Erscheinungen keinen Gegenstand antreffe. Denn daß Gegenstände der sinnlichen Anschauung den im Gemüt a priori liegenden formalen Bedingungen der Sinnlichkeit gemäß sein müssen, ist daraus klar, weil sie sonst nicht Gegenstände für uns sein würden; daß sie aber auch überdem den Bedingungen, deren der Verstand zur synthetischen Einsicht des Denkens bedarf, gemäß sein müssen, davon ist die Schlußfolge nicht so leicht einzusehen. Denn es könnten wohl allenfalls Erscheinungen so beschaffen sein, daß der Verstand sie den Bedingungen seiner Einheit gar nicht gemäß fände, und alles so in Verwirrung läge, daß z. B. in der Reihenfolge der Erscheinungen sich nichts darböte, was eine Regel der Synthesis an die Hand gäbe, und also dem Begriffe der Ursache und Wirkung entspräche, so daß dieser Begriff also ganz leer, nichtig und ohne Bedeutung wäre. Erscheinungen würden nichtsdestoweniger unserer Anschauung Gegenstände darbieten, denn die Anschauung bedarf der Funktionen des Denkens auf keine Weise.

Gedächte man sich von der Mühsamkeit dieser Untersuchungen dadurch loszuwickeln, daß man sagte: Die Erfahrung böte unablässig Beispiele einer solchen Regelmäßigkeit der Erscheinungen dar, die genugsam Anlaß geben, den Begriff der Ursache davon abzusondern, und dadurch zugleich die objektive Gültigkeit eines solchen Begriffs zu bewähren, so bemerkt man nicht, daß auf diese Weise der Begriff der Ursache gar nicht entspringen kann, sondern daß er entweder völlig a priori im Verstande müsse gegründet sein, oder als ein bloßes Hirngespinst gänzlich aufgegeben werden müsse. Denn dieser Begriff erfordert durchaus, daß etwas A von der Art sei, daß ein anderes B daraus *notwendig* und *nach* einer *schlechthin allgemeinen* Regel folge. Erscheinungen geben gar wohl Fälle an die Hand, aus denen eine Regel möglich ist, nach der etwas gewöhnlichermaßen geschieht, aber niemals, daß der Erfolg *notwendig* sei: daher der Synthesis der Ursache und Wirkung auch eine Dignität anhängt, die man gar nicht empirisch ausdrücken kann, nämlich, daß die Wirkung nicht bloß zu der Ursache hinzukomme, sondern durch dieselbe gesetzt sei, und aus ihr erfolge. Die strenge Allgemeinheit der Regel ist auch gar keine Eigenschaft empirischer Regeln, die durch Induktion keine andere als komparative Allgemeinheit, d. i. ausgebreitete Brauchbarkeit bekommen können. Nun würde sich aber der Gebrauch der reinen Verstandesbegriffe gänzlich ändern, wenn man sie nur als empirische Produkte behandeln wollte.

§ 14
Übergang zur transz. Deduktion der Kategorien

Es sind nur zwei Fälle möglich, unter denen synthetische Vorstellung und ihre Gegenstände zusammentreffen, sich aufeinander notwendigerweise beziehen, und gleichsam einander begegnen können. Entweder wenn der Gegenstand die Vorstellung, oder diese den Gegenstand allein möglich macht. Ist das erstere, so ist diese Beziehung nur empirisch, und die Vorstellung ist niemals a priori möglich. Und dies ist der Fall mit Erscheinung, in Ansehung dessen, was an ihnen zur Empfindung gehört. Ist aber das zweite, weil Vorstellung an sich selbst (denn von dessen Kausalität, vermittelst des Willens, ist hier gar nicht die Rede,) ihren Gegenstand dem *Dasein nach* nicht hervorbringt, so ist doch die Vorstellung in Ansehung des Gegenstandes alsdann a priori bestimmend, wenn durch sie allein es möglich ist, etwas *als einen Gegenstand zu erkennen*. Es sind aber zwei Bedingungen, unter denen allein die Erkenntnis eines Gegenstandes möglich ist, erstlich *Anschauung*, dadurch derselbe, aber nur als Erscheinung, gegeben wird: zweitens *Begriff*, dadurch ein Gegenstand gedacht wird, der dieser Anschauung entspricht. Es ist aber aus dem obigen klar, daß die erste Bedingung, nämlich die, unter der allein Gegenstände angeschaut werden können, in der Tat den Objekten der Form nach a priori im Gemüt zum Grunde liegen. Mit dieser formalen Bedingung der Sinnlichkeit stimmen also alle Erscheinungen notwendig überein, weil sie nur durch dieselbe erscheinen, d. i. empirisch angeschaut und gegeben werden können. Nun frägt es sich, ob nicht auch Begriffe a priori vorausgehen, als Bedingungen, unter denen allein etwas, wenngleich nicht angeschaut, dennoch als Gegenstand überhaupt gedacht wird, denn alsdann ist alle empirische Erkenntnis der Gegenstände solchen Begriffen notwendigerweise gemäß, weil, ohne deren Voraussetzung, nichts als *Objekt der Erfahrung* möglich ist. Nun enthält aber alle Erfahrung außer der Anschauung der Sinne, wodurch etwas gegeben wird, noch einen *Begriff* von einem Gegenstande, der in der Anschauung gegeben wird, oder erscheint: demnach werden Begriffe von Gegenständen überhaupt, als Bedingungen a priori aller Erfahrungserkenntnis zum Grunde liegen: folglich wird die objektive Gültigkeit der Kategorien, als Begriffe a priori, darauf beruhen, daß durch sie allein Erfahrung (der Form des Denkens nach) möglich sei. Denn alsdann beziehen sie sich notwendigerweise und a priori auf Gegenstände der Erfahrung, weil nur vermittelst ihrer überhaupt irgendein Gegenstand der Erfahrung gedacht werden kann.

Die transz. Deduktion aller Begriffe a priori hat also ein Prinzipium, worauf die ganze Nachforschung gerichtet werden muß, nämlich dieses: daß sie als Bedingungen a priori der Möglichkeit der Erfahrungen erkannt werden müssen, (es sei der Anschauung, die in ihr angetroffen wird, oder des Denkens). Begriffe, die den objektiven Grund der Möglichkeit der Erfahrung abgeben, sind eben darum notwendig. Die Entwicklung der Erfahrung aber, worin sie angetroffen werden, ist nicht ihre Deduktion, (sondern Illustration,) weil sie dabei doch nur zufällig sein würden. Ohne diese ursprüngliche Beziehung auf mögliche Erfahrung, in welcher alle Gegenstände der Erkenntnis vorkommen, würde die Beziehung derselben auf irgendein Objekt gar nicht begriffen werden können.

Der berühmte *Locke* hatte, aus Ermangelung dieser Betrachtung, und weil er reine Begriffe des Verstandes in der Erfahrung antraf, sie auch von der Erfahrung abgeleitet, und verfuhr doch so *inkonsequent*, daß er damit Versuche zu Erkenntnissen wagte, die weit über alle Erfahrungsgrenze hinausgehen. *David Hume* erkannte, um das letztere tun zu können, sei es notwendig, daß diese Begriffe ihren Ursprung a priori haben müßten. Da er sich aber gar nicht erklären konnte, wie es möglich sei, daß der Verstand Begriffe, die an sich im Verstande nicht verbunden sind, doch als im Gegenstande notwendig verbunden denken müsse, und darauf nicht verfiel, daß vielleicht der Verstand durch diese Begriffe selbst Urheber der Erfahrung, worin seine Gegenstände angetroffen werden, sein könne, so leitete er sie, durch Not gedrungen, von der Erfahrung ab (nämlich von einer durch öftere Assoziation in der Erfahrung entsprungenen subjektiven Notwendigkeit, welche zuletzt fälschlich für objektiv gehalten wird, d. i. der *Gewohnheit*), verfuhr aber hernach sehr konsequent, darin, daß er es für unmöglich erklärte, mit diesen Begriffen und den Grundsätzen, die sie veranlassen, über die Erfahrungsgrenze hinauszugehen. Die *empirische* Ableitung aber, worauf beide verfielen, läßt sich mit der Wirklichkeit der wissenschaftlichen Erkenntnisse a priori, die wir haben, nämlich der *reinen Mathematik* und *allgemeinen Naturwissenschaft*, nicht vereinigen, und wird also durch das Faktum widerlegt.

Der erste dieser beiden berühmten Männer öffnete der *Schwärmerei* Tür und Tor, weil die Vernunft, wenn sie einmal Befugnisse auf ihrer Seite hat, sich nicht mehr durch unbestimmte Anpreisungen der Mäßigung in Schranken halten läßt; der zweite ergab sich gänzlich dem *Skeptizismus*, da er einmal eine so allgemeine für Vernunft gehaltene Täuschung unseres Erkenntnisvermögens glaubte entdeckt zu haben. Wir sind jetzt im Begriffe einen Versuch zu machen, ob man nicht die menschliche Vernunft zwischen diesen beiden Klippen glücklich durchbringen, ihr bestimmte Grenzen anweisen, und dennoch das ganze Feld ihrer zweckmäßigen Tätigkeit für sie geöffnet erhalten können.

Vorher will ich nur noch die *Erklärung* der *Kategorien* voranschicken. Sie sind Begriffe von einem Gegenstande überhaupt, dadurch dessen Anschauung in Ansehung einer der *logischen Funktionen* zu Urteilen als *bestimmt* angesehen wird. So war die Funktion des *kategorischen* Urteils die des Verhältnisses des Subjekts zum Prädikat, z. B. alle Körper sind teilbar. Allein in Ansehung des bloß logischen Gebrauchs des Verstandes blieb es unbestimmt, welcher von beiden Begriffen die Funktion des Subjekts, und welchem die des Prädikates man geben wolle. Denn man kann auch sagen: Einiges Teilbare ist ein Körper. Durch die Kategorie der Substanz aber, wenn ich den Begriff eines Körpers darunter bringe, wird es bestimmt: daß seine empirische Anschauung in der Erfahrung immer nur als Subjekt, niemals als bloßen Prädikat betrachtet werden müsse; und so in allen übrigen Kategorien.

Der Deduktion der reinen Verstandesbegriffe

Zweiter Abschnitt
Transzendentale Deduktion der reinen Verstandesbegriffe

§ 15
Von der Möglichkeit einer Verbindung überhaupt

Das Mannigfaltige der Vorstellungen kann in einer Anschauung gegeben werden, die bloß sinnlich d. i. nichts als Empfänglichkeit ist, und die Form dieser Anschauung kann a priori in unserem Vorstellungsvermögen liegen, ohne doch etwas anderes, als die Art zu sein, wie das Subjekt affiziert wird. Allein die Verbindung *(conjunctio)* eines Mannigfaltigen überhaupt, kann niemals durch Sinne in uns kommen, und kann also auch nicht in der reinen Form der sinnlichen Anschauung zugleich mit enthalten sein; denn sie ist ein Aktus der Spontaneität der Vorstellungskraft, und, da man diese, zum Unterschiede von der Sinnlichkeit, Verstand nennen muß, so ist alle Verbindung, wir mögen uns ihrer bewußt werden oder nicht, es mag eine Verbindung des Mannigfaltigen der Anschauung, oder mancherlei Begriffe, und an der ersteren der sinnlichen, oder nicht sinnlichen Anschauung sein, eine Verstandeshandlung, die wir mit der allgemeinen Benennung *Synthesis* belegen würden, um dadurch zugleich bemerklich zu machen, daß wir uns nichts, als im Objekt verbunden, vorstellen können, ohne es vorher selbst verbunden zu haben, und unter allen Vorstellungen die *Verbindung* die einzige ist, die nicht durch Objekte gegeben, sondern nur vom Subjekte selbst verrichtet werden kann, weil sie ein Aktus seiner Selbstständigkeit [Selbsttätigkeit] ist. Man wird hier leicht gewahr, daß diese Handlung ursprünglich einig, und für alle Verbindung gleichgeltend sein müsse, und daß die Auflösung *Analysis*, die ihr Gegenteil zu sein scheint, sie doch jederzeit voraussetze; denn wo der Verstand vorher nichts verbunden hat, da kann er auch nichts auflösen, weil es nur *durch ihn* als verbunden der Vorstellungskraft hat gegeben werden können.

Aber der Begriff der Verbindung führt außer dem Begriffe des Mannigfaltigen, und der Synthesis desselben, noch den der Einheit desselben bei sich. Verbindung ist Vorstellung der *synthetischen* Einheit des Mannigfaltilgen. Die Vorstellung dieser Einheit kann also nicht aus der Verbindung entstehen, sie macht vielmehr dadurch, daß sie zur Vorstellung des Mannigfaltigen hinzukommt, den Begriff der Verbindung allererst möglich. Diese Einheit, die a priori vor allen Begriffen der Verbindung vorhergeht, ist nicht etwa jene Kategorie der Einheit; denn alle Kategorien gründen sich auf logische Funktionen in Urteilen, in diesen aber ist schon Verbindung, mithin Einheit gegebener Begriffe gedacht. Die Kategorie setzt also schon Verbindung voraus. Also müssen wir diese Einheit noch höher suchen, nämlich in demjenigen, was selbst den Grund der Einheit verschiedener Begriffe in Urteilen, mithin der Möglichkeit des Verstandes, sogar in seinem logischen Gebrauche, enthält.

§ 16
Von der ursprünglich-synthetischen Einheit der Apperzeption

Das: *Ich denke*, muß alle meine Vorstellungen begleiten können; denn sonst würde etwas in mir vorgestellt werden, was garnicht gedacht werden könnte, welches ebensoviel heißt, als die Vorstellung würde entweder unmöglich, oder wenigstens für mich nichts sein. Diejenige Vorstellung, die vor allem Denken gegeben sein kann, heißt *Anschauung*. Also hat alles Mannigfaltige der Anschauung eine notwendige Beziehung auf das: *Ich denke*, in demselben Subjekt, darin dieses Mannigfaltige angetroffen wird. Diese Vorstellung aber ist ein Aktus der *Spontaneität*, d. i. sie kann nicht als zur Sinnlichkeit gehörig angesehen werden. Ich nenne sie die *reine Apperzeption*, um sie von der *empirischen* zu unterscheiden, oder auch die *ursprüngliche Apperzeption*, weil sie dasjenige Selbstbewußtsein ist, was, indem es die Vorstellung *Ich denke* hervorbringt, die alle anderen muß begleiten können, und in allem Bewußtsein ein und dasselbe ist, von keiner weiter begleitet werden kann. Ich nenne auch die Einheit derselben die *transzendentale* Einheit des Selbstbewußtseins, um die Möglichkeit der Erkenntnis a priori aus ihr zu bezeichnen. Denn die mannigfaltigen Vorstellungen, die in einer gewissen Anschauung gegeben werden, würden nicht insgesamt *meine* Vorstellungen sein, wenn sie nicht insgesamt zu einem Selbstbewußtsein gehörten, d. i. als meine Vorstellungen (ob ich mich ihrer gleich nicht als solcher bewußt bin) müssen sie doch der Bedingung notwendig gemäß sein, unter der sie allein in einem allgemeinen Selbstbewußtsein zusammenstehen *können*, weil sie sonst nicht durchgängig mir angehören würden. Aus dieser ursprünglichen Verbindung läßt sich vieles folgern.

Nämlich diese durchgängige Identität der Apperzeption eines in der Anschauung gegebenen Mannigfaltigen, enthält eine Synthesis der Vorstellungen, und ist nur durch das Bewußtsein dieser Synthesis möglich. Denn das empirische Bewußtsein, welches verschiedene Vorstellungen begleitet, ist an sich zerstreut und ohne Beziehung auf die Identität des Subjekts. Diese Beziehung geschieht also dadurch noch nicht, daß ich jede Vorstellung mit Bewußtsein begleite, sondern daß ich eine zu der anderen *hinzusetze* und mir der Synthesis derselben bewußt bin. Also nur dadurch, daß ich ein Mannigfaltiges gegebener Vorstellungen *in einem Bewußtsein* verbinden kann, ist es möglich, daß ich mir die *Identität des Bewußtseins in diesen Vorstellungen* selbst vorstelle, d. i. die *analytische* Einheit der Apperzeption ist nur unter der Voraussetzung irgendeiner *synthetischen* möglich. Der Gedanke: diese in der Anschauung gegebenen Vorstellungen gehören *mir* insgesamt zu, heißt demnach soviel, als ich vereinige sie in einem Selbstbewußtsein, oder kann sie wenigstens darin vereinigen, und ob er gleich selbst noch nicht das Bewußtsein der *Synthesis* der Vorstellungen ist, so setzt er doch die Möglichkeit der letzteren voraus, d. i. nur dadurch, daß ich das Mannigfaltige derselben in einem Bewußtsein begreifen kann, nenne ich dieselben insgesamt *meine* Vorstellungen; denn sonst würde ich ein so vielfarbiges verschiedenes Selbst haben, als ich Vorstellungen habe, deren ich mir bewußt bin. Synthetische Einheit des Mannigfaltigen der Anschauungen, als a priori gegeben, ist also der Grund der Identität der Apperzeption selbst, die a priori allem *meinem* bestimmten Denken vorhergeht. Verbindung liegt aber nicht in den Gegenständen, und kann von ihnen nicht etwa durch Wahrnehmung entlehnt und in den Verstand dadurch allererst aufgenommen werden, sondern ist allein eine Verrichtung des Verstandes, der selbst nichts weiter ist, als das Vermögen, a priori zu verbinden, und das Mannigfaltige gegebener Vorstellungen unter Einheit der Apperzeption zu bringen, welcher Grundsatz der oberste im ganzen menschlichen Erkenntnis ist.

Dieser Grundsatz, der notwendigen Einheit der Apperzeption, ist nun zwar selbst identisch, mithin ein analytischer Satz, erklärt aber doch eine Synthesis des in einer Anschauung gegebenen Mannigfaltigen als notwendig, ohne welche jene, durchgängige Identität des Selbstbewußtseins nicht gedacht werden kann. Denn durch das Ich, als einfache Vorstellung, ist nichts Mannigfaltiges gegeben; in der Anschauung, die davon unterschieden ist, kann es nur gegeben und durch *Verbindung* in einem Bewußtsein gedacht werden. Ein Verstand, in welchem durch das Selbstbewußtsein zugleich alles Mannigfaltige gegeben würde, würde *anschauen*; der unsere kann nur *denken* und muß in den Sinnen die Anschauung suchen. Ich bin mir also des identischen Selbst bewußt, in Ansehung des Mannigfaltigen der mir in einer Anschauung gegebenen Vorstellungen, weil ich sie insgesamt *meine* Vorstellungen nenne, die *eine* ausmachen. Das ist aber soviel, als, daß ich mir einer notwendigen Synthesis derselben a priori bewußt bin, welche die ursprüngliche synthetische Einheit der Apperzeption heißt, unter der alle mir gegebenen Vorstellungen stehen, aber unter die sie auch durch eine Synthesis gebracht werden müssen.

§ 17
Der Grundsatz der synthetischen Einheit der Apperzeption ist das oberste Prinzip alles Verstandesgebrauchs

Der oberste Grundsatz der Möglichkeit aller Anschauung in Beziehung auf die Sinnlichkeit war laut der transz. Ästhetik: daß alles Mannigfaltige derselben unter den formalen Bedingungen des Raumes und der Zeit stehen. Der oberste Grundsatz eben derselben in Beziehung auf den Verstand ist: daß alles Mannigfaltige der Anschauung unter Bedingungen der ursprünglich-synthetischen Einheit der Apperzeption stehe. Unter dem ersteren stehen alle mannigfaltigen Vorstellungen der Anschauung, sofern sie uns *gegeben* werden, unter dem zweiten sofern sie in einem Bewußtsein müssen *verbunden* werden können; denn ohne das kann nichts dadurch gedacht oder erkannt werden, weil die gegebenen Vorstellungen den Aktus der Apperzeption, *Ich* denke, nicht gemein haben, und dadurch nicht in einem Selbstbewußtsein zusammengefaßt sein würden.

Verstand ist, allgemein zu reden, das Vermögen der *Erkenntnisse*. Diese bestehen in der bestimmten Beziehung gegebener Vorstellungen auf ein Objekt. *Objekt* aber ist das, in dessen Begriff das Mannigfaltige einer gegebenen Anschauung *vereinigt* ist. Nun erfordert aber alle Vereinigung der Vorstellungen Einheit des Bewußtseins in der Synthesis derselben. Folglich ist die Einheit des Bewußtseins dasjenige, was allein die Beziehung der Vorstellungen auf einen Gegenstand, mithin ihre objektive Gültigkeit, folglich, daß sie Erkenntnisse werden, ausmacht, und worauf folglich selbst die Möglichkeit des Verstandes beruht.

Das erste reine Verstandeserkenntnis also, worauf sein ganzer übriger Gebrauch sich gründet, welches auch zugleich von allen Bedingungen der sinnlichen Anschauung ganz unabhängig ist, ist nun der Grundsatz der ursprünglichen *synthetischen* Einheit der Apperzeption. So ist die bloße Form der äußeren sinnlichen Anschauung, der Raum, noch gar keine Erkenntnis; er gibt nur das Mannigfaltige der Anschauung a priori zu einem möglichen Erkenntnis. Um aber irgend etwas im Raume zu erkennen, z. B. eine Linie, muß ich sie *ziehen*, und also eine bestimmte Verbindung des gegebenen Mannigfaltigen synthetisch zustande bringen, so, daß die Einheit dieser Handlung zugleich die Einheit des Bewußtseins (im Begriffe einer Linie) ist, und dadurch allererst ein Objekt (ein bestimmter Raum) erkannt wird. Die synthetische Einheit des Bewußtseins ist also eine objektive Bedingung aller Erkenntnis, nicht deren ich bloß selbst bedarf, um ein Objekt zu erkennen, sondern unter der jede Anschauung stehen muß, *um für mich Objekt zu werden*, weil auf andere Art, und ohne diese Synthesis, das Mannigfaltige sich *nicht* in einem Bewußtsein vereinigen würde.

Dieser letztere Satz ist, wie gesagt, selbst analytisch, ob er zwar die synthetische Einheit zur Bedingung alles Denkens macht, denn er sagt nichts weiter, als, daß alle *meine* Vorstellungen in irgendeiner gegebenen Anschauung unter der Bedingung stehen müssen, unter der ich sie allein als *meine* Vorstellungen zu dem identischen Selbst rechnen, und also, als in einer Apperzeption synthetisch verbunden durch den Allgemeinen Ausdruck *Ich denke* zusammenfassen kann.

Aber dieser Grundsatz ist doch nicht ein Prinzip für jeden überhaupt möglichen Verstand, sondern nur für den, durch dessen reine Apperzeption in der Vorstellung: *Ich bin*, noch gar nichts Mannigfaltiges gegeben ist. Derjenige Verstand, durch dessen Selbstbewußtsein zugleich das Mannigfaltige der Anschauung gegeben würde, ein Verstand, durch dessen Vorstellung zugleich die Objekte dieser Vorstellung existierten, würde einen besonderen Aktus der Synthesis der Mannigfaltigen zu der Einheit des Bewußtseins nicht bedürfen, deren der menschliche Verstand, der bloß denkt, nicht anschaut, bedarf. Aber für den menschlichen Verstand ist er doch unvermeidlich der erste Grundsatz, so, daß er sich sogar von einem anderen möglichen Verstande, entweder einem solchen, der *selbst* anschaute, oder, wenngleich eine sinnliche Anschauung, aber doch von anderer Art, als die im Raume und der Zeit, zum Grunde liegend besäße, sich nicht den mindesten Begriff machen kann.

§ 18
Was objektive Einheit des Selbstbewußtseins sei

Die *transzendentale Einheit* der Apperzeption ist diejenige, durch welche alles in einer Anschauung gegebene Mannigfaltige in einen Begriff vom Objekt vereinigt wird. Sie heißt darum *objektiv*, und muß von der *subjektiven Einheit* des Bewußtseins unterschieden werden, die eine *Bestimmung des inneren Sinnes* ist, dadurch jenes Mannigfaltige der Anschauung zu einer solchen Verbindung empirisch gegeben wird. Ob ich mir des Mannigfaltigen als zugleich, oder nacheinander, *empirisch* bewußt sein könne, kommt auf Umstände, oder empirische Bedingungen, an. Daher die empirische Einheit des Bewußtseins, durch Assoziation der Vorstellungen, selbst eine Erscheinung betrifft, und ganz zufällig ist. Dagegen steht die reine Form der Anschauung in der Zeit, bloß als Anschauung überhaupt, die ein gegebenes Mannigfaltiges enthält, unter der ursprünglichen Einheit des Bewußtseins, lediglich durch die notwendige Beziehung des Mannigfaltigen der Anschauung zum Einen: Ich denke; also durch die reine Synthesis des Verstandes, welche a priori der empirischen zum Grunde liegt. Jene Einheit ist allein objektiv gültig; die empirische Einheit der Apperzeption, die wir hier nicht erwägen, und die auch nur von der ersteren, unter gegebenen Bedingungen in concreto, abgeleitet ist, hat nur subjektive Gültigkeit. Einer verbindet die Vorstellung eines gewissen Wortes mit einer Sache, der andere mit einer anderen Sache, und die Einheit des Bewußtseins, in dem, was empirisch ist, ist in Ansehung dessen, was gegeben ist, nicht notwendig und allgemein geltend.

§ 19
Die logische Form aller Urteile besteht in der objektiven Einheit der Apperzeption der darin enthaltenen Begriffe

Ich habe, mich niemals durch die Erklärung, welche die Logiker von einem Urteile überhaupt geben, befriedigen können: es ist, wie sie sagen, die Vorstellung eines Verhältnisses zwischen zwei Begriffen. Ohne nun hier über das Fehlerhafte der Erklärung, daß sie allenfalls nur auf *kategorische*, aber nicht hypothetische und disjunktive Urteile paßt, (als welche letztere nicht ein Verhältnis von Begriffen, sondern selbst von Urteilen enthalten,) mit ihnen zu zanken, (ohnerachtet aus diesem Versehen der Logik manche lästige Folgen erwachsen sind,) merke ich nur an, daß, worin dieses *Verhältnis* bestehe, hier nicht bestimmt ist.

Wenn ich aber die Beziehung gegebener Erkenntnisse, in jedem Urteile, genauer untersuche, und sie, als dem Verstande angehörige, von dem Verhältnisse nach Gesetzen der reproduktiven Einbildungskraft (welches nur subjektive Gültigkeit hat) unterscheide, so finde ich, daß ein Urteil nichts anderes sei, als die Art, gegebene Erkenntnisse zur objektiven Einheit der Apperzeption zu bringen. Darauf zielt das Verhältniswörtchen *ist* in denselben, um die objektive Einheit gegebener Vorstellungen von der subjektiven zu unterscheiden. Denn dieses bezeichnet die Beziehung derselben auf die ursprüngliche Apperzeption und die *notwendige Einheit* derselben, wenngleich das Urteil selbst empirisch, mithin zufällig ist, z. B. die Körper sind schwer. Damit ich zwar nicht sagen will, diese Vorstellungen gehören in der empirischen Anschauung *notwendig zueinander*, sondern sie gehören *vermöge der notwendigen Einheit* der Apperzeption in der Synthesis der Anschauungen zueinander, d. i. nach Prinzipien der objektiven Bestimmung aller Vorstellungen, sofern daraus Erkenntnis werden kann, welche Prinzipien alle aus dem Grundsatze der transzendentalen Einheit der Apperzeption abgeleitet sind. Dadurch allein wird aus diesem Verhältnisse ein *Urteil*, d. i. ein Verhältnis, das *objektiv gültig* ist, und sich von dem Verhältnisse, eben derselben Vorstellungen, worin bloß subjektive Gültigkeit wäre, z. B. nach Gesetzen der Assoziation, hinreichend unterscheidet. Nach den letzteren würde ich nur sagen können: Wenn ich einen Körper trage, so fühle ich einen Druck der Schwert; aber *nicht*: er, der Körper, ist schwer; welches soviel sagen will, als, diese beiden Vorstellungen sind im Objekt, d. i. ohne Unterschied des Zustandes des Subjekts, verbunden, und nicht bloß in der Wahrnehmung (so oft sie auch wiederholt sein mag) beisammen.

§ 20
Alle sinnlichen Anschauungen stehen unter den Kategorien, als Bedingungen, unter denen allein das Mannigfaltige derselben in ein Bewußtsein zusammenkommen kann

Das mannigfaltige in einer sinnlichen Anschauung Gegebene gehört notwendig unter die ursprüngliche synthetische Einheit der Apperzeption, weil durch diese die *Einheit* der Anschauung allein möglich ist. Diejenige Handlung des Verstandes aber, durch die das Mannigfaltige gegebener Vorstellungen (sie mögen Anschauungen oder Begriffe sein) unter eine Apperzeption überhaupt gebracht wird, ist die, logische Funktion der Urteile. Also ist alles Mannigfaltige, sofern es in Einer empirischen Anschauung gegeben ist, in Ansehung einer der logischen Funktionen zu urteilen *bestimmt*, durch die es nämlich zu einem Bewußtsein überhaupt gebracht wird. Nun sind aber die *Kategorien* nichts anderes, als eben diese Funktionen zu urteilen, sofern das Mannigfaltige einer gegebenen Anschauung in Ansehung ihrer bestimmt ist. Also steht auch das Mannigfaltige in einer gegebenen Anschauung notwendig unter Kategorien.

§ 21
Anmerkung

Ein Mannigfaltiges, das in einer Anschauung, die ich die meinige nenne, enthalten ist, wird durch die Synthesis des Verstandes als zur *notwendigen* Einheit des Selbstbewußtseins gehörig vorgestellt, und dieses geschieht durch die Kategorie. Diese zeigt also an: daß das empirische Bewußtsein eines gegebenen Mannigfaltigen Einer Anschauung ebensowohl unter einem reinen Selbstbewußtsein a priori, wie empirische Anschauung unter einer reinen sinnlichen, die gleichfalls a priori statt hat, stehe. – Im obigen Satze ist also der Anfang einer *Deduktion* der reinen Verstandesbegriffe gemacht, in welcher ich, da die Kategorien *unabhängig von Sinnlichkeit* bloß im Verstande entspringen, noch von der Art, wie das Mannigfaltige zu einer empirischen Anschauung gegeben werde, abstrahieren muß, um nur auf die Einheit, die in die Anschauung vermittelst der Kategorie durch den Verstand hinzukommt, zu sehen. In der Folge wird aus der Art, wie in der Sinnlichkeit die empirische Anschauung gegeben wird, gezeigt werden, daß die Einheit derselben keine, andere sei, als welche die Kategorie nach dem vorigen dem Mannigfaltigen einer gegebenen Anschauung überhaupt vorschreibt, und dadurch also, daß ihre Gültigkeit a priori in Ansehung aller Gegenstände unserer Sinne erklärt wird, die Absicht der Deduktion allererst völlig erreicht werden.

Allein von einem Stücke konnte ich im obigen Beweise doch nicht abstrahieren, nämlich davon, daß das Mannigfaltige für die Anschauung noch vor der Synthesis des Verstandes, und unabhängig von ihr, gegeben sein müsse; wie aber, bleibt hier unbestimmt. Denn, wollte ich mir einen Verstand denken, der selbst anschaute (wie etwa einen göttlichen, der nicht gegebene Gegenstände sich vorstellte, sondern durch dessen Vorstellung die Gegenstände selbst zugleich gegeben, oder hervorgebracht würden), so würden die Kategorien in Ansehung eines solchen Erkenntnisses gar keine Bedeutung haben. Sie sind nur Regeln für einen Verstand, dessen ganzes Vermögen im Denken besteht, d. i. in der Handlung, die Synthesis des Mannigfaltigen, welches ihm anderweitig in der Anschauung gegeben worden, zur Einheit der Apperzeption zu bringen, der also für sich gar nichts erkennt, sondern nur den Stoff zum Erkenntnis, die Anschauung, die ihm durchs Objekt gegeben werden muß, verbindet und ordnet. Von der Eigentümlichkeit unseres Verstandes aber, nur vermittelst der Kategorien und nur gerade durch diese Art und Zahl derselben Einheit der Apperzeption a priori zustande zu bringen, laßt sich ebensowenig ferner ein Grund angeben, als warum wir gerade diese und keine anderen Funktionen zu urteilen haben, oder warum Zeit und Raum die einzigen Formen unserer möglichen Anschauung sind.

§ 22
Die Kategorie hat keinen andern Gebrauch zum Erkenntnisse der Dinge, als ihre Anwendung auf Gegenstände der Erfahrung

Sich einen Gegenstand *denken*, und einen Gegenstand *erkennen*, ist also nicht einerlei. Zum Erkenntnisse gehören nämlich zwei Stücke: erstlich der Begriff, dadurch überhaupt ein Gegenstand gedacht wird (die Kategorie), und zweitens die Anschauung, dadurch er gegeben wird; denn, könnte dem Begriffe eine korrespondierende Anschauung gar nicht gegeben werden, so wäre er ein Gedanke der Form nach, aber ohne allen Gegenstand, und durch ihn gar keine Erkenntnis von irgendeinem Dinge möglich; weil es, soviel ich wüßte, *nichts gäbe*, noch geben- *könnte*, worauf mein Gedanke angewandt werden könne. Nun ist alle uns mögliche Anschauung sinnlich (Ästhetik), also kann das Denken eines Gegenstandes überhaupt durch einen reinen Verstandesbegriff bei uns nur Erkenntnis werden, sofern dieser auf Gegenstände der Sinne bezogen wird. Sinnliche Anschauung ist entweder reine Anschauung (Raum und Zeit) oder empirische Anschauung desjenigen, was im Raum und der Zeit unmittelbar als wirklich, durch Empfindung, vorgestellt wird. Durch Bestimmung der ersteren können wir Erkenntnisse a priori, von Gegenständen (in der Mathematik) bekommen, aber nur ihrer Form nach, als Erscheinungen; ob es Dinge geben könne, die in dieser Form angeschaut werden müssen, bleibt doch dabei noch unausgemacht. Folglich sind alle mathematischen Begriffe für sich nicht Erkenntnisse, außer, sofern man voraussetzt, daß es Dinge gibt, die sich nur der Form jener reinen sinnlichen Anschauung gemäß uns darstellen lassen. *Dinge* im *Raum* und der *Zeit* werden aber nur gegeben, sofern sie Wahrnehmungen (mit Empfindung begleitete Vorstellungen) sind, mithin durch empirische Vorstellung. Folglich verschaffen die reinen Verstandesbegriffe, selbst wenn sie auf Anschauungen a priori (wie in der Mathematik) angewandt werden, nur sofern Erkenntnis, als diese, mithin auch die Verstandesbegriffe vermittelst ihrer, auf empirische Anschauungen angewandt werden können. Folglich liefern uns die Kategorien vermittelst der Anschauung auch keine Erkenntnis von Dingen, als nur durch ihre mögliche Anwendung auf *empirische Anschauung*, d. i. sie dienen nur zur Möglichkeit *empirischer Erkenntnis*. Diese aber heißt *Erfahrung*. Folglich haben die Kategorien keinen anderen Gebrauch zum Erkenntnisse der Dinge, als nur sofern diese als Gegenstände möglicher Erfahrung angenommen werden.

§ 23

Der obige Satz ist von der größten Wichtigkeit; denn er bestimmt ebensowohl die Grenzen des Gebrauchs der reinen Verstandesbegriffe in Ansehung der Gegenstände, als die transzendentale Ästhetik die Grenzen des Gebrauchs der reinen Form unserer sinnlichen Anschauung bestimmte. Raum und Zeit gelten, als Bedingungen der Möglichkeit, wie uns Gegenstände gegeben werden können, nicht weiter, als für Gegenstände der Sinne, mithin mir der Erfahrung. Über diese Grenzen hinaus stellen sie gar nichts vor, denn sie sind nur in den Sinnen und haben außer ihnen keine Wirklichkeit. Die reinen Verstandesbegriffe sind von dieser Einschränkung frei und erstrecken sich auf Gegenstände der Anschauung überhaupt, sie mag der unsrigen ähnlich sein oder nicht, wenn sie nur sinnlich und nicht intellektuell ist. Diese weitere Ausdehnung der Begriffe über *unsere* sinnliche Anschauung hinaus, hilft uns aber zu nichts. Denn es sind alsdann leere Begriffe von Objekten, von denen, ob sie nur einmal möglich sind oder nicht, wir durch jene gar nicht urteilen können, bloße Gedankenformen ohne objektive Realität, weil wir keine Anschauung zur Hand haben, auf welche die synthetische Einheit der Apperzeption, die jene allein enthalten, angewandt werden, und sie so einen Gegenstand bestimmen könnten. *Unsere* sinnliche, und empirische Anschauung kann ihnen allein Sinn und Bedeutung verschaffen.

Nimmt man also ein Objekt einer *nicht-sinnlichen* Anschauung als gegeben an, so kann man es freilich durch alle die Prädikate vorstellen, die schon in der Voraussetzung liegen, *daß ihm nichts zur sinnlichen Anschauung Gehöriges zukomme*: also, daß es nicht ausgedehnt, oder im Raume sei, daß die Dauer desselben keine Zeit sei, daß in ihm keine Veränderung (Folge der Bestimmungen in der Zeit) angetroffen werde, usw. Allein das ist doch kein eigentliches Erkenntnis, wenn ich bloß anzeige, wie die Anschauung des Objekts *nicht sei*, ohne sagen zu kennen, was in ihr denn enthalten sei; denn alsdann habe ich gar nicht die Möglichkeit eines Objekts zu meinem reinen Verstandesbegriff vorgestellt, weil ich keine Anschauung habe geben können, die ihm korrespondierte, sondern nur sagen konnte, daß die unsrige nicht für ihn gelte. Aber das Vornehmste ist hier, daß auf ein solches Etwas auch nicht einmal eine einzige Kategorie angewandt werden könnte: z. B. der Begriff einer Substanz, d. i. von etwas, das als Subjekt, niemals aber als bloßes Prädikat existieren könne, wovon ich gar nicht weiß, ob es irgendein Ding geben könne, das dieser Gedankenbestimmung korrespondierte, wenn nicht empirische Anschauung mir den Fall der Anwendung gäbe. Doch mehr hiervon in der Folge.

§ 24
Von der Anwendung der Kategorien auf Gegenstände der Sinne überhaupt

Die reinen Verstandesbegriffe beziehen sich durch den bloßen Verstand auf Gegenstände der Anschauung überhaupt, unbestimmt ob sie die unsrige oder irgendeine andere, doch sinnliche, sei, sind aber eben darum bloße *Gedankenformen*, wodurch noch kein bestimmter Gegenstand erkannt wird. Die Synthesis oder Verbindung des Mannigfaltigen in denselben, bezog sich bloß auf die Einheit der Apperzeption, und war dadurch der Grund der Möglichkeit der Erkenntnis a priori, sofern sie auf dem Verstande beruht, und mithin nicht allein transzendental, sondern auch bloß rein intellektual. Weil in uns aber eine gewisse Form der sinnlichen Anschauung a priori zum Grunde liegt, welche auf der Rezeptiviät der Vorstellungsfähigkeit (Sinnlichkeit) beruht, so kann der Verstand, als Spontaneität, den inneren Sinn durch das Mannigfaltige gegebener Vorstellungen der synthetischen Einheit der Apperzeption gemäß bestimmen, und so synthetische Einheit der Apperzeption des Mannigfaltigen der *sinnlichen Anschauung* a priori denken, als die Bedingung, unter welcher alle Gegenstände unserer (der menschlichen) Anschauung notwendigerweise stehen müssen, dadurch denn die Kategorien, als bloße Gedankenformen, objektive Realität, d. i. Anwendung auf Gegenstände, die uns in der Anschauung gegeben werden können, aber nur als Erscheinungen bekommen; denn nur von diesen sind wir der Anschauung a priori fähig.

Diese *Synthesis* des Mannigfaltigen der sinnlichen Anschauung, die a priori möglich und notwendig ist, kann *figürlich (synthesis speciosa)* genannt werden, zum Unterschiede von derjenigen, welche in Ansehung des Mannigfaltigen einer Anschauung überhaupt in der bloßen Kategorie gedacht wurde, und Verstandesverbindung *(synthesis intellectualis)* heißt; beide sind *transzendental*, nicht bloß weil sie selbst a priori vorgehen, sondern auch die Möglichkeit anderer Erkenntnis a priori gründen.

Allein die figürliche Synthesis, wenn sie bloß auf die ursprünglich synthetische Einheit der Apperzeption, d. i. diese transzendentale Einheit geht, welche in den Kategorien gedacht wird, muß, zum Unterschiede von der bloß intellektuellen Verbindung, die *transzendentale Synthesis der Einbildungskraft* heißen. *Einbildungskraft* ist das Vermögen, einen Gegenstand auch *ohne dessen Gegenwart* in der Anschauung vorzustellen. Da nun alle unsere Anschauung sinnlich ist, so gehört die Einbildungskraft, der subjektiven Bedingung wegen, unter der sie allein den Verstandesbegriffen eine korrespondierende Anschauung geben kann, zur *Sinnlichkeit*; sofern aber doch ihre Synthesis eine Ausübung der Spontaneität ist, welche bestimmend, und nicht, wie der Sinn, bloß bestimmbar ist, mithin a priori den Sinn seiner Form nach der Einheit der Apperzeption gemäß bestimmen kann, so ist die Einbildungskraft sofern ein Vermögen, die Sinnlichkeit a priori zu bestimmen, und ihre Synthesis der Anschauungen, *den Kategorien gemäß*, muß die transzendentale Synthesis der *Einbildungskraft* sein, welches eine Wirkung des Verstandes auf die Sinnlichkeit und die erste Anwendung desselben (zugleich der Grund aller übrigen) auf Gegenstände der uns möglichen Anschauung ist. Sie ist, als figürlich, von der intellektuellen Synthesis ohne alle Einbildungskraft bloß durch den Verstand unterschieden. Sofern die Einbildungskraft nun Spontaneität ist, nenne ich sie auch bisweilen die *produktive* Einbildungskraft, und unterscheide sie dadurch von der *reproduktiven*, deren Synthesis lediglich empirischen Gesetzen, nämlich denen der Assoziation, unterworfen ist, und welche daher zur Erklärung der Möglichkeit der Erkenntnis a priori nichts beiträgt, und um deswillen nicht in die Transzendentalphilosophie, sondern in die Psychologie gehört.

*   *
*

Hier ist nun der Ort, das Paradoxe, was jedermann bei der Exposition der Form des inneren Sinnes auffallen mußte, verständlich zu machen: nämlich wie dieser auch sogar uns selbst, nur wie wir uns erscheinen, nicht wie wir an uns selbst sind, dem Bewußtsein darstelle, weil wir nämlich uns nur anschauen wie wir innerlich *affiziert* werden, welches widersprechend zu sein scheint, indem wir uns gegen um selbst als leidend verhalten müßten; daher man auch lieber den *inneren Sinn* mit dem Vermögen der *Apperzeption* (welche wir sorgfältig unterscheiden) in den Systemen der Psychologie für einerlei auszugeben pflegt.

Das, was den inneren Sinn bestimmt, ist der Verstand und dessen ursprüngliches Vermögen das Mannigfaltige der Anschauung zu verbinden, d. i. unter eine Apperzeption (als worauf selbst seine Möglichkeit beruht) zu bringen. Weil nun der Verstand in uns Menschen selbst kein Vermögen der Anschauungen ist, und diese, wenn sie auch in der Sinnlichkeit gegeben wäre, doch nicht *in sich* aufnehmen kann, um gleichsam das Mannigfaltige *seiner* eigenen Anschauung zu verbinden, so ist seine Synthesis, wenn er für sich allein betrachtet wird, nichts anderes, als die Einheit der Handlung, deren er sich, als einer solchen, auch ohne Sinnlichkeit bewußt ist, durch die er aber selbst die Sinnlichkeit innerlich in Ansehung des Mannigfaltigen, was der Form ihrer Anschauung nach ihm gegeben werden mag, zu bestimmen vermögend ist. Er also übt, unter der Benennung einer *transzendentalen Synthesis der Einbildungskraft*, diejenige Handlung aufs *passive* Subjekt, dessen *Vermögen* er ist, aus, wovon wir mit Recht sagen, daß der innere Sinn dadurch affiziert werde. Die Apperzeption und deren synthetische Einheit ist mit dem inneren Sinne so gar nicht einerlei, daß jene vielmehr, als der Quell aller Verbindung, auf das Mannigfaltige der *Anschauungen überhaupt* unter dem Namen der Kategorien, vor aller sinnlichen Anschauung auf Objekte überhaupt geht, dagegen der innere Sinn die bloße *Form* der Anschauung, aber ohne Verbindung des Mannigfaltigen in derselben, mithin noch gar keine *bestimmte* Anschauung enthält, welche nur durch das Bewußtsein der Bestimmung desselben durch die transzendentale

Handlung der Einbildungskraft, (synthetischer Einfluß des Verstandes auf den inneren Sinn) welche ich die figürliche Synthesis genannt habe, möglich ist.

Dieses nehmen wir auch jederzeit in uns wahr. Wir können uns keine Linie denken, ohne sie in Gedanken zu *ziehen*, keinen Zirkel denken, ohne ihn zu *beschreiben*, die drei Abmessungen des Raumes gar nicht vorstellen, ohne aus demselben Punkte drei Linien senkrecht aufeinander zu *setzen*, und selbst die Zeit nicht, ohne, indem wir im *Ziehen* einer geraden Linie (die die äußerlich figürliche Vorstellung der Zeit sein soll) bloß auf die Handlung der Synthesis des Mannigfaltigen, dadurch wir den inneren Sinn sukzessiv bestimmen, und dadurch auf die Sukzession dieser Bestimmung in demselben, achthaben. Bewegung, als Handlung des Subjekts, (nicht als Bestimmung eines Objekts), folglich die Synthesis des Mannigfaltigen im Raume, wenn wir von diesem abstrahieren und bloß auf die Handlung achthaben, dadurch wir den *inneren* Sinn seiner Form gemäß bestimmen, bringt sogar den Begriff der Sukzession zuerst hervor. Der Verstand findet also in diesem nicht etwa schon eine dergleichen Verbindung des Mannigfaltigen, sondern *bringt sie hervor*, indem er ihn *affiziert*. Wie aber das Ich, der ich denke, von dem Ich, das sich selbst anschaut, unterschieden (indem ich mir noch andere Anschauungsart wenigstens als möglich vorstellen kann) und doch mit diesem letzteren als dasselbe Subjekt einerlei sei, wie ich also sagen könne: *Ich*, als Intelligenz und *denkend Subjekt*, erkenne *mich* selbst als *gedachtes* Objekt, sofern ich mir noch über das in der Anschauung gegeben bin, nur, gleich anderen Phänomen, nicht wie ich vor dem Verstande bin, sondern wie ich mir erscheine, hat nicht mehr auch nicht weniger Schwierigkeit bei sich, als wie ich mir selbst überhaupt ein Objekt und zwar der Anschauung und innerer Wahrnehmungen sein könne. Daß es aber doch wirklich so sein müsse, kann, wenn man den Raum für eine bloße reine Form der Erscheinungen äußerer Sinne gelten läßt, dadurch klar dargetan werden, daß wir die Zeit, die doch gar kein Gegenstand äußerer Anschauung ist, uns nicht anders vorstellig machen können, als unter dem Bilde einer Linie, sofern wir sie ziehen, ohne welche Darstellungsart wir die Einheit ihrer Abmessung gar nicht erkennen könnten, imgleichen daß wir die Bestimmung der Zeitlänge, oder auch der Zeitstellen für alle inneren Wahrnehmungen, immer von dem hernehmen müssen, was uns äußere Dinge Veränderliches darstellen, folglich die Bestimmungen des inneren Sinnes gerade auf dieselbe Art als Erscheinungen in der Zeit ordnen müssen, wie wir die der äußeren Sinne im Raume ordnen, mithin, wenn wir von den letzteren einräumen, daß wir dadurch Objekte nur sofern erkennen, als wir äußerlich affiziert werden, wir auch vom inneren Sinne zugestehen müssen, daß wir dadurch uns selbst nur so anschauen, wie wir innerlich *von uns selbst* affiziert werden, d. i. was die innere Anschauung betrifft, unser eigenes Subjekt nur als Erscheinung, nicht aber nach dem, was es an sich selbst ist, erkennen.

§ 25

Dagegen bin ich mir meiner selbst in der transzendentalen Synthesis des Mannigfaltigen der Vorstellungen überhaupt, mithin in der synthetischen ursprünglichen Einheit der Apperzeption, bewußt, nicht wie ich mir erscheine, noch wie ich an mir selbst bin, sondern nur daß ich bin. Diese *Vorstellung* ist ein *Denken*, nicht ein *Anschauen*. Da nun zum *Erkenntnis* unserer selbst außer der Handlung des Denkens, die das Mannigfaltige einer jeden möglichen Anschauung zur Einheit der Apperzeption bringt, noch eine bestimmte Art der Anschauung, dadurch dieses Mannigfaltige gegeben wird, erforderlich ist, so ist zwar mein eigenes Dasein nicht Erscheinung (viel weniger bloßer Schein), aber die Bestimmung meines Daseinskann nur der Form des inneren Sinnes gemäß nach der besonderen Art, wie das Mannigfaltige, das ich verbinde, in der inneren Anschauung gegeben wird, geschehen, und ich habe also demnach keine *Erkenntnis* von mir *wie ich bin*, sondern bloß wie ich mir selbst erscheine. Das Bewußtsein seiner selbst ist also noch lange nicht ein Erkenntnis seiner selbst, unerachtet aller Kategorien, welche das Denken eines *Objekts überhaupt* durch Verbindung des Mannigfaltigen in einer Apperzeption ausmachen. So wie zum Erkenntnisse eines von mir verschiedenen Objekts, außer dem Denken eines Objekts überhaupt (in der Kategorie), ich doch noch einer Anschauung bedarf, dadurch ich jenen allgemeinen Begriff bestimme, so bedarf ich auch zum Erkenntnisse meiner selbst außer dem Bewußtsein, oder außer dem, daß ich mich denke, noch einer Anschauung des Mannigfaltigen in mir, wodurch ich diesen Gedanken bestimme, und ich existiere als Intelligenz, die sich lediglich ihres Verbindungsvermögens bewußt ist, in Ansehung des Mannigfaltigen aber, das sie verbinden soll, einer einschränkenden Bedingung, die sie den inneren Sinn nennt, unterworfen, jene Verbindung nur nach Zeitverhältnissen, welche ganz außerhalb den eigentlichen Verstandesbegriffen liegen, anschaulich machen, und sich daher selbst doch nur erkennen kann, wie sie, in Absicht auf eine Anschauung (die nicht intellektuell und durch den Verstand selbst gegeben sein kann), ihr selbst bloß erscheint, nicht wie sie sich erkennen würde, wenn ihre *Anschauung* intellektuell wäre.

§ 26
Transzendentale Deduktion des allgemein möglichen Erfahrungsgebrauchs der reinen Verstandesbegriffe

In der *metaphysischen Deduktion* wurde der Ursprung der Kategorien a priori überhaupt durch ihre völlige Zusammentreffung mit den allgemeinen logischen Funktionen des Denkens dargetan, in der *transzendentalen* aber die Möglichkeit derselben als Erkenntnisse a priori von Gegenständen einer Anschauung überhaupt dargestellt. Jetzt soll die Möglichkeit, durch *Kategorien* die Gegenstände, die nur immer *unseren Sinnen vorkommen mögen*, und zwar nicht der Form ihrer Anschauung, sondern den Gesetzen ihrer Verbindung nach, a priori zu erkennen, also der Natur gleichsam das Gesetz vorzuschreiben und sie sogar möglich zu machen, erklärt werden. Denn ohne diese ihre Tauglichkeit würde nicht erhellen, wie alles, was unseren Sinnen nur vorkommen mag, unter den Gesetzen stehen müsse, die a priori aus dem Verstande allein entspringen.

Zuvörderst merke ich an, daß ich unter der *Synthesis* der *Apprehension* die Zusammensetzung des Mannigfaltigen in einer empirischen Anschauung verstehe, dadurch Wahrnehmung, d. i. empirisches Bewußtsein derselben, (als Erscheinung) möglich wird.

Wir haben *Formen* der äußeren sowohl als inneren sinnlichen Anschauung a priori an den Vorstellungen von Raum und Zeit, und diesen muß die Synthesis der Apprehension des Mannigfaltigen der Erscheinung jederzeit gemäß sein, weil sie selbst nur nach dieser Form geschehen kann. Aber Raum und Zeit sind nicht bloß als *Formen* der sinnlichen Anschauung, sondern als *Anschauungen* selbst (die ein Mannigfaltiges enthalten) also mit der Bestimmung der *Einheit* dieses Mannigfaltigen in ihnen a priori vorgestellt (siehe transz. Ästhet.) Also ist selbst schon *Einheit der Synthesis* des Mannigfaltigen, außer oder in uns, mithin auch eine *Verbindung*, der alles, was im Raume oder der Zeit bestimmt vorgestellt werden soll, gemäß sein muß, a priori als Bedingung der Synthesis aller *Apprehension* schon mit (nicht in) diesen Anschauungen zugleich gegeben. Diese synthetische Einheit aber kann keine andere sein, als die der Verbindung des Mannigfaltigen einer gegebenen *Anschauung überhaupt* in einem ursprünglichen Bewußtsein, den Kategorien gemäß, nur auf unsere *sinnliche Anschauung* angewandt. Folglich steht alle Synthesis, wodurch selbst Wahrnehmung möglich wird, unter den Kategorien, und, da Erfahrung Erkenntnis durch verknüpfte Wahrnehmungen ist, so sind die Kategorien Bedingungen der Möglichkeit der Erfahrung, und gelten also a priori auch von allen Gegenständen der Erfahrung.

*   *
*

Wenn ich also z. B. die empirische Anschauung eines Hauses durch Apprehension des Mannigfaltigen derselben zur Wahrnehmung mache, so liegt mir die *notwendige Einheit* des Raumes und der äußeren sinnlichen Anschauung überhaupt zum Grunde, und ich zeichne gleichsam seine Gestalt, dieser synthetischen Einheit des Mannigfaltigen im Raume gemäß. Eben dieselbe synthetische Einheit aber, wenn ich von der Form des Raumes abstrahiere, hat im Verstande ihren Sitz, und ist die Kategorie der Synthesis des Gleichartigen in einer Anschauung überhaupt, d. i. die Kategorie der *Größe*, welcher also jene Synthesis der Apprehension, d. i. die Wahrnehmung, durchaus gemäß sein muß.

Wenn ich (in einem anderen Beispiele) das Gefrieren des Wassers wahrnehme, so apprehendiere ich zwei Zustände (der Flüssigkeit und Festigkeit) als solche, die in einer Relation der Zeit gegeneinander stehen. Aber in der Zeit, die ich der Erscheinung als inneren *Anschauung* zum Grunde lege, stelle ich mir notwendig synthetische *Einheit* des Mannigfaltigen vor, ohne die jene Relation nicht in einer Anschauung *bestimmt* (in Ansehung der Zeitfolge) gegeben werden konnte. Nun ist aber diese synthetische Einheit, als Bedingung a priori, unter der ich das Mannigfaltige einer *Anschauung überhaupt* verbinde, wenn ich von der beständigen Form *meiner* inneren Anschauung, der Zeit, abstrahiere, die Kategorie der *Ursache*, durch welche ich, wenn ich sie auf meine Sinnlichkeit anwende, *alles, was geschieht, in der Zeit überhaupt seiner Relation nach bestimme*. Also steht die Apprehension in einer solchen Begebenheit, mithin diese selbst, der möglichen Wahrnehmung nach, unter dem Begriffe des *Verhältnisses* der *Wirkungen* und *Ursachen*, und so in allen anderen Fällen.

* *
*

Kategorien sind Begriffe, welche den Erscheinungen, mithin der Natur, als dem Inbegriffe aller Erscheinungen *(natura materialiter spectata)*, Gesetze a priori vorschreiben, und nun fragt sich, da sie nicht von der Natur abgeleitet werden und sich nach ihr als ihrem Muster richten (weil sie sonst bloß empirisch sein würden), wie es zu begreifen sei, daß die Natur sich nach ihnen richten müsse, d. i. wie sie die Verbindung des Mannigfaltigen der Natur, ohne sie von dieser abzunehmen, a priori bestimmen können. Hier ist die Auflösung dieses Rätsels.

Es ist nun nichts befremdlicher, wie die Gesetze der Erscheinungen in der Natur mit dem Verstande und seiner Form a priori, d. i. seinem Vermögen das Mannigfaltige überhaupt zu *verbinden*, als wie die Erscheinungen selbst mit der Form der sinnlichen Anschauung a priori übereinstimmen müssen. Denn Gesetze existieren ebensowenig in den Erscheinungen, sondern nur relativ auf das Subjekt, dem die Erscheinungen inhärieren, sofern es Verstand hat, als Erscheinungen nicht an sich existieren, sondern nur relativ auf dasselbe Wesen, sofern es Sinne hat. Dingen an sich selbst würde ihre Gesetzmäßigkeit notwendig, auch außer einem Verstande, der sie erkennt, zukommen. Allein Erscheinungen sind nur Vorstellungen von Dingen, die, nach dem, was sie an sich sein mögen, unerkannt da sind. Als bloße Vorstellungen aber stehen sie unter gar keinem Gesetze der Verknüpfung, als demjenigen, welches das verknüpfende Vermögen vorschreibt. Nun ist das, was das Mannigfaltige der sinnlichen Anschauung verknüpft, Einbildungskraft, die vom Verstande der Einheit ihrer intellektuellen Synthesis, und von der Sinnlichkeit der Mannigfaltigkeit der Apprehension nach abhängt. Da nun von der Synthesis der Apprehension alle mögliche Wahrnehmung, sie selbst aber, diese empirische Synthesis, von der transzendentalen, mithin den Kategorien abhängt, so müssen alle möglichen Wahrnehmungen, mithin auch alles, was zum empirischen Bewußtsein immer gelangen kann, d. i. alle Erscheinungen der Natur, ihrer Verbindung nach, unter den Kategorien stehen, von welchen die Natur (bloß als Natur überhaupt betrachtet), als dem ursprünglichen Grunde ihrer notwendigen Gesetzmäßigkeit (als *natura formaliter spectata*), abhängt. Auf mehrere Gesetze aber, als die, auf denen eine *Natur überhaupt*, als Gesetzmäßigkeit der Erscheinungen in Raum und Zeit, beruht, reicht auch das reine Verstandesvermögen nicht zu, durch bloße Kategorien den Erscheinungen a priori Gesetze vorzuschreiben. Besondere Gesetze, weil sie empirisch bestimmte Erscheinungen betreffen, können davon *nicht vollständig abgeleitet* werden, ob sie gleich alle insgesamt unter jenen stehen. Es muß Erfahrung dazu kommen, um die letzteren *überhaupt* kennen zu lernen; von Erfahrung aber überhaupt, und dem, was als ein Gegenstand derselben erkannt werden kann, geben allein jene Gesetze a priori die Belehrung.

§ 27
Resultat dieser Deduktion der Verstandesbegriffe

Wir können uns keinen Gegenstand denken, ohne durch Kategorien; wir können keinen gedachten Gegenstand *erkennen*, ohne durch Anschauungen, die jenen Begriffen entsprechen. Nun sind alle unsere Anschauungen sinnlich, und diese Erkenntnis, sofern der Gegenstand derselben gegeben ist, ist empirisch. Empirische Erkenntnis aber ist Erfahrung. *Folglich ist uns keine Erkenntnis a priori möglich, als lediglich von Gegenständen möglicher Erfahrung.*

Aber diese Erkenntnis, die bloß auf Gegenstände der Erfahrung eingeschränkt ist, ist darum nicht alle von der Erfahrung entlehnt, sondern, was sowohl die reinen Anschauungen, als die reinen Verstandesbegriffe betrifft, so sind Elemente der Erkenntnis, die in uns a priori angetroffen werden. Nun sind nur zwei Wege, auf welchen eine *notwendige* Übereinstimmung der Erfahrung mit den Begriffen von ihren Gegenständen gedacht werden kann: entweder die Erfahrung macht diese Begriffe, oder diese Begriffe machen die Erfahrung möglich. Das erstere findet nicht in Ansehung der Kategorien (auch nicht der reinen sinnlichen Anschauung) statt; denn sie sind Begriffe a priori, mithin unabhängig von der Erfahrung (die Behauptung eines empirischen Ursprungs wäre eine Art von *generatio aequivoca*). Folglich bleibt nur das zweite übrig (gleichsam ein System der *Epigenesis* der reinen Vernunft): daß nämlich die Kategorien von seiten des Verstandes die Gründe der Möglichkeit aller Erfahrung überhaupt enthalten. Wie sie aber die Erfahrung möglich machen, und welche Grundsätze der Möglichkeit derselben sie in ihrer Anwendung auf Erscheinungen an die Hand geben, wird das folgende Hauptstück von dem transz. Gebrauche der Urteilskraft das mehrere lehren.

Wollte jemand zwischen den zwei genannten einzigen Wegen noch einen Mittelweg vorschlagen, nämlich, daß sie weder *selbstgedachte* erste Prinzipien a priori unserer Erkenntnis, noch auch aus der Erfahrung geschöpft, sondern subjektive, uns mit unserer Existenz zugleich eingepflanzte Anlagen zum Denken wären, die von unserem Urheber so eingerichtet worden, daß ihr Gebrauch mit den Gesetzen der Natur, an welchen die

Erfahrung fortläuft, genau stimmte, (eine Art von *Präformationssystem* der reinen Vernunft) so würde (außer dem, daß bei einer solchen Hypothese kein Ende abzusehen ist, wie weit man die Voraussetzung vorbestimmter Anlagen zu künftigen Urteilen treiben möchte) das wider gedachten Mittelweg entscheidend sein: daß in solchem Falle den Kategorien die *Notwendigkeit* mangeln würde, die ihrem Begriffe wesentlich angehört. Denn z. B. der Begriff der Ursache, welcher die Notwendigkeit eines Erfolges unter einer vorausgesetzten Bedingung aussagt, würde falsch sein, wenn er nur auf einer beliebigen uns eingepflanzten subjektiven Notwendigkeit, gewisse empirische Vorstellungen nach einer solchen Regel des Verhältnisses zu verbinden, beruhte. Ich würde nicht sagen können: die Wirkung ist mit der Ursache im Objekte (d. i. notwendig) verbunden, sondern ich bin nur so eingerichtet, daß ich diese Vorstellung nicht anders als so verknüpft denken kann, welches gerade das ist, was der Skeptiker am meisten wünscht, denn alsdann ist alle unsere Einsicht, durch vermeinte objektive Gültigkeit unserer Urteile, nichts als lauter Schein, und es würde auch an Leuten nicht fehlen, die diese subjektive Notwendigkeit (die gefühlt werden muß) von sich nicht gestehen würden; zum wenigsten könnte man mit niemandem über dasjenige hadern, was bloß auf der Art beruht, wie sein Subjekt organisiert ist.

Kurzer Begriff dieser Deduktion

Sie ist die Darstellung der reinen Verstandesbegriffe, (und mit ihnen aller theoretischen Erkenntnis a priori, als Prinzipien der Möglichkeit der Erfahrung, dieser aber, als *Bestimmung* der Erscheinungen in Raum und Zeit *überhaupt*, – endlich dieser aus dem Prinzip der *ursprünglichen* synthetischen Einheit der Apperzeption, als der Form des Verstandes in Beziehung auf Raum und Zeit, als ursprüngliche Formen der Sinnlichkeit.

*   *
*

Nur bis hierher halte ich die Paragraphenabteilung *für nötig*, weil wir es mit den Elementarbegriffen zu tun hatten. Nun wir den Gebrauch derselben vorstellig machen wollen, wird der Vortrag in kontinuierlichem Zusammenhange, ohne dieselbe, fortgehen dürfen.

Der transzendentalen Analytik

Zweites Buch
Die Analytik der Grundsätze

Die allgemeine Logik ist über einem Grundrisse erbaut, der ganz genau mit der Einteilung der oberen Erkenntnisvermögen zusammentrifft. Diese sind: *Verstand*, *Urteilskraft* und *Vernunft*. Jene Doktrin handelt daher in ihrer Analytik von *Begriffen, Urteilen* und *Schlüssen,* gerade den Funktionen und der Ordnung jener Gemütskräfte gemäß, die man unter der weitläufigen Benennung des Verstandes überhaupt begreift.

Da gedachte bloß formale Logik von allem Inhalte der Erkenntnis (ob sie rein und empirisch sei) abstrahiert, und sich bloß mit der Form des Denkens (der diskursiven Erkenntnis) überhaupt beschäftigt: so kann sie in ihrem analytischen Teile auch den Kanon für die Vernunft mitbefassen, deren Form ihre sichere Vorschrift hat, die, ohne die besondere Natur der dabei gebrauchten Erkenntnis in Betracht zu ziehen, a priori, durch bloße Zergliederung der Vernunfthandlungen in ihre Momente, eingesehen werden kann.

Die transzendentale Logik, da sie auf einen bestimmten Inhalt, nämlich bloß der reinen Erkenntnisse a priori, eingeschränkt ist, kann es ihr in dieser Einteilung nicht nachtun. Denn es zeigt sich: daß der *transzendentale Gebrauch der Vernunft* gar nicht objektiv gültig sei, mithin nicht zur *Logik der Wahrheit,* d. i. der Analytik gehöre, sondern, als eine *Logik des Scheins,* einen besonderen Teil des scholastischen Lehrgebäudes, unter dem Namen der transzendentalen *Dialektik,* erfordere.

Verstand und Urteilskraft haben demnach ihren Kanon des objektiv gültigen, mithin wahren Gebrauchs, in der transzendentalen Logik, und gehören also in ihren analytischen Teil. Allein *Vernunft* in ihren Versuchen, über Gegenstände a priori etwas auszumachen, und das Erkenntnis über die Grenzen möglicher Erfahrung zu erweitern, ist ganz und gar dialektisch, und ihre Scheinbehauptungen schicken sich durchaus nicht in einen Kanon, dergleichen doch die Analytik enthalten soll.

Die Analytik der Grundsätze wird demnach lediglich ein Kanon für die Urteilskraft sein, der sie lehrt, die Verstandesbegriffe, welche die Bedingung zu Regeln a priori enthalten, auf Erscheinungen anzuwenden. Aus dieser Ursache werde ich, indem ich die eigentlichen Grundsätze des Verstandes zum Thema nehme, mich der Benennung einer Doktrin der Urteilskraft bedienen, wodurch dieses Geschäft genauer bezeichnet wird.

Einleitung
Von der transzendentalen Urteilskraft überhaupt

Wenn der Verstand überhaupt als das Vermögen der Regeln erklärt wird, so ist Urteilskraft das Vermögen unter Regeln zu *subsumieren,* d. i. zu unterscheiden, ob etwas unter einer gegebenen Regel *(casus datae legis)* stehe, oder nicht. Die allgemeine Logik enthält gar keine Vorschriften für die Urteilskraft, und kann sie auch nicht enthalten. Denn da sie *von allem Inhalte der Erkenntnis abstrahiert,* so bleibt ihr nichts übrig, als das Geschäft, die bloße Form der Erkenntnis in Begriffen, Urteilen und Schlüssen analytisch auseinander zu setzen, und dadurch formale Regeln alles Verstandesgebrauchs zustande zu bringen. Wollte sie nun allgemein zeigen, wie man unter diese Regeln subsumieren, d. i. unterscheiden sollte, ob etwas darunter stehe oder nicht, so könnte dieses nicht anders, als wieder durch eine Regel geschehen. Diese aber erfordert eben darum, weil sie eine Regel ist, aufs neue eine Unterweisung der Urteilskraft, und so zeigt sich, daß zwar der Verstand einer Belehrung und Ausrüstung durch Regeln fähig, Urteilskraft aber ein besonderes Talent sei, welches gar nicht belehrt, sondern nur geübt sein will. Daher ist diese auch das Spezifische des sogenannten Mutterwitzes, dessen Mangel keine Schule ersetzen kann; denn, ob diese gleich einem eingeschränkten Verstande Regeln vollauf, von fremder Einsicht entlehnt, darreichen und gleichsam einpfropfen kann; so muß doch das Vermögen, sich ihrer richtig zu bedienen, dem Lehrlinge selbst angehören, und keine Regel, die man ihm in dieser Absicht vorschreiben möchte, ist, in Ermangelung einer solchen Naturgabe, vor Mißbrauch sicher. Ein Arzt daher, ein Richter, oder ein Staatskundiger, kann viel schöne pathologische, juristische oder politische Regeln im Kopfe haben, in dem Grade, daß er selbst darin gründlicher Lehrer werden kann, und wird dennoch in der Anwendung derselben leicht verstoßen, entweder, weil es ihm an natürlicher Urteilskraft (obgleich nicht am Verstande) mangelt, und er zwar das Allgemeine in abstracto einsehen, aber ob ein Fall in concreto darunter gehöre, nicht unterscheiden kann, oder auch darum, weil er nicht genug durch Beispiele und wirkliche Geschäfte zu diesem Urteile abgerichtet worden. Dieses ist auch der einige und große Nutzen der Beispiele: daß sie die Urteilskraft schärfen. Denn was die Richtigkeit und Präzision der Verstandeseinsicht betrifft, so tun sie derselben vielmehr gemeiniglich einigen Abbruch, weil sie nur selten die Bedingung der Regel adäquat erfüllen (als *casus in terminis*) und überdem diejenige Anstrengung des Verstandes oftmals schwächen, Regeln im allgemeinen, und unabhängig von den besonderen Umständen der Erfahrung, nach ihrer Zulänglichkeit, einzusehen, und sie daher zuletzt mehr wie Formeln, als Grundsätze, zu gebrauchen angewöhnen. So sind Beispiele der Gängelwagen der Urteilskraft, welchen derjenige, dem es am natürlichen Talent desselben mangelt, niemals entbehren kann.

Ob nun aber gleich die *allgemeine Logik* der Urteilskraft keine Vorschriften geben kann, so ist es doch mit der *transzendentalen* ganz anders bewandt, sogar daß es scheint, die letztere habe es zu ihrem eigentlichen Geschäfte, die Urteilskraft im Gebrauch des reinen Verstandes, durch bestimmte Regeln zu berichtigen und zu sichern. Denn, um dem Verstande im Felde reiner Erkenntnisse a priori Erweiterung zu verschaffen, mithin als Doktrin scheint Philosophie gar nicht nötig, oder vielmehr übel angebracht zu sein, weil man nach allen bisherigen Versuchen damit doch wenig oder gar kein Land gewonnen hat, sondern als Kritik, um die Fehltritte der Urteilskraft *(lapsus judicii)* im Gebrauch der wenigen reinen Verstandesbegriffe, die wir haben, zu verhüten, dazu (obgleich der Nutzen alsdann nur negativ ist) wird Philosophie mit ihrer ganzen Scharfsinnigkeit und Prüfungskunst aufgeboten.

Es hat aber die Transzendental-Philosophie das Eigentümliche: daß sie außer der Regel (oder vielmehr der allgemeinen Bedingung zu Regeln), die in dem reinen Begriffe des Verstandes gegeben wird, zugleich a priori den Fall anzeigen kann, worauf sie angewandt werden sollen. Die Ursache von dem Vorzuge, den sie in diesem Stücke vor allen anderen belehrenden Wissenschaften hat, (außer der Mathematik) liegt eben darin: daß sie von Begriffen handelt, die sich auf ihre Gegenstände a priori beziehen sollen, mithin kann ihre objektive Gültigkeit nicht a posteriori dargetan werden; denn das würde jene Dignität derselben ganz unberührt lassen, sondern sie muß zugleich die Bedingungen, unter welchen Gegenstände in Übereinstimmung mit jenen Begriffen gegeben werden können, in allgemeinen aber hinreichenden Kennzeichen darlegen, widrigenfalls sie ohne allen Inhalt, mithin bloße logische Formen und nicht reine Verstandesbegriffe sein würden.

Diese *transzendentale Doktrin der Urteilskraft* wird nun zwei Hauptstücke enthalten: das *erste*, welches von der sinnlichen Bedingung handelt, unter welcher reine Verstandesbegriffe allein gebraucht werden können, d. i. von dem Schematismus des reinen Verstandes; das *zweite* aber von denen synthetischen Urteilen, welche aus reinen Verstandesbegriffen unter diesen Bedingungen a priori herfließen, und allen übrigen Erkenntnissen a priori zum Grunde liegen, d. i. von den Grundsätzen des reinen Verstandes.

Der transzendentalen Doktrin der Urteilskraft (oder Analytik der Grundsätze)

Erstes Hauptstück
Von dem Schematismus der reinen Verstandesbegriffe

In allen Subsumtionen eines Gegenstandes unter einen Begriff muß die Vorstellung des ersteren mit der letzteren *gleichartig* sein, d. i. der Begriff muß dasjenige enthalten, was in dem darunter zu subsumierenden Gegenstande vorgestellt wird, denn das bedeutet eben der Ausdruck: ein Gegenstand sei *unter* einem Begriffe enthalten. So hat der empirische Begriff eines *Tellers* mit dem reinen geometrischen eines *Zirkels* Gleichartigkeit, indem die Rundung, die in dem ersteren gedacht wird, sich im letzteren anschauen läßt.

Nun sind aber reine Verstandesbegriffe, in Vergleichung mit empirischen (ja überhaupt sinnlichen) Anschauungen, ganz ungleichartig, und können niemals in irgendeiner Anschauung angetroffen werden. Wie ist nun die *Subsumtion* der letzteren unter die erste, mithin die *Anwendung* der Kategorie auf Erscheinungen möglich, da doch niemand sagen wird: diese, z. B. die Kausalität, könne auch durch Sinne angeschaut werden und sei in der Erscheinung enthalten? Diese so natürliche und erhebliche Frage ist nun eigentlich die Ursache, welche eine transzendentale Doktrin der Urteilskraft notwendig macht, um nämlich die Möglichkeit zu zeigen, wie *reine Verstandesbegriffe* auf Erscheinungen überhaupt angewandt werden können. In allen anderen Wissenschaften, wo die Begriffe, durch die der Gegenstand allgemein gedacht wird, von denen, die diesen in concreto vorstellen, wie er gegeben wird, nicht so unterschieden und heterogen sind, ist es unnötig, wegen der Anwendung des ersteren auf den letzten besondere Erörterung zu geben.

Nun ist klar, daß es ein Drittes geben müsse, was einerseits mit der Kategorie, andererseits mit der Erscheinung in Gleichartigkeit stehen muß, und die Anwendung der ersteren auf die letzte möglich macht. Diese vermittelnde Vorstellung muß rein (ohne alles Empirische) und doch einerseits *intellektuell*, andererseits *sinnlich* sein. Eine solche ist das *transzendentale Schema*.

Der Verstandesbegriff enthält reine synthetische Einheit des Mannigfaltigen überhaupt. Die Zeit, als die formale Bedingung des Mannigfaltigen des inneren Sinnes, mithin der Verknüpfung aller Vorstellungen, enthält ein Mannigfaltiges a priori in der reinen Anschauung. Nun ist eine transzendentale Zeitbestimmung mit der *Kategorie* (die die Einheit derselben ausmacht) sofern gleichartig, als sie *allgemein* ist und auf einer Regel a priori beruht. Sie ist aber andererseits mit der *Erscheinung* sofern gleichartig, als die *Zeit* in jeder empirischen Vorstellung des Mannigfaltigen enthalten ist. Daher wird eine Anwendung der Kategorie auf Erscheinungen möglich sein, vermittelst der transzendentalen Zeitbestimmung, welche, als das Schema der Verstandesbegriffe, die *Subsumtion* der letzteren unter die erste vermittelt.

Nach demjenigen, was in der Deduktion der Kategorien gezeigt worden, wird hoffentlich niemand im Zweifel stehen, sich über die Frage zu entschließen: ob diese reinen Verstandesbegriffe von bloß empirischem oder auch von transzendentalem Gebrauche sind, d. i. ob sie lediglich, als Bedingungen einer möglichen Erfahrung, sich a priori auf Erscheinungen beziehen, oder ob sie, als Bedingungen der Möglichkeit der Dinge überhaupt, auf Gegenstände an sich selbst (ohne einige Restriktion auf unsere Sinnlichkeit) erstreckt werden können. Denn da haben wir gesehen, daß Begriffe ganz unmöglich sind, noch irgend einige Bedeutung haben können, wo nicht, entweder ihnen selbst, oder wenigstens den Elementen, daraus sie bestehen, ein Gegenstand gegeben ist, mithin auf Dinge an sich (ohne Rücksicht, ob und wie sie uns gegeben werden mögen) gar nicht gehen können; daß ferner die einzige Art, wie uns Gegenstände gegeben werden, die Modifikation unserer Sinnlichkeit sei; endlich, daß reine Begriffe a priori, außer der Funktion des Verstandes in der Kategorie, noch formale Bedingungen der Sinnlichkeit (namentlich des inneren Sinnes) a priori enthalten müssen, welche die allgemeine Bedingung enthalten, unter der die Kategorie allein auf irgendeinen Gegenstand angewandt werden kann. Wir wollen diese formale und reine Bedingung der Sinnlichkeit, auf welche der Verstandesbegriff in seinem Gebrauch restringiert ist, das *Schema* dieses Verstandesbegriffs, und das Verfahren des Verstandes mit diesen Schematen den *Schematismus* des reinen Verstandes nennen.

Das Schema ist an sich selbst jederzeit nur ein Produkt der Einbildungskraft; aber indem die Synthesis der letzteren keine einzelne Anschauung, sondern die Einheit in der

Bestimmung der Sinnlichkeit allein zur Absicht hat, so ist das Schema doch vom Bilde zu unterscheiden. So, wenn ich fünf Punkte hintereinander setze, ... ist dieses ein Bild von der Zahl fünf. Dagegen, wenn ich eine Zahl überhaupt nur denke, die nun fünf oder hundert sein kann, so ist dieses Denken mehr die Vorstellung einer Methode, einem gewissen Begriffe gemäß eine Menge (z. E. tausend) in einem Bilde vorzustellen, als dieses Bild selbst, welches ich im letzteren Falle schwerlich würde übersehen und mit dem Begriff vergleichen können. Diese Vorstellung nun von einem allgemeinen Verfahren der Einbildungskraft, einem Begriff sein Bild zu verschaffen, nenne ich das Schema zu diesem Begriffe.

In der Tat liegen unseren reinen sinnlichen Begriffen nicht Bilder der Gegenstände, sondern Schemate zum Grunde. Dem Begriffe von einem Triangel überhaupt würde gar kein Bild desselben jemals adäquat sein. Denn es würde die Allgemeinheit des Begriffs nicht erreichen, welche macht, daß dieser für alle, recht- oder schiefwinklige usw. gilt, sondern immer nur auf einen Teil dieser Sphäre eingeschränkt sein. Das Schema des Triangels kann niemals anderswo als in Gedanken existieren, und bedeutet eine Regel der Synthesis der Einbildungskraft, in Ansehung reiner Gestalten im Raume. Noch viel weniger erreicht ein Gegenstand der Erfahrung oder Bild desselben jemals den empirischen Begriff, sondern dieser bezieht sich jederzeit unmittelbar auf das Schema der Einbildungskraft, als eine Regel der Bestimmung unserer Anschauung, gemäß einem gewissen allgemeinen Begriffe. Der Begriff vorn Hunde bedeutet eine Regel, nach welcher meine Einbildungskraft die Gestalt eines vierfüßigen Tieres allgemein verzeichnen kann, ohne auf irgendeine einzige besondere Gestalt, die mir die Erfahrung darbietet, oder auch ein jedes mögliche Bild, was ich in concreto darstellen kann, eingeschränkt zu sein. Dieser Schematismus unseres Verstandes, in Ansehung der Erscheinungen und ihrer bloßen Form, ist eine verborgene Kunst in den Tiefen der menschlichen Seele, deren wahre Handgriffe wir der Natur schwerlich jemals abraten, und sie unverdeckt vor Augen legen werden. So viel können wir nur sagen: das *Bild* ist ein Produkt des empirischen Vermögens der produktiven Einbildungskraft, das *Schema* sinnlicher Begriffe (als der Figuren im Raume) ein Produkt und gleichsam ein Monogramm der reinen Einbildungskraft a priori, wodurch und wonach die Bilder allererst möglich werden, die aber mit dem Begriffe nur immer vermittelst des Schema, welches sie bezeichnen, verknüpft werden müssen, und an sich demselben nicht völlig kongruieren. Dagegen ist das Schema eines reinen Verstandesbegriffs etwas, was in gar kein Bild gebracht werden kann, sondern ist nur die reine Synthesis, gemäß einer Regel der Einheit nach Begriffen überhaupt, die die Kategorie ausdrückt, und ist ein transzendentales Produkt der Einbildungskraft, welches die Bestimmung des inneren Sinnes überhaupt, nach Bedingungen ihrer Form, (der Zeit,) in Ansehung aller Vorstellungen, betrifft, sofern diese der Einheit der Apperzeption gemäß a priori in einem Begriff zusammenhängen sollten.

Ohne uns nun bei einer trockenen und langweiligen Zergliederung dessen, was zu transzendentalen Schematen reiner Verstandesbegriffe überhaupt erfordert wird, aufzuhalten, wollen wir sie lieber nach der Ordnung der Kategorien und in Verknüpfung mit diesen darstellen.

Das reine Bild aller Größen *(quantorum)* vor dem äußeren Sinne, ist der Raum; aller Gegenstände der Sinne aber überhaupt, die Zeit. Das reine *Schema* der *Größe* aber *(quantitatis)*, als eines Begriffs des Verstandes, ist die Zahl, welche eine Vorstellung ist, die die sukzessive Addition von Einem zu Einem (gleichartigen) zusammenbefaßt. Also ist die Zahl nichts anderes, als die Einheit der Synthesis des Mannigfaltigen einer gleichartigen Anschauung überhaupt, dadurch, daß ich die Zeit selbst in der Apprehension der Anschauung erzeuge.

Realität ist im reinen Verstandesbegriffe das, was einer Empfindung überhaupt korrespondiert; dasjenige also, dessen Begriff an sich selbst ein Sein (in der Zeit) anzeigt; Negation, dessen Begriff ein Nichtsein (in der Zeit) vorstellt. Die Entgegensetzung beider geschieht also in dem Unterschiede derselben Zeit, als einer erfüllten, oder leeren Zeit. Da die Zeit nur die Form der Anschauung, mithin der Gegenstände, als Erscheinungen, ist, so ist das, was an diesen der Empfindung entspricht, die transzendentale Materie aller Gegenstände, als Dinge an sich (die Sachheit, Realität). Nun hat jede Empfindung einen Grad oder Größe, wodurch sie dieselbe Zeit, d. i. den inneren Sinn in Ansehung derselben Vorstellung eines Gegenstandes, mehr oder weniger erfüllen kann, bis sie in Nichts (= O = negatio) aufhört. Daher ist ein Verhältnis und Zusammenhang oder vielmehr ein Übergang von Realität zur Negation, welcher jede Realität als ein Quantum vorstellig macht, und das Schema einer Realität, als der Quantität von Etwas, sofern es die Zeit erfüllt, ist eben diese kontinuierliche und gleichförmige Erzeugung derselben in der Zeit, indem man von der Empfindung, die einen gewissen Grad hat, in der Zeit bis zum Verschwinden derselben hinabgeht, oder von der Negation zu der Größe derselben allmählich aufsteigt.

Das Schema der Substanz ist die Beharrlichkeit des Realen in der Zeit, d. i. die Vorstellung desselben, als eines Substratum der empirischen Zeitbestimmung überhaupt, welches also bleibt, indem alles andere wechselt. (Die Zeit verläuft sich nicht, sondern in ihr verläuft sich das Dasein des Wandelbaren. Der Zeit also, die selbst unwandelbar und bleibend ist, korrespondiert in der Erscheinung das Unwandelbare im Dasein, d. i. die Substanz, und bloß an ihr kann die Folge und das Zugleichsein der Erscheinungen der Zeit nach bestimmt werden.)

Das Schema der Ursache und der Kausalität eines Dinges überhaupt ist das Reale, worauf, wenn es nach Belieben gesetzt wird, jederzeit etwas anderes folgt. Es besteht also in der Sukzession des Mannigfaltigen, insofern sie einer Regel unterworfen ist.

Das Schema der Gemeinschaft (Wechselwirkung), oder der wechselseitigen Kausalität der Substanzen in Ansehung ihrer Akzidenzen, ist das Zugleichsein der Bestimmungen der Einen, mit denen der Anderen, nach einer allgemeinen Regel.

Das Schema der Möglichkeit ist die Zusammenstimmung der Synthesis verschiedener Vorstellungen mit den Bedingungen der Zeit überhaupt (z. B. da das Entgegengesetzte in einem Dinge nicht zugleich, sondern nur nacheinander sein kann,) also die Bestimmung der Vorstellung eines Dinges zu irgendeiner Zeit.

Das Schema der Wirklichkeit ist das Dasein in einer bestimmten Zeit.

Das Schema der Notwendigkeit ist das Dasein eines Gegenstandes zu aller Zeit.

Man sieht nun aus allem diesem, daß das Schema einer jeden Kategorie, als das der Größe, die Erzeugung, (Synthesis) der Zeit selbst, in der sukzessiven Apprehension eines Gegenstandes, das Schema der Qualität die Synthesis der Empfindung (Wahrnehmung) mit der Vorstellung der Zeit, oder die Erfüllung der Zeit, das der Relation das Verhältnis der Wahrnehmungen untereinander zu aller Zeit (d. i. nach einer Regel der Zeitbestimmung), endlich das Schema der Modalität und ihrer Kategorien, die Zeit selbst, als das Korrelatum der Bestimmung eines Gegenstandes, ob und wie er zur Zeit gehöre, enthalte und vorstellig mache. Die Schemate sind daher nichts als *Zeitbestimmungen* a priori nach Regeln, und diese gehen nach der Ordnung der Kategorien, auf die *Zeitreihe*, den *Zeitinhalt*, die *Zeitordnung*, endlich den *Zeitinbegriff* in Ansehung aller möglichen Gegenstände.

Hieraus erhellt nun, daß der Schematismus des Verstandes durch die transzendentale Synthesis der Einbildungskraft auf nichts anderes, als die Einheit alles Mannigfaltigen der Anschauung in dem inneren Sinne, und so indirekt auf die Einheit der Apperzeption, als Funktion, welche dem inneren Sinn (einer Rezeptivität) korrespondiert, hinauslaufe. Also sind die Schemate der reinen Verstandesbegriffe die wahren und einzigen Bedingungen, diesen eine Beziehung auf Objekte, mithin *Bedeutung* zu verschaffen, und die Kategorien sind daher am Ende von keinem anderen, als einem möglichen empirischen Gebrauche, indem sie bloß dazu dienen, durch Gründe einer a priori notwendigen Einheit (wegen der notwendigen Vereinigung alles Bewußtseins in einer ursprünglichen Apperzeption) Erscheinungen allgemeinen Regeln der Synthesis zu unterwerfen, und sie dadurch zur durchgängigen Verknüpfung in einer Erfahrung schicklich zu machen.

In dem Ganzen aller möglichen Erfahrung liegen aber alle unsere Erkenntnisse, und in der allgemeinen Beziehung auf dieselbe besteht die transzendentale Wahrheit, die vor aller empirischen vorhergeht, und sie möglich macht.

Es fällt aber doch auch in die Augen: daß, obgleich die Schemate der Sinnlichkeit die Kategorien allererst realisieren, sie doch selbige gleichwohl auch restringieren, d. i. auf Bedingungen einschränken, die außer dem Verstande liegen (nämlich in der

Sinnlichkeit). Daher ist das Schema eigentlich nur das Phänomenon, oder der sinnliche Begriff eines Gegenstandes, in Übereinstimmung mit der Kategorie. (*Numerus est quantitas phaenomenon, sensatio realitas phaenomenon, constans et perdurabile rerum substantia phaenomenon – – aeternitas, necessitas, phaenomena* usw.) Wenn wir nun eine restringierende Bedingung weglassen, so amplifizieren wir, wie es scheint, den vorher eingeschränkten Begriff; so sollten die Kategorien in ihrer reinen Bedeutung, ohne alle Bedingungen der Sinnlichkeit, von Dingen überhaupt gelten, *wie sie sind*, anstatt, daß ihre Schemate sie nur vorstellen, *wie sie erscheinen*, jene also eine von allen Schematen unabhängige und viel weiter erstreckte Bedeutung haben. In der Tat bleibt den reinen Verstandesbegriffen allerdings, auch nach Absonderung aller sinnlichen Bedingung, eine, aber nur logische Bedeutung der bloßen Einheit der Vorstellungen, denen aber kein Gegenstand, mithin auch keine Bedeutung gegeben wird, die einen Begriff vom Objekt abgeben könnte. So würde z. B. Substanz, wenn man die sinnliche Bestimmung der Beharrlichkeit wegließe, nichts weiter als ein Etwas bedeuten, das als Subjekt (ohne ein Prädikat von etwas anderem zu sein) gedacht werden kann. Aus dieser Vorstellung kann ich nun nichts machen, indem sie mir gar nicht anzeigt, welche Bestimmungen das Ding hat, welches als ein solches erstes Subjekt gelten soll. Also sind die Kategorien, ohne Schemate, nur Funktionen des Verstandes zu Begriffen, stellen aber keinen Gegenstand vor. Diese Bedeutung kommt ihnen von der Sinnlichkeit, die den Verstand realisiert, indem sie ihn zugleich restringiert.

Der transzendentalen Doktrin der Urteilskraft (oder Analytik der Grundsätze)

Zweites Hauptstück
System aller Grundsätze des reinen Verstandes

Wir haben in dem vorigen Hauptstücke die transzendentale Urteilskraft nur nach den allgemeinen Bedingungen erwogen, unter denen sie allein die reinen Verstandesbegriffe zu synthetischen Urteilen zu brauchen befugt ist. Jetzt ist unser Geschäft: die Urteile, die der Verstand unter dieser kritischen Vorsicht wirklich a priori zustande bringt, in systematischer Verbindung darzustellen, wozu uns ohne Zweifel unsere Tafel der Kategorien die natürliche und sichere Leitung geben muß. Denn diese sind es eben, deren Beziehung auf mögliche Erfahrung alle reine Verstandeserkenntnis a priori ausmachen muß, und deren Verhältnis zur Sinnlichkeit überhaupt um deswillen alle transzendentalen Grundsätze des Verstandesgebrauchs vollständig und in einem System darlegen wird.

Grundsätze a priori führen diesen Namen nicht bloß deswegen, weil sie die Gründe anderer Urteile in sich enthalten, sondern auch weil sie selbst nicht in höheren und allgemeineren Erkenntnissen gegründet sind. Diese Eigenschaft überhebt sie doch nicht allemal eines Beweises. Denn obgleich dieser nicht weiter objektiv geführt werden könnte, sondern vielmehr alle Erkenntnis seines Objekts zum Grunde liegt, so hindert dies doch nicht, daß nicht ein Beweis, aus den subjektiven Quellen der Möglichkeit einer Erkenntnis des Gegenstandes überhaupt, zu schaffen möglich, ja auch nötig wäre, weil der Satz sonst gleichwohl den größten Verdacht einer bloß erschlichenen Behauptung auf sich haben würde.

Zweitens werden wir uns bloß auf diejenigen Grundsätze, die sich auf die Kategorien beziehen, einschränken. Die Prinzipien der transzendentalen Ästhetik, nach welchen Raum und Zeit die Bedingungen der Möglichkeit aller Dinge als Erscheinungen sind, imgleichen die Restriktion dieser Grundsätze: daß sie nämlich nicht auf Dinge an sich selbst bezogen werden können, gehören also nicht in unser abgestochenes Feld der Untersuchung. Ebenso machen die mathematischen Grundsätze keinen Teil dieses Systems aus, weil sie nur aus der Anschauung, aber nicht aus dem reinen Verstandesbegriffe gezogen sind; doch wird die Möglichkeit derselben, weil sie gleichwohl synthetische Urteile a priori sind, hier notwendig Platz finden, zwar nicht, um ihre Richtigkeit und apodiktische Gewißheit zu beweisen, welches sie gar nicht nötig haben, sondern nur die Möglichkeit solcher evidenten Erkenntnisse a priori begreiflich zu machen und zu deduzieren.

Wir werden aber auch von dem Grundsatze analytischer Urteile reden müssen, und dieses zwar im Gegensatz mit der synthetischen, als mit welchen wir uns eigentlich beschäftigen, weil eben diese Gegenstellung die Theorie der letzteren von allem Mißverstande befreit, und sie in ihrer eigentümlichen Natur deutlich vor Augen legt.

Das System der Grundsätze des reinen Verstandes

Erster Abschnitt
Von dem obersten Grundsatze aller analytischen Urteile

Von welchem Inhalt auch unsere Erkenntnis sei, und wie sie sich auf das Objekt beziehen mag, so ist doch die allgemeine, obzwar nur negative Bedingung aller unserer Urteile überhaupt, daß sie sich nicht selbst widersprechen; widrigenfalls diese Urteile an sich selbst (auch ohne Rücksicht aufs Objekt) nichts sind. Wenn aber auch gleich in unserem Urteile kein Widerspruch ist, so kann es dem ungeachtet doch Begriffe so verbinden, wie es der Gegenstand nicht mit sich bringt, oder auch, ohne daß uns irgendein Grund weder a priori noch a posteriori gegeben ist, welcher ein solches Urteil berechtigte, und so kann ein Urteil bei allem dem, daß es von allem inneren Widerspruche frei ist, doch entweder falsch oder grundlos sein.

Der Satz nun: Keinem Dinge kommt ein Prädikat zu, welches ihm widerspricht, heißt der Satz des Widerspruchs, und ist ein allgemeines, obzwar bloß negatives, Kriterium aller Wahrheit, gehört aber auch darum bloß in die Logik, weil er von Erkenntnissen, bloß als Erkenntnissen überhaupt, unangesehen ihres Inhalts gilt, und sagt: daß der Widerspruch sie gänzlich vernichte und aufhebe.

Man kann aber doch von demselben auch einen positiven Gebrauch machen, d. i. nicht bloß, um Falschheit und Irrtum (sofern es auf dem Widerspruch beruht) zu verbannen, sondern auch Wahrheit zu erkennen. Denn, wenn *das Urteil analytisch* ist, es mag nun verneinend oder bejahend sein, so muß dessen Wahrheit jederzeit nach dem Satze des Widerspruchs hinreichend können erkannt werden. Denn von dem, was in der Erkenntnis des Objekts schon als Begriff liegt und gedacht wird, wird das Widerspiel jederzeit richtig verneint, der Begriff selber aber notwendig von ihm bejaht werden müssen, darum, weil das Gegenteil desselben dem Objekte widersprechen würde.

Daher müssen wir auch den *Satz des Widerspruchs* als das allgemeine und völlig hinreichende *Prinzipium aller analytischen Erkenntnis* gelten lassen; aber weiter geht auch sein Ansehen und Brauchbarkeit nicht, als eines hinreichenden Kriterium der Wahrheit. Denn daß ihm gar keine Erkenntnis zuwider sein könne, ohne sich selbst zu vernichten, das macht diesen Satz wohl zur *conditio sine qua non*, aber nicht zum Bestimmungsgrunde der Wahrheit unserer Erkenntnis. Da wir es nun eigentlich nur mit dem synthetischen Teile unserer Erkenntnis zu tun haben, so werden wir zwar jederzeit bedacht sein, diesem unverletzlichen Grundsatz niemals zuwider zu handeln, von ihm aber, in Ansehung der Wahrheit von dergleichen Art der Erkenntnis, niemals einigen Aufschluß gewärtigen können.

Es ist aber doch eine Formel dieses berühmten, obzwar von allem Inhalt entblößten und bloß formalen Grundsatzes, die eine Synthesis enthält, welche aus Unvorsichtigkeit und ganz unnötigerweise in ihr gemischt worden. Sie heißt: es ist unmöglich, daß etwas *zugleich* sei und nicht sei. Außer dem, daß hier die apodiktische Gewißheit (durch das Wort *unmöglich*) überflüssigerweise angehängt worden, die sich doch von selbst aus dem Satz muß verstehen lassen, so ist der Satz durch die Bedingung der Zeit affiziert, und sagt gleichsam: Ein Ding = A, welches etwas = B ist, kann nicht zu gleicher Zeit *non* B sein; aber es kann gar wohl beides (B sowohl, als *non* B) nacheinander sein. Z. B. ein Mensch, der jung ist, kann nicht zugleich alt sein; ebenderselbe kann aber sehr wohl zu einer Zeit jung, zur anderen nicht-jung, d. i. alt sein. Nun muß der Satz des Widerspruchs, als ein bloß logischer Grundsatz, seine Aussprüche gar nicht auf die Zeitverhältnisse einschränken, daher ist eine solche Formel der Absicht desselben ganz zuwider. Der Mißverstand kommt bloß daher: daß man ein Prädikat eines Dinges zuvörderst von dem Begriff desselben absondert, und nachher sein Gegenteil mit diesem Prädikate verknüpft, welches niemals einen Widerspruch mit dem Subjekte, sondern nur mit dessen Prädikate, welches mit jenem synthetisch verbunden worden, abgibt, und zwar nur dann, wenn das erste und zweite Prädikat zu gleicher Zeit gesetzt werden. Sage ich, ein Mensch, der ungelehrt ist, ist nicht gelehrt, so muß die Bedingung: *zugleich*, dabei stehen, denn der, so zu einer Zeit ungelehrt ist, kann zu einer anderen gar wohl gelehrt sein. Sage ich aber, kein ungelehrter Mensch ist gelehrt, so ist der Satz analytisch, weil das Merkmal (der Ungelehrtheit) nunmehr den Begriff des Subjekts mit ausmacht, und alsdann erhellt der verneinende Satz unmittelbar aus dem Satze des Widerspruchs, ohne daß die Bedingung: *zugleich*, hinzukommen darf. Dieses ist denn auch die Ursache, weswegen ich oben die Formel desselben so verändert habe, daß die Natur eines analytischen Satzes dadurch deutlich ausgedrückt wird.

Des Systems der Grundsätze des reinen Verstandes

Zweiter Abschnitt
Von dem obersten Grundsatze aller synthetischen Urteile

Die Erklärung der Möglichkeit synthetischer Urteile, ist eine Aufgabe, mit der die allgemeine Logik gar nichts zu schaffen hat, die auch sogar ihren Namen nicht einmal kennen darf. Sie ist aber in einer transzendentalen Logik das wichtigste Geschäft unter allen, und sogar das einzige, wenn von der Möglichkeit synthetischer Urteile a priori die Rede ist, imgleichen den Bedingungen und dem Umfange ihrer Gültigkeit. Denn nach Vollendung desselben, kann sie ihrem Zwecke, nämlich den Umfang und die Grenzen des reinen Verstandes zu bestimmen, vollkommen ein Genüge tun.

Im analytischen Urteile bleibe ich bei dem gegebenen Begriffe, um etwas von ihm auszumachen. Soll es bejahend sein, so lege ich diesem Begriffe nur dasjenige bei, was in ihm schon gedacht war; soll es verneinend sein, so schließe ich nur das Gegenteil desselben von ihm aus. In synthetischen Urteilen aber soll ich aus dem gegebenen Begriff hinausgehen, um etwas ganz anderes, als in ihm gedacht war, mit demselben im Verhältnis zu betrachten, welches daher niemals, weder ein Verhältnis der Identität, noch des Widerspruchs ist, und wobei dem Urteile an ihm selbst weder die Wahrheit, noch der Irrtum angesehen werden kann.

Also zugegeben: daß man aus einem gegebenen Begriffe hinausgehen müsse, um ihn mit einem anderen synthetisch zu vergleichen, so ist ein Drittes nötig, worin allein die Synthesis zweier Begriffe entstehen kann. Was ist nun aber dieses Dritte, als das Medium aller synthetischen Urteile? Es ist nur ein Inbegriff, darin alle unsere Vorstellungen enthalten sind, nämlich der innere Sinn, und die Form desselben a priori, die Zeit. Die Synthesis der Vorstellungen beruht auf der Einbildungskraft, die synthetische Einheit derselben aber (die zum Urteile erforderlich ist) auf der Einheit der Apperzeption. Hierin wird also die Möglichkeit synthetischer Urteile, und da alle drei die Quellen zu Vorstellungen a priori enthalten, auch die Möglichkeit reiner synthetischer Urteile zu suchen sein, ja sie werden sogar aus diesen Gründen notwendig sein, wenn eine Erkenntnis von Gegenständen zustande kommen soll, die lediglich auf der Synthesis der Vorstellungen beruht.

Wenn eine Erkenntnis objektive Realität haben, d. i. sich auf einen Gegenstand beziehen, und in demselben Bedeutung und Sinn haben soll, so muß der Gegenstand auf irgendeine Art gegeben werden können. Ohne das sind die Begriffe leer, und man hat dadurch zwar gedacht, in der Tat aber durch dieses Denken nichts erkannt, sondern bloß mit Vorstellungen gespielt. Einen Gegenstand geben, wenn dieses nicht wiederum nur mittelbar gemeint sein soll, sondern unmittelbar in der Anschauung darstellen, ist nichts anderes, als dessen Vorstellung auf Erfahrung (es sei wirkliche oder doch mögliche) beziehen. Selbst der Raum und die Zeit, so rein diese Begriffe auch von allem Empirischen sind, und so gewiß es auch ist, daß sie völlig a priori im Gemüte vorgestellt werden, würden doch ohne objektive Gültigkeit und ohne Sinn und Bedeutung sein, wenn ihr notwendiger Gebrauch an den Gegenständen der Erfahrung nicht gezeigt würde, ja ihre Vorstellung ist ein bloßes Schema, das sich immer auf die reproduktive Einbildungskraft bezieht, welche die Gegenstände der Erfahrung herbeiruft, ohne die sie keine Bedeutung haben würden; und so ist es mit allen Begriffen ohne Unterschied.

Die *Möglichkeit der Erfahrung* ist also das, was allen unseren Erkenntnissen a priori objektive Realität gibt. Nun beruht Erfahrung auf der synthetischen Einheit der Erscheinungen, d. i. auf einer Synthesis nach Begriffen vom Gegenstande der Erscheinungen überhaupt, ohne welche sie nicht einmal Erkenntnis, sondern eine Rhapsodie von Wahrnehmungen sein würde, die sich in keinem Kontext nach Regeln eines durchgängig verknüpften (möglichen) Bewußtseins, mithin auch nicht zur transzendentalen und notwendigen Einheit der Apperzeption, zusammen schicken würden. Die Erfahrung hat also Prinzipien ihrer Form a priori zum Grunde liegen, nämlich allgemeine Regeln der Einheit in der Synthesis der Erscheinungen, deren objektive Realität, als notwendige Bedingungen, jederzeit in der Erfahrung, ja sogar ihrer Möglichkeit gewiesen werden kann. Außer dieser Beziehung aber sind synthetische Sätze a priori gänzlich unmöglich, weil sie kein Drittes, nämlich reinen Gegenstand haben, an dem die synthetische Einheit ihrer Begriffe objektive Realität dartun könnte.

Ob wir daher gleich vom Raume überhaupt, oder den Gestalten, welche die produktive Einbildungskraft in ihm verzeichnet, so vieles a priori in synthetischen Urteilen erkennen, so, daß wir wirklich hierzu gar keiner Erfahrung bedürfen; so würde doch dieses Erkenntnis gar nichts, sondern die Beschäftigung mit einem bloßen Hirngespinst sein, wäre der Raum nicht, als Bedingung der Erscheinungen, welche den Stoff zur äußeren Erfahrung ausmachen, anzusehen; daher sich jene reinen synthetischen Urteile, obzwar nur mittelbar, auf mögliche Erfahrung oder vielmehr auf dieser ihre Möglichkeit selbst beziehen, und darauf allein die objektive Gültigkeit ihrer Synthesis gründen.

Da also Erfahrung, als empirische Synthesis, in ihrer Möglichkeit die einzige Erkenntnisart ist, welche aller anderen Synthesis Realität gibt, so hat diese als Erkenntnis a priori auch nur dadurch Wahrheit, (Einstimmung mit dem Objekt,) daß sie nichts weiter enthält, als was zur synthetischen Einheit der Erfahrung überhaupt notwendig ist.

Das oberste Principium aller synthetischen Urteile ist also: ein jeder Gegenstand steht unter den notwendigen Bedingungen der synthetischen Einheit des Mannigfaltigen der Anschauung in einer möglichen Erfahrung.

Auf solche Weise sind synthetische Urteile a priori möglich, wenn wir die formalen Bedingungen der Anschauung a priori, die Synthesis der Einbildungskraft, und die notwendige Einheit derselben in einer transzendentalen Apperzeption, auf ein mögliches Erfahrungserkenntnis überhaupt beziehen, und sagen: die Bedingungen der *Möglichkeit der Erfahrung* überhaupt sind zugleich Bedingungen der *Möglichkeit* der *Gegenstände* der *Erfahrung*, und haben darum objektive Gültigkeit in einem synthetischen Urteile a priori.

Des Systems der Grundsätze des reinen Verstandes

Dritter Abschnitt

Systematische Vorstellung aller synthetischen Grundsätze desselben

Daß überhaupt irgendwo Grundsätze stattfinden, das ist lediglich dem reinen Verstande zuzuschreiben, der nicht allein das Vermögen der Regeln ist, in Ansehung dessen, was geschieht, sondern selbst der Quell der Grundsätze, nach welchem alles (was uns nur als Gegenstand vorkommen kann) notwendig unter Regeln steht, weil, ohne solche, den Erscheinungen niemals Erkenntnis eines ihnen korrespondierenden Gegenstandes zukommen könnte. Selbst Naturgesetze, wenn sie als Grundgesetze des empirischen Verstandesgebrauchs betrachtet werden, führen zugleich einen Ausdruck der Notwendigkeit, mithin wenigstens die Vermutung einer Bestimmung aus Gründen, die a priori und vor aller Erfahrung gültig sind, bei sich. Aber ohne Unterschied stehen alle Gesetze der Natur unter höheren Grundsätzen des Verstandes, indem sie diese nur auf besondere Fälle der Erscheinung anwenden. Diese allein geben also den Begriff, der die Bedingung und gleichsam den Exponenten zu einer Regel überhaupt enthält, Erfahrung aber gibt den Fall, der unter der Regel steht.

Daß man bloß empirische Grundsätze für Grundsätze des reinen Verstandes, oder auch umgekehrt ansehe, deshalb kann wohl eigentlich keine Gefahr sein; denn die Notwendigkeit nach Begriffen, welche die letztere auszeichnet, und deren Mangel in jedem empirischen Satze, so allgemein er auch gelten mag, leicht wahrgenommen wird, kann diese Verwechslung leicht verhüten. Es gibt aber reine Grundsätze a priori, die ich gleichwohl doch nicht dem reinen Verstande eigentümlich beimessen möchte, darum, weil sie nicht aus reinen Begriffen, sondern aus reinen Anschauungen (obgleich vermittelst des Verstandes) gezogen sind; Verstand ist aber das Vermögen der Begriffe. Die Mathematik hat dergleichen, aber ihre Anwendung auf Erfahrung, mithin ihre objektive Gültigkeit, ja die Möglichkeit solcher synthetischer Erkenntnis a priori (die Deduktion derselben) beruht doch immer auf dem reinen Verstande.

Daher werde ich unter meine Grundsätze die der Mathematik nicht mitzählen, aber wohl diejenigen, worauf sich dieser ihre Möglichkeit und objektive Gültigkeit a priori gründet, und die mithin als Principium dieser Grundsätze anzusehen sind, und von *Begriffen* zur Anschauung, nicht aber *von der Anschauung* zu Begriffen ausgehen.

In der Anwendung der reinen Verstandesbegriffe auf mögliche Erfahrung ist der Gebrauch ihrer Synthesis entweder *mathematisch*, oder *dynamisch*: denn sie geht teils bloß auf die *Anschauung*, teils auf das *Dasein* einer Erscheinung überhaupt. Die Bedingungen a priori der Anschauung sind aber in Ansehung einer möglichen Erfahrung durchaus notwendig, die des Daseins der Objekte einer möglichen empirischen Anschauung an sich nur zufällig. Daher werden die Grundsätze des mathematischen Gebrauchs unbedingt notwendig d. i. apodiktisch lauten, die aber des dynamischen Gebrauchs werden zwar auch den Charakter einer Notwendigkeit a priori, aber nur unter der Bedingung des empirischen Denkens in einer Erfahrung, mithin nur mittelbar und indirekt bei sich führen, folglich diejenige unmittelbare Evidenz nicht enthalten, (obzwar ihrer auf Erfahrung allgemein bezogenen Gewißheit unbeschadet,) die jenen eigen ist. Doch dies wird sich beim Schlusse dieses Systems von Grundsätzen besser beurteilen lassen.

Die Tafel der Kategorien gibt uns die ganz natürliche Anweisung zur Tafel der Grundsätze, weil diese doch nichts anderes, als Regeln des objektiven Gebrauchs der ersteren sind. Alle Grundsätze des reinen Verstandes sind demnach

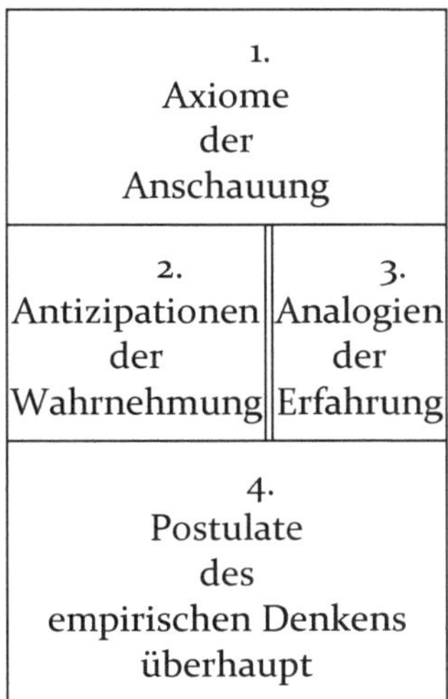

Diese Benennungen habe ich mit Vorsicht gewählt, um die Unterschiede in Ansehung der Evidenz und der Ausübung dieser Grundsätze nicht unbemerkt zu lassen. Es wird sich aber bald zeigen: daß, was sowohl die Evidenz, als die Bestimmung der Erscheinungen a priori, nach den Kategorien der *Größe* und der *Qualität* (wenn man lediglich auf die Form der letzteren acht hat) betrifft, die Grundsätze derselben sich darin von den zwei übrigen namhaft unterscheiden; indem jene einer intuitiven, diese aber einer bloß diskursiven, obzwar beiderseits einer völligen Gewißheit fähig sind. Ich werde daher jene die *mathematischen*, diese die *dynamischen* Grundsätze nennen. Man wird aber wohl bemerken: daß ich hier ebensowenig die Grundsätze der Mathematik in Einem Falle, als die Grundsätze der allgemeinen (physischen) Dynamik im anderen, sondern nur die des reinen Verstandes im Verhältnis auf den inneren Sinn (ohne Unterschied der darin gegebenen Vorstellungen) vor Augen habe, dadurch denn jene insgesamt ihre Möglichkeit bekommen. Ich benenne sie also mehr in Betracht der Anwendung, als um ihres Inhalts willen, und gehe nun zur Erwägung derselben in der nämlichen Ordnung, wie sie in der Tafel vorgestellt werden.

1.
Axiome der Anschauung

Das Prinzip derselben ist: *Alle Anschauungen sind extensive Größen.*

Beweis

Alle Erscheinungen enthalten, der Form nach, eine Anschauung im Raum und Zeit, welche ihnen insgesamt a priori zum Grunde liegt. Sie können also nicht anders apprehendiert, d. i. ins empirische Bewußtsein aufgenommen werden, als durch die Synthesis des Mannigfaltigen, wodurch die Vorstellungen eines bestimmten Raumes oder Zeit erzeugt werden, d. i. durch die Zusammensetzung des Gleichartigen und das Bewußtsein der synthetischen Einheit dieses Mannigfaltigen (Gleichartigen). Nun ist das Bewußtsein des mannigfaltigen Gleichartigen in der Anschauung überhaupt, sofern dadurch die Vorstellung eines Objekts zuerst möglich wird, der Begriff einer Größe *(quanti)*. Also ist selbst die Wahrnehmung eines Objekts, als Erscheinung, nur durch dieselbe synthetische Einheit des Mannigfaltigen der gegebenen sinnlichen Anschauung möglich, wodurch die Einheit der Zusammensetzung des mannigfaltigen Gleichartigen im Begriffe einer *Größe* gedacht wird; d. i. die Erscheinungen sind insgesamt Größen, und zwar *extensive Größen*, weil sie als Anschauungen im Raume oder der Zeit durch dieselbe Synthesis vorgestellt werden müssen, als wodurch Raum und Zeit überhaupt bestimmt werden.

Eine extensive Größe nenne ich diejenige, in welcher die Vorstellung der Teile die Vorstellung des Ganzen möglich macht, (und also notwendig vor dieser vorhergeht). Ich kann mir keine Linie, so klein sie auch sei, vorstellen, ohne sie in Gedanken zu ziehen, d. i. von einem Punkte alle Teile nach und nach zu erzeugen, und dadurch allererst diese Anschauung zu verzeichnen. Ebenso ist es auch mit jeder auch der kleinsten Zeit bewandt. Ich denke mir darin nur den sukzessiven Fortgang von einem Augenblick zum anderen, wo durch alle Zeitteile und deren Hinzutun endlich eine bestimmte Zeitgröße erzeugt wird. Da die bloße Anschauung an allen Erscheinungen entweder der Raum, oder die Zeit ist, so ist jede Erscheinung als Anschauung eine extensive Größe, indem sie nur durch sukzessive Synthesis (von Teil zu Teil) in der Apprehension erkannt werden kann. Alle Erscheinungen werden demnach schon als Aggregate (Menge vorher gegebener Teile) angeschaut, welches eben nicht der Fall bei jeder Art Größen, sondern nur derer ist, die uns *extensiv* als solche vorgestellt und apprehendiert werden.

Auf diese sukzessive Synthesis der produktiven Einbildungskraft, in der Erzeugung der Gestalten, gründet sich die Mathematik der Ausdehnung (Geometrie) mit ihren Axiomen, welche die Bedingungen der sinnlichen Anschauung a priori ausdrücken, unter denen allein das Schema eines reinen Begriffs der äußeren Erscheinung zustande kommen kann; z. E. zwischen zwei Punkten ist nur eine gerade Linie möglich; zwei gerade Linien schließen keinen Raum ein usw. Dies sind die Axiome, welche eigentlich nur Größen *(quanta)* als solche betreffen.

Was aber die Größe, *(quantitas)* d. i. die Antwort auf die Frage: wie groß etwas sei? betrifft, so gibt es in Ansehung derselben, obgleich verschiedene dieser Sätze synthetisch und unmittelbar gewiß *(indemonstrabilia)* sind, dennoch im eigentlichen Verstande keine Axiome. Denn daß gleiches zu gleichem hinzugetan, oder von diesem abgezogen, ein gleiches gebe, sind analytische Sätze, indem ich mir der Identität der einen Größenerzeugung mit der anderen unmittelbar bewußt bin; Axiome aber sollen synthetische Sätze a priori sein. Dagegen sind die evidenten Sätze der Zahlverhältnis zwar allerdings synthetisch, aber nicht allgemein, wie die der Geometrie, und eben um deswillen auch nicht Axiome, sondern können Zahlformeln genannt werden. Daß 7+5=12 sei, ist kein analytischer Satz. Denn ich denke weder in der Vorstellung von 7, noch von 5, noch in der Vorstellung von der Zusammensetzung beider die Zahl 12, (daß ich diese in der *Addition beider* denken solle, davon ist hier nicht die Rede; denn bei dem analytischen Satze ist nur die Frage, ob ich das Prädikat wirklich in der Vorstellung des Subjekts denke). Ob er aber gleich synthetisch ist, so ist er doch nur ein einzelner Satz. Sofern hier bloß auf die Synthesis des Gleichartigen (der Einheiten) gesehen wird, so kann die Synthesis hier nur auf eine einzige Art geschehen, wiewohl der *Gebrauch* dieser Zahlen nachher allgemein ist. Wenn ich sage: durch drei Linien, deren zwei zusammengenommen größer sind, als die dritte, läßt sich ein Triangel zeichnen; so habe ich hier die bloße Funktion der produktiven Einbildungskraft, welche die Linien größer und kleiner ziehen, imgleichen nach allerlei beliebigen Winkeln kann zusammenstoßen lassen. Dagegen ist die Zahl 7 nur auf eine einzige Art möglich, und auch die Zahl 12, die durch die Synthesis der ersteren mit 5 erzeugt wird. Dergleichen Sätze muß man also nicht Axiome, (denn sonst gäbe es deren unendliche,) sondern Zahlformeln nennen.

Dieser transzendentale Grundsatz der Mathematik der Erscheinungen gibt unserem Erkenntnis a priori große Erweiterung. Denn er ist es allein, welcher die reine Mathematik in ihrer ganzen Präzision auf Gegenstände der Erfahrung anwendbar macht, welches ohne diesen Grundsatz nicht so von selbst erhellen möchte, ja auch manchen Widerspruch veranlaßt hat. Erscheinungen sind keine Dinge an sich selbst. Die empirische Anschauung ist nur durch die reine (des Raumes und der Zeit) möglich; was also die Geometrie von dieser sagt, gilt auch ohne Widerrede von jener, und die

Ausflüchte, als wenn Gegenstände der Sinne nicht den Regeln der Konstruktion im Raume (z. E. der unendlichen Teilbarkeit der Linien oder Winkel) gemäß sein dürfe, muß wegfallen. Denn dadurch spricht man dem Raume und mit ihm zugleich aller Mathematik objektive Gültigkeit ab, und weiß nicht mehr, warum und wie weit sie auf Erscheinungen anzuwenden sei. Die Synthesis der Räume und Zeiten, als der wesentlichen Form aller Anschauung, ist das, was zugleich die Apprehension der Erscheinung, mithin jede äußere Erfahrung, folglich auch alle Erkenntnis der Gegenstände derselben, möglich macht, und was die Mathematik im reinen Gebrauch von jener beweist, das gilt auch notwendig von dieser. Alle Einwürfe dawider sind nur Schikanen einer falsch belehrten Vernunft, die irrigerweise die Gegenstände der Sinne von der formalen Bedingung unserer Sinnlichkeit loszumachen gedenkt, und sie, obgleich sie bloß Erscheinungen sind, als Gegenstände an sich selbst, dem Verstande gegeben, vorstellt; in welchem Falle freilich von ihnen a priori gar nichts, mithin auch nicht durch reine Begriffe vom Raume, synthetisch erkannt werden könnte, und die Wissenschaft, die diese bestimmt, nämlich die Geometrie, selbst nicht möglich sein würde.

2.
Antizipationen der Wahrnehmung

Das Prinzip derselben ist: *In allen Erscheinungen hat das Reale, was ein Gegenstand der Empfindung ist, intensive Größe*, d. i. einen Grad.

Beweis

Wahrnehmung ist das empirische Bewußtsein, d. i. ein solches, in welchem zugleich Empfindung ist. Erscheinungen, als Gegenstände der Wahrnehmung, sind nicht reine (bloß formale) Anschauungen, wie Raum und Zeit, (denn die können an sich gar nicht wahrgenommen werden). Sie enthalten also über die Anschauung noch die Materien zu irgendeinem Objekte überhaupt (wodurch etwas Existierendes im Raume oder der Zeit vorgestellt wird), d. i. das Reale der Empfindung, also bloß subjektive Vorstellung, von der man sich nur bewußt werden kann, daß das Subjekt affiziert sei, und die man auf ein Objekt überhaupt bezieht, in sich. Nun ist vom empirischen Bewußtsein zum reinen eine stufenartige Veränderung möglich, da das Reale desselben ganz verschwindet, und ein bloß formales Bewußtsein (a priori) des Mannigfaltigen im Raum und Zeit übrig bleibt: also auch eine Synthesis der Größenerzeugung einer Empfindung, von ihrem Anfange, der reinen Anschauung = O, an, bis zu einer beliebigen Größe derselben. Da nun Empfindung an sich gar keine objektive Vorstellung ist und in ihr weder die Anschauung vom Raum, noch von der Zeit, angetroffen wird, so wird ihr zwar keine extensive, aber doch eine Größe (und zwar durch die Apprehension derselben, in welcher das empirische Bewußtsein in einer gewissen Zeit von nichts = O zu ihrem gegebenen Maße erwachsen kann), also eine *intensive Größe* zukommen, welcher korrespondierend allen

Objekten der Wahrnehmung, sofern diese Empfindung enthält, *intensive Größe*, d. i. ein Grad des Einflusses auf den Sinn, beigelegt werden muß.

Man kann alle Erkenntnis, wodurch ich dasjenige, was zur empirischen Erkenntnis gehört, a priori erkennen und bestimmen kann, eine Antizipation nennen, und ohne Zweifel ist das die Bedeutung, in welcher Epikur seinen Ausdruck προληψις brauchte. Da aber an den Erscheinungen etwas ist, was niemals a priori erkannt wird, und welches daher auch den eigentlichen Unterschied des Empirischen von dem Erkenntnis a priori ausmacht, nämlich die Empfindung (als Materie der Wahrnehmung), so folgt, daß diese es eigentlich sei, was gar nicht antizipiert werden kann. Dagegen würden wir die reinen Bestimmungen im Raume und der Zeit, sowohl in Ansehung der Gestalt, als Größe, Antizipationen der Erscheinungen nennen können, weil sie dasjenige a priori vorstellen, was immer a posteriori in der Erfahrung gegeben werden mag. Gesetzt aber, es finde sich doch etwas, was sich an jeder Empfindung, als Empfindung überhaupt, (ohne daß eine besondere gegeben sein mag,) a priori erkennen läßt; so würde dieses im ausnehmenden Verstande Antizipation genannt zu werden verdienen, weil es befremdlich scheint, der Erfahrung in demjenigen vorzugreifen, was gerade die Materie derselben angeht, die man nur aus ihr schöpfen kann. Und so verhält es sich hier wirklich.

Die Apprehension, bloß vermittelst der Empfindung, erfüllt nur einen Augenblick, (wenn ich nämlich nicht die Sukzession vieler Empfindungen in Betracht ziehe). Als etwas in der Erscheinung, dessen Apprehension keine sukzessive Synthesis ist, die von Teilen zur ganzen Vorstellung fortgeht, hat sie also keine extensive Größe; der Mangel der Empfindung in demselben Augenblicke würde diesen als leer vorstellen, mithin = O. Was nun in der empirischen Anschauung der Empfindung korrespondiert, ist Realität *(realitas phaenomenon)* ; was dem Mangel derselben entspricht, Negation = O. Nun ist aber jede Empfindung einer Verringerung fähig, so daß sie abnehmen, und so allmählich verschwinden kann. Daher ist zwischen Realität in der Erscheinung und Negation ein kontinuierlicher Zusammenhang vieler möglichen Zwischenempfindungen, deren Unterschied voneinander immer kleiner ist, als der Unterschied zwischen der gegebenen und dem Zero, oder der gänzlichen Negation. Das ist: das Reale in der Erscheinung hat jederzeit eine Größe, welche aber nicht in der Apprehension angetroffen wird, indem diese vermittelst der bloßen Empfindung in einem Augenblicke und nicht durch sukzessive Synthesis vieler Empfindungen geschieht, und also nicht von den Teilen zum Ganzen geht; es hat also zwar eine Größe, aber keine extensive.

Nun nenne ich diejenige Größe, die nur als Einheit apprehendiert wird, und in welcher die Vielheit nur durch Annäherung zur Negation = O vorgestellt werden kann, die *intensive Größe*. Also hat jede Realität in der Erscheinung intensive Größe, d. i. einen Grad. Wenn man diese Realität als Ursache (es sei der Empfindung oder anderer Realität in der Erscheinung, z. B. einer Veränderung,) betrachtet; so nennt man den Grad der

Realität als Ursache, ein Moment, z. B. das Moment der Schwere, und zwar darum, weil der Grad nur die Größe bezeichnet, deren Apprehension nicht sukzessiv, sondern augenblicklich ist. Dieses berühre ich aber hier nur beiläufig, denn mit der Kausalität habe ich für jetzt noch nicht zu tun.

So hat demnach jede Empfindung, mithin auch jede Realität in der Erscheinung, so klein sie auch sein mag, einen Grad, d. i. eine intensive Größe, die noch immer vermindert werden kann, und zwischen Realität und Negation ist ein kontinuierlicher Zusammenhang möglicher Realitäten, und möglicher kleinerer Wahrnehmungen. Eine jede Farbe, z. E. die rote, hat einen Grad, der, so klein er auch sein mag, niemals der kleinste ist, und so ist es mit der Wärme, dem Momente der Schwere usw. überall bewandt.

Die Eigenschaft der Größen, nach welcher an ihnen kein Teil der kleinstmögliche (kein Teil einfach) ist, heißt die Kontinuität derselben. Raum und Zeit sind *quanta continua*, weil kein Teil derselben gegeben werden kann, ohne ihn zwischen Grenzen (Punkten und Augenblicken) einzuschließen, mithin nur so, daß dieser Teil selbst wiederum ein Raum, oder eine Zeit ist. Der Raum besteht also nur aus Räumen, die Zeit aus Zeiten. Punkte und Augenblicke sind nur Grenzen, d. i. bloße Stellen ihrer Einschränkung; Stellen aber setzen jederzeit jene Anschauungen, die sie beschränken oder bestimmen sollen, voraus, und aus bloßen Stellen, als aus Bestandteilen, die noch vor dem Raume oder der Zeit gegeben werden könnten, kann weder Raum noch Zeit zusammengesetzt werden. Dergleichen Größen kann man auch *fließende* nennen, weil die Synthesis (der produktiven Einbildungskraft) in ihrer Erzeugung ein Fortgang in der Zeit ist, deren Kontinuität man besonders durch den Ausdruck des Fließens (Verfließens) zu bezeichnen pflegt.

Alle Erscheinungen überhaupt sind demnach kontinuierliche Größen, sowohl ihrer Anschauung nach, als extensive, oder der bloßen Wahrnehmung (Empfindung und mithin Realität) nach, als intensive Größen. Wenn die Synthesis des Mannigfaltigen der Erscheinung unterbrochen ist, so ist dieses ein Aggregat von vielen Erscheinungen, und nicht eigentlich Erscheinung als ein Quantum, welches nicht durch die bloße Fortsetzung der produktiven Synthesis einer gewissen Art, sondern durch Wiederholung einer immer aufhörenden Synthesis erzeugt wird. Wenn ich 13 Taler ein Geldquantum nenne, so benenne ich es sofern richtig, als ich darunter den Gehalt von einer Mark fein Silber verstehe; welche aber allerdings eine kontinuierliche Größe ist, in welcher kein Teil der kleinste ist, sondern jeder Teil ein Geldstück ausmachen könnte, welches immer Materie zu noch kleineren enthielte. Wenn ich aber unter jener Benennung 13 runde Taler verstehe, als so viel Münzen, (ihr Silbergehalt mag sein, welcher er wolle,) so benenne ich es unschicklich durch ein Quantum von Talern, sondern muß es ein Aggregat, d. i. eine Zahl Geldstücke, nennen. Da nun bei aller Zahl doch Einheit zum

Grunde liegen muß, so ist die Erscheinung als Einheit ein Quantum, und als ein solches jederzeit ein Kontinuum.

Wenn nun alle Erscheinungen, sowohl extensiv, als intensiv betrachtet, kontinuierliche Größen sind, so würde der Satz: daß auch alle Veränderung (Übergang eines Dinges aus einem Zustande in den anderen) kontinuierlich sein, leicht und mit mathematischer Evidenz hier bewiesen werden können, wenn nicht die Kausalität einer Veränderung überhaupt ganz außerhalb den Grenzen einer Transzendental-Philosophie läge, und empirische Prinzipien voraussetzte. Denn daß eine Ursache möglich sei, welche den Zustand der Dinge verändere, d. i. sie zum Gegenteil eines gewissen gegebenen Zustandes bestimme, davon gibt uns der Verstand a priori gar keine Eröffnung, nicht bloß deswegen, weil er die Möglichkeit davon gar nicht einsieht, (denn diese Einsicht fehlt uns in mehreren Erkenntnissen a priori,) sondern weil die Veränderlichkeit nur gewisse Bestimmungen der Erscheinungen trifft, welche die Erfahrung allein lehren kann, indessen daß ihre Ursache in dem Unveränderlichen anzutreffen ist. Da wir aber hier nichts vor uns haben, dessen wir uns bedienen können, als die reinen Grundbegriffe aller möglichen Erfahrung, unter welchen durchaus nichts Empirisches sein muß; so können wir, ohne die Einheit des Systems zu verletzen, der allgemeinen Naturwissenschaft, welche auf gewisse Grunderfahrungen gebaut ist, nicht vorgreifen.

Gleichwohl mangelt es uns nicht an Beweistümern des großen Einflusses, den dieser unser Grundsatz hat, Wahrnehmungen zu antizipieren, und sogar deren Mangel sofern zu ergänzen, daß er allen falschen Schlüssen, die daraus gezogen werden möchten, den Riegel vorschiebt.

Wenn alle Realität in der Wahrnehmung einen Grad hat, zwischen dem und der Negation eine unendliche Stufenfolge immer minderer Grade stattfindet, und gleichwohl ein jeder Sinn einen bestimmten Grad der Rezeptivität der Empfindungen haben muß; so ist keine Wahrnehmung, mithin auch keine Erfahrung möglich, die einen gänzlichen Mangel alles Realen in der Erscheinung, es sei unmittelbar oder mittelbar, (durch welchen Umschweif im Schließen man immer wolle,) bewiese, d. i. es kann aus der Erfahrung niemals ein Beweis vom leeren Raume oder einer leeren Zeit gezogen werden. Denn der gänzliche Mangel des Realen in der sinnlichen Anschauung kann erstlich selbst nicht wahrgenommen werden, zweitens kann er aus keiner einzigen Erscheinung und dem Unterschiede des Grades ihrer Realität gefolgert, oder darf auch zur Erklärung derselben niemals angenommen werden. Denn wenn auch die ganze Anschauung eines bestimmten Raumes oder Zeit durch und durch real, d. i. kein Teil derselben leer ist; so muß es doch, weil jede Realität ihren Grad hat, der, bei unveränderter extensiver Größe der Erscheinung bis zum Nichts (dem Leeren) durch unendliche Stufen abnehmen kann, unendlich verschiedene Grade, mit welchen Raum oder Zeit erfüllt sei, geben, und die intensive Größe in verschiedenen Erscheinungen kleiner oder größer sein können, obschon die extensive Größe der Anschauung gleich ist.

Wir wollen ein Beispiel davon geben. Beinahe alle Naturlehrer, da sie einen großen Unterschied der Quantität der Materie von verschiedener Art unter gleichem Volumen (teils durch das Moment der Schwere, oder des Gewichts, teils durch das Moment des Widerstandes gegen andere bewegte Materien) wahrnehmen, schließen daraus einstimmig: dieses Volumen (extensive Größe der Erscheinung) müsse in allen Materien, obzwar in verschiedenem Maße, leer sein. Wer hätte aber von diesen größtenteils mathematischen und mechanischen Naturforschern sich wohl jemals einfallen lassen, daß sie diesen ihren Schluß lediglich auf eine metaphysische Voraussetzung, welche sie doch so sehr zu vermeiden vorgeben, gründeten? indem sie annehmen, daß das *Reale* im Raume (ich mag es hier nicht Undurchdringlichkeit oder Gewicht nennen, weil dieses empirische Begriffe sind), *allerwärts einerlei* sei, und sich nur der extensiven Größe d. i. der Menge nach unterscheiden könne. Dieser Voraussetzung, dazu sie keinen Grund in der Erfahrung haben konnten, und die also bloß metaphysisch ist, setze ich einen transzendentalen Beweis entgegen, der zwar den Unterschied in der Erfüllung der Räume nicht erklären soll, aber doch die vermeinte Notwendigkeit jener Voraussetzung, gedachten Unterschied nicht anders, als durch anzunehmende leere Räume, erklären zu können, völlig aufhebt, und das Verdienst hat, den Verstand wenigstens in Freiheit zu versetzen, sich diese Verschiedenheit auch auf andere Art zu denken, wenn die Naturerklärung hierzu irgendeine Hypothese notwendig machen sollte. Denn da sehen wir, daß, obschon gleiche Räume von verschiedenen Materien vollkommen erfüllt sein mögen, so, daß in keinem von beiden ein Punkt ist, in welchem nicht ihre Gegenwart anzutreffen wäre, so habe doch jedes Reale bei derselben Qualität ihren Grad (des Widerstandes oder des Wiegens), welcher ohne Verminderung der extensiven Größe oder Menge ins Unendliche kleiner sein kann, ehe sie in das Leere übergeht, und verschwindet. So kann eine Ausspannung, die einen Raum erfüllt, z. B. Wärme, und auf gleiche Weise jede andere Realität (in der Erscheinung), ohne im mindesten den kleinsten Teil dieses Raumes leer zu lassen, in ihren Graden ins Unendliche abnehmen, und nichtsdestoweniger den Raum mit diesen kleineren Graden ebensowohl erfüllen, als eine andere Erscheinung mit größeren. Meine Absicht ist hier keineswegs, zu behaupten: daß dieses wirklich mit der Verschiedenheit der Materien, ihrer spezifischen Schwere nach, so bewandt sei, sondern nur aus einem Grundsatze des reinen Verstandes darzutun: daß die Natur unserer Wahrnehmungen eine solche Erklärungsart möglich mache, und daß man fälschlich das Reale der Erscheinung dem Grade nach als gleich, und nur der Aggregation und deren extensiven Größe nach als verschieden annehme, und dieses sogar, vorgeblichermaßen, durch einen Grundsatz des Verstandes a priori behaupte.

Es hat gleichwohl diese Antizipation der Wahrnehmung etwas für einen der transzendentalen gewohnten und dadurch behutsam gewordenen Nachforscher, immer etwas Auffallendes an sich, und erregt darüber einiges Bedenken, daß der Verstand einen dergleichen synthetischen Satz, als der von dem Grad alles Realen in den Erscheinungen ist, und mithin der Möglichkeit des inneren Unterschiedes der Empfindung selbst, wenn man von ihrer empirischen Qualität abstrahiert, und es ist also noch eine der Auflösung nicht unwürdige Frage: wie der Verstand hierin synthetisch über Erscheinungen a priori aussprechen, und diese sogar in demjenigen, was eigentlich und bloß empirisch ist, nämlich die Empfindung angeht, antizipieren könne?

Die *Qualität* der Empfindung ist jederzeit bloß empirisch und kann a priori gar nicht vorgestellt werden, (z. B. Farben, Geschmack usw.). Aber das Reale, was den Empfindungen überhaupt korrespondiert, im Gegensatz mit der Negation = O, stellt nur etwas vor, dessen Begriff an sich ein Sein enthält, und bedeutet nichts als die Synthesis in einem empirischen Bewußtsein überhaupt. In dem inneren Sinn nämlich kann das empirische Bewußtsein von O bis zu jedem größeren Grade erhöht werden, so daß eben dieselbe extensive Größe der Anschauung (z. B. erleuchtete Fläche) so große Empfindung erregt, als ein Aggregat von vielem anderen (minder erleuchteten) zusammen. Man kann also von der extensiven Größe der Erscheinung gänzlich abstrahieren, und sich doch an der bloßen Empfindung in einem Moment eine Synthesis der gleichförmigen Steigerung von O bis zu dem gegebenen empirischen Bewußtsein vorstellen. Alle Empfindungen werden daher, als solche, zwar nur a priori gegeben, aber die Eigenschaft derselben, daß sie einen Grad haben, kann a priori erkannt werden. Es ist merkwürdig, daß wir an Größen überhaupt a priori nur eine einzige *Qualität*, nämlich die Kontinuität, an aller Qualität aber (dem Realen der Erscheinungen) nichts weiter a priori, als die intensive *Quantität* derselben, nämlich daß sie einen Grad haben, erkennen können, alles übrige bleibt der Erfahrung überlassen.

3.
Analogien der Erfahrung

Das Prinzip derselben ist: *Erfahrung ist nur durch die Vorstellung einer notwendigen Verknüpfung der Wahrnehmungen möglich.*

Beweis

Erfahrung ist ein empirisches Erkenntnis, d. i. ein Erkenntnis, das durch Wahrnehmungen ein Objekt bestimmt. Sie ist also eine Synthesis der Wahrnehmungen, die selbst nicht in der Wahrnehmung enthalten ist, sondern die synthetische Einheit des Mannigfaltigen derselben in einem Bewußtsein enthält, welche das Wesentliche einer Erkenntnis der *Objekte* der Sinne, d. i. der Erfahrung (nicht bloß der Anschauung oder Empfindung der Sinne) ausmacht. Nun kommen zwar in der Erfahrung die Wahrnehmungen nur zufälligerweise zueinander, so, daß keine Notwendigkeit ihrer Verknüpfung aus den Wahrnehmungen selbst erhellt, noch erhellen kann, weil Apprehension nur eine Zusammenstellung des Mannigfaltigen der empirischen

Anschauung, aber keine Vorstellung von der Notwendigkeit der verbundenen Existenz der Erscheinungen, die sie zusammenstellt, im Raum und Zeit in derselben angetroffen wird. Da aber Erfahrung ein Erkenntnis der Objekte durch Wahrnehmungen ist, folglich das Verhältnis im Dasein des Mannigfaltigen, nicht wie es in der Zeit zusammengestellt wird, sondern wie es objektiv in der Zeit ist, in ihr vorgestellt werden soll, die Zeit selbst aber nicht wahrgenommen werden kann, so kann die Bestimmung der Existenz der Objekte in der Zeit nur durch ihre Verbindung in der Zeit überhaupt, mithin nur durch a priori verknüpfte Begriffe, geschehen. Da diese nun jederzeit zugleich Notwendigkeit bei sich führen, so ist Erfahrung nur durch eine Vorstellung der notwendigen Verknüpfung der Wahrnehmungen möglich.

Die drei modi der Zeit sind *Beharrlichkeit*, *Folge* und *Zugleichsein*. Daher werden drei Regeln aller Zeitverhältnisse der Erscheinungen, wonach jeder ihr Dasein in Ansehung der Einheit aller Zeit bestimmt werden kann, vor aller Erfahrung vorangehen, und diese allererst möglich machen.

Der allgemeine Grundsatz aller drei Analogien beruht auf der notwendigen *Einheit* der Apperzeption, in Ansehung alles möglichen empirischen Bewußtseins, (der Wahrnehmung,) *zu jeder Zeit*, folglich, da jene a priori zum Grunde liegt, auf der synthetischen Einheit aller Erscheinungen nach ihrem Verhältnisse in der Zeit. Denn die ursprüngliche Apperzeption bezieht sich auf den inneren Sinn (den Inbegriff aller Vorstellungen), und zwar a priori auf die Form desselben, d. i. das Verhältnis des mannigfaltigen empirischen Bewußtseins in der Zeit. In der ursprünglichen Apperzeption soll nun alle dieses Mannigfaltige, seinen Zeitverhältnissen nach, vereinigt werden; denn dieses sagt die transzendentale Einheit derselben a priori, unter welcher alles steht, was zu meinem (d. i. meinem einigen) Erkenntnisse gehören soll, mithin ein Gegenstand für mich werden kann. Diese *synthetische Einheit* in dem Zeitverhältnisse aller Wahrnehmungen, *welche* a priori *bestimmt ist*, ist also das Gesetz: daß alle empirischen Zeitbestimmungen unter Regeln der angeben Zeitbestimmung stehen müssen, und die Analogien der Erfahrung, von denen wir jetzt handeln wollen, müssen dergleichen Regeln sein.

Diese Grundsätze haben das Besondere an sich, daß sie nicht die Erscheinungen, und die Synthesis ihrer empirischen Anschauung, sondern bloß das *Dasein*, und ihr *Verhältnis* untereinander in Ansehung dieses ihres Daseins, erwägen. Nun kann die Art, wie etwas in der Erscheinung apprehendiert wird, a priori dergestalt bestimmt sein, daß die Regel ihrer Synthesis zugleich diese Anschauung a priori in jedem vorliegenden empirischen Beispiele geben, d. i. sie daraus zustande bringen kann. Allein das Dasein der Erscheinungen kann a priori nicht erkannt werden, und ob wir gleich auf diesem Wege dahin gelangen könnten, auf irgendein Dasein zu schließen, so würden wir dieses doch nicht bestimmt erkennen, d. i. das, wodurch seine empirische Anschauung sich von anderen unterschiede, antizipieren können.

Die vorigen zwei Grundsätze, welche ich die mathematischen nannte, in Betracht dessen, daß sie die Mathematik auf Erscheinungen anzuwenden berechtigten, gingen auf Erscheinungen ihrer bloßen Möglichkeit nach, und lehrten, wie sie sowohl ihrer Anschauung, als dem Realen ihrer Wahrnehmung nach, nach Regeln einer mathematischen Synthesis erzeugt werden könnten; daher sowohl bei der einen, als bei der anderen die Zahlgrößen, und, mit ihnen, die Bestimmung der Erscheinung als Größe, gebraucht werden können. So werde ich z. B. den Grad der Empfindungen des Sonnenlichts aus etwa 200 000 Erleuchtungen durch den Mond zusammensetzen und a priori bestimmt geben, d. i. konstruieren können. Daher können wir die ersteren Grundsätze konstitutive nennen.

Ganz anders muß es mit denen bewandt sein, die das Dasein der Erscheinungen a priori unter Regeln bringen sollen. Denn, da dieses sich nicht konstruieren läßt, so werden sie nur auf das Verhältnis des Daseins gehen, und keine andere als bloß *regulative* Prinzipien abgeben können. Da ist also weder an Axiome, noch an Antizipationen zu denken, sondern, wenn uns eine Wahrnehmung in einem Zeitverhältnisse gegen andere (obzwar unbestimmte) gegeben ist, so wird a priori nicht gesagt werden können: *welche* andere und *wie große* Wahrnehmung, sondern, wie sie dem Dasein nach, in diesem modo der Zeit, mit jener notwendig verbunden sei. In der Philosophie bedeuten Analogien etwas sehr Verschiedenes von demjenigen, was sie in der Mathematik vorstellen. In dieser sind es Formeln, welche die Gleichheit zweier Größenverhältnisse aussagen, und jederzeit *konstitutiv*, so, daß, wenn zwei Glieder der Proportion gegeben sind, auch das dritte dadurch gegeben wird, d. i. konstruiert werden kann. In der Philosophie aber ist die Analogie nicht die Gleichheit zweier *quantitativen*, sondern *qualitativen* Verhältnisse, wo ich aus drei gegebenen Gliedern nur das *Verhältnis* zu einem vierten, nicht aber *dieses* vierte *Glied* selbst erkennen, und a priori geben kann, wohl aber eine Regel habe, es in der Erfahrung zu suchen, und ein Merkmal, es in derselben aufzufinden. Eine Analogie der Erfahrung wird also nur eine Regel sein, nach welcher aus Wahrnehmungen Einheit der Erfahrung (nicht wie Wahrnehmung selbst, als empirische Anschauung überhaupt) entspringen soll, und als Grundsatz von den Gegenständen (der Erscheinungen) nicht *konstitutiv*, sondern bloß *regulativ* gelten. Ebendasselbe aber wird auch von den Postulaten des empirischen Denkens überhaupt, welche die Synthesis der bloßen Anschauung (der Form der Erscheinung), der Wahrnehmung (der Materie derselben), und der Erfahrung (des Verhältnisses dieser Wahrnehmungen) zusammen betreffen, gelten, nämlich daß sie nur regulative Grundsätze sind, und sich von den mathematischen, die konstitutiv sind, zwar nicht in der Gewißheit, welche in beiden a priori feststeht, aber doch in der Art der Evidenz, d. i. dem Intuitiven derselben (mithin auch der Demonstration) unterscheiden.

Was aber bei allen synthetischen Grundsätzen erinnert ward, und hier vorzüglich angemerkt werden muß, ist dieses: daß diese Analogien nicht als Grundsätze des transzendentalen, sondern bloß des empirischen Verstandesgebrauchs, ihre alleinige

Bedeutung und Gültigkeit halben, mithin auch nur als solche bewiesen werden können, daß folglich die Erscheinungen nicht unter die Kategorien schlechthin, sondern nur unter ihre Schemate subsumiert werden müssen. Denn, wären die Gegenstände, auf welche diese Grundsätze bezogen werden sollen, Dinge an sich selbst, so wäre es ganz unmöglich, etwas von ihnen a priori synthetisch zu erkennen. Nun sind es nichts als Erscheinungen, deren vollständige Erkenntnis, auf die alle Grundsätze a priori zuletzt doch immer auslaufen müssen, lediglich die mögliche Erfahrung ist, folglich können jene nichts, als bloß die Bedingungen der Einheit des empirischen Erkenntnisses in der Synthesis der Erscheinungen zum Ziele haben; diese aber wird nur allein in dem Schema des reinen Verstandesbegriffs gedacht, von deren Einheit, als einer Synthesis überhaupt, die Kategorie die durch keine sinnliche Bedingung restringierte Funktion enthält. Wir werden also durch diese Grundsätze die Erscheinungen nur nach einer Analogie, mit der logischen und allgemeinen Einheit der Begriffe, zusammenzusetzen berechtigt werden, und daher uns in dem Grundsatze selbst zwar der Kategorie bedienen, in der Ausführung aber (der Anwendung auf Erscheinungen) das Schema derselben, als den Schlüssel ihres Gebrauchs, an dessen Stelle, oder jener vielmehr, als restringierende Bedingung, unter dem Namen einer Formel des ersteren, zur Seite setzen.

A
Erste Analogie
Grundsatz der Beharrlichkeit der Substanz

Bei allem Wechsel der Erscheinungen beharrt die Substanz, und das Quantum derselben wird in der Natur weder vermehrt noch vermindert.

Beweis

Alle Erscheinungen sind in der Zeit, in welcher, als Substrat, (als beharrlicher Form der inneren Anschauung,) das *Zugleichsein* sowohl als die *Folge* allein vorgestellt werden kann. Die Zeit also in der aller Wechsel der Erscheinungen gedacht werden soll, bleibt und wechselt nicht; weil sie dasjenige ist, in welchem das Nacheinander- oder Zugleichsein nur als Bestimmungen derselben vorgestellt werden können. Nun kann die Zeit für sich nicht wahrgenommen werden. Folglich muß in den Gegenständen der Wahrnehmung, d. i. den Erscheinungen, das Substrat anzutreffen sein, welches die Zeit überhaupt vorstellt, und an dem aller Wechsel oder Zugleichsein durch das Verhältnis der Erscheinungen zu demselben in der Apprehension wahrgenommen werden kann. Es ist aber das Substrat alles Realen, d. i. zur Existenz der Dinge Gehörigen, die *Substanz*, an welcher alles, was zum Dasein gehört, nur als Bestimmung kann gedacht werden. Folglich ist das Beharrliche, womit in Verhältnis alle Zeitverhältnisse der Erscheinungen allein bestimmt werden können, die Substanz in der Erscheinung, d. i. das Reale derselben, was als Substrat alles Wechsels immer dasselbe bleibt. Da diese also im Dasein nicht wechseln kann, so kann ihr Quantum in der Natur auch weder vermehrt noch vermindert werden.

Unsere *Apprehension* des Mannigfaltigen der Erscheinung ist jederzeit sukzessiv, und ist also immer wechselnd. Wir können also dadurch allein niemals bestimmen, ob dieses Mannigfaltige, als Gegenstand der Erfahrung, zugleich sei, oder nacheinander folge, wo an ihr nicht etwas zum Grunde liegt, was *jederzeit ist,* d. i. etwas *Bleibendes* und *Beharrliches,* von welchem aller Wechsel und Zugleichsein nichts, als so viel Arten (modi der Zeit) sind, wie das Beharrliche existiert. Nur in dem Beharrlichen sind also Zeitverhältnisse möglich (denn Simultaneität und Sukzession sind die einzigen Verhältnisse in der Zeit), d. i. das Beharrliche ist das *Substratum* der empirischen Vorstellung der Zeit selbst, an welchem alle Zeitbestimmung allein möglich ist. Die Beharrlichkeit drückt überhaupt die Zeit, als das beständige Korrelatum alles Daseins der Erscheinungen, alles Wechsels und aller Begleitung, aus. Denn der Wechsel trifft die Zeit selbst nicht, sondern nur die Erscheinungen in der Zeit, (so wie das Zugleichsein nicht ein modus der Zeit selbst ist, als in welcher gar keine Teile zugleich, sondern alle nacheinander sind). Wollte man der Zeit selbst eine Folge nacheinander beilegen, so müßte man noch eine andere Zeit denken, in welcher diese Folge möglich wäre. Durch das Beharrliche allein bekommt das *Dasein* in verschiedenen Teilen der Zeitreihe nacheinander eine *Größe,* die man *Dauer* nennt. Denn in der bloßen Folge allein ist das Dasein immer verschwindend und anhebend, und hat niemals die mindeste Größe. Ohne dieses Beharrliche ist also kein Zeitverhältnis. Nun kann die Zeit an sich selbst nicht wahrgenommen werden; mithin ist dieses Beharrliche an den Erscheinungen das Substratum aller Zeitbestimmung, folglich auch die Bedingung der Möglichkeit aller synthetischen Einheit der Wahrnehmungen, d. i. der Erfahrung, und an diesem Beharrlichen kann alles Dasein und aller Wechsel in der Zeit nur als ein modus der Existenz dessen, was bleibt und beharrt, angesehen werden. Also ist in allen Erscheinungen das Beharrliche der Gegenstand selbst, d. i. die Substanz (phaenomenon), alles aber, was wechselt, oder wechseln kann, gehört nur zu der Art, wie diese Substanz oder Substanzen existieren, mithin zu ihren Bestimmungen.

Ich finde, daß zu allen Zeiten nicht bloß der Philosoph, sondern selbst der gemeine Verstand diese Beharrlichkeit, als ein Substratum alles Wechsels der Erscheinungen, vorausgesetzt haben, und auch jederzeit als ungezweifelt annehmen werden, nur daß der Philosoph sich hierüber etwas bestimmter ausdrückt, indem er sagt: bei allen Veränderungen in der Welt bleibt die *Substanz,* und nur die *Akzidenzen* wechseln. Ich treffe aber von diesem so synthetischen Satze nirgends auch nur den Versuch von einem Beweise an, ja er steht auch nur selten, wie es ihm doch gebührt, an der Spitze der reinen und völlig a priori bestehenden Gesetze der Natur. In der Tat ist der Satz, daß die Substanz beharrlich sei, tautologisch. Denn bloß diese Beharrlichkeit ist der Grund, warum wir auf die Erscheinung die Kategorie der Substanz anwenden, und man hätte beweisen müssen, daß in allen Erscheinungen etwas Beharrliches sei, an welchem das

Wandelbare nichts als Bestimmung seines Daseins ist. Da aber ein solcher Beweis niemals dogmatisch, d. i. aus Begriffen, geführt werden kann, weil er einen synthetischen Satz a priori betrifft, und man niemals daran dachte, daß dergleichen Sätze nur in Beziehung auf mögliche Erfahrung gültig sind, mithin auch nur durch eine Deduktion der Möglichkeit der letzteren bewiesen werden können; so ist kein Wunder, wenn er zwar bei aller Erfahrung zum Grunde gelegt (weil man dessen Bedürfnis bei der empirischen Erkenntnis *fühlt*), niemals aber bewiesen worden ist.

Ein Philosoph wurde gefragt: wieviel wiegt der Rauch? Er antwortete: ziehe von dem Gewichte des verbrannten Holzes das Gewicht der übrigbleibenden Asche ab, so hast du das Gewicht des Rauchs. Er setzte also als unwidersprechlich voraus: daß, selbst im Feuer, die Materie (Substanz) nicht vergehe, sondern nur die Form derselben eine Abänderung erleide. Ebenso war der Satz: aus nichts wird nichts, nur ein anderer Folgesatz aus dem Grundsatze der Beharrlichkeit, oder vielmehr des immerwährenden Daseins des eigentlichen Subjekts an den Erscheinungen. Denn, wenn dasjenige an der Erscheinung, was man Substanz nennen will, das eigentliche Substratum aller Zeitbestimmung sein soll, so muß sowohl alles Dasein in der vergangenen, als das der künftigen Zeit, daran einzig und allein bestimmt werden können. Daher können wir einer Erscheinung nur darum den Namen Substanz geben, weil wir ihr Dasein zu aller Zeit voraussetzen, welches durch das Wort Beharrlichkeit nicht einmal wohl ausgedrückt wird, indem dieses mehr auf künftige Zeit geht. Indessen ist die innere Notwendigkeit zu beharren, doch unzertrennlich mit der Notwendigkeit, immer gewesen zu sein, verbunden, und der Ausdruck mag also bleiben. *Gigni de nihilo nihil, in nihilum nil posse reverti*, waren zwei Sätze, welche die Alten unzertrennt verknüpften, und die man aus Mißverstand jetzt bisweilen trennt, weil man sich vorstellt, daß sie Dinge an sich selbst angehen, und der erstere der Abhängigkeit der Welt von einer obersten Ursache (auch sogar ihrer Substanz nach) entgegen sein dürfte; welche Besorgnis unnötig ist, indem hier nur von Erscheinungen im Felde der Erfahrung die Rede ist, deren Einheit niemals möglich sein würde, wenn wir neue Dinge (der Substanz nach) wollten entstehen lassen. Denn alsdann fiele dasjenige weg, welches die Einheit der Zeit allein vorstellen kann, nämlich die Identität des Substratum, als woran aller Wechsel allein durchgängige Einheit hat. Diese Beharrlichkeit ist indes doch weiter nichts, als die Art, uns das Dasein der Dinge (in der Erscheinung) vorzustellen.

Die Bestimmungen einer Substanz, die nichts anderes sind, als besondere Arten derselben zu existieren, heißen *Akzidenzen*. Sie sind jederzeit real, weil sie das Dasein der Substanz betreffen, (Negationen sind nur Bestimmungen, die das Nichtsein von etwas an der Substanz ausdrücken). Wenn man nun diesem Realen an der Substanz ein besonderes Dasein beigelegt, (z. E. der Bewegung, als einem Akzidens der Materie,) so nennt man dieses Dasein die Inhärenz, zum Unterschiede vom Dasein der Substanz, die man Subsistenz nennt. Allein hieraus entspringen viel Mißdeutungen, und es ist genauer und richtiger geredet, wenn man das Akzidens nur durch die Art, wie das Dasein einer

Substanz positiv bestimmt ist, bezeichnet. Indessen ist es doch, vermöge der Bedingungen des logischen Gebrauchs unseres Verstandes, unvermeidlich, dasjenige, was im Dasein einer Substanz wechseln kann, indessen, daß die Substanz bleibt, gleichsam abzusondern, und in Verhältnis auf das eigentliche Beharrliche und Radikale zu betrachten; daher denn auch diese Kategorie unter dem Titel der Verhältnisse steht, mehr als die Bedingung derselben, als daß sie selbst ein Verhältnis enthielte.

Auf dieser Beharrlichkeit gründet sich nun auch die Berichtigung des Begriffs von *Veränderung*. Entstehen und Vergehen sind nicht Veränderungen desjenigen, was entsteht oder vergeht. Veränderung ist eine Art zu existieren, welche auf eine andere Art zu existieren eben desselben Gegenstandes erfolgt. Daher ist alles, was sich verändert, *bleibend*, und nur sein *Zustand wechselt*. Da dieser Wechsel also nur die Bestimmungen trifft, die aufhören oder auch anheben können, so können wir, in einem etwas paradox scheinenden Ausdruck, sagen: nur das Beharrliche (die Substanz) wird verändert, das Wandelbare erleidet keine Veränderung, sondern einen *Wechsel*, da einige Bestimmungen aufhören, und andere anheben.

Veränderung kann daher nur an Substanzen wahrgenommen werden, und das Entstehen oder Vergehen, schlechthin, ohne daß es bloß eine Bestimmung des Beharrlichen betreffe, kann gar keine mögliche Wahrnehmung sein, weil eben dieses Beharrliche die Vorstellung von dem Übergange aus dem Zustande in den anderen, und von Nichtsein zum Sein, möglich macht, die also nur als wechselnde Bestimmungen dessen, was bleibt, empirisch erkannt werden können. Nehmet an, daß etwas schlechthin anfange zu sein; so müßt ihr einen Zeitpunkt haben, in dem es nicht war. Woran wollt ihr aber diesen heften, wenn nicht an demjenigen, was schon da ist? Denn eine leere Zeit, die vorherginge, ist kein Gegenstand der Wahrnehmung; knüpft ihr dieses Entstehen aber an Dinge, die vorher waren, und bis zu dem, was entsteht, fortdauern, so war das letztere nur eine Bestimmung des ersteren, als des Beharrlichen. Ebenso ist es auch mit dem Vergehen: denn dieses setzt die empirische Vorstellung einer Zeit voraus, da eine Erscheinung nicht mehr ist.

Substanzen (in der Erscheinung) sind die Substrate aller Zeitbestimmungen. Das Entstehen einiger, und das Vergehen anderer derselben, würde selbst die einzige Bedingung der empirischen Einheit der Zeit aufheben, und die Erscheinungen würden sich alsdann auf zweierlei Zeiten beziehen, in denen nebeneinander das Dasein verflösse, welches ungereimt ist. Denn es ist *nur Eine* Zeit, in welcher alle verschiedenen Zeiten nicht zugleich, sondern nacheinander gesetzt werden müssen.

So ist demnach die Beharrlichkeit eine notwendige Bedingung, unter welcher allein Erscheinungen, als Dinge oder Gegenstände, in einer möglichen Erfahrung bestimmbar sind. Was aber das empirische Kriterium dieser notwendigen Beharrlichkeit und mit ihr der Substantialität der Erscheinungen sei, davon wird uns die Folge Gelegenheit geben, das Nötige anzumerken.

B
Zweite Analogie
Grundsatz der Zeitfolge nach dem Gesetze der Kausalität

Alle Veränderungen geschehen nach dem Gesetze der Verknüpfung der Ursache und Wirkung.

Beweis

(Daß alle Erscheinungen der Zeitfolge insgesamt nur *Veränderungen*, d. i. ein sukzessives Sein und Nichtsein der Bestimmungen der Substanz sind, die da beharrt, folglich das Sein der Substanz selbst, welches aufs Nichtsein derselben folgt, oder das Nichtsein derselben, welches aufs Dasein folgt, mit anderen Worten, daß das Entstehen oder Vergehen der Substanz selbst nicht stattfinde, hat der vorige Grundsatz dargetan. Dieser hätte auch so ausgedrückt werden können: *Aller Wechsel (Sukzession) der Erscheinungen ist nur Veränderung*, denn Entstehen oder Vergehen der Substanz sind keine Veränderungen derselben, weil der Begriff der Veränderung eben dasselbe Subjekt mit zwei entgegengesetzten Bestimmungen als existierend, mithin als beharrend, voraussetzt. – Nach dieser Vorerinnerung folgt der Beweis.)

Ich nehme, wahr, daß Erscheinungen aufeinander folgen, d. i. daß ein Zustand der Dinge zu einer Zeit ist, dessen Gegenteil im vorigen Zustande war. Ich verknüpfe also eigentlich zwei Wahrnehmungen in der Zeit. Nun ist Verknüpfung kein Werk des bloßen Sinnes und der Anschauung, sondern hier das Produkt eines synthetischen Vermögens der Einbildungskraft, die den inneren Sinn in Ansehung des Zeitverhältnisses bestimmt. Diese kann aber gedachte zwei Zustände auf zweierlei Art verbinden, so, daß der eine oder der andere in der Zeit vorausgehe; denn die Zeit kann an sich selbst nicht wahrgenommen, und in Beziehung auf sie gleichsam empirisch, was vorübergehe und was folge, am Objekte bestimmt werden. Ich bin mir also nur bewußt, daß meine Imagination eines vorher, das andere nachher setze, nicht daß im Objekte der eine Zustand vor dem anderen vorhergehe; oder, mit anderen Worten, es bleibt durch die bloße Wahrnehmung das *objektive Verhältnis* der einander folgenden Erscheinungen unbestimmt. Damit dieses nun als bestimmt erkannt werde, muß das Verhältnis zwischen den beiden Zuständen so gedacht werden, daß dadurch als notwendig bestimmt wird, welcher derselben vorher, welcher nachher und nicht umgekehrt müsse gesetzt werden. Der Begriff aber, der eine Notwendigkeit der synthetischen Einheit bei sich führt, kann nur ein reiner Verstandesbegriff sein, der nicht in der Wahrnehmung liegt, und das ist hier der Begriff des *Verhältnisses der Ursache und Wirkung*, wovon die erstere die letztere in der Zeit, als die Folge, und nicht als etwas, was bloß in der Einbildung vorhergehen (oder gar überall nicht wahrgenommen sein) könnte, bestimmt. Also ist nur dadurch, daß wir die Folge der Erscheinungen, mithin alle Veränderung dem Gesetze der Kausalität unterwerfen, selbst Erfahrung d. i. empirisches Erkenntnis von denselben möglich, mithin sind sie selbst, als Gegenstände der Erfahrung, nur nach eben dem Gesetze möglich.

Die Apprehension des Mannigfaltigen der Erscheinung ist jederzeit sukzessiv. Die Vorstellungen der Teile folgen aufeinander. Ob sie sich auch im Gegenstande folgen, ist ein zweiter Punkt der Reflexion, der in dem ersteren nicht enthalten ist. Nun kann man zwar alles, und sogar jede Vorstellung, sofern man sich ihrer bewußt ist, Objekt nennen; allein was dieses Wort bei Erscheinungen zu bedeuten habe, nicht, insofern sie (als Vorstellungen) Objekte sind, sondern nur ein Objekt bezeichnen, ist von tieferer Untersuchung. Sofern sie, nur als Vorstellungen zugleich Gegenstände des Bewußtseins sind, so sind sie von der Apprehension, d. i. der Aufnahme in die Synthesis der Einbildungskraft, gar nicht unterschieden, und man muß also sagen: das Mannigfaltige der Erscheinungen wird im Gemüt jederzeit sukzessiv erzeugt. Wären Erscheinungen Dinge an sich selbst, so würde kein Mensch aus der Sukzession der Vorstellungen von ihrem Mannigfaltigen ermessen können, wie dieses in dem Objekt verbunden sei. Denn wir haben es doch nur mit unseren Vorstellungen zu tun; wie Dinge an sich selbst (ohne Rücksicht auf Vorstellungen, dadurch sie uns affizieren,) sein mögen, ist gänzlich außer unserer Erkenntnissphäre. Ob nun gleich die Erscheinungen nicht Dinge an sich selbst, und gleichwohl doch das einzige sind, was uns zur Erkenntnis gegeben werden kann, so soll ich anzeigen, was dem Mannigfaltigen an den Erscheinungen selbst für eine Verbindung in der Zeit zukomme, indessen daß die Vorstellung desselben in der Apprehension jederzeit sukzessiv ist. So ist z. E. die Apprehension des Mannigfaltigen in der Erscheinung eines Hauses, das vor mir steht, sukzessiv. Nun ist die Frage: ob das Mannigfaltige dieses Hauses selbst auch in sich sukzessiv sei, welches freilich niemand zugeben wird. Nun ist aber, sobald ich meine Begriffe von einem Gegenstande bis zur transzendentalen Bedeutung steigere, das Haus gar kein Ding an sich selbst, sondern nur eine Erscheinung, d. i. Vorstellung, deren transzendentaler Gegenstand unbekannt ist; was verstehe ich also unter der Frage: wie das Mannigfaltige in der Erscheinung selbst (die doch nichts an sich selbst ist) verbunden sein möge? Hier wird das, was in der sukzessiven Apprehension liegt, als Vorstellung, die Erscheinung aber, die mir gegeben ist, ohnerachtet sie nichts weiter als ein Inbegriff dieser Vorstellungen ist, als der Gegenstand derselben betrachtet, mit welchem mein Begriff, den ich aus den Vorstellungen der Apprehension ziehe, zusammenstimmen soll. Man sieht bald, daß, weil Übereinstimmung der Erkenntnis mit dem Objekt Wahrheit ist, hier nur nach den formalen Bedingungen der empirischen Wahrheit gefragt werden kann, und Erscheinung, im Gegenverhältnis mit den Vorstellungen der Apprehension, nur dadurch als das davon unterschiedene Objekt derselben könne vorgestellt werden, wenn sie unter einer Regel steht, welche sie von jeder anderen Apprehension unterscheidet, und eine Art der Verbindung des Mannigfaltigen notwendig macht. Dasjenige an der Erscheinung, was die Bedingung dieser notwendigen Regel der Apprehension enthält, ist das Objekt.

Nun laßt uns zu unserer Aufgabe fortgehen. Daß etwas geschehe, d. i. etwas, oder ein Zustand werde, der vorher nicht war, kann nicht empirisch wahrgenommen werden, wo nicht eine Erscheinung vorhergeht, welche diesen Zustand nicht in sich enthält; denn eine Wirklichkeit, die auf eine leere Zeit folge mithin ein Entstehen, vor dem kein Zustand der Dinge vorhergeht, kann ebensowenig, als die leere Zeit selbst apprehendiert werden. Jede Apprehension einer Begebenheit ist also eine Wahrnehmung, welche auf eine andere folgt. Weil dieses aber bei aller Synthesis der Apprehension so beschaffen ist, wie ich oben an der Erscheinung eines Hauses gezeigt habe, so unterscheidet sie sich dadurch noch nicht von anderen. Allein ich bemerke auch. daß, wenn ich an einer Erscheinung, welche ein Geschehen enthält, den vorhergehenden Zustand der Wahrnehmung A, den folgenden aber B nenne, daß B auf A in der Apprehension nur folgen, die Wahrnehmung A aber auf B nicht folgen, sondern nur vorhergehen kann. Ich sehe z. B. ein Schiff den Strom hinabtreiben. Meine Wahrnehmung seiner Stelle unterhalb, folgt auf die Wahrnehmung der Stelle desselben oberhalb dem Laufe des Flusses, und es ist unmöglich, daß in der Apprehension dieser Erscheinung das Schiff zuerst unterhalb, nachher aber oberhalb des Stromes wahrgenommen werden sollte. Die Ordnung in der Folge der Wahrnehmungen in der Apprehension ist hier also bestimmt, und an dieselbe ist die letztere gebunden. In dem vorigen Beispiele von einem Hause konnten meine Wahrnehmungen in der Apprehension von der Spitze desselben anfangen, und beim Boden endigen, aber auch von unten anfangen, und oben endigen, imgleichen rechts oder links das Mannigfaltige der empirischen Anschauung apprehendieren. In der Reihe dieser Wahrnehmungen war also keine bestimmte Ordnung, welche es notwendig machte, wenn ich in der Apprehension anfangen müßte, um das Mannigfaltige empirisch zu verbinden. Diese Regel aber ist bei der Wahrnehmung von dem, was geschieht, jederzeit anzutreffen, und sie macht die Ordnung der einander folgenden Wahrnehmungen (in der Apprehension dieser Erscheinung) *notwendig*.

Ich werde also, in unserem Fall, die *subjektive Folge* der Apprehension von der *objektiven Folge* der Erscheinungen ableiten müssen, weil jene sonst gänzlich unbestimmt ist, und keine Erscheinung von der anderen unterscheidet. Jene allein beweist nichts von der Verknüpfung des Mannigfaltigen am Objekt, weil sie ganz beliebig ist. Diese also wird in der Ordnung des Mannigfaltigen der Erscheinung bestehen, nach welcher die Apprehension des einen (was geschieht) auf die des anderen (das vorhergeht) *nach einer Regel* folgt. Nur dadurch kann ich von der Erscheinung selbst, und nicht bloß von meiner Apprehension, berechtigt sein zu sagen: daß in jener eine Folge anzutreffen sei, welches so viel bedeutet, als daß ich die Apprehension nicht anders anstellen könne, als gerade in dieser Folge.

Nach einer solchen Regel also muß in dem, was überhaupt vor einer Begebenheit vorhergeht, die Bedingung zu einer Regel liegen, nach welcher jederzeit und notwendigerweise diese Begebenheit folgt; umgekehrt aber kann ich nicht von der

Begebenheit zurückgehen, und dasjenige bestimmen (durch Apprehension) was vorhergeht. Denn von dem folgenden Zeitpunkt geht keine Erscheinung zu dem vorigen zurück, aber bezieht sich doch *auf irgendeinen vorigen*; von einer gegebenen Zeit ist dagegen der Fortgang auf die bestimmte folgende notwendig. Daher, weil es doch etwas ist, was folgt, so muß ich es notwendig auf etwas anderes überhaupt beziehen, was vorhergeht, und worauf es nach einer Regel, d. i. notwendigerweise, folgt, so daß die Begebenheit, als das Bedingte, auf irgendeine Bedingung sichere Anweisung gibt, diese aber die Begebenheit bestimmt.

Man setze, es gehe vor einer Begebenheit nichts vorher, worauf dieselbe nach einer Regel folgen müßte, so wäre alle Folge der Wahrnehmung nur lediglich in der Apprehension, d. i. bloß subjektiv, aber dadurch gar nicht objektiv bestimmt, welches eigentlich das Vorhergehende, und welches das Nachfolgende der Wahrnehmungen sein müßte. Wir würden auf solche Weise nur ein Spiel der Vorstellungen haben, das sich auf gar kein Objekt bezöge, d. i. es würde durch unsere Wahrnehmung eine Erscheinung von jeder anderen, dem Zeitverhältnisse nach, gar nicht unterschieden werden; weil die Sukzession im Apprehendieren allerwärts einerlei, und also nichts in der Erscheinung ist, was sie bestimmt, so daß dadurch eine gewisse Folge als objektiv notwendig gemacht wird. Ich werde also nicht sagen: daß in der Erscheinung zwei Zustände aufeinander folgen; sondern nur: daß eine Apprehension auf die andere folgt, welches bloß etwas *Subjektives* ist, und kein Objekt bestimmt, mithin gar nicht vor Erkenntnis irgendeines Gegenstandes (selbst nicht in der Erscheinung) gelten kann.

Wenn wir also erfahren, daß etwas geschieht, so setzen wir dabei jederzeit voraus, daß irgend etwas vorausgehe, worauf es nach einer Regel folgt. Denn ohne dieses würde ich nicht von dem Objekt sagen, daß es folge, weil die bloße Folge in meiner Apprehension, wenn sie nicht durch eine Regel in Beziehung auf ein Vorhergehendes bestimmt ist, keine Folge im Objekte berechtigt. Also geschieht es immer in Rücksicht auf eine Regel, nach welcher die Erscheinungen in ihrer Folge, d. i. so wie sie geschehen, durch den vorigen Zustand bestimmt sind, daß ich meine subjektive Synthesis (der Apprehension) objektiv mache, und, nur lediglich unter dieser Voraussetzung allein, ist selbst die Erfahrung von etwas, was geschieht, möglich.

Zwar scheint es, als widerspreche dieses allen Bemerkungen, die man jederzeit über den Gang unseres Verstandesgebrauchs gemacht hat, nach welchen wir nur allererst durch die wahrgenommenen und verglichenen übereinstimmenden Folgen vieler Begebenheiten auf vorhergehende Erscheinungen, eine Regel zu entdecken, geleitet worden, der gemäß gewisse Begebenheiten auf gewisse Erscheinungen jederzeit folgen, und dadurch zuerst veranlaßt worden, uns den Begriff von Ursache zu machen. Auf solchen Fuß würde dieser Begriff bloß empirisch sein, und die Regel, die er verschafft, daß alles, was geschieht, eine Ursache habe, würde ebenso zufällig sein, als die Erfahrung selbst: seine Allgemeinheit und Notwendigkeit wären alsdann nur angedichtet, und hätten keine wahre allgemeine Gültigkeit, weil sie nicht a priori, sondern nur auf Induktion gegründet wären. Es geht aber hiemit so, wie mit anderen reinen Vorstellungen a priori, (z. B. Raum und Zeit) die wir darum allein aus der Erfahrung als klare Begriffe herausziehen können, weil wir sie in die Erfahrung gelegt hatten, und diese daher durch jene allererst zustande brachten. Freilich ist die logische Klarheit dieser Vorstellung, einer die Reihe der Begebenheiten bestimmenden Regel, als eines Begriffs von Ursache, nur alsdann möglich, wenn wir davon in der Erfahrung Gebrauch gemacht haben, aber eine Rücksicht auf dieselbe, als Bedingung der synthetischen Einheit der Erscheinungen in der Zeit, war doch der Grund der Erfahrung selbst, und ging also a priori vor ihr vorher.

Es kommt also darauf an, im Beispiele zu zeigen, daß wir niemals selbst in der Erfahrung die Folge (einer Begebenheit, da etwas geschieht, was vorher nicht war) dem Objekt beilegen, und sie von der subjektiven unserer Apprehension unterscheiden, als wenn eine Regel zum Grunde liegt, die uns nötigt, diese Ordnung der Wahrnehmungen vielmehr als eine andere zu beobachten, ja daß diese Nötigung es eigentlich sei, was die Vorstellung einer Sukzession im Objekt allererst möglich macht.

Wir haben Vorstellungen in uns, deren wir uns auch bewußt werden können. Dieses Bewußtsein aber mag so weit erstreckt, und so genau oder pünktlich sein, als man wolle, so bleiben es doch nur immer Vorstellungen, d. i. innere Bestimmungen unseres Gemüts in diesem oder jenem Zeitverhältnisse. Wie kommen wir nun dazu, daß wir diesen Vorstellungen ein Objekt setzen, oder über ihre subjektive Realität, als Modifikationen, ihnen noch, ich weiß nicht, was für eine, objektive beilegen? Objektive Bedeutung kann nicht in der Beziehung auf eine andere Vorstellung (von dem, was man vom Gegenstande nennen wollte) bestehen, denn sonst erneuert sich die Frage: wie geht diese Vorstellung wiederum aus sich selbst heraus, und bekommt objektive Bedeutung noch über die subjektive, welche ihr, als Bestimmung des Gemütszustandes, eigen ist? Wenn wir untersuchen, was denn die *Beziehung auf einen Gegenstand* unseren Vorstellungen für eine neue Beschaffenheit gebe, und welches die Dignität sei, die sie dadurch erhalten, so finden wir, daß sie nichts weiter tue, als die Verbindung der Vorstellungen auf eine gewisse Art notwendig zu machen, und sie einer Regel zu unterwerfen; daß umgekehrt nur dadurch, daß eine gewisse Ordnung in dem Zeitverhältnisse unserer Vorstellungen notwendig ist, ihnen objektive Bedeutung erteilt wird.

In der Synthesis der Erscheinungen folgt das Mannigfaltige der Vorstellungen jederzeit nacheinander. Hiedurch wird nun gar kein Objekt vorgestellt; weil durch diese Folge, die allen Apprehensionen gemein ist, nichts vom anderen unterschieden wird. Sobald ich aber wahrnehme, oder voraus annehme, daß in dieser Folge eine Beziehung auf den vorhergehenden Zustand sei, aus welchem die Vorstellung nach einer Regel folgt, so stellt sich etwas vor als Begebenheit, oder was da geschieht, d. i. ich erkenne einen Gegenstand, den ich in der Zeit auf eine gewisse bestimmte Stelle setzen muß, die ihm, nach dem vorhergehenden Zustande, nicht anders erteilt werden kann. Wenn ich also wahrnehme, daß etwas geschieht, so ist in dieser Vorstellung erstlich enthalten: daß etwas vorhergehe, weil eben in Beziehung auf dieses die Erscheinung ihre Zeitverhältnis bekommt, nämlich, nach einer vorhergehenden Zeit, in der sie nicht war, zu existieren. Aber ihre bestimmte Zeitstelle in diesem Verhältnisse kann sie nur dadurch bekommen, daß im vorhergehenden Zustande etwas vorausgesetzt wird, worauf es jederzeit, d. i. nach einer Regel, folgt: woraus sich denn ergibt, daß ich erstlich nicht die Reihe umkehren, und das, was geschieht, demjenigen voransetzen kann, worauf es folgt: zweitens daß, wenn der Zustand, der vorhergeht, gesetzt wird, diese bestimmte Begebenheit unausbleiblich und notwendig folge. Dadurch geschieht es: daß eine Ordnung unter unseren Vorstellungen wird, in welcher das Gegenwärtige (sofern es geworden) auf irgendeinen vorhergehenden Zustand Anweisung gibt, als ein, obzwar noch unbestimmtes Korrelatum dieser Ereignis, die gegeben ist, welches sich aber auf diese, als seine Folge, bestimmend bezieht, und sie notwendig mit sich in der Zeitreihe verknüpft.

Wenn es nun ein notwendiges Gesetz unserer Sinnlichkeit, mithin eine *formale Bedingung* aller Wahrnehmungen ist: daß die vorige Zeit die folgende notwendig bestimmt (indem ich zur folgenden nicht anders gelangen kann, als durch die vorhergehende); so ist es auch ein unentbehrliches *Gesetz* der *empirischen Vorstellung* der Zeitreihe, daß die Erscheinungen der vergangenen Zeit jedes Dasein in der folgenden bestimmen, und daß diese, als Begebenheiten, nicht stattfinden, als sofern jene ihnen ihr Dasein in der Zeit bestimmen, d. i. nach einer Regel festsetzen. Denn *nur an den Erscheinungen können wir diese Kontinuität im Zusammenhange der Zeiten empirisch erkennen*.

Zu aller Erfahrung und deren Möglichkeit gehört Verstand, und das erste, was er dazu tut, ist nicht: daß er die Vorstellung der Gegenstände deutlich macht, sondern daß er die Vorstellung eines Gegenstandes überhaupt möglich macht. Dieses geschieht nun dadurch, daß er die Zeitordnung auf die Erscheinungen und deren Dasein überträgt, indem er jeder derselben als Folge eine, in Ansehung der vorhergehenden Erscheinungen, a priori bestimmte Stelle in der Zeit zuerkennt, ohne welche sie nicht mit der Zeit selbst, die allen ihren Teilen a priori ihre Stelle bestimmt, übereinkommen würde. Diese Bestimmung der Stelle kann nun nicht von dem Verhältnis der Erscheinungen gegen die absolute Zeit entlehnt werden, (denn die ist kein Gegenstand der Wahrnehmung,) sondern umgekehrt, die Erscheinungen müssen einander ihre Stellen in der Zeit selbst bestimmen, und dieselbe in der Zeitordnung notwendig machen, d. i. dasjenige, was da folgt, oder geschieht, muß nach einer allgemeinen Regel auf das, was im vorigen Zustande enthalten war, folgen, woraus eine Reihe der Erscheinungen wird, die vermittelst des Verstandes eben dieselbige Ordnung und stetigen Zusammenhang in der Reihe möglicher Wahrnehmungen hervorbringt, und notwendig macht, als sie in der Form der inneren Anschauung, (der Zeit) darin alle Wahrnehmungen ihre Stelle haben müßten, a priori angetroffen wird.

Daß also etwas geschieht, ist eine Wahrnehmung, die zu einer möglichen Erfahrung gehört, die dadurch wirklich wird, wenn ich die Erscheinung, ihrer Stelle nach, in der Zeit, als bestimmt, mithin als ein Objekt ansehe, welches nach einer Regel im Zusammenhange der Wahrnehmungen jederzeit gefunden werden kann. Diese Regel aber, etwas der Zeitfolge nach zu bestimmen, ist: daß in dem, was vorhergeht, die Bedingung anzutreffen sei, unter welcher die Begebenheit jederzeit (d. i. notwendigerweise) folgt. Also ist der Satz vom zureichenden Grunde der Grund möglicher Erfahrung, nämlich der objektiven Erkenntnis der Erscheinungen, in Ansehung des Verhältnisses derselben, in Reihenfolge der Zeit.

Der Beweisgrund dieses Satzes aber beruht lediglich auf folgenden Momenten. Zu aller empirischen Erkenntnis gehört die Synthesis des Mannigfaltigen durch die Einbildungskraft, die jederzeit sukzessiv ist; d. i. die Vorstellungen folgen in ihr jederzeit aufeinander. Die Folge aber ist in der Einbildungskraft der Ordnung nach (was vorgehen und was folgen müsse) gar nicht bestimmt, und die Reihe der einen der folgenden Vorstellungen kann ebensowohl rückwärts als vorwärts genommen werden. Ist aber diese Synthesis eine Synthesis der Apprehension (des Mannigfaltigen einer gegebenen Erscheinung), so ist die Ordnung im Objekt bestimmt, oder, genauer zu reden, es ist darin eine Ordnung der sukzessiven Synthesis, die ein Objekt bestimmt, nach welcher etwas notwendig vorausgehen, und wenn dieses gesetzt ist, das andere notwendig folgen müsse. Soll also meine Wahrnehmung die Erkenntnis einer Begebenheit enthalten, da nämlich etwas wirklich geschieht; so muß sie ein empirisches Urteil sein, in welchem man sich denkt, daß die Folge bestimmt sei, d. i. daß sie eine andere Erscheinung der Zeit nach voraussetze, worauf sie notwendig, oder nach einer Regel folgt. Widrigenfalls, wenn ich das Vorhergehende setze, und die Begebenheit folgte nicht darauf notwendig, so würde ich sie nur für ein subjektives Spiel meiner Einbildungen halten müssen, und stellte ich mir darunter doch etwas Objektives vor, sie einen bloßen Traum nennen. Also ist das Verhältnis der Erscheinungen (als möglicher Wahrnehmungen), nach welchem das Nachfolgende (was geschieht) durch etwas Vorhergehendes seinem Dasein nach notwendig, und nach einer Regel in der Zeit bestimmt ist, mithin das Verhältnis der Ursache zur Wirkung die Bedingung der objektiven Gültigkeit unserer empirischen Urteile, in Ansehung der Reihe der Wahrnehmungen, mithin der empirischen Wahrheit derselben, und also der Erfahrung. Der Grundsatz des Kausalverhältnisses in der Folge der Erscheinungen gilt daher auch vor allen Gegenständen der Erfahrung (unter den Bedingungen der Sukzession), weil er selbst der Grund der Möglichkeit einer solchen Erfahrung ist.

Hier äußert sich aber noch eine Bedenklichkeit, die gehoben werden muß. Der Satz der Kausalverknüpfung unter den Erscheinungen ist in unserer Formel auf die

Reihenfolge derselben eingeschränkt, da es sich doch bei dem Gebrauch desselben findet, daß er auch auf ihre Begleitung passe, und Ursache und Wirkung zugleich sein könne. Es ist z. B. Wärme im Zimmer, die nicht in freier Luft angetroffen wird. Ich sehe mich nach der Ursache um, und finde einen geheizten Ofen. Nun ist dieser, als Ursache, mit seiner Wirkung, der Stubenwärme, zugleich; also ist hier keine Reihenfolge, der Zeit nach, zwischen Ursache und Wirkung, sondern sie sind zugleich, und das Gesetz gilt doch. Der größte Teil der wirkenden Ursache in der Natur ist mit ihren Wirkungen zugleich, und die Zeitfolge der letzteren wird nur dadurch veranlaßt, daß die Ursache ihre ganze Wirkung nicht in einem Augenblick verrichten kann. Aber in dem Augenblicke, da sie zuerst entsteht, ist sie mit der Kausalität ihrer Ursache jederzeit zugleich, weil, wenn jene einen Augenblick vorher aufgehört hätte zu sein, diese gar nicht entstanden wäre. Hier muß man wohl bemerken, daß es auf die Ordnung der Zeit, und nicht auf den *Ablauf* derselben angesehen sei; das Verhältnis bleibt, wenngleich keine Zeit verlaufen ist. Die Zeit zwischen der Kausalität der Ursache, und deren unmittelbaren Wirkung, kann *verschwindend* (sie also zugleich) sein, aber das Verhältnis der einen zur anderen bleibt doch immer, der Zeit nach, bestimmbar. Wenn ich eine Kugel, die auf einem ausgestopften Kissen liegt, und ein Grübchen darin drückt, als Ursache betrachte, so ist sie mit der Wirkung zugleich. Allein ich unterscheide doch beide durch das Zeitverhältnis der dynamischen Verknüpfung beider. Denn, wenn ich die Kugel auf das Kissen lege, so folgt auf die vorige glatte Gestalt desselben das Grübchen; hat aber das Kissen (ich weiß nicht woher) ein Grübchen, so folgt darauf nicht eine bleierne Kugel.

Demnach ist die Zeitfolge allerdings das einzige empirische Kriterium der Wirkung, in Beziehung auf die Kausalität der Ursache, die vorhergeht. Das Glas ist die Ursache von dem Steigen des Wassers über seine Horizontalfläche, obgleich beide Erscheinungen zugleich sind. Denn sobald ich dieses aus einem größeren Gefäß mit dem Glase schöpfe, so erfolgt etwas, nämlich die Veränderung des Horizontalstandes, den es dort hatte, in einen konkaven, den es im Glase annimmt.

Diese Kausalität führt auf den Begriff der Handlung, diese auf den Begriff der Kraft, und dadurch auf den Begriff der Substanz. Da ich mein kritisches Vorhaben, welches lediglich auf die Quellen der synthetischen Erkenntnis a priori geht, nicht mit Zergliederungen bemengen will, die bloß die Erläuterung (nicht Erweiterung) der Begriffe angehen, so überlasse ich die umständliche Erörterung derselben einem künftigen System der reinen Vernunft: wiewohl man eine solche Analysis im reichen Maße, auch schon in den bisher bekannten Lehrbüchern dieser Art, antrifft. Allein das empirische Kriterium einer Substanz, sofern sie sich nicht durch die Beharrlichkeit der Erscheinung, sondern besser und leichter durch Handlung zu offenbaren scheint, kann ich nicht unberührt lassen.

Wo Handlung, mithin Tätigkeit und Kraft ist, da ist auch Substanz, und in dieser allein muß der Sitz jener fruchtbaren Quelle der Erscheinungen gesucht werden. Das ist ganz gut gesagt; aber, wenn man sich darüber erklären soll, was man unter Substanz verstehe, und dabei den fehlerhaften Zirkel vermeiden will, so ist es nicht so leicht verantwortet. Wie will man aus der Behandlung sogleich *auf die Beharrlichkeit* des Handelnden schließen, welches doch ein so wesentliches und eigentümliches Kennzeichen der Substanz (phaenomenon) ist? Allein, nach unserem vorigen hat die Auflösung der Frage doch keine solche Schwierigkeit, ob sie gleich nach der gemeinen Art (bloß analytisch mit seinen Begriffen zu verfahren) ganz unauflöslich sein würde. Handlung bedeutet schon das Verhältnis des Subjekts der Kausalität zur Wirkung. Weil nun alle Wirkung in dem besteht, was da geschieht, mithin im Wandelbaren, was die Zeit der Sukzession nach bezeichnet; so ist das letzte Subjekt desselben *das Beharrliche*, als das Substratum alles Wechselnden, d. i. die Substanz. Denn nach dem Grundsatze der Kausalität sind Handlungen immer der erste Grund von allem Wechsel der Erscheinungen, und können also nicht in einem Subjekt liegen, was selbst wechselt, weil sonst andere Handlungen und ein anderes Subjekt, welches diesen Wechsel bestimmte, erforderlich wären. Kraft dessen beweist nun Handlung, als ein hinreichendes empirisches Kriterium, die Substantialität, ohne daß ich die Beharrlichkeit desselben durch verglichene Wahrnehmungen allererst zu suchen nötig hätte, welches auch auf diesem Wege mit der Ausführlichkeit nicht geschehen könnte, die zu der Größe und strengen Allgemeingültigkeit des Begriffs erforderlich ist. Denn daß das erste Subjekt der Kausalität alles Entstehens und Vergehens selbst nicht (im Felde der Erscheinungen) entstehen und vergehen könne, ist ein sicherer Schluß, der auf empirische Notwendigkeit und Beharrlichkeit im Dasein, mithin auf den Begriff einer Substanz als Erscheinung ausläuft.

Wenn etwas geschieht, so ist das bloße Entstehen, ohne Rücksicht auf das, was da entsteht, schon an sich selbst ein Gegenstand der Untersuchung. Der Übergang aus dem Nichtsein eines Zustandes in diesen Zustand, gesetzt, daß dieser auch keine Qualität in der Erscheinung enthielte, ist schon allein nötig zu untersuchen. Dieses Entstehen trifft, wie in der Nummer A gezeigt worden, nicht die Substanz (denn die entsteht nicht), sondern ihren Zustand. Es ist also bloß Veränderung, und nicht Ursprung aus Nichts. Wenn dieser Ursprung als Wirkung von einer fremden Ursache angesehen wird, so heißt er Schöpfung, welche als Begebenheit unter den Erscheinungen nicht zugelassen werden kann, indem ihre Möglichkeit allein schon die Einheit der Erfahrung aufheben würde, obzwar, wenn ich alle Dinge nicht als Phänomene, sondern als Dinge an sich betrachte, und als Gegenstände des bloßen Verstandes, sie, obschon sie Substanzen sind, dennoch wie abhängig ihrem Dasein nach von fremder Ursache angesehen werden können; welches aber alsdann ganz andere Wortbedeutungen nach sich ziehen, und auf Erscheinungen, als mögliche Gegenstände der Erfahrung, nicht passen würde.

Wie nun überhaupt etwas verändert werden könne; wie es möglich sei, daß auf einen Zustand in einem Zeitpunkte ein entgegengesetzter im anderen folgen könne: davon haben wir a priori nicht den mindesten Begriff. Hierzu wird die Kenntnis wirklicher Kräfte erfordert, welche nur empirisch gegeben werden kann, z. B. der bewegenden Kräfte, oder, welches einerlei ist, gewisser sukzessiver Erscheinungen, (als Bewegungen) welche solche Kräfte anzeigen. Aber die Form einer jeden Veränderung, die Bedingung, unter welcher sie, als ein Entstehen eines anderen Zustandes, allein vorgehen kann, (der Inhalt derselben, d. i. der Zustand, der verändert wird, mag sein, welcher er wolle), mithin die Sukzession der Zustände selbst (das Geschehene) kann doch nach dem Gesetze der Kausalität und den Bedingungen der Zeit a priori erwogen werden.

Wenn eine Substanz aus einem Zustande a in einen anderen b übergeht, so ist der Zeitpunkt des zweiten vom Zeitpunkte des ersteren Zustandes unterschieden, und folgt demselben. Ebenso ist auch der zweite Zustand als Realität (in der Erscheinung) vom ersteren, darin diese nicht war, wie b vom Zero unterschieden; d. i. wenn der Zustand b sich auch von dem Zustande a nur der Größe nach unterschiede, so ist die Veränderung ein Entstehen von b-a, welches im vorigen Zustande nicht war, und in Ansehung dessen er = 0 ist.

Es frägt sich also, wie ein Ding aus einem Zustande = a in einen anderen = b übergehe. Zwischen zwei Augenblicken ist immer eine Zeit, und zwischen zwei Zuständen in denselben immer ein Unterschied, der eine Größe hat, (denn alle Teile der Erscheinungen sind immer wiederum Größen). Also geschieht jeder Übergang aus einem Zustande in den anderen in einer Zeit, die zwischen zwei Augenblicken enthalten ist, deren der erste den Zustand bestimmt, aus welchem das Ding herausgeht, der zweite den, in welchen es gelangt. Beide also sind Grenzen der Zeit einer Veränderung, mithin des Zwischenzustandes zwischen beiden Zuständen, und gehören als solche mit zu der ganzen Veränderung. Nun hat jede Veränderung eine Ursache, welche in der ganzen Zeit, in welcher jene vorgeht, ihre Kausalität beweist. Also bringt diese Ursache ihre Veränderung nicht plötzlich (auf einmal oder in einem Augenblicke) hervor, sondern in einer Zeit, so, daß, wie die Zeit vom Anfangsaugenblicke a bis zu ihrer Vollendung in b wächst, auch die Größe der Realität (b-a) durch alle kleineren Grade, die zwischen dem ersten und letzten enthalten sind, erzeugt wird. Alle Veränderung ist also nur durch eine kontinuierliche Handlung der Kausalität möglich, welche, sofern sie gleichförmig ist, ein Moment heißt. Aus diesen Momenten besteht nicht die Veränderung, sondern wird dadurch erzeugt als ihre Wirkung.

Das ist nun das Gesetz der Kontinuität aller Veränderung, dessen Grund dieser ist: daß weder die Zeit, noch auch die Erscheinung in der Zeit, aus Teilen besteht, die die kleinsten sind, und daß doch der Zustand des Dinges bei seiner Veränderung durch alle diese Teile, als Elemente, zu seinem zweiten Zustande übergehe. Es ist *kein Unterschied* des Realen in der Erscheinung, so wie kein Unterschied in der Größe der

Zeiten, *der kleinste*, und so erwächst der neue Zustand der Realität von dem ersten an, darin diese nicht war, durch alle unendlichen Grade derselben, deren Unterschiede voneinander insgesamt kleiner sind, als der zwischen o und a.

Welchen Nutzen dieser Satz in der Naturforschung haben möge, das geht uns hier nichts an. Aber, wie ein solcher Satz, der unsere Erkenntnis der Natur so zu erweitern scheint, völlig a priori möglich sei, das erfordert gar sehr unsere Prüfung, wenngleich der Augenschein beweist, daß er wirklich und richtig sei, und man also der Frage, wie er möglich gewesen, überhoben zu sein glauben möchte. Denn es gibt so mancherlei ungegründete Anmaßungen der Erweiterung unserer Erkenntnis durch reine Vernunft: daß es zum allgemeinen Grundsatz angenommen werden muß, deshalb durchaus mißtrauisch zu sein, und ohne Dokumente, die eine gründliche Deduktion verschaffen können, selbst auf den klarsten dogmatischen Beweis nichts dergleichen zu glauben und anzunehmen.

Aller Zuwachs des empirischen Erkenntnisses, und jeder Fortschritt der Wahrnehmung ist nichts, als eine Erweiterung der Bestimmung des inneren Sinnes, d. i. ein Fortgang in der Zeit, die Gegenstände mögen sein, welche sie wollen, Erscheinungen, oder reine Anschauungen. Dieser Fortgang in der Zeit bestimmt alles, und ist an sich selbst durch nichts weiter bestimmt: d. i. die Teile desselben sind nur in der Zeit, und durch die Synthesis derselben, sie aber nicht vor ihr gegeben. Um deswillen ist ein jeder Übergang in der Wahrnehmung zu etwas, was in der Zeit folgt, eine Bestimmung der Zeit durch die Erzeugung dieser Wahrnehmung, und da jene, immer und in allen ihren Teilen, eine Größe ist, die Erzeugung einer Wahrnehmung als einer Größe durch alle Grade, deren keiner der kleinste ist, von dem Zero an, bis zu ihrem bestimmten Grad. Hieraus erhellt nun die Möglichkeit, ein Gesetz der Veränderungen, ihrer Form nach, a priori zu erkennen. Wir antizipieren nur unsere eigene Apprehension, deren formale Bedingung, da sie uns vor aller gegebenen Erscheinung selbst beiwohnt, allerdings a priori muß erkannt werden können.

So ist demnach, ebenso, wie die Zeit die sinnliche Bedingung a priori von der Möglichkeit eines kontinuierlichen Fortganges des Existierenden zu dem Folgenden enthält, der Verstand, vermittelst der Einheit der Apperzeption, die Bedingung a priori der Möglichkeit einer kontinuierlichen Bestimmung aller Stellen für die Erscheinungen in dieser Zeit, durch die Reihe von Ursachen und Wirkungen, deren die ersteren der letzteren ihr Dasein unausbleiblich nach sich ziehen, und dadurch die empirische Erkenntnis der Zeitverhältnisse für jede Zeit (allgemein) mithin objektiv gültig machen.

C
Dritte Analogie
Grundsatz des Zugleichseins, nach dem Gesetze der Wechselwirkung, oder Gemeinschaft

Alle Substanzen, sofern sie im Raume, als zugleich wahrgenommen werden können, sind in durchgängiger Wechselwirkung.

Beweis

Zugleich sind Dinge, wenn in der empirischen Anschauung die Wahrnehmung des einen auf die Wahrnehmung des anderen *wechselseitig* folgen kann, (welches in der Zeitfolge der Erscheinungen, wie beim zweiten Grundsatze gezeigt, worden, nicht geschehen kann). So kann ich meine Wahrnehmung zuerst am Monde, und nachher an der Erde, oder auch umgekehrt zuerst an der Erde und dann am Monde anstellen und darum, weil die Wahrnehmungen dieser Gegenstände einander wechselseitig folgen können, sage ich, sie existieren zugleich. Nun ist das Zugleichsein die Existenz des Mannigfaltigen in derselben Zeit. Man kann aber die Zeit selbst nicht wahrnehmen, um daraus, daß Dinge in derselben Zeit gesetzt sind, abzunehmen, daß die Wahrnehmungen derselben einander wechselseitig folgen können. Die Synthesis der Einbildungskraft in der Apprehension würde also nur eine jede dieser Wahrnehmungen als eine solche angeben, die im Subjekte da ist, wenn die andere nicht ist, und wechselsweise, nicht aber daß die Objekte zugleich seien, d. i. wenn das eine ist, das andere auch in derselben Zeit sei, und daß dieses notwendig sei, damit die Wahrnehmungen wechselseitig aufeinander folgen können. Folglich wird ein Verstandesbegriff von der wechselseitigen Folge der Bestimmungen dieser außer einander zugleich existierenden Dinge erfordert, um zu sagen, daß die wechselseitige Folge der Wahrnehmungen im Objekte gegründet sei, und das Zugleichsein dadurch als objektiv vorzustellen. Nun ist aber das Verhältnis der Substanzen, in welchem die eine Bestimmungen enthält, wovon der Grund in der anderen enthalten ist, das Verhältnis des Einflusses, und, wenn wechselseitig dieses den Grund der Bestimmungen in dem anderen enthält, das Verhältnis der Gemeinschaft oder Wechselwirkung. Also kann das Zugleichsein der Substanzen im Raume nicht anders in der Erfahrung erkannt werden, als unter Voraussetzung einer Wechselwirkung derselben untereinander; diese ist also auch die Bedingung der Möglichkeit der Dinge selbst als Gegenstände der Erfahrung.

Dinge sind zugleich, sofern sie in einer und derselben Zeit existieren. Woran erkennt man aber: daß sie in einer und derselben Zeit sind? Wenn die Ordnung in der Synthesis der Apprehension dieses Mannigfaltigen gleichgültig ist, d. i. von A durch B, C, D auf E, oder auch umgekehrt von E zu A gehen kann. Denn, wäre sie in der Zeit nacheinander (in der Ordnung, die von A anhebt, und in E endigt), so ist es unmöglich, die Apprehension in der Wahrnehmung von E anzuheben, und rückwärts zu A fortzugehen, weil A zur vergangenen Zeit gehört, und also kein Gegenstand der Apprehension mehr sein kann.

Nehmet nun an: in einer Mannigfaltigkeit von Substanzen als Erscheinungen wäre jede derselben völlig isoliert, d. i. keine wirkte in die andere, und empfinge von dieser wechselseitig Einflüsse, so sage ich: daß das *Zugleichsein* derselben kein Gegenstand einer möglichen Wahrnehmung sein würde, und daß das Dasein der einen, durch keinen Weg der empirischen Synthesis, auf das Dasein der anderen führen könnte. Denn, wenn ihr euch gedenkt, sie wären durch einen völlig leeren Raum getrennt, so würde die Wahrnehmung, die von der einen zur anderen in der Zeit fortgeht, zwar dieser ihr Dasein, vermittelst einer folgenden Wahrnehmung bestimmen, aber nicht unterscheiden können, ob die Erscheinung objektiv auf die erstere folge, oder mit jener vielmehr zugleich sei.

Es muß also noch außer dem bloßen Dasein etwas sein, wodurch A dem B seine Stelle in der Zeit bestimmt, und umgekehrt auch wiederum B dem A, weil nur unter dieser Bedingung gedachte Substanzen, als *zugleich existierend*, empirisch vorgestellt werden können. Nun bestimmt nur dasjenige dem anderen seine Stelle in der Zeit, was die Ursache von ihm oder seinen Bestimmungen ist. Also muß jede Substanz (da sie nur in Ansehung ihrer Bestimmungen Folge sein kann) die Kausalität gewisser Bestimmungen in der anderen, und zugleich die Wirkungen von der Kausalität der anderen in sich enthalten, d. i. sie müssen in dynamischer Gemeinschaft (unmittelbar oder mittelbar) stehen, wenn das Zugleichsein in irgendeiner möglichen Erfahrung erkannt werden soll. Nun ist aber alles dasjenige in Ansehung der Gegenstände der Erfahrung notwendig, ohne welches die Erfahrung von diesen Gegenständen selbst unmöglich sein würde. Also ist es allen Substanzen in der Erscheinung, sofern sie zugleich sind, notwendig, in durchgängiger Gemeinschaft der Wechselwirkung untereinander zu stehen.

Das Wort Gemeinschaft ist in unserer Sprache zweideutig, und kann soviel als *communio*, aber auch als *commercium* bedeuten. Wir bedienen uns hier desselben im letzteren Sinn, als einer dynamischen Gemeinschaft, ohne welche selbst die lokale *(communio spatii)* niemals empirisch erkannt werden könnte. Unseren Erfahrungen ist es leicht anzumerken, daß nur die kontinuierlichen Einflüsse in allen Stellen des Raumes unseren Sinn von einem Gegenstande zum anderen leiten können, daß das Licht, welches zwischen unserem Auge und den Weltkörpern spielt, eine mittelbare Gemeinschaft zwischen uns und diesen bewirken und dadurch das Zugleichsein der letzteren beweisen, daß wir keinen Ort empirisch verändern (diese Veränderung wahrnehmen) können, ohne daß uns allerwärts Materie die Wahrnehmung unserer Stelle möglich mache, und diese nur vermittelst ihres wechselseitigen Einflusses ihr Zugleichsein, und dadurch, bis zu den entlegensten Gegenständen, die Koexistenz derselben (obzwar nur mittelbar) dartun kann. Ohne Gemeinschaft ist jede Wahrnehmung (der Erscheinung im Raume) von der anderen abgebrochen, und die Kette empirischer Vorstellungen, d. i. Erfahrung, würde bei einem neuen Objekt ganz von vorne anfangen, ohne daß die vorige damit im geringsten zusammenhänge, oder im Zeitverhältnisse stehen könnte. Den leeren Raum will ich hierdurch gar nicht widerlegen; denn der mag immer sein, wohin Wahrnehmungen gar nicht reichen, und also keine empirische Erkenntnis des Zugleichseins stattfindet; er ist aber alsdann für alle unsere mögliche Erfahrung gar kein Objekt.

Zur Erläuterung kann folgendes dienen. In unserem Gemüte müssen alle Erscheinungen, als in einer möglichen Erfahrung enthalten, in Gemeinschaft *(communio)* der Apperzeption stehen, und sofern die Gegenstände als zugleich existierend verknüpft vorgestellt werden sollen, so müssen sie ihre Stelle in einer Zeit wechselseitig bestimmen, und dadurch ein Ganzes ausmachen. Soll diese subjektive Gemeinschaft auf einem objektiven Grunde beruhen, oder auf Erscheinungen als Substanzen bezogen werden, so muß die Wahrnehmung der einen, als Grund, die Wahrnehmung der anderen, und so umgekehrt, möglich machen, damit die Sukzession, die jederzeit in den Wahrnehmungen, als Apprehensionen ist, nicht den Objekten beigelegt werde, sondern diese als zugleichexistierend vorgestellt werden können. Dieses ist aber ein wechselseitiger Einfluß, d. i. eine reale Gemeinschaft *(commercium)* der Substanzen, ohne welche also das empirische Verhältnis des Zugleichseins nicht in der Erfahrung stattfinden könnte. Durch dieses Commercium machen die Erscheinungen, sofern sie außereinander und doch in Verknüpfung stehen, ein Zusammengesetztes aus *(compositum reale)*, und dergleichen Composita werden auf mancherlei Art möglich. Die drei dynamischen Verhältnisse, daraus alle übrigen entspringen, sind daher das der Inhärenz, der Konsequenz und der Komposition.

* *
*

Dies sind denn also die drei Analogien der Erfahrung. Sie sind nichts anderes, als Grundsätze der Bestimmung des Daseins der Erscheinungen in der Zeit, nach allen drei modis derselben, dem Verhältnisse zu der Zeit selbst, als einer Größe (die Größe des Daseins, d. i. die Dauer), dem Verhältnisse in der Zeit, als einer Reihe (nacheinander), endlich auch in ihr, als einem Inbegriff alles Daseins (zugleich). Diese Einheit der Zeitbestimmung ist durch und durch dynamisch, d. i. die Zeit wird nicht als dasjenige angesehen, worin die Erfahrung unmittelbar jedem Dasein seine Stelle bestimmte, welches unmöglich ist, weil die absolute Zeit kein Gegenstand der Wahrnehmung ist, womit Erscheinungen könnten zusammengehalten werden; sondern die Regel des Verstandes, durch welche allein das Dasein der Erscheinungen synthetische Einheit nach Zeitverhältnissen bekommen kann, bestimmt jeder derselben ihre Stelle in der Zeit, mithin a priori, und gültig für alle und jede Zeit.

Unter Natur (im empirischen Verstande) verstehen wir den Zusammenhang der Erscheinungen ihrem Dasein nach, nach notwendigen Regeln, d. i. nach Gesetzen. Es sind also gewisse Gesetze, und zwar a priori, welche allererst eine Natur möglich machen; die empirischen können nur vermittelst der Erfahrung, und zwar zufolge jener ursprünglichen Gesetze, nach welchen selbst Erfahrung allererst möglich wird, stattfinden, und gefunden werden. Unsere Analogien stellen also eigentlich die Natureinheit im Zusammenhange aller Erscheinungen unter gewissen Exponenten dar, welche nichts anderes ausdrücken, als das Verhältnis der Zeit (sofern sie alles Dasein in sich begreift) zur Einheit der Apperzeption, die nur in der Synthesis nach Regeln stattfinden kann. Zusammen sagen sie also: alle Erscheinungen liegen in einer Natur, und müssen darin liegen, weil ohne diese Einheit a priori keine Einheit der Erfahrung, mithin auch keine Bestimmung der Gegenstände in derselben möglich wäre.

Über die Beweisart aber, deren wir uns bei diesen transzendentalen Naturgesetzen bedient haben, und die Eigentümlichkeit derselben, ist eine Anmerkung zu machen, die zugleich als Vorschrift für jeden anderen Versuch, intellektuelle und zugleich synthetische Sätze a priori zu beweisen, sehr wichtig sein muß. Hätten wir diese Analogien dogmatisch, d. i. aus Begriffen, beweisen wollen: daß nämlich alles, was existiert, nur in dem angetroffen werde, was beharrlich ist, daß jede Begebenheit etwas im vorigen Zustande voraussetze, worauf es nach einer Regel folgt, endlich in dem Mannigfaltigen, das zugleich ist, die Zustände in Beziehung aufeinander nach einer Regel zugleich seien (in Gemeinschaft stehen), so wäre alle Bemühung gänzlich vergeblich gewesen. Denn man kann von einem Gegenstande und dessen Dasein auf das Dasein des anderen, oder seine Art zu existieren, durch bloße Begriffe dieser Dinge gar nicht kommen, man mag dieselben zergliedern, wie man wolle. Was blieb uns nun übrig? Die Möglichkeit der Erfahrung, als einer Erkenntnis, darin uns alle Gegenstände zuletzt müssen gegeben werden können, wenn ihre Vorstellung für uns objektive Realität haben soll. In diesem Dritten nun, dessen wesentliche Form in der synthetischen Einheit der Apperzeption aller Erscheinungen besteht, fanden wir Bedingungen a priori der durchgängigen und notwendigen Zeitbestimmung alles Daseins in der Erscheinung, ohne welche selbst die empirische Zeitbestimmung unmöglich sein würde, und fanden Regeln der synthetischen Einheit a priori, vermittelst deren wir die Erfahrung antizipieren konnten. In Ermanglung dieser Methode, und bei dem Wahne, synthetische Sätze, welche der Erfahrungsgebrauch des Verstandes als seine Prinzipien empfiehlt, dogmatisch beweisen zu wollen, ist es denn geschehen, daß von dem Satze des zureichenden Grundes so oft, aber immer vergeblich ein Beweis ist versucht worden. An die beiden übrigen Analogien hat niemand gedacht, ob man sich ihrer gleich immer stillschweigend bediente, weil der Leitfaden der Kategorien fehlte, der allein jede Lücke des Verstandes, sowohl in Begriffen als Grundsätzen, entdecken und merklich machen kann.

4.
Die Postulate des empirischen Denkens überhaupt

1. Was mit den formalen Bedingungen der Erfahrung (der Anschauung und den Begriffen nach) übereinkommt, ist *möglich*.

2. Was mit den materialen Bedingungen der Erfahrung (der Empfindung) zusammenhängt, ist *wirklich*.

3. Dessen Zusammenhang mit dem Wirklichen nach allgemeinen Bedingungen der Erfahrung bestimmt ist, ist (existiert) *notwendig*.

Erläuterung

Die Kategorien der Modalität haben das Besondere an sich: daß sie den Begriff, dem sie als Prädikate beigefügt werden, als Bestimmung des Objekts nicht im mindesten vermehren, sondern nur das Verhältnis zum Erkenntnisvermögen ausdrücken. Wenn der Begriff eines Dinges schon ganz vollständig ist, so kann ich doch noch von diesem Gegenstande fragen, ob er bloß möglich, oder auch wirklich, oder, wenn er das letztere ist, ob er gar auch notwendig sei? Hierdurch werden keine Bestimmungen mehr im Objekte selbst gedacht, sondern es frägt sich nur, wie es sich (samt allen seinen Bestimmungen) zum Verstande und dessen empirischen Gebrauche, zur empirischen Urteilskraft, und zur Vernunft (in ihrer Anwendung auf Erfahrung) verhalte?

Eben um deswillen sind auch die Grundsätze der Modalität nichts weiter, als Erklärungen der Begriffe der Möglichkeit, Wirklichkeit und Notwendigkeit in ihrem empirischen Gebrauche, und hiermit zugleich Restriktionen aller Kategorien auf den bloß empirischen Gebrauch, ohne den transzendentalen zuzulassen und zu erlauben. Denn, wenn diese nicht eine bloß logische Bedeutung haben, und die Form des *Denkens* analytisch ausdrücken sollen, sondern *Dinge* und deren Möglichkeit, Wirklichkeit oder Notwendigkeit betreffen sollen, so müssen sie auf die mögliche Erfahrung und deren synthetische Einheit gehen, in welcher allein Gegenstände der Erkenntnis gegeben werden.

Das Postulat der Möglichkeit der Dinge fordert also, daß der Begriff derselben mit den formalen Bedingungen einer Erfahrung überhaupt zusammenstimme. Diese, nämlich die objektive Form der Erfahrung überhaupt, enthält aber alle Synthesis, welche zur Erkenntnis der Objekte erfordert wird. Ein Begriff, der eine Synthesis in sich faßt, ist für leer zu halten, und bezieht sich auf keinen Gegenstand, wenn diese Synthesis nicht zur Erfahrung gehört, entweder als von ihr erborgt, und dann heißt er ein *empirischer Begriff*, oder als eine solche, auf der, als Bedingung a priori, Erfahrung überhaupt (die Form derselben) beruht, und dann ist es ein *reiner Begriff*, der dennoch zur Erfahrung gehört, weil sein Objekt nur in dieser angetroffen werden kann. Denn wo will man den Charakter der Möglichkeit eines Gegenstandes, der durch einen synthetischen Begriff a priori gedacht worden, hernehmen, wenn es nicht von der Synthesis geschieht, welche die Form der empirischen Erkenntnis der Objekte ausmacht? Daß in einem solchen Begriffe kein Widerspruch enthalten sein müsse, ist zwar eine notwendige logische Bedingung; aber zur objektiven Realität des Begriffs, d. i. der Möglichkeit eines solchen Gegenstandes, als durch den Begriff gedacht wird, bei weitem nicht genug. So ist in dem Begriffe einer Figur, die in zwei geraden Linien eingeschlossen ist, kein Widerspruch, denn die Begriffe von zwei geraden Linien und deren Zusammenstoßung enthalten keine Verneinung einer Figur; sondern die Unmöglichkeit beruht nicht auf dem Begriffe an sich selbst, sondern der Konstruktion desselben im Raume, d. i. den Bedingungen des Raumes und der Bestimmung desselben, diese haben aber wiederum ihre objektive Realität, d. i. sie gehen auf mögliche Dinge, weil sie die Form der Erfahrung überhaupt a priori in sich enthalten.

Und nun wollen wir den ausgebreiteten Nutzen und Einfluß dieses Postulats der Möglichkeit vor Augen legen. Wenn ich mir ein Ding vorstelle, das beharrlich ist, so, daß alles, was da wechselt, bloß zu seinem Zustande gehört, so kann ich niemals aus einem solchen Begriffe allein erkennen, daß ein dergleichen Ding möglich sei. Oder, ich stelle mir etwas vor, welches so beschaffen sein soll, daß, wenn es gesetzt wird, jederzeit und unausbleiblich etwas anderes darauf erfolgt, so mag dieses allerdings ohne Widerspruch so gedacht werden können; ob aber dergleichen Eigenschaft (als Kausalität) an irgendeinem möglichen Dinge angetroffen werde, kann dadurch nicht geurteilt werden. Endlich kann ich mir verschiedene Dinge (Substanzen) vorstellen, die so beschaffen sind, daß der Zustand des einen eine Folge im Zustande des anderen nach sich zieht, und so wechselweise; aber, ob dergleichen Verhältnis irgend Dingen zukommen könne, kann aus diesen Begriffen, welche eine bloß willkürliche Synthesis enthalten, gar nicht abgenommen werden. Nur daran also, daß diese Begriffe die Verhältnisse der Wahrnehmungen in jeder Erfahrung a priori ausdrücken, erkennt man ihre objektive Realität, d. i. ihre transzendentale Wahrheit, und zwar freilich unabhängig von der Erfahrung, aber doch nicht unabhängig von aller Beziehung auf die Form einer Erfahrung überhaupt, und die synthetische Einheit, in der allein Gegenstände empirisch können erkannt werden.

Wenn man sich aber gar neue Begriffe von Substanzen, von Kräften, von Wechselwirkungen, aus dem Stoffe, den uns die Wahrnehmung darbietet, machen wollte, ohne von der Erfahrung selbst das Beispiel ihrer Verknüpfung zu entlehnen, so würde man in lauter Hirngespinste geraten, deren Möglichkeit ganz und gar kein Kennzeichen für sich hat, weil man bei ihnen nicht Erfahrung zur Lehrerin annimmt, noch diese Begriffe von ihr entlehnt. Dergleichen gedichtete Begriffe können den Charakter ihrer Möglichkeit nicht so, wie die Kategorien, a priori, als Bedingungen, von denen alle Erfahrung abhängt, sondern nur a posteriori, als solche, die durch die Erfahrung selbst gegeben werden, bekommen, und ihre Möglichkeit muß entweder a posteriori und empirisch, oder sie kann gar nicht erkannt werden. Eine Substanz, welche beharrlich im Raume gegenwärtig wäre, doch ohne ihn zu erfüllen, (wie dasjenige Mittelding zwischen Materie und denkenden Wesen, welches einige haben einführen wollen,) oder eine besondere Grundkraft unseres Gemüts, das Künftige zum voraus *anzuschauen* (nicht etwa bloß zu folgern), oder endlich ein Vermögen desselben, mit anderen Menschen in Gemeinschaft der Gedanken zu stehen (so entfernt sie auch sein mögen), das sind Begriffe, deren Möglichkeit ganz grundlos ist, weil sie nicht auf Erfahrung und deren bekannte Gesetze gegründet werden kann, und ohne sie eine willkürliche Gedankenverbindung ist, die, ob sie zwar keinen Widerspruch enthält, doch keinen Anspruch auf objektive Realität, mithin auf die Möglichkeit eines solchen Gegenstandes, als man sich hier denken will, machen kann. Was Realität betrifft, so verbietet es sich wohl von selbst, sich eine solche in concreto zu denken, ohne die Erfahrung zu Hilfe zu nehmen, weil sie nur auf Empfindung, als Materie der Erfahrung, gehen kann, und nicht die Form des Verhältnisses betrifft, mit der man allenfalls in Erdichtungen spielen könnte.

Aber ich lasse alles vorbei, dessen Möglichkeit nur aus der Wirklichkeit in der Erfahrung kann abgenommen werden, und erwäge hier nur die Möglichkeit der Dinge durch Begriffe a priori, von denen ich fortfahre zu behaupten, daß sie niemals aus solchen Begriffen für sich allein, sondern jederzeit nur als formale und objektive Bedingungen einer Erfahrung überhaupt stattfinden können.

Es hat zwar den Anschein, als wenn die Möglichkeit eines Triangels aus seinem Begriffe an sich selbst könne erkannt werden (von der Erfahrung ist er gewiß unabhängig); denn in der Tat können wir ihm gänzlich a priori einen Gegenstand geben, d. i. ihn konstruieren. Weil dieses aber nur die Form von einem Gegenstande ist, so würde er doch immer nur ein Produkt der Einbildung bleiben, von dessen Gegenstand die Möglichkeit noch zweifelhaft bliebe, als wozu noch etwas mehr erfordert wird, nämlich daß eine solche Figur unter lauter Bedingungen, auf denen alle Gegenstände der Erfahrung beruhen, gedacht sei. Daß nun der Raum eine formale Bedingung a priori von äußeren Erfahrungen ist, daß eben dieselbe bildende Synthesis, wodurch wir in der Einbildungskraft einen Triangel konstruieren, mit derjenigen gänzlich einerlei sei, welche wir in der Apprehension einer Erscheinung ausüben, um uns davon einen Erfahrungsbegriff zu machen, das ist es allein, was mit diesem Begriffe die Vorstellung von der Möglichkeit eines solchen Dinges verknüpft. Und so ist die Möglichkeit kontinuierlicher Größen, ja sogar der Größen überhaupt, weil die Begriffe davon insgesamt synthetisch sind, niemals aus den Begriffen selbst, sondern aus ihnen, als formalen Bedingungen der Bestimmung der Gegenstände in der Erfahrung überhaupt allererst klar; und wo sollte man auch Gegenstände suchen wollen, die den Begriffen korrespondierten, wäre es nicht in der Erfahrung, durch die uns allein Gegenstände gegeben werden? wiewohl wir, ohne eben Erfahrung selbst voranzuschicken, bloß in Beziehung auf die formalen Bedingungen, unter welchen in ihr überhaupt etwas als Gegenstand bestimmt wird, mithin völlig a priori, aber doch nur in Beziehung auf sie, und innerhalb ihren Grenzen, die Möglichkeit der Dinge erkennen und charakterisieren können.

Das Postulat, die *Wirklichkeit* der Dinge zu erkennen, fordert *Wahrnehmung*, mithin Empfindung, deren man sich bewußt ist, zwar nicht eben unmittelbar, von dem Gegenstande selbst, dessen Dasein erkannt werden soll, aber doch Zusammenhang desselben mit irgendeiner wirklichen Wahrnehmung, nach den Analogien der Erfahrung, welche alle reale Verknüpfung in einer Erfahrung überhaupt darlegen.

In dem *bloßen Begriffe* eines Dinges kann gar kein Charakter seines Daseins angetroffen werden. Denn ob derselbe gleich noch so vollständig sei, daß nicht das mindeste ermangle, um ein Ding mit allen seinen inneren Bestimmungen zu denken, so hat das Dasein mit allem diesem doch gar nichts zu tun, sondern nur mit der Frage: ob ein solches Ding uns gegeben sei, so, daß die Wahrnehmung desselben vor dem Begriffe allenfalls vorhergehen könne. Denn, daß der Begriff vor der Wahrnehmung vorhergeht, bedeutet dessen bloße Möglichkeit; die Wahrnehmung aber, die den Stoff zum Begriff hergibt, ist der einzige Charakter der Wirklichkeit. Man kann aber auch vor der Wahrnehmung des Dinges, und also komparative a priori das Dasein desselben erkennen, wenn es nur mit einigen Wahrnehmungen, nach den Grundsätzen der empirischen Verknüpfung derselben (den Analogien), zusammenhängt. Denn alsdann hängt doch das Dasein des Dinges mit unseren Wahrnehmungen in einer möglichen Erfahrung zusammen, und wir können nach dem Leitfaden jener Analogien, von unserer wirklichen Wahrnehmung zu dem Dinge in der Reihe möglicher Wahrnehmungen gelangen. So erkennen wir das Dasein einer alle Körper durchdringenden magnetischen Materie aus der Wahrnehmung des gezogenen Eisenfeiligs, obzwar eine unmittelbare Wahrnehmung dieses Stoffs uns nach der Beschaffenheit unserer Organe unmöglich ist. Denn überhaupt würden wir, nach Gesetzen der Sinnlichkeit und dem Kontext unserer Wahrnehmungen, in einer Erfahrung auch auf die unmittelbare empirische Anschauung derselben stoßen, wenn unsere Sinne feiner wären, deren Grobheit die Form möglicher Erfahrung überhaupt nichts angeht. Wo also Wahrnehmung und deren Anhang nach empirischen Gesetzen hinreicht, dahin reicht auch unsere Erkenntnis vom Dasein der Dinge. Fangen wir nicht von Erfahrung an, oder gehen wir nicht nach Gesetzen des empirischen Zusammenhanges der Erscheinungen fort, so machen wir uns vergeblich Staat, das Dasein irgendeines Dinges erraten oder erforschen zu wollen. Einen mächtigen Einwurf aber wider diese Regeln, das Dasein mittelbar zu beweisen, macht der *Idealismus*, dessen Widerlegung hier an der rechten Stelle, ist.

Widerlegung des Idealismus

Der Idealismus (ich verstehe den *materialen*) ist die Theorie, welche das Dasein der Gegenstände im Raum außer uns entweder bloß für zweifelhaft und *unerweislich*, oder für falsch und *unmöglich* erklärt; der *erstere* ist der *problematische* des *Cartesius*, der nur Eine empirische Behauptung *(assertio)*, nämlich: *Ich bin*, für ungezweifelt erklärt; der *zweite* ist der *dogmatische* des *Berkeley*, der den Raum, mit allen den Dingen, welchen er als unabtrennliche Bedingung anhängt, für etwas, was an sich selbst unmöglich sei, und darum auch die Dinge im Raum für bloße Einbildungen erklärt. Der dogmatische Idealismus ist unvermeidlich, wenn man den Raum als Eigenschaft, die den Dingen an sich selbst zukommen soll, ansieht; denn da ist er mit allem, dem er zur Bedingung dient, ein Unding. Der Grund zu diesem Idealismus aber ist von uns in der transzendentalen Ästhetik gehoben. Der problematische, der nichts hierüber behauptet, sondern nur das Unvermögen, ein Dasein außer dem unserigen durch unmittelbare Erfahrung zu beweisen, vorgibt, ist vernünftig und einer gründlichen philosophischen Denkungsart gemäß; nämlich, bevor ein hinreichender Beweis gefunden worden, kein entscheidendes Urteil zu erlauben. Der verlangte Beweis muß also dartun, daß wir von äußeren Dingen auch Erfahrung und nicht bloß *Einbildung* haben; welches wohl nicht anders wird geschehen können, als wenn man beweisen kann, daß selbst unsere *innere*, dem Cartesius unbezweifelte, Erfahrung nur unter Voraussetzung *äußerer* Erfahrung möglich sei.

Lehrsatz

Das bloße, aber empirisch bestimmte, Bewußtsein meines eigenen Daseins beweist das Dasein der Gegenstände im Raum außer mir.

Beweis

Ich bin mir meines Daseins als in der Zeit bestimmt bewußt. Alle Zeitbestimmung setzt etwas Beharrliches in der Wahrnehmung voraus. Dieses Beharrliche aber kann nicht etwas in mir sein, weil eben mein Dasein in der Zeit durch dieses Beharrliche allererst bestimmt werden kann. Also ist die Wahrnehmung dieses Beharrlichen nur durch ein Ding außer mir und nicht durch die bloße Vorstellung eines Dinges außer mir möglich. Folglich ist die Bestimmung meines Daseins in der Zeit nur durch die Existenz wirklicher Dinge, die ich außer mir wahrnehme, möglich. Nun ist das Bewußtsein in der Zeit mit dem Bewußtsein der Möglichkeit dieser Zeitbestimmung notwendig verbunden: Also ist es auch mit der Existenz der Dinge außer mir, als Bedingung der Zeitbestimmung, notwendig verbunden; d. i. das Bewußtsein meines eigenen Daseins ist zugleich ein unmittelbares Bewußtsein des Daseins anderer Dinge außer mir.

Anmerkung 1. Man wird in dem vorhergehenden Beweise gewahr, daß das Spiel, welches der Idealismus trieb, ihm mit mehrerem Rechte umgekehrt vergolten wird. Dieser nahm an, daß die einzige unmittelbare Erfahrung die innere sei, und daraus auf äußere Dinge nur *geschlossen* werde, aber, wie allemal, wenn man aus gegebenen Wirkungen auf *bestimmte* Ursachen schließt, nur unzuverlässig, weil auch in uns selbst die Ursache der Vorstellungen liegen kann, die wir äußeren Dingen, vielleicht fälschlich, zuschreiben. Allein hier wird bewiesen, daß äußere Erfahrung eigentlich unmittelbar sei,daß nur vermittelst ihrer, zwar nicht das Bewußtsein unserer eigenen Existenz, aber doch die Bestimmung derselben in der Zeit, d. i. innere Erfahrung, möglich sei. Freilich ist die Vorstellung: *ich bin*, die das Bewußtsein ausdrückt, welches alles Denken begleiten kann, das, was unmittelbar die Existenz eines Subjekts in sich schließt, aber noch keine *Erkenntnis* desselben, mithin auch nicht empirische, d. i. Erfahrung; denn dazu gehört, außer dem Gedanken von etwas Existierendem, noch Anschauung und hier innere, in Ansehung deren, d. i. der Zeit, das Subjekt bestimmt werden muß, wozu durchaus äußere Gegenstände erforderlich sind, so, daß folglich innere Erfahrung selbst nur mittelbar und nur durch äußere möglich ist.

Anmerkung 2. Hiermit stimmt nun aller Erfahrungsgebrauch unseres Erkenntnisvermögens in Bestimmung der Zeit vollkommen überein. Nicht allein, daß wir alle Zeitbestimmung nur durch den Wechsel in äußeren Verhältnissen (die Bewegung) in Beziehung auf das Beharrliche im Raume (z. B. Sonnenbewegung in Ansehung der Gegenstände. der Erde,) vornehmen können, so haben wir so gar nichts Beharrliches, was wir dem Begriffe einer Substanz, als Anschauung, unterlegen könnten, als bloß die *Materie* und selbst diese Beharrlichkeit wird nicht aus äußerer Erfahrung geschöpft, sondern a priori als notwendige Bedingung aller Zeitbestimmung, mithin auch als Bestimmung des inneren Sinnes in Ansehung unseres eigenen Daseins durch die Existenz äußerer Dinge vorausgesetzt. Das Bewußtsein meiner selbst in der Vorstellung *Ich* ist gar keine Anschauung, sondern eine bloß *intellektuelle* Vorstellung der Selbsttätigkeit eines denkenden Subjekts. Daher hat dieses Ich auch nicht das mindeste Prädikat der Anschauung, welches, als *beharrlich*, der Zeitbestimmung im inneren Sinne zum Korrelat dienen könnte: wie etwa *Undurchdringlichkeit* an der Materie, als *empirischer* Anschauung, ist.

Anmerkung 3. Daraus, daß die Existenz äußerer Gegenstände zur Möglichkeit eines bestimmten Bewußtseins unserer selbst erfordert wird, folgt nicht, daß jede anschauliche Vorstellung äußerer Dinge zugleich die Existenz derselben einschließe, denn jene kann gar wohl die bloße Wirkung der Einbildungskraft (in Träumen sowohl als im Wahnsinn) sein; sie ist es aber bloß durch die Reproduktion ehemaliger äußerer Wahrnehmungen, welche, wie gezeigt worden, nur durch die Wirklichkeit äußerer Gegenstände möglich sind. Es hat hier, nur, bewiesen werden sollen, daß innere Erfahrung überhaupt nur durch äußere Erfahrung überhaupt möglich sei. Ob diese oder jene vermeinte Erfahrung nicht bloße Einbildung sei, muß nach den besonderen Bestimmungen derselben und durch Zusammenhaltung mit den Kriterien aller wirklichen Erfahrung, ausgemittelt werden.

* *
*

Was endlich das dritte Postulat betrifft, so geht es auf die materiale Notwendigkeit im Dasein, und nicht die bloß formale und logische in Verknüpfung der Begriffe. Da nun keine Existenz der Gegenstände der Sinne völlig a priori erkannt werden kann, aber doch komparative a priori relativisch auf ein anderes schon gegebenes Dasein, gleichwohl aber auch alsdann nur auf diejenige Existenz kommen kann, die irgendwo in dem Zusammenhange der Erfahrung, davon die gegebene Wahrnehmung ein Teil ist, enthalten sein muß: so kann die Notwendigkeit der Existenz, niemals aus Begriffen, sondern jederzeit nur aus der Verknüpfung mit demjenigen, was wahrgenommen wird, nach allgemeinen Gesetzen der Erfahrung erkannt werden können. Da ist nun kein Dasein, was unter der Bedingung anderer gegebener Erscheinungen, als notwendig erkannt werden könnte, als das Dasein der Wirkungen aus gegebenen Ursachen nach Gesetzen der Kausalität. Also ist es nicht das Dasein der Dinge (Substanzen), sondern ihres Zustandes, wovon wir allein die Notwendigkeit erkennen können, und zwar aus anderen Zuständen, die in der Wahrnehmung gegeben sind, nach empirischen Gesetzen der Kausalität. Hieraus folgt: daß das Kriterium der Notwendigkeit lediglich in dem Gesetze der möglichen Erfahrung liege: daß alles, was geschieht, durch ihre Ursache in der Erscheinung a priori bestimmt sei. Daher erkennen wir nur die Notwendigkeit der *Wirkungen* in der Natur, deren Ursachen uns gegeben sind, und das Merkmal der Notwendigkeit im Dasein reicht nicht weiter, als das Feld möglicher Erfahrung, und selbst in diesem gilt es nicht von der Existenz der Dinge, als Substanzen, weil diese niemals, als empirische Wirkungen, oder etwas, das geschieht und entsteht, können angesehen werden. Die Notwendigkeit betrifft also nur die Verhältnisse der Erscheinungen nach dem dynamischen Gesetze der Kausalität, und die darauf sich gründende Möglichkeit, aus irgendeinem gegebenen Dasein (einer Ursache) a priori auf ein anderes Dasein (der Wirkung) zu schließen. Alles, was geschieht, ist hypothetisch notwendig; das ist ein Grundsatz, welcher die Veränderung in der Welt einem Gesetze unterwirft, d. i. einer Regel des notwendigen Daseins, ohne welche gar nicht einmal Natur stattfinden würde. Daher ist der Satz: nichts geschieht durch ein blindes Ohngefähr *(in mundo non datur casus)* ein Naturgesetz a priori; imgleichen: keine Notwendigkeit in der Natur ist blinde, sondern bedingte, mithin verständliche Notwendigkeit *(non datur fatum)*. Beide sind solche Gesetze, durch welche das Spiel der Veränderungen einer *Natur der Dinge* (als Erscheinungen) unterworfen wird, oder, welches einerlei ist, der Einheit des Verstandes, in welchem sie allein zu einer Erfahrung, als der synthetischen Einheit der Erscheinungen, gehören können. Diese beiden Grundsätze gehören zu den dynamischen. Der erstere ist eigentlich eine Folge des Grundsatzes von der Kausalität (unter den Analogien der Erfahrung). Der zweite gehört zu den Grundsätzen der Modalität, welche zu der Kausalbestimmung noch den Begriff der Notwendigkeit, die aber unter einer Regel des Verstandes steht, hinzutut. Das Prinzip der Kontinuität verbot in der Reihe der Erscheinungen (Veränderungen) allen Absprung *(in mundo non datur saltus)*, aber auch in dem Inbegriff aller empirischen

Anschauungen im Raume alle Lücke oder Kluft zwischen zwei Erscheinungen *(non datur hiatus)*; denn so kann man den Satz ausdrücken: das in die Erfahrung nichts hineinkommen kann, was ein Vakuum bewiese, oder auch nur als einen Teil der empirischen Synthesis zuließe. Denn was das Leere betrifft, welches man sich außerhalb dem Felde möglicher Erfahrung (der Welt) denken mag, so gehört dieses nicht vor die Gerichtsbarkeit des bloßen Verstandes, welcher nur über die Fragen entscheidet, die die Nutzung gegebener Erscheinungen zur empirischen Erkenntnis betreffen, und ist eine Aufgabe für die idealische Vernunft, die noch über die Sphäre einer möglichen Erfahrung hinausgeht, und von dem urteilen will, was diese selbst umgibt und begrenzt, muß daher in der transszendentalen Dialektik erwogen werden. Diese vier Sätze *(in mundo non datur hiatus, non datur saltus, non datur casus, non datur fatum)* könnten wir leicht, so wie alle Grundsätze transzendentalen Ursprungs, nach ihrer Ordnung, gemäß der Ordnung der Kategorien vorstellig machen, und jedem seine Stelle beweisen, allein der schon geübte Leser wird dieses von selbst tun, oder den Leitfaden dazu leicht entdecken. Sie vereinigen sich aber alle lediglich dahin, um in der empirischen Synthesis nichts zuzulassen, was dem Verstande und dem kontinuierlichen Zusammenhange aller Erscheinungen, d. i. der Einheit seiner Begriffe, Abbruch oder Eintrag tun könnte. Denn er ist es allein, worin die Einheit der Erfahrung, in der alle Wahrnehmungen ihre Stelle haben müssen, möglich wird.

Ob das Feld der Möglichkeit größer sei, als das Feld, was alles Wirkliche enthält, dieses aber wiederum größer, als die Menge desjenigen, was notwendig ist, das sind artige Fragen, und zwar von synthetischer Auflösung, die aber auch nur der Gerichtsbarkeit der Vernunft anheimfallen; denn sie wollen ungefähr soviel sagen, als, ob alle Dinge, als Erscheinungen, insgesamt in den Inbegriff und den Kontext einer einzigen Erfahrung gehören, von der jede gegebene Wahrnehmung ein Teil ist, der also mit keinen anderen Erscheinungen könne verbunden werden, oder ob meine Wahrnehmungen zu mehr als einer möglichen Erfahrung (in ihrem allgemeinen Zusammenhange) gehören können. Der Verstand gibt a priori der Erfahrung überhaupt nur die Regel, nach den subjektiven und formalen Bedingungen, sowohl der Sinnlichkeit als der Apperzeption, welche sie allein möglich machen. Andere Formen der Anschauung, (als Raum und Zeit,) imgleichen andere Formen des Verstandes, (als die diskursive des Denkens, oder der Erkenntnis durch Begriffe,) ob sie gleich möglich wären, können wir uns doch auf keinerlei Weise erdenken und faßlich machen, aber, wenn wir es auch könnten, so würden sie doch nicht zur Erfahrung, als dem einzigen Erkenntnis gehören, worin uns Gegenstände gegeben werden. Ob andere Wahrnehmungen, als überhaupt, zu unserer gesamten möglichen Erfahrung gehören, und also ein ganz anderes Feld der Materie noch stattfinden könne, kann der Verstand nicht entscheiden, er hat es nur mit der Synthesis dessen zu tun, was gegeben ist. Sonst ist die Armseligkeit unserer gewöhnlichen Schlüsse, wodurch wir ein großes Reich der Möglichkeit herausbringen, davon alles Wirkliche (aller Gegenstand der Erfahrung) nur ein kleiner Teil sei, sehr in die Augen fallend. Alles Wirkliche ist möglich; hieraus folgt natürlicherweise, nach den logischen Regeln der Umkehrung, der bloß partikulare Satz: einiges Mögliche ist wirklich, welches denn soviel zu bedeuten scheint, als: es ist vieles möglich, was nicht wirklich ist. Zwar hat es den Anschein, als könne man auch geradezu die Zahl des Möglichen über die des Wirklichen dadurch hinaussetzen, weil zu jener noch etwas hinzukommen muß, um diese auszumachen. Allein dieses Hinzukommen zum Möglichen kenne ich nicht. Denn was über dasselbe noch zugesetzt werden sollte, wäre unmöglich. Es kann nur zu meinem Verstande etwas über die Zusammenstimmung mit den formalen Bedingungen der Erfahrung, nämlich die Verknüpfung mit irgendeiner Wahrnehmung, hinzukommen; was aber mit dieser nach empirischen Gesetzen verknüpft ist, ist wirklich, ob es gleich unmittelbar nicht wahrgenommen wird. Daß aber im durchgängigen Zusammenhange mit dem, was mir in der Wahrnehmung gegeben ist, eine andere Reihe von Erscheinungen, mithin mehr als eine einzige alles befassende Erfahrung möglich sei, läßt sich aus dem, was gegeben ist, nicht schließen, und, ohne daß irgend etwas gegeben ist, noch viel weniger; weil ohne Stoff sich überall nichts denken läßt. Was unter Bedingungen, die selbst bloß möglich sind, allein möglich ist, ist es nicht *in aller Absicht*. In dieser aber wird die Frage genommen, wenn man wissen will, ob die Möglichkeit der Dinge sich weiter erstrecke, als Erfahrung reichen kann.

Ich habe dieser Fragen nur Erwähnung getan, um keine Lücke in demjenigen zu lassen, was, der gemeinen Meinung nach, zu den Verstandesbegriffen gehört. In der Tat ist aber die absolute Möglichkeit (die in aller Absicht gültig ist) kein bloßer Verstandesbegriff, und kann auf keinerlei Weise von empirischem Gebrauche sein, sondern er gehört allein der Vernunft zu, die über allen möglichen empirischen Verstandesgebrauch hinausgeht. Daher haben wir uns hierbei mit einer bloß kritischen Anmerkung begnügen müssen, übrigens aber die Sache bis zum weiteren künftigen Verfahren in der Dunkelheit gelassen.

Da ich eben diese vierte Nummer, und mit ihr zugleich das System aller Grundsätze des reinen Verstandes schließen will, so muß ich noch Grund angeben, warum ich die Prinzipien der Modalität gerade Postulate genannt habe. Ich will diesen Ausdruck hier nicht in der Bedeutung nehmen, welche ihm einige neuere philosophische Verfasser, wider den Sinn der Mathematiker, denen er doch eigentlich angehört, gegeben haben, nämlich: daß Postulieren so viel heißen solle, als einen Satz für unmittelbar gewiß, ohne Rechtfertigung, oder Beweis ausgeben; denn, wenn wir das bei synthetischen Sätzen, so evident sie auch sein mögen, einräumen sollten, daß man sie ohne Deduktion, auf das Ansehen ihres eigenen Ausspruchs, dem unbedingten Beifalle aufheften dürfe, so ist alle Kritik des Verstandes verloren, und, da es an dreisten Anmaßungen nicht fehlt, deren sich auch der gemeine Glaube, (der aber kein Kreditiv ist) nicht weigert; so wird unser Verstand jedem Wahne offen stehen, ohne daß er seinen Beifall denen Aussprüchen versagen kann, die, obgleich unrechtmäßig, doch in eben demselben Tone der Zuversicht, als wirkliche Axiome eingelassen zu werden verlangen. Wenn also zu dem

Begriffe eines Dinges eine Bestimmung a priori synthetisch hinzukommt, so muß von einem solchen Satze, wo nicht ein Beweis, doch wenigstens eine Deduktion der Rechtmäßigkeit seiner Behauptung unnachläßlich hinzugefügt werden.

Die Grundsätze der Modalität sind aber nicht objektiv synthetisch, weil die Prädikate der Möglichkeit, Wirklichkeit und Notwendigkeit den Begriff, von dem sie gesagt werden, nicht im mindesten vermehren, dadurch daß sie der Vorstellung des Gegenstandes noch etwas hinzusetzten. Da sie aber gleichwohl doch immer synthetisch sind, so sind sie es nur subjektiv, d. i. sie fügen zu dem Begriffe eines Dinges, (Realen,) von dem sie sonst nichts sagen, die Erkenntniskraft hinzu, worin er entspringt und seinen Sitz hat, so, daß, wenn er bloß im Verstande mit den formalen Bedingungen der Erfahrung in Verknüpfung ist, sein Gegenstand möglich heißt; ist er mit der Wahrnehmung (Empfindung, als Materie der Sinne) im Zusammenhange, und durch dieselben vermittelst des Verstandes bestimmt, so ist das Objekt wirklich; ist er durch den Zusammenhang der Wahrnehmungen nach Begriffen bestimmt, so heißt der Gegenstand notwendig. Die Grundsätze der Modalität also sagen von einem Begriffe nichts anderes, als die Handlung des Erkenntnisvermögens, dadurch er erzeugt wird. Nun heißt ein Postulat in der Mathematik der praktische Satz, der nichts als die Synthesis enthält, wodurch wir einen Gegenstand uns zuerst geben, und dessen Begriff erzeugen, z. B. mit einer gegebenen Linie, aus einem gegebenen Punkt auf einer Ebene einen Zirkel zu beschreiben, und ein dergleichen Satz kann darum nicht bewiesen werden, weil das Verfahren, was er fordert, gerade das ist, wodurch wir den Begriff von einer solchen Figur zuerst erzeugen. So können wir demnach mit ebendemselben Rechte die Grundsätze der Modalität postulieren, weil sie ihren Begriff von Dingen überhaupt nicht vermehren, sondern nur die Art anzeigen, wie er überhaupt mit der Erkenntniskraft verbunden wird.

Allgemeine Anmerkung zum System der Grundsätze

Es ist etwas sehr Bemerkungswürdiges, daß wir die Möglichkeit keines Dinges nach der bloßen Kategorie einsehen können, sondern immer eine Anschauung bei der Hand haben müssen, um an derselben die objektive Realität des reinen Verstandesbegriffs darzulegen. Man nehme z. B. die Kategorien der Relation. Wie 1) etwas nur als *Subjekt*, nicht als bloße Bestimmung anderer Dinge existieren, d. i. *Substanz* sein könne, oder wie 2) darum, weil etwas ist, etwas anderes sein müsse, mithin wie, etwas überhaupt Ursache sein könne, oder 3) wie, wenn mehrere Dinge da sind, daraus, daß eines derselben da ist, etwas auf die übrigen und so wechselseitig folge, und auf diese Art eine Gemeinschaft von Substanzen statthaben könne, läßt sich gar nicht aus bloßen Begriffen einsehen. Eben dieses gilt auch von den übrigen Kategorien, z. B. wie ein Ding mit vielen zusammen einerlei, d. i. eine Größe sein könne usw. Solange es also an Anschauung fehlt, weiß man nicht, ob man durch die Kategorien ein Objekt denkt, und ob ihnen auch überall gar irgend ein Objekt zukommen könne, und so bestätigt sich, daß sie für sich gar keine *Erkenntnisse,* sondern bloße *Gedankenformen* sind, um aus gegebenen Anschauungen Erkenntnisse zu machen. – Eben daher kommt es auch, daß aus bloßen Kategorien kein synthetischer Satz gemacht werden kann. Z. B. in allem Dasein ist Substanz, d. i. etwas, was nur als Subjekt und nicht als bloßes Prädikat existieren kann; oder, ein jedes Ding ist ein Quantum usw., wo gar nichts ist, was uns dienen könnte, über einen gegebenen Begriff hinauszugehen und einen anderen damit zu verknüpfen. Daher es auch niemals gelungen ist, aus bloßen reinen Verstandesbegriffen einen synthetischen Satz zu beweisen, z. B. den Satz: alles zufällig Existierende hat eine Ursache. Man konnte niemals weiter kommen, als zu beweisen, daß, ohne diese Beziehung, wir die Existenz des Zufälligen gar *nicht begreifen,* d. i. a priori durch den Verstand die Existenz eines solchen Dinges nicht erkennen könnten; woraus aber nicht folgt, daß eben dieselbe auch die Bedingung der Möglichkeit der Sachen selbst sei. Wenn man daher nach unserem Beweise des Grundsatzes der Kausalität zurück sehen will, so wird man gewahr werden, daß wir denselben nur von Objekten möglicher Erfahrung beweisen konnten: alles was geschieht (eine jede Begebenheit) setzt eine Ursache voraus, und zwar so, daß wir ihn auch nur als Prinzip der Möglichkeit der Erfahrung, mithin der *Erkenntnis* eines in der *empirischen Anschauung* gegebenen Objekts, und nicht aus bloßen Begriffen beweisen konnten. Daß gleichwohl der Satz: alles Zufällige müsse eine Ursache haben, doch jedermann aus bloßen Begriffen klar einleuchte, ist nicht zu leugnen; aber alsdann ist der Begriff des Zufälligen schon so gefaßt, daß er nicht die Kategorie der Modalität (als etwas, dessen Nichtsein *sich denken* läßt), sondern die der Relation (als etwas, das nur als Folge von einem anderen existieren kann) enthält, und da ist es freilich ein identischer Satz: was nur als Folge existieren kann, hat seine Ursache. In der Tat, wenn wir Beispiele vom zufälligen Dasein geben sollen, berufen wir uns immer auf Veränderungen und nicht bloß auf die Möglichkeit des *Gedankens vom Gegenteil.* Veränderung aber ist Begebenheit, die, als solche, nur durch eine Ursache möglich, deren Nichtsein also für sich möglich ist, und so erkennt man die Zufälligkeit daraus, daß etwas nur als Wirkung einer Ursache existieren kann; wird daher ein Ding als zufällig angenommen, so ist's ein analytischer Satz, zu sagen, es habe eine Ursache.

Noch merkwürdiger aber ist, daß wir, um die Möglichkeit der Dinge, zufolge der Kategorien, zu verstehen, und also die *objektive Realität* der letzteren darzutun, nicht bloß Anschauungen, sondern sogar immer *äußere Anschauungen* bedürfen. Wenn wir z. B. die reinen Begriffe der *Relation* nehmen, so finden wir, daß 1) um dem Begriffe der *Substanz* korrespondierend etwas *Beharrliches* in der Anschauung zu geben, (und dadurch die objektive Realität dieses Begriffs darzutun) wir eine Anschauung im Raume (der Materie) bedürfen, weil der Raum allem beharrlich bestimmt, die Zeit aber, mithin alles, was im inneren Sinne ist, beständig fließt. Um *Veränderung,* als die dem Begriffe der *Kausalität* korrespondierende Anschauung, darzustellen, müssen wir Bewegung, als Veränderung im Raume, zum Beispiele nehmen, ja sogar dadurch allein können wir uns Veränderungen, deren Möglichkeit kein reiner Verstand begreifen kann, anschaulich machen. Veränderung ist Verbindung kontradiktorisch einander entgegengesetzter Bestimmungen im Dasein eines und desselben Dinges. Wie es nun möglich sei, daß aus einem gegebenen Zustande, ein ihm entgegengesetzter desselben Dinges folge, kann nicht allein keine Vernunft sich ohne Beispiel begreiflich, sondern nicht einmal ohne Anschauung verständlich machen, und diese Anschauung ist die der Bewegung eines Punktes im Raume, dessen Dasein in verschiedenen Ortern (als eine Folge entgegengesetzter Bestimmungen) zuerst uns allein Veränderung anschaulich macht; denn, um uns nachher selbst innere Veränderungen denkbar zu machen, müssen wir die Zeit, als die Form des inneren Sinnes, figürlich durch eine Linie, und die innere Veränderung durch das Ziehen dieses Linie (Bewegung), mithin die sukzessive Existenz unser selbst in verschiedenem Zustande durch äußere Anschauung uns faßlich machen, wovon der eigentliche Grund dieser ist, daß alle Veränderung etwas Beharrliches in der Anschauung voraussetzt, um auch selbst nur als Veränderung wahrgenommen zu werden, im inneren Sinne aber gar keine beharrliche Anschauung angetroffen wird. – Endlich ist die Kategorie der *Gemeinschaft*, ihrer Möglichkeit nach, gar nicht durch die bloße Vernunft zu begreifen, und also die objektive Realität dieses Begriffs ohne Anschauung, und zwar äußere im Raum, nicht einzusehen möglich. Denn wie will man sich die Möglichkeit denken, daß, wenn mehrere Substanzen existieren, aus der Existenz der einen auf die Existenz der anderen wechselseitig etwas (als Wirkung) folgen könne, und also, weil in der ersteren etwas ist, darum auch in den anderen etwas sein müsse, was aus der Existenz der letzteren allein nicht verstanden werden kann? Denn dieses wird zur Gemeinschaft erfordert, ist aber unter Dingen, die sich ein jedes durch seine Subsistenz völlig isolieren, gar nicht begreiflich. Daher *Leibniz*, indem er den Substanzen der Welt, nur, wie sie der Verstand allein denkt, eine Gemeinschaft beilegte, eine Gottheit zur Vermittlung brauchte; denn aus ihrem Dasein allein schien sie ihm mit Recht unbegreiflich. Wir können aber die Möglichkeit der Gemeinschaft (der Substanzen als Erscheinungen) uns gar wohl faßlich machen, wenn wir sie uns im Raume, also in der äußeren Anschauung vorstellen. Denn dieser enthält schon a priori formale äußere Verhältnisse als Bedingungen der Möglichkeit der realen (in Wirkung und Gegenwirkung, mithin der Gemeinschaft) in sich. – Ebenso kann leicht dargetan werden, daß die Möglichkeit der Dinge als *Größen*, und also die objektive Realität der Kategorie der Größe, auch nur in der äußeren Anschauung könne dargelegt, und vermittelst ihrer allein hernach auch auf den inneren Sinn angewandt werden. Allein ich muß, um Weitläufigkeit zu vermeiden, die Beispiele davon dem Nachdenken dem Lesers überlassen.

Diese ganze Bemerkung ist von großer Wichtigkeit, nicht allein um unsere vorhergehende Widerlegung des Idealismus zu bestätigen, sondern vielmehr noch, um, wenn vom *Selbsterkenntnisse* aus dem bloßen inneren Bewußtsein und der Bestimmung unserer Natur ohne Beihilfe äußerer empirischer Anschauungen die Rede sein wird, uns die Schranken der Möglichkeit einer solchen Erkenntnis anzuzeigen.

Die letzte Folgerung aus diesem ganzen Abschnitte ist also: alle Grundsätze des reinen Verstandes sind nichts weiter als Prinzipien a priori der Möglichkeit der Erfahrung, und auf die letztere allein beziehen sich auch alle synthetischen Sätze a priori, ja ihre Möglichkeit beruht selbst gänzlich auf dieser Beziehung.

Der transzendentalen Doktrin der Urteilskraft (Analytik der Grundsätze)

Drittes Hauptstück
Von dem Grunde der Unterscheidung aller Gegenstände überhaupt in Phaenomena und Noumena

Wir haben jetzt das Land des reinen Verstandes nicht allein durchreist, und jeden Teil davon sorgfältig in Augenschein genommen, sondern es auch durchmessen, und jedem Dinge auf demselben seine Stelle bestimmt. Dieses Land aber ist eine Insel, und durch die Natur selbst in unveränderliche Grenzen eingeschlossen. Es ist das Land der Wahrheit (ein reizender Name), umgeben von einem weiten und stürmischen Ozeane, dem eigentlichen Sitze des Scheins, wo manche Nebelbank, und manches bald wegschmelzende Eis neue Länder lügt, und indem es den auf Entdeckungen herumschwärmenden Seefahrer unaufhörlich mit leeren Hoffnungen täuscht, ihn in Abenteuer verflechtet, von denen er niemals ablassen und sie doch auch niemals zu Ende bringen kann. Ehe wir uns aber auf dieses Meer wagen, um es nach allen Breiten zu durchsuchen, und gewiß zu werden, ob etwas in ihnen zu hoffen sei, so wird es nützlich sein, zuvor noch einen Blick auf die Karte des Landes zu werfen, das wir eben verlassen wollen, und erstlich zu fragen, ob wir mit dem, was es in sich enthält, nicht allenfalls zufrieden sein könnten, oder auch aus Not zufrieden sein müssen, wenn es sonst überall keinen Boden gibt, auf dem wir uns anbauen könnten; zweitens, unter welchem Titel wir denn selbst dieses Land besitzen, und uns wider alle feindseligen Ansprüche gesichert halten können. Obschon wir diese Fragen in dem Lauf der Analytik schon hinreichend beantwortet haben, so kann doch ein summarischer Überschlag ihrer Auflösungen die Überzeugung dadurch verstärken, daß er die Momente derselben in einem Punkt vereinigt.

Wir haben nämlich gesehen: daß alles, was der Verstand aus sich selbst schöpft, ohne es von der Erfahrung zu borgen, das habe er dennoch zu keinem anderen Behuf, als lediglich zum Erfahrungsgebrauch. Die Grundsätze des reinen Verstandes, sie mögen nun a priori konstitutiv sein (wie die mathematischen), oder bloß regulativ (wie die dynamischen), enthalten nichts als gleichsam nur das reine Schema zur möglichen Erfahrung; denn diese hat ihre Einheit nur von der synthetischen Einheit, welche der Verstand der Synthesis der Einbildungskraft in Beziehung auf die Apperzeption ursprünglich und von selbst erteilt, und auf welche die Erscheinungen, als data zu einem möglichen Erkenntnisse, schon a priori in Beziehung und Einstimmung stehen müssen. Ob nun aber gleich diese Verstandesregeln nicht allein a priori wahr sind, sondern sogar der Quell aller Wahrheit, d. i. der Übereinstimmung unserer Erkenntnis mit Objekten, dadurch, daß sie den Grund der Möglichkeit der Erfahrung, als des Inbegriffes aller Erkenntnis, darin uns Objekte gegeben werden mögen, in sich enthalten, so scheint es uns doch nicht genug, sich bloß dasjenige vortragen zu lassen, was wahr ist, sondern, was man zu wissen begehrt. Wenn wir also durch diese kritische Untersuchung nichts Mehreres lernen, als was wir im bloß empirischen Gebrauche des Verstandes, auch ohne so subtile Nachforschung, von selbst wohl würden ausgeübt haben, so scheint es, sei der Vorteil, den man aus ihr zieht, den Aufwand und die Zurüstung nicht wert. Nun kann man zwar hierauf antworten: daß kein Vorwitz der Erweiterung unserer Erkenntnis nachteiliger sei, als der, so den Nutzen jederzeit zum voraus wissen will, ehe man sich auf Nachforschungen einläßt, und ehe man noch sich den mindesten Begriff von diesem Nutzen machen könnte, wenn derselbe auch vor Augen gestellt würde. Allein es gibt doch einen Vorteil, der auch dem schwierigsten und unlustigsten Lehrlinge solcher transzendentalen Nachforschung begreiflich, und zugleich angelegen gemacht werden kann, nämlich dieser: daß der bloß mit seinem empirischen Gebrauche beschäftigte Verstand, der über die Quellen seiner eigenen Erkenntnis nicht nachsinnt, zwar sehr gut fortkommen, eines aber gar nicht leisten könne, nämlich, sich selbst die Grenzen seines Gebrauchs zu bestimmen, und zu wissen, was innerhalb oder außerhalb seiner ganzen Sphäre liegen mag; denn dazu werden eben die tiefen Untersuchungen erfordert, die wir angestellt haben. Kann er aber nicht unterscheiden, ob gewisse Fragen in seinem Horizonte liegen, oder nicht, so ist er niemals seiner Ansprüche und seines Besitzes sicher, sondern darf sich nur auf vielfältige beschämende Zurechtweisungen Rechnung machen, wenn er die Grenzen seines Gebiets (wie es unvermeidlich ist) unaufhörlich überschreitet, und sich in Wahn und Blendwerke verirrt.

Daß also der Verstand von allen seinen Grundsätzen a priori, ja von allen seinen Begriffen keinen anderen als empirischen, niemals aber einen transzendentalen Gebrauch machen könne, ist ein Satz, der, wenn er mit Überzeugung erkannt werden kann, in wichtige Folgen hinaussieht. Der transzendentale Gebrauch eines Begriffs in irgendeinem Grundsatze ist dieser: daß er auf Dinge *überhaupt* und *an sich selbst*, der empirische aber, wenn er bloß auf *Erscheinungen*, d. i. Gegenstände einer möglichen *Erfahrung*, bezogen wird. Daß aber überall nur der letztere stattfinden könne, ersieht man daraus. Zu jedem Begriff wird erstlich die logische Form eines Begriffs (des Denkens) überhaupt, und dann zweitens auch die Möglichkeit, ihm einen Gegenstand zu geben, darauf er sich beziehe, erfordert. Ohne diesen letzteren hat er keinen Sinn, und ist völlig leer an Inhalt, ob er gleich noch immer die logische Funktion enthalten mag, aus etwaigen datis einen Begriff zu machen. Nun kann der Gegenstand einem Begriffe nicht anders gegeben werden, als in der Anschauung, und, wenn eine reine Anschauung noch vor dem Gegenstande a priori möglich ist, so kann doch auch diese selbst ihren Gegenstand, mithin die objektive Gültigkeit, nur durch die empirische Anschauung bekommen, wovon sie die bloße Form ist. Also beziehen sich alle Begriffe und mit ihnen alle Grundsätze, so sehr sie auch a priori möglich sein mögen, dennoch auf empirische Anschauungen, d. i. auf data zur möglichen Erfahrung. Ohne dieses haben sie gar keine objektive Gültigkeit, sondern sind ein bloßes Spiel, es sei der Einbildungskraft, oder des Verstandes, respektive mit ihren Vorstellungen Man nehme nur die Begriffe der Mathematik zum Beispiele, und zwar erstlich in ihren reinen Anschauungen. Der Raum hat drei Abmessungen, zwischen zwei Punkten kann nur eine gerade Linie sein, usw. Obgleich alle diese Grundsätze, und die Vorstellung des Gegenstandes, womit sich jene Wissenschaft beschäftigt, völlig a priori im Gemüt erzeugt werden, so würden sie doch gar nichts bedeuten, könnten wir nicht immer an Erscheinungen (empirischen Gegenständen) ihre Bedeutung darlegen. Daher erfordert man auch, einen abgesonderten Begriff *sinnlich zu machen*, d. i. das ihm korrespondierende Objekt in der Anschauung darzulegen, weil, ohne dieses, der Begriff (wie man sagt) ohne Sinn, d. i. ohne Bedeutung bleiben würde. Die Mathematik erfüllt diese Forderung durch die Konstruktion der Gestalt, welche eine den Sinnen gegenwärtige (obzwar a priori zustande gebrachte) Erscheinung ist. Der Begriff der Größe sucht in eben der Wissenschaft seine Haltung und Sinn in der Zahl, diese aber an den Fingern, den Korallen des Rechenbretts, oder den Strichen und Punkten, die vor Augen gestellt werden. Der Begriff bleibt immer a priori erzeugt, samt den synthetischen Grundsätzen oder Formeln aus solchen Begriffen; aber der Gebrauch derselben, und Beziehung auf angebliche Gegenstände kann am Ende doch nirgend, als in der Erfahrung gesucht werden, deren Möglichkeit (der Form nach) jene a priori enthalten.

Daß dieses aber auch der Fall mit allen Kategorien, und den daraus gesponnenen Grundsätzen sei, erhellt auch daraus: daß wir so gar keine einzige derselben real definieren, d. i. die Möglichkeit ihres Objekts verständlich machen können, ohne uns sofort zu Bedingungen der Sinnlichkeit, mithin der Form der Erscheinungen, herabzulassen, als auf welche, als ihre einzigen Gegenstände, sie folglich eingeschränkt sein müssen, weil, wenn man diese Bedingung wegnimmt, alle Bedeutung, d. i. Beziehung aufs Objekt, wegfällt, und man durch kein Beispiel sich selbst faßlich machen kann, was unter dergleichen Begriffe denn eigentlich für ein Ding gemeint sei.

Den Begriff der Größe überhaupt kann niemand erklären, als etwa so: daß sie die Bestimmung eines Dinges sei, dadurch, wie vielmal Eines in ihm gesetzt ist, gedacht werden kann. Allein dieses Wievielmal gründet sich auf die sukzessive Wiederholung, mithin auf die Zeit und die Synthesis (des Gleichartigen) in derselben. Realität kann man im Gegensatze mit der Negation nur alsdann erklären, wenn man sich eine Zeit (als den Inbegriff von allem Sein) gedenkt, die entweder womit erfüllt, oder leer ist. Lasse ich die Beharrlichkeit (welche ein Dasein zu aller Zeit ist) weg, so bleibt mir zum Begriffe der Substanz nichts übrig, als die logische Vorstellung vom Subjekt, welche ich dadurch zu realisieren vermeine, daß ich mir Etwas vorstelle, welches bloß als Subjekt (ohne wovon ein Prädikat zu sein) stattfinden kann. Aber nicht allein, daß ich gar keine Bedingungen weiß, unter welchen denn dieser logische Vorzug irgendeinem Dinge eigen sein werde:

so ist auch gar nichts weiter daraus zu machen, und nicht die mindeste Folgerung zu ziehen, weil dadurch gar kein Objekt des Gebrauchs dieses Begriffs bestimmt wird, und man also gar nicht weiß, ob dieser überall irgend etwas bedeute. Vom Begriffe der Ursache würde ich (wenn ich die Zeit weglasse, in der etwas auf etwas anderes nach einer Regel folgt,) in der reinen Kategorie nichts weiter finden, als daß es so etwas sei, woraus sich auf das Dasein eines anderen schließen läßt, und es würde dadurch nicht allein Ursache und Wirkung gar nicht voneinander unterschieden werden können, sondern weil dieses Schließenkönnen doch bald Bedingungen erfordert, von denen ich nichts weiß, so würde der Begriff gar keine Bestimmung haben, wie er auf irgendein Objekt passe. Der vermeinte Grundsatz: alles Zufällige hat eine Ursache, tritt zwar ziemlich gravitätisch auf, als habe er seine eigene Würde in sich selbst. Allein, frage ich: was versteht ihr unter Zufällig? und ihr antwortet, dessen Nichtsein möglich ist, so möchte ich gern wissen, woran ihr diese Möglichkeit des Nichtseins erkennen wollt, wenn ihr euch nicht in der Reihe der Erscheinungen eine Sukzession und in dieser ein Dasein, welches auf das Nichtsein folgt, (oder umgekehrt,) mithin einen Wechsel vorstellt; denn, daß das Nichtsein eines Dinges sich selbst nicht widerspreche, ist eine lahme Berufung auf eine logische Bedingung, die zwar zum Begriffe notwendig, aber zur realen Möglichkeit bei weitem nicht hinreichend ist; wie ich denn eine jede existierende Substanz in Gedanken aufheben kann, ohne mir selbst zu widersprechen, daraus aber auf die objektive Zufälligkeit derselben in ihrem Dasein, d. i. die Möglichkeit seines Nichtseins an sich selbst, gar nicht schließen kann. Was den Begriff der Gemeinschaft betrifft, so ist leicht zu ermessen: daß, da die reinen Kategorien der Substanz sowohl, als Kausalität, keine das Objekt bestimmende Erklärung zulassen, die wechselseitige Kausalität in der Beziehung der Substanzen aufeinander *(commercium)* ebensowenig derselben fähig sei. Möglichkeit, Dasein und Notwendigkeit hat noch niemand anders als durch offenbare Tautologie erklären können, wenn man ihre Definition lediglich aus dem reinen Verstande schöpfen wollte. Denn das Blendwerk, die logische Möglichkeit des *Begriffs* (da er sich selbst nicht widerspricht) der transzendentalen Möglichkeit der Dinge (da dem Begriff ein Gegenstand korrespondiert) zu unterschieben, kann nur Unversuchte hintergehen und zufrieden stellen.

Hierzu fließt nun unwidersprechlich: daß die reinen Verstandesbegriffe *niemals* von *transzendentalem*, sondern *jederzeit* nur von *empirischem* Gebrauche sein können, und daß die Grundsätze des reinen Verstandes nur in Beziehung auf die allgemeinen Bedingungen einer möglichen Erfahrung, auf Gegenstände der Sinne, niemals aber auf Dinge überhaupt, (ohne Rücksicht auf die Art zu nehmen, wie wir sie anschauen mögen,) bezogen werden können.

Die transzendentale Analytik hat demnach dieses wichtige Resultat: daß der Verstand a priori niemals mehr leisten könne, als die Form einer möglichen Erfahrung überhaupt zu antizipieren, und, da dasjenige, was nicht Erscheinung ist, kein Gegenstand der

Erfahrung sein kann, daß er die Schranken der Sinnlichkeit, innerhalb denen uns allein Gegenstände gegeben werden, niemals überschreiten könne. Seine Grundsätze sind bloß Prinzipien der Exposition der Erscheinungen, und der stolze Name einer Ontologie, welche sich anmaßt, von Dingen überhaupt synthetische Erkenntnisse a priori in einer systematischen Doktrin zu geben (z. E. den Grundsatz der Kausalität) muß dem bescheidenen, einer bloßen Analytik des reinen Verstandes, Platz machen.

Das Denken ist die Handlung, gegebene Anschauung auf einen Gegenstand zu beziehen. Ist die Art dieser Anschauung auf keinerlei Weise gegeben, so ist der Gegenstand bloß transzendental, und der Verstandesbegriff hat keinen anderen, als transzendentalen Gebrauch, nämlich die Einheit des Denkens eines Mannigfaltigen überhaupt. Durch eine reine Kategorie nun, in welcher von aller Bedingung der sinnlichen Anschauung, als der einzigen, die uns möglich ist, abstrahiert wird, wird also kein Objekt bestimmt, sondern nur das Denken eines Objekts überhaupt, nach verschiedenen modis, ausgedrückt. Nun gehört zum Gebrauche eines Begriffs noch eine Funktion der Urteilskraft, worauf ein Gegenstand unter ihm subsumiert wird, mithin die wenigstens formale Bedingung, unter der etwas in der Anschauung gegeben werden kann. Fehlt diese Bedingung der Urteilskraft, (Schema) so fällt alle Subsumtion weg; denn es wird nichts gegeben, was unter den Begriff subsumiert werden könne. Der bloß transzendentale Gebrauch also der Kategorien ist in der Tat gar kein Gebrauch, und hat keinen bestimmten, oder auch nur, der Form nach, bestimmbaren Gegenstand. Hieraus folgt, daß die reine Kategorie auch zu keinem synthetischen Grundsatze a priori zulange, und daß die Grundsätze des reinen Verstandes nur von empirischem, niemals aber von transzendentalem Gebrauche sind, über das Feld möglicher Erfahrung hinaus aber es überall keine synthetischen Grundsätze a priori geben könne.

Es kann daher ratsam sein, sich also auszudrücken: die reinen Kategorien, ohne formale Bedingungen der Sinnlichkeit, haben bloß transzendentale Bedeutung, sind aber von keinem transzendentalen Gebrauch, weil dieser an sich selbst unmöglich ist, indem ihnen alle Bedingungen irgendeines Gebrauchs (in Urteilen) abgehen, nämlich die formalen Bedingungen der Subsumtion irgendeines angeblichen Gegenstandes unter diese Begriffe. Da sie also (als bloß reine Kategorien) nicht von empirischem Gebrauche sein sollen, und von transzendentalem nicht sein können, so sind sie von gar keinem Gebrauche, wenn man sie von aller Sinnlichkeit absondert, d. i. sie können auf gar keinen angeblichen Gegenstand angewandt werden; vielmehr sind sie bloß die reine Form des Verstandesgebrauchs in Ansehung der Gegenstände überhaupt und des Denkens, ohne doch durch sie allein irgendein Objekt denken oder bestimmen zu können.

Es liegt indessen hier eine schwer zu vermeidende Täuschung zum Grunde. Die Kategorien gründen sich ihrem Ursprunge nach nicht auf Sinnlichkeit, wie die *Anschauungsformen*, Raum und Zeit, scheinen also eine über alle Gegenstände der Sinne erweiterte Anwendung zu verstatten. Allein sie sind ihrerseits wiederum nichts als *Gedankenformen*, die bloß das logische Vermögen enthalten, das mannigfaltige in der Anschauung Gegebene in ein Bewußtsein a priori zu vereinigen, und da können sie, wenn man ihnen die uns allein mögliche Anschauung wegnimmt, noch weniger Bedeutung haben, als jene reinen sinnlichen Formen, durch die doch wenigstens ein Objekt gegeben wird, anstatt daß eine unserem Verstande eigene Verbindungsart des Mannigfaltigen, wenn diejenige Anschauung, darin dieses allein gegeben werden kann, nicht hinzukommt, gar nachts bedeutet. – Gleichwohl liegt es doch schon in unserem Begriffe, wenn wir gewisse Gegenstände, als Erscheinungen, Sinnenwesen (Phänomena) nennen, indem wir die Art, wie wir sie anschauen, von ihrer Beschaffenheit an sich selbst unterscheiden, daß wir entweder eben dieselbe nach dieses letzteren Beschaffenheit, wenn wir sie gleich in derselben nicht anschauen, oder auch andere mögliche Dinge, die gar nicht Objekte unserer Sinne sind, als Gegenstände bloß durch den Verstand gedacht, jenen gleichsam gegenüberstellen, und sie Verstandeswesen (Noumena) nennen. Nun frägt sich: ob unsere reinen Verstandesbegriffe nicht in Ansehung dieser Letzteren Bedeutung haben, und eine Erkenntnisart derselben sein könnten?

Gleich anfangs aber zeigt sich hier eine Zweideutigkeit, welche großen Mißverstand veranlassen kann: daß, da der Verstand, wenn er einen Gegenstand in einer Beziehung bloß Phänomen nennt, er sich zugleich außer dieser Beziehung noch eine Vorstellung von einem *Gegenstande an sich selbst* macht, und sich daher vorstellt, er könne sich auch von dergleichen Gegenstande *Begriffe* machen, und, da der Verstand keine anderen als die Kategorien liefert, der Gegenstand in der letzteren Bedeutung wenigstens durch diese reinen Verstandesbegriffe müsse gedacht werden können, dadurch aber verleitet wird, den ganz *unbestimmten* Begriff von einem Verstandeswesen, als einem Etwas überhaupt außer unserer Sinnlichkeit, für einen *bestimmten* Begriff von einem Wesen, welches wir durch den Verstand auf einige Art erkennen können, zu halten.

Wenn wir unter Noumenon ein Ding verstehen, *so fern es nicht Objekt unserer sinnlichen Anschauung* ist, indem wir von unserer Anschauungsart desselben abstrahieren; so ist dieses ein Noumenon im *negativen* Verstande. Verstehen wir aber darunter ein *Objekt* einer *nichtsinnlichen Anschauung*, so nehmen wir eine besondere Anschauungsart an, nämlich die intellektuelle, die aber nicht die unsrige ist, von welcher wir auch die Möglichkeit nicht einsehen können, und das wäre das Noumenon in *positiver* Bedeutung.

Die Lehre von der Sinnlichkeit ist nun zugleich die Lehre von den Noumenen im negativen Verstande, d. i. von Dingen, die der Verstand sich ohne diese Beziehung auf unsere Anschauungsart, mithin nicht bloß als Erscheinungen, sondern als Dinge an sich selbst denken muß, von denen er aber in dieser Absonderung zugleich begreift, daß er von seinen Kategorien in dieser Art sie zu erwägen, keinen Gebrauch machen könne, weil diese nur in Beziehung auf die Einheit der Anschauungen in Raum und Zeit Bedeutung haben, sie eben diese Einheit auch nur wegen der bloßen Idealität des Raums und der Zeit durch allgemeine Verbindungsbegriffe a priori bestimmen können. Wo diese Zeiteinheit nicht angetroffen werden kann, mithin beim Noumenon, da hört der ganze Gebrauch, ja selbst alle Bedeutung der Kategorien völlig auf; denn selbst die Möglichkeit der Dinge, die den Kategorien entsprechen sollen, läßt sich gar nicht einsehen; weshalb ich mich nur auf das berufen darf, was ich in der allgemeinen Anmerkung zum vorigen Hauptstücke gleich zu Anfang anführte. Nun kann aber die Möglichkeit einer Dinges niemals bloß aus dem Nichtwidersprechen eines Begriffs desselben, sondern nur dadurch, daß man diesen durch eine ihm korrespondierende Anschauung belegt, bewiesen werden. Wenn wir also die Kategorien auf Gegenstände, die nicht als Erscheinungen betrachtet werden, anwenden wollten, so müßten wir eine andere Anschauung, als die sinnliche, zum Grunde legen, und alsdann wäre der Gegenstand ein Noumenon in *positiver Bedeutung*. Da nun eine solche, nämlich die intellektuelle Anschauung, schlechterdings außer unserem Erkenntnisvermögen liegt, so kann auch der Gebrauch der Kategorien keineswegs über die Grenze der Gegenstände der Erfahrung hinausreichen, und den Sinnenwesen korrespondieren zwar freilich Verstandeswesen, auch mag es Verstandeswesen geben, auf welche unser sinnliches Anschauungsvermögen gar keine Beziehung hat, aber unsere Verstandesbegriffe, als bloße Gedankenformen für unsere sinnliche Anschauung, reichen nicht im mindesten auf diese hinaus; was also von uns Noumenon genannt wird, muß als ein solches nur in *negativer* Bedeutung verstanden werden.

Wenn ich alles Denken (durch Kategorien) aus einer empirischen Erkenntnis wegnehme, so bleibt gar keine Erkenntnis irgendeines Gegenstandes übrig; denn durch bloße Anschauung wird gar nichts gedacht, und, daß diese Affektion der Sinnlichkeit in mir ist, macht gar keine Beziehung von dergleichen Vorstellung auf irgend ein Objekt aus. Lasse ich aber hingegen alle Anschauung weg, so bleibt doch noch die Form des Denkens, d. i. die Art, dem Mannigfaltigen einer möglichen Anschauung einen Gegenstand zu bestimmen. Daher erstrecken sich die Kategorien sofern weiter, als die sinnliche Anschauung, weil sie Objekte überhaupt denken, ohne noch auf die besondere Art (der Sinnlichkeit) zu sehen, in der sie gegeben werden mögen. Sie bestimmen aber dadurch nicht eine größere Sphäre von Gegenständen, weil, daß solche gegeben werden können, man nicht annehmen kann, ohne daß man eine andere als sinnliche Art der Anschauung als möglich voraussetzt, wozu wir aber keineswegs berechtigt sind.

Ich nenne einen Begriff problematisch, der keinen Widerspruch enthält, der auch als eine Begrenzung gegebener Begriffe mit anderen Erkenntnissen zusammenhängt, dessen objektive Realität aber auf keine Weise erkannt werden kann. Der Begriff eines *Noumenon*, d. i. eines Dinges, welches gar nicht als Gegenstand der Sinne, sondern als ein Ding an sich selbst, (lediglich durch einen reinen Verstand) gedacht werden soll, ist gar nicht widersprechend; denn man kann von der Sinnlichkeit doch nicht behaupten, daß sie die einzige mögliche Art der Anschauung sei. Ferner ist dieser Begriff notwendig, um die sinnliche Anschauung nicht bis über die Dinge an sich selbst auszudehnen, und also, um die objektive Gültigkeit der sinnlichen Erkenntnis einzuschränken, (denn das übrige, worauf jene nicht reicht, heißen eben darum Noumena, damit man dadurch anzeige, jene Erkenntnisse können ihr Gebiet nicht über alles, was der Verstand denkt, erstrecken). Am Ende aber ist doch die Möglichkeit solcher Noumenorum gar nicht einzusehen, und der Umfang außer der Sphäre der Erscheinungen ist (für uns) leer, d. i. wir haben einen Verstand, der sich *problematisch* weiter erstreckt, als jene, aber keine Anschauung, ja auch nicht einmal den Begriff von einer möglichen Anschauung, wodurch uns außer dem Felde der Sinnlichkeit Gegenstände gegeben, und der Verstand über dieselbe hinaus *assertorisch* gebraucht werden könne. Der Begriff eines Noumenon ist also bloß ein *Grenzbegriff*, um die Anmaßung der Sinnlichkeit einzuschränken, und also nur von negativem Gebrauche. Er ist aber gleichwohl nicht willkürlich erdichtet, sondern hängt mit der Einschränkung der Sinnlichkeit zusammen, ohne doch etwas Positives außer dem Umfange derselben setzen zu können.

Die Einteilung der Gegenstände in Phaenomena und Noumena, und der Welt in eine Sinnen- und Verstandeswelt, kann daher in positiver Bedeutung gar nicht zugelassen werden, obgleich Begriffe allerdings die Einteilung in sinnliche und intellektuelle zulassen; denn man kann den letzteren keinen Gegenstand bestimmen, und sie also auch nicht für objektiv gültig ausgeben. Wenn man von den Sinnen abgeht, wie will man begreiflich machen, daß unsere Kategorien (welche die einzigen übrigbleibenden Begriffe für Noumena sein würden) noch überall etwas bedeuten, da zu ihrer Beziehung auf irgendeinen Gegenstand noch etwas mehr, als bloß die Einheit des Denkens, nämlich überdem eine mögliche Anschauung gegeben sein muß, darauf jene angewandt werden können? Der Begriff eines Noumeni, bloß problematisch genommen, bleibt demungeachtet nicht allein zulässig, sondern, auch als ein die Sinnlichkeit in Schranken setzender Begriff, unvermeidlich. Aber alsdann ist das nicht ein besonderer *intelligibler Gegenstand* für unseren Verstand, sondern ein Verstand, für den es gehörte, ist selbst ein Problema, nämlich, nicht diskursiv durch Kategorien, sondern intuitiv in einer nichtsinnlichen Anschauung seinen Gegenstand zu erkennen, als von welchem wir uns nicht die geringste Vorstellung seiner Möglichkeit machen können. Unser Verstand bekommt nun auf diese Weise eine negative Erweiterung, d. i. er wird nicht durch die Sinnlichkeit eingeschränkt, sondern schränkt vielmehr dieselbe ein, dadurch, daß er Dinge an sich selbst (nicht als Erscheinungen betrachtet) Noumena nennt. Aber er setzt sich auch sofort selbst Grenzen, sie durch keine Kategorien zu erkennen, mithin sie nur unter dem Namen eines unbekannten Etwas zu denken.

Ich finde indessen in den Schriften der Neueren einen ganz anderen Gebrauch der Ausdrücke eines mundi sensibilis und intelligibilis, der von dem Sinne der Alten ganz abweicht, und wobei es freilich keine Schwierigkeit hat, aber auch nichts als leere Wortkrämerei angetroffen wird. Nach demselben hat es einigen beliebt, den Inbegriff der Erscheinungen, sofern er angeschaut wird, die Sinnenwelt, sofern aber der

Zusammenhang derselben nach allgemeinen Verstandesgesetzen gedacht wird, die Verstandeswelt zu nennen. Die theoretische Astronomie, welche die bloße Beobachtung des bestirnten Himmels vorträgt, würde die erstere, die kontemplative dagegen (etwa nach dem kopernikanischen Weltsystem, oder gar nach Newtons Gravitationsgesetzen erklärt), die zweite, nämlich eine intelligible Welt vorstellig machen. Aber eine solche Wortverdrehung ist eine bloße sophistische Ausflucht, um einer beschwerlichen Frage auszuweichen, dadurch, daß man ihren Sinn zu seiner Gemächlichkeit herabstimmt. In Ansehung der Erscheinungen läßt sich allerdings Verstand und Vernunft brauchen; aber es fragt sich, ob diese auch noch einigen Gebrauch haben, wenn der Gegenstand nicht Erscheinung (Noumenon) ist, und in diesem Sinne nimmt man ihn, wenn er an sich als bloß intelligibel, d. i. dem Verstande allein, und gar nicht den Sinnen gegeben, gedacht wird. Es ist also die Frage: ob außer jenem empirischen Gebrauche des Verstandes (selbst in der Newtonischen Vorstellung des Weltbaues) noch ein transzendentaler möglich sei, der, auf das Noumenon als einen Gegenstand gehe, welche Frage wir verneinend beantwortet haben.

Wenn wir denn also sagen: die Sinne stellen uns die Gegenstände vor, *wie sie erscheinen*, der Verstand aber, *wie sie sind*, so ist das letztere nicht in transzendentaler, sondern bloß empirischer Bedeutung zu nehmen, nämlich wie sie als Gegenstände der Erfahrung, im durchgängigen Zusammenhange der Erscheinungen, müssen vorgestellt werden, und nicht nach dem, was sie, außer der Beziehung auf mögliche Erfahrung, und folglich auf Sinne überhaupt, mithin als Gegenstände des reinen Verstandes sein mögen. Denn dieses wird uns immer unbekannt bleiben, sogar, daß es auch unbekannt bleibt, ob eine solche transzendentale (außerordentliche) Erkenntnis überall möglich sei, zum wenigsten als eine solche, die unter unseren gewöhnlichen Kategorien steht. *Verstand* und *Sinnlichkeit* können bei uns *nur in Verbindung* Gegenstände bestimmen. Wenn wir sie trennen, so haben wir Anschauungen ohne Begriffe, oder Begriffe ohne Anschauungen, in beiden Fällen aber Vorstellungen, die wir auf keinen bestimmten Gegenstand beziehen können.

Wenn jemand noch Bedenken trägt, auf alle diese Erörterungen dem bloß transzendentalen Gebrauche der Kategorien zu entsagen, so mache er einen Versuch von ihnen in irgendeiner synthetischen Behauptung. Denn eine analytische bringt den Verstand nicht weiter, und da er nur mit dem beschäftigt ist, was in dem Begriffe schon gedacht wird, so läßt er es unausgemacht, ob dieser an sich selbst auf Gegenstände Beziehung habe, oder nur die Einheit des Denkens überhaupt bedeute, (welche von der Art, wie ein Gegenstand gegeben werden mag, völlig abstrahiert.) es ist ihm genug zu wissen, was in seinem Begriffe liegt; worauf der Begriff selber gehen möge, ist ihm gleichgültig. Er versuche es demnach mit irgendeinem synthetischen und vermeintlich transzendentalen Grundsatze, als: alles, was da ist, existiert als Substanz, oder eine derselben anhängende Bestimmung: alles Zufällige existiert als Wirkung eines anderen Dinges, nämlich seiner Ursache, usw. Nun frage ich: woher will er diese synthetischen

Sätze nehmen, da die Begriffe nicht beziehungsweise auf mögliche Erfahrung, sondern von Dingen an sich selbst (Noumena) gelten sollen? Wo ist hier das Dritte, welches jederzeit zu einem synthetischen Satze erfordert wird, um in demselben Begriffe, die gar keine logische (analytische) Verwandtschaft haben, miteinander zu verknüpfen? Er wird seinen Satz niemals beweisen, ja was noch mehr ist, sich nicht einmal wegen der Möglichkeit einer solchen reinen Behauptung rechtfertigen können, ohne auf den empirischen Verstandesgebrauch Rücksicht zu nehmen, und dadurch dem reinen und sinnenfreien Urteile völlig zu entsagen. So ist denn der Begriff reiner bloß intelligibler Gegenstände gänzlich leer von allen Grundsätzen ihrer Anwendung, weil man keine Art ersinnen kann, wie sie gegeben werden sollten, und der problematische Gedanke, der doch einen Platz für sie offen läßt, dient nur, wie ein leerer Raum, die empirischen Grundsätze einzuschränken, ohne doch irgendein anderes Objekt der Erkenntnis, außer der Sphäre der letzteren, in sich zu enthalten und aufzuweisen.

Anhang
Von der Amphibolie der Reflexionsbegriffe durch die Verwechslung des empirischen Verstandesgebrauchs mit dem transzendentalen

Die *Überlegung (reflexio)* hat es nicht mit den Gegenständen selbst zu tun, um geradezu von ihnen Begriffe zu bekommen, sondern ist der Zustand des Gemüts, in welchem wir uns zuerst dazu anschicken, um die subjektiven Bedingungen ausfindig zu machen, unter denen wir zu Begriffen gelangen können. Sie ist das Bewußtsein des Verhältnisses gegebener Vorstellungen zu unseren verschiedenen Erkenntnisquellen, durch welches allein ihr Verhältnis untereinander richtig bestimmt werden kann. Die erste Frage vor aller weiteren Behandlung unserer Vorstellung ist die: in welchem Erkenntnisvermögen gehören sie zusammen? Ist es der Verstand, oder sind es die Sinne, vor denen sie verknüpft, oder verglichen werden? Manches Urteil wird aus Gewohnheit angenommen, oder durch Neigung geknüpft; weil aber keine Überlegung vorhergeht, oder wenigstens kritisch darauf folgt, so gilt es für ein solches, das im Verstande seinen Ursprung erhalten hat. Nicht alle Urteile bedürfen einer *Untersuchung*, d. i. einer Aufmerksamkeit auf die Gründe der Wahrheit; denn, wenn sie unmittelbar gewiß sind: z. B. zwischen zwei Punkten kann nur eine gerade Linie sein; so läßt sich von ihnen kein noch näheres Merkmal der Wahrheit, als das sie selbst ausdrücken, anzeigen. Aber alle Urteile, ja alle Vergleichungen bedürfen einer *Überlegung*, d. i. einer Unterscheidung der Erkenntniskraft, wozu die gegebenen Begriffe gehören. Die Handlung, dadurch ich die Vergleichung der Vorstellungen überhaupt mit der Erkenntniskraft zusammenhalte, darin sie angestellt wird, und wodurch ich unterscheide, ob sie als zum reinen Verstande oder zur sinnlichen Anschauung gehörend untereinander verglichen werden, nenne ich die *transzendentale Überlegung*. Das Verhältnis aber, in welchem die Begriffe in einem Gemütszustande zueinander gehören können, sind die der *Einerleiheit* und *Verschiedenheit*, der *Einstimmung* und des *Widerstreits*, des *Inneren* und des *Äußeren*, endlich des *Bestimmbaren* und der *Bestimmung* (Materie und Form). Die richtige Bestimmung dieses Verhältnisses beruht darauf, in welcher Erkenntniskraft sie *subjektiv* zueinander gehören, ob in der Sinnlichkeit oder dem Verstande. Denn der Unterschied der letzteren macht einen großen Unterschied in der Art, wie man sich die ersten denken solle.

Vor allen objektiven Urteilen vergleichen wir die Begriffe, um auf die Einerleiheit (vieler Vorstellungen unter einem Begriffe) zum Behuf der *allgemeinen* Urteile, oder der Verschiedenheit derselben, zur Erzeugung *besonderer*, auf die Einstimmung, daraus *bejahende*, und den Widerstreit, daraus verneinende Urteile werden können usw. Aus diesem Grunde sollten wir, wie es scheint, die angeführten Begriffe Vergleichungsbegriffe nennen *(conceptus comparationis)*. Weil aber, wenn es nicht auf die logische Form, sondern auf den Inhalt der Begriffe ankommt, d. i. ob die Dinge selbst einerlei oder verschieden, einstimmig oder im Widerstreit sind usw., die Dinge ein zwiefaches Verhältnis zu unserer Erkenntniskraft, nämlich zur Sinnlichkeit und zum Verstande haben können, auf diese Stelle aber, *darin* sie gehören, die Art ankommt, *wie* sie zueinander gehören sollen: so wird die transzendentale Reflexion, d. i. das Verhältnis gegebener Vorstellungen zu einer oder der anderen Erkenntnisart, ihr Verhältnis untereinander allein bestimmen können, und ob die Dinge einerlei oder verschieden, einstimmig oder widerstreitend sind usw., wird nicht sofort aus den Begriffen selbst durch bloße Vergleichung *(comparatio)*, sondern allererst durch die Unterscheidung der Erkenntnisart, wozu sie gehören, vermittelst einer transzendentalen Überlegung *(reflexio)* ausgemacht werden können. Man könnte also zwar sagen: daß die *logische Reflexion* eine bloße Komparation sei, denn bei ihr wird von der Erkenntniskraft, wozu die gegebenen Vorstellungen gehören, gänzlich abstrahiert, und sie sind also so fern ihrem Sitze nach, im Gemüte, als gleichartig zu behandeln, die *transzendentale Reflexion* aber (welche auf die Gegenstände selbst geht) enthält den Grund der Möglichkeit der objektiven Komparation der Vorstellungen untereinander, und ist also von der letzteren gar sehr verschieden, weil die Erkenntniskraft, dazu sie gehören, nicht eben dieselbe ist. Diese transzendentale Überlegung ist eine Pflicht, von der sich niemand lossagen kann, wenn er a priori etwas über Dinge urteilen will. Wir wollen sie jetzt zur Hand nehmen, und werden daraus für die Bestimmung des eigentlichen Geschäfts des Verstandes nicht wenig Licht ziehen.

1. Einerleiheit und Verschiedenheit. Wenn uns ein Gegenstand mehrmalen, jedesmal aber mit ebendenselben inneren Bestimmungen, *(qualitas et quantitas)* dargestellt wird, so ist derselbe, wenn er als Gegenstand des reinen Verstandes gilt, immer eben derselbe, und nicht viel, sondern nur Ein Ding *(numerica identitas)*; ist er aber Erscheinung, so kommt es auf die Vergleichung der Begriffe gar nicht an, sondern, so sehr auch in Ansehung derselben alles einerlei sein mag, ist doch die Verschiedenheit der Oerter dieser Erscheinung zu gleicher Zeit ein genugsamer Grund der *numerischen*

Verschiedenheit des Gegenstandes (der Sinne) selbst. So kann man bei zwei Tropfen Wasser von aller inneren Verschiedenheit (der Qualität und Quantität) völlig abstrahieren, und es ist genug, daß sie in verschiedenen Örtern zugleich angeschaut werden, um sie numerisch verschieden zu halten. *Leibniz* nahm die Erscheinungen als Dinge an sich selbst, mithin für intelligibilia, d. i. Gegenstände des reinen Verstandes, (ob er gleich, wegen der Verworrenheit ihrer Vorstellungen, dieselben mit dem Namen der Phänomene belegte,) und da konnte sein Satz des *Nichtzuunterscheidenden (principium identitatis indiscernibilium)* allerdings nicht bestritten werden; da sie aber Gegenstände der Sinnlichkeit sind, und der Verstand in Ansehung ihrer nicht von reinem, sondern bloß empirischen Gebrauche ist, so wird die Vielheit und numerische Verschiedenheit schon durch den Raum selbst als die Bedingung der äußeren Erscheinungen angegeben. Denn ein Teil des Raums, ob er zwar einem anderen völlig ähnlich und gleich sein mag, ist doch außer ihm, und eben dadurch ein vom ersteren verschiedener Teil, der zu ihm hinzukommt, um einen größeren Raum auszumachen, und dieses muß daher von allem, was in den mancherlei Stellen des Raums zugleich ist, gelten, so sehr es sich sonsten auch ähnlich und gleich sein mag.

2. *Einstimmung und Widerstreit.* Wenn Realität nur durch den reinen Verstand vorgestellt wird *(realitas noumenon)*, so läßt sich zwischen den Realitäten kein Widerstreit denken, d. i. ein solches Verhältnis, da sie in einem Subjekt verbunden einander ihre Folgen aufheben, und 3-3=0 sei. Dagegen kann das Reale in der Erscheinung *(realitas phaenomenon)* untereinander allerdings im Widerstreit sein, und vereint in demselben Subjekt, eines *die Folge des anderen* ganz oder zum Teil vernichten, wie zwei bewegende Kräfte in derselben geraden Linie, sofern sie einen Punkt in entgegengesetzter Richtung entweder ziehen, oder drücken, oder auch ein Vergnügen, was dem Schmerze die Wage hält.

3. Das *Innere* und *Äußere*. An einem Gegenstande des reinen Verstandes ist nur dasjenige innerlich, welches gar keine Beziehung (dem Dasein nach) auf irgend etwas von ihm Verschiedenes hat. Dagegen sind die inneren Bestimmungen einer *substantia phaenomenon* im Raume nichts als Verhältnisse, und sie selbst ganz und gar ein Inbegriff von lauter Relationen. Die Substanz im Raume können wir nur durch Kräfte, die in demselben wirksam sind, entweder andere dahin zu treiben (Anziehung), oder vom Eindringen in ihn abzuhalten (Zurückstoßung und Undurchdringlichkeit); andere Eigenschaften kennen wir nicht, die den Begriff von der Substanz, die im Raum erscheint, und die wir Materie nennen, ausmachen. Als Objekt des reinen Verstandes muß jede Substanz dagegen innere Bestimmungen und Kräfte haben, die auf die innere Realität gehen. Allein was kann ich mir für innere Akzidenzen denken, als diejenigen, so mein innerer Sinn mir darbietet? nämlich das, was entweder selbst ein *Denken*, oder mit diesem analogisch ist. Daher machte Leibniz aus allen Substanzen, weil er sie sich als Noumena vorstellte, selbst aus den Bestandteilen der Materie, nachdem er ihnen alles, was äußere Relation bedeuten mag, mithin auch die *Zusammensetzung*, in Gedanken

genommen hatte, einfache Subjekte mit Vorstellungskräften begabt, mit einem Worte, Monaden.

4. *Materie und Form.* Dieses sind zwei Begriffe, welche aller anderen Reflexion zum Grunde gelegt werden, so sehr sind sie mit jedem Gebrauch des Verstandes unzertrennlich verbunden. Der erstere bedeutet das Bestimmbare überhaupt, der zweite dessen Bestimmung, (beides in transzendentalem Verstande, da man von allem Unterschiede dessen, was gegeben wird, und der Art, wie es bestimmt wird, abstrahiert). Die Logiker nannten ehedem das Allgemeine die Materie, den spezifischen Unterschied aber die Form. In jedem Urteile kann man die gegebenen Begriffe logische Materie (zum Urteile), das Verhältnis derselben (vermittelst der Copula) die Form des Urteils nennen. In jedem Wesen sind die Bestandstücke desselben *(essentialia)* die Materie; die Art, wie sie in einem Dinge verknüpft sind, die wesentliche Form. Auch wurde in Ansehung der Dinge überhaupt unbegrenzte Realität als die Materie aller Möglichkeit, Einschränkung derselben aber (Negation) als diejenige Form angesehen, wodurch sich ein Ding vom anderen nach transzendentalen Begriffen unterscheidet. Der Verstand nämlich verlangt zuerst, daß etwas gegeben sei, (wenigstens im Begriffe,) um es auf gewisse Art bestimmen zu können. Daher geht im Begriffe des reinen Verstandes die Materie der Form vor, und *Leibniz* nahm um deswillen zuerst Dinge an (Monaden) und innerlich eine Vorstellungskraft derselben, um danach das äußere Verhältnis derselben und die Gemeinschaft ihrer Zustände (nämlich der Vorstellungen) darauf zu gründen. Daher waren Raum und Zeit, jener nur durch das Verhältnis der Substanzen, diese durch die Verknüpfung der Bestimmungen derselben untereinander, als Gründe und Folgen, möglich. So würde es auch in der Tat sein müssen, wenn der reine Verstand unmittelbar auf Gegenstände bezogen werden könnte, und wenn Raum und Zeit Bestimmungen der Dinge an sich selbst wären. Sind es aber nur sinnliche Anschauungen, in denen wir alle Gegenstände lediglich als Erscheinungen bestimmen, so geht die Form der Anschauung (als eine subjektive Beschaffenheit der Sinnlichkeit) vor aller Materie (den Empfindungen), mithin Raum und Zeit vor allen Erscheinungen und allen datis der Erfahrung vorher, und macht diese vielmehr allererst möglich. Der Intellektualphilosoph konnte es nicht leiden: daß die Form vor den Dingen selbst vorhergehen, und dieser ihre Möglichkeit bestimmen sollte; eine ganz richtige Zensur, wenn er annahm, daß wir die Dinge anschauen, wie sie sind, (obgleich mit verworrener Vorstellung). Da aber die sinnliche Anschauung eine ganz besondere subjektive Bedingung ist, welche aller Wahrnehmung a priori zum Grunde liegt, und deren Form ursprünglich ist; so ist die Form für sich allein gegeben, und, weit gefehlt, daß die Materie (oder die Dinge selbst, welche erschienen) zum Grunde liegen sollte (wie man nach bloßen Begriffen urteilen müßte), so setzt die Möglichkeit derselben vielmehr eine formale Anschauung (Zeit und Raum) als gegeben voraus.

Anmerkung zur Amphibolie der Reflexionsbegriffe

Man erlaube mir, die Stelle, welche wir einem Begriffe entweder in der Sinnlichkeit, oder im reinen Verstande erteilen, den *transzendentalen Ort* zu nennen. Auf solche Weise wäre die Beurteilung dieser Stelle, die jedem Begriffe nach Verschiedenheit seines Gebrauchs zukommt, und die Anweisung nach Regeln, diesen Ort allen Begriffen zu bestimmen, die *transzendentale Topik*; eine Lehre, die vor Erschleichungen des reinen Verstandes und daraus entspringenden Blendwerken gründlich bewahren würde, indem sie jederzeit unterschiede, welcher Erkenntniskraft die Begriffe eigentlich angehören. Man kann einen jeden Begriff, einen jeden Titel, darunter viele Erkenntnisse gehören, einen *logischen Ort* nennen. Hierauf gründet sich die *logische Topik* des Aristoteles, deren sich Schullehrer und Redner bedienen konnten, um unter gewissen Titeln des Denkens nachzusehen, was sich am besten für seine vorliegende Materie schickte, und darüber, mit einem Schein von Gründlichkeit, zu vernünfteln, oder wortreich zu schwatzen.

Die transzendentale Topik enthält dagegen nicht mehr, als die angeführten vier Titel aller Vergleichung und Unterscheidung, die sich dadurch von Kategorien unterscheiden, daß durch jene nicht der Gegenstand, nach demjenigen, was seinen Begriff ausmacht, (Größe, Realität,) sondern nur die Vergleichung der Vorstellungen, welche vor dem Begriffe von Dingen vorhergeht, in aller ihrer Mannigfaltigkeit dargestellt wird. Diese Vergleichung aber bedarf zuvörderst einer Überlegung, d. i. einer Bestimmung desjenigen Orts, wo die Vorstellungen der Dinge, die verglichen werden, hingehören, ob sie der reine Verstand denkt, oder die Sinnlichkeit in der Erscheinung gibt.

Die Begriffe können logisch verglichen werden, ohne sich darum zu bekümmern, wohin ihre Objekte gehören, ob als Noumena für den Verstand, oder als Phänomena für die Sinnlichkeit. Wenn wir aber mit diesen Begriffen zu den Gegenständen gehen wollen, so ist zuvörderst transzendentale Überlegung nötig, für welche Erkenntniskraft sie Gegenstände sein sollen, ob für den reinen Verstand, oder die Sinnlichkeit. Ohne diese Überlegung mache ich einen sehr unsicheren Gebrauch von diesen Begriffen, und es entspringen vermeinte synthetische Grundsätze, welche die kritische Vernunft nicht anerkennen kann, und die sich lediglich auf einer transzendentalen Amphibolie, d. i. einer Verwechslung des reinen Verstandesobjekts mit der Erscheinung, gründen.

In Ermanglung einer solchen transzendentalen Topik, und mithin durch die Amphibolie der Reflexionsbegriffe hintergangen, errichtete der berühmte Leibniz ein *intellektuelles System der Welt*, oder glaubte vielmehr der Dinge innere Beschaffenheit zu erkennen, indem er alle Gegenstände nur mit dem Verstande und den abgesonderten formalen Begriffen seines Denkens verglich. Unsere Tafel der Reflexionsbegriffe schafft uns den unerwarteten Vorteil, das Unterscheidende seines Lehrbegriffs in allen seinen Teilen, und zugleich den leitenden Grund dieser eigentümlichen Denkungsart vor Augen zu legen, der auf nichts, als einem

Mißverstande, beruhte. Er verglich alle Dinge bloß durch Begriffe miteinander, und fand, wie natürlich, keine anderen Verschiedenheiten, als die, durch welche der Verstand seine reinen Begriffe voneinander unterscheidet. Die Bedingungen der sinnlichen Anschauung, die ihre eigenen Unterschiede bei sich führen, sah er nicht für ursprünglich an; denn die Sinnlichkeit war ihm nur eine verworrene Vorstellungsart, und kein besonderer Quell der Vorstellungen; Erscheinung war ihm die Vorstellung *des Dinges an sich selbst*, obgleich von der Erkenntnis durch den Verstand, der logischen Form nach, unterschieden, da nämlich jene, bei ihrem gewöhnlichen Mangel der Zergliederung, eine gewisse Vermischung von Nebenvorstellungen in den Begriff des Dinges zieht, die der Verstand davon abzusondern weiß. Mit einem Worte: Leibniz *intellektuierte* die Erscheinungen, so wie Locke die Verstandesbegriffe nach einem System der *Noogonie* (wenn es mir erlaubt ist, mich dieser Ausdrücke zu bedienen,) insgesamt *sensifiziert*, d. i. für nichts, als empirische, oder abgesonderte Reflexionsbegriffe ausgegeben hatte. Anstatt im Verstande und der Sinnlichkeit zwei ganz verschiedene Quellen von Vorstellungen zu suchen, die aber nur in *Verknüpfung* objektiv gültig von Dingen urteilen könnten, hielt sich ein jeder dieser großen Männer nur an eine von beiden, die sich ihrer Meinung nach unmittelbar auf Dinge an sich selbst bezöge, indessen daß die andere nichts tat, als die Vorstellungen der ersteren zu verwirren oder zu ordnen.

Leibniz verglich demnach die Gegenstände der Sinne als Dinge überhaupt bloß im Verstande untereinander. *Erstlich*, sofern sie von diesem als einerlei oder verschieden geurteilt werden sollen. Da er also lediglich ihre Begriffe, und nicht ihre Stelle in der Anschauung, darin die Gegenstände allein gegeben werden können, vor Augen hatte, und den transzendentalen Ort dieser Begriffe (ob das Objekt unter Erscheinungen, oder unter Dinge an sich selbst zu zählen sei,) gänzlich aus der acht ließ, so konnte es nicht anders ausfallen, als daß er seinen Grundsatz des Nichtzuunterscheidenden, der bloß von Begriffen der Dinge überhaupt gilt, auch auf die Gegenstände der Sinne *(mundus phaenomenon)* ausdehnte, und der Naturerkenntnis dadurch keine geringe Erweiterung verschafft zu haben glaubte. Freilich, wenn ich einen Tropfen Wasser als ein Ding an sich selbst nach allen seinen inneren Bestimmungen kenne, so kann ich keinen derselben von dem anderen für verschieden gelten lassen, wenn der ganze Begriff desselben mit ihm einerlei ist. Ist er aber Erscheinung im Raume, so hat er seinen Ort nicht bloß im Verstande (unter Begriffen), sondern in der sinnlichen äußeren Anschauung (im Raume), und da sind die physischen Örter, in Ansehung der inneren Bestimmungen der Dinge, ganz gleichgültig, und ein Ort = b kann ein Ding, welches einem anderen in dem Orte = a völlig ähnlich und gleich ist, ebensowohl aufnehmen, als wenn es von diesem noch so sehr innerlich verschieden wäre. Die Verschiedenheit der Örter macht die Vielheit und Unterscheidung der Gegenstände, als Erscheinungen, ohne weitere Bedingungen, schon für sich nicht allein möglich, sondern auch notwendig. Also ist jenes scheinbare Gesetz kein Gesetz der Natur. Es ist lediglich eine analytische Regel oder Vergleichung der Dinge durch bloße Begriffe.

Zweitens, der Grundsatz: daß Realitäten (als bloße Bejahungen) einander niemals logisch widerstreiten, ist ein ganz wahrer Satz von dem Verhältnisse der Begriffe, bedeutet aber, weder in Ansehung der Natur, noch überall in Ansehung irgendeines Dinges an sich selbst, (von diesem haben wir keinen Begriff,) das mindeste. Denn der reale Widerstreit findet allerwärts statt, wo A – B = o ist, d. i. wo eine Realität mit der anderen, in einem Subjekt verbunden, eine die Wirkung der anderen aufhebt, welches alle Hindernisse und Gegenwirkungen in der Natur unaufhörlich vor Augen legen, die gleichwohl, da sie auf Kräften beruhen, realitates phaenomena genannt werden müssen. Die allgemeine Mechanik kann sogar die empirische Bedingung dieses Widerstreits in einer Regel a priori angeben, indem sie auf die Entgegensetzung der Richtungen sieht: eine Bedingung, von welcher der transzendentale Begriff der Realität gar nichts weiß. Obzwar Herr von Leibniz diesen Satz nicht eben mit dem Pomp eines neuen Grundsatzes ankündigte, so bediente er sich doch desselben zu neuen Behauptungen, und seine Nachfolger trugen ihn ausdrücklich in ihre Leibniz-Wolfianischen Lehrgebäude ein. Nach diesem Grundsatze sind z. E. alle Übel nichts als Folgen von den Schranken der Geschöpfe, d. i. Negationen, weil diese das einzige Widerstreitende der Realität sind, (in dem bloßen Begriffe eines Dinges überhaupt ist es auch wirklich so, aber nicht in den Dingen als Erscheinungen). Imgleichen finden die Anhänger desselben es nicht allein möglich, sondern auch natürlich, alle Realität, ohne irgendeinen besorglichen Widerstreit, in einem Wesen zu vereinigen, weil sie keinen anderen, als den des Widerspruchs (durch den der Begriff eines Dinges selbst aufgehoben wird), nicht aber den des wechselseitigen Abbruchs kennen, da ein Realgrund die Wirkung des anderen aufhebt, und dazu wir nur in der Sinnlichkeit die Bedingungen antreffen, uns einen solchen vorzustellen.

Drittens, die Leibnizische Monadologie hat gar keinen anderen Grund, als daß dieser Philosoph den Unterschied des Inneren und Äußeren bloß im Verhältnis auf den Verstand vorstellte. Die Substanzen überhaupt müssen etwas *Inneres* haben, was also von allen äußeren Verhältnissen, folglich auch der Zusammensetzung, frei ist. Das Einfache ist also die Grundlage des Inneren der Dinge an sich selbst. Das Innere aber ihres Zustandes kann auch nicht in Ort, Gestalt, Berührung oder Bewegung, (welche Bestimmungen alle äußere Verhältnisse sind,) bestehen, und wir können daher den Substanzen keinen anderen inneren Zustand, als denjenigen, wodurch wir unseren Sinn selbst innerlich bestimmen, nämlich den *Zustand der Vorstellungen*, beilegen. So wurden denn die Monaden fertig, welche den Grundstoff des ganzen Universum ausmachen sollen, deren tätige Kraft aber nur in Vorstellungen besteht, wodurch sie eigentlich bloß in sich selbst wirksam sind.

Eben darum mußte aber auch sein Principium der möglichen *Gemeinschaft der Substanzen* untereinander eine *vorherbestimmte Harmonie*, und konnte kein physischer Einfluß sein. Denn weil alles nur innerlich, d. i. mit seinen Vorstellungen beschäftigt ist, so konnte der Zustand der Vorstellungen der einen mit dem der anderen Substanz in ganz und gar keiner wirksamen Verbindung stehen, sondern es mußte irgendeine dritte und in alle insgesamt einfließende Ursache ihre Zustände einander korrespondierend machen, zwar nicht eben durch gelegentlichen und in jedem einzelnen Falle besonders angebrachten Beistand *(systema assistentiae)*, sondern durch die Einheit der Idee einer für alle gültigen Ursache, in welcher sie insgesamt ihr Dasein und Beharrlichkeit, mithin auch wechselseitige Korrespondenz untereinander, nach allgemeinen Gesetzen bekommen müssen.

Viertens, der berühmte *Lehrbegriff* desselben von *Zeit* und *Raum*, darin er diese Formen der Sinnlichkeit intellektuierte, war lediglich aus eben derselben Täuschung der transzendentalen Reflexion entsprungen. Wenn ich mir durch den bloßen Verstand äußere Verhältnisse der Dinge vorstellen will, so kann dieses nur vermittelst eines Begriffs ihrer wechselseitigen Wirkung geschehen, und soll ich einen Zustand ebendesselben Dinges mit einem anderen Zustande verknüpfen, so kann dieses nur in der Ordnung der Gründe und Folgen geschehen. So dachte sich also Leibniz den Raum als eine gewisse Ordnung in der Gemeinschaft der Substanzen, und die Zeit als die dynamische Folge ihrer Zustände. Das Eigentümliche aber, und von Dingen Unabhängige, was beide an sich zu haben scheinen, schrieb er der *Verworrenheit* dieser Begriffe zu, welche machte, daß dasjenige, was eine bloße Form dynamischer Verhältnisse ist, für eine eigene für sich bestehende, und vor den Dingen selbst vorhergehende Anschauung gehalten wird. Also waren Raum und Zeit die intelligible Form der Verknüpfung der Dinge (Substanzen und ihrer Zustände) an sich selbst. Die Dinge aber waren intelligible Substanzen *(substantiae noumena)*. Gleichwohl wollte er diese Begriffe für Erscheinungen geltend machen, weil er der Sinnlichkeit keine eigene Art der Anschauung zugestand, sondern alle, selbst die empirische Vorstellung der Gegenstände, im Verstande suchte, und den Sinnen nichts als das verächtliche Geschäft ließ, die Vorstellungen des ersteren zu verwirren und zu verunstalten.

Wenn wir aber auch *von Dingen an sich selbst* etwas durch den reinen Verstand synthetisch sagen könnten, (welches gleichwohl unmöglich ist,) so würde dieses doch gar nicht auf Erscheinungen, welche nicht Dinge an sich selbst vorstellen, gezogen werden können. Ich werde also in diesem letzteren Falle in der transzendentalen Überlegung meine Begriffe jederzeit nur unter den Bedingungen der Sinnlichkeit vergleichen müssen, und so werden Raum und Zeit nicht Bestimmungen der Dinge an sich, sondern der Erscheinungen sein; was die Dinge an sich sein mögen, weiß ich nicht, und brauche es auch nicht zu wissen, weil mir doch niemals ein Ding anders, als in der Erscheinung vorkommen kann.

So verfahre ich auch mit den übrigen Reflexionsbegriffen. Die Materie ist substantia phaenomenon. Was ihr innerlich zukomme, suche ich in allen Teilen des Raumes, den sie einnimmt, und in allen Wirkungen, die sie ausübt, und die freilich nur immer Erscheinungen äußerer Sinne sein können. Ich habe also zwar nichts Schlechthin-, sondern lauter Komparativ-Innerliches, das selber wiederum aus äußeren Verhältnissen besteht. Allein, das schlechthin, dem reinen Verstande nach, Innerliche der Materie ist auch eine bloße Grille; denn diese ist überall kein Gegenstand für den reinen Verstand, das transzendentale Objekt aber, welches der Grund dieser Erscheinung sein mag, die wir Materie nennen, ist ein bloßes Etwas, wovon wir nicht einmal verstehen würden, was es sei, wenn es uns auch jemand sagen könnte. Denn wir können nichts verstehen, als was ein unseren Worten Korrespondierendes in der Anschauung mit sich führt. Wenn die Klagen: *Wir sehen das Innere der Dinge gar nicht ein*, so viel bedeuten sollen, als, wir begreifen nicht durch den reinen Verstand, was die Dinge, die uns erscheinen, an sich sein mögen; so sind sie ganz unbillig und unvernünftig; denn sie wollen, daß man ohne Sinne doch Dinge erkennen, mithin anschauen könne, folglich daß wir ein von dem menschlichen nicht bloß dem Grade, sondern sogar der Anschauung und Art nach, gänzlich unterschiedenes Erkenntnisvermögen haben, also nicht Menschen, sondern Wesen sein sollen, von denen wir selbst nicht angeben können, ob sie einmal möglich, viel weniger, wie sie beschaffen sind. Ins Innere der Natur dringt Beobachtung und Zergliederung der Erscheinungen, und man kann nicht wissen, wie weit dieses mit der Zeit gehen werde. Jene transzendentalen Fragen aber, die über die Natur hinausgehen, würden wir bei allem dem doch niemals beantworten können, wenn uns auch die ganze Natur aufgedeckt wäre, da es uns nicht einmal gegeben ist, unser eigenes Gemüt mit einer anderen Anschauung, als der unseres inneren Sinnes, zu beobachten. Denn in demselben liegt das Geheimnis des Ursprungs unserer Sinnlichkeit. Ihre Beziehung auf ein Objekt, und was der transzendentale Grund dieser Einheit sei, liegt ohne Zweifel zu tief verborgen, als daß wir, die wir sogar uns selbst nur durch inneren Sinn, mithin als Erscheinung, kennen, ein so unschickliches Werkzeug unserer Nachforschung dazu brauchen könnten, etwas anderes, als immer wiederum Erscheinungen, aufzufinden, deren nichtsinnliche Ursache wir doch gern erforschen wollten.

Was diese Kritik der Schlüsse, aus den bloßen Handlungen der Reflexion, überaus nützlich macht, ist: daß sie die Nichtigkeit aller Schlüsse über Gegenstände, die man lediglich im Verstande miteinander vergleicht, deutlich dartut, und dasjenige zugleich bestätigt, was wir hauptsächlich eingeschärft haben: daß, obgleich Erscheinungen nicht als Dinge an sich selbst unter den Objekten des reinen Verstandes mit begriffen sind, sie doch die einzigen sind, an denen unsere Erkenntnis objektive Realität haben kann, nämlich, wo den Begriffen Anschauung entspricht.

Wenn wir bloß logisch reflektieren, so vergleichen wir lediglich unsere Begriffe untereinander im Verstande, ob beide eben dasselbe enthalten, ob sie sich widersprechen oder nicht, ob etwas in dem Begriffe innerlich enthalten sei, oder zu ihm hinzukomme, und welcher von beiden gegeben, welcher aber nur als eine Art, den gegebenen zu denken, gelten soll. Wende ich aber diese Begriffe auf einen Gegenstand überhaupt (im transz. Verstande) an, ohne diesen weiter zu bestimmen, ob er ein Gegenstand der sinnlichen oder intellektuellen Anschauung sei, so zeigen sich sofort Einschränkungen (nicht aus diesem Begriffe hinauszugehen), welche allen empirischen Gebrauch derselben verkehren, und eben dadurch beweisen, daß die Vorstellung eines Gegenstandes, als Dinges überhaupt, nicht etwa bloß *unzureichend*, sondern ohne sinnliche Bestimmung derselben, und, unabhängig von empirischer Bedingung, in sich selbst *widerstreitend* sei, daß man also entweder von allem Gegenstande abstrahieren (in der Logik), oder, wenn man einen annimmt, ihn unter Bedingungen der sinnlichen Anschauung denken müsse, mithin das Intelligible eine ganz besondere Anschauung, die wir nicht haben, erfordern würde, und in Ermanglung derselben *für uns* nichts sei, dagegen aber auch die Erscheinungen nicht Gegenstände an sich selbst sein können. Denn, wenn ich mir bloß Dinge überhaupt denke, so kann freilich die Verschiedenheit der äußeren Verhältnisse nicht eine Verschiedenheit der Sachen selbst ausmachen, sondern setzt diese vielmehr voraus, und, wenn der Begriff von dem Einen innerlich von dem des Andern gar nicht unterschieden ist, so setze ich nur ein und dasselbe Ding in verschiedene Verhältnisse. Ferner, durch Hinzukunft einer bloßen Bejahung (Realität) zur anderen, wird ja das Positive vermehrt, und ihm nichts entzogen, oder aufgehoben; daher kann das Reale in Dingen überhaupt einander nicht widerstreiten, usw.

* *
*

Die Begriffe der Reflexion haben, wie wir gezeigt haben, durch eine gewisse Mißdeutung einen solchen Einfluß auf den Verstandesgebrauch, daß sie sogar einen der scharfsichtigsten unter allen Philosophen zu einem vermeinten System intellektueller Erkenntnis, welches seine Gegenstände ohne Dazukunft der Sinne zu bestimmen unternimmt, zu verleiten imstande gewesen. Eben um deswillen ist die Entwicklung der täuschenden Ursache der Amphibolie dieser Begriffe, in Veranlassung falscher Grundsätze, von großem Nutzen, die Grenzen des Verstandes zuverlässig zu bestimmen und zu sichern.

Man muß zwar sagen: was einem Begriff allgemein zukommt, oder widerspricht, das kommt auch zu, oder widerspricht, allem Besonderen, was unter jenem Begriff enthalten ist; *(dictum de Omni et Nullo;)* es wäre aber ungereimt, diesen logischen Grundsatz dahin zu verändern, daß er so lautete: was in einem allgemeinen Begriffe nicht enthalten ist, das ist auch in den besonderen nicht enthalten, die unter demselben stehen; denn diese sind eben darum besondere Begriffe, weil sie mehr in sich enthalten, als im allgemeinen gedacht wird. Nun ist doch wirklich auf diesen letzteren Grundsatz das ganze intellektuelle System Leibnizens erbaut; es fällt also zugleich mit demselben, samt aller aus ihm entspringenden Zweideutigkeit im Verstandesgebrauche.

Der Satz des Nichtzuunterscheidenden gründete sich eigentlich auf der Voraussetzung: daß, wenn in dem Begriffe von einem Dinge überhaupt eine gewisse Unterscheidung nicht angetroffen wird, so sei sie auch nicht in den Dingen selbst anzutreffen; folglich seien alle Dinge völlig einerlei *(numero eadem)*, die sich nicht schon in ihrem Begriffe (der Qualität oder Quantität nach) voneinander unterscheiden. Weil aber bei dem bloßen Begriffe von irgendeinem Dinge von manchen notwendigen Bedingungen einer Anschauung abstrahiert worden, so wird, durch eine sonderbare Übereilung, das, wovon abstrahiert wird, dafür genommen, daß es überall nicht anzutreffen sei, und dem Dinge nichts eingeräumt, als was in seinem Begriffe enthalten ist.

Der Begriff von einem Kubikfuße Raum, ich mag mir diesen denken, wo und wie oft ich wolle, ist an sich völlig einerlei. Allein zwei Kubikfüße sind im Raume dennoch bloß durch ihre Örter unterschieden *(numero diversa)*; diese sind Bedingungen der Anschauung, worin das Objekt dieses Begriffs gegeben wird, die nicht zum Begriffe, aber doch zur ganzen Sinnlichkeit gehören. Gleichergestalt ist in dem Begriffe von einem Dinge gar kein Widerstreit, wenn nichts Verneinendes mit einem Bejahenden verbunden worden, und bloß bejahende Begriffe können, in Verbindung, gar keine Aufhebung bewirken. Allein in der sinnlichen Anschauung, darin Realität (z. B. Bewegung) gegeben wird, finden sich Bedingungen (entgegengesetzte Richtungen), von denen im Begriffe der Bewegung überhaupt abstrahiert war, die einen Widerstreit, der freilich nicht logisch ist, nämlich aus lauter Positivem ein Zero = o möglich machen, und man konnte nicht sagen: daß darum alle Realität untereinander Einstimmung sei, weil unter ihren Begriffen kein Widerstreit angetroffen wird. Nach bloßen Begriffen ist das Innere das Substratum aller Verhältnis oder äußeren Bestimmungen. Wenn ich also von allen Bedingungen der Anschauung abstrahiere, und mich lediglich an den Begriff von einem Dinge überhaupt halte, so kann ich von allem äußeren Verhältnis abstrahieren, und es muß dennoch ein Begriff von dem übrigbleiben, das gar kein Verhältnis, sondern bloß innere Bestimmungen bedeutet. Da scheint es nun, es folge daraus: in jedem Dinge (Substanz) sei etwas, was schlechthin innerlich ist, und allen äußeren Bestimmungen vorgeht, indem es sie allererst möglich macht, mithin sei dieses Substratum so etwas, das keine äußeren Verhältnisse mehr in sich enthält, folglich *einfach*: (denn die körperlichen Dinge sind doch immer nur Verhältnisse, wenigstens der Teile außereinander;) und weil wir keine schlechthin inneren Bestimmungen kennen, als die durch unseren inneren Sinn, so sei dieses Substratum nicht allein einfach, sondern auch (nach der Analogie mit unserem inneren Sinn) durch *Vorstellungen* bestimmt, d. i. alle Dinge wären eigentlich *Monaden*, oder mit Vorstellungen begabte einfache Wesen. Dieses würde auch alles seine Richtigkeit haben, gehörte nicht etwa mehr, als der Begriff von einem Dinge überhaupt, zu den Bedingungen, unter denen allein uns Gegenstände der äußeren Anschauung gegeben werden können, und von denen der reine Begriff abstrahiert. Denn da zeigt sich, daß eine beharrliche Erscheinung im Raume (undurchdringliche Ausdehnung) lauter Verhältnisse, und gar nichts schlechthin Innerliches enthalten, und dennoch das erste Substratum aller äußeren Wahrnehmung sein könne. Durch bloße Begriffe kann ich freilich ohne etwas Innerem nichts Äußeres denken, eben darum, weil Verhältnisbegriffe doch schlechthin gegebene Dinge voraussetzen, und ohne diese nicht möglich sind. Aber, da in der Anschauung etwas enthalten ist, was im bloßen Begriffe von einem Dinge überhaupt gar nicht liegt, und dieses das Substratum, welches durch bloße Begriffe gar nicht erkannt werden würde, an die Hand gibt, nämlich, ein Raum, der, mit allem, was er enthält, aus lauter formalen, oder auch realen Verhältnissen besteht, so kann ich nicht sagen: weil, ohne ein Schlechthininneres, kein Ding *durch bloße Begriffe* vorgestellt werden kann, so sei auch in den Dingen selbst, die unter diesen Begriffen enthalten sind, und *ihrer Anschauung* nichts Äußeres, dem nicht etwas Schlechthininnerliches zum Grunde läge. Denn, wenn wir von allen Bedingungen der Anschauung abstrahiert haben, so bleibt uns freilich im bloßen Begriffe nichts übrig, als das Innere überhaupt, und das Verhältnis desselben untereinander, wodurch allein das Äußere möglich ist. Diese Notwendigkeit aber, die sich allein auf Abstraktion gründet, findet nicht bei den Dingen statt, sofern sie in der Anschauung mit solchen Bestimmungen gegeben werden, die bloße Verhältnisse ausdrücken, ohne etwas Inneres zum Grunde zu haben, darum, weil sie nicht Dinge an sich selbst, sondern lediglich Erscheinungen sind. Was wir auch nur an der Materie kennen, sind lauter Verhältnisse, (das, was wir innere Bestimmungen derselben nennen, ist nur komparativ innerlich;) aber es sind darunter selbständige und beharrliche, dadurch uns ein bestimmter Gegenstand gegeben wird. Daß ich, wenn ich von diesen Verhältnissen abstrahiere, gar nichts weiter zu denken habe, hebt den Begriff von einem Dinge, als Erscheinung, nicht auf, auch nicht den Begriff von einem Gegenstande in abstracto, wohl aber alle Möglichkeit eines solchen, der nach bloßen Begriffen bestimmbar ist, d. i. eines Noumenon. Freilich macht es stutzig, zu hören, daß ein Ding ganz und gar aus Verhältnissen bestehen solle, aber ein solches Ding ist auch bloße Erscheinung, und kann gar nicht durch reine Kategorien gedacht werden; es besteht selbst in dem bloßen Verhältnisse von Etwas überhaupt zu den Sinnen. Ebenso kann man die Verhältnisse der Dinge in abstracto, wenn man es mit bloßen Begriffen anfängt, wohl nicht anders denken, als daß eines die Ursache von Bestimmungen in dem anderen sei; denn das ist unser Verstandesbegriff von Verhältnissen selbst. Allein, da wir alsdann von aller Anschauung abstrahieren, so fällt eine ganze Art, wie das Mannigfaltige einander seinen Ort bestimmen kann, nämlich die Form der Sinnlichkeit (der Raum), weg, der doch vor aller empirischen Kausalität vorhergeht.

Wenn wir unter bloß intelligiblen Gegenständen diejenigen Dinge verstehen, die durch reine Kategorien, ohne alles Schema der Sinnlichkeit, gedacht werden, so sind dergleichen unmöglich. Denn die Bedingung des objektiven Gebrauchs aller unserer Verstandesbegriffe ist bloß die Art unserer sinnlichen Anschauung, wodurch uns Gegenstände gegeben werden, und, wenn wir von der letzteren abstrahieren, so haben die ersteren gar keine Beziehung auf irgendein Objekt. Ja, wenn man auch eine andere Art der Anschauung, als diese unsere sinnliche ist, annehmen wollte, so würden doch unsere Funktionen zu denken in Ansehung derselben von gar keiner Bedeutung sein. Verstehen wir darunter nur Gegenstände einer nichtsinnlichen Anschauung, von denen unsere Kategorien zwar freilich nicht gelten, und von denen wir also gar keine Erkenntnis (weder Anschauung, noch Begriff) jemals haben können, so müssen Noumena in dieser bloß negativen Bedeutung allerdings zugelassen werden: da sie denn nichts anderes sagen, als: daß unsere Art der Anschauung nicht auf alle Dinge, sondern bloß auf Gegenstände unserer Sinne geht, folglich ihre objektive Gültigkeit begrenzt ist, und mithin für irgendeine andere Art Anschauung, und also auch für Dinge als Objekte derselben, Platz übrigbleibt. Aber alsdann ist der Begriff eines Noumenon problematisch, d. i. die Vorstellung eines Dinges, von dem wir weder sagen können, daß es möglich, noch daß es unmöglich sei, indem wir gar keine Art der Anschauung, als unsere sinnliche kennen, und keine Art der Begriffe, als die Kategorien, keine von beiden aber einem außersinnlichen Gegenstande angemessen ist. Wir können daher das Feld der Gegenstände unseres Denkens über die Bedingungen unserer Sinnlichkeit darum noch nicht positiv erweitern, und außer den Erscheinungen noch Gegenstände des reinen Denkens, d. i. Noumena, annehmen, weil jene keine anzugebende positive Bedeutung haben. Denn man muß von den Kategorien eingestehen: daß sie allein noch nicht zur Erkenntnis der Dinge an sich selbst zureichen, und ohne die data der Sinnlichkeit bloß subjektive Formen der Verstandeseinheit, aber ohne Gegenstand, sein würden. Das Denken ist zwar an sich kein Produkt der Sinne, und sofern durch sie auch nicht eingeschränkt, aber darum nicht sofort von eigenem und reinem Gebrauche, ohne Beitritt der Sinnlichkeit, weil es alsdann ohne Objekt ist. Man kann auch das Noumenon nicht ein solches Objekt nennen; denn dieses bedeutet eben den problematischen Begriff von einem Gegenstande für eine ganz andere Anschauung und einen ganz anderen Verstand, als der unsrige, der mithin selbst ein Problem ist. Der Begriff des Noumenon ist also nicht der Begriff von einem Objekt, sondern die unvermeidlich mit der Einschränkung unserer Sinnlichkeit zusammenhängende Aufgabe, ob es nicht von jener ihrer Anschauung ganz entbundene Gegenstände geben möge, welche Frage nur unbestimmt beantwortet werden kann, nämlich: daß, weil die sinnliche Anschauung nicht auf alle Dinge ohne Unterschied geht, für mehr und andere Gegenstände Platz übrigbleibe, sie also nicht schlechthin abgeleugnet, in Ermanglung eines bestimmten Begriffs aber (da keine Kategorie dazu tauglich ist) auch nicht als Gegenstände für unseren Verstand behauptet werden können.

Der Verstand begrenzt demnach die Sinnlichkeit, ohne darum sein eigenes Feld zu erweitern, und, indem er jene warnt, daß sie sich nicht anmaße, auf Dinge an sich selbst zu gehen, sondern lediglich auf Erscheinungen, so denkt er sich einen Gegenstand an sich selbst, aber nur als transzendentales Objekt, das die Ursache der Erscheinung (mithin selbst nicht Erscheinung) ist, und weder als Größe, noch als Realität, noch als

Substanz usw. gedacht werden kann (weil diese Begriffe immer sinnliche Formen erfordern, in denen sie einen Gegenstand bestimmen;) wovon also völlig unbekannt ist, ob es in uns, oder auch außer uns anzutreffen sei, ob es mit der Sinnlichkeit zugleich aufgehoben werden, oder wenn wir jene wegnehmen, noch übrigbleiben würde. Wollen wir dieses Objekt Noumenon nennen, darum, weil die Vorstellung von ihm nicht sinnlich ist, so steht dieses uns frei. Da wir aber keine von unseren Verstandesbegriffen darauf anwenden können, so bleibt diese Vorstellung doch für uns leer, und dient zu nichts, als die Grenzen unserer sinnlichen Erkenntnis zu bezeichnen, und einen Raum übrig zu lassen, den wir weder durch mögliche Erfahrung, noch durch den reinen Verstand ausfüllen können.

Die Kritik dieses reinen Verstandes erlaubt es also nicht, sich ein neues Feld von Gegenständen, außer denen, die ihm als Erscheinungen vorkommen können, zu schaffen, und in intelligible Welten, sogar nicht einmal in ihren Begriff, auszuschweifen. Der Fehler, welcher hierzu auf die allerscheinbarste Art verleitet, und allerdings entschuldigt, obgleich nicht gerechtfertigt werden kann, liegt darin: daß der Gebrauch des Verstandes, wider seine Bestimmung, transzendental gemacht, und die Gegenstände, d. i. mögliche Anschauungen, sich nach Begriffen, nicht aber Begriffe sich nach möglichen Anschauungen (als auf denen allein ihre objektive Gültigkeit beruht) richten müssen. Die Ursache hiervon aber ist wiederum: daß die Apperzeption, und, mit ihr, das Denken vor aller möglichen bestimmten Anordnung der Vorstellungen vorhergeht. Wir denken also Etwas überhaupt, und bestimmen es einerseits sinnlich, allein unterscheiden doch den allgemeinen und in abstracto vorgestellten Gegenstand von dieser Art ihn anzuschauen; da bleibt uns nun eine Art, ihn bloß durch Denken zu bestimmen, übrig, welche zwar eine bloße logische Form ohne Inhalt ist, uns aber dennoch eine Art zu sein scheint, wie das Objekt an sich existiere (Noumenon), ohne auf die Anschauung zu sehen, welche auf unsere Sinne eingeschränkt ist.

* *
*

Ehe wir die transzendentale Analytik verlassen, müssen wir noch etwas hinzufügen, was, obgleich an sich von nicht sonderlicher Erheblichkeit, dennoch zur Vollständigkeit des Systems erforderlich scheinen dürfte. Der höchste Begriff, von dem man eine Transzendentalphilosophie anzufangen pflegt, ist gemeiniglich die Einteilung in das Mögliche und Unmögliche. Da aber alle Einteilung einen eingeteilten Begriff voraussetzt, so muß noch ein höherer angegeben werden, und dieser ist der Begriff von einem Gegenstande überhaupt (problematisch genommen, und unausgemacht, ob er Etwas oder Nichts sei). Weil die Kategorien die einzigen Begriffe sind, die sich auf Gegenstände überhaupt beziehen, so wird die Unterscheidung eines Gegenstandes, ob er Etwas, oder Nichts sei, nach der Ordnung und Anweisung der Kategorien fortgehen.

1. Den Begriffen von Allem, Vielem und Einem ist der, so alles aufhebt, d. i. *Keines*, entgegengesetzt und so ist der Gegenstand eines Begriffs, dem gar keine anzugebende Anschauung korrespondiert, = Nichts, d. i. ein Begriff ohne Gegenstand, wie die Noumena, die nicht unter die Möglichkeiten gezählt werden können, obgleich auch darum nicht für unmöglich ausgegeben werden müssen, *(ens rationis,)* oder wie etwa gewisse neue Grundkräfte, die man sich denkt, zwar ohne Widerspruch, aber auch ohne Beispiel aus der Erfahrung gedacht werden, und also nicht unter die Möglichkeiten gezählt werden müssen.

2. Realität ist *Etwas*, Negation ist *Nichts*, nämlich, ein Begriff von dem Mangel eines Gegenstandes, wie der Schatten, die Kälte, *(nihil privativum)*.

3. Die bloße Form der Anschauung, ohne Substanz, ist an sich kein Gegenstand, sondern die bloß formale Bedingung desselben (als Erscheinung), wie der reine Raum, und die reine Zeit, die zwar Etwas sind, als Formen anzuschauen, aber selbst keine Gegenstände sind, die angeschaut werden *(ens imaginarium)*.

4. Der Gegenstand eines Begriffs, der sich selbst widerspricht, ist Nichts, weil der Begriff Nichts ist, das Unmögliche, wie etwa die geradlinige Figur von zwei Seiten, *(nihil negativum)*.

Die Tafel dieser Einteilung des Begriffs von *Nichts* (denn die dieser gleichlaufende Einteilung des Etwas folgt von selber,) würde daher so angelegt werden müssen:

Nichts,
als

<table>
<tr><td colspan="2" align="center">1.
Leerer Begriff ohne Gegenstand,
ens rationis.</td></tr>
<tr><td align="center">2.
Leerer Gegenstand
eines Begriffs,
nihil privativum.</td><td align="center">3.
Leere Anschauung
ohne Gegenstand,
ens imaginarium.</td></tr>
<tr><td colspan="2" align="center">4.
Leerer Gegenstand ohne Begriff,
nihil negativum.</td></tr>
</table>

Man sieht, daß das Gedankending (n. 1.) von dem Undinge (n. 4.) dadurch unterschieden werde, daß jenes nicht unter die Möglichkeiten gezählt werden darf, weil es bloß Erdichtung (obzwar nicht widersprechende) ist, dieses aber der Möglichkeit entgegengesetzt ist, indem der Begriff sogar sich selbst aufhebt. Beide sind aber leere

Begriffe. Dagegen sind das nihil privativum (n. 2.) und ens imaginarium (n. 3.) leere Data zu Begriffen. Wenn das Licht nicht den Sinnen gegeben worden, so kann man sich auch keine Finsternis, und, wenn nicht ausgedehnte Wesen wahrgenommen worden, keinen Raum vorstellen. Die Negation sowohl, als die bloße Form der Anschauung, sind, ohne ein Reales, keine Objekte.

Zweite Abteilung
Die transzendentale Dialektik

Einleitung

I
Vom transzendentalen Schein

Wir haben oben die Dialektik überhaupt eine *Logik* des *Scheins* genannt. Das bedeutet nicht, sie sei eine Lehre der *Wahrscheinlichkeit*; denn diese ist Wahrheit, aber durch unzureichende Gründe erkannt, deren Erkenntnis also zwar mangelhaft, aber darum doch nicht trüglich ist, und mithin von dem analytischen Teile der Logik nicht getrennt werden muß. Noch weniger dürfen *Erscheinung* und *Schein* für einerlei gehalten werden. Denn Wahrheit oder Schein sind nicht im Gegenstande, sofern er angeschaut wird, sondern im Urteile über denselben, sofern er gedacht wird. Man kann also zwar richtig sagen: daß die Sinne nicht irren, aber nicht darum, weil sie jederzeit richtig urteilen, sondern weil sie gar nicht urteilen. Daher sind Wahrheit sowohl als Irrtum, mithin auch der Schein, als die Verleitung zum letzteren, nur im Urteile, d. i. nur in dem Verhältnisse des Gegenstandes zu unserem Verstande anzutreffen. In einem Erkenntnis, das mit den Verstandesgesetzen durchgängig zusammenstimmt, ist kein Irrtum. In einer Vorstellung der Sinne ist (weil sie gar kein Urteil enthält) auch kein Irrtum. Keine Kraft der Natur kann aber von selbst von ihren eigenen Gesetzen abweichen. Daher würden weder der Verstand für sich allein (ohne Einfluß einer anderen Ursache), noch die Sinne für sich, irren; der erstere darum nicht, weil, wenn er bloß nach seinen Gesetzen handelt, die Wirkung (das Urteil) mit diesen Gesetzen notwendig übereinstimmen muß. In der Übereinstimmung mit den Gesetzen des Verstandes besteht aber das Formale aller Wahrheit. In den Sinnen ist gar kein Urteil, weder ein wahres, noch falsches. Weil wir nun außer diesen beiden Erkenntnisquellen keine anderen haben, so folgt: daß der Irrtum nur durch den unbemerkten Einfluß der Sinnlichkeit auf den Verstand bewirkt werde, wodurch es geschieht, daß die subjektiven Gründe des Urteils mit den objektiven zusammenfließen, und diese von ihrer Bestimmung abweichend machen, so wie ein bewegter Körper zwar für sich jederzeit die gerade Linie in derselben Richtung halten würde, die aber, wenn eine andere Kraft nach einer anderen Richtung zugleich auf ihn einfließt, in krummlinige Bewegung ausschlägt. Um die eigentümliche Handlung des Verstandes von der Kraft, die sich mit einmengt, zu unterscheiden, wird es daher nötig sein, das irrige Urteil als die Diagonale zwischen zwei Kräften anzusehen, die das Urteil nach zwei verschiedenen Richtungen bestimmen, die gleichsam einen Winkel einschließen, und jene zusammengesetzte Wirkung in die einfache des Verstandes und der Sinnlichkeit aufzulösen, welches in reinen Urteilen a priori durch transzendentale Überlegung geschehen muß, wodurch (wie schon angezeigt worden) jeder Vorstellung ihre Stelle in der ihr angemessenen Erkenntniskraft angewiesen, mithin auch der Einfluß der letzteren auf jene unterschieden wird.

Unser Geschäft ist hier nicht, vom empirischen Scheine (z. B. dem optischen) zu handeln, der sich bei dem empirischen Gebrauche sonst richtiger Verstandesregeln vorfindet, und durch welchen die Urteilskraft, durch den Einfluß der Einbildung verleitet wird, sondern wir haben es mit dem *transzendentalen Scheine* allein zu tun, der auf Grundsätze einfließt, deren Gebrauch nicht einmal auf Erfahrung angelegt ist, als in welchem Falle wir doch wenigstens einen Probierstein ihrer Richtigkeit haben würden, sondern der uns selbst, wider alle Warnungen der Kritik, gänzlich über den empirischen Gebrauch der Kategorien wegführt und uns mit dem Blendwerke einer Erweiterung des *reinen Verstandes* hinhält. Wir wollen die Grundsätze, deren Anwendung sich ganz und gar in den Schranken möglicher Erfahrung hält, *immanente*, diejenigen aber, welche diese Grenzen überfliegen sollen, *transzendente* Grundsätze nennen. Ich verstehe aber unter diesen nicht den *transzendentalen* Gebrauch oder Mißbrauch der Kategorien, welcher ein bloßer Fehler der nicht gehörig durch Kritik gezügelten Urteilskraft ist, die auf die Grenze des Bodens, worauf allein dem reinen Verstande sein Spiel erlaubt ist, nicht genug achthat; sondern wirkliche Grundsätze, die uns zumuten, alle jene Grenzpfähle niederzureißen und sich einen ganz neuen Boden, der überall keine Demarkation erkennt, anzumaßen. Daher sind *transzendental* und *transzendent* nicht einerlei. Die Grundsätze des reinen Verstandes, die wir oben vortrugen, sollen bloß von empirischem und nicht von transzendentalem, d. i. über die Erfahrungsgrenze hinausreichendem Gebrauche sein. Ein Grundsatz aber, der diese Schranken wegnimmt, ja gar sie zu überschreiten gebietet, heißt *transzendent*. Kann unsere Kritik dahin gelangen, den Schein dieser angemaßten Grundsätze aufzudecken, so werden jene Grundsätze des bloß empirischen Gebrauchs, im Gegensatz mit den letzteren, *immanente* Grundsätze des reinen Verstandes genannt werden können.

Der logische Schein, der in der bloßen Nachahmung der Vernunftform besteht, (der Schein der Trugschlüsse,) entspringt lediglich aus einem Mangel der Achtsamkeit auf die logische Regel. Sobald daher diese auf den vorliegenden Fall geschärft wird, so verschwindet er gänzlich. Der transzendentale Schein dagegen hört gleichwohl nicht auf, ob man ihn schon aufgedeckt und seine Nichtigkeit durch die transzendentale Kritik deutlich eingesehen hat. (Z. B. der Schein in dem Satze: die Welt muß der Zeit nach einen Anfang haben.) Die Ursache hiervon ist diese, daß in unserer Vernunft (subjektiv als ein menschliches Erkenntnisvermögen betrachtet) Grundregeln und Maximen ihres Gebrauchs liegen, welche gänzlich das Ansehen objektiver Grundsätze haben, und wodurch es geschieht, daß die subjektive Notwendigkeit einer gewissen Verknüpfung unserer Begriffe, zugunsten des Verstandes, für eine objektive Notwendigkeit, der Bestimmung der Dinge an sich selbst, gehalten wird. Eine *Illusion*, die gar nicht zu vermeiden ist, so wenig als wir es vermeiden können, daß uns das Meer in der Mitte nicht höher scheine, wie an dem Ufer, weil wir jene durch höhere Lichtstrahlen als diese sehen, oder, noch mehr, so wenig selbst der Astronom verhindern kann, daß ihm der Mond im Aufgange nicht größer scheine, ob er gleich durch diesen Schein nicht betrogen wird.

Die transzendentale Dialektik wird also sich damit begnügen, den Schein transzendenter Urteile aufzudecken, und zugleich zu verhüten, daß er nicht betrüge; daß er aber auch (wie der logische Schein) sogar verschwinde, und ein Schein zu sein aufhöre, das kann sie niemals bewerkstelligen. Denn wir haben es mit einer *natürlichen* und unvermeidlichen *Illusion* zu tun, die selbst auf subjektiven Grundsätzen beruht, und sie als objektive unterschiebt, anstatt daß die logische Dialektik in Auflösung der Trugschlüsse es nur mit einem Fehler, in Befolgung der Grundsätze, oder mit einem gekünstelten Scheine, in Nachahmung derselben, zu tun hat. Es gibt also eine natürliche und unvermeidliche Dialektik der reinen Vernunft, nicht eine, in die sich etwa ein Stümper, durch Mangel an Kenntnissen, selbst verwickelt, oder die irgendein Sophist, um vernünftige Leute zu verwirren, künstlich ersonnen hat, sondern die der menschlichen Vernunft unhintertreiblich anhängt, und selbst, nachdem wir ihr Blendwerk aufgedeckt haben, dennoch nicht aufhören wird, ihr vorzugaukeln und sie unablässig in augenblickliche Verirrungen zu stoßen, die jederzeit gehoben zu werden bedürfen.

II
Von der reinen Vernunft als dem Sitze des transzendentalen Scheins

A
Von der Vernunft überhaupt

Alle unsere Erkenntnis hebt von den Sinnen an, geht von da zum Verstande, und endigt bei der Vernunft, über welche nichts Höheres in uns angetroffen wird, den Stoff der Anschauung zu bearbeiten und unter die höchste Einheit des Denkens zu bringen. Da ich jetzt von dieser obersten Erkenntniskraft eine Erklärung geben soll, so finde ich mich in einiger Verlegenheit. Es gibt von ihr, wie von dem Verstande, einen bloß formalen, d. i. logischen Gebrauch, da die Vernunft von allem Inhalte der Erkenntnis abstrahiert, aber auch einen realen, da sie selbst den Ursprung gewisser Begriffe und Grundsätze enthält, die sie weder von den Sinnen, noch vom Verstande entlehnt. Das erstere Vermögen ist nun freilich vorlängst von den Logikern durch das Vermögen mittelbar zu schließen (zum Unterschiede von den unmittelbaren Schlüssen, consequentiis immediatis,) erklärt worden; das zweite aber, welches selbst Begriffe erzeugt, wird dadurch noch nicht eingesehen. Da nun hier eine Einteilung der Vernunft in ein logisches und transzendentales Vermögen vorkommt, so muß ein höherer Begriff von dieser Erkenntnisquelle gesucht werden, welcher beide Begriffe unter sich befaßt, indessen wir nach der Analogie mit den Verstandesbegriffen erwarten können, daß der logische Begriff zugleich den Schlüssel zum transzendentalen, und die Tafel der Funktionen der ersteren zugleich die Stammleiter der Vernunftbegriffe an die Hand geben werde.

Wir erklärten, im ersteren Teile unserer transzendentalen Logik, den Verstand durch das Vermögen der Regeln; hier unterscheiden wir die Vernunft von demselben dadurch, daß wir sie *das Vermögen der Prinzipien* nennen wollen.

Der Ausdruck eines Prinzips ist zweideutig, und bedeutet gemeiniglich nur ein Erkenntnis, das als Prinzip gebraucht werden kann, ob es zwar an sich selbst und seinem eigenen Ursprunge nach kein Prinzipium ist. Ein jeder allgemeiner Satz, er mag auch sogar aus Erfahrung (durch Induktion) hergenommen sein, kann zum Obersatz in einem Vernunftschlusse dienen; er ist darum aber nicht selbst ein Prinzipium. Die mathematischen Axiome (z. B. zwischen zwei Punkten kann nur eine gerade Linie sein,) sind sogar allgemeine Erkenntnisse a priori, und werden daher mit Recht, relativisch auf die Fälle, die unter ihnen subsumiert werden können, Prinzipien genannt. Aber ich kann darum doch nicht sagen, daß ich diese Eigenschaft der geraden Linien überhaupt und an sich, aus Prinzipien erkenne, sondern nur in der reinen Anschauung.

Ich würde daher Erkenntnis aus Prinzipien diejenige nennen, da ich das Besondere im allgemeinen durch Begriffe erkenne. So ist denn ein jeder Vernunftschluß eine Form der Ableitung einer Erkenntnis aus einem Prinzip. Denn der Obersatz gibt jederzeit einen Begriff, der da macht, daß alles, was unter der Bedingung desselben subsumiert wird, aus ihm nach einem Prinzip erkannt wird. Da nun jede allgemeine Erkenntnis zum Obersatze in einem Vernunftschlusse dienen kann, und der Verstand dergleichen allgemeine Sätze a priori darbietet, so können diese denn auch, in Ansehung ihres möglichen Gebrauchs, Prinzipien genannt werden.

Betrachten wir aber diese Grundsätze des reinen Verstandes an sich selbst ihrem Ursprunge nach, so sind sie nichts weniger als Erkenntnisse aus Begriffen. Denn sie würden auch nicht einmal a priori möglich sein, wenn wir nicht die reine Anschauung, (in der Mathematik,) oder Bedingungen einer möglichen Erfahrung überhaupt herbeizögen. Daß alles, was geschieht, eine Ursache habe, kann gar nicht aus dem Begriffe dessen, was überhaupt geschieht, geschlossen werden; vielmehr zeigt der Grundsatz, wie man allererst von dem, was geschieht, einen bestimmten Erfahrungsbegriff bekommen könne.

Synthetische Erkenntnisse aus Begriffen kann der Verstand also gar nicht verschaffen, und diese sind es eigentlich, welche ich schlechthin Prinzipien nenne; indessen, daß alle allgemeinen Sätze überhaupt komparative Prinzipien heißen können.

Es ist ein alter Wunsch, der, wer weiß wie spät, vielleicht einmal in Erfüllung gehen wird: daß man doch einmal, statt der endlosen Mannigfaltigkeit bürgerlicher Gesetze, ihre Prinzipien aufsuchen möge; denn darin kann allein das Geheimnis bestehen, die Gesetzgebung, wie man sagt, zu simplifizieren. Aber die Gesetze sind hier auch nur Einschränkungen unserer Freiheit auf Bedingungen, unter denen sie durchgängig mit sich selbst zusammenstimmt; mithin gehen sie auf etwas, was gänzlich unser eigen Werk ist, und wovon wir durch jene Begriffe selbst die Ursache sein können. Wie aber Gegenstände an sich selbst, wie die Natur der Dinge unter Prinzipien stehe und nach bloßen Begriffen bestimmt werden solle, ist, wo nicht etwas Unmögliches, wenigstens doch sehr Widersinnisches in seiner Forderung. Es mag aber hiermit bewandt sein, wie es wolle, (denn darüber haben wir die Untersuchung noch vor uns,) so erhellt wenigstens daraus: daß Erkenntnis aus Prinzipien (an sich selbst) ganz etwas anderes sei, als bloße Verstandeserkenntnis, die zwar auch anderen Erkenntnissen in der Form eines Prinzips vorgehen kann, an sich selbst aber (sofern sie synthetisch ist) nicht auf bloßem Denken beruht, noch ein Allgemeines nach Begriffen in sich enthält.

Der Verstand mag ein Vermögen der Einheit der Erscheinungen vermittelst der Regeln sein, so ist die Vernunft das Vermögen der Einheit der Verstandesregeln unter Prinzipien. So geht also niemals zunächst auf Erfahrung, oder auf irgendeinen Gegenstand, sondern auf den Verstand, um den mannigfaltigen Erkenntnissen desselben Einheit a priori durch Begriffe zu geben, welche Vernunfteinheit heißen mag, und von ganz anderer Art ist, als sie von dem Verstande geleistet werden kann.

Das ist der allgemeine Begriff von dem Vernunftvermögen, so weit er, bei gänzlichem Mangel an Beispielen (als die erst in der Folge gegeben werden sollen), hat begreiflich gemacht werden können.

B
Vom logischen Gebrauche der Vernunft

Man macht einen Unterschied zwischen dem, was unmittelbar erkannt, und dem, was nur geschlossen wird. Daß in einer Figur, die durch drei gerade Linien begrenzt ist, drei Winkel sind, wird unmittelbar erkannt; daß diese Winkel aber zusammen zwei rechten gleich sind, ist nur geschlossen. Weil wir des Schließens beständig bedürfen und es dadurch endlich ganz gewohnt werden, so bemerken wir zuletzt diesen Unterschied nicht mehr, und halten oft, wie bei dem sogenannten Betruge der Sinne, etwas für unmittelbar wahrgenommen, was wir doch nur geschlossen haben. Bei jedem Schlusse ist ein Satz, der zum Grunde liegt, und ein anderer, nämlich die Folgerung, die aus jenem gezogen wird, und endlich die Schlußfolge (Konsequenz), nach welcher die Wahrheit des letzteren unausbleiblich mit der Wahrheit des ersteren verknüpft ist. Liegt das geschlossene Urteil schon so in dem ersten, daß es ohne Vermittlung einer dritten Vorstellung daraus abgeleitet werden kann, so heißt der Schluß unmittelbar (consequentia immediata); ich möchte ihn lieber den Verstandesschluß nennen. Ist aber, außer der zum Grunde gelegten Erkenntnis, noch ein anderes Urteil nötig, um die Folge zu bewirken, so heißt der Schluß ein Vernunftschluß. In dem Satze: *alle Menschen sind sterblich*, liegen schon die Sätze: einige Menschen sind sterblich, einige Sterbliche sind Menschen, nichts, was unsterblich ist, ist ein Mensch, und diese sind also unmittelbare Folgerungen aus dem ersteren. Dagegen liegt der Satz: alle Gelehrten sind sterblich, nicht in dem untergelegten Urteile (denn der Begriff der Gelehrten kommt in ihm gar nicht vor), und er kann nur vermittelst eines Zwischenurteils aus diesem gefolgert werden.

In jedem Vernunftsschlusse denke ich zuerst eine *Regel* (major) durch den *Verstand*. Zweitens *subsumiere* ich ein Erkenntnis unter die Bedingung der Regel (minor) vermittelst der *Urteilskraft*. Endlich *bestimme* ich mein Erkenntnis durch das Prädikat der Regel (conclusio), mithin a priori durch die *Vernunft*. Das Verhältnis also, welches der Obersatz, als die Regel, zwischen einer Erkenntnis und ihrer Bedingung vorstellt, macht die verschiedenen Arten der Vernunftschlüsse aus. Sie sind also gerade dreifach, so wie alle Urteile überhaupt, sofern sie sich in der Art unterscheiden, wie sie das Verhältnis des Erkenntnisses im Verstande ausdrücken, nämlich: *kategorische* oder *hypothetische* oder *disjunktive* Vernunftschlüsse.

Wenn, wie mehrenteils geschieht, die Konklusion als ein Urteil aufgegeben worden, um zu sehen, ob es nicht aus schon gegebenen Urteilen, durch die nämlich ein ganz anderer Gegenstand gedacht wird, fließe: so suche ich im Verstande die Assertion dieses Schlußsatzes auf, ob sie sich nicht in demselben unter gewissen Bedingungen nach einer allgemeinen Regel vorfinde. Finde ich nun eine solche Bedingung und läßt sich das Objekt des Schlußsatzes unter der gegebenen Bedingung subsumieren, so ist dieser aus der Regel, *die auch für andere Gegenstände der Erkenntnis gilt*, gefolgert. Man sieht daraus: daß die Vernunft im Schließen die große Mannigfaltigkeit der Erkenntnis des Verstandes auf die kleinste Zahl der Prinzipien (allgemeiner Bedingungen) zu bringen und dadurch die höchste Einheit derselben zu bewirken suche.

C
Von dem reinen Gebrauche der Vernunft

Kann man die Vernunft isolieren, und ist sie alsdann noch ein eigener Quell von Begriffen und Urteilen, die lediglich aus ihr entspringen, und dadurch sie sich auf Gegenstände bezieht, oder ist sie ein bloß subalternes Vermögen, gegebenen Erkenntnissen eine gewisse Form zu geben, welche logisch heißt, und wodurch die Verstandeserkenntnisse nur einander und niedrige Regeln anderen höheren (deren Bedingung die Bedingung der ersteren in ihrer Sphäre befaßt) untergeordnet werden, so viel sich durch die Vergleichung derselben will bewerkstelligen lassen? Dies ist die Frage, mit der wir uns jetzt nur vorläufig beschäftigen. In der Tat ist Mannigfaltigkeit der Regeln und Einheit der Prinzipien eine Forderung der Vernunft, um den Verstand mit sich selbst in durchgängigen Zusammenhang zu bringen, so wie der Verstand das Mannigfaltige der Anschauung unter Begriffe und dadurch jene in Verknüpfung bringt. Aber ein solcher Grundsatz schreibt den Objekten kein Gesetz vor, und enthält nicht den Grund der Möglichkeit, sie als solche überhaupt zu erkennen und zu bestimmen, sondern ist bloß ein subjektives Gesetz der Haushaltung mit dem Vorrate unseres Verstandes, durch Vergleichung seiner Begriffe, den allgemeinen Gebrauch derselben auf die kleinstmögliche Zahl derselben zu bringen, ohne daß man deswegen von den Gegenständen selbst eine solche Einhelligkeit, die der Gemächlichkeit und Ausbreitung unseres Verstandes Vorschub tue, zu fordern, und jener Maxime zugleich objektive Gültigkeit zu geben, berechtigt wäre. Mit einem Worte, die Frage ist: ob Vernunft an sich d. i. die reine Vernunft a priori synthetische Grundsätze und Regeln enthalte, und worin diese Prinzipien bestehen mögen?

Das formale und logische Verfahren derselben in Vernunftschlüssen gibt uns hierüber schon hinreichende Anleitung, auf welchem Grunde das transzendentale Prinzipium derselben in der synthetischen Erkenntnis durch reine Vernunft beruhen werde.

Erstlich geht der Vernunftschluß nicht auf Anschauungen, um dieselbe unter Regeln zu bringen (wie der Verstand mit seinen Kategorien), sondern auf Begriffe und Urteile. Wenn also reine Vernunft auch auf Gegenstände geht, so hat sie doch auf diese und deren Anschauung keine unmittelbare Beziehung, sondern nur auf den Verstand und dessen Urteile, welche sich zunächst an die Sinne und deren Anschauung wenden, um diesen ihren Gegenstand zu bestimmen. Vernunfteinheit ist also nicht Einheit einer möglichen Erfahrung, sondern von dieser, als der Verstandeseinheit, wesentlich unterschieden. Daß alles, was geschieht, eine Ursache habe, ist gar kein durch Vernunft erkannter und vorgeschriebener Grundsatz. Er macht die Einheit der Erfahrung möglich und entlehnt nichts von der Vernunft, welche, ohne diese Beziehung auf mögliche Erfahrung, aus bloßen Begriffen keine solche synthetische Einheit hätte gebieten können.

Zweitens sucht die Vernunft in ihrem logischen Gebrauche die allgemeine Bedingung ihres Urteils (des Schlußsatzes), und der Vernunftschluß ist selbst nichts anderes als ein Urteil, vermittelst der Subsumtion seiner Bedingung unter eine allgemeine Regel (Obersatz). Da nun diese Regel wiederum eben demselben Versuche der Vernunft ausgesetzt ist, und dadurch die Bedingung der Bedingung (vermittelst eines Prosyllogismus) gesucht werden muß, so lange es angeht, so sieht man wohl, der eigentümliche Grundsatz der Vernunft überhaupt (im logischen Gebrauche) sei: zu dem bedingten Erkenntnisse des Verstandes das Unbedingte zu finden, womit die Einheit desselben vollendet wird.

Diese logische Maxime kann aber nicht anders ein Prinzipium der *reinen Vernunft* werden, als dadurch, daß man annimmt: wenn das Bedingte gegeben ist, so sei auch die ganze Reihe einander untergeordneter Bedingungen, die mithin selbst unbedingt ist, gegeben, (d. i. in dem Gegenstande und seiner Verknüpfung enthalten).

Ein solcher Grundsatz der reinen Vernunft ist aber offenbar *synthetisch*; denn das Bedingte bezieht sich analytisch zwar auf irgendeine Bedingung, aber nicht aufs Unbedingte. Es müssen aus demselben auch verschiedene synthetische Sätze entspringen, wovon der reine Verstand nichts weiß, als der nur mit Gegenständen einer möglichen Erfahrung zu tun hat, deren Erkenntnis und Synthesis jederzeit bedingt ist. Das Unbedingte aber, wenn es wirklich statthat, kann besonders erwogen werden, nach allen den Bestimmungen, die es von jedem Bedingten unterscheiden, und muß dadurch Stoff zu manchen synthetischen Sätzen a priori geben.

Die aus diesem obersten Prinzip der reinen Vernunft entspringenden Grundsätze werden aber in Ansehung aller Erscheinungen *transzendent* sein, d. i. es wird kein ihm adäquater empirischer Gebrauch von demselben jemals gemacht werden können. Er wird sich also von allen Grundsätzen des Verstandes (deren Gebrauch völlig *immanent* ist, indem sie nur die Möglichkeit der Erfahrung zu ihrem Thema haben,) gänzlich unterscheiden. Ob nun jener Grundsatz: daß sich die Reihe der Bedingungen (in der Synthesis der Erscheinungen, oder auch des Denkens der Dinge überhaupt,) bis zum Unbedingten erstrecke, seine objektive Richtigkeit habe, oder nicht; welche Folgerungen daraus auf den empirischen Verstandesgebrauch fließen, oder ob es vielmehr überall keinen dergleichen objektivgültigen Vernunftsatz gebe, sondern eine bloß logische Vorschrift, sich im Aufsteigen zu immer höheren Bedingungen, der Vollständigkeit derselben zu nähern und dadurch die höchste uns mögliche Vernunfteinheit in unsere Erkenntnis zu bringen; ob, sage ich, dieses Bedürfnis der Vernunft durch einen Mißverstand für einen transzendentalen Grundsatz der reinen Vernunft gehalten worden, der eine solche unbeschränkte Vollständigkeit übereilterweise von der Reihe der Bedingungen in den Gegenständen selbst postuliert; was aber auch in diesem Falle für Mißdeutungen und Verblendungen in die Vernunftschlüsse, deren Obersatz aus reiner Vernunft genommen worden, (und der vielleicht mehr Petition als Postulat ist,) und die von der Erfahrung aufwärts zu ihren Bedingungen steigen, einschleichen mögen: das wird unser Geschäft in der transzendentalen Dialektik sein, welche wir jetzt aus ihren Quellen, die tief in der menschlichen Vernunft verborgen sind, entwickeln wollen. Wir werden sie in zwei Hauptstücke teilen, deren ersteres von den *transzendenten Begriffen* der reinen Vernunft, das zweite von transzendenten und *dialektischen Vernunftsschlüssen* derselben handeln soll.

Der transzendentalen Dialektik

Erstes Buch
Von den Begriffen der reinen Vernunft

Was es auch mit der Möglichkeit der Begriffe aus reiner Vernunft für eine Bewandtnis haben mag: so sind sie doch nicht bloß reflektierte, sondern geschlossene Begriffe. Verstandesbegriffe werden auch a priori vor der Erfahrung und zum Behuf derselben gedacht; aber sie enthalten nichts weiter, als die Einheit der Reflexion über die Erscheinungen, insofern sie notwendig zu einem möglichen empirischen Bewußtsein gehören sollen. Durch sie allein wird Erkenntnis und Bestimmung eines Gegenstandes möglich. Sie geben also zuerst Stoff zum Schließen, und vor ihnen gehen keine Begriffe a priori von Gegenständen vorher, aus denen sie könnten geschlossen werden. Dagegen gründet sich ihre objektive Realität doch lediglich darauf: daß, weil sie die intellektuelle Form aller Erfahrung ausmachen, ihre Anwendung jederzeit in der Erfahrung muß gezeigt werden können.

Die Benennung eines Vernunftbegriffs aber zeigt schon vorläufig: daß er sich nicht innerhalb der Erfahrung wolle beschränken lassen, weil er eine Erkenntnis betrifft, von der jede empirische nur ein Teil ist, (vielleicht das Ganze der möglichen Erfahrung oder ihrer empirischen Synthesis,) bis dahin zwar keine wirkliche Erfahrung jemals völlig zureicht, aber doch jederzeit dazu gehörig ist. Vernunftbegriffe dienen zum *Begreifen*, wie Verstandesbegriffe zum *Verstehen* (der Wahrnehmungen). Wenn sie das Unbedingte enthalten, so betreffen sie etwas, worunter alle Erfahrung gehört, welches selbst aber niemals ein Gegenstand der Erfahrung ist: etwas, worauf die Vernunft in ihren Schlüssen aus der Erfahrung führt, und wornach sie den Grad ihres empirischen Gebrauchs schätzt und abmißt, niemals aber ein Glied der empirischen Synthesis ausmacht. Haben dergleichen Begriffe dessen ungeachtet, objektive Gültigkeit, so können sie *conceptus ratiocinati* (richtig geschlossene Begriffe) heißen; wo nicht, so sind sie wenigstens durch einen Schein des Schließens erschlichen, und mögen *conceptus ratiocinantes* (vernünftelnde Begriffe) genannt werden. Da dieses aber allererst in dem Hauptstücke von den dialektischen Schlüssen der reinen Vernunft ausgemacht werden kann, so können wir darauf noch nicht Rücksicht nehmen, sondern werden vorläufig, so wie wir die reinen Verstandesbegriffe Kategorien nannten, die Begriffe der reinen Vernunft mit einem neuen Namen belegen und sie transzendentale Ideen nennen, diese Benennung aber jetzt erläutern und rechtfertigen.

Des ersten Buchs der transzendentalen Dialektik

Erster Abschnitt
Von den Ideen überhaupt

Bei dem großen Reichtum unserer Sprachen findet sich doch oft der denkende Kopf wegen des Ausdrucks verlegen, der seinem Begriffe genau anpaßt, und in dessen Ermanglung er weder anderen, noch sogar sich selbst recht verständlich werden kann. Neue Wörter zu schmieden, ist eine Anmaßung zum Gesetzgeben in Sprachen, die selten gelingt, und ehe man zu diesem verzweifelten Mittel schreitet, ist es ratsam, sich in einer toten und gelehrten Sprache umzusehen, ob sich daselbst nicht dieser Begriff samt seinem angemessenen Ausdrucke vorfinde, und wenn der alte Gebrauch desselben durch Unbehutsamkeit ihrer Urheber auch etwas schwankend geworden wäre, so ist es doch besser, die Bedeutung, die ihm vorzüglich eigen war, zu befestigen, (sollte es auch zweifelhaft bleiben, ob man damals genau ebendieselbe im Sinne gehabt habe,) als sein Geschäft nur dadurch zu verderben, daß man sich unverständlich machte.

Um deswillen, wenn sich etwa zu einem gewissen Begriffe nur ein einziges Wort vorfände, das in schon eingeführter Bedeutung diesem Begriffe genau anpaßt, dessen Unterscheidung von anderen verwandten Begriffen von großer Wichtigkeit ist, so ist es ratsam, damit nicht verschwenderisch umzugehen, oder es bloß zur Abwechslung, synonymisch, statt anderer zu gebrauchen, sondern ihm seine eigentümliche Bedeutung sorgfältig aufzubehalten; weil es sonst leichtlich geschieht, daß, nachdem der Ausdruck die Aufmerksamkeit nicht besonders beschäftigt, sondern sich unter dem Haufen anderer von sehr abweichender Bedeutung verliert, auch der Gedanke verloren gehe, den er allein hätte aufbehalten können.

Plato bediente sich des Ausdrucks *Idee* so, daß man wohl sieht, er habe darunter etwas verstanden, was nicht allein niemals von den Sinnen entlehnt wird, sondern welches sogar die Begriffe des Verstandes, mit denen sich Aristoteles beschäftigte, weit übersteigt, indem in der Erfahrung niemals etwas damit Kongruierendes angetroffen wird. Die Ideen sind bei ihm Urbilder der Dinge selbst, und nicht bloß Schlüssel zu möglichen Erfahrungen, wie die Kategorien. Nach seiner Meinung flossen sie aus der höchsten Vernunft aus, von da sie der menschlichen zuteil geworden, die sich aber jetzt nicht mehr in ihrem ursprünglichen Zustande befindet, sondern mit Mühe die alten, jetzt sehr verdunkelten, Ideen durch Erinnerung (die Philosophie heißt) zurückrufen muß. Ich will mich hier in keine literarische Untersuchung einlassen, um den Sinn auszumachen, den der erhabene Philosoph mit seinem Ausdrucke verband. Ich merke nur an, daß es gar nichts Ungewöhnliches sei, sowohl im gemeinen Gespräche, als in Schriften, durch die Vergleichung der Gedanken, welche ein Verfasser über seinen Gegenstand äußert, ihn sogar besser zu verstehen, als er sich selbst verstand, indem er seinen Begriff nicht genugsam bestimmte, und dadurch bisweilen seiner eigenen Absicht entgegen redete, oder auch dachte.

Plato bemerkte sehr wohl, daß unsere Erkenntniskraft ein weit höheres Bedürfnis fühle, als bloß Erscheinungen nach synthetischer Einheit buchstabieren, um sie als Erfahrung lesen zu können, und daß unsere Vernunft natürlicherweise sich zu Erkenntnissen aufschwinge, die viel weiter gehen, als daß irgendein Gegenstand, den Erfahrung geben kann, jemals mit ihnen kongruieren könne, die aber nichtsdestoweniger ihre Realität haben und keineswegs bloße Hirngespinste sind.

Plato fand seine Ideen vorzüglich in allem was praktisch ist, d. i. auf Freiheit beruht, welche ihrerseits unter Erkenntnissen steht, die ein eigentümliches Produkt der Vernunft sind. Wer die Begriffe der Tugend aus Erfahrung schöpfen wollte, wer das, was nur allenfalls als Beispiel zur unvollkommenen Erläuterung dienen kann, als Muster zum Erkenntnisquell machen wollte (wie wirklich viele getan haben), der würde aus der Tugend ein nach Zeit und Umständen wandelbares, zu keiner Regel brauchbares zweideutiges Unding machen. Dagegen wird ein jeder inne, daß, wenn ihm jemand als Muster der Tugend vorgestellt wird, er doch immer das wahre Original bloß in seinem eigenen Kopfe habe, womit er dieses angebliche Muster vergleicht, und es bloß darnach schätzt. Dieses ist aber die Idee der Tugend, in Ansehung deren alle möglichen Gegenstände der Erfahrung zwar als Beispiele, (Beweise der Tunlichkeit desjenigen im gewissen Grade, was der Begriff der Vernunft heischt,) aber nicht als Urbilder Dienste tun. Daß niemals ein Mensch demjenigen adäquat handeln werde, was die reine Idee der Tugend enthält, beweist gar nicht etwas Chimärisches in diesem Gedanken. Denn es ist gleichwohl alles Urteil, über den moralischen Wert oder Unwert, nur vermittelst dieser Idee möglich; mithin liegt sie jeder Annäherung zur moralischen Vollkommenheit notwendig zum Grunde, soweit auch die ihrem Grade nach nicht zu bestimmenden Hindernisse in der menschlichen Natur uns davon entfernt halten mögen.

Die *platonische Republik* ist, als ein vermeintlich auffallendes Beispiel von erträumter Vollkommenheit, die nur im Gehirn des müßigen Denkers ihren Sitz haben kann, zum Sprichwort geworden, und *Brucker* findet es lächerlich, daß der Philosoph behauptete, niemals würde ein Fürst wohl regieren, wenn er nicht der Ideen teilhaftig wäre. Allein man würde besser tun, diesem Gedanken mehr nachzugehen, und ihn (wo der vortreffliche Mann uns ohne Hilfe läßt) durch neue Bemühung in Licht zu stellen, als ihn, unter dem sehr elenden und schädlichen Vorwande der Untunlichkeit, als unnütz beiseite zu setzen. Eine Verfassung von der *größten menschlichen Freiheit* nach Gesetzen, welche machen, *daß jedes Freiheit mit der anderen ihrer zusammen bestehen kann,* (nicht von der größten Glückseligkeit, denn diese wird schon von selbst folgen;) ist doch wenigstens eine notwendige Idee, die man nicht bloß im ersten Entwurfe einer Staatsverfassung, sondern auch bei allen Gesetzen zum Grunde legen muß, und wobei man anfänglich von den gegenwärtigen Hindernissen abstrahieren muß, die vielleicht nicht sowohl aus der menschlichen Natur unvermeidlich entspringen mögen, als vielmehr aus der Vernachlässigung der echten Ideen bei der Gesetzgebung. Denn nichts kann Schädlicheres und eines Philosophen Unwürdigeres gefunden werden, als die pöbelhafte Berufung auf vergeblich widerstreitende Erfahrung, die doch gar nicht existieren würde, wenn jene Anstalten zu rechter Zeit nach den Ideen getroffen würden, und an deren Statt nicht rohe Begriffe, eben darum, weil sie aus Erfahrung geschöpft worden, alle gute Absicht vereitelt hätten. Je übereinstimmender die Gesetzgebung und Regierung mit dieser Idee eingerichtet wären, desto seltener würden allerdings die Strafen werden, und da ist es denn ganz vernünftig, (wie Plato behauptet), daß bei einer vollkommenen Anordnung derselben gar keine dergleichen nötig sein würden. Ob nun gleich das letztere niemals zustande kommen mag, so ist die Idee doch ganz richtig, welche dieses Maximum zum Urbilde aufstellt, um nach demselben die gesetzliche Verfassung der Menschen der möglich größten Vollkommenheit immer näher zu bringen. Denn welches der höchste Grad sein mag, bei welchem die Menschheit stehenbleiben müsse, und wie groß also die Kluft, die zwischen der Idee und ihrer Ausführung notwendig übrigbleibt, sein möge, das kann und soll niemand bestimmen, eben darum, weil es Freiheit ist, welche jede angegebene Grenze übersteigen kann.

Aber nicht bloß in demjenigen, wobei die menschliche Vernunft wahrhafte Kausalität zeigt, und wo Ideen wirkende Ursachen (der Handlungen und ihrer Gegenstände) werden, nämlich im Sittlichen, sondern auch in Ansehung der Natur selbst, sieht Plato mit Recht deutliche Beweise ihres Ursprungs aus Ideen. Ein Gewächs, ein Tier, die regelmäßige Anordnung des Weltbaues (vermutlich also auch die ganze Naturordnung) zeigen deutlich, daß sie nur nach Ideen möglich sind; daß zwar kein einzelnes Geschöpf, unter den einzelnen Bedingungen seines Daseins, mit der Idee des Vollkommensten seiner Art kongruiere (so wenig wie der Mensch mit der Idee der Menschheit, die er sogar selbst als das Urbild seiner Handlungen in seiner Seele trägt,) daß gleichwohl jene Ideen im höchsten Verstande einzeln, unveränderlich, durchgängig bestimmt, und die ursprünglichen Ursachen der Dinge sind, und nur das Ganze ihrer Verbindung im Weltall einzig und allein jener Idee völlig adäquat sei. Wenn man das Übertriebene des Ausdrucks absondert, so ist der Geistesschwung des Philosophen, von der copeilichen Betrachtung des Physischen der Weltordnung zu der architektonischen Verknüpfung derselben nach Zwecken, d. i. nach Ideen, hinaufzusteigen, eine Bemühung, die Achtung und Nachfolge verdient, in Ansehung desjenigen aber, was die Prinzipien der Sittlichkeit, der Gesetzgebung und der Religion betrifft, wo die Ideen die Erfahrung selbst (des Guten) allererst möglich machen, obzwar niemals darin völlig ausgedrückt werden können, ein ganz eigentümliches Verdienst, welches man nur darum nicht erkennt, weil man es durch eben die empirischen Regeln beurteilt, deren Gültigkeit, als Prinzipien, eben durch sie hat aufgehoben werden sollen. Denn in Betracht der Natur gibt uns Erfahrung die Regel an die Hand und ist der Quell der Wahrheit; in Ansehung der sittlichen Gesetze aber ist Erfahrung (leider!) die Mutter des Scheins, und es ist höchst verwerflich, die Gesetze über das, was ich *tun soll*, von demjenigen herzunehmen, oder dadurch einschränken zu wollen, was *getan wird*.

Statt aller dieser Betrachtungen, deren gehörige Ausführung in der Tat die eigentümliche Würde der Philosophie ausmacht, beschäftigen wir uns jetzt mit einer nicht so glänzenden, aber doch auch nicht verdienstlosen Arbeit, nämlich: den Boden zu jenen majestätischen sittlichen Gebäuden eben und baufest zu machen, in welchem sich allerlei Maulwurfsgänge einer vergeblich, aber mit guter Zuversicht, auf Schätze grabenden Vernunft vorfinden, und die jenes Bauwerk unsicher machen. Der transzendentale Gebrauch der reinen Vernunft, ihre Prinzipien und Ideen, sind es also, welche genau zu kennen uns jetzt obliegt, um den Einfluß der reinen Vernunft und den Wert derselben gehörig bestimmen und schätzen zu können. Doch, ehe ich diese vorläufige Einleitung beiseite lege, ersuche ich diejenige, denen Philosophie am Herzen liegt, (welches mehr gesagt ist, als man gemeiniglich antrifft,) wenn sie sich durch dieses und das Nachfolgende überzeugt finden sollten, den Ausdruck Idee seiner ursprünglichen Bedeutung nach in Schutz zu nehmen, damit er nicht fernerhin unter die übrigen Ausdrücke, womit gewöhnlich allerlei Vorstellungsarten in sorgloser Unordnung bezeichnet werden, gerate, und die Wissenschaft dabei einbüße. Fehlt es uns doch nicht an Benennungen, die jeder Vorstellungsart gehörig angemessen sind, ohne daß wir nötig haben, in das Eigentum einer anderen einzugreifen. Hier ist eine Stufenleiter derselben. Die Gattung ist *Vorstellung* überhaupt (repraesentatio). Unter ihr steht die Vorstellung mit Bewußtsein (perceptio). Eine *Perception*, die sich lediglich auf das Subjekt, als die Modifikation seines Zustandes bezieht, ist *Empfindung* (sensatio), eine objektive Perzeption ist *Erkenntnis* (cognitio). Diese ist entweder *Anschauung* oder *Begriff* (intuitus vel conceptus). Jene bezieht sich unmittelbar auf den Gegenstand und ist einzeln; dieser mittelbar, vermittelst eines Merkmals, was mehreren Dingen gemein sein kann. Der Begriff ist entweder ein *empirischer* oder *reiner Begriff*, und der reine Begriff, sofern er lediglich im Verstande seinen Ursprung hat (nicht im reinen Bilde der Sinnlichkeit) heißt Notio. Ein Begriff aus Notionen, der die Möglichkeit der Erfahrung übersteigt, ist die *Idee*, oder der Vernunftbegriff. Dem, der sich einmal an diese Unterscheidung gewöhnt hat, muß es unerträglich fallen, die Vorstellung der roten Farbe Idee nennen zu hören. Sie ist nicht einmal Notion (Verstandesbegriff) zu nennen.

Des ersten Buchs der transzendentalen Dialektik

Zweiter Abschnitt
Von den transzendentalen Ideen

Die transzendentale Analytik gab uns ein Beispiel, wie die bloße logische Form unserer Erkenntnis den Ursprung von reinen Begriffen a priori enthalten könne, welche vor aller Erfahrung Gegenstände vorstellen, oder vielmehr die synthetische Einheit anzeigen, welche allein eine empirische Erkenntnis von Gegenständen möglich macht. Die Form der Urteile (in einen Begriff von der Synthesis der Anschauungen verwandelt) brachte Kategorien hervor, welche allen Verstandesgebrauch in der Erfahrung leiten. Ebenso können wir erwarten, daß die Form der Vernunftschlüsse, wenn man sie auf die synthetische Einheit der Anschauungen, nach Maßgebung der Kategorien, anwendet, den Ursprung besonderer Begriffe a priori enthalten werde, welche wir reine Vernunftbegriffe, oder *transzendentale Ideen* nennen können, und die den Verstandesgebrauch im Ganzen der getarnten Erfahrung nach Prinzipien bestimmen werden.

Die Funktion der Vernunft bei ihren Schlüssen bestand in der Allgemeinheit der Erkenntnis nach Begriffen, und der Vernunftschluß selbst ist ein Urteil, welches a priori in dem ganzen Umfange seiner Bedingung bestimmt wird. Den Satz: Cajus ist sterblich, könnte ich auch bloß durch den Verstand aus der Erfahrung schöpfen. Allein ich suche einen Begriff, der die Bedingung enthält, unter welcher das Prädikat (Assertion überhaupt) dieses Urteils gegeben wird (d. i. hier, den Begriff des Menschen;) und nachdem ich unter diese Bedingung, in ihrem ganzen Umfange genommen, (alle Menschen sind sterblich) subsumiert habe; so bestimme ich darnach die Erkenntnis meines Gegenstandes (Cajus ist sterblich).

Demnach restringieren wir in der Conclusion eines Vernunftschlusses ein Prädikat auf einen gewissen Gegenstand, nachdem wir es vorher in dem Obersatz in seinem ganzen Umfange unter einer gewissen Bedingung gedacht haben. Diese vollendete Größe des Umfanges, in Beziehung auf eine solche Bedingung, heißt die *Allgemeinheit* (Universalitas). Dieser entspricht in der Synthesis der Anschauungen die *Allheit* (Universitas) oder *Totalität* der Bedingungen. Also ist der transzendentale Vernunftbegriff kein anderer, als der von der *Totalität* der *Bedingungen* zu einem gegebenen Bedingten. Da nun das *Unbedingte* allein die Totalität der Bedingungen möglich macht, und umgekehrt die Totalität der Bedingungen jederzeit selbst unbedingt ist; so kann ein reiner Vernunftbegriff überhaupt durch den Begriff des Unbedingten, sofern er einen Grund der Synthesis des Bedingten enthält, erklärt werden.

Soviel Arten des Verhältnisses es nun gibt, die der Verstand vermittelst der Kategorien sich vorstellt, so vielerlei reine Vernunftbegriffe wird es auch geben, und es wird also erstlich ein *Unbedingtes* der *kategorischen* Synthesis in einem *Subjekt*, zweitens der *hypothetischen* Synthesis der Glieder einer *Reihe*, drittens der *disjunktiven* Synthesis der Teile in einem *System* zu suchen sein.

Es gibt nämlich ebensoviel Arten von Vernunftschlüssen, deren jede durch Prosyllogismen zum Unbedingten fortschreitet, die eine zum Subjekt, welches selbst nicht mehr Prädikat ist, die andere zur Voraussetzung, die nichts weiter voraussetzt, und die dritte zu einem Aggregat der Glieder der Einteilung, zu welchen nichts weiter erforderlich ist, um die Einteilung eines Begriffs zu vollenden. Daher sind die reinen Vernunftbegriffe von der Totalität in der Synthesis der Bedingungen wenigstens als Aufgaben, um die Einheit des Verstandes, womöglich, bis zum Unbedingten fortzusetzen, notwendig und in der Natur der menschlichen Vernunft gegründet, es mag auch übrigens diesen transzendentalen Begriffen an einem ihnen angemessenen Gebrauch in concreto fehlen, und sie mithin keinen anderen Nutzen haben, als den Verstand in die Richtung zu bringen, darin sein Gebrauch, indem er aufs äußerste erweitert, zugleich mit sich selbst durchgehende einstimmig gemacht wird.

Indem wir aber hier von der Totalität der Bedingungen und dem Unbedingten, als dem gemeinschaftlichen Titel aller Vernunftbegriffe reden, so stoßen wir wiederum auf einen Ausdruck, den wir nicht entbehren und gleichwohl, nach einer ihm durch langen Mißbrauch anhängenden Zweideutigkeit, nicht sicher brauchen können. Das Wort absolut ist eines von den wenigen Wörtern, die in ihrer uranfänglichen Bedeutung einem Begriffe angemessen worden, welchem nach der Hand gar kein anderes Wort eben derselben Sprache genau anpaßt, und dessen Verlust, oder welches ebensoviel ist, sein schwankender Gebrauch daher auch den Verlust des Begriffs selbst nach sich ziehen muß, und zwar eines Begriffs, der, weil er die Vernunft gar sehr beschäftigt, ohne großen Nachteil aller transzendentalen Beurteilungen nicht entbehrt werden kann. Das Wort *absolut* wird jetzt öfters gebraucht, um bloß anzuzeigen, daß etwas von einer Sache *an sich selbst* betrachtet und also *innerlich* gelte. In dieser Bedeutung würde *absolutmöglich* das bedeuten, was an sich selbst (interne) möglich ist, welches in der Tat das wenigste ist, was man von einem Gegenstande sagen kann. Dagegen wird es auch bisweilen gebraucht, um anzuzeigen, daß etwas in aller Beziehung (uneingeschränkt) gültig ist (z. B. die absolute Herrschaft,) und *absolutmöglich* würde in dieser Bedeutung dasjenige bedeuten, was in aller Absicht *in aller Beziehung möglich* ist, welches wiederum *das meiste* ist, was ich über die Möglichkeit eines Dinges sagen kann. Nun treffen zwar diese Bedeutungen manchmal zusammen. So ist z. E., was innerlich unmöglich ist, auch in aller Beziehung, mithin absolut unmöglich. Aber in den meisten Fällen sind sie unendlich weit auseinander, und ich kann auf keine Weise schließen, daß, weil etwas an sich selbst möglich ist, es darum auch in aller Beziehung, mithin absolut, möglich sei. Ja von der absoluten Notwendigkeit werde ich in der Folge zeigen, daß sie keineswegs in allen Fällen von der inneren abhänge, und also mit dieser nicht als gleichbedeutend angesehen werden müsse. Dessen Gegenteil innerlich unmöglich ist, dessen Gegenteil ist freilich auch in aller Absicht unmöglich, mithin ist es selbst absolut notwendig; aber ich kann nicht umgekehrt schließen, was absolut notwendig ist, dessen Gegenteil sei *innerlich* unmöglich, d. i. die *absolute* Notwendigkeit der Dinge sei eine *innere* Notwendigkeit; denn diese innere Notwendigkeit ist in gewissen Fällen ein ganz leerer Ausdruck, mit welchem wir nicht den mindesten Begriff verbinden können; dagegen der von der Notwendigkeit eines Dinges in aller Beziehung (auf alles Mögliche) ganz besondere Bestimmungen bei sich führt. Weil nun der Verlust eines Begriffs von großer Anwendung in der spekulativen Weltweisheit dem Philosophen niemals gleichgültig sein kann, so hoffe ich, es werde ihm die Bestimmung und sorgfältige Aufbewahrung des Ausdrucks, an dem der Begriff hängt, auch nicht gleichgültig sein.

In dieser erweiterten Bedeutung werde ich mich dann des Wortes: *absolut*, bedienen und es dem bloß komparativ oder in besonderer Rücksicht Gültigen entgegensetzen; denn dieses letztere ist auf Bedingungen restringiert, jenes aber gilt ohne Restriktion.

Nun geht der transzendentale Vernunftbegriff jederzeit nur auf die absolute Totalität in der Synthesis der Bedingungen, und endigt niemals, als bei den schlechthin, d. i. in jeder Beziehung, Unbedingten. Denn die reine Vernunft überläßt alles dem Verstande, der sich zunächst auf die Gegenstände der Anschauung oder vielmehr deren Synthesis in der Einbildungskraft bezieht. Jene behält sich allein die absolute Totalität im Gebrauche der Verstandesbegriffe vor, und sucht die synthetische Einheit, welche in der Kategorie gedacht wird, bis zum Schlechthinunbedingten hinauszuführen. Man kann daher diese die *Vernunfteinheit* der Erscheinungen, so wie jene, welche die Kategorie ausdrückt, *Verstandeseinheit* nennen. So bezieht sich demnach die Vernunft nur auf den Verstandesgebrauch, und zwar nicht sofern dieser den Grund möglicher Erfahrung enthält, (denn die absolute Totalität der Bedingungen ist kein in einer Erfahrung brauchbarer Begriff, weil keine Erfahrung unbedingt ist,) sondern um ihm die Richtung auf eine gewisse Einheit vorzuschreiben, von der der Verstand keinen Begriff hat, und die darauf hinausgeht, alle Verstandeshandlungen, in Ansehung eines jeden Gegenstandes, in ein *absolutes* Ganzes zusammenzufassen. Daher ist der objektive Gebrauch der reinen Vernunftbegriffe jederzeit *transzendent*, indessen daß der von den reinen Verstandesbegriffen, seiner Natur nach, jederzeit *immanent* sein muß, indem er sich bloß auf mögliche Erfahrung einschränkt.

Ich verstehe unter der Idee einen notwendigen Vernunftbegriff, dem kein kongruierender Gegenstand in den Sinnen gegeben werden kann. Also sind unsere jetzt erwogenen reinen Vernunftbegriffe *transzendentale Ideen*. Sie sind Begriffe der reinen Vernunft; denn sie betrachten alles Erfahrungserkenntnis als bestimmt durch eine absolute Totalität der Bedingungen. Sie sind nicht willkürlich erdichtet, sondern durch die Natur der Vernunft selbst aufgegeben, und beziehen sich daher notwendigerweise auf den ganzen Verstandesgebrauch. Sie sind endlich transzendent und übersteigen die Grenze aller Erfahrung, in welcher also niemals ein Gegenstand vorkommen kann, der der transzendentalen Idee adäquat wäre. Wenn man eine Idee nennt, so sagt man dem Objekt nach (als von einem Gegenstande des reinen Verstandes) *sehr viel*, dem Subjekte nach aber (d. i. in Ansehung seiner Wirklichkeit unter empirischer Bedingung) eben darum *sehr wenig*, weil sie, als der Begriff eines Maximum, in concreto niemals kongruent kann gegeben werden. Weil nun das letztere im bloß spekulativen Gebrauch der Vernunft eigentlich die ganze Absicht ist, und die Annäherung zu einem Begriffe, der aber in der Ausübung doch niemals erreicht wird, ebensoviel ist, als ob der Begriff ganz und gar verfehlt würde, so heißt es von einem dergleichen Begriffe: er ist *nur* eine Idee. So würde man sagen können: das absolute Ganze aller Erscheinungen *ist nur eine Idee*, denn, da wir dergleichen niemals im Bilde entwerfen können, so bleibt es ein *Problem* ohne alle Auflösung. Dagegen, weil es im praktischen Gebrauch des

Verstandes ganz allein um die Ausübung nach Regeln zu tun ist, so kann die Idee der praktischen Vernunft jederzeit wirklich, obzwar nur zum Teil, in concreto gegeben werden, ja sie ist die unentbehrliche Bedingung jedes praktischen Gebrauchs der Vernunft. Ihre Ausübung ist jederzeit begrenzt und mangelhaft, aber unter nicht bestimmbaren Grenzen, also jederzeit unter dem Einflusse des Begriffs einer absoluten Vollständigkeit. Demnach ist die praktische Idee jederzeit höchst fruchtbar und in Ansehung der wirklichen Handlungen unumgänglich notwendig. In ihr hat die reine Vernunft sogar Kausalität, das wirklich hervorzubringen, was ihr Begriff enthält; daher kann man von der Weisheit nicht gleichsam geringschätzig sagen: *sie ist nur eine Idee*; sondern eben darum, weil sie die Idee von der notwendigen Einheit aller möglichen Zwecke ist, so muß sie allem Praktischen als ursprüngliche, zum wenigsten einschränkende, Bedingung zur Regel dienen.

Ob wir nun gleich von den transzendentalen Vernunftbegriffen sagen müssen: *sie sind nur Ideen*, so werden wir sie doch keineswegs für überflüssig und nichtig anzusehen haben. Denn, wenn schon dadurch kein Objekt bestimmt werden kann, so können sie doch im Grunde und unbemerkt dem Verstande zum Kanon seines ausgebreiteten und einhelligen Gebrauchs dienen, dadurch er zwar keinen Gegenstand mehr erkennt, als er nach seinen Begriffen erkennen würde, aber doch in dieser Erkenntnis besser und weiter geleitet wird. Zu geschweigen, daß sie vielleicht von den Naturbegriffen zu den praktischen einen Übergang möglich machen, und den moralischen Ideen selbst auf solche Art Haltung und Zusammenhang mit den spekulativen Erkenntnissen der Vernunft verschaffen können. Über alles dieses muß man den Aufschluß in dem Verfolg erwarten.

Unserer Absicht gemäß setzen wir aber hier die praktischen Ideen beiseite, und betrachten daher die Vernunft nur im spekulativen, und in diesem noch enger, nämlich nur im transzendentalen Gebrauch. Hier müssen wir nun denselben Weg einschlagen, den wir oben bei der Deduktion der Kategorien nahmen; nämlich, die logische Form der Vernunfterkenntnis erwägen, und sehen, ob nicht etwa die Vernunft dadurch auch ein Quell von Begriffen werde, Objekte an sich selbst, als synthetisch a priori bestimmt, in Ansehung einer oder der anderen Funktion der Vernunft, anzusehen.

Vernunft, als Vermögen einer gewissen logischen Form der Erkenntnis betrachtet, ist das Vermögen zu schließen, d. i. mittelbar (durch die Subsumtion der Bedingung eines möglichen Urteils unter die Bedingung eines gegebenen) zu urteilen. Das gegebene Urteil ist die allgemeine Regel (Obersatz, *Major*). Die Subsumtion der Bedingung eines anderen möglichen Urteils unter die Bedingung der Regel ist der Untersatz *(Minor)*. Das wirkliche Urteil, welches die Assertion der Regel in dem *subsumierten Falle* aussagt, ist der Schlußsatz *(Conclusio)*. Die Regel nämlich sagt etwas allgemein unter einer gewissen Bedingung. Nun findet in einem vorkommenden Falle die Bedingung der Regel statt. Also wird das, was unter jener Bedingung allgemein galt, auch in dem vorkommenden

Falle (der diese Bedingung bei sich führt) als gültig angesehen. Man sieht leicht, daß die Vernunft durch Verstandeshandlungen, welche eine Reihe von Bedingungen ausmachen, zu einem Erkenntnisse gelange. Wenn ich zu dem Satze: alle Körper sind veränderlich, nur dadurch gelangen daß ich von dem entfernteren Erkenntnis (worin der Begriff des Körpers noch nicht vorkommt, der aber doch davon die Bedingung enthält,) anfange: alles Zusammengesetzte ist *veränderlich*; von diesem zu einem näheren gehe, der unter der Bedingung des ersteren steht: die Körper sind zusammengesetzt; und von diesem allererst zu einem dritten, der nunmehr das entfernte Erkenntnis (veränderlich) mit dem vorliegenden verknüpft: folglich sind die Körper veränderlich; so bin ich durch eine Reihe von Bedingungen (Prämissen) zu einer Erkenntnis (Conclusion) gelangt. Nun läßt sich eine jede Reihe, deren Exponent (des kategorischen oder hypothetischen Urteils) gegeben ist, fortsetzen; mithin führt ebendieselbe Vernunfthandlung zur *ratiocinatio polysyllogistica*, welches eine Reihe von Schlüssen ist, die entweder auf der Seite der Bedingungen *(per prosyllogismos)*, oder des Bedingten *(per episyllogismos)*, in unbestimmte Weiten fortgesetzt werden kann.

Man wird aber bald inne, daß die Kette, oder Reihe der Prosyllogismen, d. i. der gefolgerten Erkenntnisse auf der Seite der Gründe, oder der Bedingungen zu einem gegebenen Erkenntnis, mit anderen Worten: die *aufsteigende Reihe* der Vernunftschlüsse, sich gegen das Vernunftvermögen doch anders verhalten müsse, als die *absteigende Reihe*, d. i. der Fortgang der Vernunft auf der Seite des Bedingten durch Episyllogismen. Denn, da im ersteren Falle das Erkenntnis *(conclusio)* nur als bedingt gegeben ist; so kann man zu demselben vermittelst der Vernunft nicht anders gelangen, als wenigstens unter der Voraussetzung, daß alle Glieder der Reihe auf der Seite der Bedingungen gegeben sind, (Totalität in der Reihe der Prämissen,) weil nur unter deren Voraussetzung das vorliegende Urteil a priori möglich ist; dagegen auf der Seite des Bedingten, oder der Folgerungen, nur eine *werdende* und nicht schon *ganz* vorausgesetzte oder gegebene Reihe, mithin nur ein potentialer Fortgang gedacht wird. Daher, wenn eine Erkenntnis als bedingt angesehen wird, so ist die Vernunft genötigt, die Reihe der Bedingungen in aufsteigender Linie als vollendet und ihrer Totalität nach gegeben anzusehen. Wenn aber eben dieselbe Erkenntnis zugleich als Bedingung anderer Erkenntnisse angesehen wird, die untereinander eine Reihe von Folgerungen in absteigender Linie ausmachen, so kann die Vernunft ganz gleichgültig sein, wie weit dieser Fortgang sich a parte posteriori erstrecke, und ob gar überall Totalität dieser Reihe möglich sei; weil sie einer dergleichen Reihe zu der vor ihr liegenden Konklusion nicht bedarf, indem diese durch ihre Gründe a parte priori schon hinreichend bestimmt und gesichert ist. Es mag nun sein, daß auf der Seite der Bedingungen die Reihe der Prämissen ein *Erstes* habe, als oberste Bedingung, oder nicht, und also a parte priori ohne Grenzen; so muß sie doch Totalität der Bedingung enthalten, gesetzt, daß wir niemals dahin gelangen könnten, sie zu fassen, und die ganze Reihe muß unbedingt wahr sein, wenn das Bedingte, welches als eine daraus entspringende

Folgerung angesehen wird, als wahr gelten soll. Dieses ist eine Forderung der Vernunft, die ihr Erkenntnis als a priori bestimmt und als notwendig ankündigt, entweder an sich selbst, und dann bedarf es keiner Gründe, oder, wenn es abgeleitet ist, als ein Glied einer Reihe von Gründen, die selbst unbedingterweise wahr ist.

Des ersten Buchs der transzendentalen Dialektik

Dritter Abschnitt
System der transzendentalen Ideen

Wir haben es hier nicht mit einer logischen Dialektik zu tun, welche von allem Inhalte der Erkenntnis abstrahiert, und lediglich den falschen Schein in der Form der Vernunftschlüsse aufdeckt, sondern mit einer transzendentalen, welche, völlig a priori, den Ursprung gewisser Erkenntnisse aus reiner Vernunft, und geschlossener Begriffe, deren Gegenstand empirisch gar nicht gegeben werden kann, die also gänzlich außer dem Vermögen des reinen Verstandes liegen, enthalten soll. Wir haben aus der natürlichen Beziehung, die der transzendentale Gebrauch unserer Erkenntnis, sowohl in Schlüssen als Urteilen, auf den logischen haben muß, abgenommen: daß es nur drei Arten von dialektischen Schlüssen geben werde, die sich auf die dreierlei Schlußarten beziehen, durch welche Vernunft aus Prinzipien zu Erkenntnissen gelangen kann, und daß in allem ihr Geschäft sei, von der bedingten Synthesis, an die der Verstand jederzeit gebunden bleibt, zur unbedingten aufzusteigen, die er niemals erreichen kann.

Nun ist das Allgemeine aller Beziehung, die unsere Vorstellungen haben können, 1. die Beziehung aufs Subjekt, 2. die Beziehung auf Objekte, und zwar entweder als Erscheinungen, oder als Gegenstände des Denkens überhaupt. Wenn man diese Untereinteilung mit der oberen verbindet, so ist alles Verhältnis der Vorstellungen, davon wir uns entweder einen Begriff, oder Idee machen können, dreifach: 1. das Verhältnis zum Subjekt, 2. zum Mannigfaltigen des Objekts in der Erscheinung, 3. zu allen Dingen überhaupt.

Nun haben es alle reinen Begriffe überhaupt mit der synthetischen Einheit der Vorstellungen, Begriffe der reinen Vernunft (transszendentale Ideen) aber mit der unbedingten synthetischen Einheit aller Bedingungen überhaupt zu tun. Folglich werden alle transzendentalen Ideen sich unter *drei Klassen* bringen lassen, davon die *erste* die absolute (unbedingte) *Einheit* des *denkenden Subjekts*, die *zweite* die absolute *Einheit* der *Reihe der Bedingungen der Erscheinung*, die *dritte* die absolute *Einheit* der *Bedingung aller Gegenstände des Denkens* überhaupt enthält.

Das denkende Subjekt ist der Gegenstand der *Psychologie*, der Inbegriff aller Erscheinungen (die Welt) der Gegenstand der *Kosmologie*, und das Ding, welches die oberste Bedingung der Möglichkeit von allem, was gedacht werden kann, enthält, (das Wesen aller Wesen) der Gegenstand der *Theologie*. Also gibt die reine Vernunft die Idee zu einer transzendentalen Seelenlehre *(psychologia rationalis)*, zu einer transzendentalen Weltwissenschaft *(cosmologia rationalis)*, endlich auch zu einer transzendentalen Gotteserkenntnis *(Theologia transzendentalis)* an die Hand. Der bloße Entwurf sogar zu einer sowohl als der anderen dieser Wissenschaften, schreibt sich gar nicht von dem Verstande her, selbst wenn er gleich mit dem höchsten logischen Gebrauche der Vernunft, d. i. allen erdenklichen Schlüssen, verbunden wäre, um von einem Gegenstande desselben (Erscheinung) zu allen anderen bis in die entlegensten Glieder der empirischen Synthesis fortzuschreiten, sondern ist lediglich ein reines und echtes Produkt, oder Problem der reinen Vernunft.

Was unter diesen drei Titeln aller transzendentalen Ideen für modi der reinen Vernunftbegriffe stehen, wird in dem folgenden Hauptstücke vollständig dargelegt werden. Sie laufen am Faden der Kategorien fort. Denn die reine Vernunft bezieht sich niemals geradezu auf Gegenstände, sondern auf die Verstandesbegriffe von denselben. Ebenso wird sich auch nur in der völligen Ausführung deutlich machen lassen, wie die Vernunft lediglich durch den synthetischen Gebrauch eben derselben Funktion, deren sie sich zum kategorischen Vernunftschlusse bedient, notwendigerweise auf den Begriff der absoluten Einheit des *denkenden Subjekts* kommen müsse, wie das logische Verfahren in hypothetischen Ideen die vom Schlechthinunbedingten *in einer Reihe* gegebener Bedingungen, endlich die bloße Form des disjunktiven Vernunftschlusses den höchsten Vernunftbegriff von einem *Wesen aller Wesen* notwendigerweise nach sich ziehen müsse; ein Gedanke, der beim ersten Anblick äußerst paradox zu sein scheint.

Von diesen transzendentalen Ideen ist eigentlich keine *objektive Deduktion* möglich, so wie wir sie von den Kategorien liefern konnten. Denn in der Tat haben sie keine Beziehung auf irgendein Objekt, was ihnen kongruent gegeben werden könnte, eben darum, weil sie nur Ideen sind. Aber eine subjektive Anleitung derselben aus der Natur unserer Vernunft konnten wir unternehmen, und die ist im gegenwärtigen Hauptstücke auch geleistet worden.

Man sieht leicht, daß die reine Vernunft nichts anderes zur Absicht habe, als die absolute Totalität der Synthesis *auf der Seite der Bedingungen*, (es sei der Inhärenz, oder der Dependenz, oder der Konkurrenz,) und daß sie mit der absoluten Vollständigkeit *von seiten des Bedingten* nichts zu schaffen habe. Denn nur allein jener bedarf sie, um die ganze Reihe der Bedingungen vorauszusetzen, und sie dadurch dem Verstande a priori zu geben. Ist aber eine vollständig (und unbedingt) gegebene Bedingung einmal da, so bedarf es nicht mehr eines Vernunftbegriffs in Ansehung der Fortsetzung der Reihe; denn der Verstand tut jeden Schritt abwärts, von der Bedingung zum *Bedingten*, von selber. Auf solche Weise dienen die transzendentalen Ideen nur zum *Aufsteigen* in der Reihe der Bedingungen, bis zum Unbedingten, d. i. zu den Prinzipien. In Ansehung des *Hinabgehens* zum Bedingten aber, gibt es zwar einen weit erstreckten logischen Gebrauch, den unsere Vernunft von den Verstandesgesetzen macht, aber gar keinen transzendentalen, und, wenn wir uns von der absoluten Totalität einer solchen Synthesis (des *progressus*) eine Idee machen, z. B. von der ganzen Reihe aller *künftigen* Weltveränderungen, so ist dieses ein Gedankending *(ens rationis)*, welches nur willkürlich gedacht, und nicht durch die Vernunft notwendig vorausgesetzt wird. Denn zur Möglichkeit des Bedingten wird zwar die Totalität seiner Bedingungen, aber nicht seiner Folgen, vorausgesetzt. Folglich ist ein solcher Begriff keine transzendentale Idee, mit der wir es doch hier lediglich zu tun haben.

Zuletzt wird man auch gewahr, daß unter den transzendentalen Ideen selbst ein gewisser Zusammenhang und Einheit hervorleuchte, und daß die reine Vernunft, vermittelst ihrer, alle ihre Erkenntnisse in ein System bringe. Von der Erkenntnis seiner selbst (der Seele) zur Welterkenntnis, und, vermittelst dieser, zum Urwesen fortzugehen, ist ein so natürlicher Fortschritt, daß er dem logischen Fortgange der Vernunft von den Prämissen zum Schlußsatze ähnlich scheint. Ob nun hier wirklich eine Verwandtschaft von der Art, als zwischen dem logischen und transzendentalen Verfahren, insgeheim zum Grunde liege, ist auch eine von den Fragen, deren Beantwortung man in dem Verfolg dieser Untersuchungen allererst erwarten muß. Wir haben vorläufig unseren Zweck schon erreicht, da wir die transzendentalen Begriffe der Vernunft, die sich sonst gewöhnlich in der Theorie der Philosophen unter andere mischen, ohne daß diese sie einmal von Verstandesbegriffen gehörig unterscheiden, aus dieser zweideutigen Lage haben herausziehen, ihren Ursprung, und dadurch zugleich ihre bestimmte Zahl, über die es gar keine mehr geben kann, angeben und sie in einem systematischen Zusammenhange haben vorstellen können, wodurch ein besonderes Feld für die reine Vernunft abgesteckt und eingeschränkt wird.

Der transzendentalen Dialektik

Zweites Buch
Von den dialektischen Schlüssen der reinen Vernunft

Man kann sagen, der Gegenstand einer bloßen transzendentalen Idee sei etwas, wovon man keinen Begriff hat, obgleich diese Idee ganz notwendig in der Vernunft nach ihren ursprünglichen Gesetzen erzeugt worden. Denn in der Tat ist auch von einem Gegenstande, der der Forderung der Vernunft adäquat sein soll, kein Verstandesbegriff möglich, d. i. ein solcher, welcher in einer möglichen Erfahrung gezeigt und anschaulich gemacht werden kann. Besser würde man sich doch und mit weniger Gefahr des Mißverständnisses, ausdrücken, wenn man sagte: daß wir vom Objekt, welches einer Idee korrespondiert, keine Kenntnis, obzwar einen problematischen Begriff, haben können.

Nun beruht wenigstens die transzendentale (subjektive) Realität der reinen Vernunftbegriffe darauf, daß wir durch einen notwendigen Vernunftschluß auf solche Ideen gebracht werden. Also wird es Vernunftschlüsse geben, die keine empirischen

Prämissen enthalten, und vermittelst deren wir von etwas, das wir kennen, auf etwas anderes schließen, wovon wir doch keinen Begriff haben, und dem wir gleichwohl, durch einen unvermeidlichen Schein, objektive Realität geben. Dergleichen Schlüsse sind in Ansehung ihres Resultats also eher *vernünftelnde*, als Vernunftschlüsse zu nennen; wiewohl sie, ihrer Veranlassung wegen, wohl den letzteren Namen führen können, weil sie doch nicht erdichtet, oder zufällig entstanden, sondern aus der Natur der Vernunft entsprungen sind. Es sind Sophistikationen, nicht der Menschen, sondern der reinen Vernunft selbst, von denen selbst der Weiseste unter allen Menschen sich nicht losmachen, und vielleicht zwar nach vieler Bemühung den Irrtum verhüten, den Schein aber, der ihn unaufhörlich zwackt und äfft, niemals völlig loswerden kann.

Dieser dialektischen Vernunftschlüsse gibt es also nur dreierlei Arten, so vielfach, als die Ideen sind, auf die ihre Schlußsätze auslaufen. In dem Vernunftschlusse der ersten Klasse schließe ich von dem transzendentalen Begriffe des Subjekts, der nichts Mannigfaltiges enthält, auf die absolute Einheit dieses Subjekts selber, von welchem ich auf diese Weise gar keinen Begriff habe. Diesen dialektischen Schluß werde ich den transzendentalen *Paralogismus* nennen. Die zweite Klasse der vernünftelnden Schlüsse ist auf den transzendentalen Begriff der absoluten Totalität, der Reihe der Bedingungen zu einer gegebenen Erscheinung überhaupt, angelegt, und ich schließe daraus, daß ich von der unbedingten synthetischen Einheit der Reihe auf einer Seite, jederzeit einen sich selbst widersprechenden Begriff habe, auf die Richtigkeit der entgegenstehenden Einheit, wovon ich gleichwohl auch keinen Begriff habe. Den Zustand der Vernunft bei diesen dialektischen Schlüssen, werde ich die *Antinomie* der reinen Vernunft nennen. Endlich schließe ich, nach der dritten Art vernünftelnder Schlüsse, von der Totalität der Bedingungen, Gegenstände überhaupt, sofern sie mir gegeben werden können, zu denken, auf die absolute synthetische Einheit aller Bedingungen der Möglichkeit der Dinge überhaupt, d. i. von Dingen, die ich nach ihrem bloßen transzendentalen Begriff nicht kenne, auf ein Wesen aller Wesen, welches ich durch einen transzendenten Begriff noch weniger kenne, und von dessen unbedingter Notwendigkeit ich mir keinen Begriff machen kann. Diesen dialektischen Vernunftschluß werde ich das *Ideal* der reinen Vernunft nennen.

Des zweiten Buchs der transzendentalen Dialektik

Erstes Hauptstück
Von den Paralogismen der reinen Vernunft

Der logische Paralogismus besteht in der Falschheit eines Vernunftschlusses der Form nach, sein Inhalt mag übrigens sein, welcher er wolle. Ein transzendentaler Paralogismus aber hat einen transzendentalen Grund: der Form nach falsch zu schließen. Auf solche Weise wird ein dergleichen Fehlschluß in der Natur der Menschenvernunft seinen Grund haben, und eine unvermeidliche, obzwar nicht unauflösliche, Illusion bei sich führen.

Jetzt kommen wir auf einen Begriff, der oben, in der allgemeinen Liste der transzendentalen Begriffe, nicht verzeichnet worden, und dennoch dazu gezählt werden muß, ohne doch darum jene Tafel im mindesten zu verändern und für mangelhaft zu erklären. Dieses ist der Begriff, oder, wenn man lieber will, das Urteil: *Ich denke*. Man sieht aber leicht, daß er das Vehikel aller Begriffe überhaupt, und mithin auch der transzendentalen sei, und also unter diesen jederzeit mit begriffen werde, und daher ebensowohl transzendental sei, aber keinen besonderen Titel haben könne, weil er nur dazu dient, alles Denken, als zum Bewußtsein gehörig, aufzuführen. Indessen, so rein er auch vom Empirischen (dem Eindrucke der Sinne) ist, so dient er doch dazu, zweierlei Gegenstände aus der Natur unserer Vorstellungskraft zu unterscheiden. *Ich*, als denkend, bin ein Gegenstand des inneren Sinnes, und heiße Seele. Dasjenige, was ein Gegenstand äußerer Sinne ist, heißt Körper. Demnach bedeutet der Ausdruck: Ich, als ein denkend Wesen, schon den Gegenstand der Psychologie, welche die rationale Seelenlehre heißen kann, wenn ich von der Seele nichts weiter zu wissen verlange, als was unabhängig von aller Erfahrung (welche mich näher und in concreto bestimmt) aus diesem Begriffe *Ich*, sofern er bei allem Denken vorkommt, geschlossen werden kann.

Die *rationale* Seelenlehre ist nun wirklich ein Unterfangen von dieser Art; denn, wenn das mindeste Empirische meines Denkens, irgendeine besondere Wahrnehmung meines inneren Zustandes, noch unter die Erkenntnisgründe dieser Wissenschaft gemischt würde, so wäre sie nicht mehr rationale, sondern *empirische* Seelenlehre. Wir haben also schon eine angebliche Wissenschaft vor uns, welche auf dem einzigen Satze: *Ich denke*, erbaut worden, und deren Grund oder Ungrund wir hier ganz schicklich, und der Natur einer Transzendentalphilosophie gemäß, untersuchen können. Man darf sich daran nicht stoßen, daß ich doch an diesem Satze, der die Wahrnehmung seiner selbst ausdrückt, eine innere Erfahrung habe, und mithin die rationale Seelenlehre, welche darauf erbaut wird, niemals rein, sondern zum Teil auf ein empirisches Prinzipium gegründet sei. Denn diese innere Wahrnehmung ist nichts weiter, als die bloße Apperzeption: *Ich denke*; welche sogar alle transzendentalen Begriffe möglich macht, in welchen es heißt: Ich denke die Substanz, die Ursache usw. Denn innere Erfahrung überhaupt und deren Möglichkeit, oder Wahrnehmung überhaupt und deren Verhältnis zu anderer Wahrnehmung, ohne daß irgendein besonderer Unterschied derselben und Bestimmung empirisch gegeben ist, kann nicht als empirische Erkenntnis, sondern muß als Erkenntnis des Empirischen überhaupt angesehen werden, und gehört zur Untersuchung der Möglichkeit einer jeden Erfahrung, welche allerdings transzendental ist. Das mindeste Objekt der Wahrnehmung (z. B. nur Lust oder Unlust), welche zu der allgemeinen Vorstellung des Selbstbewußtseins hinzukäme, würde die rationale Psychologie sogleich in eine empirische verwandeln.

Ich denke, ist also der alleinige Text der rationalen Psychologie, aus welchem sie ihre ganze Weisheit auswickeln soll. Man sieht leicht, daß dieser Gedanke, wenn er auf einen Gegenstand (mich selbst) bezogen werden soll, nichts anderes, als transzendentale

Prädikate desselben, enthalten könne; weil das mindeste empirische Prädikat die rationale Reinigkeit und Unabhängigkeit der Wissenschaft von aller Erfahrung, verderben würde.

Wir werden aber hier bloß dem Leitfaden der Kategorien zu folgen haben, nur, da hier zuerst ein Ding, Ich, als denkend Wesen, gegeben worden, so werden wir zwar die obige Ordnung der Kategorien untereinander, wie sie in ihrer Tafel vorgestellt ist, nicht verändern, aber doch hier von der Kategorie der Substanz anfangen, dadurch ein Ding an sich selbst vorgestellt wird, und so ihrer Reihe rückwärts nachgehen. Die Topik der rationalen Seelenlehre, woraus alles übrige, was sie nur enthalten mag, abgeleitet werden muß, ist demnach folgende:

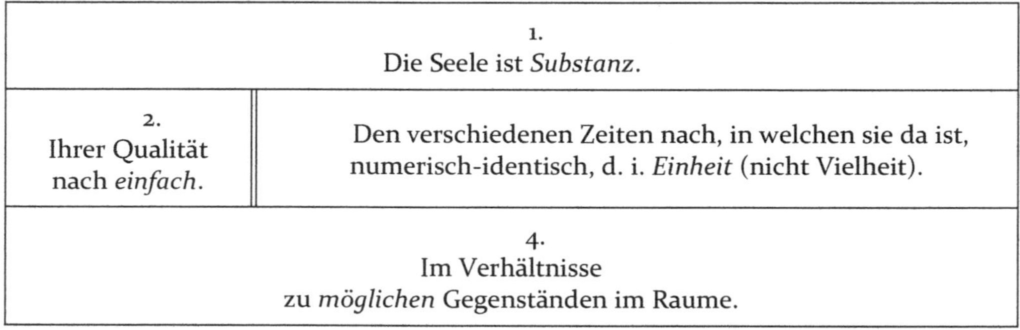

<table>
<tr><td colspan="2">1.
Die Seele ist Substanz.</td></tr>
<tr><td>2.
Ihrer Qualität
nach einfach.</td><td>Den verschiedenen Zeiten nach, in welchen sie da ist,
numerisch-identisch, d. i. Einheit (nicht Vielheit).</td></tr>
<tr><td colspan="2">4.
Im Verhältnisse
zu möglichen Gegenständen im Raume.</td></tr>
</table>

Aus diesen Elementen entspringen alle Begriffe der reinen Seelenlehre, lediglich durch die Zusammensetzung, ohne im mindesten ein anderes Prinzipium zu erkennen. Diese Substanz, bloß als Gegenstand des inneren Sinnes, gibt den Begriff der *Immaterialität*; als einfache Substanz, der *Inkorruptibilität*; die Identität derselben, als intellektueller Substanz, gibt die *Personalität*; alle diese drei Stücke zusammen die *Spiritualität*; das Verhältnis zu den Gegenständen im Raume gibt das *Kommerzium* mit Körpern; mithin stellt sie die denkende Substanz, als das Prinzipium des Lebens in der Materie, d. i. sie als Seele *(anima)* und als den Grund der *Animalität* vor; diese durch die Spiritualität eingeschränkt, *Immortalität*.

Hierauf beziehen sich nun vier Paralogismen einer transzendentalen Seelenlehre, welche fälschlich für eine Wissenschaft der reinen Vernunft, von der Natur unseres denkenden Wesens gehalten wird. Zum Grunde derselben können wir aber nichts anderes legen, als die einfache und für sich selbst an Inhalt gänzlich leere Vorstellung: Ich; von der man nicht einmal sagen kann, daß sie ein Begriff sei, sondern ein bloßes Bewußtsein, das alle Begriffe begleitet. Durch dieses Ich, oder Er, oder Es (das Ding), welches denkt, wird nun nichts weiter, als ein transzendentales Subjekt der Gedanken vorgestellt = x, welches nur durch die Gedanken, die seine Prädikate sind, erkannt wird, und wovon wir, abgesondert, niemals den mindesten Begriff haben können; um welches wir uns daher in einem beständigen Zirkel herumdrehen, indem wir uns seiner Vorstellung jederzeit schon bedienen müssen, um irgend etwas von ihm zu urteilen; eine Unbequemlichkeit, die davon nicht zu trennen ist, weil das Bewußtsein an sich nicht sowohl eine Vorstellung ist, die ein besonderes Objekt unterscheidet, sondern eine Form derselben überhaupt, sofern sie Erkenntnis genannt werden soll; denn von der allein kann ich sagen, daß ich dadurch irgend etwas denke.

Es muß aber gleich anfangs befremdlich scheinen, daß die Bedingung, unter der ich überhaupt denke, und die mithin bloß eine Beschaffenheit meines Subjekts ist, zugleich für alles, was denkt, gültig sein solle, und daß wir auf einen empirisch scheinenden Satz ein apodiktisches und allgemeines Urteil zu gründen uns anmaßen können, nämlich: daß alles, was denkt, so beschaffen sei, als der Ausspruch des Selbstbewußtseins es an mir aussagt. Die Ursache aber hiervon liegt darin: daß wir den Dingen a priori alle die Eigenschaften notwendig beilegen müssen, die die Bedingungen ausmachen, unter welchen wir sie allein denken. Nun kann ich von einem denkenden Wesen durch keine äußere Erfahrung, sondern bloß durch das Selbstbewußtsein die mindeste Vorstellung haben. Also sind dergleichen Gegenstände nichts weiter, als die Übertragung dieses meines Bewußtseins auf andere Dinge, welche nur dadurch als denkende Wesen vorgestellt werden. Der Satz: Ich denke, wird aber hierbei nur problematisch genommen; nicht sofern er eine Wahrnehmung von einem Dasein enthalten mag, (das Cartesianische *cogito, ergo sum,*) sondern seiner bloßen Möglichkeit nach, um zu sehen, welche Eigenschaften aus diesem so einfachen Satze auf das Subjekt desselben (es mag dergleichen nun existieren oder nicht) fließen mögen.

Läge unserer reinen Vernunftserkenntnis von denkenden Wesen überhaupt mehr, als das *cogito* zum Grunde; würden wir die Beobachtungen, über das Spiel unserer Gedanken und die daraus zu schöpfenden Naturgesetze des denkenden Selbst, auch zu Hilfe nehmen: so würde eine empirische Psychologie entspringen, welche eine Art der *Physiologie* des inneren Sinnes sein würde, und vielleicht die Erscheinungen desselben zu erklären, niemals aber dazu dienen könnte, solche Eigenschaften, die gar nicht zur möglichen Erfahrung gehören (als die des Einfachen), zu eröffnen, noch von denkenden Wesen überhaupt etwas, das ihre Natur betrifft, *apodiktisch* zu lehren; sie wäre also keine *rationale* Psychologie.

Da nun der Satz: *Ich denke,* (problematisch genommen,) die Form eines jeden Verstandesurteils überhaupt enthält, und alle Kategorien als ihr Vehikel begleitet, so ist klar, daß die Schlüsse aus demselben einen bloß transzendentalen Gebrauch des Verstandes enthalten können, welcher alle Beimischung der Erfahrung ausschlägt, und von dessen Fortgang wir, nach dem, was wir oben gezeigt haben, uns schon zum voraus keinen vorteilhaften Begriff machen können. Wir wollen ihn also durch alle Prädikamente der reinen Seelenlehre mit einem kritischen Auge verfolgen, doch um der Kürze willen ihre Prüfung in einem ununterbrochenen Zusammenhange fortgehen lassen.

Zuvörderst kann folgende allgemeine Bemerkung unsere Achtsamkeit auf diese Schlußart schärfen. Nicht dadurch, daß ich bloß denke, erkenne ich irgendein Objekt, sondern nur dadurch, daß ich eine gegebene Anschauung in Absicht auf die Einheit des Bewußtseins, darin alles Denken besteht, bestimme, kann ich irgend einen Gegenstand erkennen. Also erkenne ich mich nicht selbst dadurch, daß ich mich meiner als denkend bewußt bin, sondern wenn ich mir die Anschauung meiner selbst, als in Ansehung der Funktion des Denkens bestimmt, bewußt bin. Alle *modi* des Selbstbewußtseins im Denken an sich, sind daher noch keine Verstandesbegriffe von Objekten, (Kategorien) sondern bloße Funktionen, die dem Denken gar keinen Gegenstand, mithin mich selbst auch nicht als Gegenstand, zu erkennen geben. Nicht das Bewußtsein des *Bestimmenden,* sondern nur die des *bestimmbaren* Selbst, d. i. meiner inneren Anschauung (sofern ihr Mannigfaltiges der allgemeinen Bedingung der Einheit der Apperzeption im Denken gemäß verbunden werden kann), ist das Objekt.

1) In allen Urteilen bin ich nun immer das *bestimmende* Subjekt desjenigen Verhältnisses, welches das Urteil ausmacht. Daß aber Ich, der ich denke, im Denken immer als *Subjekt,* und als etwas, was nicht bloß wie Prädikat dem Denken anhänge, betrachtet werden kann, gelten müsse, ist ein apodiktischer und selbst *identischer Satz*; aber er bedeutet nicht, daß ich, als *Objekt,* ein, für mich, selbst *bestehendes Wesen,* oder *Substanz* sei. Das letztere geht sehr weit, erfordert daher auch Data, die im Denken gar nicht angetroffen werden, vielleicht (sofern ich bloß das denkende als ein solches betrachte) mehr, als ich überall (in ihm) jemals antreffen werde.

2) Daß das Ich der Apperzeption, folglich in jedem Denken, ein *Singular* sei, der nicht in eine Vielheit der Subjekte aufgelöst werden kann, mithin ein logisch einfaches Subjekt bezeichne, liegt schon im Begriffe des Denkens, ist folglich ein analytischer Satz; aber das bedeutet nicht, daß das denkende Ich eine einfache *Substanz* sei, welches ein synthetischer Satz sein würde. Der Begriff der Substanz bezieht sich immer auf Anschauungen, die bei mir nicht anders als sinnlich sein können, mithin ganz außer dem Felde des Verstandes und seinem Denken liegen, von welchem doch eigentlich hier nur geredet wird, wenn gesagt wird, daß das Ich im Denken einfach sei. Es wäre auch wunderbar, wenn ich das, was sonst so viele Anstalt erfordert, um in dem, was die Anschauung darlegt, das zu unterscheiden, was darin Substanz sei; noch mehr aber, ob diese auch einfach sein könne, (wie bei den Teilen der Materie) hier so geradezu in der ärmsten Vorstellung unter allen, gleichsam wie durch eine Offenbarung, gegeben würde.

3) Der Satz der Identität meiner selbst bei allem Mannigfaltigen, dessen ich mir bewußt bin, ist ein ebensowohl in den Begriffen selbst liegender, mithin analytischer Satz; aber diese Identität des Subjekts, deren ich mir in allen seinen Vorstellungen bewußt werden kann, betrifft nicht die Anschauung desselben, dadurch es als Objekt gegeben ist, kann also auch nicht die Identität der Person bedeuten, wodurch das Bewußtsein der Identität seiner eigenen Substanz, als denkenden Wesens, in allem

Wechsel der Zustände verstanden wird, wozu, um sie zu beweisen, es mit der bloßen Analysis des Satzes, ich denke, nicht ausgerichtet sein, sondern verschiedene synthetische Urteile, welche sich auf die gegebene Anschauung gründen, würden erfordert werden.

4) Ich unterscheide meine eigene Existenz, als eines denkenden Wesens, von anderen Dingen außer mir (wozu auch mein Körper gehört), ist ebensowohl ein analytischer Satz, denn *andere* Dinge sind solche, die ich als von mir *unterschieden* denke. Aber ob dieses Bewußtsein meiner selbst ohne Dinge außer mir, dadurch mir Vorstellungen gegeben werden, gar möglich sei, und ich also bloß als denkend Wesen (ohne Mensch zu sein) existieren könne, weiß ich dadurch gar nicht.

Also ist durch die Analysis des Bewußtseins meiner selbst im Denken überhaupt in Ansehung der Erkenntnis meiner selbst als Objekts nicht das mindeste gewonnen. Die logische Erörterung des Denkens überhaupt wird fälschlich für eine metaphysische Bestimmung des Objekts gehalten.

Ein großer, ja sogar der einzige Stein des Anstoßes wider unsere ganze Kritik würde es sein, wenn es eine Möglichkeit gäbe, a priori zu beweisen, daß alle denkenden Wesen an sich einfache Substanzen sind, als solche also (welches eine Folge aus dem nämlichen Beweisgrunde ist) Persönlichkeit unzertrennlich bei sich führen, und sich ihrer von aller Materie abgesonderten Existenz bewußt sind. Denn auf diese Art hätten wir doch einen Schritt über die Sinnenwelt hinaus getan, wir wären in das Feld der *Noumenen* getreten, und nun spreche uns niemand die Befugnis ab, in diesem uns weiter auszubreiten, anzubauen, und, nachdem einen jeden sein Glückstern begünstigt, darin Besitz zu nehmen. Denn der Satz: Ein jedes denkende Wesen, als ein solches, ist einfache Substanz; ist ein synthetischer Satz a priori, weil er erstlich über den ihm zum Grunde gelegten Begriff hinausgeht und die *Art des Daseins* zum Denken überhaupt dazutut, und zweitens zu jenem Begriffe ein Prädikat (der Einfachheit) hinzufügt, welches in gar keiner Erfahrung gegeben werden kann. Also sind synthetische Sätze a priori nicht bloß, wie wir behauptet haben, in Beziehung auf Gegenstände möglicher Erfahrung, und zwar als Prinzipien der Möglichkeit dieser Erfahrung selbst, tunlich und zulässig, sondern sie können auch auf Dinge überhaupt und an sich selbst gehen, welche Folgerung dieser ganzen Kritik ein Ende macht und gebieten würde, es beim Alten bewenden zu lassen. Allein die Gefahr ist hier nicht so groß, wenn man der Sache näher tritt.

In dem Verfahren der rationalen Psychologie herrscht ein Paralogism, der durch folgenden Vernunftschluß dargestellt wird,

> *Was nicht anders als Subjekt gedacht werden kann, existiert auch nicht anders als Subjekt, und ist also Substanz.*

Nun kann ein denkendes Wesen, bloß als ein solches betrachtet, nicht anders als Subjekt gedacht werden.

Also existiert es auch nur als ein solches, d. i. als Substanz.

Im Obersatze wird von einem Wesen geredet, das überhaupt in jeder Absicht, folglich auch so wie es in der Anschauung gegeben werden mag, gedacht werden kann. Im Untersatze aber ist nur von demselben die Rede, sofern es sich selbst, als Subjekt, nur relativ auf das Denken und die Einheit des Bewußtseins, nicht aber zugleich in Beziehung auf die Anschauung, wodurch sie als Objekt zum Denken gegeben wird, betrachtet. Also wird per Sophisma figurae dictionis, mithin durch einen Trugschluß die Konklusion gefolgert.

Daß diese Auflösung des berühmten Arguments in einem Paralogism so ganz richtig sei, erhellt deutlich, wenn man die allgemeine Anmerkung zur systematischen Vorstellung der Grundsätze und den Abschnitt von den Noumenen hierbei nachsehen will, da bewiesen worden, daß der Begriff eines Dinges, was für sich selbst als Subjekt, nicht aber als bloßes Prädikat existieren kann, noch gar keine objektive Realität bei sich führe, d. i. daß man nicht wissen könne, ob ihm überall ein Gegenstand zukommen könne, indem man die Möglichkeit einer solchen Art zu existieren nicht einsieht, folglich daß es schlechterdings keine Erkenntnis abgebe. Soll er also unter der Benennung einer Substanz ein Objekt, das gegeben werden kann, anzeigen; soll er ein Erkenntnis werden: so muß eine beharrliche Anschauung, als die unentbehrliche Bedingung der objektiven Realität eines Begriffs, nämlich das, wodurch allein der Gegenstand gegeben wird, zum Grunde gelegt werden. Nun haben wir aber in der inneren Anschauung gar nichts Beharrliches, denn das Ich ist nur das Bewußtsein meines Denkens; also fehlt es uns auch, wenn wir bloß beim Denken stehenbleiben, an der notwendigen Bedingung, den Begriff der Substanz, d. i. eines für sich bestehenden Subjekts, auf sich selbst als denkend Wesen anzuwenden, und die damit verbundene Einfachheit der Substanz fällt mit der objektiven Realität dieses Begriffs gänzlich weg, und wird in eine bloße logische qualitative Einheit des Selbstbewußtseins im Denken überhaupt, das Subjekt mag zusammengesetzt sein oder nicht, verwandelt.

Widerlegung des Mendelssohnschen Beweises der Beharrlichkeit der Seele

Dieser scharfsinnige Philosoph merkte bald in dem gewöhnlichen Argumente, dadurch bewiesen werden soll, daß die Seele (wenn man einräumt, sie sei ein einfaches Wesen) nicht durch *Zerteilung* zu sein aufhören könne, einen Mangel der Zulänglichkeit zu der Absicht, ihr die notwendige Fortdauer zu sichern, indem man noch ein Aufhören ihres Daseins durch *Verschwinden* annehmen könnte. In seinem *Phädon* suchte er nun diese Vergänglichkeit, welche eine wahre Vernichtung sein würde, von ihr dadurch abzuhalten, daß er sich zu beweisen getraute, ein einfaches Wesen könne gar nicht aufhören zu sein, weil, da es gar nicht vermindert werden und also nach und nach etwas an seinem Dasein verlieren, und so allmählich in nichts verwandelt werden könne, (indem es keine Teile, also auch keine Vielheit in sich habe,) zwischen einem Augenblicke, darin es ist, und dem andern, darin es nicht mehr ist, gar keine Zeit angetroffen werden würde, welches unmöglich ist. – Allein er bedachte nicht, daß, wenn wir gleich der Seele diese einfache Natur einräumen, da sie nämlich kein Mannigfaltiges *außereinander*, mithin keine extensive Größe enthält, man ihr doch, so wenig wie irgendeinem Existierenden, intensive Größe, d. i. einen Grad der Realität in Ansehung aller ihrer Vermögen, ja überhaupt alles dessen, was das Dasein ausmacht, ableugnen könne, welcher durch alle unendlich vielen kleineren Grade abnehmen, und so die vorgebliche Substanz, (das Ding, dessen Beharrlichkeit nicht sonst schon fest steht,) obgleich nicht durch Zerteilung, doch durch allmähliche Nachlassung (remissio) ihrer Kräfte, (mithin durch Elangueszenz, wenn es mir erlaubt ist, mich dieses Ausdrucks zu bedienen,) in nichts verwandelt werden könne. Denn selbst das Bewußtsein hat jederzeit einen Grad, der immer noch vermindert werden kann, folglich auch das Vermögen sich seiner bewußt zu sein, und so alle übrigen Vermögen. – Also bleibt die Beharrlichkeit der Seele, als bloß Gegenstandes des inneren Sinnes, unbewiesen, und selbst unerweislich, obgleich ihre Beharrlichkeit im Leben, da das denkende Wesen (als Mensch) sich zugleich ein Gegenstand äußerer Sinne ist, für sich klar ist, womit aber dem rationalen Psychologen gar nicht Genüge geschieht, der die absolute Beharrlichkeit derselben selbst über das Leben hinaus aus bloßen Begriffen zu beweisen unternimmt.

Nehmen wir nun unsere obigen Sätze, wie sie auch, als für alle denkenden Wesen gültig, in der rationalen Psychologie ab System genommen werden müssen, in *synthetischem* Zusammenhange, und gehen, von der Kategorie der Relation, mit dem Satze: alle denkenden Wesen sind, als solche, Substanzen, rückwärts die Reihe derselben, bis sich der Zirkel schließt, durch, stoßen wir zuletzt auf die Existenz derselben, deren sie sich in diesem System, unabhängig von äußeren Dingen, nicht allein bewußt sind, sondern diese auch (in Ansehung der Beharrlichkeit, die notwendig zum Charakter der Substanz gehört,) aus sich selbst bestimmen können. Hieraus folgt aber, daß der *Idealism* in ebendemselben rationalistischen System unvermeidlich sei, wenigstens der problematische, und, wenn das Dasein äußerer Dinge zu Bestimmung seines eigenen in der Zeit gar nicht erforderlich ist, jenes auch nur ganz umsonst angenommen werde, ohne jemals einen Beweis davon geben zu können.

Befolgen wir dagegen das *analytische* Verfahren, da das Ich denke, als ein Satz, der schon ein Dasein in sich schließt, als gegeben, mithin die Modalität, zum Grunde liegt, und zergliedern ihn, um seinen Inhalt, ob und wie nämlich dieses Ich im Raum oder der Zeit bloß dadurch sein Dasein bestimmt, zu erkennen, so würden die Sätze der rationalen Seelenlehre nicht vom Begriffe eines denkenden Wesens überhaupt, sondern von einer Wirklichkeit anfangen, und aus der Art, wie diese gedacht wird, nachdem alles, was dabei empirisch ist, abgesondert worden, das was einem denkenden Wesen überhaupt zukommt gefolgert werden, wie folgende Tafel zeigt.

<table>
<tr><td colspan="2">1. *Ich denke,*</td></tr>
<tr><td>2. *als Subjekt,*</td><td>3. *als einfaches Subjekt,*</td></tr>
<tr><td colspan="2">4. *als identisches Subjekt,*
in jedem Zustande meines Denkens.</td></tr>
</table>

Weil hier nun im zweiten Satz nicht bestimmt wird, ob ich nur als Subjekt und nicht auch als Prädikat eines andern existieren und gedacht werden *könne*, so ist der Begriff eines Subjekts hier bloß logisch genommen, und es bleibt unbestimmt, ob darunter Substanz verstanden werden solle oder nicht. Allein in dem dritten Satze wird die absolute Einheit der Apperzeption, das einfache Ich, in der Vorstellung, drauf sich alle Verbindung oder Trennung, welche das Denken ausmacht, bezieht, auch für sich wichtig, wenn ich gleich noch nichts über des Subjekts Beschaffenheit oder Subsistenz ausgemacht habe. Die Apperzeption ist etwas Reales, und die Einfachheit derselben liegt schon in ihrer Möglichkeit. Nun ist im Raum nicht Reales, was einfach wäre, denn Punkte (die das einzige Einfache im Raum ausmachen) sind bloß Grenzen, nicht selbst aber etwas, was den Raum als Teil auszumachen dient. Also folgt daraus die Unmöglichkeit einer Erklärung meiner, als bloß denkenden Subjekts, Beschaffenheit aus Gründen des *Materialismus*. Weil aber mein Dasein in dem ersten Satze als gegeben betrachtet wird, indem es nicht heißt, ein jedes denkendes Wesen existiert, (welches zugleich absolute Notwendigkeit, und also zuviel, von ihnen sagen würde,) sondern nur: *ich existiere* denkend, so ist er empirisch, und enthält die Bestimmbarkeit meines Daseins bloß in Ansehung meiner Vorstellungen in der Zeit. Da ich aber wiederum hierzu zuerst etwas Beharrliches bedarf, dergleichen mir, sofern ich mich denke, gar nicht in der inneren Anschauung gegeben ist; so ist die Art, wie ich existiere, ob als Substanz oder als Akzidens, durch dieses einfache Selbstbewußtsein gar nicht zu bestimmen möglich. Also, wenn der *Materialism* zur Erklärungsart meinen Daseins untauglich ist, so ist der *Spiritualism* zu derselben ebensowohl unzureichend, und die Schlußfolge, ist, daß wir auf keine Art, welche es auch sei, von der Beschaffenheit unserer Seele, die die Möglichkeit ihrer abgesonderten Existenz überhaupt betrifft, irgend etwas erkennen können.

Und wie sollte es auch möglich sein, durch die Einheit des Bewußtseins, die wir selbst nur dadurch kennen, daß wir sie zur Möglichkeit der Erfahrung unentbehrlich brauchen, über Erfahrung (unser Dasein im Leben) hinauszukommen, und sogar unsere Erkenntnis auf die Natur aller denkenden Wesen überhaupt durch den empirischen, aber in Ansehung aller Art der Anschauung unbestimmten, Satz, Ich denke, zu erweitern?

Es gibt also keine rationale Psychologie als *Doktrin*, die uns einen Zusatz zu unserer Selbsterkenntnis verschaffte, sondern nur als *Disziplin*, welche der spekulativen Vernunft in diesem Felde unüberschreitbare Grenzen setzt, einerseits um sich nicht dem seelenlosen Materialism in den Schoß zu werfen, andererseits sich nicht in dem, für uns im Leben, grundlosen Spiritualism herumschwärmend zu verlieren, sondern uns vielmehr erinnert, diese Weigerung unserer Vernunft, den neugierigen über dieses Leben hinausreichenden Fragen befriedigende Antwort zu geben, als einen Wink derselben anzusehen, unser Selbsterkenntnis von der fruchtlosen überschwenglichen Spekulation zum fruchtbaren praktischen Gebrauche anzuwenden, welches, wenn es gleich auch nur immer auf Gegenstände der Erfahrung gerichtet ist, seine Prinzipien doch höher hernimmt, und das Verhalten so bestimmt, als ob unsere Bestimmung unendlich weit über die Erfahrung, mithin über dieses Leben hinaus reiche.

Man sieht aus allem diesem, daß ein bloßer Mißverstand der rationalen Psychologie ihren Ursprung gebe. Die Einheit des Bewußtseins, welche den Kategorien zum Grunde liegt, wird hier für Anschauung des Subjekts als Objekts genommen, und darauf die Kategorie der Substanz angewandt. Sie ist aber nur die Einheit im *Denken*, wodurch allein kein Objekt gegeben wird, worauf also die Kategorie der Substanz, als die jederzeit gegebene *Anschauung* voraussetzt, nicht angewandt, mithin dieses Subjekt gar nicht erkannt werden kann. Das Subjekt der Kategorien kann also dadurch, daß es diese denkt, nicht von sich selbst als einem Objekte der Kategorien einen Begriff bekommen; denn, um diese zu denken, muß es sein reines Selbstbewußtsein, welches doch hat erklärt werden sollen, zum Grunde legen. Ebenso kann das Subjekt, in welchem die Vorstellung der Zeit ursprünglich ihren Grund hat, ihr eigen Dasein in der Zeit dadurch nicht bestimmen, und wenn das letztere nicht sein kann, so kann auch das erstere als Bestimmung seiner selbst (als denkenden Wesens überhaupt) durch Kategorien nicht stattfinden.

* *
*

So verschwindet denn ein über die Grenzen möglicher Erfahrung hinaus versuchtes und doch zum höchsten Interesse der Menschheit gehöriges Erkenntnis, soweit es der spekulativen Philosophie verdankt werden soll, in getäuschte Erwartung; wobei gleichwohl die Strenge der Kritik dadurch, daß sie zugleich die Unmöglichkeit beweist, von einem Gegenstande der Erfahrung über die Erfahrungsgrenze hinaus etwas dogmatisch auszumachen, der Vernunft bei diesem ihrem Interesse den ihr nicht unwichtigen Dienst tut, sie ebensowohl wider alle möglichen Behauptungen des Gegenteils in Sicherheit zu stellen; welches nicht anders geschehen kann, als so, daß man entweder seinen Satz apodiktisch beweist, oder, wenn dieses nicht gelingt, die Quellen dieses Unvermögens aufsucht, welche, wenn sie in den notwendigen Schranken unseres

Vernunft liegen, alsdann jeden Gegner gerade demselben Gesetze der Entsagung aller Ansprüche auf dogmatische Behauptung unterwerfen müssen.

Gleichwohl wird hierdurch für die Befugnis, ja gar die Notwendigkeit, der Annehmung eines künftigen Lebens, nach Grundsätzen des mit dem spekulativen verbundenen praktischen Vernunftgebrauchs, hierbei nicht das mindeste verloren; denn der bloß spekulative Beweis hat auf die gemeine Menschenvernunft ohnedem niemals einigen Einfluß haben können. Er ist so auf einer Haaresspitze gestellt, daß selbst die Schule ihn auf derselben nur so lange erhalten kann, als sie ihn als einen Kreisel um demselben sich unaufhörlich drehen läßt, und er in ihren eigenen Augen also keine beharrliche Grundlage abgibt, worauf etwas gebaut werden könnte. Die Beweise, die für die Welt brauchbar sind, bleiben hierbei alle in ihrem unverminderten Werte, und gewinnen vielmehr durch Abstellung jener dogmatischen Anmaßungen an Klarheit und ungekünstelter Überzeugung, indem sie die Vernunft in ihr eigentümliches Gebiet, nämlich die Ordnung der Zwecke, die doch zugleich eine Ordnung der Natur ist, versetzen, die dann aber zugleich, als praktisches Vermögen an sich selbst, ohne auf die Bedingungen der letzteren eingeschränkt zu sein, die erstere und mit ihr unsere eigene Existenz über die Grenzen der Erfahrung und des Lebens hinaus zu erweitern berechtigt ist. Nach der *Analogie mit der Natur* lebender Wesen in dieser Welt, an welchen die Vernunft es notwendig zum Grundsatze annehmen muß, daß kein Organ, kein Vermögen, kein Antrieb, also nichts Entbehrliches, oder für den Gebrauch Unproportioniertes, mithin Unzweckmäßiges anzutreffen, sondern alles seiner Bestimmung im Leben genau angemessen sei, zu urteilen, müßte der Mensch, der doch allein den letzten Endzweck von allem diesem in sich erhalten kann, das einzige Geschöpf sein, welches davon ausgenommen wäre. Denn seine Naturanlagen, nicht bloß den Talenten und Antrieben nach, davon Gebrauch zu machen, sondern vornehmlich das moralische Gesetz in ihm, gehen so weit über allen Nutzen und Vorteil, den er in diesem Leben daraus ziehen könnte, daß das letztere sogar das bloße Bewußtsein der Rechtschaffenheit der Gesinnung, bei Ermangelung aller Vorteile, selbst sogar des Schattenwerks vom Nachruhm, über alles hochschätzen lehrt, und sich innerlich dazu berufen fühlt, sich durch sein Verhalten in dieser Welt, mit Verzichtung auf viele Vorteile, zum Bürger einer besseren, die er in der Idee hat, tauglich zu machen. Dieser mächtige, niemals zu widerlegende Beweisgrund, begleitet durch eine sich unaufhörlich vermehrende Erkenntnis der Zweckmäßigkeit in allem, was wir vor uns sehen, und durch eine Aussicht in die Unermeßlichkeit der Schöpfung, mithin auch durch das Bewußtsein einer gewissen Unbegrenztheit in der möglichen Erweiterung unserer Kenntnisse, samt einem dieser angemessenen Triebe bleibt immer noch übrig, wenn wir es gleich aufgeben müssen, die notwendige Fortdauer unserer Existenz aus der bloß theoretischen Erkenntnis unserer selbst einzusehen.

Beschluß der Auflösung des psychologischen Paralogisms

Der dialektische Schein in der rationalen Psychologie beruht auf der Verwechslung einer Idee der Vernunft (einer reinen Intelligenz) mit dem in allen Stücken unbestimmten Begriffe eines denkenden Wesens überhaupt. Ich denke mich selbst zum Behuf einer möglichen Erfahrung, indem ich noch von aller wirklichen Erfahrung abstrahiere, und schließe daraus, daß ich mich meiner Existenz auch außer der Erfahrung und den empirischen Bedingungen derselben bewußt werden könne. Folglich verwechsle ich die mögliche *Abstraktion* von meiner empirisch bestimmten Existenz mit dem vermeinten Bewußtsein einer *abgesondert* möglichen Existenz meines denkenden Selbst, und glaube das Substantiale in mir als das transzendentale Subjekt zu *erkennen*, indem ich bloß die Einheit des Bewußtseins, welche allem Bestimmen, als der bloßen Form der Erkenntnis, zum Grunde liegt, in Gedanken habe.

Die Aufgabe, die Gemeinschaft der Seele mit dem Körper zu erklären, gehört nicht eigentlich zu derjenigen Psychologie, wovon hier die Rede ist, weil sie die Persönlichkeit der Seele auch außer dieser Gemeinschaft (nach dem Tode) zu beweisen die Absicht hat, und also im eigentlichen Verstande *transzendent* ist, ob sie sich gleich mit einem Objekte der Erfahrung beschäftigt, aber nur sofern es aufhört ein Gegenstand der Erfahrung zu sein. Indessen kann auch hierauf nach unserem Lehrbegriffe hinreichende Antwort gegeben werden. Die Schwierigkeit, welche diese Aufgabe veranlaßt hat, besteht, wie bekannt, in der vorausgesetzten Ungleichartigkeit des Gegenstandes des inneren Sinnes (der Seele) mit den Gegenständen äußerer Sinne, da jenem nur die Zeit, diesen auch der Raum zur normalen Bedingung ihrer Anschauung anhängt. Bedenkt man aber, daß beiderlei Art von Gegenständen hierin sich nicht innerlich, sondern nur, sofern eines dem andern äußerlich *erscheint*, von einander unterscheiden, mithin das, was der Erscheinung der Materie, als Ding an sich selbst, zum Grunde liegt, vielleicht so ungleichartig nicht sein dürfte, so verschwindet diese Schwierigkeit, und es bleibt keine andere übrig, als die, wie überhaupt eine Gemeinschaft von Substanzen möglich sei, welche zu lösen ganz außer dem Felde der Psychologie, und, wie der Leser, nach dem, was in der Analytik von Grundkräften und Vermögen gesagt worden, leicht urteilen wird, ohne allen Zweifel auch außer dem Felde aller menschlichen Erkenntnis liegt.

Allgemeine Anmerkung, den Übergang von der rationalen Psychologie zur Kosmologie betreffend

Der Satz, Ich denke, oder, ich existiere denkend, ist ein empirischer Satz. Einem solchen aber liegt empirische Anschauung, folglich auch das gedachte Objekt als Erscheinung, zum Grunde, und so scheint es, als wenn nach unserer Theorie die Seele ganz und gar, selbst im Denken, in Erscheinung verwandelt würde, und auf solche Weise unser Bewußtsein selbst, als bloßer Schein, in der Tat auf nichts gehen müßte.

Das Denken, für sich genommen, ist bloß die logische Funktion, mithin lauter Spontaneität der Verbindung des Mannigfaltigen einer bloß möglichen Anschauung, und stellt das Subjekt des Bewußtseins keineswegs als Erscheinung dar, bloß darum, weil es gar keine Rücksicht auf die Art der Anschauung nimmt, ob sie sinnlich oder intellektuell sei. Dadurch stelle ich mich mir selbst, weder wie ich bin, noch wie ich mir erscheine, vor, sondern ich denke mich nur wie ein jedes Objekt überhaupt, von dessen Art der Anschauung ich abstrahiere. Wenn ich mich hier als *Subjekt* der Gedanken, oder auch als *Grund* des Denkens, vorstelle, so bedeuten diese Vorstellungsarten nicht die Kategorien der Substanz, oder der Ursache, denn diese sind jene Funktionen des Denkens (Urteilens) schon auf unsere sinnliche Anschauung angewandt, welche freilich erfordert werden würden, wenn ich mich *erkennen* wollte. Nun will ich mich meiner aber nur als denkend bewußt werden; wie mein eigenes Selbst in der Anschauung gegeben sei, das setze ich beiseite, und da könnte es mir, der ich denke, aber nicht sofern ich denke, bloß Erscheinung sein; im Bewußtsein meiner Selbst beim bloßen Denken bin ich das *Wesen selbst*, von dem mir aber freilich dadurch noch nichts zum Denken gegeben ist.

Der Satz aber, Ich denke, sofern er soviel sagt, als: Ich *existiere denkend*, ist nicht bloße logische Funktion, sondern bestimmt das Subjekt (welches denn zugleich Objekt ist) in Ansehung der Existenz, und kann ohne den inneren Sinn nicht stattfinden, dessen Anschauung jederzeit das Objekt nicht als Ding an sich selbst, sondern bloß als Erscheinung an die Hand gibt. In ihm ist also schon nicht mehr bloße Spontaneität des Denkens, sondern auch Rezeptivität der Anschauung, d. i. das Denken meiner selbst auf die empirische Anschauung ebendesselben Subjekts angewandt. In dieser letzteren müßte denn nun das denkende Selbst die Bedingungen des Gebrauchs seiner logischen Funktionen zu Kategorien der Substanz, der Ursache usw. suchen, um sich als Objekt an sich selbst nicht bloß durch das Ich zu bezeichnen, sondern auch die Art seines Daseins zu bestimmen, d. i. sich als Noumenon zu erkennen, welches aber unmöglich ist, indem die innere empirische Anschauung sinnlich ist, und nichts als Data der Erscheinung an die Hand gibt, die dem Objekte des *reinen Bewußtseins* zur Kenntnis seiner abgesonderten Existenz nichts liefern, sondern bloß der Erfahrung zum Behufe dienen kann.

Gesetzt aber, es fände sich in der Folge, nicht in der Erfahrung, sondern in gewissen (nicht bloß logischen Regeln, sondern) a priori feststehenden, unsere Existenz betreffenden Gesetzen des reinen Vernunftgebrauchs, Veranlassung, um völlig a priori in Ansehung unseres eigenen *Daseins* als *gesetzgebend* und diese Existenz auch selbst bestimmend vorauszusetzen, so würde sich dadurch eine Spontaneität entdecken, wodurch unsere Wirklichkeit bestimmbar wäre, ohne dazu der Bedingungen der empirischen Anschauung zu bedürfen; und hier würden wir innewerden, daß im Bewußtsein unseres Daseins a priori etwas enthalten sei, was unsere nur sinnlich durchgängig bestimmbare Existenz, doch in Ansehung eines gewissen inneren

Vermögens in Beziehung auf eine intelligible (freilich nur gedachte) Welt zu bestimmen, dienen kann.

Aber dieses würde nichtsdestoweniger alle Versuche in der rationalen Psychologie nicht im mindesten weiter bringen. Denn ich würde durch jenes bewunderungswürdige Vermögen, welches mir das Bewußtsein des moralischen Gesetzes allererst offenbart, zwar ein Prinzip der Bestimmung meiner Existenz, welches rein intellektuell ist, haben, aber durch welche Prädikate? Durch keine anderen, als die mir in der sinnlichen Anschauung gegeben werden müssen, und so würde ich da wiederum hingeraten, wo ich in der rationalen Psychologie war, nämlich in das Bedürfnis sinnlicher Anschauungen, um meinen Verstandesbegriffen, Substanz, Ursache usw., wodurch ich allein Erkenntnis von mir haben kann, Bedeutung zu verschaffen; jene Anschauungen können mich aber über das Feld der Erfahrung niemals hinaushelfen. Indessen würde ich doch diese Begriffe in Ansehung des praktischen Gebrauchs, welcher doch immer auf Gegenstände der Erfahrung gerichtet ist, der im theoretischen Gebrauche analogischen Bedeutung gemäß, auf die Freiheit und das Subjekt derselben anzuwenden befugt sein, indem ich bloß die logischen Funktionen des Subjekts und Prädikats des Grundes und der Folge darunter verstehe, denen gemäß die Handlungen oder die Wirkungen jenen Gesetzen gemäß so bestimmt werden, daß sie zugleich mit den Naturgesetzen, den Kategorien der Substanz und der Ursache allemal gemäß erklärt werden können, ob sie gleich aus ganz anderem Prinzip entspringen. Dieses hat nur zur Verhütung des Mißverstandes, dem die Lehre von unserer Selbstanschauung, als Erscheinung, leicht ausgesetzt ist, gesagt sein sollen. Im folgenden wird man davon Gebrauch zu machen Gelegenheit haben.

Der transzendentalen Dialektik
Zweites Buch

Zweites Hauptstück
Die Antinomie der reinen Vernunft

Wir haben in der Einleitung zu diesem Teile unseres Werks gezeigt, daß aller transzendentale Schein der reinen Vernunft auf dialektischen Schlüssen beruhe, deren Schema die Logik in den drei formalen Arten der Vernunftschlüsse überhaupt an die Hand gibt, so wie etwa die Kategorien ihr logisches Schema in den vier Funktionen aller Urteile antreffen. Die *erste Art* dieser vernünftelnden Schlüsse ging auf die unbedingte Einheit der *subjektiven* Bedingungen aller Vorstellungen überhaupt (des Subjekts oder der Seele), in Korrespondenz mit den kategorischen Vernunftschlüssen, deren Obersatz, als Prinzip, die Beziehung eines Prädikats auf ein *Subjekt* aussagt. Die *zweite Art* des dialektischen Arguments wird also, nach der Analogie mit hypothetischen Vernunftschlüssen, die unbedingte Einheit der objektiven Bedingungen in der Erscheinung zu ihrem Inhalte machen, so wie die *dritte Art*, die im folgenden Hauptstücke vorkommen wird, die unbedingte Einheit der objektiven Bedingungen der Möglichkeit der Gegenstände überhaupt zum Thema hat.

Es ist aber merkwürdig, daß der transzendentale Paralogismus einen bloß einseitigen Schein, in Ansehung der Idee von dem Subjekte unseres Denkens, bewirkte, und zur Behauptung des Gegenteils sich nicht der mindeste Schein aus Vernunftbegriffen vorfinden will. Der Vorteil ist gänzlich auf der Seite des Pneumatismus, obgleich dieser den Erbfehler nicht verleugnen kann, bei allem ihm günstigen Schein in der Feuerprobe der Kritik sich in lauter Dunst aufzulösen.

Ganz anders fällt es aus, wenn wir die Vernunft auf die *objektive Synthesis* der Erscheinungen anwenden, wo sie ihr Prinzipium der unbedingten Einheit zwar mit vielem Scheine geltend zu machen denkt, sich aber bald in solche Widersprüche verwickelt, daß sie genötigt wird, in kosmologischer Absicht, von ihrer Forderung abzustehen.

Hier zeigt sich nämlich ein neues Phänomen der menschlichen Vernunft, nämlich: eine ganz natürliche Antithetik, auf die keiner zu grübeln und künstlich Schlingen zu legen braucht, sondern in welche die Vernunft von selbst und zwar unvermeidlich gerät, und dadurch zwar vor den Schlummer einer eingebildeten Überzeugung, den ein bloß einseitiger Schein hervorbringt, verwahrt, aber zugleich in Versuchung gebracht wird, sich entweder einer skeptischen Hoffnungslosigkeit zu überlassen, oder einen dogmatischen Trotz anzunehmen und den Kopf steif auf gewisse Behauptungen zu setzen, ohne den Gründen des Gegenteils Gehör und Gerechtigkeit widerfahren zu lassen. Beides ist der Tod einer gesunden Philosophie, wiewohl jener allenfalls noch die Euthanasie der reinen Vernunft genannt werden könnte.

Ehe wir die Auftritte des Zwiespalts und der Zerrüttungen sehen lassen, welche dieser Widerstreit der Gesetze (Antinomie) der reinen Vernunft veranlaßt, wollen wir gewisse Erörterungen geben, welche die Methode erläutern und rechtfertigen können, deren wir uns in Behandlung unseres Gegenstandes bedienen. Ich nenne alle transzendentalen Ideen, sofern sie die absolute Totalität in der Synthesis der Erscheinungen betreffen, *Weltbegriffe*, teils wegen eben dieser unbedingten Totalität, worauf auch der Begriff des Weltganzen beruht, der selbst nur eine Idee ist, teils weil sie lediglich auf die Synthesis der Erscheinungen, mithin die empirische, gehen, da hingegen die absolute Totalität, in der Synthesis der Bedingungen aller möglichen Dinge überhaupt, ein Ideal der reinen Vernunft veranlassen wird, welches von dem Weltbegriffe gänzlich unterschieden ist, ob es gleich darauf in Beziehung steht. Daher, so wie die Paralogismen der reinen Vernunft den Grund zu einer dialektischen Psychologie legten, so wird die Antinomie der reinen Vernunft die transzendentalen Grundsätze einer vermeinten reinen (rationalen) Kosmologie vor Augen stellen, nicht, um sie gültig zu finden und sich zuzueignen, sondern, wie es auch schon die Benennung von einem Widerstreit der Vernunft anzeigt, um sie als eine Idee, die sich mit Erscheinungen nicht vereinbaren läßt, in ihrem blendenden aber falschen Scheine darzustellen.

Der Antinomie der reinen Vernunft

Erster Abschnitt
System der kosmologischen Ideen

Um nun diese Ideen nach einem Prinzip mit systematischer Präzision aufzählen zu können, müssen wir erstlich bemerken, daß nur der Verstand es sei, aus welchem reine und transzendentale Begriffe entspringen können, daß die Vernunft eigentlich gar keinen Begriff erzeuge, sondern allenfalls nur den *Verstandesbegriff*, von den unvermeidlichen Einschränkungen einer möglichen Erfahrung, *frei mache*, und ihn also über die Grenzen des Empirischen, doch aber in Verknüpfung mit demselben zu erweitern suche. Dieses geschieht dadurch, daß sie zu einem gegebenen Bedingten auf der Seite der Bedingungen (unter denen der Verstand alle Erscheinungen der synthetischen Einheit unterwirft) absolute Totalität fordert, und dadurch die Kategorie zur transzendentalen Idee macht, um der empirischen Synthesis, durch die Fortsetzung derselben bis zum Unbedingten, (welches niemals in der Erfahrung, sondern nur in der Idee angetroffen wird,) absolute Vollständigkeit zu geben. Die Vernunft fordert dieses nach dem Grundsatze: *wenn das Bedingte gegeben ist, so ist auch die ganze Summe der Bedingungen, mithin das schlechthin Unbedingte gegeben*, wodurch jenes allein möglich war. Also werden *erstlich* die transzendentalen Ideen eigentlich nichts, als bis zum Unbedingten erweiterte Kategorien sein, und jene werden sich in eine Tafel bringen lassen, die nach den Titeln der letzteren angeordnet ist. Zweitens aber werden doch auch nicht alle Kategorien dazu taugen, sondern nur diejenige, in welchen die Synthesis eine *Reihe* ausmacht, und zwar der einander untergeordneten (nicht beigeordneten) Bedingungen zu einem Bedingten. Die absolute Totalität wird von der Vernunft nur sofern gefordert, als sie die aufsteigende Reihe der Bedingungen zu einem gegebenen Bedingten angeht, mithin nicht, wenn von der absteigenden Linie der Folgen, noch auch von dem Aggregat koordinierter Bedingungen zu diesen Folgen, die Rede ist. Denn Bedingungen sind in Ansehung des gegebenen Bedingten schon vorausgesetzt und mit diesem auch als gegeben anzusehen, anstatt daß, da die Folgen ihre Bedingungen nicht möglich machen, sondern vielmehr voraussetzen, man im Fortgange zu den Folgen (oder im Absteigen von der gegebenen Bedingung zu dem Bedingten) unbekümmert sein kann, ob die Reihe aufhöre oder nicht, und überhaupt die Frage, wegen ihrer Totalität, gar keine Voraussetzung der Vernunft ist.

So denkt man sich notwendig eine bis auf den gegebenen Augenblick völlig abgelaufene Zeit, auch als gegeben, (wenngleich nicht durch uns bestimmbar). Was aber die künftige betrifft, da sie die Bedingung nicht ist, zu der Gegenwart zu gelangen, so ist es, um diese zu begreifen, ganz gleichgültig, wie wir es mit der künftigen Zeit halten wollen, ob man sie irgendwo aufhören, oder ins Unendliche laufen lassen will. Es sei die Reihe m, n, o, worin n als bedingt in Ansehung m, aber zugleich als Bedingung von o gegeben ist, die Reihe gehe aufwärts von dem bedingten n zu m (l, k, i, etc.), imgleichen abwärts von der Bedingung n zum bedingten o (p, q, r, etc.), so muß ich die erstere Reihe voraussetzen, um n als gegeben anzusehen, und n ist nach der Vernunft (der Totalität der Bedingungen) nur vermittelst jener Reihe möglich, seine Möglichkeit beruht aber nicht auf der folgenden Reihe o, p, q, r, die daher auch nicht als gegeben, sondern nur als *dabilis* angesehen werden könne.

Ich will die Synthesis einer Reihe auf der Seite der Bedingungen, also von derjenigen an, welche die nächste zur gegebenen Erscheinung ist, und so zu den entfernteren Bedingungen, die *regressive*, diejenige aber, die auf der Seite des Bedingten, von der nächsten Folge zu den entfernteren fortgeht, die *progressive* Synthesis nennen. Die erstere geht *in antecedentia*, die zweite *in consequentia*. Die kosmologischen Ideen also beschäftigen sich mit der Totalität der regressiven Synthesis, und gehen *in antecedentia*, nicht *in consequentia*. Wenn dieses letztere geschieht, so ist es ein willkürliches und nicht notwendiges Problem der reinen Vernunft, weil wir zur vollständigen Begreiflichkeit dessen, was in der Erscheinung gegeben ist, wohl der Gründe, nicht aber der Folgen bedürfen.

Um nun nach der Tafel der Kategorien die Tafel der Ideen einzurichten, so nehmen wir zuerst die zwei ursprünglichen quanta aller unserer Anschauung, *Zeit* und *Raum*. Die Zeit ist an sich selbst eine Reihe (und die formale Bedingung aller Reihen), und daher sind in ihr, in Ansehung einer gegebenen Gegenwart, die antecedentia als Bedingungen (das Vergangene) von den consequentibus (dem Künftigen) a priori zu unterscheiden. Folglich geht die transzendentale Idee, der absoluten Totalität der Reihe der Bedingungen zu einem gegebenen Bedingten, nur auf alle vergangene Zeit. Es wird nach der Idee der Vernunft die ganze verlaufene Zeit als Bedingung des gegebenen Augenblicks notwendig als gegeben gedacht. Was aber den Raum betrifft, so ist in ihm an sich selbst kein Unterschied des Progressus vom Regressus, weil er ein *Aggregat*, aber *keine Reihe* ausmacht, indem seine Teile insgesamt zugleich sind. Den gegenwärtigen Zeitpunkt konnte ich in Ansehung der vergangenen Zeit nur als bedingt, niemals aber als Bedingung derselben, ansehen, weil dieser Augenblick nur durch die verflossene Zeit (oder vielmehr durch das Verfliessen der vorhergehenden Zeit) allererst entspringt. Aber da die Teile des Raumes einander nicht untergeordnet, sondern beigeordnet sind, so ist ein Teil nicht die Bedingung der Möglichkeit des anderen, und er macht nicht, so wie die Zeit, an sich selbst eine Reihe aus. Allein die Synthesis der mannigfaltigen Teile des Raumes, wodurch wir ihn apprehendieren, ist doch successiv, geschieht also in der Zeit und enthält eine Reihe. Und da in dieser Reihe der aggregierten Räume (z. B. der Füße in einer Rute) von einem gegebenen an, die weiter hinzugedachten immer die *Bedingung von der Grenze* der vorigen sind, so ist das *Messen* eines Raumes auch als eine Synthesis einer Reihe der Bedingungen zu einem gegebenen Bedingten anzusehen, nur daß die Seite der Bedingungen, von der Seite, nach welcher das Bedingte hin liegt, an sich selbst nicht unterschieden ist, folglich *regressus* und *progressus* im Raume einerlei zu sein scheint. Weil indessen ein

Teil des Raumes nicht durch den anderen gegeben, sondern nur begrenzt wird, so müssen wir jeden begrenzten Raum insofern auch als bedingt ansehen, der einen anderen Raum als die Bedingung seiner Grenze voraussetzt, und so fortan. In Ansehung der Begrenzung ist also der Fortgang im Raume auch ein Regressus, und die transzendentale Idee der absoluten Totalität der Synthesis in der Reihe der Bedingungen trifft auch den Raum, und ich kann ebensowohl nach der absoluten Totalität der Erscheinung im Raume, als der in der verflossenen Zeit, fragen. Ob aber überall darauf auch eine Antwort möglich sei, wird sich künftig bestimmen lassen.

Zweitens, so ist die Realität im Raume, d. i. die *Materie*, ein Bedingtes, dessen innere Bedingungen seine Teile, und die Teile der Teile die entfernten Bedingungen sind, so daß hier eine regressive Synthesis stattfindet, deren absolute Totalität die Vernunft fordert, welche nicht anders als durch eine vollendete Teilung, dadurch die Realität der Materie entweder in Nichts oder doch in das, was nicht mehr Materie ist, nämlich das Einfache, verschwindet, stattfinden kann. Folglich ist hier auch eine Reihe von Bedingungen und ein Fortschritt zum Unbedingten.

Drittens, was die Kategorien des realen Verhältnisses unter den Erscheinungen anlangt, so schickt sich die Kategorie der Substanz mit ihren Akzidenzen nicht zu einer transzendentalen Idee; d. i. die Vernunft hat keinen Grund, in Ansehung ihrer, regressiv auf Bedingungen zu gehen. Denn Akzidenzen sind (sofern sie einer einigen Substanz inhärieren) einander koordiniert, und machen keine Reihe aus. In Ansehung der Substanz aber sind sie derselben eigentlich nicht subordiniert, sondern die Art zu existieren der Substanz selber. Was hierbei noch scheinen könnte eine Idee der transzendentalen Vernunft zu sein, wäre der Begriff von *Substantiale*. Allein, da dieses nichts anderes bedeutet, als den Begriff vom Gegenstande überhaupt, welcher subsistiert, sofern man an ihm bloß das transzendentale Subjekt ohne alle Prädikate denkt, hier aber nur die Rede vom Unbedingten in der Reihe der Erscheinungen ist, so ist klar, daß das Substantiale kein Glied in derselben ausmachen könne. Eben dasselbe gilt auch von Substanzen in Gemeinschaft, welche bloße Aggregate sind, und keinen Exponenten einer Reihe haben, indem sie nicht einander als Bedingungen ihrer Möglichkeit subordiniert sind, welches man wohl von den Räumen sagen konnte, deren Grenze niemals an sich, sondern immer durch einen anderen Raum bestimmt war. Es bleibt also nur die Kategorie der *Kausalität* übrig, welche eine Reihe der Ursachen zu einer gegebenen Wirkung darbietet, in welcher man von der letzteren, als dem Bedingten, zu jenen, als Bedingungen, aufsteigen und der Vernunftfrage antworten kann.

Viertens, die Begriffe des Möglichen, Wirklichen und Notwendigen führen auf keine Reihe, außer nur, sofern das *Zufällige* im Dasein jederzeit als bedingt angesehen werden muß, und nach der Regel des Verstandes auf eine Bedingung weist, darunter es notwendig ist, diese auf eine höhere Bedingung zu weisen bis die Vernunft nur in der Totalität diese Reihe die unbedingte *Notwendigkeit* antrifft.

Es sind demnach nicht mehr, als vier kosmologische Ideen, nach den vier Titeln der Kategorien, wenn man diejenigen aushebt, welche eine Reihe in der Synthesis des Mannigfaltigen notwendig bei sich führen.

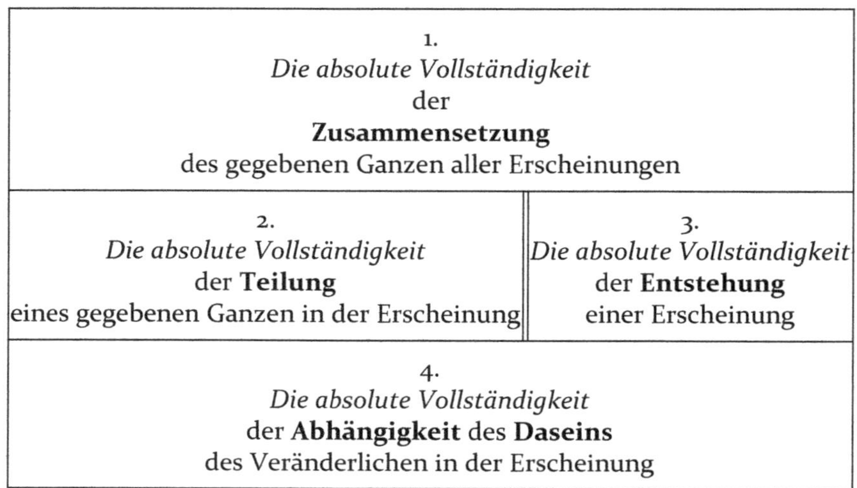

1.
Die absolute Vollständigkeit
der
Zusammensetzung
des gegebenen Ganzen aller Erscheinungen

2. *Die absolute Vollständigkeit* der **Teilung** eines gegebenen Ganzen in der Erscheinung	3. *Die absolute Vollständigkeit* der **Entstehung** einer Erscheinung

4.
Die absolute Vollständigkeit
der **Abhängigkeit** des **Daseins**
des Veränderlichen in der Erscheinung

Zuerst ist hierbei anzumerken, daß die Idee der absoluten Totalität nichts anderes, als die Exposition der *Erscheinungen*, betreffe, mithin nicht den reinen Verstandesbegriff von einen Ganzen der Dinge überhaupt. Es werden hier also Erscheinungen als gegeben betrachtet, und die Vernunft fordert die absolute Vollständigkeit der Bedingungen ihrer Möglichkeit, sofern diese eine Reihe ausmachen, mithin eine schlechthin (d. i. in aller Absicht) vollständige Synthesis, wodurch die Erscheinung nach Verstandesgesetzen exponiert werden könne.

Zweitens ist es eigentlich nur das Unbedingte, was die Vernunft, in dieser, reihenweise, und zwar reggressiv, fortgesetzten Synthesis der Bedingungen, sucht, gleichsam die Vollständigkeit in der Reihe der Prämissen, die zusammen weiter keine andere voraussetzen. Dieses *Unbedingte* ist nun jederzeit *in der absoluten Totalität der Reihe*, wenn man sie sich in der Einbildung vorstellt, enthalten. Allein diese schlechthin vollendete Synthesis ist wiederum nur eine Idee; denn man kann, wenigstens zum voraus, nicht wissen, ob eine solche bei Erscheinungen auch möglich sei. Wenn man sich alles durch bloße reine Verstandesbegriffe, ohne Bedingungen der sinnlichen Anschauung, vorstellt, so kann man geradezu sagen: daß zu einem gegebenen Bedingten auch die ganze Reihe einander subordinierter Bedingungen gegeben sei; denn jenes ist allein durch diese gegeben. Allein bei Erscheinungen ist eine besondere Einschränkung der Art, wie Bedingungen gegeben werden, anzutreffen, nämlich durch die sukzessive

Synthesis des Mannigfaltigen der Anschauung, die im Regressus vollständig sein soll. Ob diese Vollständigkeit nun sinnlich möglich sei, ist noch ein Problem. Allein die Idee dieser Vollständigkeit liegt doch in der Vernunft, unangesehen der Möglichkeit, oder Unmöglichkeit, ihr adäquat empirische Begriffe zu verknüpfen. Also, da in der absoluten Totalität der regressiven Synthesis des Mannigfaltigen in der Erscheinung (nach Anleitung der Kategorien, die sie als eine Reihe von Bedingungen zu einem gegebenen Bedingten vorstellen,) das Unbedingte notwendig enthalten ist, man mag auch unausgemacht lassen, ob und wie diese Totalität zustande zu bringen sei: so nimmt die Vernunft hier den Weg, von der Idee der Totalität auszugehen, ob sie gleich eigentlich das *Unbedingte*, es sei der ganzen Reihe, oder eines Teils derselben, zur Endabsicht hat.

Dieses Unbedingte kann man sich nun gedenken, entweder als bloß in der ganzen Reihe bestehend, in der also alle Glieder ohne Ausnahme bedingt und nur das Ganze derselben schlechthin unbedingt wäre, und dann heißt der Regressus unendlich; oder das absolut Unbedingte ist nur ein Teil der Reihe, dem die übrigen Glieder derselben untergeordnet sind, der selbst aber unter keiner anderen Bedingung steht.In dem ersteren Falle ist die Reihe a parte priori ohne Grenzen (ohne Anfang), d. i. unendlich, und gleichwohl ganz gegeben, der Regressus in ihr aber ist niemals vollendet, und kann nur potentialiter unendlich genannt werden. Im zweiten Falle gibt es ein Erstes der Reihe, welches in Ansehung der verflossenen Zeit der *Weltanfang*, in Ansehung des Raums die *Weltgrenze*, in Ansehung der Teile, eines in seinen Grenzen gegebenen Ganzen, das *Einfache*, in Ansehung der Ursachen die absolute *Selbsttätigkeit* (Freiheit), in Ansehung des Daseins veränderlicher Dinge die absolute *Naturnotwendigkeit* heißt.

Wir haben zwei Ausdrücke: Welt und Natur, welche bisweilen ineinander laufen. Das erste bedeutet das mathematische Ganze aller Erscheinungen und die Totalität ihrer Synthesis, im Großen sowohl als im Kleinen, d. i. sowohl in dem Fortschritt derselben durch Zusammensetzung, als durch Teilung. Eben dieselbe Welt wird aber Naturgenannt, sofern sie als ein dynamisches Ganzes betrachtet wird, und man nicht auf die Aggregation im Raume oder der Zeit, um sie als eine Größe zustande zu bringen, sondern auf die Einheit im *Dasein* der Erscheinungen sieht. Da heißt nun die Bedingung von dem, was geschieht, die Ursache, und die unbedingte Kausalität der Ursache in der Erscheinung die Freiheit, die bedingte dagegen heißt im engeren Verstande Naturursache. Das Bedingte im Dasein überhaupt heißt zufällig, und das Unbedingte notwendig. Die unbedingte Notwendigkeit der *Erscheinungen* kann Naturnotwendigkeit heißen.

Die Ideen, mit denen wir uns jetzt beschäftigen, habe ich oben kosmologische Ideen genannt, teils darum, weil unter Welt der Inbegriff aller Erscheinungen verstanden wird, und unsere Ideen auch nur auf das Unbedingte unter den Erscheinungen gerichtet sind, teils auch, weil das Wort Welt, im transzendentalen Verstande, die absolute Totalität des Inbegriffs existierender Dinge bedeutet, und wir auf die Vollständigkeit der Synthesis (wiewohl nur eigentlich im Regressus zu den Bedingungen) allein unser Augenmerk richten. In Betracht dessen, daß überdem diese Ideen insgesamt transzendent sind, und, ob sie zwar das Objekt, nämlich Erscheinungen, *der Art nach* nicht überschreiten, sondern es lediglich mit der Sinnenwelt (nicht mit Noumenis) zu tun haben, dennoch die Synthesis bis auf einen *Grad*, der alle mögliche Erfahrung übersteigt, treiben, so kann man sie insgesamt meiner Meinung nach ganz schicklich Weltbegriffe nennen. In Ansehung des Unterschiedes des Mathematisch- und des Dynamischunbedingten, worauf der Regressus abzielt, würde ich doch die zwei ersteren in engerer Bedeutung Weltbegriffe (der Welt im Großen und Kleinen), die zwei übrigen aber *transzendente* Naturbegriffe nennen. Diese Unterscheidung ist vorjetzt noch nicht von sonderlicher Erheblichkeit, sie kann aber im Fortgange wichtiger werden.

Der Antinomie der reinen Vernunft

Zweiter Abschnitt
Antithetik der reinen Vernunft

Wenn Thetik ein jeder Inbegriff dogmatischer Lehren ist, so verstehe ich unter Antithetik nicht dogmatische Behauptungen des Gegenteils, sondern den Widerstreit der dem Scheine nach dogmatischen Erkenntnisse, *(thesin cum antithesi)*, ohne daß man einer vor der anderen einen vorzüglichen Anspruch auf Beifall beilegt. Die Antithetik beschäftigt sich also gar nicht mit einseitigen Behauptungen, sondern betrachtet allgemeine Erkenntnisse der Vernunft nur nach dem Widerstreite derselben untereinander und den Ursachen desselben. Die transzendentale Antithetik ist eine Untersuchung über die Antinomie der reinen Vernunft, die Ursachen und das Resultat derselben. Wenn wir unsere Vernunft nicht bloß, zum Gebrauch der Verstandesgrundsätze, auf Gegenstände der Erfahrung verwenden, sondern jene über die Grenze der letzteren hinaus auszudehnen wagen, so entspringen *vernünftelnde* Lehrsätze, die in der Erfahrung weder Bestätigung hoffen, noch Widerlegung fürchten dürfen, und deren jeder nicht allein an sich selbst ohne Widerspruch ist, sondern sogar in der Natur der Vernunft Bedingungen seiner Notwendigkeit antrifft, nur daß unglücklicherweise der Gegensatz ebenso gültige und notwendige Gründe der Behauptung auf seiner Seite hat.

Die Fragen, welche bei einer solchen Dialektik der reinen Vernunft sich natürlich darbieten, sind also: 1. Bei welchen Sätzen denn eigentlich die reine Vernunft einer Antinomie unausbleiblich unterworfen sei. 2. Auf welchen Ursachen diese Antinomie beruhe. 3. Ob und auf welche Art dennoch der Vernunft unter diesem Widerspruch ein Weg zur Gewißheit offen bleibe.

Ein dialektischer Lehrsatz der reinen Vernunft muß demnach dieses, ihn von allen sophistischen Sätzen unterscheidendes, an sich haben, daß er nicht eine willkürliche

Frage betrifft, die man nur in gewisser beliebiger Absicht aufwirft, sondern eine solche, auf die jede menschliche Vernunft in ihrem Fortgange notwendig stoßen muß; und zweitens, daß er, mit seinem Gegensatze, nicht bloß einen gekünstelten Schein, der, wenn man ihn einsieht, sogleich verschwindet, sondern einen natürlichen und unvermeidlichen Schein bei sich führe, der selbst, wenn man nicht mehr durch ihn hintergangen wird, noch immer täuscht, obschon nicht betrügt, und also zwar unschädlich gemacht, aber niemals vertilgt werden kann.

Eine solche dialektische Lehre wird sich nicht auf die Verstandeseinheit in Erfahrungsbegriffen, sondern auf die Vernunfteinheit in bloßen Ideen beziehen, deren Bedingungen, da sie erstlich, als Synthesis nach Regeln. dem Verstande, und doch zugleich, als absolute Einheit derselben, der Vernunft kongruieren soll, wenn sie der Vernunfteinheit adäquat ist, für den Verstand zu groß, und, wenn sie dem Verstande angemessen, für die Vernunft zu klein sein wird; woraus denn ein Widerstreit entspringen muß, der nicht vermieden werden kann, man mag es anfangen, wie man will.

Diese vernünftelnden Behauptungen eröffnen also einen dialektischen Kampfplatz, wo jeder Teil die Oberhand behält, der die Erlaubnis hat, den Angriff zu tun, und derjenige gewiß unterliegt, der bloß verteidigungsweise zu verfahren genötigt ist. Daher auch rüstige Ritter, sie mögen sich für die gute oder schlimme Sache verbürgen, sicher sind, den Siegeskranz davon zu tragen, wenn sie nur dafür sorgen, daß sie den letzten Angriff zu tun das Vorrecht haben, und nicht verbunden sind, einen neuen Anfall des Gegners auszuhalten. Man kann sich leicht vorstellen, daß dieser Tummelplatz von jeher oft genug betreten worden, daß viele Siege von beiden Seiten erfochten, für den letzteren aber, der die Sache entschied, jederzeit so gesorgt worden sei, daß der Verfechter der guten Sache den Platz allein behielte, dadurch, daß seinem Gegner verboten wurde, fernerhin Waffen in die Hände zu nehmen. Als unparteiische Kampfrichter müssen wir es ganz beiseite setzen, ob es die gute oder die schlimme Sache sei, um welche die Streitenden fechten, und sie ihre Sache erst unter sich ausmachen lassen. Vielleicht daß, nachdem sie einander mehr ermüdet als geschadet haben, sie die Nichtigkeit ihres Streithandels von selbst einsehen und als gute Freunde auseinander gehen.

Diese Methode, einem Streite der Behauptungen zuzusehen, oder vielmehr ihn selbst zu veranlassen, nicht, um endlich zum Vorteile des einen oder des anderen Teils zu entscheiden, sondern, um zu untersuchen, ob der Gegenstand desselben nicht vielleicht ein bloßes Blendwerk sei, wonach jeder vergeblich hascht, und bei welchem er nichts gewinnen kann, wenn ihm gleich gar nicht widerstanden würde, dieses Verfahren, sage ich, kann man die skeptische Methode nennen. Sie ist vom *Skeptizismus* gänzlich unterschieden, einem Grundsatze einer kunstmäßigen und szientifischen Unwissenheit, welcher die Grundlagen aller Erkenntnis untergräbt, um, wo möglich, überall keine Zuverlässigkeit und Sicherheit derselben übrigzulassen. Denn die skeptische Methode geht auf Gewißheit, dadurch, daß sie in einem solchen, auf beiden Seiten redlich gemeinten und mit Verstande geführten Streite, den Punkt des Mißverständnisses zu entdecken sucht, um, wie weise Gesetzgeber tun, aus der Verlegenheit der Richter bei Rechtshändeln für sich selbst Belehrung, von dem Mangelhaften und nicht genau Bestimmten in ihren Gesetzen, zu ziehen. Die Antinomie, die sich in der Anwendung der Gesetze offenbart, ist bei unserer eingeschränkten Weisheit der beste Prüfungsversuch der Nomothetik, um die Vernunft, die in abstrakter Spekulation ihre Fehltritte nicht leicht gewahr wird, dadurch auf die Momente in Bestimmung ihrer Grundsätze aufmerksam zu machen.

Diese skeptische Methode ist aber nur der Transzendentalphilosophie allein wesentlich eigen, und kann allenfalls in jedem anderen Felde der Untersuchungen, nur in diesem nicht, entbehrt werden. In der Mathematik würde ihr Gebrauch ungereimt sein; weil sich in ihr keine falschen Behauptungen verbergen und unsichtbar machen können, indem die Beweise jederzeit an dem Faden der reinen Anschauung, und zwar durch jederzeit evidente Synthesis fortgehen müssen. In der Experimentalphilosophie kann wohl ein Zweifel des Aufschubs nützlich sein, allein es ist doch wenigstens kein Mißverstand möglich, der nicht leicht gehoben werden könnte, und in der Erfahrung müssen doch endlich die letzten Mittel der Entscheidung des Zwistes liegen, sie mögen nun früh oder spät aufgefunden werden. Die Moral kann ihre Grundsätze insgesamt auch in concreto, zusamt den praktischen Folgen, wenigstens in möglichen Erfahrungen geben und dadurch den Mißverstand der Abstraktion vermeiden. Dagegen sind die transzendentalen Behauptungen, welche selbst über das Feld aller möglichen Erfahrungen hinaus sich erweiternde Einsichten anmaßen, weder in dem Falle, daß ihre abstrakte Synthesis in irgendeiner Anschauung a priori könnte gegeben, noch so beschaffen, daß der Mißverstand vermittelst irgendeiner Erfahrung entdeckt werden könnte. Die transzendentale Vernunft also verstattet keinen anderen Probierstein, als den Versuch der Vereinigung ihrer Behauptungen unter sich selbst, und mithin zuvor des freien und ungehinderten Wettstreits derselben untereinander, und diesen wollen wir anjetzt anstellen.

Die Antinomie der reinen Vernunft

Erster Widerstreit der transzendentalen Ideen

Thesis

Die Welt hat einen Anfang in der Zeit, und ist dem Raum nach auch in Grenzen eingeschlossen.

Beweis

Denn, man nehme an, die Welt habe der Zeit nach keinen Anfang: so ist bis zu jedem gegebenen Zeitpunkte eine Ewigkeit abgelaufen, und mithin eine unendliche Reihe aufeinander folgender Zustände der Dinge in der Welt verflossen. Nun besteht aber eben darin die Unendlichkeit einer Reihe, daß sie durch sukzessive Synthesis niemals vollendet sein kann. Also ist eine unendliche verflossene Weltreihe unmöglich, mithin ein Anfang der Welt eine notwendige Bedingung ihres Daseins; welches zuerst zu beweisen war.

In Ansehung des *zweiten* nehme man wiederum das Gegenteil an: so wird die Welt ein unendliches gegebenes Ganzes von zugleich existierenden Dingen sein. Nun können wir die Größe eines Quanti, welches nicht innerhalb gewisser Grenzen jeder Anschauung gegeben wird,auf keine andere Art, als nur durch die Synthesis der Teile, und die Totalität eines solchen Quanti nur durch die vollendete Synthesis, oder durch wiederholte Hinzusetzung der Einheit zu sich selbst, gedenken.Demnach, um sich die Welt, die alle Räume erfüllt, als ein Ganzes zu denken, müßte die sukzessive Synthesis der Teile einer

Antithesis

Die Welt hat keinen Anfang, und keine Grenzen im Raume, sondern ist, sowohl in Ansehung der Zeit, als des Raumes, unendlich.

Beweis

Denn man setze: sie habe einen Anfang. Da der Anfang ein Dasein ist, wovor eine Zeit vorhergeht, darin das Ding nicht ist, so muß eine Zeit vorhergegangen sein, darin die Welt nicht war, d. i. eine leere Zeit. Nun ist aber in einer leeren Zeit kein Entstehen irgend eines Dinges möglich; weil kein Teil einer solchen Zeit vor einem anderen irgendeine unterscheidende Bedingung des Daseins, vor die des Nichtseins, an sich hat (man mag annehmen, daß sie von sich selbst, oder durch eine andere Ursache entstehe). Also kann zwar in der Welt manche Reihe der Dinge anfangen, die Welt selber aber kann keinen Anfang haben, und ist also in Ansehung der vergangenen Zeit unendlich.

Was das zweite betrifft, so nehme man zuvörderst das Gegenteil an, daß nämlich die Welt dem Raume nach endlich und begrenzt ist; so befindet sie sich in einem leeren Raum, der nicht begrenzt ist. Es würde also nicht allein ein Verhältnis der Dinge *im Raum*, sondern auch der Dinge *zum Raume* angetroffen werden. Da nun die Welt ein absolutes Ganzes ist, außer welchem kein Gegenstand der Anschauung, und mithin kein Korrelatum der Welt, angetroffen wird, womit dieselbe im Verhältnis stehe, so würde das Verhältnis der Welt zum leeren Raum ein Verhältnis derselben zu *keinem Gegenstande* sein. Ein dergleichen Verhältnis unendlichen Welt als vollendet angesehen, d. i., eine unendliche Zeit müßte, in der Durchzählung aller koexistierenden Dinge, als abgelaufen angesehen werden; welches unmöglich ist. Demnach kann ein unendliches Aggregat wirklicher Dinge, nicht als ein gegebenes Ganzes, mithin auch nicht als *zugleich* gegeben, angesehen werden. Eine Welt ist folglich, der Ausdehnung im Raume nach, *nicht unendlich*, sondern in ihren Grenzen eingeschlossen, welches das zweite war.

aber, mithin auch die Begrenzung der Welt durch den leeren Raum, ist nichts; also ist die Welt, dem Raume nach, gar nicht begrenzt, d. i. sie ist in Ansehung der Ausdehnung unendlich.

Anmerkung zur ersten Antinomie

I. zur Thesis

Ich habe bei diesen einander widerstreitenden Argumenten nicht Blendwerke gesucht, um etwa (wie man sagt) einen Advokatenbeweis zu führen, welcher sich der Unbehutsamkeit des Gegners zu seinem Vorteile bedient, und seine Berufung auf ein mißverstandenes Gesetz gerne gelten läßt, um seine eigenen unrechtmäßigen Ansprüche auf die Widerlegung desselben zu bauen. Jeder dieser Beweise ist aus der Sache Natur gezogen und der Vorteil beiseite gesetzt worden, den uns die Fehlschlüsse der Dogmatiker von beiden Teilen geben könnten.

Ich hätte die Thesis auch dadurch dem Scheine nach beweisen können, daß ich von der Unendlichkeit einer gegebenen Größe, nach der Gewohnheit der Dogmatiker, einen fehlerhaften Begriff vorangeschickt hätte. *Unendlich* ist eine Größe, über die keine größere (d. i. über die darin enthaltene Menge einer

II. Anmerkung zur Antithesis

Der Beweis für die Unendlichkeit der gegebenen Weltreihe und des Weltinbegriffs beruht darauf: daß im entgegengesetzten Falle eine leere Zeit, imgleichen ein leerer Raum, die Weltgrenze ausmachen müßte. Nun ist mir nicht unbekannt, daß wider diese Konsequenz Ausflüchte gesucht werden, indem man vorgibt: es sei eine Grenze der Welt, der Zeit und dem Raume nach, ganz wohl möglich, ohne daß man eben eine absolute Zeit vor der Welt Anfang, oder einen absoluten, außer der wirklichen Welt ausgebreiteten Raum annehmen dürfe; welches unmöglich ist. Ich bin mit dem letzteren Teile dieser Meinung der Philosophen aus der Leibnitzischen Schule ganz wohl zufrieden. Der Raum ist bloß die Form der äußeren Anschauung, aber kein wirklicher Gegenstand, der äußerlich angeschaut werden kann, und kein Korrelatum der Erscheinungen, sondern die Form der Erscheinungen selbst. Der Raum also kann absolut (für sich allein) nicht als etwas Bestimmendes in dem Dasein der Dinge vorkommen, weil er gar kein Gegenstand ist, gegebenen Einheit) möglich ist. Nun ist keine Menge die größte, weil noch immer eine oder mehrere Einheiten hinzugetan werden können. Also ist eine unendliche gegebene Größe, mithin auch eine (der verflossenen Reihe sowohl, als der Ausdehnung nach) unendliche Welt unmöglich: sie ist also beiderseitig begrenzt. So hätte ich meinen Beweis führen können: allein dieser Begriff stimmt nicht mit dem, was man unter einem unendlichen Ganzen versteht. Es wird dadurch nicht vorgestellt, wie *groß* es sei, mithin ist sein Begriff auch nicht der Begriff eines *Maximum,* sondern es wird dadurch nur sein Verhältnis zu einer beliebig anzunehmenden Einheit, in Ansehung deren dasselbe größer ist als alle Zahl, gedacht. Nachdem die Einheit nun größer oder kleiner angenommen wird, würde das Unendliche größer oder kleiner sein; allein die Unendlichkeit, da sie bloß in dem Verhältnisse zu dieser gegebenen Einheit besteht, würde immer dieselbe bleiben, obgleich freilich die absolute Größe des Ganzen dadurch gar nicht erkannt würde, davon auch hier nicht die Rede ist.

Der wahre (transzendentale) Begriff der Unendlichkeit ist: daß die sukzessive Synthesis der Einheit in Durchmessung eines Quantum niemals vollendet sein kann.Hieraus folgt ganz sicher, daß eine Ewigkeit wirklicher aufeinanderfolgenden Zustände bis zu einem gegebenen (dem gegenwärtigen) Zeitpunkte nicht verflossen sein kann, die Welt also einen Anfang haben müsse.

sondern nur die Form möglicher Gegenstände. Dinge also, als Erscheinungen, bestimmen wohl den Raum, d. i. unter allen möglichen Prädikaten desselben (Größe und Verhältnis) machen sie es, daß diese oder jene zur Wirklichkeit gehören; aber umgekehrt kann der Raum, als etwas, welches für sich besteht, die Wirklichkeit der Dinge in Ansehung der Größe oder Gestalt nicht bestimmen, weil er an sich selbst nichts Wirkliches ist. Es kann also wohl ein Raum (er sei voll oder leer)durch Erscheinungen begrenzt, Erscheinungen aber können nicht *durch einen leeren Raum* außer denselben *begrenzt* werden. Eben dieses gilt auch von der Zeit. Alles dieses nun zugegeben, so ist gleichwohl unstreitig, daß man diese zwei Undinge, den leeren Raum außer und die leere Zeit vor der Welt, durchaus annehmen müsse, wenn man eine Weltgrenze, es sei dem Raume oder der Zeit nach, annimmt.

Denn was den Ausweg betrifft, durch den man der Konsequenz auszuweichen sucht, nach welcher wir sagen: daß, wenn die Welt (der Zeit und dem Raum nach) Grenzen hat, das unendliche Leere das Dasein wirklicher Dinge ihrer Größe nach bestimmen müsse, so besteht er insgeheim nur darin: daß man statt einer *Sinnenwelt* sich, wer weiß welche, intelligible Welt gedenkt, und, statt des ersten Anfanges, (ein Dasein, vor welchem eine Zeit des Nichtseins vorhergeht) sich überhaupt ein Dasein denkt, welches *keine andere Bedingung* in der Welt *voraussetzt,* statt der Grenze der Ausdehnung, *Schranken* des Weltganzen denkt, und dadurch der Zeit und dem Raume aus dem Wege geht. Es ist hier aber nur von dem *mundus phaenomenon* die Rede, und von dessen Größe, bei dem man von

In Ansehung des zweiten Teils der Thesis fällt die Schwierigkeit, von einer unendlichen und doch abgelaufenen Reihe zwar weg; denn das Mannigfaltige einer der Ausdehnung nach unendlichen Welt ist *zugleich* gegeben. Allein, um die Totalität einer solchen Menge zu denken, da wir uns nicht auf Grenzen berufen können, welche diese Totalität von selbst in der Anschauung ausmachen, müssen wir von unserem Begriffe Rechenschaft geben, der in solchem Falle nicht vom Ganzen zu der bestimmten Menge der Teile gehen kann, sondern die Möglichkeit eines Ganzen durch die sukzessive Synthesis der Teile dartun muß. Da diese Synthesis nun eine nie zu vollendende Reihe ausmachen müßte; so kann man sich nicht vor ihr, und mithin auch nicht durch sie, eine Totalität denken. Denn der Begriff der Totalität selbst ist in diesem Falle die Vorstellung einer vollendeten Synthesis der Teile, und diese Vollendung, mithin auch der Begriff derselben, ist unmöglich.

gedachten Bedingungen der Sinnlichkeit keineswegs abstrahieren kann, ohne das Wesen desselben aufzuheben. Die Sinnenwelt, wenn sie begrenzt ist, liegt notwendig in dem unendlichen Leeren. Will man dieses, und mithin den Raum überhaupt als Bedingung der Möglichkeit der Erscheinungen a priori weglassen, so fällt die ganze Sinnenwelt weg. In unserer Aufgabe ist uns diese allein gegeben. Der *mundus intelligibilis* ist nichts als der allgemeine Begriff einer Welt überhaupt, in welchem man von allen Bedingungen der Anschauung derselben abstrahiert, und in Ansehung dessen folglich gar kein synthetischer Satz, weder bejahend, noch verneinend möglich ist.

Der Antinomie der reinen Vernunft

Zweiter Widerstreit der transzendentalen Ideen

Thesis

Eine jede zusammengesetzte Substanz in der Welt besteht aus einfachen Teilen, und es existiert überall nichts als das Einfache, oder das, was aus diesem zusammengesetzt ist.

Beweis

Denn, nehmet an, die zusammengesetzten Substanzen beständen nicht aus einfachen Teilen; so würde wenn alle Zusammensetzung in Gedanken

Antithesis

Kein zusammengesetztes Ding in der Welt besteht aus einfachen Teilen, und es existiert überall nichts Einfaches in derselben.

Beweis

Setzet: ein zusammengesetztes Ding (als Substanz) bestehe aus einfachen Teilen. Weil alles äußere Verhältnis, mithin auch alle aufgehoben würde, kein zusammengesetzter Teil, und (da es keine einfachen Teile gibt) auch kein einfacher, mithin gar nichts übrigbleiben, folglich keine Substanz sein gegeben worden. Entweder also läßt sich unmöglich alle Zusammensetzung in Gedanken aufheben, oder es muß nach deren Aufhebung etwas ohne alle Zusammensetzung Bestehendes, d. i. das Einfache, übrigbleiben. Im ersteren Falle aber würde das Zusammengesetzte wiederum nicht aus Substanzen bestehen (weil bei diesen die Zusammensetzung nur eine zufällige Relation der Substanzen ist, ohne welche diese, als für sich beharrliche Wesen, bestehen müssen). Da nun dieser Fall der Voraussetzung widerspricht, so bleibt nur der zweite übrig: daß nämlich das substantielle Zusammengesetzte in der Welt aus einfachen Teilen bestehe.

Hieraus folgt unmittelbar, daß die Dinge der Welt insgesamt einfache Wesen sind, daß die Zusammensetzung nur ein äußerer Zustand derselben sei, und daß, wenn wir die Elementarsubstanzen gleich niemals völlig aus diesem Zustande der Verbindung setzen und isolieren können, doch die Vernunft sie als die ersten Subjekte aller Komposition, und mithin, vor derselben, als einfache Wesen denken müsse.

Zusammensetzung aus Substanzen, nur im Raume möglich ist: so muß, aus so viel Teilen das Zusammengesetzte besteht, aus ebensoviel Teilen auch der Raum bestehen, den es einnimmt. Nun besteht der Raum nicht aus einfachen Teilen, sondern aus Räumen. Also muß jeder Teil des Zusammengesetzten einen Raum einnehmen. Die schlechthin ersten Teile aber alles Zusammengesetzten sind einfach. Also nimmt das Einfache einen Raum ein. Da nun alles Reale, was einen Raum einnimmt, ein außerhalb einander befindliches Mannigfaltiges in sich faßt, mithin zusammengesetzt ist, und zwar als ein reales Zusammengesetztes, nicht aus Akzidenzen, (denn die können nicht ohne Substanz außereinander sein,) mithin aus Substanzen; so würde das Einfache ein substantielles Zusammengesetztes sein, welches sich widerspricht.

Der zweite Satz der Antithesis, daß in der Welt gar nichts Einfaches existiere, soll hier nur so viel bedeuten, als: Es könne das Dasein des schlechthin Einfachen aus keiner Erfahrung oder Wahrnehmung, weder äußeren, noch inneren, dargetan werden, und das schlechthin Einfache sei also eine bloße Idee, deren objektive Realität niemals in irgend einer möglichen Erfahrung kann dargetan werden, mithin in der Exposition der Erscheinungen ohne alle Anwendung und Gegenstand. Denn wir wollen annehmen, es ließe sich für diese transzendentale Idee ein Gegenstand der Erfahrung finden: so müßte die empirische Anschauung irgendeines

Gegenstandes als eine solche erkannt werden, welche schlechthin kein Mannigfaltiges außerhalb einander, und zur Einheit verbunden, enthält. Da nun von dem Nichtbewußtsein eines solchen Mannigfaltigen auf die gänzliche Unmöglichkeit desselben in irgendeiner Anschauung eines Objekts, kein Schluß gilt, dieses letztere aber zur absoluten Simplizität durchaus nötig ist, so folgt, daß diese aus keiner Wahrnehmung, welche sie auch sei, könne geschlossen werden. Da also etwas als ein schlechthin einfaches Objekt niemals in irgend einer möglichen Erfahrung kann gegeben werden, die Sinnenwelt aber als der Inbegriff aller möglichen Erfahrungen angesehen werden muß: so ist überall in ihr nichts Einfaches gegeben.

Dieser zweite Satz der Antithesis geht viel weiter als der erste, der das Einfache nur von der Anschauung des Zusammengesetzten verbannt, da hingegen dieser es aus der ganzen Natur wegschafft; daher er auch nicht aus dem Begriffe eines gegebenen Gegenstandes der äußeren Anschauung (des Zusammengesetzten), sondern aus dem Verhältnis desselben zu einer möglichen Erfahrung überhaupt hat bewiesen werden können.

Anmerkung zur zweiten Antinomie

I. zur Thesis

Wenn ich von einem Ganzen rede, welches notwendig aus einfachen Teilen besteht, so verstehe ich darunter nur ein substantielles Ganzes als das eigentliche Kompositum, d. i. die zufällige Einheit des Mannigfaltigen,

II. Anmerkung zur Antithesis

Wider diesen Satz einer unendlichen Teilung der Materie, dessen Beweisgrund bloß mathematisch ist, werden von den *Monadisten* Einwürfe vorgebracht, welche sich dadurch schon verdächtig welches *abgesondert* (wenigstens in Gedanken) gegeben, in eine wechselseitige Verbindung gesetzt wird, und dadurch Eines ausmacht. Den Raum sollte man eigentlich nicht Kompositium, sondern Totum nennen, weil die Teile desselben nur im Ganzen und nicht das Ganze durch die Teile möglich ist. Er würde allenfalls ein *compositum ideale*, aber nicht *reale* heißen können. Doch dieses ist nur Subtilität. Da der Raum kein Zusammengesetztes aus Substanzen (nicht einmal aus realen Akzidenzen) ist, so muß, wenn ich alle Zusammensetzung in ihm aufhebe, nichts, auch nicht einmal der Punkt übrigbleiben; denn dieser ist nur als die Grenze eines Raumes, (mithin eines Zusammengesetzten) möglich. Raum und Zeit bestehen also nicht aus einfachen Teilen. Was nur zum Zustande einer Substanz gehört, ob es gleich eine Größe hat (z. B. die Veränderung), besteht auch nicht aus dem Einfachen, d. i. ein gewisser Grad der Veränderung entsteht nicht durch einen Anwachs vieler einfachen Veränderungen. Unser Schluß vom Zusammengesetzten auf das Einfache gilt nur von für sich selbst bestehenden Dingen. Akzidenzen aber des Zustandes, bestehen nicht für sich selbst. Man kann also den Beweis für die Notwendigkeit des Einfachen, als der Bestandteile alles substantiellen Zusammengesetzten, und dadurch überhaupt seine Sache leichtlich verderben, wenn man ihn zu weit ausdehnt und ihn für alles Zusammengesetzte ohne Unterschied geltend machen will, wie es wirklich mehrmalen schon geschehen ist.

Ich rede übrigens hier nur von dem Einfachen, sofern es notwendig im Zusammengesetzten gegeben ist, indem dieses darin, als in seine Bestandteile, aufgelöst werden kann. Die machen, daß sie die klarsten mathematischen Beweise nicht für Einsichten in die Beschaffenheit des Raumes, sofern er in der Tat die formale Bedingung der Möglichkeit aller Materie ist, wollen gelten lassen, sondern sie nur als Schlüsse aus abstrakten aber willkürlichen Begriffen ansehen, die auf wirkliche Dinge nicht bezogen werden könnten. Gleich als wenn es auch nur möglich wäre, eine andere Art der Anschauung zu erdenken, als die in der ursprünglichen Anschauung des Raumes gegeben wird, und die Bestimmungen desselben a priori nicht zugleich alles dasjenige beträfen, was dadurch allein möglich ist, daß es diesen Raum erfüllt. Wenn man ihnen Gehör gibt, so müßte man, außer dem mathematischen Punkte, der einfach, aber kein Teil, sondern bloß die Grenze eines Raumes ist, sich noch physische Punkte denken, die zwar auch einfach sind, aber den Vorzug haben, als Teile des Raumes, durch ihre bloße Aggregation denselben zu erfüllen. Ohne nun hier die gemeinen und klaren Widerlegungen dieser Ungereimtheit, die man in Menge antrifft, zu wiederholen, wie es denn gänzlich umsonst ist, durch bloß diskursive Begriffe die Evidenz der Mathematik weg vernünfteln zu wollen, so bemerke ich nur, daß, wenn die Philosophie hier mit der Mathematik schikaniert, es darum geschehe, weil sie vergißt, daß es in dieser Frage nur um *Erscheinungen* und deren Bedingung zu tun sei. Hier ist es aber nicht genug, zum eigentliche Bedeutung des Wortes *Monas* (nach Leibnitzens Gebrauch) sollte wohl nur auf das Einfache gehen, welches *unmittelbar* als einfache Substanz gegeben ist (z. B. im Selbstbewußtsein) und nicht als Element des Zusammengesetzten, welches man besser den Atomus nennen könnte. Und da ich nur in Ansehung des Zusammengesetzten die einfachen Substanzen, als deren Elemente, beweisen will, so könnte ich die Antithese der zweiten Antinomie die transzendentale *Atomistik* nennen. Weil aber dieses Wort schon vorlängst zur Bezeichnung einer besonderen Erklärungsart körperlicher Erscheinungen *(molecularum)* gebraucht worden, und also empirische Begriffe voraussetzt, so mag er der dialektische Grundsatz der *Monadologie* heißen.

reinen *Verstandesbegriffe* des Zusammengesetzten den Begriff des Einfachen, sondern zur *Anschauung* des Zusammengesetzten (der Materie) die Anschauung des Einfachen zu finden, und dieses ist nach Gesetzen der Sinnlichkeit, mithin auch bei Gegenständen der Sinne, gänzlich unmöglich. Es mag also von einem Ganzen aus Substanzen, welches bloß durch den reinen Verstand gedacht wird, immer gelten, daß wir vor aller Zusammensetzung desselben das Einfache haben müssen; so gilt dieses doch nicht vom *totum substantiale phaenomenon*, welches, als empirische Anschauung im Raume, die notwendige Eigenschaft bei sich führt, daß kein Teil desselben einfach ist, darum, weil kein Teil des Raumes einfach ist. Indessen sind die Monadisten fein genug gewesen, dieser Schwierigkeit dadurch ausweichen zu wollen, daß sie nicht den Raum als eine Bedingung der Möglichkeit der Gegenstände äußerer Anschauung (Körper), sondern diese, und das dynamische Verhältnis der Substanzen überhaupt, als die Bedingung der Möglichkeit des Raumes voraussetzen. Nun haben wir von Körpern nur als Erscheinungen einen Begriff, als solche aber setzen sie den Raum als die Bedingung der Möglichkeit aller äußeren Erscheinung notwendig voraus, und die Ausflucht ist also vergeblich, wie sie denn auch oben in der transzendentalen Ästhetik hinreichend ist abgeschnitten worden. Wären sie Dinge an sich selbst, so würde der Beweis der Monadisten allerdings gelten.

Die zweite dialektische Behauptung hat das Besondere an sich, daß sie eine dogmatische Behauptung wider sich hat, die unter allen vernünftelnden die einzige ist, welche sich unternimmt, an einem Gegenstande der Erfahrung die Wirklichkeit dessen, was wir oben bloß zu transzendentalen Ideen rechneten, nämlich die absolute Simplizität der Substanz, augenscheinlich zu beweisen: nämlich daß der Gegenstand des inneren Sinnes, das Ich, was da denkt, eine schlechthin einfache Substanz sei. Ohne mich hierauf jetzt einzulassen, (da es oben ausführlicher erwogen ist,) so bemerke ich nur: daß wenn etwas bloß als Gegenstand gedacht wird, ohne irgendeine synthetische Bestimmung seiner Anschauung hinzuzusetzen, (wie denn dieses durch die ganz nackte Vorstellung: Ich, geschieht,) so könne freilich nichts Mannigfaltiges und keine Zusammensetzung in einer solchen Vorstellung wahrgenommen werden. Da überdem die Prädikate, wodurch ich diesen Gegenstand denke, bloß Anschauungen des inneren Sinnes sind, so kann darin auch nichts vorkommen, welches ein Mannigfaltiges außerhalb einander, mithin reale Zusammensetzung bewiese. Es bringt also nur das Selbstbewußtsein es so mit sich, daß, weil das Subjekt, welches denkt, zugleich sein eigenes Objekt ist, es sich selber nicht teilen kann (obgleich die ihm inhärierenden Bestimmungen); denn in Ansehung seiner selbst ist jeder Gegenstand absolute Einheit.

Nichtsdestoweniger, wenn dieses Subjekt *äußerlich*, als ein Gegenstand der Anschauung, betrachtet wird, so würde es doch wohl Zusammensetzung in der Erscheinung an sich zeigen. So muß es aber jederzeit betrachtet werden, wenn man wissen will, ob in ihm ein Mannigfaltiges *außerhalb* einander sei, oder nicht.

Der Antinomie der reinen Vernunft

Dritter Widerstreit der transzendentalen Ideen

Thesis

Die Kausalität nach Gesetzen der Natur ist nicht die einzige, aus welcher die Erscheinungen der Welt insgesamt abgeleitet werden können. Es ist noch eine Kausalität durch Freiheit zur Erklärung derselben anzunehmen notwendig.

Beweis

Man nehme an, es gebe keine andere Kausalität, als nach Gesetzen der Natur; so setzt alles, *was geschieht*, einen vorigen Zustand voraus, auf den es unausbleiblich nach einer Regel folgt. Nun muß aber der vorige Zustand selbst etwas sein, was geschehen ist (in der Zeit geworden, da es vorher nicht war), weil, wenn es jederzeit gewesen wäre, seine Folge auch nicht allererst entstanden, sondern immer gewesen sein würde. Also ist die Kausalität der Ursache, durch welche etwas geschieht, selbst etwas *Geschehenes*, welches nach dem Gesetz der Natur wiederum einen vorigen Zustand und dessen Kausalität, dieser aber eben so einen

Antithesis

Es ist keine Freiheit, sondern alles in der Welt geschieht lediglich nach Gesetzen der Natur.

Beweis

Setzet: es gehe eine Freiheit im transzendentalen Verstande, als eine besondere Art von Kausalität, nach welcher die Begebenheiten der Welt erfolgen könnten, nämlich ein Vermögen, einen Zustand, mithin auch eine Reihe von Folgen desselben, schlechthin anzufangen; so wird nicht allein eine Reihe durch diese Spontaneität, sondern die Bestimmung dieser Spontaneität selbst zur Hervorbringung der Reihe, d. i. die Kausalität, wird schlechthin anfangen, so daß nichts vorhergeht, wodurch diese geschehende Handlung nach beständigen Gesetzen bestimmt sei. Es setzt aber ein jeder Anfang zu handeln einen Zustand der noch nicht handelnden Ursache voraus, und ein dynamisch erster Anfang der Handlung einen Zustand, der mit dem vorhergehenden eben noch älteren voraussetzt usw. Wenn also alles nach bloßen Gesetzen der Natur geschieht, so gibt es jederzeit nur einen subalternen, niemals aber einen ersten Anfang, und also überhaupt keine Vollständigkeit der Reihe auf der Seite der voneinander abstammenden Ursachen. Nun besteht aber eben darin das Gesetz der Natur: daß ohne hinreichend a priori bestimmte Ursache nichts geschehe. Also widerspricht der Satz, als wenn alle Kausalität nur nach Naturgesetzen möglich sei, sich selbst in seiner unbeschränkten Allgemeinheit, und diese kann also nicht als die einzige angenommen werden.

Diesem nach muß eine Kausalität angenommen werden, durch welche etwas geschieht, ohne daß die Ursache davon noch weiter, durch eine andere vorhergehende Ursache, nach notwendigen Gesetzen bestimmt sei, d. i. eine *absolute Spontaneität* der Ursachen, eine Reihe von Erscheinungen, die nach Naturgesetzen läuft, *von selbst* anzufangen, mithin transzendentale Freiheit, ohne welche selbst im Laufe der Natur die Reihenfolge der Erscheinungen auf der Seite der Ursachen niemals vollständig ist.

derselben Ursache gar keinen Zusammenhang der Kausalität hat, d. i. auf keine Weise daraus erfolgt. Also ist die transzendentale Freiheit dem Kausalgesetze entgegen, und eine solche Verbindung der sukzessiven Zustände wirkender Ursachen, nach welcher keine Einheit der Erfahrung möglich ist, die also auch in keiner Erfahrung angetroffen wird, mithin ein leeres Gedankending.

Wir haben also nichts als *Natur*, in welcher wir den Zusammenhang und Ordnung der Weltbegebenheiten suchen müssen. Die Freiheit (Unabhängigkeit) von den Gesetzen der Natur, ist zwar eine *Befreiung* vom *Zwange*, aber auch vom *Leitfaden* aller Regeln. Denn man kann nicht sagen, daß, anstatt der Gesetze der Natur, Gesetze der Freiheit in die Kausalität des Weltlaufs eintreten, weil, wenn diese nach Gesetzen bestimmt wäre, sie nicht Freiheit, sondern selbst nichts anderes als Natur wäre. Natur also und transzendentale Freiheit unterscheiden sich wie Gesetzmäßigkeit und Gesetzlosigkeit, davon jene zwar den Verstand mit der Schwierigkeit belästigt, die Abstammung der Begebenheiten in der Reihe der Ursachen immer höher hinauf zu suchen, weil die Kausalität an ihnen jederzeit bedingt ist, aber zur Schadloshaltung durchgängige und gesetzmäßige Einheit der Erfahrung verspricht, dahingegen das Blendwerk von Freiheit zwar dem forschenden Verstande in der Kette der Ursachen Ruhe verheißt, indem sie ihn zu einer unbedingten Kausalität führt, die von selbst zu handeln anhebt, die aber, da sie selbst blind ist, den Leitfaden der Regeln abreißt, an welchem allein eine durchgängig zusammenhängende Erfahrung möglich ist.

Anmerkung zur dritten Antinomie

I. zur Thesis

Die transzendentale Idee der Freiheit macht zwar bei weitem nicht den ganzen Inhalt des psychologischen Begriffs dieses Namens aus, welcher großenteils empirisch ist, sondern nur den der absoluten Spontaneität der Handlung, als den eigentlichen Grund der Imputabilität derselben; ist aber dennoch der eigentliche Stein des Anstoßes für die Philosophie, welche unüberwindliche Schwierigkeiten findet, dergleichen Art von unbedingter Kausalität einzuräumen. Dasjenige also in der Frage über die Freiheit des Willens, was die spekulative Vernunft von jeher in so große Verlegenheit gesetzt hat, ist eigentlich nur *transzendental*, und geht lediglich darauf, ob ein Vermögen angenommen werden müsse, eine Reihe von sukzessiven Dingen oder Zuständen *von selbst* anzufangen. Wie ein solches möglich sei, ist nicht ebenso notwendig beantworten zu können, da wir uns ebensowohl bei der Kausalität nach Naturgesetzen damit begnügen müssen, a priori zu erkennen, daß eine solche vorausgesetzt werden müsse, ob wir gleich die Möglichkeit, wie durch ein gewisses Dasein das Dasein eines anderen gesetzt werde, auf keine Weise begreifen, und uns desfalls lediglich an die Erfahrung halten müssen. Nun haben wir diese Notwendigkeit eines ersten Anfangs einer Reihe von Erscheinungen aus Freiheit, zwar nur eigentlich insofern

II. Anmerkung zur Antithesis

Der Verteidiger der Allvermögenheit der Natur (transzendentale *Physiokratie*), im Widerspiel mit der Lehre von der Freiheit, würde seinen Satz, gegen die vernünftelnden Schlüsse der letzteren, auf folgende Art behaupten. *Wenn ihr kein mathematisch Erstes der Zeit nach in der Welt annehmt, so habt ihr auch nicht nötig, ein dynamisch Erstes der Kausalität nach zu suchen*. Wer hat euch geheißen, einen schlechthin ersten Zustand der Welt, und mithin einen absoluten Anfang der nach und nach ablaufenden Reihe der Erscheinungen, zu erdenken, und, damit ihr eurer Einbildung einen Ruhepunkt verschaffen möget, der unumschränkten Natur Grenzen zu setzen? Da die Substanzen in der Welt jederzeit gewesen sind, wenigstens die Einheit der Erfahrung eine solche Voraussetzung notwendig macht, so hat es keine Schwierigkeit, auch anzunehmen, daß der Wechsel ihrer Zustände, d. i. eine Reihe ihrer Veränderungen, jederzeit gewesen sei, und mithin kein erster Anfang, weder mathematisch, noch dynamisch, gesucht werden dürfe. Die Möglichkeit einer solchen unendlichen Abstammung, ohne ein erstes Glied, in Ansehung dessen alles übrige bloß nachfolgend ist, läßt sich, seiner Möglichkeit nach, nicht begreiflich machen. Aber wenn ihr diese Naturrätsel darum wegwerfen wollt, so werdet ihr euch genötigt sehen, viel synthetische Grundbeschaffenheiten zu verwerfen, (Grundkräfte) die ihr ebensowenig begreifen könnt, und selbst die Möglichkeit einer Veränderung überhaupt muß euch anstößig werden. Denn, wenn ihr nicht durch Erfahrung fändet, daß sie wirklich ist, so würdet ihr niemals a priori ersinnen können, dargetan, als zur Begreiflichkeit eines Ursprungs der Welt erforderlich ist, indessen daß man alle nachfolgenden Zustände für eine Abfolge nach bloßen Naturgesetzen nehmen kann. Weil aber dadurch doch einmal das Vermögen, eine Reihe in der Zeit ganz von selbst anzufangen, bewiesen (obzwar nicht eingesehen) ist, so ist es uns nunmehr auch erlaubt, mitten im Laufe der Welt verschiedene Reihen, der Kausalität nach, von selbst anfangen zu lassen, und den Substanzen derselben ein Vermögen beizulegen, aus Freiheit zu handeln. Man lasse sich aber hierbei nicht durch einen Mißverstand aufhalten: daß, da nämlich eine sukzessive Reihe in der Welt nur einen komparativ ersten Anfang haben kann, indem doch immer ein Zustand der Dinge in der Welt vorhergeht, etwa kein absolut erster Anfang der Reihen während dem Weltlaufe möglich sei. Denn wir reden hier nicht vom absolut ersten Anfange der Zeit nach, sondern der Kausalität nach. Wenn ich jetzt (zum Beispiel) völlig frei, und ohne den notwendig bestimmenden Einfluß der Naturursachen, von meinem Stuhle aufstehe, so fängt in dieser Begebenheit, samt deren natürlichen Folgen ins Unendliche, eine neue Reihe schlechthin an, obgleich der Zeit nach diese Begebenheit nur die Fortsetzung einer vorhergehenden Reihe ist. Denn diese Entschließung und Tat liegt gar nicht in der Abfolge bloßer Naturwirkungen, und ist nicht eine bloße Fortsetzung derselben, wie eine solche unaufhörliche Folge von Sein und Nichtsein möglich sei.

Wenn auch indessen allenfalls ein transzendentales Vermögen der Freiheit nachgegeben wird, um die Weltveränderungen anzufangen, so würde dieses Vermögen doch wenigstens nur außerhalb der Welt sein müssen, (wiewohl es immer eine kühne Anmaßung bleibt, außerhalb dem Inbegriffe aller möglichen Anschauungen, noch einen Gegenstand anzunehmen, der in keiner möglichen Wahrnehmung gegeben werden kann). Allein, in der Welt selbst, den Substanzen ein solches Vermögen beizumessen, kann nimmermehr erlaubt sein, weil alsdann der Zusammenhang nach allgemeinen Gesetzen sich einander notwendig bestimmender Erscheinungen, den man Natur nennt, und mit ihm das Merkmal empirischer Wahrheit, welches Erfahrung vom Traum unterscheidet, größtenteils verschwinden würde. Denn es läßt sich neben einem solchen gesetzlosen Vermögen der Freiheit, kaum mehr Natur denken; weil die Gesetze der letzteren durch die Einflüsse der ersteren unaufhörlich abgeändert, und das Spiel der Erscheinungen, welches nach der bloßen Natur regelmäßig und gleichförmig sein würde, dadurch verwirrt und unzusammenhängend gemacht wird.

sondern die bestimmenden Natururursachen hören oberhalb derselben, in Ansehung dieser Ereignis, ganz auf, die zwar auf jene folgt, aber daraus nicht erfolgt, und daher zwar nicht der Zeit nach, aber doch in Ansehung der Kausalität, ein schlechthin erster Anfang einer Reihe von Erscheinungen genannt werden muß.

Die Bestätigung von der Bedürfnis der Vernunft, in der Reihe der Natururursachen sich auf einen ersten Anfang aus Freiheit zu berufen, leuchtet daran sehr klar in die Augen: daß (die epikurische Schule ausgenommen) alle Philosophen des Altertums sich gedrungen sahen, zur Erklärung der Weltbewegungen einen *ersten Beweger* anzunehmen, d. i. eine freihandelnde Ursache, welche diese Reihe von Zuständen zuerst und von selbst anfing. Denn aus bloßer Natur unterfangen sie sich nicht, einen ersten Anfang begreiflich zu machen.

Der Antinomie der reinen Vernunft

Vierter Widerstreit der transzendentalen Ideen

Thesis	Antithesis
Zu der Welt gehört etwas, das, entweder als ihr Teil, oder ihre Ursache, ein schlechthin notwendiges Wesen ist.	Es existiert überall kein schlechthin notwendiges Wesen, weder in der Welt, noch außer der Welt, als ihre Ursache.
Beweis	Beweis
Die Sinnenwelt, als das Ganze aller Erscheinungen, enthält zugleich eine Reihe von Veränderungen. Denn, ohne diese, würde selbst die Vorstellung der Zeitreihe, als einer	Setzet: die Welt selber, oder in ihr, sei ein notwendiges Wesen, so würde in der Reihe ihrer Veränderungen, entweder ein Anfang sein, der

Bedingung der Möglichkeit der Sinnenwelt, uns nicht gegeben sein. Eine jede Veränderung aber steht unter ihrer Bedingung, die der Zeit nach vorhergeht, und unter welcher sie notwendig ist. Nun setzt ein jedes Bedingte, das gegeben ist, in Ansehung seiner Existenz, eine vollständige Reihe von Bedingungen bis zum Schlechthinunbedingten voraus, welches allein absolutnotwendig ist. Also muß etwas Absolutnotwendiges existieren, wenn eine Veränderung als seine Folge existiert. Dieses Notwendige aber gehört selber zur Sinnenwelt. Denn setzet, es sei außer derselben, so würde von ihm die Reihe der Weltveränderungen ihren Anfang ableiten, ohne daß doch diese notwendige Ursache selbst zur Sinnenwelt gehörte. Nun ist dieses unmöglich. Denn, da der Anfang einer Zeitreihe nur durch dasjenige, was der Zeit nach vorhergeht, bestimmt werden kann: so muß die oberste Bedingung des Anfangs einer Reihe von Veränderungen in der Zeit existieren, da diese noch nicht war, (denn der Anfang ist ein Dasein, vor welchem eine Zeit vorhergeht, darin das Ding, welches anfängt, noch nicht war). Also gehört die Kausalität der notwendigen Ursache der Veränderungen, mithin auch die Ursache selbst, zu der Zeit, mithin zur Erscheinung (an welcher die Zeit allein als deren Form möglich ist), folglich kann sie von der Sinnenwelt, als dem Inbegriff aller Erscheinungen, nicht abgesondert gedacht werden. Also ist in der Welt selbst etwas Schlechthinnotwendiges enthalten (es mag nun dieses die ganze Weltreihe selbst, oder ein Teil derselben sein).

unbedingtnotwendig, mithin ohne Ursache wäre, welches dem dynamischen Gesetze der Bestimmung aller Erscheinungen in der Zeit widerstreitet; oder die Reihe selbst wäre ohne allen Anfang, und, obgleich in allen ihren Teilen zufällig und bedingt, im Ganzen dennoch schlechthinnotwendig und unbedingt, welches sich selbst widerspricht, weil das Dasein einer Menge nicht notwendig sein kann, wenn kein einziger Teil derselben ein an sich notwendiges Dasein besitzt.

Setzet dagegen: es gebe eine schlechthin notwendige Weltursache außer der Welt, so würde dieselbe als das oberste Glied in der *Reihe der Ursachen* der Weltveränderungen, das Dasein der letzteren und ihre Reihe zuerst anfangen. Nun müßte sie aber alsdann auch anfangen zu handeln, und ihre Kausalität würde in die Zeit, eben darum aber in den Inbegriff der Erscheinungen, d. i. in die Welt gehören, folglich sie selbst, die Ursache, nicht außer der Welt sein, welches der Voraussetzung widerspricht. Also ist weder in der Welt, noch außer derselben (aber mit ihr in Kausalverbindung) irgendein schlechthinnotwendiges Wesen.

Anmerkung zur vierten Antinomie
I. zur Thesis

Um das Dasein eines notwendigen Wesens zu beweisen, liegt mir hier ob, kein anderes als *kosmologisches* Argument zu brauchen, welches nämlich von dem Bedingten in der Erscheinung zum Unbedingten im Begriffe aufsteigt, indem man dieses als die notwendige Bedingung der absoluten Totalität der Reihe ansieht. Den Beweis, aus der bloßen Idee eines obersten aller Wesen überhaupt, zu versuchen, gehört zu einem anderen Prinzip der Vernunft, und ein solcher wird daher besonders vorkommen müssen.

Der reine kosmologische Beweis kann nun das Dasein eines notwendigen Wesens nicht anders dartun, als daß er es zugleich unausgemacht lasse, ob dasselbe die Welt selbst, oder ein von ihr unterschiedenes Ding sei. Denn, um das letztere auszumitteln, dazu werden Grundsätze erfordert, die nicht mehr kosmologisch sind, und nicht in der Reihe der Erscheinungen fortgehen, sondern Begriffe von zufälligen Wesen überhaupt, (sofern sie bloß als Gegenstände des Verstandes erwogen werden,) und ein Prinzip, solche mit einem notwendigen Wesen, durch bloße Begriffe, zu verknüpfen, welches alles für eine *transzendente* Philosophie gehört, für welche hier noch nicht der Platz ist.

Wenn man aber einmal den Beweis kosmologisch anfängt, indem man die Reihe von Erscheinungen, und den Regressus in derselben nach empirischen Gesetzen der Kausalität, zum Grunde legt: so kann man nachher davon nicht abspringen und auf etwas übergehen, was gar nicht in die Reihe als ein Glied gehört. Denn in eben derselben

II. Anmerkung zur Antithesis

Wenn man, beim Aufsteigen in der Reihe der Erscheinungen, wider das Dasein einer schlechthin notwendigen obersten Ursache, Schwierigkeiten anzutreffen vermeint, so müssen sich diese auch nicht auf bloße Begriffe vom notwendigen Dasein eines Dinges überhaupt gründen, und mithin nicht ontologisch sein, sondern sich aus der Kausalverbindung mit einer Reihe von Erscheinungen, um zu derselben eine Bedingung anzunehmen, die selbst unbedingt ist, hervorfinden, folglich kosmologisch und nach empirischen Gesetzen gefolgert sein. Es muß sich nämlich zeigen, daß das Aufsteigen in der Reihe der Ursachen (in der Sinnenwelt) niemals bei einer empirisch unbedingten Bedingung endigen könne, und daß das kosmologische Argument aus der Zufälligkeit der Weltzustände, laut ihrer Veränderungen, wider die Annehmung einer ersten und die Reihe schlechthin zuerst anhebenden Ursache ausfalle.

Es zeigt sich aber in dieser Antinomie ein seltsamer Kontrast: daß nämlich aus eben demselben Beweisgrunde, woraus in der Thesis das Dasein eines Urwesens geschlossen wurde, in der Antithesis das Nichtsein desselben, und zwar mit derselben Schärfe. geschlossen wird. Erst hieß es: *es ist ein notwendiges Wesen*, weil die ganze vergangene Zeit die Reihe aller Bedingungen und hiermit also auch das Unbedingte (Notwendige) in sich faßt. Nun heißt es: *es ist kein notwendiges Wesen*, eben darum, weil

Bedeutung muß etwas als Bedingung angesehen werden, in welcher die Relation des Bedingten zu seiner Bedingung in der Reihe genommen wurde, die auf diese höchste Bedingung in kontinuirlichem Fortschritte führen sollte. Ist nun dieses Verhältnis sinnlich und gehört zum möglichen empirischen Verstandesgebrauch, so kann die oberste Bedingung oder Ursache nur nach Gesetzen der Sinnlichkeit, mithin nur als zur Zeitreihe gehörig den Regressus beschließen, und das notwendige Wesen muß als das oberste Glied der Weltreihe angesehen werden.

Gleichwohl hat man sich die Freiheit genommen, einen solchen Absprung (μεταβασις εις αλλο γενος) zu tun. Man schloß nämlich aus den Veränderungen in der Welt auf die empirische Zufälligkeit, d. i. die Abhängigkeit derselben von empirisch bestimmenden Ursachen, und bekam eine aufsteigende Reihe empirischer Bedingungen, welches auch ganz recht war. Da man aber hierin keinen ersten Anfang und kein oberstes Glied finden konnte, so ging man plötzlich vom empirischen Begriff der Zufälligkeit ab und nahm die reine Kategorie, welche alsdann eine bloß intelligible Reihe veranlaßte, deren Vollständigkeit auf dem Dasein einer schlechthin notwendigen Ursache beruhte, die nunmehr, da sie an keine sinnliche Bedingungen gebunden war, auch von der Zeitbedingung, ihre Kausalität selbst anzufangen, befreit wurde. Dieses Verfahren ist aber ganz widerrechtlich, wie man aus folgendem schließen kann.

Zufällig, im reinen Sinne der Kategorie, ist das, dessen kontradiktorisches Gegenteil möglich ist. Nun kann man aus der empirischen Zufälligkeit auf jene intelligible gar nicht schließen. Was verändert wird, dessen die ganze verflossene Zeit die Reihe aller Bedingungen (die mithin insgesamt wiederum bedingt sind) in sich faßt. Die Ursache hiervon ist diese. Das erste Argument sieht nur auf die *absolute Totalität* der Reihe der Bedingungen, deren eine die andere in der Zeit bestimmt, und bekommt dadurch ein Unbedingtes und Notwendiges. Das zweite zieht dagegen die *Zufälligkeit* alles dessen, was *in der Zeitreihe* bestimmt ist, in Betrachtung, (weil vor jedem eine Zeit vorhergeht, darin die Bedingung selbst wiederum als bedingt bestimmt sein muß,) wodurch denn alles Unbedingte, und alle absolute Notwendigkeit, gänzlich wegfällt. Indessen ist die Schlußart in beiden, selbst der gemeinen Menschenvernunft ganz angemessen, welche mehrmalen in den Fall gerät, sich mit sich selbst zu entzweien, nachdem sie ihren Gegenstand aus zwei verschiedenen Standpunkten erwägt. Herr von Mairan hielt den Streit zweier berühmter Astronomen, der aus einer ähnlichen Schwierigkeit über die Wahl des Standpunktes entsprang, für ein genugsam merkwürdiges Phänomen, um darüber eine besondere Abhandlung abzufassen. Der eine schloß nämlich so: der *Mond dreht sich um seine Achse*, darum, weil er der Erde beständig dieselbe Seite zukehrt; der andere: der *Mond dreht sich nicht um seine Achse*, eben darum, weil er der Erde beständig dieselbe Seite zukehrt. Beide Schlüsse waren richtig; je nachdem man den Standpunkt nahm, aus dem man die Mondbewegung beobachten wollte.

Gegenteil (seines Zustandes) ist zu einer anderen Zeit wirklich, mithin auch möglich; mithin ist dieses nicht das kontradiktorische Gegenteil des vorigen Zustandes, wozu erfordert wird, daß in derselben Zeit, da der vorige Zustand war, an der Stelle desselben sein Gegenteil hätte sein können, welches aus der Veränderung gar nicht geschlossen werden kann. Ein Körper, der in Bewegung war = A, kommt in Ruhe = non A. Daraus nun, daß ein entgegengesetzter Zustand vom Zustande A auf diesen folgt, kann gar nicht geschlossen werden, daß das kontradiktorische Gegenteil von A möglich, mithin A zufällig sei; denn dazu würde erfordert werden, daß in derselben Zeit, da die Bewegung war, anstatt derselben die Ruhe habe sein können. Nun wissen wir nichts weiter, als daß die Ruhe in der folgenden Zeit wirklich, mithin auch möglich war. Bewegung aber zu einer Zeit, und Ruhe zu einer anderen Zeit, sind einander nicht kontradiktorisch entgegengesetzt. Also beweist die Sukzession entgegengesetzter Bestimmungen, d. i. die Veränderung, keineswegs die Zufälligkeit nach Begriffen des reinen Verstandes, und kann also auch nicht auf das Dasein eines notwendigen Wesens, nach reinen Verstandesbegriffen, führen. Die Veränderung beweist nur die empirische Zufälligkeit, d. i. daß der neue Zustand für sich selbst, ohne eine Ursache, die zur vorigen Zeit gehört, gar nicht hätte stattfinden können, zufolge dem Gesetze der Kausalität. Diese Ursache, und wenn sie auch als schlechthin notwendig angenommen wird, muß auf diese Art doch in der Zeit angetroffen werden, und zur Reihe der Erscheinungen gehören.

Der Antinomie der reinen Vernunft

Dritter Abschnitt
Von dem Interesse der Vernunft bei diesem ihrem Widerstreite

Da haben wir nun das ganze dialektische Spiel der kosmologischen Ideen, die es gar nicht verstatten, daß ihnen ein kongruierender Gegenstand in irgendeiner möglichen Erfahrung gegeben werde, ja nicht einmal, daß die Vernunft sie einstimmig mit allgemeinen Erfahrungsgesetzen denke, die gleichwohl doch nicht willkürlich erdacht sind, sondern auf welche die Vernunft im kontinuierlichen Fortgange der empirischen Synthesis notwendig geführt wird, wenn sie das, was nach Regeln der Erfahrung jederzeit nur bedingt bestimmt werden kann, von aller Bedingung befreien und in seiner unbedingten Totalität fassen will. Diese vernünftelnden Behauptungen sind so viele Versuche, vier natürliche und unvermeidliche Probleme der Vernunft aufzulösen, deren es also nur gerade so viel, nicht mehr, auch nicht weniger, geben kann, weil es nicht mehr Reihen synthetischer Voraussetzungen gibt, welche die empirische Synthesis a priori begrenzen.

Wir haben die glänzenden Anmaßungen der ihr Gebiet über alle Grenzen der Erfahrung erweiternden Vernunft nur in trockenen Formeln, welche bloß den Grund ihrer rechtlichen Ansprüche enthalten, vorgestellt, und, wie es einer Transzendentalphilosophie geziemt, diese von allem Empirischen entkleidet, obgleich die ganze Pracht der Vernunftbehauptungen nur in Verbindung mit demselben hervorleuchten kann. In dieser Anwendung aber, und der fortschreitenden Erweiterung des Vernunftgebrauchs, indem sie von dem Felde der Erfahrungen anhebt, und sich bis zu diesen erhabenen Ideen allmählich hinaufschwingt, zeigt die Philosophie eine Würde, welche, wenn sie ihre Anmaßungen nur behaupten könnte, den Wert aller anderen menschlichen Wissenschaft weit unter sich lassen würde, indem sie die Grundlage zu unseren größesten Erwartungen und Aussichten auf die letzten Zwecke, in welchen alle Vernunftbemühungen sich endlich vereinigen müssen, verheißt. Die Fragen: ob die Welt einen Anfang und irgendeine Grenze ihrer Ausdehnung im Raume habe, ob es irgendwo und vielleicht in meinem denkenden Selbst eine unteilbare und unzerstörliche Einheit, oder nichts als das Teilbare und Vergängliche gebe, ob ich in meinen Handlungen frei, oder, wie andere Wesen, an dem Faden der Natur und des Schicksals geleitet sei, ob es endlich eine oberste Weltursache gebe, oder die Naturdinge und deren Ordnung den letzten Gegenstand ausmachen, bei dem wir in allen unseren Betrachtungen stehenbleiben müssen: das sind Fragen, um deren Auflösung der Mathematiker gerne seine ganze Wissenschaft dahingäbe; denn diese kann ihm doch in Ansehung der höchsten und angelegentsten Zwecke der Menschheit keine Befriedigung verschaffen. Selbst die eigentliche Würde der Mathematik (dieses Stolzes der menschlichen Vernunft) beruht darauf, daß, da sie der Vernunft die Leitung gibt, die Natur im Großen sowohl als im Kleinen in ihrer Ordnung und Regelmäßigkeit, imgleichen in der bewunderungswürdigen Einheit der sie bewegenden Kräfte, weit über alle Erwartung der auf gemeine Erfahrung bauenden Philosophie einzusehen, sie dadurch selbst zu dem über alle Erfahrung erweiterten Gebrauch der Vernunft, Anlaß und Aufmunterung gibt, imgleichen die damit beschäftigte Weltweisheit mit den vortrefflichsten Materialien versorgt, ihre Nachforschung, so viel deren Beschaffenheit es erlaubt, durch angemessene Anschauungen zu unterstützen.

Unglücklicherweise für die Spekulation (vielleicht aber zum Glück für die praktische Bestimmung des Menschen) sieht sich die Vernunft, mitten unter ihren größesten Erwartungen, in einem Gedränge von Gründen und Gegengründen so befangen, daß, da es sowohl ihrer Ehre, als auch sogar ihrer Sicherheit wegen nicht tunlich ist, sich zurückzuziehen, und diesem Zwist als einem bloßen Spielgefechte gleichgültig zuzusehen, noch weniger schlechthin Friede zu gebieten, weil der Gegenstand des Streits sehr interessiert, ihr nichts weiter übrigbleibt, als über den Ursprung dieser Veruneinigung der Vernunft mit sich selbst nachzusinnen, ob nicht etwa ein bloßer Mißverstand daran schuld sei, nach dessen Erörterung zwar beiderseits stolze Ansprüche vielleicht wegfallen, aber dafür ein dauerhaft ruhiges Regiment der Vernunft über Verstand und Sinne seinen Anfang nehmen würde.

Wir wollen vorjetzt diese gründliche Erörterung noch etwas aussetzen, und zuvor in Erwägung ziehen: auf welche Seite wir uns wohl am liebsten schlagen möchten, wenn wir etwa genötigt würden, Partei zu nehmen. Da wir in diesem Falle, nicht den logischen Probierstein der Wahrheit, sondern bloß unser Interesse befragen, so wird eine solche Untersuchung, ob sie gleich in Ansehung des streitigen Rechts beider Teile nichts ausmacht, dennoch den Nutzen haben, es begreiflich zu machen, warum die Teilnehmer an diesem Streite sich lieber auf die eine Seite, als auf die andere geschlagen haben, ohne daß eben eine vorzügliche Einsicht des Gegenstandes daran Ursache gewesen, angleichen noch andere Nebendinge zu erklären, z. B. die zelotische Hitze des einen und die kalte Behauptung des anderen Teils, warum sie gerne der einen Partei freudigen Beifall zujauchzen, und wider die andere zum voraus, unversöhnlich eingenommen sind.

Es ist aber etwas, das bei dieser vorläufigen Beurteilung den Gesichtspunkt bestimmt, aus dem sie allein mit gehöriger Gründlichkeit angestellt werden kann, und dieses ist die Vergleichung der Prinzipien, von denen beide Teile ausgehen. Man bemerkt unter den Behauptungen der Antithesis, eine vollkommene Gleichförmigkeit der Denkungsart und völlige Einheit der Maxime, nämlich ein Prinzipium des reinen *Empirismus*, nicht allein in Erklärung der Erscheinungen in der Welt, sondern auch in Auflösung der transzendentalen Ideen, vom Weltall selbst. Dagegen legen die Behauptungen der Thesis, außer der empirischen Erklärungsart innerhalb der Reihe der Erscheinungen, noch intellektuelle Anfänge zum Grunde, und die Maxime ist sofern nicht einfach. Ich will sie aber, von ihrem wesentlichen Unterscheidungsmerkmal, den *Dogmatism* der reinen Vernunft nennen.

Auf der Seite also des *Dogmatismus*, in Bestimmung der kosmologischen Vernunftideen, oder der *Thesis*, zeigt sich

Zuerst ein gewisses *praktisches Interesse*, woran jeder Wohlgesinnter, wenn er sich auf seinen wahren Vorteil versteht, herzlich teilnimmt. Daß die Welt einen Anfang habe, daß mein denkendes Selbst einfacher und daher unverweslicher Natur, daß dieses zugleich in seinen willkürlichen Handlungen frei und über den Naturzwang erhoben sei, und daß endlich die ganze Ordnung der Dinge, welche die Welt ausmachen, von einem Urwesen abstamme, von welchem alles seine Einheit und zweckmäßige Verknüpfung entlehnt, das sind so viel Grundsteine der Moral und Religion. Die Antithesis raubt uns alle diese Stützen, oder scheint wenigstens sie uns zu rauben.

Zweitens äußert sich auch ein *spekulatives Interesse* der Vernunft auf dieser Seite. Denn, wenn man die transzendentalen Ideen auf solche Art annimmt und gebraucht, so kann man völlig a priori die ganze Kette der Bedingungen fassen, und die Ableitung des Bedingten begreifen, indem man vom Unbedingten anfängt, welches die Antithesis nicht leistet, die dadurch sich sehr übel empfiehlt, daß sie auf die Frage, wegen der Bedingungen ihrer Synthesis, keine Antwort geben kann, die nicht ohne Ende immer weiter zu fragen übrig ließe. Nach ihr muß man von einem gegebenen Anfange zu einem noch höheren aufsteigen, jeder Teil führt auf einen noch kleineren Teil, jede Begebenheit hat immer noch eine andere Begebenheit als Ursache über sich, und die Bedingungen des Daseins überhaupt stützen sich immer wiederum auf andere, ohne jemals in einem selbständigen Dinge als Urwesen unbedingte Haltung und Stütze zu bekommen.

Drittens hat diese Seite auch den Vorzug der *Popularität*, der gewiß nicht den kleinsten Teil seiner Empfehlung ausmacht. Der gemeine Verstand findet in den Ideen des unbedingten Anfangs aller Synthesis nicht die mindeste Schwierigkeit, da er ohnedem mehr gewohnt ist, zu den Folgen abwärts zu gehen, als zu den Gründen hinaufzusteigen, und hat in den Begriffen des absolut Ersten (über dessen Möglichkeit er nicht grübelt) eine Gemächlichkeit und zugleich einen festen Punkt, um die Leitschnur seiner Schritte daran zu knüpfen, da er hingegen an dem rastlosen Aufsteigen vom Bedingten zur Bedingung, jederzeit mit einem Fuße in der Luft, gar keinen Wohlgefallen finden kann.

Auf der Seite des *Empirismus* in Bestimmung der kosmologischen Ideen, oder der *Antithesis*, findet sich *erstlich* kein solches praktisches Interesse aus reinen Prinzipien der Vernunft, als Moral und Religion bei sich führen. Vielmehr scheint der bloße Empirism beiden alle Kraft und Einfluß zu benehmen. Wenn es kein von der Welt unterschiedenes Urwesen gibt, wenn die Welt ohne Anfang und also auch ohne Urheber, unser Wille nicht frei und die Seele von gleicher Teilbarkeit und Verweslichkeit mit der Materie ist, so verlieren auch die *moralischen* Ideen und Grundsätze alle Gültigkeit, und fallen mit den *transzendentalen* Ideen, welche ihre theoretische Stütze ausmachten.

Dagegen bietet aber der Empirism dem spekulativen Interesse der Vernunft Vorteile an, die sehr anlockend sind und diejenigen weit übertreffen, die der dogmatische Lehrer der Vernunftideen versprechen mag. Nach jenem ist der Verstand jederzeit auf seinem eigentümlichen Boden, nämlich dem Felde von lauter möglichen Erfahrungen, deren Gesetzen er nachspüren, und vermittelst derselben er seine sichere und faßliche Erkenntnis ohne Ende erweitern kann. Hier kann und soll er den Gegenstand, sowohl an sich selbst, als in seinen Verhältnissen, der Anschauung darstellen, oder doch in Begriffen, deren Bild in gegebenen ähnlichen Anschauungen klar und deutlich vorgelegt werden kann. Nicht allein, daß er nicht nötig hat, diese Kette der Naturordnung zu verlassen, um sich an Ideen zu hängen, deren Gegenstände er nicht kennt, weil sie als Gedankendinge niemals gegeben werden können; sondern es ist ihm nicht einmal erlaubt, sein Geschäft zu verlassen, und unter dem Vorwande, es sei nunmehr zu Ende gebracht, in das Gebiet der idealisierenden Vernunft und zu transzendenten Begriffe überzugehen, wo er nicht weiter nötig hat zu beobachten und den Naturgesetzen gemäß zu forschen, sondern nur zu *denken* und zu *dichten*, sicher, daß er nicht durch Tatsachen der Natur widerlegt werden könne, weil er an ihr Zeugnis eben nicht gebunden ist, sondern sie vorbeigehen, oder sie sogar selbst einem höheren Ansehen, nämlich dem der reinen Vernunft, unterordnen darf.

Der Empirist wird es daher niemals erlauben, irgendeine Epoche der Natur für die schlechthin erste anzunehmen, oder irgendeine Grenze seiner Aussicht in den Umfang derselben als die äußerste anzusehen, oder von den Gegenständen der Natur, die er durch Beobachtung und Mathematik auflösen und in der Anschauung synthetisch bestimmen kann, (dem Ausgedehnten,) zu denen überzugehen, die weder Sinn, noch Einbildungskraft jemals in concreto darstellen kann (dem Einfachen); noch einräumen, daß man selbst in der *Natur* ein Vermögen, unabhängig von Gesetzen der Natur zu wirken, (Freiheit,) zum Grunde lege, und dadurch dem Verstande sein Geschäft schmälere, an dem Leitfaden notwendiger Regeln dem Entstehen der Erscheinungen nachzuspüren; noch endlich zugeben, daß man irgend wozu die Ursache außerhalb der Natur suche, (Urwesen,) weil wir nichts weiter, als diese kennen, indem sie es allein ist, welche uns Gegenstände darbietet, und von ihren Gesetzen unterrichten kann.

Zwar, wenn der empirische Philosoph mit seiner Antithese keine andere Absicht hat, als, den Vorwitz und die Vermessenheit der ihre wahre Bestimmung verkennenden Vernunft niederzuschlagen, welche mit *Einsicht* und *Wissen* groß tut, da wo eigentlich Einsicht und Wissen aufhören, und das, was man in Ansehung des praktischen Interesse gelten läßt, für eine Beförderung des spekulativen Interesse ausgeben will, um, wo es ihrer Gemächlichkeit zuträglich ist, den Faden physischer Untersuchungen abzureißen, und mit einem Vorgeben von Erweiterung der Erkenntnis, ihn an transzendentale Ideen zu knüpfen, durch die man eigentlich nur erkennt, *daß man nichts wisse*; wenn, sage ich, der Empirist sich hiermit begnügte, so würde sein Grundsatz eine Maxime der Mäßigung in Ansprüchen, der Bescheidenheit in Behauptungen und zugleich der größest möglichen Erweiterung unseres Verstandes, durch den eigentlich uns vorgesetzten Lehrer, nämlich die Erfahrung, sein. Denn, in solchem Falle, würden uns intellektuelle *Voraussetzungen* und *Glaube*, zum Behuf unserer praktischen Angelegenheit, nicht genommen werden; nur könnte man sie nicht unter dem Titel und dem Pompe von Wissenschaft und Vernunfteinsicht auftreten lassen, weil das eigentliche spekulative *Wissen* überall keinen anderen Gegenstand, als den der Erfahrung treffen kann, und, wenn man ihre Grenze überschreitet, die Synthesis, welche neue und von jener unabhängige Erkenntnisse versucht, kein Substratum der Anschauung hat, an welchem sie ausgeübt werden könnte.

So aber, wenn der Empirismus in Ansehung der Ideen (wie es mehrenteils geschieht) selbst dogmatisch wird und dasjenige dreist verneint, was über der Sphäre seiner anschauenden Erkenntnisse ist, so fällt er selbst in den Fehler der Unbescheidenheit, der hier um desto tadelbarer ist, weil dadurch dem praktischen Interesse der Vernunft ein unersetzlicher Nachteil verursacht wird.

Dies ist der Gegensatz des *Epikureisms*gegen den *Platonisms*.

Ein jeder von beiden sagt mehr, als er weiß, doch so, daß der *erstere* das Wissen, obzwar zum Nachteile des Praktischen, aufmuntert und befördert, der *zweite* zwar zum Praktischen vortreffliche Prinzipien an die Hand gibt, aber eben dadurch in Ansehung alles dessen, worin uns allein ein spekulatives Wissen vergönnt ist, der Vernunft erlaubt, idealischen Erklärungen der Naturerscheinungen nachzuhängen und darüber die physische Nachforschung zu verabsäumen.

Was endlich das *dritte* Moment, worauf bei der vorläufigen Wahl zwischen beiden strittigen Teilen gesehen werden kann, anlangt: so ist es überaus befremdlich, daß der Empirismus aller Popularität gänzlich zuwider ist, ob man gleich glauben sollte, der gemeine Verstand werde einen Entwurf begierig aufnehmen, der ihn durch nichts als Erfahrungserkenntnisse und deren vernunftmäßigen Zusammenhang zu befriedigen verspricht, anstatt daß die transzendentale Dogmatik ihn nötigt, zu Begriffen hinaufzusteigen, welche die Einsicht und das Vernunftvermögen der im Denken geübtesten Köpfe weit übersteigen. Aber eben dieses ist sein Bewegungsgrund. Denn er befindet sich alsdann in einem Zustande, in welchem sich auch der Gelehrteste über ihn nichts herausnehmen kann. Wenn er wenig oder nichts davon versteht, so kann sich doch auch niemand rühmen, viel mehr davon zu verstehen, und, ob er gleich hierüber nicht so schulgerecht als andere sprechen kann, so kann er doch darüber unendlich mehr vernünfteln, weil er unter lauter Ideen herumwandelt, über die man eben darum am beredtsten ist, weil man *davon nichts weiß*; anstatt, daß er über der Nachforschung der Natur ganz verstummen und seine Unwissenheit gestehen müßte. Gemächlichkeit und Eitelkeit also sind schon eine starke Empfehlung dieser Grundsätze. Überdem, ob es gleich einem Philosophen sehr schwer wird, etwas als Grundsatz anzunehmen, ohne deshalb sich selbst Rechenschaft geben zu können, oder gar Begriffe, deren objektive

Realität nicht eingesehen werden kann, einzuführen: so ist doch dem gemeinen Verstande nichts gewöhnlicher. Er will etwas haben, womit er zuversichtlich anfangen könne. Die Schwierigkeit, eine solche Voraussetzung selbst zu begreifen, beunruhigt ihn nicht, weil sie ihm, (der nicht weiß, was Begreifen heißt,) niemals in den Sinn kommt, und er hält das für bekannt, was ihm durch öfteren Gebrauch geläufig ist. Zuletzt aber verschwindet alles spekulative Interesse bei ihm vor dem Praktischen, und er bildet sich ein, das einzusehen und zu wissen, was anzunehmen, oder zu glauben, ihn seine Besorgnisse oder Hoffnungen antreiben. So ist der Empirismus der transzendental-idealisierenden Vernunft aller Popularität gänzlich beraubt, und, so viel Nachteiliges wider die obersten praktischen Grundsätze sie auch enthalten mag, so ist doch gar nicht zu besorgen, daß sie die Grenzen der Schule jemals überschreiten und im gemeinen Wesen ein nur einigermaßen beträchtliches Ansehen und einige Gunst bei der großen Menge erwerben werde.

Die menschliche Vernunft ist ihrer Natur nach architektonisch, d. i. sie betrachtet alle Erkenntnisse als gehörig zu einem möglichen System, und verstattet daher auch nur solche Prinzipien, die eine vorhabende Erkenntnis wenigstens nicht unfähig machen, in irgendeinem System mit anderen zusammen zu stehen. Die Sätze der Antithesis sind aber von der Art, daß sie die Vollendung eines Gebäudes von Erkenntnissen gänzlich unmöglich machen. Nach ihnen gibt es über einen Zustand der Welt immer einen noch älteren, in jedem Teile immer noch andere, wiederum teilbare, vor jeder Begebenheit eine andere, die wiederum ebensowohl anderweitig erzeugt war, und im Dasein überhaupt alles immer nur bedingt, ohne irgendein unbedingtes und erstes Dasein anzuerkennen. Da also die Antithesis nirgend ein Erstes einräumt, und keinen Anfang, der schlechthin zum Grunde des Baues dienen könnte, so ist ein vollständiges Gebäude der Erkenntnis, bei dergleichen Voraussetzungen, gänzlich unmöglich. Daher führt das architektonische Interesse der Vernunft (welches nicht empirische, sondern reine Vernunfteinheit a priori fordert,) eine natürliche Empfehlung für die Behauptungen der Thesis bei sich.

Könnte sich aber ein Mensch von allem Interesse lossagen, und die Behauptungen der Vernunft, gleichgültig gegen alle Folgen, bloß nach dem Gehalte ihrer Gründe in Betrachtung ziehen: so würde ein solcher, gesetzt, daß er keinen Ausweg wüßte, anders aus dem Gedränge zu kommen, als daß er sich zu einer oder anderen der strittigen Lehren bekennte, in einem unaufhörlich schwankenden Zustande sein. Heute würde es ihm überzeugend vorkommen, der menschliche Wille sei *frei*; morgen, wenn er die unauflösliche Naturkette in Betrachtung zöge, würde er dafür halten, die Freiheit sei nichts als Selbsttäuschung, und alles sei bloß *Natur*. Wenn es nun aber zum Tun und Handeln käme, so würde dieses Spiel der bloß spekulativen Vernunft, wie Schattenbilder eines Traums, verschwinden, und er würde seine Prinzipien bloß nach dem praktischen Interesse wählen. Weil es aber doch einem nachdenkenden und forschenden Wesen anständig ist, gewisse Zeiten lediglich der Prüfung seiner eigenen Vernunft zu widmen, hierbei aber alle Parteilichkeit gänzlich auszuziehen, und so seine Bemerkungen anderen zur Beurteilung öffentlich mitzuteilen; so kann es niemanden verargt, noch weniger verwehrt werden, die Sätze und Gegensätze, so wie sie sich, durch keine Drohung geschreckt, vor Geschworenen von seinem eigenen Stande (nämlich dem Stande schwacher Menschen) verteidigen können, auftreten zu lassen.

Der Antinomie der reinen Vernunft

Vierter Abschnitt

Von den Transzendentalen Aufgaben der reinen Vernunft, insofern sie schlechterdings müssen aufgelöst werden können

Alle Aufgaben auflösen und alle Fragen beantworten zu wollen, würde eine unverschämte Großsprecherei und ein so ausschweifender Eigendünkel sein, daß man dadurch sich sofort um alles Zutrauen bringen müßte. Gleichwohl gibt es Wissenschaften, deren Natur es so mit sich bringt, daß eine jede darin vorkommende Frage, aus dem, was man weiß, schlechthin beantwortlich sein muß, weil die Antwort aus denselben Quellen entspringen muß, daraus die Frage entspringt, und wo es keineswegs erlaubt ist, unvermeidliche Unwissenheit vorzuschützen, sondern die Auflösung gefordert werden kann. Was in allen möglichen Fällen *Recht* oder *Unrecht* sei, muß man der Regel nach wissen können, weil es unsere Verbindlichkeit betrifft, und wir zu dem, *was wir nicht wissen können*, auch keine Verbindlichkeit haben. In der Erklärung der Erscheinungen der Natur muß uns indessen vieles ungewiß und manche Frage unauflöslich bleiben, weil das, was wir von der Natur wissen, zu dem, was wir erklären sollen, bei weitem nicht in allen Fällen zureichend ist. Es fragt sich nun: ob in der Transzendentalphilosophie irgendeine Frage, die ein der Vernunft vorgelegtes Objekt betrifft, durch eben diese reine Vernunft unbeantwortlich sei, und ob man sich ihrer entscheidenden Beantwortung dadurch mit Recht entziehen könne, daß man es als schlechthin ungewiß (aus allem dem, was wir erkennen können) demjenigen beizählt, wovon wir zwar so viel Begriff haben, um eine Frage aufzuwerfen, es uns aber gänzlich an Mitteln oder am Vermögen fehlt, sie jemals zu beantworten.

Ich behaupte nun, daß die Transzendentalphilosophie unter allem spekulativen Erkenntnis dieses Eigentümliche habe: daß gar keine Frage, welche einen der reinen Vernunft gegebenen Gegenstand betrifft, für eben dieselbe menschliche Vernunft unauflöslich sei, und daß kein Vorschützen einer unvermeidlichen Unwissenheit und unergründlichen Tiefe der Aufgabe von der Verbindlichkeit frei sprechen könne, sie gründlich und vollständig zu beantworten; weil eben derselbe Begriff, der uns in den Stand setzt zu fragen, durchaus uns auch tüchtig machen muß, auf diese Frage zu antworten, indem der Gegenstand außer dem Begriffe gar nicht angetroffen wird (wie bei Recht und Unrecht).

Es sind aber in der Transzendentalphilosophie keine anderen, als nur die kosmologischen Fragen, in Ansehung deren man mit Recht eine genugtuende Antwort, die die Beschaffenheit des Gegenstandes betrifft, fordern kann, ohne daß dem Philosophen erlaubt ist, sich derselben dadurch zu entziehen, daß er undurchdringliche Dunkelheit vorschützt, und diese Fragen können nur kosmologische Ideen betreffen. Denn der Gegenstand muß empirisch gegeben sein, und die Frage geht nur auf die Angemessenheit desselben mit einer Idee. Ist der Gegenstand transzendental und also selbst unbekannt, z. B. ob das Etwas, dessen Erscheinung (in uns selbst) das Denken ist, (Seele,) ein an sich einfaches Wesen sei, ob es eine Ursache aller Dinge insgesamt gebe, die schlechthin notwendig ist, usw., so sollen wir zu unserer Idee einen Gegenstand suchen, von welchem wir gestehen können, daß er uns unbekannt, aber deswegen doch nicht unmöglich sei.Die kosmologischen Ideen haben allein das Eigentümliche an sich, daß sie ihren Gegenstand und die zu dessen Begriff erforderliche empirische Synthesis als gegeben voraussetzen können, und die Frage, die aus ihnen entspringt, betrifft nur den Fortgang dieser Synthesis, sofern er absolute Totalität enthalten soll, welche letztere nichts Empirisches mehr ist, indem sie in keiner Erfahrung gegeben werden kann. Da nun hier lediglich von einem Dinge als Gegenstande einer möglichen Erfahrung und nicht als einer Sache an sich selbst die Rede ist, so kann die Beantwortung der transzendenten kosmologischen Frage, außer der Idee sonst nirgend liegen, denn sie betrifft keinen Gegenstand an sich selbst; und in Ansehung der möglichen Erfahrung wird nicht nach demjenigen gefragt, was in concreto in irgendeiner Erfahrung gegeben werden kann, sondern was in der Idee liegt, der sich die empirische Synthesis bloß nähern soll: also muß sie aus der Idee allein aufgelöst werden können; denn diese ist ein bloßes Geschöpf der Vernunft, welche also die Verantwortung nicht von sich abweisen und auf den unbekannten Gegenstand schieben kann.

Es ist nicht so außerordentlich, als es anfangs scheint: daß eine Wissenschaft in Ansehung aller in ihren Inbegriff gehörigen Fragen *(quaestiones domesticae)* lauter gewisse Auflösungen fordern und erwarten könne, ob sie gleich zur Zeit noch vielleicht nicht gefunden sind. Außer der Transzendentalphilosophie gibt es noch zwei reine Vernunftwissenschaften, eine bloß spekulativen, die andere praktischen Inhalts: *reine Mathematik*, und *reine Moral*. Hat man wohl jemals gehört: daß, gleichsam wegen einer notwendigen Unwissenheit der Bedingungen, es für ungewiß sei ausgegeben worden, welches Verhältnis der Durchmesser zum Kreise ganz genau in Rational- oder Irrationalzahlen habe? Da es durch erstere gar nicht kongruent gegeben werden kann, durch die zweite aber noch nicht gefunden ist, so urteilte man, daß wenigstens die Unmöglichkeit solcher Auflösung mit Gewißheit erkannt werden könne, und Lambert gab einen Beweis davon. In den allgemeinen Prinzipien der Sitten kann nichts Ungewisses sein, weil die Sätze entweder ganz und gar nichtig und sinnleer sind, oder bloß aus unseren Vernunftbegriffen fließen müssen. Dagegen gibt es in der Naturkunde eine Unendlichkeit von Vermutungen, in Ansehung deren niemals Gewißheit erwartet werden kann, weil die Naturerscheinungen Gegenstände sind, die uns unabhängig von unseren Begriffen gegeben werden, zu denen also der Schlüssel nicht in uns und unserem reinen Denken, sondern außer uns liegt, und eben darum in vielen Fällen nicht aufgefunden, mithin kein sicherer Aufschluß erwartet werden kann. Ich rechne die Fragen der transzendentalen Analytik, welche die Deduktion unserer reinen Erkenntnis betreffen, nicht hierher, weil wir jetzt nur von der Gewißheit der Urteile in Ansehung der Gegenstände und nicht in Ansehung des Ursprungs unserer Begriffe selbst handeln.

Wir werden also der Verbindlichkeit einer wenigstens kritischen Auflösung der vorgelegten Vernunftfragen dadurch nicht ausweichen können, daß wir über die engen Schranken unserer Vernunft Klagen erheben, und mit dem Scheine einer demutsvollen Selbsterkenntnis bekennen, es sei über unsere Vernunft, auszumachen, ob die Welt von Ewigkeit her sei, oder einen Anfang habe; ob der Weltraum ins Unendliche mit Wesen erfüllt, oder innerhalb gewisser Grenzen eingeschlossen sei; ob irgend in der Welt etwas einfach sei, oder ob alles ins Unendliche geteilt werden müsse; ob es eine Erzeugung und Hervorbringung aus Freiheit gebe, oder ob alles an der Kette der Naturordnung hänge; endlich ob es irgendein gänzlich unbedingt und an sich notwendiges Wesen gebe, oder ob alles seinem Dasein nach bedingt und mithin äußerlich abhängend und an sich zufällig sei. Denn alle diese Fragen betreffen einen Gegenstand, der nirgend anders als in unseren Gedanken gegeben werden kann, nämlich die schlechthin unbedingte Totalität der Synthesis der Erscheinungen. Wenn wir darüber aus unseren eigenen Begriffen nichts Gewisses sagen und ausmachen können, so dürfen wir nicht die Schuld auf die Sache schieben, die sich uns verbirgt; denn es kann uns dergleichen Sache (weil sie außer unserer Idee nirgends angetroffen wird) gar nicht gegeben werden, sondern wir müssen die Ursache in unserer Idee selbst suchen, welche ein Problem ist, das keine Auflösung verstattet, und wovon wir doch hartnäckig annehmen, als entspreche ihr ein wirklicher Gegenstand. Eine deutliche Darlegung der Dialektik, die in unserem Begriffe selbst liegt, würde uns bald zur völligen Gewißheit bringen, von dem, was wir in Ansehung einer solchen Frage zu urteilen haben.

Man kann euerem Vorwande der Ungewißheit in Ansehung dieser Probleme zuerst diese Frage entgegensetzen, die ihr wenigstens deutlich beantworten müßt: Woher kommen euch die Ideen, deren Auflösung euch hier in solche Schwierigkeit verwickelt? Sind es etwa Erscheinungen, deren Erklärung ihr bedürft, und wovon ihr, zufolge dieser Ideen, nur die Prinzipien, oder die Regel ihrer Exposition zu suchen habt? Nehmet an, die Natur sei ganz vor euch aufgedeckt; euren Sinnen, und dem Bewußtsein alles dessen, was eurer Anschauung vorgelegt ist, sei nichts verborgen: so werdet ihr doch durch keine einzige Erfahrung den Gegenstand eurer Ideen in concreto erkennen können, (denn es wird, außer dieser vollständigen Anschauung, noch eine vollendete Synthesis und das Bewußtsein ihrer absoluten Totalität erfordert, welches durch gar kein empirisches Erkenntnis möglich ist,) mithin kann eure Frage keineswegs zur Erklärung von irgendeiner vorkommenden Erscheinung notwendig und also gleichsam durch den

Gegenstand selbst aufgegeben sein. Denn der Gegenstand kann euch niemals vorkommen, weil er durch keine mögliche Erfahrung gegeben werden kann. Ihr bleibt mit allen möglichen Wahrnehmungen immer unter *Bedingungen*, es sei im Raume, oder in der Zeit, befangen, und kommt an nichts Unbedingtes, um auszumachen, ob dieses Unbedingte in einem absoluten Anfange der Synthesis, oder einer absoluten Totalität der Reihe, ohne allen Anfang, zu setzen sei. Das All aber in empirischer Bedeutung ist jederzeit nur komparativ. Das absolute All der Größe (das Weltall), der Teilung, der Abstammung, der Bedingung des Daseins überhaupt, mit allen Fragen, ob es durch endliche, oder ins Unendliche fortzusetzende Synthesis zustande zu bringen sei, geht keine mögliche Erfahrung etwas an. Ihr würdet z. B. die Erscheinungen eines Körpers nicht im mindesten besser, oder auch nur anders erklären können, ob ihr annehmet, er bestehe aus einfachen, oder durchgehends immer aus zusammengesetzten Teilen; denn es kann euch keine einfache Erscheinung und ebensowenig auch eine unendliche Zusammensetzung jemals vorkommen. Die Erscheinungen verlangen nur erklärt zu werden, so weit ihre Erklärungsbedingungen in der Wahrnehmung gegeben sind, alles aber, was jemals an ihnen gegeben werden mag, in einem *absoluten Ganzen* zusammengenommen, ist selbst eine Wahrnehmung. Dieses All aber ist es eigentlich, dessen Erklärung in den transzendentalen Vernunftaufgaben gefordert wird.

Da also selbst die Auflösung dieser Aufgaben niemals in der Erfahrung vorkommen kann, so könnt ihr nicht sagen, daß es ungewiß sei, was hierüber dem Gegenstande beizulegen sei. Denn euer Gegenstand ist bloß in eurem Gehirne, und kann außer demselben gar nicht gegeben werden; daher ihr nur dafür zu sorgen habt, mit euch selbst einig zu werden, und die Amphibolie zu verhüten, die eure Idee zu einer vermeintlichen Vorstellung eines empirisch Gegebenen, und also auch nach Erfahrungsgesetzen zu erkennenden Objekts macht. Die dogmatische Auflösung ist also nicht etwa ungewiß, sondern unmöglich. Die kritische aber, welche völlig gewiß sein kann, betrachtet die Frage gar nicht objektiv, sondern nach dem Fundamente der Erkenntnis, worauf sie gegründet ist.

Der Antinomie der reinen Vernunft

Fünfter Abschnitt
Skeptische Vorstellung der kosmologischen Fragen durch alle vier transzendentalen Ideen

Wir würden von der Forderung gern abstehen, unsere Fragen dogmatisch beantwortet zu sehen, wenn wir schon zum voraus begriffen: die Antwort möchte ausfallen, wie sie wollte, so würde sie unsere Unwissenheit nur noch vermehren, und uns aus einer Unbegreiflichkeit in eine andere, aus einer Dunkelheit in eine noch größere und vielleicht gar in Widersprüche stürzen. Wenn unsere Frage bloß auf Bejahung oder

Verneinung gestellt ist, so ist es klüglich gehandelt, die vermutlichen Gründe der Beantwortung vorderhand dahingestellt sein zu lassen, und zuvörderst in Erwägung zu ziehen, was man denn gewinnen würde, wenn die Antwort auf die eine, und was, wenn sie auf die Gegenseite ausfiele. Trifft es sich nun, daß in beiden Fällen lauter Sinnleeres (Nonsens) herauskommt, so haben wir eine gegründete Aufforderung, unsere Frage selbst kritisch zu untersuchen, und zu sehen: ob sie nicht selbst auf einer grundlosen Voraussetzung beruhe, und mit einer Idee spiele, die ihre Falschheit besser in der Anwendung und durch ihre Folgen, als in der abgesonderten Vorstellung verrät. Das ist der große Nutzen, den die skeptische Art hat, die Fragen zu behandeln, welche reine Vernunft an reine Vernunft tut, und wodurch man eines großen dogmatischen Wustes mit wenig Aufwand überhoben sein kann, um an dessen Statt eine nüchterne Kritik zu setzen, die, als ein wahres Katarktikon den Wahn, zusamt seinem Gefolge, der Vielwisserei, glücklich abführen wird.

Wenn ich demnach von einer kosmologischen Idee zum voraus einsehen könnte, daß, auf welche Seite des Unbedingten der regressiven Synthesis der Erscheinungen sie sich auch schlüge, so würde sie doch für einen jeden *Verstandesbegriff* entweder *zu groß* oder *zu klein* sein; so würde ich begreifen, daß, da jene doch es nur mit einem Gegenstande der Erfahrung zu tun hat, welche einem möglichen Verstandesbegriffe angemessen sein soll, sie ganz leer und ohne Bedeutung sein müsse, weil ihr der Gegenstand nicht anpaßt, ich mag ihn derselben bequemen, wie ich will. Und dieses ist wirklich der Fall mit allen Weltbegriffen, welche auch eben um deswillen, die Vernunft, so lange sie ihnen anhängt, in eine unvermeidliche Antinomie verwickeln. Denn nehmt

Erstlich an: *die Welt habe keinen Anfang*, so ist sie für euren Begriff *zu groß*; denn dieser, welcher in einem sukzessiven Regressus besteht, kann die ganze verflossene Ewigkeit niemals erreichen. Setzet: *sie habe einen Anfang*, so ist sie wiederum für euren Verstandesbegriff in dem notwendigen empirischen Regressus *zu klein*. Denn, weil der Anfang noch immer eine Zeit, die vorhergeht, voraussetzt, so ist er noch nicht unbedingt, und das Gesetz des empirischen Gebrauchs des Verstandes legt es euch auf, noch nach einer höheren Zeitbedingung zu fragen, und die Welt ist also offenbar für dieses Gesetz zu klein.

Ebenso ist es mit der doppelten Beantwortung der Frage, wegen der Weltgröße, dem Raum nach, bewandt. Denn, *ist sie unendlich* und unbegrenzt, so ist sie für allen möglichen empirischen Begriff *zu groß*. *Ist sie endlich* und begrenzt, so fragt ihr mit Recht noch: was bestimmt diese Grenze? Der leere Raum ist nicht ein für sich bestehendes Korrelatum der Dinge, und kann keine Bedingung sein, bei der ihr stehenbleiben könnt, noch viel weniger eine empirische Bedingung, die einen Teil einer möglichen Erfahrung ausmachte. (Denn wer kann eine Erfahrung vom Schlechthinleeren haben?) Zur absoluten Totalität aber der empirischen Synthesis wird jederzeit erfordert, daß das Unbedingte ein Erfahrungsbegriff sei. Also ist eine *begrenzte Welt* für euren Begriff zu klein.

Zweitens, besteht jede Erscheinung im Raume (Materie) *aus unendlich viel Teilen*, so ist der Regressus der Teilung für euren Begriff jederzeit *zu groß*; und soll die *Teilung* des Raumes irgend bei einem Gliede derselben (dem Einfachen) *aufhören*, so ist er für die Idee des Unbedingten *zu klein*. Denn dieses Glied läßt noch immer einen Regressus zu mehreren in ihm enthaltenen Teilen übrig.

Drittens, nehmt ihr an: in allem, was in der Welt geschieht, sei nichts, als Erfolg nach Gesetzen der *Natur*, so ist die Kausalität der Ursache immer wiederum etwas, das geschieht, und euren Regressus zu noch höherer Ursache, mithin die Verlängerung der Reihe von Bedingungen a parte priori ohne Aufhören notwendig macht. Die bloße wirkende *Natur* ist also für allen euren Begriff, in der Synthesis der Weltbegebenheiten, *zu groß*.

Wählt ihr, hin und wieder, *von selbst* gewirkte Begebenheiten, mithin Erzeugung aus *Freiheit*: so verfolgt euch das Warum nach einem unvermeidlichen Naturgesetze, und nötigt euch, über diesen Punkt nach dem Kausalgesetze der Erfahrung hinauszugehen, und ihr findet, daß dergleichen Totalität der Verknüpfung für euren notwendigen empirischen Begriff *zu klein ist*.

Viertens. Wenn ihr ein *schlechthin notwendiges* Wesen (es sei die Welt selbst, oder etwas in der Welt, oder die Weltursache) annehmt; so setzt ihr es in eine, von dem gegebenen Zeitpunkt unendlich entfernte Zeit; weil es sonst von einem anderen und älteren Dasein abhängend sein würde. Alsdann ist aber diese Existenz für euren empirischen Begriff unzugänglich und *zu groß*, als daß ihr jemals durch irgendeinen fortgesetzten Regressus dazu gelangen könntet.

Ist aber, eurer Meinung nach, alles was zur Welt (es sei als Bedingt oder als Bedingung) gehört, *zufällig*: so ist jede euch gegebene Existenz für euren Begriff *zu klein*. Denn sie nötigt euch, euch noch immer nach einer anderen Existenz umzusehen, von der sie abhängig ist.

Wir haben in allen diesen Fällen gesagt, daß die *Weltidee* für den empirischen Regressus, mithin jeden möglichen Verstandesbegriff, entweder zu groß, oder auch für denselben zu klein sei. Warum haben wir uns nicht umgekehrt ausgedrückt, und gesagt: daß im ersteren Falle der empirische Begriff für die Idee jederzeit zu klein, im zweiten aber zu groß sei, und mithin gleichsam die Schuld auf dem empirischen Regressus hafte; anstatt, daß wir die kosmologische Idee anklagten, daß sie im Zuviel oder Zuwenig von ihrem Zwecke, nämlich der möglichen Erfahrung, abwiche? Der Grund war dieser. Mögliche Erfahrung ist das, was unseren Begriffen allein Realität geben kann; ohne das ist aller Begriff nur Idee, ohne Wahrheit und Beziehung auf einen Gegenstand. Daher war der mögliche empirische Begriff das Richtmaß, wonach die Idee beurteilt werden mußte, ob sie bloße Idee und Gedankending sei, oder in der Welt ihren Gegenstand antreffe. Denn man sagt nur von demjenigen, daß es verhältnisweise auf etwas anderes zu groß oder zu klein sei, was nur um dieses letzteren willen angenommen wird, und darnach eingerichtet sein muß. Zu dem Spielwerke der alten dialektischen Schulen gehörte auch diese Frage: wenn eine Kugel nicht durch ein Loch geht, was soll man sagen: Ist die Kugel zu groß, oder das Loch zu klein? In diesem Falle ist es gleichgültig, wie ihr euch ausdrücken wollt; denn ihr wißt nicht, welches von beiden um des anderen willen da ist. Dagegen werdet ihr nicht sagen: der Mann ist für sein Kleid zu lang, sondern das Kleid ist für den Mann zu kurz.

Wir sind also wenigstens auf den gegründeten Verdacht gebracht. daß die kosmologischen Ideen, und mit ihnen alle untereinander in Streit gesetzten vernünftelnden Behauptungen, vielleicht einen leeren und bloß eingebildeten Begriff, von der Art, wie uns der Gegenstand dieser Ideen gegeben wird, zum Grunde liegen haben, und dieser Verdacht kann uns schon auf die rechte Spur führen, das Blendwerk zu entdecken, was uns so lange irregeführt hat.

Der Antinomie der reinen Vernunft

Sechster Abschnitt
Der transzendentale Idealism als der Schlüssel zu Auflösung der kosmologischen Dialektik

Wir haben in der transzendentalen Ästhetik hinreichend bewiesen: daß alles, was im Raume oder der Zeit angeschaut wird, mithin alle Gegenstände einer uns möglichen Erfahrung, nichts als Erscheinungen, d. i. bloße Vorstellungen sind, die, so wie sie vorgestellt werden, als ausgedehnte Wesen, oder Reihen von Veränderungen, außer unseren Gedanken keine an sich gegründete Existenz haben. Diesen Lehrbegriff nenne ich den *transzendentalen Idealism*.Der Realist in transzendentaler Bedeutung macht aus diesen Modifikationen unserer Sinnlichkeit an sich subsistierende Dinge, und daher *bloße Vorstellungen* zu Sachen an sich selbst.

Man würde uns Unrecht tun, wenn man uns den schon längst so verschrienen empirischen Idealismus zumuten wollte, der, indem er die eigene Wirklichkeit des Raumes annimmt, das Dasein der ausgedehnten Wesen in denselben leugnet, wenigstens zweifelhaft findet, und zwischen Traum und Wahrheit in diesem Stücke keinen genugsam erweislichen Unterschied einräumt. Was die Erscheinungen des inneren Sinnes in der Zeit betrifft, an denen, als wirklichen Dingen, findet er keine Schwierigkeit; ja er behauptet sogar, daß diese innere Erfahrung das wirkliche Dasein ihres Objekts (an sich selbst), (mit aller dieser Zeitbestimmung,) einzig und allein hinreichend beweise.

Unser transzendentaler Idealism erlaubt es dagegen: daß die Gegenstände äußerer Anschauung, ebenso wie sie im Raume angeschaut werden, auch wirklich sind, und in der Zeit alle Veränderungen, so wie sie der innere Sinn vorstellt. Denn, da der Raum schon eine Form derjenigen Anschauung ist, die wir die äußere nennen, und, ohne Gegenstände in demselben, es gar keine empirische Vorstellung geben würde: so können und müssen wir darin ausgedehnte Wesen als wirklich annehmen, und ebenso ist es auch mit der Zeit. Jener Raum selber aber, samt dieser Zeit, und, zugleich mit beiden, alle Erscheinungen, sind doch an sich selbst keine *Dinge*, sondern nichts als Vorstellungen, und können gar nicht außer unserem Gemüt existieren, und selbst ist die innere und sinnliche Anschauung unseres Gemüts, (als Gegenstandes des Bewußtseins,) dessen Bestimmung durch die Sukzession verschiedener Zustände in der Zeit vorgestellt wird, auch nicht das eigentliche Selbst, so wie es an sich existiert, oder das transzendentale Subjekt, sondern nur eine Erscheinung, die der Sinnlichkeit dieses uns unbekannten Wesens gegeben worden. Das Dasein dieser inneren Erscheinung, als eines so an sich existierenden Dinges, kann nicht eingeräumt werden, weil ihre Bedingung die Zeit ist, welche keine Bestimmung irgendeines Dinges an sich selbst sein kann. In dem Raume aber und der Zeit ist die empirische Wahrheit der Erscheinungen genugsam gesichert, und von der Verwandtschaft mit dem Traume hinreichend unterschieden, wenn beide nach empirischen Gesetzen in einer Erfahrung richtig und durchgängig zusammenhängen.

Es sind demnach die Gegenstände der Erfahrung *niemals an sich selbst*, sondern nur in der Erfahrung gegeben, und existieren außer derselben gar nicht. Daß es Einwohner im Monde geben könne, ob sie gleich kein Mensch jemals wahrgenommen hat, muß allerdings eingeräumt werden, aber es bedeutet nur so viel: daß wir in dem möglichen Fortschritt der Erfahrung auf sie treffen könnten; denn alles ist wirklich, was mit einer Wahrnehmung nach Gesetzen des empirischen Fortgangs in einem Kontext steht. Sie sind also alsdann wirklich, wenn sie mit meinem wirklichen Bewußtsein in einem empirischen Zusammenhange stehen, ob sie gleich darum nicht an sich, d. i. außer diesem Fortschritt der Erfahrung, wirklich sind.

Uns ist wirklich nichts gegeben, als die Wahrnehmung und der empirische Fortschritt von dieser zu anderen möglichen Wahrnehmungen. Denn an sich selbst sind die Erscheinungen, als bloße Vorstellungen, nur in der Wahrnehmung wirklich, die in der Tat nichts anderes ist, als die Wirklichkeit einer empirischen Vorstellung, d. i. Erscheinung. Vor der Wahrnehmung eine Erscheinung ein wirkliches Ding nennen, bedeutet entweder, daß wir im Fortgange der Erfahrung auf eine solche Wahrnehmung treffen müssen, oder es hat gar keine Bedeutung. Denn, daß sie an sich selbst, ohne Beziehung auf unsere Sinne und mögliche Erfahrung existiere, könnte allerdings gesagt werden, wenn von einem Dinge an sich selbst die Rede wäre. Es ist aber bloß von einer Erscheinung im Raume und der Zeit, die beides keine Bestimmungen der Dinge an sich selbst, sondern nur unserer Sinnlichkeit sind, die Rede; daher das, was in ihnen ist, (Erscheinungen) nicht an sich Etwas, sondern bloße Vorstellungen sind, die, wenn sie nicht in uns (in der Wahrnehmung) gegeben sind, überall nirgend angetroffen werden.

Das sinnliche Anschauungsvermögen ist eigentlich nur eine Rezeptivität, auf gewisse Weise mit Vorstellungen affiziert zu werden, deren Verhältnis zueinander eine reine Anschauung des Raumes und der Zeit ist, (lauter Formen unserer Sinnlichkeit,) und welche, sofern sie in diesem Verhältnisse (dem Raume und der Zeit) nach Gesetzen der Einheit der Erfahrung verknüpft und bestimmbar sind, *Gegenstände* heißen. Die nichtsinnliche Ursache dieser Vorstellungen ist uns gänzlich unbekannt, und diese können wir daher nicht als Objekt anschauen; denn dergleichen Gegenstand würde weder im Raume, noch der Zeit (als bloßen Bedingungen der sinnlichen Vorstellung) vorgestellt werden müssen, ohne welche Bedingungen wir uns gar keine Anschauung denken können. Indessen können wir die bloß intelligible Ursache der Erscheinungen überhaupt, das transzendentale Objekt nennen, bloß, damit wir etwas haben, was der Sinnlichkeit als einer Rezeptivität korrespondiert. Diesem transzendentalen Objekt können wir allen Umfang und Zusammenhang unserer möglichen Wahrnehmungen zuschreiben, und sagen: daß es vor aller Erfahrung an sich selbst gegeben sei. Die Erscheinungen aber sind, ihm gemäß, nicht an sich, sondern nur in dieser Erfahrung gegeben, weil sie bloße Vorstellungen sind, die nur als Wahrnehmungen einen wirklichen Gegenstand bedeuten, wenn nämlich diese Wahrnehmung mit allen anderen nach den Regeln der Erfahrungseinheit zusammenhängt. So kann man sagen: die wirklichen Dinge der vergangenen Zeit sind in dem transzendentalen Gegenstande der Erfahrung gegeben; sie sind aber für mich nur Gegenstände und in der vergangenen Zeit wirklich, sofern als ich mir vorstelle, daß eine regressive Reihe möglicher Wahrnehmungen, (es sei am Leitfaden der Geschichte, oder an den Fußtapfen der Ursachen und Wirkungen,) nach empirischen Gesetzen, mit einem Worte, der Weltlauf auf eine verflossene Zeitreihe als Bedingung der gegenwärtigen Zeit führt, welche alsdann doch nur in dem Zusammenhange einer möglichen Erfahrung und nicht an sich selbst als wirklich vorgestellt wird, so, daß alle von undenklicher Zeit her vor meinem Dasein verflossenen Begebenheiten doch nichts anderes bedeuten, als die Möglichkeit der Verlängerung der Kette der Erfahrung, von der gegenwärtigen Wahrnehmung an, aufwärts zu den Bedingungen, welche diese der Zeit nach bestimmen.

Wenn ich mir demnach alle existierenden Gegenstände der Sinne in aller Zeit und allen Räumen insgesamt vorstelle: so setze ich solche nicht vor der Erfahrung in beide hinein, sondern diese Vorstellung ist nichts anderes, als der Gedanke von einer möglichen Erfahrung, in ihrer absoluten Vollständigkeit. In ihr allein sind jene Gegenstände (welche nichts als bloße Vorstellungen sind) gegeben. Daß man aber sagt, sie existieren vor aller meiner Erfahrung, bedeutet nur, daß sie in dem Teile der Erfahrung, *zu welchem* ich, von der Wahrnehmung anhebend, allererst fortschreiten muß, anzutreffen sind. Die Ursache der empirischen Bedingungen dieses Fortschritts, mithin auf welche Glieder, oder auch, wie weit ich auf dergleichen im Regressus treffen könne, ist transzendental und mir daher notwendig unbekannt. Aber um diese ist es auch nicht zu tun, sondern nur um die Regel des Fortschritts der Erfahrung, in der mir die Gegenstände, nämlich Erscheinungen, gegeben werden. Es ist auch im Ausgange ganz einerlei, ob ich sage, ich könne im empirischen Fortgange im Raume auf Sterne treffen, die hundertmal weiter entfernt sind, als die äußersten, die ich sehe: oder ob ich sage, es sind vielleicht deren im Weltraume anzutreffen, wenn sie gleich niemals ein Mensch wahrgenommen hat, oder wahrnehmen wird; denn, wenn sie gleich als Dinge an sich selbst, ohne Beziehung auf mögliche Erfahrung, überhaupt gegeben wären, so sind sie doch für mich nichts, mithin keine Gegenstände, als sofern sie in der Reihe des empirischen Regressus enthalten sind. Nur in anderweitiger Beziehung, wenn eben diese Erscheinungen zur kosmologischen Idee von einem absoluten Ganzen gebraucht werden sollen, und, wenn es also um eine Frage zu tun ist, die über die Grenzen möglicher Erfahrung hinausgeht, ist die Unterscheidung derart, wie man die Wirklichkeit gedachter Gegenstände der Sinne nimmt, von Erheblichkeit, um einem trüglichen Wahne vorzubeugen, welcher aus der Mißdeutung unserer eigenen Erfahrungsbegriffe unvermeidlich entspringen muß.

Der Antinomie der reinen Vernunft

Siebenter Abschnitt
Kritische Entscheidung des kosmologischen Streits der Vernunft mit sich selbst

Die ganze Antinomie der reinen Vernunft beruht auf dem dialektischen Argumente: Wenn das Bedingte gegeben ist, so ist auch die ganze Reihe aller Bedingungen desselben gegeben: nun sind uns Gegenstände der Sinne als bedingt gegeben, folglich usw. Durch diesen Vernunftschluß, dessen Obersatz so natürlich und einleuchtend scheint, werden nun, nach Verschiedenheit der Bedingungen (in der Synthesis der Erscheinungen), sofern sie eine Reihe ausmachen, ebensoviel kosmologische Ideen eingeführt, welche die absolute Totalität dieser Reihen postulieren und eben dadurch die Vernunft unvermeidlich in Widerstreit mit sich selbst versetzen. Ehe wir aber das Trügliche dieses vernünftelnden Arguments aufdecken, müssen wir uns durch Berichtigung und Bestimmung gewisser darin vorkommender Begriffe dazu instand setzen.

Zuerst ist folgender Satz klar und ungezweifelt gewiß: daß, wenn das Bedingte gegeben ist, uns eben dadurch ein Regressus in der Reihe aller Bedingungen zu demselben aufgegeben sei; denn dieses bringt schon der Begriff des Bedingten so mit sich, daß dadurch etwas auf eine Bedingung, und, wenn diese wiederum bedingt ist, auf eine entferntere Bedingung, und so durch alle Glieder der Reihe bezogen wird. Dieser Satz ist also analytisch und erhebt sich über alle Furcht vor eine transzendentale Kritik. Er ist ein logisches Postulat der Vernunft: diejenige Verknüpfung eines Begriffs mit seinen Bedingungen durch den Verstand zu verfolgen und soweit als möglich fortzusetzen, die schon dem Begriffe selbst anhängt.

Ferner: wenn das Bedingte sowohl, als seine Bedingung, Dinge an sich selbst sind, so ist, wenn das Erstere gegeben worden, nicht bloß der Regressus zu dem

Zweiten *aufgegeben*, sondern dieses ist dadurch wirklich schon mit gegeben, und, weil dieses von allen Gliedern der Reihe gilt, so ist die vollständige Reihe der Bedingungen, mithin auch das Unbedingte dadurch zugleich gegeben, oder vielmehr vorausgesetzt, daß das Bedingte, welches nur durch jene Reihe möglich war, gegeben ist. Hier ist die Synthesis des Bedingten mit seiner Bedingung eine Synthesis des bloßen Verstandes, welcher die Dinge vorstellt, *wie sie sind*, ohne darauf zu achten, ob, und wie wir zur Kenntnis derselben gelangen können. Dagegen wenn ich es mit Erscheinungen zu tun habe, die, als bloße Vorstellungen, gar nicht gegeben sind, wenn ich nicht zu ihrer Kenntnis (d. i. zu ihnen selbst, denn sie sind nichts, als empirische Kenntnisse,) gelangen so kann ich nicht in eben der Bedeutung sagen: wenn das Bedingte gegeben ist, so sind auch alle Bedingungen (als Erscheinungen) zu demselben gegeben, und kann mithin auf die absolute Totalität der Reihe derselben keineswegs schließen. Denn die *Erscheinungen* sind, in der Apprehension, selber nichts anderes, als eine empirische Synthesis (im Raume und der Zeit) und sind also nur *in dieser* gegeben. Nun folgt es gar nicht, daß, wenn das Bedingte (in der Erscheinung) gegeben ist, auch die Synthesis, die seine empirische Bedingung ausmacht, dadurch mitgegeben und vorausgesetzt sei, sondern diese findet allererst im Regressus, und niemals ohne denselben, statt. Aber das kann man wohl in einem solchen Falle sagen, daß ein *Regressus* zu den Bedingungen, d. i. eine fortgesetzte empirische Synthesis auf dieser Seite geboten oder *aufgegeben* sei, und daß es nicht an Bedingungen fehlen könne, die durch diesen Regressus gegeben werden.

Hieraus erhellt, daß der Obersatz des kosmologischen Vernunftschlusses das Bedingte in transzendentaler Bedeutung einer reinen Kategorie, der Untersatz aber in empirischer Bedeutung eines auf bloße Erscheinungen angewandten Verstandesbegriffs nehmen, folglich derjenige dialektische Betrug darin angetroffen werde, den man Sophisma figurae dictionis nennt. Dieser Betrug ist aber nicht erkünstelt, sondern eine ganz natürliche Täuschung der gemeinen Vernunft. Denn durch dieselbe setzen wir (im Obersatze) die Bedingungen und ihre Reihe, gleichsam *unbesehen*, voraus, wenn etwas als bedingt gegeben ist, weil dieses nichts anderes, als die logische Forderung ist, vollständige Prämissen zu einem gegebenen Schlußsatze anzunehmen, und da ist in der Verknüpfung des Bedingten mit seiner Bedingung keine Zeitordnung anzutreffen; sie werden an sich, *als zugleich* gegeben, vorausgesetzt. Ferner ist es ebenso natürlich (im Untersatze) Erscheinungen als Dinge an sich und ebensowohl dem bloßen Verstande gegebene Gegenstände anzusehen, wie es im Obersatze geschah, da ich von allen Bedingungen der Anschauung, unter denen allein Gegenstände gegeben werden können, abstrahierte. Nun hatten wir aber hierbei einen merkwürdigen Unterschied zwischen den Begriffen übersehen. Die Synthesis des Bedingten mit seiner Bedingung und die ganze Reihe der letzteren (im Obersatze) führte gar nichts von Einschränkung durch die Zeit und keinen Begriff der Sukzession bei sich. Dagegen ist die empirische Synthesis und die Reihe der Bedingungen in der Erscheinung (die im Untersatze subsumiert wird,) notwendig sukzessiv und nur in der Zeit nacheinander gegeben; folglich konnte ich die absolute *Totalität* der Synthesis und der dadurch vorgestellten Reihe hier nicht ebensowohl, als dort voraussetzen, weil dort alle Glieder der Reihe an sich (ohne Zeitbedingung) gegeben sind, hier aber nur durch den sukzessiven Regressus möglich sind, der nur dadurch gegeben ist, daß man ihn wirklich vollführt.

Nach der Überweisung eines solchen Fehltritts, des gemeinschaftlich zum Grunde (der kosmologischen Behauptungen) gelegten Arguments, können beide streitenden Teile mit Recht, als solche, die ihre Forderung auf keinen gründlichen Titel gründen, abgewiesen werden. Dadurch aber ist ihr Zwist noch nicht insofern geendigt, daß sie überführt worden wären, sie, oder einer von beiden, hätte in der Sache selbst, die er behauptet, (im Schlußsatze) Unrecht, wenn er sie gleich nicht auf tüchtige Beweisgründe zu bauen wußte. Es scheint doch nichts klarer, als daß von zweien, deren der eine behauptet: die Welt hat einen Anfang, der andere: die Welt hat keinen Anfang, sondern sie ist von Ewigkeit her, doch einer Recht haben müsse. Ist aber dieses, so ist es, weil die Klarheit auf beiden Seiten gleich ist, doch unmöglich, jemals auszumitteln, auf welcher Seite das Recht sei, und der Streit dauert nach wie vor, wenn die Parteien gleich bei dem Gerichtshofe der Vernunft zur Ruhe verwiesen worden. Es bleibt also kein Mittel übrig, den Streit gründlich und zur Zufriedenheit beider Teile zu endigen, als daß, da sie einander doch so schön widerlegen können, sie endlich überführt werden, daß sie um nichts streiten, und ein gewisser transzendentaler Schein ihnen da eine Wirklichkeit vorgemalt habe, wo keine anzutreffen ist.

Diesen Weg der Beilegung eines nicht abzuurteilenden Streits wollen wir jetzt einschlagen.

* *
*

Der *eleatische* Zeno, ein subtiler Dialektiker, ist schon vom Plato als ein mutwilliger Sophist darüber sehr getadelt worden, daß er, um seine Kunst zu zeigen, einerlei Satz durch scheinbare Argumente zu beweisen und bald darauf durch andere ebenso starke wieder umzustürzen suchte. Er behauptete, Gott (vermutlich war es bei ihm nichts als die Welt) sei weder endlich, noch unendlich, er sei weder in Bewegung, noch in Ruhe, sei keinem anderen Dinge weder ähnlich, noch unähnlich. Es schien denen, die ihn hierüber beurteilten, er habe zwei einander widersprechende Sätze gänzlich ableugnen wollen, welches ungereimt ist. Allein ich finde nicht, daß ihm dieses mit Recht zur Last gelegt werden könne. Den ersteren dieser Sätze werde ich bald näher beleuchten. Was die übrigen betrifft, wenn er unter dem Worte: *Gott*, das Universum verstand, so mußte er allerdings sagen: daß dieses weder in seinem Orte beharrlich gegenwärtig (in Ruhe) sei, noch denselben verändere (sich bewege), weil alle Örter nur im Univers, *dieses* selbst also in *keinem Orte* ist. Wenn das Weltall alles, was existiert, in sich faßt, so ist es auch sofern keinem *anderen Dinge*, weder ähnlich noch unähnlich, weil es außer ihm *kein anderes Ding* gibt, mit dem es könnte verglichen werden. Wenn zwei einander entgegengesetzte Urteile eine unstatthafte Bedingung voraussetzen, so fallen sie, unerachtet ihres Widerstreits (der gleichwohl kein eigentlicher Widerspruch ist), alle beide weg, weil die Bedingung wegfällt, unter der allein jeder dieser Sätze gelten sollte.

Wenn jemand sagte, ein jeder Körper riecht entweder gut, oder er riecht nicht gut, so findet ein Drittes statt, nämlich, daß er gar nicht rieche, (ausdufte) und so können beide widerstreitenden Sätze falsch sein. Sage ich, er ist entweder wohlriechend, oder er ist nicht wohlriechend: *(vel suaveolens vel non suaveolens)* so sind beide Urteile einander kontradiktorisch entgegengesetzt und nur der erste ist falsch, sein kontradiktorisches Gegenteil aber, nämlich einige Körper sind nicht wohlriechend, befaßt auch die Körper in sich, *die gar nicht riechen*. In der vorigen Entgegenstellung *(per disparata) blieb* die zufällige Bedingung des Begriffs der Körper (der Geruch) noch bei dem widerstreitenden Urteile, und wurde durch dieses also nicht mit aufgehoben, daher war das letztere nicht das kontradiktorische Gegenteil des ersteren.

Sage ich demnach: die Welt ist dem Raume nach entweder unendlich, oder sie ist nicht unendlich *(non est infinitus)*, so muß, wenn der erstere Satz falsch ist, sein kontradiktorisches Gegenteil: die Welt ist nicht unendlich, wahr sein. Dadurch würde ich nur eine unendliche Welt aufheben, ohne eine andere, nämlich die endliche, zu setzen. Hieße es aber: die Welt ist entweder unendlich, oder endlich (nichtunendlich,) so könnten beide falsch sein. Denn ich sehe alsdann die Welt, als an sich selbst, ihrer Größe nach bestimmt an, indem ich in dem Gegensatz nicht bloß die Unendlichkeit aufhebe, und, mit ihr, vielleicht ihre ganze abgesonderte Existenz, sondern eine Bestimmung zur Welt, als einem an sich selbst wirklichen Dinge, hinzusetzen welches ebensowohl falsch sein kann, wenn nämlich die Welt *gar nicht als ein Ding an sich*, mithin auch nicht ihrer Größe nach, weder als unendlich, noch als endlich gegeben sein sollte. Man erlaube mir, daß ich dergleichen Entgegensetzung die *dialektische*, die des Widerspruchs aber die *analytische Opposition* nennen darf. Also können von zwei dialektisch einander entgegengesetzten Urteilen alle beide falsch sein, darum, weil eines dem anderen nicht bloß widerspricht, sondern etwas mehr sagt, als zum Widerspruche erforderlich ist.

Wenn man die zwei Sätze: die Welt ist der Größe nach unendlich, die Welt ist ihrer Größe nach endlich, als einander kontradiktorisch entgegengesetzte ansieht, so nimmt man an, daß die Welt (die ganze Reihe der Erscheinungen) ein Ding an sich selbst sei. Denn sie bleibt, ich mag den unendlichen oder endlichen Regressus in der Reihe ihrer Erscheinungen aufheben. Nehme ich aber diese Voraussetzung, oder diesen transzendentalen Schein weg, und leugne, daß sie ein Ding an sich selbst sei, so verwandelt sich der kontradiktorische Widerstreit beider Behauptungen in einen bloß dialektischen, und weil die Welt gar nicht an sich (unabhängig von der regressiven Reihe meiner Vorstellungen) existiert, so existiert sie weder als *ein an sich unendliches*, noch als *ein an sich endliches* Ganzes. Sie ist nur im empirischen Regressus der Reihe der Erscheinungen und für sich selbst gar nicht anzutreffen. Daher, wenn diese jederzeit bedingt ist, so ist sie niemals ganz gegeben, und die Welt ist also kein unbedingtes Ganzes, existiert also auch nicht als ein solches, weder mit unendlicher, noch endlicher Größe.

Was hier von der ersten kosmologischen Idee, nämlich der absoluten Totalität der Größe in der Erscheinung gesagt worden, gilt auch von allen übrigen. Die Reihe der Bedingungen ist nur in der regressiven Synthesis selbst, nicht aber an sich in der Erscheinung, als einem eigenen, vor allem Regressus gegebenen Dinge, anzutreffen. Daher werde ich auch sagen müssen: die Menge der Teile in einer gegebenen Erscheinung ist an sich weder endlich, noch unendlich, weil Erscheinung nichts an sich selbst Existierendes ist, und die Teile allererst durch den Regressus der dekomponierenden Synthesis, und in demselben, gegeben werden, welcher Regressus niemals schlechthin *ganz*, weder als endlich, noch als unendlich gegeben ist. Eben das gilt von der Reihe der übereinander geordneten Ursachen, oder der bedingten bis zur unbedingt notwendigen Existenz, welche niemals weder an sich ihrer Totalität nach als endlich, noch als unendlich angesehen werden kann, weil sie als Reihe subordinierter Vorstellungen nur im dynamischen Regressus besteht, vor demselben aber, und als für sich bestehende Reihe von Dingen, an sich selbst gar nicht existieren kann.

So wird demnach die Antinomie der reinen Vernunft bei ihren kosmologischen Ideen gehoben, dadurch, daß gezeigt wird, sie sei bloß dialektisch und ein Widerstreit eines Scheins, der daher entspringt, daß man die Idee der absoluten Totalität, welche nur als eine Bedingung der Dinge an sich selbst gilt, auf Erscheinungen angewandt hat, die nur in der Vorstellung, und, wenn sie eine Reihe ausmachen, im sukzessiven Regressus, sonst aber gar nicht existieren. Man kann aber auch umgekehrt aus dieser Antinomie einen wahren, zwar nicht dogmatischen, aber doch so kritischen und doktrinalen Nutzen ziehen: nämlich die transzendentale Idealität der Erscheinungen dadurch indirekt zu beweisen, wenn jemand etwa an dem direkten Beweise in der transzendentalen Ästhetik nicht genug hätte. Der Beweis würde in diesem Dilemma bestehen. Wenn die Welt ein an sich existierendes Ganzes ist: so ist sie entweder endlich, oder unendlich. Nun ist das erstere sowohl als das zweite falsch (laut der oben angeführten Beweise der Antithesis, einer-, und der Thesis andererseits). Also ist es auch falsch, daß die Welt (der Inbegriff aller Erscheinungen) ein an sich existierendes Ganzes sei. Woraus denn folgt, daß Erscheinungen überhaupt außer unseren Vorstellungen nichts sind, welches wir eben durch die transzendentale Idealität derselben sagen wollten.

Diese Anmerkung ist von Wichtigkeit. Man sieht daraus, daß die obigen Beweise der vierfachen Antinomie nicht Blendwerke, sondern gründlich waren, unter der Voraussetzung nämlich, daß Erscheinungen oder eine Sinnenwelt, die sie insgesamt in sich begreift, Dinge an sich selbst wären. Der Widerstreit der daraus gezogenen Sätze entdeckt aber, daß in der Voraussetzung eine Falschheit liege, und bringt uns dadurch zu einer Entdeckung der wahren Beschaffenheit der Dinge, als Gegenstände der Sinne. Die transzendentale Dialektik tut also keineswegs dem Skeptizism einigen Vorschub, wohl aber der skeptischen Methode, welche an ihr ein Beispiel ihres großen Nutzens aufweisen kann, wenn man die Argumente der Vernunft in ihrer größten Freiheit gegeneinander auftreten läßt, die, ob sie gleich zuletzt nicht dasjenige, was man suchte, dennoch jederzeit etwas Nützliches und zur Berichtigung unserer Urteile Dienliches, liefern werden.

Der Antinomie der reinen Vernunft

Achter Abschnitt

Regulatives Prinzip der reinen Vernunft in Ansehung der kosmologischen Ideen

Da durch den kosmologischen Grundsatz der Totalität kein Maximum der Reihe von Bedingungen in einer Sinnenwelt, als einem Dinge an sich selbst, *gegeben* wird, sondern bloß im Regressus derselben *aufgegeben* werden kann, so behält der gedachte Grundsatz der reinen Vernunft, in seiner dergestalt berichtigten Bedeutung, annoch seine gute Gültigkeit, zwar nicht als *Axiom*, die Totalität im Objekt als wirklich zu denken, sondern als ein *Problem* für den Verstand, also für das Subjekt, um, der Vollständigkeit in der Idee gemäß, den Regressus in der Reihe der Bedingungen zu einem gegebenen Bedingten anzustellen und fortzusetzen. Denn in der Sinnlichkeit, d. i. im Raume und der Zeit, ist jede Bedingung, zu der wir in der Exposition gegebener Erscheinungen gelangen können, wiederum bedingt; weil diese keine Gegenstände an sich selbst sind, an denen allenfalls das Schlechthinunbedingte stattfinden könnte, sondern bloß empirische Vorstellungen, die jederzeit in der Anschauung ihre Bedingung finden müssen, welche sie dem Raume oder der Zeit nach bestimmt. Der Grundsatz der Vernunft also ist eigentlich nur eine *Regel*, welche in der Reihe der Bedingungen gegebener Erscheinungen einen Regressus gebietet, dem es niemals erlaubt ist, bei einem Schlechthinunbedingten stehen zu bleiben. Er ist also kein Prinzipium der Möglichkeit der Erfahrung und der empirischen Erkenntnis der Gegenstände der Sinne, mithin kein Grundsatz des Verstandes; denn jede Erfahrung ist in ihren Grenzen (der gegebenen Anschauung gemäß) eingeschlossen, auch kein *konstitutives Prinzip* der Vernunft, den Begriff der Sinnenwelt über alle mögliche Erfahrung zu erweitern, sondern ein Grundsatz der größtmöglichen Fortsetzung und Erweiterung der Erfahrung, nach welchem keine empirische Grenze für absolute Grenze gelten muß, also ein Prinzipium der Vernunft, welches, *als Regel*, postuliert, was von uns im Regressus geschehen soll, und *nicht antizipiert*, was *im Objekte* vor allem Regressus an sich gegeben ist. Daher nenne ich es ein *regulatives* Prinzip der Vernunft, da hingegen der Grundsatz der absoluten Totalität der Reihe der Bedingungen, als im Objekte (den Erscheinungen) an sich selbst gegeben, ein konstitutives kosmologisches Prinzip sein würde, dessen Nichtigkeit ich eben durch diese Unterscheidung habe anzeigen und dadurch verhindern wollen, daß man nicht, wie sonst unvermeidlich geschieht, (durch transzendentale Subreption,) einer Idee, welche bloß zur Regel dient, objektive Realität beimesse.

Um nun den Sinn dieser Regel der reinen Vernunft gehörig zu bestimmen, so ist zuvörderst zu bemerken, daß sie nicht sagen könne, *was das Objekt sei*, sondern *wie der empirische Regressus anzustellen sei*, um zu dem vollständigen Begriffe des Objekts zu gelangen. Denn, fände das erstere statt, so würde sie ein konstitutives Prinzipium sein, dergleichen aus reiner Vernunft niemals möglich ist. Man kann also damit keineswegs die Absicht haben, zu sagen, die Reihe der Bedingungen zu einem gegebenen Bedingten sei an sich endlich, oder unendlich; denn dadurch würde eine bloße Idee der absoluten Totalität, die lediglich in ihr selbst geschaffen ist, einen Gegenstand denken, der in keiner Erfahrung gegeben werden kann, indem einer Reihe von Erscheinungen eine von der empirischen Synthesis unabhängige objektive Realität erteilt würde. Die Vernunftidee wird also nur der regressiven Synthesis in der Reihe der Bedingungen eine Regel vorschreiben, nach welcher sie vom Bedingten, vermittelst aller einander untergeordneten Bedingungen, zum Unbedingten fortgeht, obgleich dieses niemals erreicht wird. Denn das Schlechthinunbedingte wird in der Erfahrung gar nicht angetroffen.

Zu diesem Ende ist nun erstlich die Synthesis einer Reihe, sofern sie niemals vollständig ist, genau zu bestimmen. Man bedient sich in dieser Absicht gewöhnlich zweier Ausdrücke, die darin etwas unterscheiden sollen, ohne daß man doch den Grund dieser Unterscheidung recht anzugeben weiß. Die Mathematiker sprechen lediglich von einem *progressus in infinitum*. Die Forscher der Begriffe (Philosophen) wollen an dessen Statt nur den Ausdruck von einem *progressus in indefinitum* gelten lassen. Ohne mich bei der Prüfung der Bedenklichkeit, die diesen eine solche Unterscheidung angeraten hat, und dem guten oder fruchtlosen Gebrauch derselben aufzuhalten, will ich diese Begriffe in Beziehung auf meine Absicht genau zu bestimmen suchen.

Von einer geraden Linie kann man mit Recht sagen, sie könne ins Unendliche verlängert werden, und hier würde die Unterscheidung des Unendlichen und des unbestimmbar weiten Fortgangs *(progressus in indefinitum)* eine leere Subtilität sein. Denn, obgleich, wenn es heißt: ziehet eine Linie fort, es freilich richtiger lautet, wenn man hinzusetzt, *in indefinitum*, als wenn es heißt, *in infinitum*; weil das erstere nicht mehr bedeutet, als: verlängert sie, so weit *ihr wollt*, das zweite aber: *ihr sollt* niemals aufhören sie zu verlängern, (welches hierbei eben nicht die Absicht ist,) so ist doch, wenn nur vom *können* die Rede ist, der erstere Ausdruck ganz richtig; denn ihr könnt sie ins Unendliche immer größer machen. Und so verhält es sich auch in allen Fällen, wo man nur vom Progressus, d. i. dem Fortgange von der Bedingung zum Bedingten, spricht; dieser mögliche Fortgang geht in der Reihe der Erscheinungen ins Unendliche. Von einem Elternpaar könnt ihr in absteigender Linie der Zeugung ohne Ende fortgehen und euch auch ganz wohl denken, daß sie wirklich in der Welt so fortgehe. Denn hier bedarf die Vernunft niemals absolute Totalität der Reihe, weil sie solche nicht als Bedingung und wie gegeben *(datum)* vorausgesetzt, sondern nur als was Bedingtes, das nur angeblich *(dabile)* ist, und ohne Ende hinzugesetzt wird.

Ganz anders ist es mit der Aufgabe bewandt: wie weit sich der Regressus, der von dem gegebenen Bedingten zu den Bedingungen in einer Reihe aufsteigt, erstrecke, ob ich sagen könne: es sei ein Rückgang ins Unendliche, oder nur ein *unbestimmbar weit (in indefinitum)* sich erstreckender Rückgang, und ob ich also von den jetztlebenden Menschen, in der Reihe ihrer Voreltern, ins Unendliche aufwärts steigen könne, oder ob nur gesagt werden könne: daß, so weit ich auch zurückgegangen bin, niemals ein empirischer Grund angetroffen werde, die Reihe irgendwo für begrenzt zu halten, so daß ich berechtigt und zugleich verbunden bin, zu jedem der Urväter noch fernerhin seinen Vorfahren aufzusuchen, obgleich eben nicht vorauszusetzen.

Ich sage demnach: wenn das Ganze in der empirischen Anschauung gegeben worden, so geht der Regressus in der Reihe seiner inneren Bedingungen ins Unendliche. Ist aber nur ein Glied der Reihe gegeben, von welchem der Regressus zur absoluten Totalität allererst fortgehen soll: so findet nur ein Rückgang in unbestimmte Weise *(in indefinitum)* statt. So muß von der Teilung einer zwischen ihren Grenzen gegebenen Materie (eines Körpers) gesagt werden: sie gehe ins Unendliche. Denn diese Materie ist ganz, folglich mit allen ihren möglichen Teilen, in der empirischen Anschauung gegeben. Da nun die Bedingung dieses Ganzen sein Teil, und die Bedingung dieses Teils der Teil vom Teile usw. ist, und in diesem Regressus der Dekomposition niemals ein unbedingtes (unteilbares) Glied dieser Reihe von Bedingungen angetroffen wird, so ist nicht allein nirgend ein empirischer Grund, in der Teilung aufzuhören, sondern die ferneren Glieder der fortzusetzenden Teilung sind selbst vor dieser weitergehenden Teilung empirisch gegeben, d. i. die Teilung geht ins Unendliche. Dagegen ist die Reihe der Voreltern zu einem gegebenen Menschen in keiner möglichen Erfahrung, in ihrer absoluten Totalität, gegeben, der Regressus aber geht doch von jedem Gliede dieser Zeugung zu einem höheren, so, daß keine empirische Grenze anzutreffen ist, die ein Glied, als schlechthin unbedingt, darstellte. Da aber gleichwohl auch die Glieder, die hierzu die Bedingung abgeben könnten, nicht in der empirischen Anschauung des Ganzen schon vor dem Regressus liegen: so geht dieser nicht ins Unendliche (der Teilung des Gegebenen), sondern in unbestimmbare Weite, der Aufsuchung mehrerer Glieder zu den gegebenen, die wiederum jederzeit nur bedingt gegeben sind.

In keinem von beiden Fällen, sowohl dem *regressus in infinitum*, als dem *in indefinitum*, wird die Reihe der Bedingungen als unendlich im Objekt gegeben angesehen. Es sind nicht Dinge, die an sich selbst, sondern nur Erscheinungen, die, als Bedingungen voneinander, nur im Regressus selbst gegeben werden. Also ist die Frage nicht mehr: wie groß diese Reihe der Bedingungen an sich selbst sei, ob endlich oder unendlich, denn sie ist nichts an sich selbst, sondern: wie wir den empirischen Regressus anstellen, und wie weit wir ihn fortsetzen sollen. Und da ist denn ein namhafter Unterschied in Ansehung der Regel dieses Fortschritts. Wenn das Ganze empirisch gegeben worden, so ist es *möglich, ins Unendliche* in der Reihe seiner inneren Bedingungen zurückzugehen. Ist jenes aber nicht gegeben, sondern soll durch empirischen Regressus allererst gegeben werden, so kann ich nur sagen: es ist *ins Unendliche möglich*, zu noch höheren Bedingungen der Reihe fortzugehen. Im ersteren Falle konnte ich sagen: es sind immer mehr Glieder da, und empirisch gegeben, als ich durch den Regressus (der Dekomposition) erreiche; im zweiten aber: ich kann im Regressus noch immer weiter gehen, weil kein Glied als schlechthin unbedingt empirisch gegeben ist, und also noch immer ein höheres Glied als möglich und mithin die Nachfrage nach demselben als notwendig zuläßt. Dort war es notwendig, mehr Glieder der Reihe *anzutreffen*, hier aber ist es immer notwendig, nach mehreren zu *fragen*, weil keine Erfahrung absolut begrenzt. Denn ihr habt entweder keine Wahrnehmung, die euren empirischen Regressus schlechthin begrenzt, und dann müßt ihr euren Regressus nicht für vollendet halten, oder habt eine solche eure Reihe begrenzende Wahrnehmung, so kann diese nicht ein Teil eurer zurückgelegten Reihe sein, (weil das, *was begrenzt*, von dem, *was* dadurch *begrenzt wird*, unterschieden sein muß,) und ihr müßt also euren Regressus auch zu dieser Bedingung weiter fortsetzen, und so fortan.

Der folgende Abschnitt wird diese Bemerkungen durch ihre Anwendung in ihr gehöriges Licht setzen.

Der Antinomie der reinen Vernunft

Neunter Abschnitt
Von dem empirischen Gebrauche des regulativen Prinzips der Vernunft, in Ansehung aller kosmologischen Ideen

Da es, wie wir mehrmalen gezeigt haben, keinen transzendentalen Gebrauch so wenig von reinen Verstandes- als Vernunftbegriffen gibt, da die absolute Totalität der Reihen der Bedingungen in der Sinnenwelt sich lediglich auf einen transzendentalen Gebrauch der Vernunft fußt, welche diese unbedingte Vollständigkeit von demjenigen fordert, was sie als Ding an sich selbst voraussetzt; da die Sinnenwelt aber dergleichen nicht enthält, so kann die Rede niemals mehr von der absoluten Größe der Reihen in derselben sein, ob sie begrenzt, oder *an sich* unbegrenzt sein mögen, sondern nur, wie weit wir im empirischen Regressus, bei Zurückführung der Erfahrung auf ihre Bedingungen, zurückgehen sollen, um nach der Regel der Vernunft bei keiner anderen, als dem Gegenstande angemessenen Beantwortung der Fragen derselben stehenzubleiben.

Es ist also nur die *Gültigkeit des Vernunftprinzips*, als einer Regel der *Fortsetzung* und Größe einer möglichen Erfahrung, die uns allein übrig bleibt, nachdem seine Ungültigkeit, als eines konstitutiven Grundsatzes der Erscheinungen an sich selbst, hinlänglich dargetan worden. Auch wird, wenn wir jene ungezweifelt vor Augen legen können, der Streit der Vernunft mit sich selbst völlig geendigt, indem nicht allein durch kritische Auflösung der Schein, der sie mit sich entzweite, aufgehoben worden, sondern an dessen Statt der Sinn, in welchem sie mit sich selbst zusammenstimmt und dessen Mißdeutung allein den Streit veranlaßte, aufgeschlossen, und ein sonst *dialektischer* Grundsatz in einen *doktrinalen* verwandelt wird. In der Tat, wenn dieser, seiner subjektiven Bedeutung nach, den größtmöglichen Verstandesgebrauch in der Erfahrung den Gegenständen derselben angemessen zu bestimmen, bewährt werden kann: so ist es gerade ebensoviel, als ob er wie ein Axiom (welches aus reiner Vernunft unmöglich ist) die Gegenstände an sich selbst a priori bestimmte; denn auch dieses könnte in Ansehung der Objekte der Erfahrung keinen größeren Einfluß auf die Erweiterung und Berichtigung unserer Erkenntnis haben, als daß es sich in dem ausgebreitetsten Erfahrungsgebrauche unseres Verstandes tätig bewiese.

I.
Auflösung der kosmologischen Idee von der Totalität der Zusammensetzung der Erscheinungen von einem Weltganzen

Sowohl hier, als bei den übrigen kosmologischen Fragen, ist der Grund des regulativen Prinzips der Vernunft der Satz: daß im empirischen Regressus *keine Erfahrung von einer absoluten Grenze*, mithin von keiner Bedingung, als einer solchen, die *empirisch schlechthin unbedingt* sei, angetroffen werden könne. Der Grund davon aber ist: daß eine dergleichen Erfahrung eine Begrenzung der Erscheinungen durch Nichts, oder das Leere, darauf der fortgeführte Regressus vermittelst einer Wahrnehmung stoßen könnte, in sich enthalten müßte, welches unmöglich ist.

Dieser Satz nun, der ebensoviel sagt, als: daß ich im empirischen Regressus jederzeit nur zu einer Bedingung gelange, die selbst wiederum als empirisch bedingt angesehen werden muß, enthält die Regel in terminis: daß, so weit ich auch damit in der aufsteigenden Reihe gekommen sein möge, ich jederzeit nach einem höheren Gliede der Reihe fragen müsse, es mag mir dieses nun durch Erfahrung bekannt werden, oder nicht.

Nun ist zur Auflösung der ersten kosmologischen Aufgabe nichts weiter nötig, als noch auszumachen: ob in dem Regressus zu der unbedingten Größe des Weltganzen (der Zeit und dem Raume nach) dieses niemals begrenzte Aufsteigen *ein Rückgang ins Unendliche* heißen könne, oder nur ein *unbestimmbar fortgesetzter Regressus* (in indefinitum).

Die bloße allgemeine Vorstellung der Reihe aller vergangenen Weltzustände, imgleichen der Dinge, welche im Weltraume zugleich sind, ist selbst nichts anderes, als ein möglicher empirischer Regressus, den ich mir, obzwar noch unbestimmt, denke, und wodurch der Begriff einer solchen Reihe von Bedingungen zu der gegebenen

Wahrnehmung allein entstehen kann. Nun habe ich das Weltganze jederzeit nur im Begriffe, keineswegs aber (als Ganzes) in der Anschauung. Also kann ich nicht von seiner Größe auf die Größe des Regressus schließen, und diese jener gemäß bestimmen, sondern ich muß mir allererst einen Begriff von der Weltgröße durch die Größe des empirischen Regressus machen. Von diesem aber weiß ich niemals etwas mehr, als daß ich von jedem gegebenen Gliede der Reihe von Bedingungen immer noch zu einem höheren (entfernteren) Gliede empirisch fortgehen müsse. Also ist dadurch die Größe des Ganzen der Erscheinungen gar nicht schlechthin bestimmt, mithin kann man auch nicht sagen, daß dieser Regressus ins Unendliche gehe, weil dieses die Glieder, dahin der Regressus noch nicht gelangt ist, antizipieren und ihre Menge so groß vorstellen würde, daß keine empirische Synthesis dazu gelangen kann, folglich die Weltgröße vor dem Regressus (wenn gleich nur negativ) *bestimmen* würde, welches unmöglich ist. Denn diese ist mir durch keine Anschauung (ihrer Totalität nach) mithin auch ihre Größe vor dem Regressus gar nicht gegeben. Demnach können wir von der Weltgröße an sich gar nichts sagen, auch nicht einmal, daß in ihr ein regressus in infinitum stattfinde, sondern müssen nur nach der Regel, die den empirischen Regressus in ihr bestimmt, den Begriff von ihrer Größe suchen. Diese Regel aber sagt nichts mehr, als daß, so weit wir auch in der Reihe der empirischen Bedingungen gekommen sein mögen, wir nirgend eine absolute Grenze annehmen sollen, sondern jede Erscheinung, als bedingt, einer anderen, als ihrer Bedingung, unterordnen, zu dieser also ferner fortschreiten müssen, welches der regressus in indefinitum ist, der, weil er keine Größe im Objekt bestimmt, von dem in infinitum deutlich genug zu unterscheiden ist.

Ich kann demnach nicht sagen: die Welt ist der vergangenen Zeit, oder dem Raume nach *unendlich*. Denn dergleichen Begriff von Größe, als einer gegebenen Unendlichkeit, ist empirisch, mithin auch in Ansehung der Welt, als eines Gegenstandes der Sinne, schlechterdings unmöglich. Ich werde auch nicht sagen: der Regressus von einer gegebenen Wahrnehmung an, zu allen dem, was diese im Raume sowohl, als der vergangenen Zeit, in einer Reihe begrenzt, geht *ins Unendliche*; denn dieses setzt die unendliche Weltgröße voraus; auch nicht: sie ist *endlich*; denn die absolute Grenze ist gleichfalls empirisch unmöglich. Demnach werde ich nichts von dem ganzen Gegenstande der Erfahrung (der Sinnenwelt), sondern nur von der Regel, nach welcher Erfahrung ihrem Gegenstande angemessen, angestellt und fortgesetzt werden soll, sagen können.

Auf die kosmologische Frage also, wegen der Weltgröße, ist die erste und negative Antwort: die Welt hat keinen ersten Anfang der Zeit und keine äußerste Grenze dem Raume nach.

Denn im entgegengesetzten Falle würde sie durch die leere Zeit einer-, und durch den leeren Raum andererseits begrenzt sein. Da sie nun, als Erscheinung, keines von beiden an sich selbst sein kann, denn Erscheinung ist kein Ding an sich selbst, so müßte eine

Wahrnehmung der Begrenzung durch schlechthin leere Zeit, oder leeren Raum, möglich sein, durch welche diese Weltenden in einer möglichen Erfahrung gegeben wären. Eine solche Erfahrung aber, als völlig leer an Inhalt, ist unmöglich. Also ist eine absolute Weltgrenze empirisch, mithin auch schlechterdings unmöglich.

Hieraus folgt denn zugleich die *bejahende* Antwort: der Regressus in der Reihe der Welterscheinungen, als eine Bestimmung der Weltgröße, geht in indefinitum, welches ebenso viel sagt, als: die Sinnenwelt hat keine absolute Größe, sondern der empirische Regressus (wodurch sie auf der Seite ihrer Bedingungen allein gegeben werden kann) hat seine Regel, nämlich von einem jeden Gliede der Reihe, als einem Bedingten, jederzeit zu einem noch entfernteren (es sei durch eigene Erfahrung, oder den Leitfaden der Geschichte, oder die Kette der Wirkungen und ihrer Ursachen,) fortzuschreiten, und sich der Erweiterung des möglichen empirischen Gebrauchs seines Verstandes nirgend zu überheben, welches denn auch das eigentliche und einzige Geschäft der Vernunft bei ihren Prinzipien ist.

Ein bestimmter empirischer Regressus, der in einer gewissen Art von Erscheinungen ohne Aufhören fortginge, wird hierdurch nicht vorgeschrieben, z. B. daß man von einem lebenden Menschen immer in einer Reihe von Voreltern aufwärts steigen müsse, ohne ein erstes Paar zu erwarten, oder in der Reihe der Weltkörper, ohne eine äußerste Sonne zuzulassen; sondern es wird nur der Fortschritt von Erscheinungen zu Erscheinungen geboten, sollten diese auch keine wirkliche Wahrnehmung (wenn sie dem Grade nach für unser Bewußtsein zu schwach ist, um Erfahrung zu werden) abgeben, weil sie dem ungeachtet doch zur möglichen Erfahrung gehören.

Aller Anfang ist in der Zeit, und alle Grenze des Ausgedehnten im Raume. Raum und Zeit aber sind nur in der Sinnenwelt. Mithin sind nur Erscheinungen *in der Welt* bedingterweise, *die Welt* aber selbst weder bedingt, noch auf unbedingte Art begrenzt.

Eben um deswillen, und da die Welt niemals *ganz*, und selbst die Reihe der Bedingungen zu einem gegebenen Bedingten nicht, als Weltreihe, *ganz gegeben werden kann*, ist der Begriff von der Weltgröße nur durch den Regressus, und nicht vor demselben in einer kollektiven Anschauung, gegeben. Jener besteht aber immer nur im *Bestimmen* der Größe, und gibt also keinen *bestimmten* Begriff, als auch keinen Begriff von einer Größe, die in Ansehung eines gewissen Maßes unendlich wäre, geht also nicht ins Unendliche (gleichsam gegebene), sondern in unbestimmte Weite, um eine Größe (der Erfahrung) zu geben, die allererst durch diesen Regressus wirklich wird.

II.
Auflösung der kosmologischen Idee von der Totalität der Teilung eines gegebenen Ganzen in der Anschauung

Wenn ich ein Ganzes, das in der Anschauung gegeben ist, teile, so gehe ich von einem Bedingten zu den Bedingungen seiner Möglichkeit. Die Teilung der Teile (subdivisio oder decompositio) ist ein Regressus in der Reihe dieser Bedingungen. Die absolute Totalität dieser *Reihe* würde nur alsdann gegeben sein, wenn der Regressus bis zu *einfachen* Teilen gelangen könnte. Sind aber alle Teile in einer kontinuierlich fortgehenden Dekomposition immer wiederum teilbar, so geht die Teilung, d. i. der Regressus, von dem Bedingten zu seinen Bedingungen in infinitum; weil die Bedingungen (die Teile) in dem Bedingten selbst enthalten sind, und, da dieses in einer zwischen seinen Grenzen eingeschlossenen Anschauung ganz gegeben ist, insgesamt auch mit gegeben sind. Der Regressus darf also nicht bloß ein Rückgang in indefinitum genannt werden, wie es die vorige kosmologische Idee allein erlaubte, da ich vom Bedingten zu seinen Bedingungen, die, außer demselben, mithin nicht dadurch zugleich mit so gegeben waren, sondern die im empirischen Regressus allererst hinzukamen, fortgehen sollte. Diesem ungeachtet ist es doch keineswegs erlaubt, von einem solchen Ganzen, das ins Unendliche teilbar ist, zu sagen: *es bestehe aus unendlich viel Teilen*. Denn obgleich alle Teile in der Anschauung des Ganzen enthalten sind, so ist doch darin *nicht die ganze Teilung* enthalten, welche nur in der fortgehenden Dekomposition, oder dem Regressus selbst besteht, der die Reihe allererst wirklich macht. Da dieser Regressus nun unendlich ist, so sind zwar alle Glieder (Teile), zu denen er gelangt, in dem gegebenen Ganzen als *Aggregate* enthalten, aber nicht die ganze *Reihe der Teilung*, welche sukzessivunendlich und niemals *ganz* ist, folglich keine unendliche Menge, und keine Zusammennehmung derselben in einem Ganzen darstellen kann.

Diese allgemeine Erinnerung läßt sich zuerst sehr leicht auf den Raum anwenden. Ein jeder in seinen Grenzen angeschauter Raum ist ein solches *Ganzes*, dessen Teile bei aller Dekomposition immer wiederum Räume sind, und ist daher ins Unendliche teilbar.

Hieraus folgt auch ganz natürlich die weite Anwendung, auf eine in ihren Grenzen eingeschlossene äußere Erscheinung (Körper). Die Teilbarkeit desselben gründet sich auf die Teilbarkeit des Raumes, der die Möglichkeit des Körpers, als eines ausgedehnten Ganzen, ausmacht. Dieser ist also ins Unendliche teilbar, ohne doch darum aus unendlich viel Teilen zu bestehen.

Es scheint zwar: daß, da ein Körper als Substanz im Raume vorgestellt werden muß, er, was das Gesetz der Teilbarkeit des Raumes betrifft, hierin von diesem unterschieden sein werde: denn man kann es allenfalls wohl zugeben: daß die Dekomposition im letzteren niemals alle Zusammensetzung wegschaffen könne, indem alsdann sogar aller Raum, der sonst nichts Selbstständiges hat, aufhören würde (welches unmöglich ist); allein daß, wenn alle Zusammensetzung der Materie in Gedanken aufgehoben würde, gar nichts übrigbleiben solle, scheint sich nicht mit dem Begriffe einer Substanz vereinigen zu lassen, die eigentlich das Subjekt aller Zusammensetzung sein sollte, und in ihren Elementen übrigbleiben müßte, wenngleich die Verknüpfung derselben im

Raume, dadurch sie einen Körper ausmachen, aufgehoben wäre. Allein mit dem, was in der *Erscheinung* Substanz heißt, ist es nicht so bewandt, als man es wohl von einem Dinge an sich selbst durch reinen Verstandesbegriff denken würde. Jenes ist nicht absolutes Subjekt, sondern beharrliches Bild der Sinnlichkeit und nichts als Anschauung, in der überall nichts Unbedingtes angetroffen wird.

Ob nun aber gleich diese Regel des Fortschritts ins Unendliche bei der Subdivision einer Erscheinung, als einer bloßen Erfüllung des Raumes, ohne allen Zweifel stattfindet: so kann sie doch nicht gelten, wenn wir sie auch auf die Menge der auf gewisse Weise in dem gegebenen Ganzen schon abgesonderten Teile, dadurch diese ein quantum discretum ausmachen, erstrecken wollen. Annehmen, daß in jedem gegliederten (organisierten) Ganzen ein jeder Teil wiederum gegliedert sei, und daß man auf solche Art, bei Zerlegung der Teile ins Unendliche, immer neue Kunstteile antreffe, mit einem Worte, daß das Ganze ins Unendliche gegliedert sei, will sich gar nicht denken lassen, obzwar wohl, daß die Teile der Materie, bei ihrer Dekomposition ins Unendliche, gegliedert werden könnten. Denn die Unendlichkeit der Teilung einer gegebenen Erscheinung im Raume gründet sich allein darauf, daß durch diese bloß die Teilbarkeit, d. i. eine an sich schlechthin unbestimmte Menge von Teilen gegeben ist, die Teile selbst aber nur durch die Subdivision gegeben und bestimmt werden, kurz, daß das Ganze nicht an sich selbst schon eingeteilt ist. Daher die Teilung eine Menge in demselben bestimmen kann, die so weit geht, als man im Regressus der Teilung fortschreiten will. Dagegen wird bei einem ins Unendliche gegliederten organischen Körper das Ganze eben durch diesen Begriff schon als eingeteilt vorgestellt, und eine an sich selbst bestimmte, aber unendliche Menge der Teile, vor allem Regressus der Teilung, in ihm angetroffen, wodurch man sich selbst widerspricht; indem diese unendliche Entwicklung als eine niemals zu vollendende Reihe (unendlich), und gleichwohl doch in einer Zusammennehmung als vollendet, angesehen wird. Die unendliche Teilung bezeichnet nur die Erscheinung als quantum continuum und ist von der Erfüllung des Raumes unzertrennlich; weil eben in derselben der Grund der unendlichen Teilbarkeit liegt. Sobald aber etwas als quantum discretum angenommen wird: so ist die Menge der Einheiten darin bestimmt; daher auch jederzeit einer Zahl gleich. Wie weit also die Organisierung in einem gegliederten Körper gehen möge, kann nur die Erfahrung ausmachen, und wenn sie gleich mit Gewißheit zu keinem unorganischen Teile gelangte, so müssen solche doch wenigstens in der möglichen Erfahrung liegen. Aber wie weit sich die transzendentale Teilung einer Erscheinung überhaupt erstrecke, ist gar keine Sache der Erfahrung, sondern ein Prinzipium der Vernunft, den empirischen Regressus, in der Dekomposition des Ausgedehnten, der Natur dieser Erscheinung gemäß, niemals für schlechthin vollendet zu halten.

Schlußanmerkung zur Auflösung der mathematisch-transzendentalen, und Vorerinnerung zur Auflösung der dynamisch-transzendentalen Ideen

Als wir die Antinomie der reinen Vernunft durch alle transzendentalen Ideen in einer Tafel vorstellten, da wir den Grund dieses Widerstreits und das einzige Mittel, ihn zu heben, anzeigten, welches darin bestand, daß beide entgegengesetzte Behauptungen für falsch erklärt wurden: so haben wir allenthalben die Bedingungen, als zu ihrem Bedingten nach Verhältnissen des Raumes und der Zeit gehörig, vorgestellt, welches die gewöhnliche Voraussetzung des gemeinen Menschenverstandes ist, worauf denn auch jener Widerstreit gänzlich beruhte. In dieser Rücksicht waren auch alle dialektischen Vorstellungen der Totalität, in der Reihe der Bedingungen zu einem gegebenen Bedingten, durch und durch von gleicher *Art*. Es war immer eine Reihe, in welcher die Bedingung mit dem Bedingten, als Glieder derselben, verknüpft und dadurch *gleichartig* waren, da denn der Regressus niemals vollendet gedacht, oder, wenn dieses geschehen sollte, ein an sich bedingtes Glied fälschlich als ein erstes, mithin als unbedingt angenommen werden müßte. Es würde also zwar nicht allerwärts das Objekt, d. i. das Bedingte, aber doch die Reihe der Bedingungen zu demselben, bloß ihrer Größe nach erwogen, und da bestand die Schwierigkeit, die durch keinen Vergleich, sondern durch gänzliche Abschneidung des Knotens allein gehoben werden konnte, darin, daß die Vernunft es dem Verstande entweder *zu lang* oder *zu kurz* machte, so, daß dieser ihrer Idee niemals gleich kommen konnte.

Wir haben aber hierbei einen wesentlichen Unterschied übersehen, der unter den Objekten d. i. den Verstandesbegriffen herrscht, welche die Vernunft zu Ideen zu erheben trachtet, da nämlich, nach unserer obigen Tafel der Kategorien, zwei derselben *mathematische*, die zwei übrigen aber eine *dynamische* Synthesis der Erscheinungen bedeuten. Bis hierher konnte dieses auch gar wohl geschehen, indem, so wie wir in der allgemeinen Vorstellung aller transzendentalen Ideen immer nur unter Bedingungen *in der Erscheinung* blieben, eben so auch in den zwei mathematischtranszendentalen keinen anderen *Gegenstand*, als den in der Erscheinung hatten. Jetzt aber, da wir zu *dynamischen* Begriffen des Verstandes, sofern sie der Vernunftidee anpassen sollen, fortgehen, wird jene Unterscheidung wichtig, und eröffnet uns eine ganz neue Aussicht in Ansehung des Streithandels, darin die Vernunft verflochten ist, und welcher, da er vorher, als auf beiderseitige falsche Voraussetzungen gebaut, *abgewiesen* worden, jetzt, da vielleicht in der dynamischen Antinomie eine solche Voraussetzung stattfindet, die mit der Prätension der Vernunft zusammen bestehen kann, aus diesem Gesichtspunkte, und, da der Richter den Mangel der Rechtsgründe, die man beiderseits verkannt hatte, ergänzt, zu beider Teile Genugtuung verglichen werden kann, welches sich bei dem Streite in der mathematischen Antinomie nicht tun ließ.

Die Reihen der Bedingungen sind freilich insofern alle gleichartig, als man lediglich auf die *Erstreckung* derselben sieht: ob sie der Idee angemessen sind, oder ob diese für jene zu groß, oder zu klein seien. Allein der Verstandesbegriff, der diesen Ideen zum Grunde liegt, enthält entweder lediglich eine *Synthesis des Gleichartigen*, (welches bei jeder Größe, in der Zusammensetzung sowohl als Teilung derselben, vorausgesetzt wird,) oder auch des *Ungleichartigen*, welches in der dynamischen Synthesis, der Kausalverbindung sowohl, als der des Notwendigen mit dem Zufälligen, wenigstens zugelassen werden kann.

Daher kommt es, daß in der mathematischen Verknüpfung der Reihen der Erscheinungen keine andere als *sinnliche* Bedingung hineinkommen kann, d. i. eine solche, die selbst ein Teil der Reihe ist; da hingegen die dynamische Reihe sinnlicher Bedingungen doch noch eine ungleichartige Bedingung zuläßt, die nicht ein Teil der Reihe ist, sondern, als *bloß intelligibel*, außer der Reihe liegt, wodurch denn der Vernunft ein Genüge getan und das Unbedingte den Erscheinungen vorgesetzt wird, ohne die Reihe der letzteren, als jederzeit bedingt, dadurch zu verwirren und, den Verstandesgrundsätzen zuwider, abzubrechen.

Dadurch nun, daß die dynamischen Ideen eine Bedingung der Erscheinungen außer der Reihe derselben, d. i. eine solche, die selbst nicht Erscheinung ist, zulassen, geschieht etwas, was von dem Erfolg der Antinomie gänzlich unterschieden ist. Diese nämlich verursachte, daß beide dialektischen Gegenbehauptungen für falsch erklärt werden mußten. Dagegen das Durchgängigbedingte der dynamischen Reihen, welches von ihnen als Erscheinungen unzertrennlich ist, mit der zwar empirischunbedingten, aber auch *nichtsinnlichen* Bedingung verknüpft, dem *Verstande* einerseits und der *Vernunft* andererseitsGenüge leisten, und, indem die dialektischen Argumente, welche unbedingte Totalität in bloßen Erscheinungen auf eine oder andere Art suchten, wegfallen, dagegen die Vernunftsätze, in der auf solche Weise berichtigten Bedeutung, *alle beide wahr* sein können; welches bei den kosmologischen Ideen, die bloß mathematischunbedingte Einheit betreffen, niemals stattfinden kann, weil bei ihnen keine Bedingung der Reihe der Erscheinungen angetroffen wird, als die auch selbst Erscheinung ist und als solche mit ein Glied der Reihe ausmacht.

III.
Auflösung der kosmologischen Ideen von der Totalität der Ableitung der Weltbegebenheiten aus ihren Ursachen

Man kann sich nur zweierlei Kausalität in Ansehung dessen, was geschieht, denken, entweder nach der Natur, oder aus Freiheit. Die erste ist die Verknüpfung eines Zustandes mit einem vorigen in der Sinnenwelt, worauf jener nach einer Regel folgt. Da nun die Kausalität der Erscheinungen auf Zeitbedingungen beruht, und der vorige Zustand, wenn er jederzeit gewesen wäre, auch keine Wirkung, die allererst in der Zeit entspringt, hervorgebracht hätte: so ist die Kausalität der Ursache dessen, was geschieht, oder entsteht, auch *entstanden*, und bedarf nach dem Verstandesgrundsatze selbst wiederum eine Ursache.

Dagegen verstehe ich unter Freiheit, im kosmologischen Verstande, das Vermögen, einen Zustand *von selbst* anzufangen, deren Kausalität also nicht nach dem Naturgesetze wiederum unter einer anderen Ursache steht, welche sie der Zeit nach bestimmte. Die Freiheit ist in dieser Bedeutung eine reine transzendentale Idee, die erstlich nichts von der Erfahrung Entlehntes enthält, zweitens deren Gegenstand auch in keiner Erfahrung bestimmt gegeben werden kann, weil es ein allgemeines Gesetz, selbst der Möglichkeit aller Erfahrung, ist, daß alles, was geschieht, eine Ursache, mithin auch die Kausalität der Ursache, die *selbst geschehen*, oder entstanden, wiederum eine Ursache haben müsse; wodurch denn das ganze Feld der Erfahrung, so weit es sich erstrecken mag, in einen Inbegriff bloßer Natur verwandelt wird. Da aber auf solche Weise keine absolute Totalität der Bedingungen im Kausalverhältnisse herauszubekommen ist, so schafft sich die Vernunft die Idee von einer Spontaneität, die von selbst anheben könne zu handeln, ohne daß eine andere Ursache vorangeschickt werden dürfe, sie wiederum nach dem Gesetze der Kausalverknüpfung zur Handlung zu bestimmen.

Es ist überaus merkwürdig, daß auf diese *transzendentale* Idee der *Freiheit* sich der praktische Begriff derselben gründe, und jene in dieser das eigentliche Moment der Schwierigkeiten ausmache, welche die Frage über ihre Möglichkeit von jeher umgeben haben. Die *Freiheit im praktischen Verstande* ist die Unabhängigkeit der Willkür von der *Nötigung* durch Antriebe der Sinnlichkeit. Denn eine Willkür ist *sinnlich*, sofern sie *pathologisch* (durch Bewegursachen der Sinnlichkeit) *affiziert* ist; sie heißt *tierisch (arbitrium brutum)*, wenn sie *pathologisch necessitiert* werden kann. Die menschliche Willkür ist zwar ein *arbitrium sensitivum*, aber nicht *brutum*, sondern *liberum*, weil Sinnlichkeit ihre Handlung nicht notwendig macht, sondern dem Menschen ein Vermögen beiwohnt, sich, unabhängig von der Nötigung durch sinnliche Antriebe, von selbst zu bestimmen.

Man sieht leicht, daß, wenn alle Kausalität in der Sinnenwelt bloß Natur wäre, so würde jede Begebenheit durch eine andere in der Zeit nach notwendigen Gesetzen bestimmt sein, und mithin, da die Erscheinungen, sofern sie die Willkür bestimmen, jede Handlung als ihren natürlichen Erfolg notwendig machen müßten, so würde die Aufhebung der transzendentalen Freiheit zugleich alle praktische Freiheit vertilgen. Denn diese setzt voraus, daß, obgleich etwas nicht geschehen ist, es doch habe geschehen *sollen*, und seine Ursache in der Erscheinung also nicht so bestimmend war, daß nicht in unserer Willkür eine Kausalität liege, unabhängig von jenen Natursachen und selbst wider ihre Gewalt und Einfluß etwas hervorzubringen, was in der Zeitordnung nach empirischen Gesetzen bestimmt ist, mithin eine Reihe von Begebenheiten *ganz von selbst* anzufangen.

Es geschieht also hier, was überhaupt indem Widerstreit einer sich über die Grenzen möglicher Erfahrung hinauswagenden Vernunft angetroffen wird, daß die Aufgabe eigentlich nicht *physiologisch*, sondern *transzendental* ist. Daher die Frage von der Möglichkeit der Freiheit die Psychologie zwar anficht, aber, da sie auf dialektischen Argumenten der bloß reinen Vernunft beruht, samt ihrer Auflösung lediglich die Transzendentalphilosophie beschäftigen muß. Um nun diese, welche eine befriedigende Antwort hierüber nicht ablehnen kann, dazu in Stand zu setzen, muß ich zuvörderst ihr Verfahren bei dieser Aufgabe durch eine Bemerkung näher zu bestimmen suchen.

Wenn Erscheinungen Dinge an sich selbst wären, mithin Raum und Zeit Formen des Daseins der Dinge an sich selbst: so würden die Bedingungen mit dem Bedingten jederzeit als Glieder zu einer und derselben Reihe gehören, und daraus auch in gegenwärtigem Falle die Antinomie entspringen, die allen transzendentalen Ideen gemein ist, daß diese Reihe unvermeidlich für den Verstand zu groß, oder zu klein ausfallen müßte. Die dynamischen Vernunftbegriffe aber, mit denen wir uns in dieser und der folgenden Nummer beschäftigen, haben dieses besondere: daß, da sie es nicht mit einem Gegenstande, als Größe betrachtet, sondern nur mit seinem *Dasein* zu tun haben, man auch von der Größe der Reihe der Bedingungen abstrahieren kann, und es bei ihnen bloß auf das dynamische Verhältnis der Bedingung zum Bedingten ankommt, so, daß wir in der Frage über Natur und Freiheit schon die Schwierigkeit antreffen, ob Freiheit überall nur möglich sei, und ob, wenn sie es ist, sie mit der Allgemeinheit des Naturgesetzes der Kausalität zusammen bestehen könne; mithin ob es ein richtigdisjunktiver Satz sei, daß eine jede Wirkung in der Welt *entweder* aus Natur, *oder* aus Freiheit entspringen müsse, oder ob nicht vielmehr *beides* in verschiedener Beziehung bei einer und derselben Begebenheit zugleich stattfinden könne. Die Richtigkeit jenes Grundsatzes, von dem durchgängigen Zusammenhange aller Begebenheiten der Sinnenwelt, nach unwandelbaren Naturgesetzen, steht schon als ein Grundsatz der transzendentalen Analytik fest und leidet keinen Abbruch. Es ist also nur die Frage: ob demungeachtet in Ansehung eben derselben Wirkung, die nach der Natur bestimmt ist, auch Freiheit stattfinden könne, oder diese durch jene unverletzliche Regel völlig ausgeschlossen sei. Und hier zeigt die zwar gemeine, aber betrügliche Voraussetzung der *absoluten Realität* der Erscheinungen, sogleich ihren nachteiligen Einfluß, die Vernunft zu verwirren. Denn, sind Erscheinungen Dinge an sich selbst, so ist Freiheit nicht zu retten. Alsdann ist Natur die vollständige und an sich hinreichend bestimmende Ursache jeder Begebenheit, und die Bedingung derselben ist jederzeit nur in der Reihe der Erscheinungen enthalten, die, samt ihrer Wirkung, unter jedem Naturgesetze notwendig sind. Wenn dagegen Erscheinungen für nichts mehr gelten, als sie in der Tat sind, nämlich nicht für Dinge an sich, sondern bloße Vorstellungen, die nach empirischen Gesetzen zusammenhängen, so müssen sie selbst noch Gründe haben, die nicht Erscheinungen sind. Eine solche intelligible Ursache aber wird in Ansehung ihrer Kausalität nicht durch Erscheinungen bestimmt, obzwar ihre Wirkungen erscheinen, und so durch andere Erscheinungen bestimmt werden können. Sie ist also samt ihrer Kausalität außer der Reihe; dagegen ihre Wirkungen in der Reihe der empirischen Bedingungen angetroffen werden. Die Wirkung kann also in Ansehung ihrer intelligiblen Ursache als frei, und doch zugleich in Ansehung der Erscheinungen als Erfolg aus denselben nach der Notwendigkeit der Natur, angesehen werden; eine Unterscheidung, die, wenn sie im Allgemeinen und ganz abstrakt vorgetragen wird, äußerst subtil und dunkel erscheinen muß, die sich aber in der Anwendung aufklären wird. Hier habe ich nur die Anmerkung machen wollen: daß, da der durchgängige Zusammenhang aller Erscheinungen, in einem Kontext der Natur, ein unnachlaßliches Gesetz ist, dieses alle Freiheit notwendig umstürzen müßte, wenn man der Realität der Erscheinungen hartnäckig anhängen wollte. Daher auch diejenigen, welche hierin der gemeinen Meinung folgen, niemals dahin haben gelangen können, Natur und Freiheit miteinander zu vereinigen.

Möglichkeit der Kausalität durch Freiheit, in Vereinigung mit dem allgemeinen Gesetze der Naturnotwendigkeit

Ich nenne dasjenige an einem Gegenstande der Sinne, was selbst nicht Erscheinung ist, *intelligibel*. Wenn demnach dasjenige, was in der Sinnenwelt als Erscheinung angesehen werden muß, an sich selbst auch ein Vermögen hat, welches kein Gegenstand der sinnlichen Anschauung ist, wodurch es aber doch die Ursache von Erscheinungen sein kann: so kann man die *Kausalität* dieses Wesens auf zwei Seiten betrachten, als *intelligibel* nach ihrer *Handlung*, als eines Dinges an sich selbst, und als *sensibel*, nach den *Wirkungen* derselben, als einer Erscheinung in der Sinnenwelt. Wir würden uns demnach von dem Vermögen eines solchen Subjekts einen empirischen, imgleichen auch einen intellektuellen Begriff seiner Kausalität machen, welche bei einer und derselben Wirkung zusammen stattfinden. Eine solche doppelte Seite, das Vermögen eines Gegenstandes der Sinne sich zu denken, widerspricht keinem von den Begriffen, die wir uns von Erscheinungen und von einer möglichen Erfahrung zu machen haben. Denn, da diesen, weil sie an sich keine Dinge sind, ein transzendentaler Gegenstand zum Grunde liegen muß, der sie als bloße Vorstellungen bestimmt, so hindert nichts, daß wir diesem transzendentalen Gegenstande, außer der Eigenschaft, dadurch er erscheint, nicht auch eine *Kausalität* beilegen sollten, die nicht Erscheinung ist, obgleich ihre *Wirkung* dennoch in der Erscheinung angetroffen wird. Es muß aber eine jede wirkende Ursache einen Charakter haben, d. i. ein Gesetz ihrer Kausalität, ohne welches sie gar nicht Ursache sein würde. Und da würden wir an einem Subjekte der Sinnenwelt erstlich einen *empirischen Charakter* haben, wodurch seine Handlungen, als Erscheinungen, durch und durch mit anderen Erscheinungen nach beständigen Naturgesetzen im Zusammenhange ständen, und von ihnen, als ihren Bedingungen, abgeleitet werden könnten, und also, mit diesen in Verbindung, Glieder einer einzigen Reihe der Naturordnung ausmachten. Zweitens würde man ihm noch einen *intelligiblen*

Charakter einräumen müssen, dadurch es zwar die Ursache jener Handlungen als Erscheinungen ist, der aber selbst unter keinen Bedingungen der Sinnlichkeit steht, und selbst nicht Erscheinung ist. Man könnte auch den ersteren den Charakter eines solchen Dinges in der Erscheinung, den zweiten den Charakter des Dinges an sich selbst nennen.

Dieses handelnde Subjekt würde nun, nach seinem intelligiblen Charakter, unter keinen Zeitbedingungen stehen, denn die Zeit ist nur die Bedingung der Erscheinungen, nicht aber der Dinge an sich selbst. In ihm würde keine *Handlung entstehen*, oder *vergehen*, mithin würde es auch nicht dem Gesetze aller Zeitbestimmung, alles Veränderlichen, unterworfen sein: daß alles, was geschieht, *in den Erscheinungen* (des vorigen Zustandes) seine Ursache antreffe. Mit einem Worte, die Kausalität desselben, sofern sie intellektuell ist, stände gar nicht in der Reihe empirischer Bedingungen, welche die Begebenheit in der Sinnenwelt notwendig machen. Dieser intelligible Charakter könnte zwar niemals unmittelbar gekannt werden, weil wir nichts wahrnehmen können, als sofern es erscheint, aber er würde doch den empirischen Charakter gemäß *gedacht* werden müssen, so wie wir überhaupt einen transzendentalen Gegenstand den Erscheinungen in Gedanken zum Grunde legen müssen, ob wir zwar von ihm, was er an sich selbst sei, nichts wissen.

Nach seinem empirischen Charakter würde also dieses Subjekt, als Erscheinung, allen Gesetzen der Bestimmung nach, der Kausalverbindung unterworfen sein und es wäre sofern nichts, als ein Teil der Sinnenwelt, dessen Wirkungen, so wie jede andere Erscheinung, aus der Natur unausbleiblich abflossen. So wie äußere Erscheinungen in dasselbe einflössen, wie sein empirischer Charakter, d. i. das Gesetz seiner Kausalität, durch Erfahrung erkannt wäre, müßten sich alle seine Handlungen nach Naturgesetzen erklären lassen, und alle Requisite zu einer vollkommenen und notwendigen Bestimmung derselben müßten in einer möglichen Erfahrung angetroffen werden.

Nach dem intelligiblen Charakter desselben aber (ob wir zwar davon nichts als bloß den allgemeinen Begriff desselben haben können) würde dasselbe Subjekt dennoch von allem Einflusse der Sinnlichkeit und Bestimmung durch Erscheinungen freigesprochen werden müssen, und, da in ihm, sofern es *Noumenon* ist, nichts *geschieht*, keine Veränderung, welche dynamische Zeitbestimmung erheischt, mithin keine Verknüpfung mit Erscheinungen als Ursachen angetroffen wird, so würde dieses tätige Wesen, so fern in seinen Handlungen von aller Naturnotwendigkeit, als die lediglich in der Sinnenwelt angetroffen wird, unabhängig und frei sein. Man würde von ihm ganz richtig sagen, daß es seine Wirkungen in der Sinnenwelt *von selbst* anfange, ohne daß die Handlung *in ihm* selbst anfängt; und dieses würde gültig sein, ohne daß die Wirkungen in der Sinnenwelt darum von selbst anfangen dürfen, weil sie in derselben jederzeit durch empirische Bedingungen in der vorigen Zeit, aber doch nur vermittelst des empirischen Charakters (der bloß die Erscheinung des intelligiblen ist), vorher bestimmt, und nur als eine Fortsetzung der Reihe der Naturursachen möglich sind. So würde denn Freiheit und

Natur, jedes in seiner vollständigen Bedeutung, bei eben denselben Handlungen, nachdem man sie mit ihrer intelligiblen oder sensiblen Ursache vergleicht, zugleich und ohne allen Widerstreit angetroffen werden.

Erläuterung der kosmologischen Idee einer Freiheit in Verbindung mit der allgemeinen Naturnotwendigkeit

Ich habe gut gefunden, zuerst den Schattenriß der Auflösung unseres transzendentalen Problems zu entwerfen, damit man den Gang der Vernunft in Auflösung desselben dadurch besser übersehen möge. Jetzt wollen wir die Momente ihrer Entscheidung, auf die es eigentlich ankommt, auseinander setzen, und jedes besonders in Erwägung ziehen.

Das Naturgesetz, daß alles, was geschieht, eine Ursache habe, daß die Kausalität dieser Ursache, d. i. die *Handlung*, da sie in der Zeit vorhergeht und in Betracht einer Wirkung, die da *entstanden*, selbst nicht immer gewesen sein kann, sondern *geschehen* sein muß, auch ihre Ursache unter den Erscheinungen habe, dadurch sie bestimmt wird, und daß folglich alle Begebenheiten in einer Naturordnung empirisch bestimmt sind; dieses Gesetz, durch welches Erscheinungen allererst eine *Natur* ausmachen und Gegenstände einer Erfahrung abgeben können, ist ein Verstandesgesetz, von welchem es unter keinem Vorwande erlaubt ist abzugehen, oder irgend eine Erscheinung davon auszunehmen; weil man sie sonst außerhalb aller möglichen Erfahrung setzen, dadurch aber von allen Gegenständen möglicher Erfahrung unterscheiden und sie zum bloßen Gedankendinge und einem Hirngespinst machen würde.

Ob es aber gleich hierbei lediglich nach einer Kette von Ursachen aussieht, die im Regressus zu ihren Bedingungen gar keine *absolute Totalität* verstattet, so hält uns diese Bedenklichkeit doch gar nicht auf; denn sie ist schon in der allgemeinen Beurteilung der Antinomie der Vernunft, wenn sie in der Reihe der Erscheinungen aufs Unbedingte ausgeht, gehoben worden. Wenn wir der Täuschung des transzendentalen Realismus nachgeben wollen: so bleibt weder Natur, noch Freiheit übrig. Hier ist nur die Frage: ob, wenn man in der ganzen Reihe aller Begebenheiten lauter Naturnotwendigkeit anerkennt, es doch möglich sei, eben dieselbe, die einerseits bloße Naturwirkung ist, doch andererseits als Wirkung aus Freiheit anzusehen, oder ob zwischen diesen zwei Arten von Kausalität ein gerader Widerspruch angetroffen werde.

Unter den Ursachen in der Erscheinung kann sicherlich nichts sein, welches eine Reihe schlechthin und von selbst anfangen könnte. Jede Handlung, als Erscheinung, sofern sie eine Begebenheit hervorbringt, ist selbst Begebenheit, oder Ereignis, welche einen anderen Zustand voraussetzt, darin die Ursache angetroffen werde, und so ist alles, was geschieht, nur eine Fortsetzung der Reihe, und kein Anfang, der sich von selbst zutrüge, in derselben möglich. Also sind alle Handlungen der Natururursachen in der Zeitfolge selbst wiederum Wirkungen, die ihre Ursachen ebensowohl in der Zeitreihe voraussetzen. Eine *ursprüngliche* Handlung, wodurch etwas geschieht, was vorher nicht war, ist von der Kausalverknüpfung der Erscheinungen nicht zu erwarten.

Ist es denn aber auch notwendig, daß, wenn die Wirkungen Erscheinungen sind, die Kausalität ihrer Ursache, die (nämlich Ursache) selbst auch Erscheinung ist, lediglich empirisch sein müsse? und ist es nicht vielmehr möglich, daß, obgleich zu jeder Wirkung in der Erscheinung eine Verknüpfung mit ihrer Ursache, nach Gesetzen der empirischen Kausalität, allerdings erfordert wird, dennoch diese empirische Kausalität selbst, ohne ihren Zusammenhang mit den Naturursachen im mindestens zu unterbrechen, doch eine Wirkung einer nichtempirischen, sondern intelligiblen Kausalität sein könne? d. i. einer, in Ansehung der Erscheinungen, ursprünglichen Handlung einer Ursache, die also insofern nicht Erscheinung, sondern diesem Vermögen nach intelligibel ist, ob sie gleich übrigens gänzlich, als ein Glied der Naturkette, mit zu der Sinnenwelt gezählt werden muß.

Wir bedürfen des Satzes der Kausalität der Erscheinungen untereinander, um von Naturbegebenheiten Naturbedingungen, d. i. Ursachen in der Erscheinung, zu suchen und angeben zu können. Wenn dieses eingeräumt und durch keine Ausnahme geschwächt wird, so hat der Verstand, der bei seinem empirischen Gebrauche in allen Ereignissen nichts als Natur sieht, und dazu auch berechtigt ist, alles, was er fordern kann, und die physischen Erklärungen gehen ihren ungehinderten Gang fort. Nun tut ihm das nicht den mindesten Abbruch, gesetzt daß es übrigens auch bloß erdichtet sein sollte, wenn man annimmt, daß unter den Naturursachen es auch welche gebe, die ein Vermögen haben, welches nur intelligibel ist, indem die Bestimmung desselben zur Handlung niemals auf empirischen Bedingungen, sondern auf bloßen Gründen des Verstandes beruht, so doch, daß die *Handlung in der Erscheinung* von dieser Ursache allen Gesetzen der empirischen Kausalität gemäß sei. Denn auf diese Art würde das handelnde Subjekt, als causa phaenomenon, mit der Natur in unzertrennter Abhängigkeit aller ihrer Handlungen verkettet sein, und nur das phaenomenon, dieses Subjekts (mit aller Kausalität desselben in der Erscheinung) würde gewisse Bedingungen enthalten, die, wenn man von dem empirischen Gegenstande zu dem transzendentalen aufsteigen will, als bloß intelligibel müßten angesehen werden. Denn wenn wir nur in dem, was unter den Erscheinungen die Ursache sein mag, der Naturregel folgen: so können wir darüber unbekümmert sein, was in dem transzendentalen Subjekt, welches uns empirisch unbekannt ist, für ein Grund von diesen Erscheinungen und deren Zusammenhange gedacht werde. Dieser intelligible Grund ficht gar nicht die empirischen Fragen an, sondern betrifft etwa bloß das Denken im reinen Verstande und, obgleich die Wirkungen dieses Denkens und Handelns des reinen Verstandes in den Erscheinungen angetroffen werden, so müssen diese doch nichts desto minder aus ihrer Ursache in der Erscheinung nach Naturgesetzen vollkommen erklärt werden können, indem man den bloß empirischen Charakter derselben, als den obersten

Erklärungsgrund, befolgt, und den intelligiblen Charakter, der die transzendentale Ursache von jenem ist, gänzlich als unbekannt vorbeigeht, außer sofern er nur durch den empirischen als das sinnliche Zeichen desselben angegeben wird. Laßt uns dieses auf Erfahrung anwenden. Der Mensch ist eine von den Erscheinungen der Sinnenwelt, und insofern auch eine der Naturursachen, deren Kausalität unter empirischen Gesetzen stehen muß. Als eine solche muß er demnach auch einen empirischen Charakter haben, so wie alle anderen Naturdinge. Wir bemerken denselben durch Kräfte und Vermögen, die es in seinen Wirkungen äußert. Bei der leblosen, oder bloß tierischbelebten Natur, finden wir keinen Grund, irgendein Vermögen uns anders als bloß sinnlich bedingt zu denken. Allein der Mensch, der die ganze Natur sonst lediglich nur durch Sinne kennt, erkennt sich selbst auch durch bloße Apperzeption, und zwar in Handlungen und inneren Bestimmungen, die er gar nicht zum Eindrucke der Sinne zählen kann, und ist sich selbst freilich einesteils Phänomen, anderenteils aber, nämlich in Ansehung gewisser Vermögen, ein bloß intelligibler Gegenstand, weil die Handlung desselben gar nicht zur Rezeptivität der Sinnlichkeit gezählt werden kann. Wir nennen diese Vermögen Verstand und Vernunft, vornehmlich wird die letztere ganz eigentlich und vorzüglicherweise von allen empirischbedingten Kräften unterschieden, da sie ihre Gegenstände bloß nach Ideen erwägt und den Verstand darnach bestimmt, der dann von seinen (zwar auch reinen) Begriffen einen empirischen Gebrauch macht.

Daß diese Vernunft nun Kausalität habe, wenigstens wir uns eine dergleichen an ihr vorstellen, ist aus den *Imperativen* klar, welche wir in allem Praktischen den ausübenden Kräften als Regeln aufgeben. Das *Sollen* drückt eine Art von Notwendigkeit und Verknüpfung mit Gründen aus, die in der ganzen Natur sonst nicht vorkommt. Der Verstand kann von dieser nur erkennen, *was da ist*, oder gewesen ist, oder sein wird. Es ist unmöglich, daß etwas darin anders *sein soll*, als es in allen diesen Zeitverhältnissen in der Tat ist, ja das Sollen, wenn man bloß den Lauf der Natur vor Augen hat, hat ganz und gar keine Bedeutung. Wir können gar nicht fragen: was in der Natur geschehen soll; ebensowenig, als: was für Eigenschaften ein Zirkel haben soll, sondern, was darin geschieht, oder welche Eigenschaften der letztere hat.

Dieses Sollen nun drückt eine mögliche Handlung aus, davon der Grund nichts anderes, als ein bloßer Begriff ist; da hingegen von einer bloßen Naturhandlung der Grund jederzeit eine Erscheinung sein muß. Nun muß die Handlung allerdings unter Naturbedingungen möglich sein, wenn auf sie das Sollen gerichtet ist; aber diese Naturbedingungen betreffen nicht die Bestimmung der Willkür selbst, sondern nur die Wirkung und den Erfolg derselben in der Erscheinung. Es mögen noch so viel Naturgründe sein, die mich zum *Wollen* antreiben, noch so viel sinnliche Anreize, so können sie nicht das *Sollen* hervorbringen, sondern nur ein noch lange nicht notwendiges, sondern jederzeit bedingtes Wollen, dem dagegen das Sollen, das die Vernunft ausspricht, Maß und Ziel, ja Verbot und Ansehen entgegen setzt. Es mag ein Gegenstand der bloßen Sinnlichkeit (das Angenehme) oder auch der reinen Vernunft (das Gute) sein: so gibt die Vernunft nicht demjenigen Grunde, der empirisch gegeben ist, nach, und folgt nicht der Ordnung der Dinge, so wie sie sich in der Erscheinung darstellen, sondern macht sich mit völliger Spontaneität eine eigene Ordnung nach Ideen, in die sie die empirischen Bedingungen hinein paßt, und nach denen sie sogar Handlungen für notwendig erklärt, die doch *nicht geschehen sind* und vielleicht nicht geschehen werden, von allen aber gleichwohl voraussetzt, daß die Vernunft in Beziehung auf sie Kausalität haben könne; denn, ohne das, würde sie nicht von ihren Ideen Wirkungen in der Erfahrung erwarten.

Nun laßt uns hierbei stehenbleiben und es wenigstens als möglich annehmen: die Vernunft habe wirklich Kausalität in Ansehung der Erscheinungen: so muß sie, so sehr sie auch Vernunft ist, dennoch einen empirischen Charakter von sich zeigen, weil jede Ursache eine Regel voraussetzt, darnach gewisse Erscheinungen als Wirkungen folgen, und jede Regel eine Gleichförmigkeit der Wirkungen erfordert, die den Begriff der Ursache (als eines Vermögens) gründet, welchen wir, sofern er aus bloßen Erscheinungen erhellen muß, seinen empirischen Charakter heißen können, der beständig ist, indessen die Wirkungen, nach Verschiedenheit der begleitenden und zum Teil einschränkenden Bedingungen, in veränderlichen Gestalten erscheinen.

So hat denn jeder Mensch einen empirischen Charakter seiner Willkür, welcher nichts anderes ist, als eine gewisse Kausalität seiner Vernunft, sofern diese an ihren Wirkungen in der Erscheinung eine Regel zeigt, darnach man die Vernunftgründe und die Handlungen derselben nach ihrer Art und ihren Graden abnehmen, und die subjektiven Prinzipien seiner Willkür beurteilen kann. Weil dieser empirische Charakter selbst aus den Erscheinungen als Wirkung und aus der Regel derselben, welche Erfahrung an die Hand gibt, gezogen werden muß: so sind alle Handlungen des Menschen in der Erscheinung aus seinem empirischen Charakter und den mitwirkenden anderen Ursachen nach der Ordnung der Natur bestimmt, und wenn wir alle Erscheinungen seiner Willkür bis auf den Grund erforschen könnten, so würde es keine einzige menschliche Handlung geben, die wir nicht mit Gewißheit vorhersagen und aus ihren vorhergehenden Bedingungen als notwendig erkennen könnten. In Ansehung dieses empirischen Charakters gibt es also keine Freiheit, und nach diesem können wir doch allein den Menschen betrachten, wenn wir lediglich beobachten, und, wie es in der Anthropologie geschieht, von seinen Handlungen die bewegenden Ursachen physiologisch erforschen wollen.

Wenn wir aber eben dieselben Handlungen in Beziehung auf die Vernunft erwägen, und zwar nicht die spekulative, um jene ihrem Ursprunge nach zu *erklären*, sondern ganz allein, sofern Vernunft die Ursache ist, sie selbst zu *erzeugen*; mit einem Worte, vergleichen wir sie mit dieser in *praktischer* Absicht, so finden wir eine ganz andere Regel und Ordnung, als die Naturordnung ist. Denn da *sollte* vielleicht alles das *nicht geschehen sein*, was doch nach dem Naturlaufe *geschehen ist*, und nach seinen empirischen Gründen unausbleiblich geschehen mußte. Bisweilen aber finden wir, oder glauben wenigstens zu finden, daß die Ideen der Vernunft wirklich Kausalität in Ansehung der Handlungen des Menschen, als Erscheinungen, bewiesen haben, und daß sie darum geschehen sind, nicht weil sie durch empirische Ursachen, nein, sondern weil sie durch Gründe der Vernunft bestimmt waren.

Gesetzt nun, man könnte sagen: die Vernunft habe Kausalität in Ansehung der Erscheinung; könnte da wohl die Handlung derselben frei heißen, da sie im empirischen Charakter derselben (der Sinnesart) ganz genau bestimmt und notwendig ist? Dieser ist wiederum im intelligiblen Charakter (der Denkungsart) bestimmt. Die letztere kennen wir aber nicht, sondern bezeichnen sie durch Erscheinungen, welche eigentlich nur die Sinnesart (empirischen Charakter) unmittelbar zu erkennen geben. Die Handlung nun, sofern sie der Denkungsart, als ihrer Ursache, beizumessen ist, *erfolgt* dennoch daraus gar nicht nach empirischen Gesetzen, d. i. so, daß die Bedingungen der reinen Vernunft, sondern nur so, daß deren Wirkungen in der Erscheinung des inneren Sinnes *vorhergehen*. Die reine Vernunft, als ein bloß intelligibles Vermögen, ist der Zeitform, und mithin auch den Bedingungen der Zeitfolge, nicht unterworfen. Die Kausalität der Vernunft im intelligiblen Charakter *entsteht nicht*, oder hebt nicht etwa zu einer gewissen Zeit an, um eine Wirkung hervorzubringen. Denn sonst würde sie selbst dem Naturgesetz der Erscheinungen, sofern es Kausalreihen der Zeit nach bestimmt, unterworfen sein, und die Kausalität wäre alsdann Natur, und nicht Freiheit. Also werden wir sagen können: wenn Vernunft Kausalität in Ansehung der Erscheinungen haben kann; so ist sie ein Vermögen, *durch* welches die sinnliche Bedingung einer empirischen Reihe von Wirkungen zuerst anfängt. Denn die Bedingung, die in der Vernunft liegt, ist nicht sinnlich, und fängt also selbst nicht an. Demnach findet alsdann dasjenige statt, was wir in allen empirischen Reihen vermißten: daß die *Bedingung* einer sukzessiven Reihe von Begebenheiten selbst empirischunbedingt sein konnte. Denn hier ist die Bedingung *außer* der Reihe der Erscheinungen (im Intelligiblen) und mithin keiner sinnlichen Bedingung und keiner Zeitbestimmung durch vorbeigehende Ursache unterworfen.

Gleichwohl gehört doch eben dieselbe Ursache in einer anderen Beziehung auch zur Reihe der Erscheinungen. Der Mensch ist selbst Erscheinung. Seine Willkür hat einen empirischen Charakter, der die (empirische) Ursache aller seiner Handlungen ist. Es ist keine der Bedingungen, die den Menschen diesem Charakter gemäß bestimmen, welche nicht in der Reihe der Naturwirkungen enthalten wäre und dem Gesetze derselben gehorchte, nach welchem gar keine empirischunbedingte Kausalität von dem, was in der Zeit geschieht, angetroffen wird. Daher kann keine gegebene Handlung (weil sie nur als Erscheinung wahrgenommen werden kann) schlechthin von selbst anfangen. Aber von der Vernunft kann man nicht sagen, daß vor demjenigen Zustande, darin sie die Willkür bestimmt, ein anderer vorhergehe, darin dieser Zustand selbst bestimmt wird. Denn da Vernunft selbst keine Erscheinung und gar keinen Bedingungen der Sinnlichkeit unterworfen ist, so findet in ihr, selbst in Betreff ihrer Kausalität, keine Zeitfolge statt, und auf sie kann also das dynamische Gesetz der Natur, was die Zeitfolge nach Regeln bestimmt, nicht angewandt werden.

Die Vernunft ist also die beharrliche Bedingung aller willkürlichen Handlungen, unter denen der Mensch erscheint. Jede derselben ist im empirischen Charakter des Menschen vorher bestimmt, ehe noch als sie geschieht. In Ansehung des intelligiblen Charakters, wovon jener nur das sinnliche Schema ist, gilt kein *Vorher*, oder *Nachher*, und jede Handlung, unangesehen des Zeitverhältnisses, darin sie mit anderen Erscheinungen steht, ist die unmittelbare Wirkung des intelligiblen Charakters der reinen Vernunft, welche mithin frei handelt, ohne in der Kette der Naturursachen, durch äußere oder innere, aber der Zeit nach vorhergehende Gründe, dynamisch bestimmt zu sein, und diese ihre Freiheit kann man nicht allein negativ als Unabhängigkeit von empirischen Bedingungen ansehen, (denn dadurch würde das Vernunftvermögen aufhören, eine Ursache der Erscheinungen zu sein,) sondern auch positiv durch ein Vermögen bezeichnen, eine Reihe von Begebenheiten von selbst anzufangen, so, daß in ihr selbst nichts anfängt, sondern sie, als unbedingte Bedingung jeder willkürlichen Handlung, über sich keine der Zeit nach vorhergehende Bedingungen verstattet, indessen daß doch ihre Wirkung in der Reihe der Erscheinungen anfängt, aber darin niemals einen schlechthin ersten Anfang ausmachen kann.

Um das regulative Prinzip der Vernunft durch ein Beispiel aus dem empirischen Gebrauche desselben zu erläutern, nicht um es zu bestätigen (denn dergleichen Beweise sind zu transzendentalen Behauptungen untauglich), so nehme man eine willkürliche Handlung, z. E. eine boshafte Lüge, durch die ein Mensch eine gewisse Verwirrung in die Gesellschaft gebracht hat, und die man zuerst ihren Bewegursachen nach, woraus sie entstanden, untersucht, und darauf beurteilt, wie sie samt ihren Folgen ihm zugerechnet werden könne. In der ersten Absicht geht man seinen empirischen Charakter bis zu den Quellen desselben durch, die man in der schlechten Erziehung, übler Gesellschaft, zum Teil auch in der Bösartigkeit eines für Beschämung unempfindlichen Naturells, aufsucht, zum Teil auf den Leichtsinn und Unbesonnenheit schiebt; wobei man denn die veranlassenden Gelegenheitsursachen nicht aus der Acht läßt. In allem diesem verfährt man, wie überhaupt in Untersuchung der Reihe bestimmender Ursachen zu einer gegebenen Naturwirkung. Ob man nun gleich die Handlung dadurch bestimmt zu sein glaubt: so tadelt man nichtsdestoweniger den Täter, und zwar nicht wegen seines unglücklichen Naturells, nicht wegen der auf ihn einfließenden Umstände, ja sogar nicht wegen seines vorher geführten Lebenswandels, denn man setzt voraus, man könne es gänzlich beiseite setzen, wie dieser beschaffen gewesen, und die verflossene Reihe von Bedingungen als ungeschehen, diese Tat aber als gänzlich unbedingt in Ansehung des vorigen Zustandes ansehen, als ob der Täter damit eine Reihe von Folgen ganz von selbst anhebe. Dieser Tadel gründet sich auf ein Gesetz der Vernunft, wobei man diese als eine Ursache ansieht, welche das Verhalten des Menschen, unangesehen aller genannten empirischen Bedingungen, anders habe bestimmen können und sollen. Und zwar sieht man die Kausalität der Vernunft nicht etwa bloß wie Konkurrenz, sondern an sich selbst als vollständig an, wenngleich die sinnlichen Triebfedern gar nicht dafür, sondern wohl gar dawider wären; die Handlung wird seinem intelligiblen Charakter beigemessen, er hat jetzt, in dem Augenblicke, da er lügt, gänzlich Schuld; mithin war die Vernunft, unerachtet aller empirischen Bedingungen der Tat, völlig frei, und ihrer Unterlassung ist diese gänzlich beizumessen.

Man sieht diesem zurechnenden Urteil es leicht an, daß man dabei in Gedanken habe, die Vernunft werde durch alle jene Sinnlichkeit gar nicht affiziert, sie verändere sich nicht (wenngleich ihre Erscheinungen, nämlich die Art, wie sie sich in ihren Wirkungen zeigt, verändern,) in ihr gehe kein Zustand vorher, der den folgenden bestimme, mithin gehöre sie gar nicht in die Reihe der sinnlichen Bedingungen, welche die Erscheinungen nach Naturgesetzen notwendig machen. Sie, die Vernunft, ist allen Handlungen des Menschen in allen Zeitumständen gegenwärtig und einerlei, selbst aber ist sie nicht in der Zeit, und gerät etwa in einen neuen Zustand, darin sie vorher nicht war; sie ist *bestimmend*, aber *nicht bestimmbar* in Ansehung desselben. Daher kann man nicht fragen: warum hat *sich* nicht die Vernunft anders bestimmt? sondern nur: warum hat sie die *Erscheinungen* durch ihre Kausalität nicht anders bestimmt? Darauf aber ist keine Antwort möglich. Denn ein anderer intelligibler Charakter würde einen anderen empirischen gegeben haben, und wenn wir sagen, daß unerachtet seines ganzen, bis dahin geführten, Lebenswandels, der Täter die Lüge doch hätte unterlassen können, so bedeutet dieses nur, daß sie unmittelbar unter der Macht der Vernunft stehe, und die Vernunft in ihrer Kausalität keinen Bedingungen der Erscheinung und des Zeitlaufs unterworfen ist, der Unterschied der Zeit auch, zwar einen Hauptunterschied der Erscheinungen respektive gegeneinander, da diese aber keine Sachen, mithin auch nicht Ursachen an sich selbst sind, keinen Unterschied der Handlung in Beziehung auf die Vernunft machen könne.

Wir können also mit der Beurteilung freier Handlungen, in Ansehung ihrer Kausalität, nur bis an die intelligible Ursache, aber nicht *über dieselbe* hinaus kommen; wir können erkennen, daß sie frei, d. i. von der Sinnlichkeit unabhängig bestimmt, und, auf solche Art, die sinnlichunbedingte Bedingung der Erscheinungen sein könne. Warum aber der intelligible Charakter gerade diese Erscheinungen und diesen empirischen Charakter unter vorliegenden Umständen gebe, das überschreitet so weit alles Vermögen unserer Vernunft es zu beantworten, ja alle Befugnis derselben nur zu fragen, als ob man früge: woher der transzendentale Gegenstand unserer äußeren sinnlichen Anschauung gerade nur Anschauung *im Raume* und nicht irgendeine andere gebe. Allein die Aufgabe, die wir aufzulösen hatten, verbindet uns hierzu gar nicht, denn sie war nur diese: ob Freiheit der Naturnotwendigkeit in einer und derselben Handlung widerstreite, und dieses haben wir hinreichend beantwortet, da wir zeigten, daß, da bei jener eine Beziehung auf eine ganz andere Art von Bedingungen möglich ist, als bei dieser, das Gesetz der letzteren die erstere nicht affiziere, mithin beide voneinander unabhängig und durcheinander ungestört stattfinden können.

* *
*

Man muß wohl bemerken: daß wir hierdurch nicht die *Wirklichkeit* der Freiheit, als eines der Vermögen, welche die Ursache von den Erscheinungen unserer Sinnenwelt enthalten, haben dartun wollen Denn, außer daß dieses gar keine transzendentale Betrachtung, die bloß mit Begriffen zu tun hat, gewesen sein würde, so könnte es auch nicht gelingen, indem wir aus der Erfahrung niemals auf etwas, was gar nicht nach Erfahrungsgesetzen gedacht werden muß, schließen können. Ferner haben wir auch gar nicht einmal die *Möglichkeit* der Freiheit beweisen wollen; denn dieses wäre auch nicht gelungen, weil wir überhaupt von keinem Realgrunde und keiner Kausalität, aus bloßen Begriffen a priori, die Möglichkeit erkennen können. Die Freiheit wird hier nur als transzendentale Idee behandelt, wodurch die Vernunft die Reihe der Bedingungen in der Erscheinung durch das Sinnlichunbedingte schlechthin anzuheben denkt, dabei sich aber in eine Antinomie mit ihren eigenen Gesetzen, welche sie dem empirischen Gebrauche des Verstandes vorschreibt, verwickelt. Daß nun diese Antinomie auf einem bloßen Scheine beruhe, und, daß Natur der Kausalität aus Freiheit wenigstens *nicht widerstreite*, das war das einzige, was wir leisten konnten, und woran es uns auch einzig und allein gelegen war.

IV.
Auflösung der kosmologischen Idee von der Totalität der Abhängigkeit der Erscheinungen, ihrem Dasein nach überhaupt

In der vorigen Nummer betrachteten wir die Veränderungen der Sinnenwelt in ihrer dynamischen Reihe, da eine jede unter einer anderen, als ihrer Ursache, steht. Jetzt dient uns diese Reihe der Zustände nur zur Leitung, um zu einem Dasein zu gelangen, das die höchste Bedingung alles Veränderlichen sein könne, nämlich dem *notwendigen Wesen*. Es ist hier nicht um die unbedingte Kausalität, sondern die unbedingte Existenz der Substanz selbst zu tun. Also ist die Reihe, welche wir vor uns haben, eigentlich nur die von Begriffen, und nicht von Anschauungen, insofern die eine die Bedingung der anderen ist.

Man sieht aber leicht: daß, da alles in dem Inbegriffe der Erscheinungen veränderlich, mithin im Dasein bedingt ist, es überall in der Reihe des abhängigen Daseins kein unbedingtes Glied geben könne, dessen Existenz schlechthin notwendig wäre, und daß also, wenn Erscheinungen Dinge an sich selbst wären, eben darum aber ihre Bedingung mit dem Bedingten jederzeit zu einer und derselben Reihe der Anschauungen gehörte, ein notwendiges Wesen, als Bedingung des Daseins der Erscheinungen der Sinnenwelt, niemals stattfinden könnte.

Es hat aber der dynamische Regressus dieses Eigentümliche und Unterscheidende von dem mathematischen an sich: daß, da dieser es eigentlich nur mit der Zusammensetzung der Teile zu einem Ganzen, oder der Zerfällung eines Ganzen in seine Teile, zu tun hat, die Bedingungen dieser Reihe immer als Teile derselben, mithin als gleichartig, folglich als Erscheinungen angesehen werden müssen, anstatt daß in jenem Regressus, da es nicht um die Möglichkeit eines unbedingten Ganzen aus gegebenen Teilen, oder eines unbedingten Teils zu einem gegebenen Ganzen, sondern um die Ableitung eines Zustandes von seiner Ursache, oder des zufälligen Daseins der Substanz selbst von der notwendigen zu tun ist, die Bedingung nicht eben notwendig mit dem Bedingten eine empirische Reihe ausmachen dürfe.

Also bleibt uns, bei der vor uns liegenden scheinbaren Antinomie, noch ein Ausweg offen, da nämlich alle beide einander widerstreitenden Sätze in verschiedener Beziehung zugleich wahr sein können, so, daß alle Dinge der Sinnenwelt durchaus zufällig sind, mithin auch immer nur empirischbedingte Existenz haben, gleichwohl von der ganzen Reihe, auch eine nichtempirische Bedingung, d. i. ein unbedingtnotwendiges Wesen stattfinde. Denn dieses würde, als intelligible Bedingung, gar nicht zur Reihe als ein Glied derselben (nicht einmal als das oberste Glied) gehören, und auch kein Glied der Reihe empirischunbedingt machen, sondern die ganze Sinnenwelt in ihrem durch alle Glieder gehenden empirischbedingten Dasein lassen. Darin würde sich also diese Art, ein unbedingtes Dasein den Erscheinungen zum Grunde zu legen, von der empirischunbedingten Kausalität (der Freiheit), im vorigen Artikel, unterscheiden, daß bei der Freiheit das Ding selbst, als Ursache (Substantia phaenomenon), dennoch in die Reihe der Bedingungen gehörte, und nur seine *Kausalität* als intelligibel gedacht wurde, hier aber das notwendige Wesen ganz außer der Reihe der Sinnenwelt (als *ens extramundanum*) und bloß intelligibel gedacht werden müßte, wodurch allein es verhütet werden kann, daß es nicht selbst dem Gesetze der Zufälligkeit und Abhängigkeit aller Erscheinungen unterworfen werde.

Das *regulative Prinzip* der Vernunft ist also in Ansehung dieser unserer Aufgabe: daß alles in der Sinnenwelt empirischbedingte Existenz habe, und daß es überall in ihr in Ansehung keiner Eigenschaft eine unbedingte Notwendigkeit gebe: daß kein Glied der Reihe von Bedingungen sei, davon man nicht immer die empirische Bedingung in einer möglichen Erfahrung erwarten, und, soweit man kann, suchen müsse, und nichts uns berechtige, irgendein Dasein von einer Bedingung außerhalb der empirischen Reihe abzuleiten, oder auch es als in der Reihe selbst für schlechterdings unabhängig und selbständig zu halten, gleichwohl aber dadurch gar nicht in Abrede zu ziehen, daß nicht die ganze Reihe in irgendeinem intelligiblen Wesen (welches darum von aller empirischen Bedingung frei ist, und vielmehr den Grund der Möglichkeit aller dieser Erscheinungen enthält,) gegründet sein könne.

Es ist aber hierbei gar nicht die Meinung, das unbedingtnotwendige Dasein eines Wesens zu beweisen, oder auch nur die Möglichkeit einer bloß intelligiblen Bedingung der Existenz der Erscheinungen der Sinnenwelt hierauf zu gründen, sondern nur eben so, wie wir die Vernunft einschränken, daß sie nicht den Faden der empirischen Bedingungen verlasse, und sich in *transzendente* und keiner Darstellung in concreto fähige Erklärungsgründe verlaufe, also auch, andererseits, das Gesetz des bloß empirischen Verstandesgebrauchs dahin einzuschränken, daß es nicht über die Möglichkeit der Dinge überhaupt entscheide, und das Intelligible, ob es gleich von uns zur Erklärung der Erscheinungen nicht zu gebrauchen ist, darum *nicht für unmöglich* erkläre. Es wird also dadurch nur gezeigt, daß die durchgängige Zufälligkeit aller Naturdinge und aller ihrer (empirischen) Bedingungen, ganz wohl mit der willkürlichen Voraussetzung einer notwendigen, obzwar bloß intelligiblen Bedingung zusammen bestehen könne, also kein wahrer Widerspruch zwischen diesen Behauptungen anzutreffen sei, mithin sie *beiderseits wahr sein* können. Es mag immer ein solches schlechthinnotwendiges Verstandeswesen an sich unmöglich sein, so kann dieses doch aus der allgemeinen Zufälligkeit und Abhängigkeit alles dessen, was zur Sinnenwelt gehört, imgleichen aus dem Prinzip, bei keinem einzigen Gliede derselben, sofern es zufällig ist, aufzuhören und sich auf eine Ursache außer der Welt zu berufen, keineswegs geschlossen werden. Die Vernunft geht ihren Gang im empirischen und ihren besonderen Gang im transzendentalen Gebrauche.

Die Sinnenwelt enthält nichts als Erscheinungen, diese aber sind bloße Vorstellungen, die immer wiederum sinnlich bedingt sind, und, da wir hier niemals Dinge an sich selbst zu unseren Gegenständen haben, so ist nicht zu verwundern, daß wir niemals berechtigt sind, von einem Gliede der empirischen Reihen, welches es auch sei, einen Sprung außer dem Zusammenhange der Sinnlichkeit zu tun, gleich als wenn es Dinge an sich selbst wären, die außer ihrem transzendentalen Grunde existierten, und die man verlassen könnte, um die Ursache ihres Daseins außer ihnen zu suchen; welches bei zufälligen *Dingen* allerdings endlich geschehen müßte, aber nicht bei blossen *Vorstellungen* von Dingen, deren Zufälligkeit selbst nur Phänomen ist, und auf keinen anderen Regressus, als denjenigen, der die Phänomena bestimmt, d. i. der empirisch ist, führen kann. Sich aber einen intelligiblen Grund der Erscheinungen, d. i. der Sinnenwelt, und denselben befreit von der Zufälligkeit der letzteren, denken, ist weder dem uneingeschränkten empirischen Regressus in der Reihe der Erscheinungen, noch der durchgängigen Zufälligkeit derselben entgegen. Das ist aber auch das Einzige, was wir zur Hebung der scheinbaren Antinomie zu leisten hatten, und was sich nur auf diese Weise tun ließ. Denn, ist die jedesmalige Bedingung zu jedem Bedingten (dem Dasein nach) sinnlich, und eben darum zur Reihe gehörig, so ist sie selbst wiederum bedingt (wie die Antithesis der vierten Antinomie es aufweist). Es mußte also entweder ein Widerstreit mit der Vernunft, die das Unbedingte fordert, bleiben, oder dieses außer der Reihe in dem Intelligiblen gesetzt werden, dessen Notwendigkeit keine empirische Bedingung erfordert, noch verstattet, und also, respektive auf Erscheinungen, unbedingt notwendig ist.

Der empirische Gebrauch der Vernunft (in Ansehung der Bedingungen des Daseins in der Sinnenwelt) wird durch die Einräumung eines bloß intelligiblen Wesens nicht affiziert, sondern geht nach dem Prinzip der durchgängigen Zufälligkeit, von empirischen Bedingungen zu höheren, die immer ebensowohl empirisch sind. Ebensowenig schließt aber auch dieser regulative Grundsatz die Annehmung einer intelligiblen Ursache, die nicht in der Reihe ist, aus, wenn es um den reinen Gebrauch der Vernunft (in Ansehung der Zwecke) zu tun ist. Denn da bedeutet jene nur den für uns bloß transzendentalen und unbekannten Grund der Möglichkeit der sinnlichen Reihe überhaupt, dessen, von allen Bedingungen der letzteren unabhängiges und in Ansehung dieser unbedingtnotwendiges, Dasein der unbegrenzten Zufälligkeit der ersteren, und darum auch dem nirgend geendigten Regressus in der Reihe empirischer Bedingungen, gar nicht entgegen ist.

Schlußanmerkung zur ganzen Antinomie der reinen Vernunft

Solange wir mit unseren Vernunftbegriffen bloß die Totalität der Bedingungen in der Sinnenwelt, und was in Ansehung ihrer der Vernunft zu Diensten geschehen kann, zum Gegenstande haben: so sind unsere Ideen zwar transzendental, aber doch *kosmologisch*. Sobald wir aber das Unbedingte (um das es doch eigentlich zu tun ist) in demjenigen setzen, was ganz außerhalb der Sinnenwelt, mithin außer aller möglichen Erfahrung ist, so werden die Ideen *transzendent*; sie dienen nicht bloß zur Vollendung des empirischen Vernunftgebrauchs (der immer eine nie auszuführende, aber dennoch zu befolgende Idee bleibt), sondern sie trennen sich davon gänzlich, und machen sich selbst Gegenstände, deren Stoff nicht aus Erfahrung genommen, deren objektive Realität auch nicht auf der Vollendung der empirischen Reihe, sondern auf reinen Begriffen a priori beruht. Dergleichen transzendente Ideen haben einen bloß intelligiblen Gegenstand, welchen als ein transzendentales Objekt, von dem man übrigens nichts weiß, zuzulassen, allerdings erlaubt ist, wozu aber, um es als ein durch seine unterscheidenden und inneren Prädikate bestimmbares Ding zu denken, wir weder Gründe der Möglichkeit (als unabhängig von allen Erfahrungsbegriffen), noch die mindeste Rechtfertigung, einen solchen Gegenstand anzunehmen, auf unserer Seite haben, und welches daher ein bloßes Gedankending ist. Gleichwohl dringt uns, unter allen kosmologischen Ideen, diejenige, so die vierte Antinomie veranlaßte, diesen Schritt zu wagen. Denn das in sich selbst ganz und gar nicht gegründete, sondern stets bedingte, Dasein der Erscheinungen fordert uns auf: uns nach etwas von allen Erscheinungen unterschiedenem, mithin einem intelligiblen Gegenstande umzusehen, bei welchem diese Zufälligkeit aufhöre. Weil aber, wenn wir uns einmal die Erlaubnis genommen haben, außer dem Feld der gesamten Sinnlichkeit eine für sich bestehende Wirklichkeit anzunehmen, Erscheinungen nur als zufällige Vorstellungsarten intelligibler Gegenstände, von solchen Wesen, die selbst Intelligenzen sind, anzusehen: so bleibt uns nichts anderes übrig als die Analogie, nach der wir die Erfahrungsbegriffe nutzen, um uns von intelligiblen Dingen, von denen wir an sich nicht die mindeste Kenntnis haben, doch irgend einigen Begriff zu machen. Weil wir das Zufällige nicht anders als durch Erfahrung kennenlernen, hier aber von Dingen, die gar nicht Gegenstände der Erfahrung sein sollen, die Rede ist, so werden wir ihre Kenntnis aus dem, was an sich notwendig ist, aus reinen Begriffen von Dingen überhaupt, ableiten müssen. Daher nötigt uns der erste Schritt, den wir außer der Sinnenwelt tun, unsere neuen Kenntnisse von der Untersuchung des schlechthinnotwendigen Wesens anzufangen, und von den Begriffen desselben die Begriffe von allen Dingen, sofern sie bloß intelligibel sind, abzuleiten, und diesen Versuch wollen wir in dem folgenden Hauptstücke anstellen.

Des zweiten Buchs der transzendentalen Dialektik

Drittes Hauptstück
Das Ideal der reinen Vernunft

Erster Abschnitt
Von dem Ideal überhaupt

Wir haben oben gesehen, daß durch reine *Verstandesbegriffe*, ohne alle Bedingungen der Sinnlichkeit, gar keine Gegenstände können vorgestellt werden, weil die Bedingungen der objektiven Realität derselben fehlen, und nichts, als die bloße Form des Denkens, in ihnen angetroffen wird. Gleichwohl können sie in concreto dargestellt werden, wenn man sie auf Erscheinungen anwendet; denn an ihnen haben sie eigentlich den Stoff zum Erfahrungsbegriffe, der nichts als ein Verstandesbegriff in concreto ist. Ideen aber sind noch weiter von der objektiven Realität entfernt, als *Kategorien*; denn es kann keine Erscheinung gefunden werden, an der sie sich in concreto vorstellen ließen. Sie enthalten eine gewisse Vollständigkeit, zu welcher keine mögliche empirische Erkenntnis zulangt, und die Vernunft hat dabei nur eine systematische Einheit im Sinne, welcher sie die empirische mögliche Einheit zu nähern sucht, ohne sie jemals völlig zu erreichen.

Aber noch weiter, als die Idee, scheint dasjenige von der objektiven Realität entfernt zu sein, was ich das *Ideal* nenne, und worunter ich die Idee, nicht bloß in concreto, sondern in individuo, d. i. als ein einzelnes, durch die Idee allein bestimmbares, oder gar bestimmtes Ding, verstehe.

Die Menschheit in ihrer ganzen Vollkommenheit, enthält nicht allein die Erweiterung aller zu dieser Natur gehörigen wesentlichen Eigenschaften, welche unseren Begriff von derselben ausmachen, bis zur vollständigen Kongruenz mit ihren Zwecken, welches unsere Idee der vollkommenen Menschheit sein würde, sondern auch alles, was außer diesem Begriffe zu der durchgängigen Bestimmung der Idee gehört; denn von allen entgegengesetzten Prädikaten kann sich doch nur ein einziges zu der Idee des vollkommensten Menschen schicken. Was uns ein Ideal ist, war dem Plato eine *Idee des göttlichen Verstandes*, ein einzelner Gegenstand in der reinen Anschauung desselben, das Vollkommenste einer jeden Art möglicher Wesen und der Urgrund aller Nachbilder in der Erscheinung.

Ohne uns aber so weit zu versteigen, müssen wir gestehen, daß die menschliche Vernunft nicht allein Ideen, sondern auch Ideale enthalte, die zwar nicht, wie die *platonischen*, schöpferische, aber doch *praktische Kraft* (als regulative Prinzipien) haben, und der Möglichkeit der Vollkommenheit gewisser *Handlungen* zum Grunde liegen. Moralische Begriffe sind nicht gänzlich reine Vernunftbegriffe, weil ihnen etwas Empirisches (Lust oder Unlust) zum Grunde liegt. Gleichwohl können sie in Ansehung des Prinzips, wodurch die Vernunft der an sich gesetzlosen Freiheit Schranken setzt, (also wenn man bloß auf ihre Form acht hat,) gar wohl zum Beispiele reiner Vernunftbegriffe dienen. Tugend, und, mit ihr, menschliche Weisheit in ihrer ganzen Reinigkeit, sind Ideen. Aber der Weise (des Stoikers) ist ein Ideal, d. i. ein Mensch, der bloß in Gedanken existiert, der aber mit der Idee der Weisheit völlig kongruiert. So wie die Idee die *Regel* gibt, so dient das Ideal in solchem Falle zum *Urbilde*, der durchgängigen Bestimmung des Nachbildes, und wir haben kein anderes Richtmaß unserer Handlungen, als das Verhalten dieses göttlichen Menschen in uns, womit wir uns vergleichen, beurteilen, und dadurch uns bessern, obgleich es niemals erreichen können. Diese Ideale, ob man ihnen gleich nicht objektive Realität (Existenz) zugestehen möchte, sind doch um deswillen nicht für Hirngespinste anzusehen, sondern geben ein unentbehrliches Richtmaß der Vernunft ab, die des Begriffs von dem, was in seiner Art ganz vollständig ist, bedarf, um danach den Grad und die Mängel des Unvollständigen zu schätzen und abzumessen. Das Ideal aber in einem Beispiele, d. i. in der Erscheinung, realisieren wollen, wie etwa den Weisen in einem Roman, ist untunlich, und hat überdem etwas Widersinnisches und wenig Erbauliches an sich, indem die natürlichen Schranken, welche der Vollständigkeit in der Idee kontinuierlich Abbruch tun, alle Illusion in solchem Versuche unmöglich und dadurch das Gute, das in der Idee liegt, selbst verdächtig und einer bloßen Erdichtung ähnlich machen.

So ist es mit dem Ideale der Vernunft bewandt, welches jederzeit auf bestimmten Begriffen beruhen und zur Regel und Urbilde, es sei der Befolgung, oder Beurteilung, dienen muß. Ganz anders verhält es sich mit denen Geschöpfen der Einbildungskraft, darüber sich niemand erklären und einen verständlichen Begriff geben kann, gleichsam *Monogrammen*, die nur einzelne, obzwar nach keiner angeblichen Regel bestimmte Züge sind, welche mehr eine im Mittel verschiedener Erfahrungen gleichsam schwebende Zeichnung, als ein bestimmtes Bild ausmachen, dergleichen Maler und

Physiognomen in ihrem Kopfe zu haben vorgeben, und die ein nicht mitzuteilendes Schattenbild ihrer Produkte oder auch Beurteilungen sein sollen. Sie können, obzwar nur uneigentlich, Ideale der Sinnlichkeit genannt werden, weil sie das nicht erreichbare Muster möglicher empirischer Anschauungen sein sollen, und gleichwohl keine der Erklärung und Prüfung fähige Regel abgeben.

Die Absicht der Vernunft mit ihrem Ideale ist dagegen die durchgängige Bestimmung nach Regeln a priori; daher sie sich einen Gegenstand denkt, der nach Prinzipien durchgängig bestimmbar sein soll, obgleich dazu die hinreichenden Bedingungen in der Erfahrung mangeln und der Begriff selbst also transzendent ist.

Des dritten Hauptstücks

Zweiter Abschnitt
Von dem transzendentalen Ideal
(Prototypon transzendentale)

Ein jeder *Begriff* ist in Ansehung dessen, was in ihm selbst nicht enthalten ist, unbestimmt, und steht unter dem Grundsatze der *Bestimmbarkeit*; daß nur eines, von *jeden zween* einander kontradiktorischentgegengesetzten Prädikaten, ihm zukommen könne, welcher auf dem Satze des Widerspruchs beruht, und daher ein bloß logisches Prinzip ist, das von allem Inhalte der Erkenntnis abstrahiert, und nichts, als die logische Form derselben vor Augen hat.

Ein jedes *Ding* aber, seiner Möglichkeit nach, steht noch unter dem Grundsatze der *durchgängigen* Bestimmung, nach welchem ihm von *allen möglichen* Prädikaten der *Dinge*, sofern sie mit ihren Gegenteilen verglichen werden, eines zukommen muß. Dieses beruht nicht bloß auf dem Satze des Widerspruchs; denn es betrachtet, außer dem Verhältnis zweier einander widerstreitenden Prädikate, jedes Ding noch im Verhältnis auf die *gesamte Möglichkeit*, als den Inbegriff aller Prädikate der Dinge überhaupt, und, indem es solche als Bedingung a priori voraussetzt, so stellt es ein jedes Ding so vor, wie es von dem Anteil, den es an jener gesamten Möglichkeit hat, seine eigene Möglichkeit ableite.Das Prinzipium der durchgängigen Bestimmung betrifft also den Inhalt, und nicht bloß die logische Form. Es ist der Grundsatz der Synthesis aller Prädikate, die den vollständigen Begriff von einem Dinge machen sollen, und nicht bloß der analytischen Vorstellung, durch eines zweier entgegengesetzten Prädikate, und enthält eine transzendentale Voraussetzung, nämlich die der Materie zu *aller Möglichkeit*, welche a priori die Data zur *besonderen* Möglichkeit jedes Dinges enthalten soll.

Der Satz: *alles Existierende ist durchgängig bestimmt*, bedeutet nicht allein, daß von jedem Paare einander entgegengesetzter *gegebenen*, sondern auch von allen *möglichen* Prädikaten ihm immer eines zukomme; es werden durch diesen Satz nicht bloß Prädikate untereinander logisch, sondern das Ding selbst, mit dem Inbegriff aller möglichen Prädikate, transzendental verglichen. Er will so viel sagen, als: um ein Ding vollständig zu erkennen, muß man alles Mögliche erkennen, und es dadurch, es sei bejahend oder verneinend, bestimmen. Die durchgängige Bestimmung ist folglich ein Begriff, den wir niemals in concreto seiner Totalität nach darstellen können, und gründet sich also auf einer Idee, welche lediglich in der Vernunft ihren Sitz hat, die dem Verstande die Regel seines vollständigen Gebrauchs vorschreibt.

Ob nun zwar diese Idee von dem *Inbegriffe aller Möglichkeit*, sofern er als Bedingung der durchgängigen Bestimmung eines jeden Dinges zum Grunde liegt, in Ansehung der Prädikate, die denselben ausmachen mögen, selbst noch unbestimmt ist, und wir dadurch nichts weiter als einen Inbegriff aller möglichen Prädikate überhaupt denken, so finden wir doch bei näherer Untersuchung, daß diese Idee, als Urbegriff, eine Menge von Prädikaten ausstoße, die als abgeleitet durch andere schon gegeben sind, oder nebeneinander nicht stehen können, und daß sie sich bis zu einem durchgängig a priori bestimmten Begriffe läutere, und dadurch der Begriff von einem einzelnen Gegenstande werde, der durch die bloße Idee durchgängig bestimmt ist, mithin ein *Ideal* der reinen Vernunft genannt werden muß.

Wenn wir alle möglichen Prädikate nicht bloß logisch, sondern transzendental, d. i. nach ihrem Inhalte, der an ihnen a priori gedacht werden kann, erwägen, so finden wir, daß durch einige derselben ein Sein, durch andere ein bloßes Nichtsein vorgestellt wird. Die logische Verneinung, die lediglich durch das Wörtchen: Nicht, angezeigt wird, hängt eigentlich niemals einem Begriffe, sondern nur dem Verhältnisse desselben zu einem anderen im Urteile an, und kann also dazu bei weitem nicht hinreichend sein, einen Begriff in Ansehung seines Inhaltes zu bezeichnen. Der Ausdruck: Nichtsterblich, kann gar nicht zu erkennen geben, daß dadurch ein bloßes Nichtsein am Gegenstande vorgestellt werde, sondern läßt allen Inhalt unberührt. Eine transzendentale Verneinung bedeutet dagegen das Nichtsein an sich selbst, dem die transzendentale Bejahung entgegengesetzt wird, welche ein Etwas ist, dessen Begriff an sich selbst schon ein Sein ausdrückt, und daher Realität (Sachheit) genannt wird, weil durch sie allein, und so weit sie reicht, Gegenstände Etwas (Dinge) sind, die entgegenstehende Negation hingegen einen bloßen Mangel bedeutet, und, wo diese allein gedacht wird, die Aufhebung alles Dinges vorgestellt wird.

Nun kann sich niemand eine Verneinung bestimmt denken, ohne daß er die entgegengesetzte Bejahung zum Grunde liegen habe. Der Blindgeborene kann sich nicht die mindeste Vorstellung von Finsternis machen, weil er keine vom Lichte hat; der Wilde nicht von der Armut, weil er den Wohlstand nicht kennt.Der Unwissende hat keinen Begriff von seiner Unwissenheit, weil er keinen von der Wissenschaft hat, usw. Es sind also auch alle Begriffe der Negationen abgeleitet, und die Realitäten enthalten die Data und sozusagen die Materie, oder den transzendentalen Inhalt, zu der Möglichkeit und durchgängigen Bestimmung aller Dinge.

Wenn also der durchgängigen Bestimmung in unserer Vernunft ein transzendentales Substratum zum Grunde gelegt wird, welches gleichsam den ganzen Vorrat des Stoffes, daher alle möglichen Prädikate der Dinge genommen werden können, enthält, so ist dieses Substratum nichts anderes, als die Idee von einem All der Realität (omnitudo realitatis). Alle wahren Verneinungen sind alsdann nichts als *Schranken*, welches sie nicht genannt werden könnten, wenn nicht das Unbeschränkte (das All) zum Grunde läge.

Es ist aber auch durch diesen Allbesitz der Realität der Begriff eines *Dinges an sich selbst*, als durchgängig bestimmt, vorgestellt, und der Begriff eines entis realissimi ist der Begriff eines einzelnen Wesens, weil von allen möglichen entgegengesetzten Prädikaten eines, nämlich das, was zum Sein schlechthin gehört, in seiner Bestimmung angetroffen wird. Also ist es ein transzendentales *Ideal*, welches der durchgängigen Bestimmung, die notwendig bei allem, was existiert, angetroffen wird, zum Grunde liegt, und die oberste und vollständige materiale Bedingung seiner Möglichkeit ausmacht, auf welcher alles Denken der Gegenstände überhaupt ihrem Inhalte nach zurückgeführt werden muß. Es ist aber auch das einzige eigentliche Ideal, dessen die menschliche Vernunft fähig ist; weil nur in diesem einzigen Falle ein an sich allgemeiner Begriff von einem Dinge durch sich selbst durchgängig bestimmt, und als die Vorstellung von einem Individuum erkannt wird.

Die logische Bestimmung eines Begriffs durch die Vernunft beruht auf einem disjunktiven Vernunftschlusse, in welchem der Obersatz eine logische Einteilung (die Teilung der Sphäre eines allgemeinen Begriffs) enthält, der Untersatz diese Sphäre bis auf einen Teil einschränkt und der Schlußsatz den Begriff durch diesen bestimmt. Der allgemeine Begriff einer Realität überhaupt kann a priori nicht eingeteilt werden, weil man ohne Erfahrung keine bestimmten Arten von Realität kennt, die unter jener Gattung enthalten wären. Also ist der transzendentale Obersatz der durchgängigen Bestimmung aller Dinge nichts anderes, als die Vorstellung des Inbegriffs aller Realität, nicht bloß ein Begriff, der alle Prädikate ihrem transzendentalen Inhalte nach *unter sich*, sondern der sie *in sich* begreift, und die durchgängige Bestimmung eines jeden Dinges beruht auf der Einschränkung dieses *All* der Realität, indem Einiges derselben dem Dinge beigelegt, das übrige aber ausgeschlossen wird, welches mit dem Entweder und Oder des disjunktiven Obersatzes und der Bestimmung des Gegenstandes, durch eins der Glieder dieser Teilung im Untersatze, übereinkommt. Demnach ist der Gebrauch der Vernunft, durch den sie das transzendentale Ideal zum Grunde ihrer Bestimmung aller möglichen Dinge legt, demjenigen analogisch, nach welchem sie in disjunktiven Vernunftschlüssen verfährt; welches der Satz war, den ich oben zum Grunde der systematischen Einteilung aller transzendentalen Ideen legte, nach welchem sie den drei Arten von Vernunftschlüssen parallel und korrespondierend erzeugt werden.

Es versteht sich von selbst, daß die Vernunft zu dieser ihrer Absicht, nämlich sich lediglich die notwendige durchgängige Bestimmung der Dinge vorzustellen, nicht die Existenz eines solchen Wesens, das dem Ideale gemäß ist, sondern nur die Idee desselben voraussetze, um von einer unbedingten Totalität der durchgängigen Bestimmung die bedingte, d. i. die des Eingeschränkten abzuleiten. Das Ideal ist ihr also das Urbild *(Prototypon)* aller Dinge, welche insgesamt, als mangelhafte Kopien *(ectypa)*, den Stoff zu ihrer Möglichkeit daher nehmen, und indem sie demselben mehr oder weniger nahekommen, dennoch jederzeit unendlich weit daran fehlen, es zu erreichen.

So wird denn alle Möglichkeit der Dinge (der Synthesis des Mannigfaltigen ihrem Inhalte nach) als abgeleitet, und nur allein die desjenigen, was alle Realität in sich schließt, als ursprünglich angesehen. Denn alle Verneinungen (welche doch die einzigen Prädikate sind, wodurch sich alles andere vom realsten Wesen unterscheiden läßt,) sind bloße Einschränkungen einer größeren und endlich der höchsten Realität, mithin setzen sie diese voraus, und sind dem Inhalte nach von ihr bloß abgeleitet. Alle Mannigfaltigkeit der Dinge ist nur eine eben so vielfältige Art, den Begriff der höchsten Realität, der ihr gemeinschaftliches Substratum ist, einzuschränken, so wie alle Figuren nur als verschiedene Arten, den unendlichen Raum einzuschränken, möglich sind. Daher wird der bloß in der Vernunft befindliche Gegenstand ihres Ideals auch das *Urwesen (ens originarium)*, sofern es keines über sich hat, das *höchste Wesen (ens summum)*, und, sofern alles, als bedingt, unter ihm steht, das *Wesen aller Wesen (ens entium)* genannt. Alles dieses aber bedeutet nicht das objektive Verhältnis eines wirklichen Gegenstandes zu anderen Dingen, sondern der *Idee* zu *Begriffen*, und läßt uns wegen der Existenz eines Wesens von so ausnehmendem Vorzuge in völliger Unwissenheit.

Weil man auch nicht sagen kann, daß ein Urwesen aus viel abgeleiteten Wesen bestehe, indem ein jedes derselben jenes voraussetzt, mithin es nicht ausmachen kann, so wird das Ideal des Urwesens auch als einfach gedacht werden müssen.

Die Ableitung aller anderen Möglichkeit von diesem Urwesen wird daher, genau zu reden, auch nicht als eine *Einschränkung* seiner höchsten Realität und gleichsam als eine *Teilung* derselben angesehen werden können; denn alsdann würde das Urwesen als ein bloßes Aggregat von abgeleiteten Wesen angesehen werden, welches nach dem vorigen unmöglich ist, ob wir es gleich anfänglich im ersten rohen Schattenrisse so vorstellten. Vielmehr würde der Möglichkeit aller Dinge die höchste Realität als ein *Grund* und nichts als *Inbegriff* zum Grunde liegen, und die Mannigfaltigkeit der ersteren nicht auf der Einschränkung des Urwesens selbst, sondern seiner vollständigen Folge beruhen, zu welcher denn auch unsere ganze Sinnlichkeit, samt aller Realität in der Erscheinung, gehören würde, die zu der Idee des höchsten Wesens, als ein Ingredienz, nicht gehören kann.

Wenn wir nun dieser unserer Idee, indem wir sie hypostasieren, so ferner nachgehen, so werden wir das Urwesen durch den bloßen Begriff der höchsten Realität als ein einiges, einfaches, allgenugsames, ewiges usw., mit einem Worte, es in seiner unbedingten Vollständigkeit durch alle Prädikamente bestimmen können. Der Begriff eines solchen Wesens ist der von *Gott*, in transzendentalem Verstande gedacht, und so ist das Ideal der reinen Vernunft der Gegenstand einer transzendentalen *Theologie*, so wie ich es auch oben angeführt habe.

Indessen würde dieser Gebrauch der transzendentalen Idee doch schon die Grenzen ihrer Bestimmung und Zulässigkeit überschreiten. Denn die Vernunft legte sie nur, als den *Begriff* von aller Realität, der durchgängigen Bestimmung der Dinge überhaupt zum Grunde, ohne zu verlangen, daß alle diese Realität objektiv gegeben sei und selbst ein Ding ausmache. Dieses letztere ist eine bloße Erdichtung, durch welche wir das Mannigfaltige unserer Idee in einem Ideale, als einem besonderen Wesen, zusammenfassen und realisieren, wozu wir keine Befugnis haben, sogar nicht einmal die Möglichkeit einer solchen Hypothese geradezu anzunehmen, wie denn auch alle Folgerungen, die aus einem solchen Ideale abfließen, die durchgängige Bestimmung der Dinge überhaupt, als zu deren Behuf die Idee allein nötig war, nichts angehen, und darauf nicht den mindesten Einfluß haben.

Es ist nicht genug, das Verfahren unserer Vernunft und ihre Dialektik zu beschreiben, man muß auch die Quellen derselben zu entdecken suchen, um diesen Schein selbst, wie ein Phänomen des Verstandes, erklären zu können; denn das Ideal, wovon wir reden, ist auf einer natürlichen und nicht bloß willkürlichen Idee gegründet. Daher frage ich: wie kommt die Vernunft dazu, alle Möglichkeit der Dinge als abgeleitet von einer einzigen, die zum Grunde liegt, nämlich der der höchsten Realität, anzusehen, und diese sodann, als in einem besonderen Urwesen enthalten vorauszusetzen?

Die Antwort bietet sich aus den Verhandlungen der transzendentalen Analytik von selbst dar. Die Möglichkeit der Gegenstände der Sinne ist ein Verhältnis derselben zu unserem Denken, worin etwas (nämlich die empirische Form) a priori gedacht werden kann, dasjenige aber, was die Materie ausmacht, die Realität in der Erscheinung, (was der Empfindung entspricht) gegeben sein muß, ohne welches es auch gar nicht gedacht und mithin seine Möglichkeit nicht vorgestellt werden könnte. Nun kann ein Gegenstand der Sinne nur durchgängig bestimmt werden, wenn er mit allen Prädikaten der Erscheinung verglichen und durch dieselbe bejahend oder verneinend vorgestellt wird. Weil aber darin dasjenige, was das Ding selbst (in der Erscheinung) ausmacht, nämlich das Reale, gegeben sein muß, ohne welches es auch gar nicht gedacht werden könnte; dasjenige aber, worin das Reale aller Erscheinungen gegeben ist, die einige allbefassende Erfahrung ist: so muß die Materie zur Möglichkeit aller Gegenstände der Sinne, als in einem Inbegriffe gegeben, vorausgesetzt werden, auf dessen Einschränkung allein alle Möglichkeit empirischer Gegenstände, ihr Unterschied voneinander und ihre durchgängige Bestimmung, beruhen kann. Nun können uns in der Tat keine anderen Gegenstände, als die der Sinne, und nirgends als in dem Kontext einer möglichen

Erfahrung gegeben werden, folglich ist nichts *für uns* ein Gegenstand, wenn es nicht den Inbegriff aller empirischen Realität als Bedingung seiner Möglichkeit voraussetzt. Nach einer natürlichen Illusion sehen wir nun das für einen Grundsatz an, der von allen Dingen überhaupt gelten müsse, welcher eigentlich nur von denen gilt, die als Gegenstände unserer Sinne gegeben werden. Folglich werden wir das empirische Prinzip unserer Begriffe der Möglichkeit der Dinge, als Erscheinungen, durch Weglassung dieser Einschränkung, für ein transzendentales Prinzip der Möglichkeit der Dinge überhaupt halten.

Daß wir aber hernach diese Idee vom Inbegriffe aller Realität hypostasieren, kommt daher: weil wir die *distributive* Einheit des Erfahrungsgebrauchs des Verstandes in die *kollektive* Einheit eines Erfahrungsganzen dialektisch verwandeln, und an diesem Ganzen der Erscheinung uns ein einzelnes Ding denken, was alle empirische Realität in sich enthält, welches dann, vermittelst der schon gedachten transzendentalen Subreption, mit dem Begriffe eines Dinges verwechselt wird, was an der Spitze der Möglichkeit aller Dinge steht, zu deren durchgängiger Bestimmung es die realen Bedingungen hergibt.

Des dritten Hauptstücks

Dritter Abschnitt
Von den Beweisgründen der spekulativen Vernunft, auf das Dasein eines höchsten Wesens zu schließen

Ungeachtet dieser dringenden Bedürfnis der Vernunft, etwas vorauszusetzen, was dem Verstande zu der durchgängigen Bestimmung seiner Begriffe vollständig zum Grunde liegen könne, so bemerkt sie doch das Idealische und bloß Gedichtete einer solchen Voraussetzung viel zu leicht, als daß sie dadurch allein überredet werden sollte, ein bloßes Selbstgeschöpf ihres Denkens sofort für ein wirkliches Wesen anzunehmen, wenn sie nicht wodurch anders gedrungen würde, irgendwo ihren Ruhestand, in dem Regressus vom Bedingten, das gegeben ist, zum Unbedingten, zu suchen, das zwar an sich und seinem bloßen Begriff nach nicht als wirklich gegeben ist, welches aber allein die Reihe der zu ihren Gründen hinausgeführten Bedingungen vollenden kann. Dieses ist nun der natürliche Gang, den jede menschliche Vernunft, selbst die gemeinste, nimmt, obgleich nicht eine jede in demselben aushält. Sie fängt nicht von Begriffen, sondern von der gemeinen Erfahrung an, und legt also etwas Existierendes zum Grunde. Dieser Boden aber sinkt, wenn er nicht auf dem unbeweglichen Felsen des Absolutnotwendigen ruht. Dieser selber aber schwebt ohne Stütze, wenn noch außer und unter ihm leerer Raum ist, und er nicht selbst alles erfüllt und dadurch keinen Platz zum *Warum* mehr übrig läßt, d. i. der Realität nach unendlich ist.

Wenn etwas, was es auch sei, existiert, so muß auch eingeräumt werden, daß irgend etwas *notwendigerweise* existiere. Denn das Zufällige existiert nur unter der Bedingung eines anderen, als seiner Ursache, und von dieser gilt der Schluß fernerhin, bis zu einer Ursache, die nicht zufällig und eben darum ohne Bedingung notwendigerweise da ist. Das ist das Argument, worauf die Vernunft ihren Fortschritt zum Urwesen gründet.

Nun sieht sich die Vernunft nach dem Begriffe eines Wesens um, das sich zu einem solchen Vorzuge der Existenz, als die unbedingte Notwendigkeit, schicke, nicht sowohl, um alsdann von dem Begriffe desselben a priori auf sein Dasein zu schließen, (denn, getraute sie sich dieses, so dürfte sie überhaupt nur unter bloßen Begriffen forschen, und hätte nicht nötig, ein gegebenes Dasein zum Grunde zu legen,) sondern nur um unter allen Begriffen möglicher Dinge denjenigen zu finden, der nichts der absoluten Notwendigkeit Widerstreitendes in sich hat. Denn, daß doch irgend etwas schlechthin notwendig existieren müsse, hält sie nach dem ersteren Schlusse schon für ausgemacht. Wenn sie nun alles wegschaffen kann, was sich mit dieser Notwendigkeit nicht verträgt, außer einem; so ist dieses das schlechthin notwendige Wesen, man mag nun die Notwendigkeit desselben begreifen, d. i. aus seinem Begriffe allein ableiten können, oder nicht.

Nun scheint dasjenige, dessen Begriff zu allem Warum das Darum in sich enthält, das in keinem Stücke und in keiner Absicht defekt ist, welches allerwärts als Bedingung hinreicht, eben darum das zur absoluten Notwendigkeit schickliche Wesen zu sein, weil es, bei dem Selbstbesitz aller Bedingungen zu allem Möglichen, selbst keiner Bedingung bedarf, ja derselben nicht einmal fähig ist, folglich, wenigstens in einem Stücke, dem Begriffe der unbedingten Notwendigkeit ein Genüge tut, darin es kein anderer Begriff ihm gleichtun kann, der, weil er mangelhaft und der Ergänzung bedürftig ist, kein solches Merkmal der Unabhängigkeit von allen ferneren Bedingungen an sich zeigt. Es ist wahr, daß hieraus noch nicht sicher gefolgert werden könne, daß, was nicht die höchste und in aller Absicht vollständige Bedingung in sich enthält, darum selbst seiner Existenz nach bedingt sein müsse; aber es hat denn doch das einzige Merkzeichen des unbedingten Daseins nicht an sich, dessen die Vernunft mächtig ist, um durch einen Begriff a priori irgendein Wesen als unbedingt zu erkennen.

Der Begriff eines Wesens von der höchsten Realität würde sich also unter allen Begriffen möglicher Dinge zu dem Begriffe eines unbedingt notwendigen Wesens am besten schicken, und, wenn er diesem auch nicht völlig genugtut, so haben wir doch keine Wahl, sondern sehen uns genötigt, uns an ihn zu halten, weil wir die Existenz eines notwendigen Wesens nicht in den Wind schlagen dürfen; geben wir sie aber zu, doch in dem ganzen Felde der Möglichkeit nichts finden können, was auf einen solchen Vorzug im Dasein einen gegründeteren Anspruch machen könnte.

So ist also der natürliche Gang der menschlichen Vernunft beschaffen. Zuerst überzeugt sie sich vom Dasein *irgendeines* notwendigen Wesens. In diesem erkennt sie eine unbedingte Existenz. Nun sucht sie den Begriff des Unabhängigen von aller Bedingung, und findet ihn in dem, was selbst die zureichende Bedingung zu allem anderen ist, d. i. in demjenigen, was alle Realität enthält. Das All aber ohne Schranken ist absolute Einheit, und führt den Begriff eines einigen, nämlich des höchsten Wesens bei sich, und so schließt sie, daß das höchste Wesen, als Urgrund aller Dinge, schlechthin notwendigerweise da sei.

Diesem Begriffe kann eine gewisse Gründlichkeit nicht gestritten werden, wenn von *Entschließungen* die Rede ist, nämlich, wenn einmal das Dasein irgendeines notwendigen Wesens zugegeben wird und man darin übereinkommt, daß man seine Partei ergreifen müsse, worin man dasselbe setzen wolle; denn alsdann kann man nicht schicklicher wählen, oder man hat vielmehr keine Wahl, sondern ist genötigt, der absoluten Einheit der vollständigen Realität, als dem Urquelle der Möglichkeit, seine Stimme zu geben. Wenn uns aber nichts treibt, uns zu entschließen, und wir lieber diese ganze Sache dahingestellt sein ließen, bis wir durch das volle Gewicht der Beweisgründe zum Beifalle gezwungen würden, d. i. wenn es bloß um *Beurteilung* zu tun ist, wie viel wir von dieser Aufgabe wissen, und was wir uns nur zu wissen schmeicheln; dann erscheint obiger Schluß bei weitem nicht in so vorteilhafter Gestalt, und bedarf Gunst, um den Mangel seiner Rechtsansprüche zu ersetzen.

Denn, wenn wir alles so gut sein lassen, wie es hier vor uns liegt, daß nämlich erstlich von irgendeiner gegebenen Existenz (allenfalls auch bloß meiner eigenen) ein richtiger Schluß auf die Existenz eines unbedingt notwendigen Wesens stattfinde, zweitens, daß ich ein Wesen, welches alle Realität, mithin auch alle Bedingung enthält, als schlechthin unbedingt ansehen müsse, folglich der Begriff des Dinges, welches sich zur absoluten Notwendigkeit schickt, hierdurch gefunden sei: so kann daraus doch gar nicht geschlossen werden, daß der Begriff eines eingeschränkten Wesens, das nicht die höchste Realität hat, darum der absoluten Notwendigkeit widerspreche. Denn, ob ich gleich in seinem Begriffe nicht das Unbedingte antreffe, was das All der Bedingungen schon bei sich führt, so kann daraus doch gar nicht gefolgert werden, daß sein Dasein eben darum bedingt sein müsse; so wie ich in einem hypothetischen Vernunftschlusse nicht sagen kann: wo eine gewisse Bedingung (nämlich hier der Vollständigkeit nach Begriffen) nicht ist, da ist auch das Bedingte nicht. Es wird uns vielmehr unbenommen bleiben, alle übrigen eingeschränkten Wesen ebensowohl für unbedingt notwendig gelten zu lassen, ob wir gleich ihre Notwendigkeit aus dem allgemeinen Begriffe, den wir von ihnen haben, nicht schließen können. Auf diese Weise aber hätte dieses Argument uns nicht den mindesten Begriff von Eigenschaften eines notwendigen Wesens verschafft, und überall gar nichts geleistet.

Gleichwohl bleibt diesem Argumente eine gewisse Wichtigkeit, und ein Ansehen, das ihm, wegen dieser objektiven Unzulänglichkeit, noch nicht sofort genommen werden kann. Denn setzet, es gebe Verbindlichkeiten, die in der Idee der Vernunft ganz richtig, aber ohne alle Realität in Anwendung auf uns selbst, d. i. ohne Triebfedern sein würden, wo nicht ein höchstes Wesen vorausgesetzt würde, das den praktischen Gesetzen

Wirkung und Nachdruck geben könnte: so würden wir auch eine Verbindlichkeit haben, den Begriffen zu folgen, die, wenn sie gleich nicht objektiv zulänglich sein möchten, doch nach dem Maße unserer Vernunft überwiegend sind, und in Vergleichung mit denen wir doch nichts Besseres und Überführenderes erkennen. Die Pflicht zu wählen, würde hier die Unschliessigkeit der Spekulation durch einen praktischen Zusatz aus dem Gleichgewichte bringen, ja die Vernunft würde bei ihr selbst, als dem nachsehendsten Richter, keine Rechtfertigung finden, wenn sie unter dringenden Bewegursachen, obzwar nur mangelhafter Einsicht, diesen Gründen ihres Urteils, über die wir doch wenigstens keine besseren kennen, nicht gefolgt wäre.

Dieses Argument, ob es gleich in der Tat transzendental ist, indem es auf der inneren Unzulänglichkeit des Zufälligen beruht, ist doch so einfältig und natürlich, daß es dem gemeinsten Menschensinne angemessen ist, sobald dieser nur einmal darauf geführt wird. Man sieht Dinge sich verändern, entstehen und vergehen; sie müssen also, oder wenigstens ihr Zustand, eine Ursache haben. Von jeder Ursache aber, die jemals in der Erfahrung gegeben werden mag, läßt sich eben dieses wiederum fragen. Wohin sollen wir nun die *oberste* Kausalität billiger verlegen, als dahin, wo auch die *höchste* Kausalität ist, d. i. in dasjenige Wesen, was zu der möglichen Wirkung die Zulänglichkeit in sich selbst ursprünglich enthält, dessen Begriff auch durch den einzigen Zug einer allbefassenden Vollkommenheit sehr leicht zustande kommt. Diese höchste Ursache halten wir dann für schlechthin notwendig, weil wir es schlechterdings notwendig finden, bis zu ihr hinaufzusteigen, und keinen Grund, über sie noch weiter hinauszugehen. Daher sehen wir bei allen Völkern durch ihre blindeste Vielgötterei doch einige Funken des Monotheismus durchschimmern, wozu nicht Nachdenken und tiefe Spekulation, sondern nur ein nach und nach verständlich gewordener natürlicher Gang des gemeinen Verstandes geführt hat.

Es sind nur drei Beweisarten vom Dasein Gottes aus spekulativer Vernunft möglich.

Alle Wege, die man in dieser Absicht einschlagen mag, fangen entweder von der bestimmten Erfahrung und der dadurch erkannten besonderen Beschaffenheit unserer Sinnenwelt an, und steigen von ihr nach Gesetzen der Kausalität bis zur höchsten Ursache außer der Welt hinauf: oder sie legen nur unbestimmte Erfahrung, d. i. irgendein Dasein, empirisch zum Grunde, oder sie abstrahieren endlich von aller Erfahrung, und schließen gänzlich a priori aus bloßen Begriffen auf das Dasein einer höchsten Ursache. Der erste Beweis ist der *physikotheologische*, der zweite der *kosmologische*, der dritte der *ontologische* Beweis. Mehr gibt es ihrer nicht, und mehr kann es auch nicht geben.

Ich werde dartun: daß die Vernunft, auf dem einen Wege (dem empirischen) so wenig, als auf dem anderen (dem transzendentalen), etwas ausrichte, und daß sie vergeblich ihre Flügel ausspanne, um über die Sinnenwelt durch die bloße Macht der Spekulation hinaus zu kommen. Was aber die Ordnung betrifft, in welcher diese Beweisarten der

Prüfung vorgelegt werden müssen, so wird sie gerade die umgekehrte von derjenigen sein, welche die sich nach und nach erweiternde Vernunft nimmt, und in der wir sie auch zuerst gestellt haben. Denn es wird sich zeigen: daß, obgleich Erfahrung den ersten Anlaß dazu gibt, dennoch bloß der *transzendentale Begriff* die Vernunft in dieser ihrer Bestrebung leite und in allen solchen Versuchen das Ziel ausstecke, das sie sich vorgesetzt hat. Ich werde also von der Prüfung des transzendentalen Beweises anfangen, und nachher sehen, was der Zusatz des Empirischen zur Vergrößerung seiner Beweiskraft tun könne.

Des dritten Hauptstücks
Vierter Abschnitt
Von der Unmöglichkeit eines ontologischen Beweises vom Dasein Gottes

Man sieht aus dem bisherigen leicht: daß der Begriff eines absolut notwendigen Wesens ein reiner Vernunftbegriff, d. i. eine bloße Idee sei, deren objektive Realität dadurch, daß die Vernunft ihrer bedarf, noch lange nicht bewiesen ist, welche auch nur auf eine gewisse obzwar unerreichbare Vollständigkeit Anweisung gibt, und eigentlich mehr dazu dient, den Verstand zu begrenzen, als ihn auf neue Gegenstände zu erweitern. Es findet sich hier nun das Befremdliche und Widersinnische, daß der Schluß von einem gegebenen Dasein überhaupt auf irgendein schlechthin notwendiges Dasein, dringend und richtig zu sein scheint, und wir gleichwohl alle Bedingungen des Verstandes, sich einen Begriff von einer solchen Notwendigkeit zu machen, gänzlich wider uns haben.

Man hat zu aller Zeit von dem *absolut notwendigen* Wesen geredet, und sich nicht sowohl Mühe gegeben, zu verstehen, ob und wie man sich ein Ding von dieser Art auch nur denken könne, als vielmehr dessen Dasein zu beweisen. Nun ist zwar eine Namenerklärung von diesem Begriffe ganz leicht, daß es nämlich so etwas sei, dessen Nichtsein unmöglich ist; aber man wird hierdurch um nichts klüger, in Ansehung der Bedingungen, die es unmöglich machen, das Nichtsein eines Dinges als schlechterdings undenklich anzusehen, und die eigentlich dasjenige sind, was man wissen will, nämlich, ob wir uns durch diesen Begriff überall etwas denken, oder nicht. Denn alle Bedingungen, die der Verstand jederzeit bedarf, um etwas als notwendig anzusehen, vermittelst des Worts: *Unbedingt*, wegwerfen, macht mir noch lange nicht verständlich, ob ich alsdann durch einen Begriff eines Unbedingtnotwendigen noch etwas, oder vielleicht gar nichts denke.

Noch mehr: diesen auf das bloße Geratewohl gewagten und endlich ganz geläufig gewordenen Begriff hat man noch dazu durch eine Menge Beispiele zu erklären geglaubt, so, daß alle weitere Nachfrage wegen seiner Verständlichkeit ganz unnötig erschienen. Ein jeder Satz der Geometrie, z. B. daß ein Triangel drei Winkel habe, ist schlechthin notwendig, und so redete man von einem Gegenstande, der ganz außerhalb der Sphäre unseres Verstandes liegt, als ob man ganz wohl verstände, was man mit dem Begriffe von ihm sagen wolle.

Alle vorgegebenen Beispiele sind ohne Ausnahme nur von *Urteilen*, aber nicht von *Dingen* und deren Dasein hergenommen. Die unbedingte Notwendigkeit der Urteile aber ist nicht eine absolute Notwendigkeit der Sachen. Denn die absolute Notwendigkeit des Urteils ist nur eine bedingte Notwendigkeit der Sache, oder des Prädikats im Urteile. Der vorige Satz sagte nicht, daß drei Winkel schlechterdings notwendig sind, sondern, unter der Bedingung, daß ein Triangel da ist, (gegeben ist) sind auch drei Winkel (in ihm) notwendigerweise da. Gleichwohl hat diese logische Notwendigkeit eine so große Macht ihrer Illusion bewiesen, daß, indem man sich einen Begriff a priori von einem Dinge gemacht hatte, der so gestellt war, daß man seiner Meinung nach das Dasein mit in seinen Umfang begriff, man daraus glaubte sicher schließen zu können, daß, weil dem Objekt dieses Begriffs das Dasein notwendig zukommt, d. i. unter der Bedingung, daß ich dieses Ding als gegeben (existierend) setze, auch sein Dasein notwendig (nach der Regel der Identität) gesetzt werde, und dieses Wesen daher selbst schlechterdings notwendig sei, weil sein Dasein in einem nach Belieben angenommenen Begriffe und unter der Bedingung, daß ich den Gegenstand desselben setze, mitgedacht wird.

Wenn ich das Prädikat in einem identischen Urteile aufhebe und behalte das Subjekt, so entspringt ein Widerspruch, und daher sage ich: jenes kommt diesem notwendigerweise zu. Hebe ich aber das Subjekt zusamt dem Prädikate auf, so entspringt kein Widerspruch; denn *es ist nichts mehr*, welchem widersprochen werden könnte. Einen Triangel setzen und doch die drei Winkel desselben aufheben, ist widersprechend; aber den Triangel samt seinen drei Winkeln aufheben, ist kein Widerspruch. Gerade ebenso ist es mit dem Begriffe eines absolut notwendigen Wesens bewandt. Wenn ihr das Dasein desselben aufhebt, so hebt ihr das Ding selbst mit allen seinen Prädikaten auf; wo soll alsdann der Widerspruch herkommen? Äußerlich ist nichts, dem widersprochen würde, denn das Ding soll nicht äußerlich notwendig sein; innerlich auch nichts, denn ihr habt, durch Aufhebung des Dinges selbst, alles Innere zugleich aufgehoben. Gott ist allmächtig; das ist ein notwendiges Urteil. Die Allmacht kann nicht aufgehoben werden, wenn ihr eine Gottheit, d. i. ein unendliches Wesen, setzt, mit dessen Begriff jener identisch ist. Wenn ihr aber sagt: *Gott ist nicht*, so ist weder die Allmacht, noch irgendein anderes seiner Prädikate gegeben; denn sie sind alle zusamt dem Subjekte aufgehoben, und es zeigt sich in diesem Gedanken nicht der mindeste Widerspruch.

Ihr habt also gesehen, daß, wenn ich das Prädikat eines Urteils zusamt dem Subjekte aufhebe, niemals ein innerer Widerspruch entspringen könne, das Prädikat mag auch sein, welches es wolle. Nun bleibt euch keine Ausflucht übrig, als, ihr müßt sagen: es gibt Subjekte, die gar nicht aufgehoben werden können, die also bleiben müssen. Das würde aber ebensoviel sagen, als: es gibt schlechterdings notwendige Subjekte; eine

Voraussetzung, an deren Richtigkeit ich eben gezweifelt habe, und deren Möglichkeit ihr mir zeigen wolltet. Denn ich kann mir nicht den geringsten Begriff von einem Dinge machen, welches, wenn es mit allen seinen Prädikaten aufgehoben würde, einen Widerspruch zurück ließe, und ohne den Widerspruch habe ich, durch bloße reine Begriffe a priori, kein Merkmal der Unmöglichkeit.

Wider alle diese allgemeinen Schlüsse (deren sich kein Mensch weigern kann) fordert ihr mich durch einen Fall auf, den ihr, als einen Beweis durch die Tat, aufstellt: daß es doch einen und zwar nur diesen *Einen* Begriff gebe, da das Nichtsein oder das Aufheben seines Gegenstandes in sich selbst widersprechend sei, und dieses ist der Begriff des allerrealsten Wesens. Es hat, sagt ihr, alle Realität, und ihr seid berechtigt, ein solches Wesen als möglich anzunehmen, (welches ich vorjetzt einwillige, obgleich der sich nicht widersprechende Begriff noch lange nicht die Möglichkeit des Gegenstandes beweist). Nun ist unter aller Realität auch das Dasein mitbegriffen: Also liegt das Dasein in dem Begriffe von einem Möglichen. Wird dieses Ding nun aufgehoben, so wird die innere Möglichkeit des Dinges aufgehoben, welches widersprechend ist.

Ich antworte: Ihr habt schon einen Widerspruch begangen, wenn ihr in den Begriff eines Dinges, welches ihr lediglich seiner Möglichkeit nach denken wolltet, es sei unter welchem versteckten Namen, schon den Begriff seiner Existenz hinein brachtet. Räumt man euch dieses ein, so habt ihr dem Scheine nach gewonnen Spiel, in der Tat aber nichts gesagt; denn ihr habt eine bloße Tautologie begangen. Ich frage euch, ist der Satz: *dieses oder jenes Ding* (welches ich euch als möglich einräume, es mag sein, welches es wolle,) *existiert*, ist, sage ich, dieser Satz ein analytischer oder synthetischer Satz? Wenn er das erstere ist, so tut ihr durch das Dasein des Dinges zu euerem Gedanken von dem Dinge nichts hinzu, aber alsdann müßte entweder der Gedanke, der in euch ist, das Ding selber sein, oder ihr habt ein Dasein, als zur Möglichkeit gehörig, vorausgesetzt, und alsdann das Dasein dem Vorgeben nach aus der inneren Möglichkeit geschlossen, welches nichts als eine elende Tautologie ist. Das Wort: Realität, welches im Begriffe des Dinges anders klingt, als Existenz im Begriffe des Prädikats, macht es nicht aus. Denn, wenn ihr auch alles Setzen (unbestimmt was ihr setzt) Realität nennt, so habt ihr das Ding schon mit allen seinen Prädikaten im Begriffe des Subjekts gesetzt und als wirklich angenommen, und im Prädikate wiederholt ihr es nur. Gesteht ihr dagegen, wie es billigermaßen jeder Vernünftige gestehen muß, daß ein jeder Existenzialsatz synthetisch sei, wie wollt ihr dann behaupten, daß das Prädikat der Existenz sich ohne Widerspruch nicht aufheben lasse? da dieser Vorzug nur den analytischen, als deren Charakter eben darauf beruht, eigentümlich zukommt.

Ich würde zwar hoffen, diese grüblerische Argutation, ohne allen Umschweif, durch eine genaue Bestimmung des Begriffs der Existenz zunichte zu machen, wenn ich nicht gefunden hätte, daß die Illusion, in Verwechslung eines logischen Prädikats mit einem realen, (d. i. der Bestimmung eines Dinges,) beinahe alle Belehrung ausschlage.

Zum *logischen Prädikate* kann alles dienen, was man will, sogar das Subjekt kann von sich selbst prädiziert werden; denn die Logik abstrahiert von allem Inhalte. Aber die *Bestimmung* ist ein Prädikat, welches über den Begriff des Subjekts hinzukommt und ihn vergrößert. Sie muß also nicht in ihm schon enthalten sein.

Sein ist offenbar kein reales Prädikat, d. i. ein Begriff von irgend etwas, was zu dem Begriffe eines Dinges hinzukommen könne. Es ist bloß die Position eines Dinges, oder gewisser Bestimmungen an sich selbst. Im logischen Gebrauche ist es lediglich die Copula eines Urteils. Der Satz: *Gott ist allmächtig*, enthält zwei Begriffe, die ihre Objekte haben: Gott und Allmacht; das Wörtchen: ist, ist nicht noch ein Prädikat obenein, sondern nur das, was das Prädikat *beziehungsweise* aufs Subjekt setzt. Nehme ich nun das Subjekt (Gott) mit allen seinen Prädikaten (worunter auch die Allmacht gehört) zusammen, und sage: *Gott ist*, oder es ist ein Gott, so setze ich kein neues Prädikat zum Begriffe von Gott, sondern nur das Subjekt an sich selbst mit allen seinen Prädikaten, und zwar den *Gegenstand* in Beziehung auf meinen *Begriff*. Beide müssen genau einerlei enthalten, und es kann daher zu dem Begriffe, der bloß die Möglichkeit ausdrückt, darum, daß ich dessen Gegenstand als schlechthin gegeben (durch den Ausdruck: er ist) denke, nichts weiter hinzukommen. Und so enthält das Wirkliche nichts mehr als das bloß Mögliche. Hundert wirkliche Taler enthalten nicht das mindeste mehr, als hundert mögliche. Denn, da diese den Begriff, jene aber den Gegenstand und dessen Position an sich selbst bedeuten, so würde, im Fall dieser mehr enthielte als jener, mein Begriff nicht den ganzen Gegenstand ausdrücken, und also auch nicht der angemessene Begriff von ihm sein. Aber in meinem Vermögenszustande ist mehr bei hundert wirklichen Talern, als bei dem bloßen Begriffe derselben, (d. i. ihrer Möglichkeit). Denn der Gegenstand ist bei der Wirklichkeit nicht bloß in meinem Begriffe analytisch enthalten, sondern kommt zu meinem Begriffe (der eine Bestimmung meines Zustandes ist) synthetisch hinzu, ohne daß durch dieses Sein außerhalb meinem Begriffe diese gedachten hundert Taler selbst im mindesten vermehrt werden.

Wenn ich also ein Ding, durch welche und wie viel Prädikate ich will, (selbst in der durchgängigen Bestimmung) denke, so kommt dadurch, daß ich noch hinzusetze, dieses Ding *ist*, nicht das mindeste zu dem Dinge hinzu. Denn sonst würde nicht eben dasselbe, sondern mehr existieren, als ich im Begriffe gedacht hatte, und ich könnte nicht sagen, daß gerade der Gegenstand meines Begriffs existiere. Denke ich mir auch sogar in einem Dinge alle Realität außer einer, so kommt dadurch, daß ich sage, ein solches mangelhaftes Ding existiert, die fehlende Realität nicht hinzu, sondern es existiert gerade mit demselben Mangel behaftet, als ich es gedacht habe, sonst würde etwas anderes, als ich dachte, existieren. Denke ich mir nun ein Wesen als die höchste Realität (ohne Mangel), so bleibt noch immer die Frage, ob es existiere, oder nicht. Denn, obgleich an meinem Begriffe, von dem möglichen realen Inhalte eines Dinges überhaupt, nichts fehlt, so fehlt doch noch etwas an dem Verhältnisse zu meinem ganzen Zustande des Denkens, nämlich daß die Erkenntnis jenes Objekts auch a posteriori möglich sei.

Und hier zeigt sich auch die Ursache der hierbei obwaltenden Schwierigkeit. Wäre von einem Gegenstande der Sinne die Rede, so würde ich die Existenz des Dinges mit dem bloßen Begriffe des Dinges nicht verwechseln können. Denn durch den Begriff wird der Gegenstand nur mit den allgemeinen Bedingungen einer möglichen empirischen Erkenntnis überhaupt als einstimmig, durch die Existenz aber als in dem Kontext der gesamten Erfahrung enthalten gedacht; da denn durch die Verknüpfung mit dem Inhalte der gesamten Erfahrung der Begriff vom Gegenstande nicht im mindesten vermehrt wird, unser Denken aber durch denselben eine mögliche Wahrnehmung mehr bekommt. Wollen wir dagegen die Existenz durch die reine Kategorie allein denken, so ist kein Wunder, daß wir kein Merkmal angeben können, sie von der bloßen Möglichkeit zu unterscheiden.

Unser Begriff von einem Gegenstande mag also enthalten, was und wie viel er wolle, so müssen wir doch aus ihm herausgehen, um diesem die Existenz zu erteilen. Bei Gegenständen der Sinne geschieht dieses durch den Zusammenhang mit irgendeiner meiner Wahrnehmungen nach empirischen Gesetzen; aber für Objekte des reinen Denkens ist ganz und gar kein Mittel, ihr Dasein zu erkennen, weil es gänzlich a priori erkannt werden müßte, unser Bewußtsein aller Existenz aber (es sei durch Wahrnehmung unmittelbar, oder durch Schlüsse, die etwas mit der Wahrnehmung verknüpfen,) gehört ganz und gar zur Einheit der Erfahrung, und eine Existenz außer diesem Felde kann zwar nicht schlechterdings für unmöglich erklärt werden, sie ist aber eine Voraussetzung, die wir durch nichts rechtfertigen können.

Der Begriff eines höchsten Wesens ist eine in mancher Absicht sehr nützliche Idee; sie ist aber eben darum, weil sie bloß Idee ist, ganz unfähig, um vermittelst ihrer allein unsere Erkenntnis in Ansehung dessen, was existiert, zu erweitern. Sie vermag nicht einmal so viel, daß sie uns in Ansehung der Möglichkeit eines Mehreren belehrte. Das analytische Merkmal der Möglichkeit, das darin besteht, daß bloße Positionen (Realitäten) keinen Widerspruch erzeugen, kann ihm zwar nicht gestritten werden; da aber die Verknüpfung aller realen Eigenschaften in einem Dinge eine Synthesis ist, über deren Möglichkeit wir a priori nicht urteilen können, weil uns die Realitäten spezifisch nicht gegeben sind, und, wenn dieses auch geschähe, überall gar kein Urteil darin stattfindet, weil das Merkmal der Möglichkeit synthetischer Erkenntnisse immer nur in der Erfahrung gesucht werden muß, zu welcher aber der Gegenstand einer Idee nicht gehören kann; so hat der berühmte Leibniz bei weitem das nicht geleistet, wessen er sich schmeichelte, nämlich eines so erhabenen idealischen Wesens Möglichkeit a priori einsehen zu wollen.

Es ist also an dem so berühmten ontologischen (Cartesianischen) Beweise, vom Dasein eines höchsten Wesens, aus Begriffen, alle Mühe und Arbeit verloren, und ein Mensch möchte wohl ebensowenig aus bloßen Ideen an Einsichten reicher werden, als ein

Kaufmann an Vermögen, wenn er, um seinen Zustand zu verbessern, seinem Kassenbestande einige Nullen anhängen wollte.

Des dritten Hauptstücks
Fünfter Abschnitt
Von der Unmöglichkeit eines kosmologischen Beweises vom Dasein Gottes

Es war etwas ganz Unnatürliches und eine bloße Neuerung des Schulwitzes, aus einer ganz willkürlich entworfenen Idee das Dasein des ihr entsprechenden Gegenstandes selbst ausklauben zu wollen. In der Tat würde man es nie auf diesem Wege versucht haben, wäre nicht die Bedürfnis unserer Vernunft, zur Existenz überhaupt irgend etwas Notwendiges (bei dem man im Aufsteigen stehenbleiben könne) anzunehmen, vorhergegangen, und wäre nicht die Vernunft, da diese Notwendigkeit unbedingt und a priori gewiß sein muß, gezwungen worden, einen Begriff zu suchen, der, wo möglich, einer solchen Forderung ein Genüge täte, und ein Dasein völlig a priori zu erkennen gebe. Diesen glaubte man nun in der Idee eines allerrealsten Wesens zu finden und so wurde diese nur zur bestimmteren Kenntnis desjenigen, wovon man schon anderweitig überzeugt oder überredet war, es müsse existieren, nämlich des notwendigen Wesens, gebraucht. Indes verhehlte man diesen natürlichen Gang der Vernunft, und, anstatt bei diesem Begriffe zu endigen, versuchte man von ihm anzufangen, um die Notwendigkeit des Daseins aus ihm abzuleiten, die er doch nur zu ergänzen bestimmt war. Hieraus entsprang nun der verunglückte ontologische Beweis, der weder für den natürlichen und gesunden Verstand, noch für die schulgerechte Prüfung etwas Genugtuendes bei sich führt.

Der *kosmologische Beweis*, den wir jetzt untersuchen wollen, behält die Verknüpfung der absoluten Notwendigkeit mit der höchsten Realität bei, aber anstatt, wie der vorige, von der höchsten Realität auf die Notwendigkeit im Dasein zu schließen, schließt er vielmehr von der zum voraus gegebenen unbedingten Notwendigkeit irgendeines Wesens, auf dessen unbegrenzte Realität, und bringt sofern alles wenigstens in das Geleis einer, ich weiß nicht ob vernünftigen, oder vernünftelnden, wenigstens natürlichen Schlußart, welche nicht allein für den gemeinen, sondern auch den spekulativen Verstand die meiste Überredung bei sich führt; wie sie denn auch sichtbarlich zu allen Beweisen der natürlichen Theologie die ersten Grundlinien zieht, denen man jederzeit nachgegangen ist und ferner nachgehen wird, man mag sie nun durch noch so viel Laubwerk und Schnörkel verzieren und verstecken, als man immer will. Diesen Beweis, den Leibniz auch den *a contingentia mundi* nannte, wollen wir jetzt vor Augen stellen und der Prüfung unterwerfen.

Er lautet also: Wenn etwas existiert, so muß auch ein schlechterdings notwendiges Wesen existieren. Nun existiere, zum mindesten, ich selbst: also existiert ein absolut notwendiges Wesen. Der Untersatz enthält eine Erfahrung, der Obersatz die Schlußfolge aus einer Erfahrung überhaupt auf das Dasein des Notwendigen.Also hebt der Beweis eigentlich von der Erfahrung an, mithin ist er nicht gänzlich a priori geführt, oder ontologisch, und weil der Gegenstand aller möglichen Erfahrung Welt heißt, so wird er darum der *kosmologische* Beweis genannt. Da er auch von aller besonderen Eigenschaft der Gegenstände der Erfahrung, dadurch sich diese Welt von jeder möglichen unterscheiden mag, abstrahiert: so wird er schon in seiner Benennung auch vom physikotheologischen Beweise unterschieden, welcher Beobachtungen der besonderen Beschaffenheit dieser unserer Sinnenwelt zu Beweisgründen braucht.

Nun schließt der Beweis weiter: das notwendige Wesen kann nur auf eine einzige Art, d. i. in Ansehung aller möglichen entgegengesetzten Prädikate nur durch eines derselben, bestimmt werden, folglich muß es durch seinen Begriff *durchgängig* bestimmt sein. Nun ist nur ein einziger Begriff von einem Dinge möglich, der dasselbe a priori durchgängig bestimmt, nämlich der des *entis realissimi:* Also ist der Begriff des allerrealsten Wesens der einzige, dadurch ein notwendiges Wesen gedacht werden kann, d. i. es existiert ein höchstes Wesen notwendigerweise.

In diesem kosmologischen Argumente kommen so viel vernünftelnde Grundsätze zusammen, daß die spekulative Vernunft hier alle ihre dialektische Kunst aufgeboten zu haben scheint, um den größtmöglichen transzendentalen Schein zustande zu bringen. Wir wollen ihre Prüfung indessen eine Weile beiseite setzen, um nur eine List derselben offenbar zu machen, mit welcher sie ein altes Argument in verkleideter Gestalt für ein neues aufstellt und sich auf zweier Zeugen Einstimmung beruft, nämlich einen reinen Vernunftzeugen und einen anderen von empirischer Beglaubigung, da es doch nur der erstere allein ist, welcher bloß seinen Anzug und Stimme verändert, um für einen zweiten gehalten zu werden. Um seinen Grund recht sicher zu legen, fußt sich dieser Beweis auf Erfahrung und gibt sich dadurch das Ansehen, als sei er vom ontologischen Beweise unterschieden, der auf lauter reine Begriffe a priori sein ganzes Vertrauen setzt. Dieser Erfahrung aber bedient sich der kosmologische Beweis nur, um einen einzigen Schritt zu tun, nämlich zum Dasein eines notwendigen Wesens überhaupt. Was dieses für Eigenschaften habe, kann der empirische Beweisgrund nicht lehren, sondern da nimmt die Vernunft gänzlich von ihm Abschied und forscht hinter lauter Begriffen: was nämlich ein absolut notwendiges Wesen überhaupt für Eigenschaften haben müsse, (d. i. welches unter allen möglichen Dingen die erforderlichen Bedingungen *(requisita)* zu einer absoluten Notwendigkeit in sich enthalte. Nun glaubt sie im Begriffe eines allerrealsten Wesens einzig und allein diese Requisite anzutreffen, und schließt sodann: das ist das schlechterdings notwendige Wesen. Es ist aber klar, daß man hierbei voraussetzt, der Begriff eines Wesens von der höchsten Realität tue dem Begriffe der absoluten Notwendigkeit im Dasein völlig genug, d. i. es lasse sich aus jener auf diese schließen; ein Satz, den das ontologische Argument behauptete, welches man also im kosmologischen Beweise annimmt und zum Grunde legt, da man es doch hatte vermeiden wollen. Denn die absolute Notwendigkeit ist ein Dasein aus bloßen Begriffen. Sage ich nun: der Begriff des *entis realissimi* ist ein solcher Begriff, und zwar der einzige, der zu dem notwendigen Dasein passend und ihm adäquat ist; so muß ich auch einräumen, daß aus ihm das letztere geschlossen werden könne. Es ist also eigentlich nur der ontologische Beweis aus lauter Begriffen, der in dem sogenannten kosmologischen alle Beweiskraft enthält, und die angebliche Erfahrung ist ganz müßig, vielleicht, um uns nur auf den Begriff der absoluten Notwendigkeit zu führen, nicht aber um diese an irgendeinem bestimmten Dinge darzutun. Denn sobald wir dieses zur Absicht haben, müssen wir sofort alle Erfahrung verlassen, und unter reinen Begriffen suchen, welcher von ihnen wohl die Bedingungen der Möglichkeit eines absolut notwendigen Wesens enthalte. Ist aber auf solche Weise nur die Möglichkeit eines solchen Wesens eingesehen, so ist auch sein Dasein dargetan; denn es heißt so viel, als: unter allem Möglichen ist Eines, das absolute Notwendigkeit bei sich führt, d. i. dieses Wesen existiert schlechterdings notwendig.

Alle Blendwerke im Schließen entdecken sich am leichtesten, wenn man sie auf schulgerechte Art vor Augen stellt. Hier ist eine solche Darstellung.

Wenn der Satz richtig ist: ein jedes schlechthin notwendiges Wesen ist zugleich das allerrealste Wesen; (als welches der nervus probandi des kosmologischen Beweises ist;) so muß er sich, wie alle bejahenden Urteile, wenigstens per accidens umkehren lassen; also: einige allerrealste Wesen sind zugleich schlechthin notwendige Wesen. Nun ist aber ein *ens realissimum* von einem anderen in keinem Stücke unterschieden, und, was also von *einigen* unter diesem Begriffe enthaltenen gilt, das gilt auch von allen. Mithin werde ich's (in diesem Falle) auch *schlechthin* umkehren können, d. i. ein jedes allerrealstes Wesen ist ein notwendiges Wesen. Weil nun dieser Satz bloß aus seinen Begriffen a priori bestimmt ist: so muß der bloße Begriff des realsten Wesens auch die absolute Notwendigkeit desselben bei sich führen; welches eben der ontologische Beweis behauptete, und der kosmologische nicht anerkennen wollte, gleichwohl aber seinen Schlüssen, obzwar versteckter Weise, unterlegte.

So ist denn der zweite Weg, den die spekulative Vernunft nimmt, um das Dasein des höchsten Wesens zu beweisen, nicht allein mit dem ersten gleich trüglich, sondern hat noch dieses Tadelhafte an sich, daß er eine ignoratio elenchi begeht, indem er uns verheißt, einen neuen Fußsteig zu führen, aber, nach einem kleinen Umschweif, uns wiederum auf den alten zurückbringt, den wir seinetwegen verlassen hatten.

Ich habe kurz vorher gesagt, daß in diesem kosmologischen Argumente sich ein ganzes Nest von dialektischen Anmaßungen verborgen halte, welches die transzendentale Kritik leicht entdecken und zerstören kann. Ich will sie jetzt nur anführen und es dem schon geübten Leser überlassen, den trüglichen Grundsätzen weiter nachzuforschen und sie aufzuheben.

Da befindet sich denn z. B. l. der transzendentale Grundsatz, vom Zufälligen auf eine Ursache zu schließen, welcher nur in der Sinnenwelt von Bedeutung ist, außerhalb derselben aber auch nicht einmal einen Sinn hat. Denn der bloß intellektuelle Begriff des Zufälligen kann gar keinen synthetischen Satz, wie den der Kausalität, hervorbringen, und der Grundsatz der letzteren hat gar keine Bedeutung und kein Merkmal seines Gebrauchs, als nur in der Sinnenwelt; hier aber sollte er gerade dazu dienen, um über die Sinnenwelt hinaus zu kommen. 2. Der Schluß, von der Unmöglichkeit einer unendlichen Reihe übereinander gegebener Ursachen in der Sinnenwelt auf eine erste Ursache zu schließen, wozu uns die Prinzipien des Vernunftgebrauchs selbst in der Erfahrung nicht berechtigen, vielweniger diesen Grundsatz über dieselbe (wohin diese Kette gar nicht verlängert werden kann) ausdehnen können. 3. Die falsche Selbstbefriedigung der Vernunft, in Ansehung der Vollendung dieser Reihe, dadurch, daß man endlich alle Bedingung, ohne welche doch kein Begriff einer Notwendigkeit stattfinden kann, wegschafft, und, da man alsdann nichts weiter begreifen kann, dieses für eine Vollendung seines Begriffs annimmt. 4. Die Verwechslung der logischen Möglichkeit eines Begriffs von aller vereinigten Realität (ohne inneren Widerspruch) mit der transzendentalen, welche ein Prinzipium der Tunlichkeit einer solchen Synthesis bedarf, das aber wiederum nur auf das Feld möglicher Erfahrungen gehen kann, usw.

Das Kunststück des kosmologischen Beweises zielt bloß darauf ab, um dem Beweise des Daseins eines notwendigen Wesens a priori durch bloße Begriffe auszuweichen, der ontologisch geführt werden müßte, wozu wir uns aber gänzlich unvermögend fühlen. In dieser Absicht schließen wir aus einem zum Grunde gelegten wirklichen Dasein (einer Erfahrung überhaupt), so gut es sich will tun lassen, auf irgendeine schlechterdings notwendige Bedingung desselben. Wir haben alsdann dieser ihre Möglichkeit nicht nötig zu erklären. Denn, wenn bewiesen ist, daß sie da sei, so ist die Frage wegen ihrer Möglichkeit ganz unnötig. Wollen wir nun dieses notwendige Wesen nach seiner Beschaffenheit näher bestimmen, so suchen wir nicht dasjenige, was hinreichend ist, aus seinem Begriffe die Notwendigkeit des Daseins zu begreifen; denn, könnten wir dieses, so hätten wir keine empirische Voraussetzung nötig; nein, wir suchen nur die negative Bedingung, *(conditio sine qua non,)* ohne welche ein Wesen nicht absolut notwendig sein würde. Nun würde das in aller anderen Art von Schlüssen, aus einer gegebenen Folge auf ihren Grund, wohl angehen; es trifft sich aber hier unglücklicherweise, daß die Bedingung, die man zur absoluten Notwendigkeit fordert, nur in einem einzigen Wesen angetroffen werden kann, welches daher in seinem Begriffe alles, was zur absoluten Notwendigkeit erforderlich ist, enthalten müßte, und also einen Schluß a priori auf dieselbe möglich macht; d. i. ich müßte auch umgekehrt schließen können: welchem Dinge dieser Begriff (der höchsten Realität) zukommt, das ist schlechterdings notwendig, und, kann ich so nicht schließen, (wie ich denn dieses gestehen muß, wenn ich den ontologischen Beweis vermeiden will,) so bin ich auch auf meinem neuen Wege verunglückt und befinde mich wiederum da, von wo ich ausging. Der Begriff des höchsten Wesens tut wohl allen Fragen a priori ein Genüge, die wegen der inneren Bestimmungen eines Dinges können aufgeworfen werden, und ist darum auch ein Ideal ohne Gleiches, weil der allgemeine Begriff dasselbe zugleich als ein Individuum unter allen möglichen Dingen auszeichnet. Er tut aber der Frage wegen seines eigenen Daseins gar kein Genüge, als warum es doch eigentlich nur zu tun war, und man konnte auf die Erkundigung dessen, der das Dasein eines notwendigen Wesens annahm, und nur wissen wollte, welches denn unter allen Dingen dafür angesehen werden müsse, nicht antworten: Dies hier ist das notwendige Wesen.

Es mag wohl erlaubt sein, das Dasein eines Wesens von der höchsten Zulänglichkeit, als Ursache zu allen möglichen Wirkungen, *anzunehmen*, um der Vernunft die Einheit der Erklärungsgründe, welche sie sucht, zu erleichtern. Allein, sich so viel herauszunehmen, daß man sogar sage: *ein solches Wesen existiert notwendig*, ist nicht mehr die bescheidene Äußerung einer erlaubten Hypothese, sondern die dreiste Anmaßung einer apodiktischen Gewißheit; denn, was man als schlechthin notwendig zu erkennen vorgibt, davon muß auch die Erkenntnis absolute Notwendigkeit bei sich führen.

Die ganze Aufgabe des transzendentalen Ideals kommt darauf an: entweder zu der absoluten Notwendigkeit einen Begriff, oder zu dem Begriffe von irgendeinem Dinge die absolute Notwendigkeit desselben zu finden. Kann man das eine, so muß man auch das andere können; denn als schlechthin notwendig erkennt die Vernunft nur dasjenige, was aus seinem Begriffe notwendig ist. Aber beides übersteigt gänzlich alle äußersten Bestrebungen, unseren Verstand über diesen Punkt zu *befriedigen*, aber auch alle Versuche, ihn wegen dieses seines Unvermögens zu beruhigen.

Die unbedingte Notwendigkeit, die wir, als den letzten Träger aller Dinge, so unentbehrlich bedürfen, ist der wahre Abgrund für die menschliche Vernunft. Selbst die Ewigkeit, so schauderhaft erhaben sie auch ein *Haller* schildern mag, macht lange den schwindligen Eindruck nicht auf das Gemüt; denn sie *mißt* nur die Dauer der Dinge, aber *trägt* sie nicht. Man kann sich des Gedanken nicht erwehren, man kann ihn aber auch nicht ertragen: daß ein Wesen, welches wir uns auch als das höchste unter allen möglichen vorstellen, gleichsam zu sich selbst sage: Ich bin von Ewigkeit zu Ewigkeit, außer mir ist nichts, ohne das, was bloß durch meinen Willen etwas ist; *aber woher bin ich denn*? Hier sinkt alles unter uns, und die größte Vollkommenheit, wie die kleinste, schwebt ohne Haltung bloß vor der spekulativen Vernunft, der es nichts kostet, die eine so wie die andere ohne die mindeste Hindernis verschwinden zu lassen.

Viele Kräfte der Natur, die ihr Dasein durch gewisse Wirkungen äußern, bleiben für uns unerforschlich; denn wir können ihnen durch Beobachtung nicht weit genug nachspüren. Das den Erscheinungen zum Grunde liegende transzendentale Objekt, und mit demselben der Grund, warum unsere Sinnlichkeit diese vielmehr als andere oberste Bedingungen habe, sind und bleiben für uns unerforschlich, obzwar die Sache selbst übrigens gegeben, aber nur nicht eingesehen ist. Ein Ideal der reinen Vernunft kann aber nicht *unerforschlich* heißen, weil es weiter keine Beglaubigung seiner Realität aufzuweisen hat, als die Bedürfnis der Vernunft, vermittelst desselben alle synthetische Einheit zu vollenden. Da es also nicht einmal als denkbarer Gegenstand gegeben ist, so ist es auch nicht als ein solcher unerforschlich; vielmehr muß er, als bloße Idee, in der Natur der Vernunft seinen Sitz und seine Auflösung finden, und also erforscht werden können; denn eben darin besteht Vernunft, daß wir von allen unseren Begriffen, Meinungen und Behauptungen, es sei aus objektiven, oder, wenn sie ein bloßer Schein sind, aus subjektiven Gründen Rechenschaft geben können.

Entdeckung und Erklärung des dialektischen Scheins in allen transzendentalen Beweisen vom Dasein eines notwendigen Wesens.

Beide bisher geführten Beweise waren transzendental, d. i. unabhängig von empirischen Prinzipien versucht. Denn, obgleich der kosmologische eine Erfahrung überhaupt zum Grunde legt, so ist er doch nicht aus irgendeiner besonderen Beschaffenheit derselben, sondern aus reinen Vernunftprinzipien, in Beziehung auf eine durchs empirische Bewußtsein überhaupt gegebene Existenz, geführt und verläßt sogar diese Anleitung, um sich auf lauter reine Begriffe zu stützen. Was ist nun in diesen transzendentalen Beweisen die Ursache des dialektischen, aber natürlichen Scheins, welcher die Begriffe der Notwendigkeit und höchsten Realität verknüpft, und dasjenige, was doch nur Idee sein kann, realisiert und hypostasiert? Was ist die Ursache der Unvermeidlichkeit, etwas als an sich notwendig unter den existierenden Dingen anzunehmen, und doch zugleich vor dem Dasein eines solchen Wesens als einem Abgrunde zurückzubeben, und wie fängt man es an, daß sich die Vernunft hierüber selbst verstehe, und aus dem schwankenden Zustande eines schüchternen, und immer wiederum zurückgenommenen Beifalls, zur ruhigen Einsicht gelange?

Es ist etwas überaus Merkwürdiges, daß, wenn man voraussetzt, etwas existiere, man der Folgerung nicht Umgang haben kann, daß auch irgend etwas notwendigerweise existiere. Auf diesem ganz natürlichen (obzwar darum noch nicht sicheren) Schlusse beruhte das kosmologische Argument. Dagegen mag ich einen Begriff von einem Dinge annehmen, welchen ich will, so finde ich, daß sein Dasein niemals von mir als schlechterdings notwendig vorgestellt werden könne, und daß mich nichts hindere, es mag existieren was da wolle, das Nichtsein desselben zu denken, mithin ich zwar zu dem Existierenden überhaupt etwas Notwendiges annehmen müsse, kein einziges Ding aber selbst als an sich notwendig denken könne. Das heißt: ich kann das Zurückgehen zu den Bedingungen des Existierens niemals *vollenden*, ohne ein notwendiges Wesen anzunehmen, ich kann aber von demselben niemals *anfangen*.

Wenn ich zu existierenden Dingen überhaupt etwas Notwendiges denken muß, kein Ding aber an sich selbst als notwendig zu denken befugt bin, so folgt daraus unvermeidlich, daß Notwendigkeit und Zufälligkeit nicht die Dinge selbst angehen und treffen müsse, weil sonst ein Widerspruch vorgehen würde; mithin keiner dieser beiden Grundsätze objektiv sei, sondern sie allenfalls nur subjektive Prinzipien der Vernunft sein können, nämlich einerseits zu allem, was als existierend gegeben ist, etwas zu suchen, das notwendig ist, d. i. niemals anderswo als bei einer a priori vollendeten Erklärung aufzuhören, andererseits aber auch diese Vollendung niemals zu hoffen, d. i. nichts Empirisches als unbedingt anzunehmen, und sich dadurch fernerer Ableitung zu überheben. In solcher Bedeutung können beide Grundsätze als bloß heuristisch und *regulativ*, die nichts als das formale Interesse der Vernunft besorgen, ganz wohl beieinander bestehen. Denn der eine sagt, ihr sollt so über die Natur philosophieren, als ob es zu allem, was zur Existenz gehört, einen notwendigen ersten Grund gebe, lediglich um systematische Einheit in eure Erkenntnis zu bringen, indem ihr einer solchen Idee, nämlich einem eingebildeten obersten Grunde, nachgeht: der andere aber warnt euch, keine einzige Bestimmung, die die Existenz der Dinge betrifft, für einen solchen obersten Grund, d. i. als absolut notwendig anzunehmen, sondern euch noch immer den Weg zur ferneren Ableitung offen zu erhalten, und sie daher jederzeit noch als bedingt zu behandeln. Wenn aber von uns alles, was an den Dingen wahrgenommen wird, als bedingt notwendig betrachtet werden muß: so kann auch kein Ding (das empirisch gegeben sein mag) als absolut notwendig angesehen werden.

Es folgt aber hieraus, daß ihr das absolut Notwendige *außerhalb* der Welt annehmen müßt; weil es nur zu einem Prinzip der größtmöglichen Einheit der Erscheinungen, als deren oberster Grund, dienen soll, und ihr in der Welt niemals dahin gelangen könnt, weil die zweite Regel euch gebietet, alle empirischen Ursachen der Einheit jederzeit als abgeleitet anzusehen.

Die Philosophen des Altertums sehen alle Form der Natur als zufällig, die Materie aber, nach dem Urteile der gemeinen Vernunft, als ursprünglich und notwendig an. Würden sie aber die Materie nicht als Substratum der Erscheinungen respektive sondern *an sich selbst* ihrem Dasein nach betrachtet haben, so wäre die Idee der absoluten Notwendigkeit sogleich verschwunden. Denn es ist nichts, was die Vernunft an dieses Dasein schlechthin bindet, sondern sie kann solches, jederzeit und ohne Widerstreit, in Gedanken aufheben; in Gedanken aber lag auch allein die absolute Notwendigkeit. Es mußte also bei dieser Überredung ein gewisses regulatives Prinzip zum Grunde liegen. In der Tat ist auch Ausdehnung und Undurchdringlichkeit (die zusammen den Begriff von Materie ausmachen) das oberste empirische Prinzipium der Einheit der Erscheinungen, und hat, sofern als es empirisch unbedingt ist, eine Eigenschaft des regulativen Prinzips an sich. Gleichwohl, da jede Bestimmung der Materie, welche das Reale derselben ausmacht, mithin auch die Undurchdringlichkeit, eine Wirkung (Handlung) ist, die ihre Ursache haben muß, und daher immer noch abgeleitet ist, so schickt sich die Materie doch nicht zur Idee eines notwendigen Wesens, als eines Prinzips aller abgeleiteten Einheit; weil jede ihrer realen Eigenschaften, als abgeleitet, nur bedingt notwendig ist, und also an sich aufgehoben werden kann, hiermit aber das ganze Dasein der Materie aufgehoben werden würde, wenn dieses aber nicht geschähe, wir den höchsten Grund der Einheit empirisch erreicht haben würden, welches durch das zweite regulative Prinzip verboten wird, so folgt: daß die Materie, und überhaupt, was zur Welt gehörig ist, zu der Idee eines notwendigen Urwesens, als eines bloßen Prinzips der größten empirischen Einheit, nicht schicklich sei, sondern daß es außerhalb der Welt gesetzt werden müsse, da wir denn die Erscheinungen der Welt und ihr Dasein immer getrost von anderen ableiten können, als ob es kein notwendiges Wesen gäbe, und dennoch zu der Vollständigkeit der Ableitung unaufhörlich streben können, als ob ein solches, als ein oberster Grund, vorausgesetzt wäre.

Das Ideal des höchsten Wesens ist nach diesen Betrachtungen nichts anderes, als ein *regulatives Prinzip* der Vernunft, alle Verbindung in der Welt so anzusehen, *als ob sie* aus einer allgenugsamen notwendigen Ursache entspränge, um darauf die Regel einer systematischen und nach allgemeinen Gesetzen notwendigen Einheit in der Erklärung derselben zu gründen, und ist nicht eine Behauptung einer an sich notwendigen Existenz. Es ist aber zugleich unvermeidlich, sich, vermittelst einer transzendentalen Subreption, dieses formale Prinzip als konstitutiv vorzustellen, und sich diese Einheit hypostatisch zu denken. Denn, so wie der Raum, weil er alle Gestalten, die lediglich verschiedene Einschränkungen desselben sind, ursprünglich möglich macht, ob er gleich nur ein Prinzipium der Sinnlichkeit, ist dennoch eben darum für ein schlechterdings notwendiges für sich bestehendes Etwas und einen a priori an sich selbst gegebenen Gegenstand gehalten wird, so geht es auch ganz natürlich zu, daß, da die systematische Einheit der Natur auf keinerlei Weise zum Prinzip des empirischen Gebrauchs unserer Vernunft aufgestellt werden kann, als sofern wir die Idee eines allerrealsten Wesens, als der obersten Ursache, zum Grunde legen, diese Idee dadurch als ein wirklicher Gegenstand, und dieser wiederum, weil er die oberste Bedingung ist, als notwendig vorgestellt, mithin ein *regulatives* Prinzip in ein *konstitutives* verwandelt werde; welche Unterschiebung sich dadurch offenbart, daß, wenn ich nun dieses oberste Wesen, welches respektiv auf die Welt schlechthin (unbedingt) notwendig war, als Ding für sich betrachte, diese Notwendigkeit keines Begriffs fähig ist, und also nur als formale Bedingung des Denkens, nicht aber als materiale und hypostatische Bedingung des Daseins, in meiner Vernunft anzutreffen gewesen sein müsse.

Des dritten Hauptstücks

Sechster Abschnitt
Von der Unmöglichkeit des physikotheologischen Beweises

Wenn denn weder der Begriff von Dingen überhaupt, noch die Erfahrung von irgendeinem *Dasein überhaupt*, das, was gefordert wird, leisten kann, so bleibt noch ein Mittel übrig, zu versuchen, ob nicht eine *bestimmte Erfahrung*, mithin die der Dinge der gegenwärtigen Welt, ihre Beschaffenheit und Anordnung, einen Beweisgrund abgebe, der uns sicher zur Überzeugung von dem Dasein eines höchsten Wesens verhelfen könne. Einen solchen Beweis würden wir den *physikotheologischen* nennen. Sollte dieser auch unmöglich sein: so ist überall kein genugtuender Beweis aus bloß spekulativer Vernunft für das Dasein eines Wesens, welches unserer transzendentalen Idee entspräche, möglich.

Man wird nach allen obigen Bemerkungen bald einsehen, daß der Bescheid auf diese Nachfrage ganz leicht und bündig erwartet werden könne. Denn, wie kann jemals Erfahrung gegeben werden, die einer Idee angemessen sein sollte? Darin besteht eben das Eigentümliche der letzteren, daß ihr niemals irgendeine Erfahrung kongruieren könne. Die transzendentale Idee von einem notwendigen allgenugsamen Urwesen ist so überschwenglich groß, so hoch über alles Empirische, das jederzeit bedingt ist, erhaben, daß man teils niemals Stoff genug in der Erfahrung auftreiben kann, um einen solchen Begriff zu füllen, teils immer unter dem Bedingten herumtappt, und stets vergeblich nach dem Unbedingten, wovon uns kein Gesetz irgendeiner empirischen Synthesis ein Beispiel oder dazu die mindeste Leitung gibt, suchen wird.

Würde das höchste Wesen in dieser Kette der Bedingungen stehen, so würde es selbst ein Glied der Reihe derselben sein, und, ebenso, wie die niederen Glieder, denen es vorgesetzt ist, noch fernere Untersuchung wegen seines noch höheren Grundes erfordern. Will man es dagegen von dieser Kette trennen, und, als ein bloß intelligibles Wesen, nicht in der Reihe der Natursachen mitbegreifen: welche Brücke kann die Vernunft alsdann wohl schlagen, um zu demselben zu gelangen? Da alle Gesetze des Überganges von Wirkungen zu Ursachen, ja alle Synthesis und Erweiterung unserer Erkenntnis überhaupt auf nichts anderes, als mögliche Erfahrung, mithin bloß auf Gegenstände der Sinnenwelt gestellt sind und nur in Ansehung ihrer eine Bedeutung haben können.

Die gegenwärtige Weit eröffnet uns einen so unermeßlichen Schauplatz von Mannigfaltigkeit, Ordnung, Zweckmäßigkeit und Schönheit, man mag diese nun in der Unendlichkeit des Raumes, oder in der unbegrenzten Teilung desselben verfolgen, daß selbst nach den Kenntnissen, welche unser schwacher Verstand davon hat erwerben können, alle Sprache, über so viele und unabsehlich große Wunder, ihren Nachdruck, alle Zahlen ihre Kraft zu messen, und Selbst unsere Gedanken alle Begrenzung vermissen, so, daß sich unser Urteil vom Ganzen in ein sprachloses, aber desto beredteres Erstaunen auflösen muß. Allerwärts sehen wir eine Kette von Wirkungen und Ursachen, von Zwecken und den Mitteln, Regelmäßigkeit im Entstehen oder Vergehen, und, indem nichts von selbst in den Zustand getreten ist, darin es sich befindet, so weist er immer weiter hin nach einem anderen Dinge, als seiner Ursache, welche gerade eben dieselbe weitere Nachfrage notwendig macht, so, daß auf solche Weise das ganze All im Abgrunde des Nichts versinken müßte, nähme man nicht etwas an, das außerhalb diesem unendlichen Zufälligen, für sich selbst ursprünglich und unabhängig bestehend, dasselbe hielte, und als die Ursache seines Ursprungs ihm zugleich seine Fortdauer sicherte. Diese höchste Ursache (in Ansehung aller Dinge der Welt) wie groß soll man sie sich denken? Die Welt kennen wir nicht ihrem ganzen Inhalte nach, noch weniger wissen wir ihre Größe durch die Vergleichung mit allem, was möglich ist, zu schätzen. Was hindert uns aber, daß, da wir einmal in Absicht auf Kausalität ein äußerstes und oberstes Wesen bedürfen, wir es nicht zugleich dem Grade der Vollkommenheit nach *über alles andere Mögliche* setzen sollten? welches wir leicht, obzwar freilich nur durch den zarten Umriß eines abstrakten Begriffs, bewerkstelligen können, wenn wir uns in ihm, als einer einigen Substanz, alle mögliche Vollkommenheit vereinigt vorstellen; welcher Begriff der Forderung unserer Vernunft in der Ersparung der Prinzipien günstig, in sich selbst keinen Widersprüchen unterworfen und selbst der Erweiterung des Vernunftgebrauchs mitten in der Erfahrung, durch die Leitung, welche eine solche Idee auf Ordnung und Zweckmäßigkeit gibt, zuträglich, nirgend aber einer Erfahrung auf entschiedene Art zuwider ist.

Dieser Beweis verdient jederzeit mit Achtung genannt zu werden. Er ist der älteste, klarste und der gemeinen Menschenvernunft am meisten angemessene. Er belebt das Studium der Natur, so wie er selbst von diesem sein Dasein hat und dadurch immer neue Kraft bekommt. Er bringt Zwecke und Absichten dahin, wo sie unsere Beobachtung nicht von selbst entdeckt hätte, und erweitert unsere Naturkenntnisse durch den Leitfaden einer besonderen Einheit, deren Prinzip außer der Natur ist. Diese Kenntnisse wirken aber wieder auf ihre Ursache, nämlich die veranlassende Idee, zurück, und vermehren den Glauben an einen höchsten Urheber bis zu einer unwiderstehlichen Überzeugung.

Es würde daher nicht allein trostlos, sondern auch ganz umsonst sein, dem Ansehen dieses Beweises etwas entziehen zu wollen. Die Vernunft, die durch so mächtige und unter ihren Händen immer wachsende, obzwar nur empirische Beweisgründe, unablässig gehoben wird, kann durch keine Zweifel subtiler abgezogener Spekulation so niedergedrückt werden, daß sie nicht aus jeder grüblerischen Unentschlossenheit, gleich als aus einem Traume, durch einen Blick, den sie auf die Wunder der Natur und der Majestät des Weltbaues wirft, gerissen werden sollte, um sich von Größe zu Größe bis zur allerhöchsten, vom Bedingten zur Bedingung, bis zum obersten und unbedingten Urheber zu erheben.

Ob wir aber gleich wider die Vernunftmäßigkeit und Nützlichkeit dieses Verfahrens nichts einzuwenden, sondern es vielmehr zu empfehlen und aufzumuntern haben, so können wir darum doch die Ansprüche nicht billigen, welche diese Beweisart auf apodiktische Gewißheit und auf einen gar keiner Gunst oder fremden Unterstützung bedürftigen Beifall machen möchte, und es kann der guten Sache keineswegs schaden, die dogmatische Sprache eines hohnsprechenden Vernünftlers auf den Ton der Mäßigung und Bescheidenheit, eines zur Beruhigung hinreichenden, obgleich eben nicht unbedingte Unterwerfung gebietenden Glaubens, herabzustimmen. Ich behaupte demnach, daß der physikotheologische Beweis das Dasein eines höchsten Wesens niemals allein dartun könne, sondern es jederzeit dem ontologischen (welchem er nur zur Introduktion dient) überlassen müsse, diesen Mangel zu ergänzen, mithin dieser immer noch den *einzig möglichen Beweisgrund* (wofern überall nur ein spekulativer Beweis stattfindet) enthalte, den keine menschliche Vernunft vorbeigehen kann.

Die Hauptmomente des gedachten physischtheologischen Beweises sind folgende: l. In der Welt finden sich allerwärts deutliche Zeichen einer Anordnung nach bestimmter Absicht, mit großer Weisheit ausgeführt, und in einem Ganzen von unbeschreiblicher Mannigfaltigkeit des Inhalts sowohl, als auch unbegrenzter Größe des Umfangs. 2. Den Dingen der Welt ist diese zweckmäßige Anordnung ganz fremd, und hängt ihnen nur zufällig an, d. i. die Natur verschiedener Dinge konnte von selbst, durch so vielerlei sich vereinigende Mittel, zu bestimmten Endabsichten nicht zusammenstimmen, wären sie nicht durch ein anordnendes vernünftiges Prinzip, nach zum Grunde liegenden Ideen, dazu ganz eigentlich gewählt und angelegt worden. 3. Es existiert also eine erhabene und weise Ursache (oder mehrere), die nicht bloß, als blindwirkende allvermögende Natur, durch *Fruchtbarkeit*, sondern, als Intelligenz, durch *Freiheit* die Ursache der Welt sein muß. 4. Die Einheit derselben läßt sich aus der Einheit der wechselseitigen Beziehung der Teile der Welt, als Glieder von einem künstlichen Bauwerk, an demjenigen, wohin unsere Beobachtung reicht, mit Gewißheit, weiterhin aber, nach allen Grundsätzen der Analogie, mit Wahrscheinlichkeit schließen.

Ohne hier mit der natürlichen Vernunft über ihren Schluß zu schikanieren, da sie aus der Analogie einiger Naturprodukte mit demjenigen, was menschliche Kunst hervorbringt, wenn sie der Natur Gewalt tut, und sie nötigt, nicht nach ihren Zwecken zu verfahren, sondern sich in die unsrigen zu schmiegen, (der Ähnlichkeit derselben mit Häusern, Schiffen, Uhren,) schließt, es werde eben eine solche Kausalität, nämlich Verstand und Wille, bei ihr zum Grunde liegen, wenn sie die innere Möglichkeit der freiwirkenden Natur (die alle Kunst und vielleicht selbst sogar die Vernunft zuerst möglich macht), noch von einer anderen, obgleich übermenschlichen Kunst ableitet, welche Schlußart vielleicht die schärfste transz. Kritik nicht aushalten dürfte; muß man doch gestehen, daß, wenn wir einmal eine Ursache nennen sollen, wir hier nicht sicherer, als nach der Analogie mit dergleichen zweckmäßigen Erzeugungen, die die einzigen sind, wovon uns die Ursachen und Wirkungsart völlig bekannt sind, verfahren können. Die Vernunft würde es bei sich selbst nicht verantworten können, wenn sie von der Kausalität, die sie kennt, zu dunkeln und unerweislichen Erklärungsgründen, die sie nicht kennt, übergehen wollte.

Nach diesem Schlusse müßte die Zweckmäßigkeit und Wohlgereimtheit so vieler Naturanstalten bloß die Zufälligkeit der Form, aber nicht der Materie, d. i. der Substanz in der Welt beweisen; denn zu dem letzteren würde noch erfordert werden, daß bewiesen werden könnte, die Dinge der Welt wären an sich selbst zu dergleichen

Ordnung und Einstimmung, nach allgemeinen Gesetzen, untauglich, wenn sie nicht, selbst *ihrer Substanz nach*, das Produkt einer höchsten Weisheit wären; wozu aber ganz andere Beweisgründe, als die von der Analogie mit menschlicher Kunst, erfordert werden würden. Der Beweis könnte also höchstens einen *Weltbaumeister*, der durch die Tauglichkeit des Stoffs, den er bearbeitet, immer sehr eingeschränkt wäre, aber nicht einen *Weltschöpfer*, dessen Idee alles unterworfen ist, dartun, welches zu der großen Absicht, die man vor Augen hat, nämlich ein allgenugsames Urwesen zu beweisen, bei weitem nicht hinreichend ist. Wollten wir die Zufälligkeit der Materie selbst beweisen, so müßten wir zu einem transzendentalen Argumente unsere Zuflucht nehmen, welches aber hier eben hat vermieden werden sollen.

Der Schluß geht also von der in der Welt so durchgängig zu beobachtenden Ordnung und Zweckmäßigkeit, als einer durchaus zufälligen Einrichtung, auf das Dasein einer *ihr proportionierten* Ursache. Der Begriff dieser Ursache aber muß uns etwas ganz *Bestimmtes* von ihr zu erkennen geben, und er kann also kein anderer sein, als der von einem Wesen, das alle Macht, Weisheit usw., mit einem Worte alle Vollkommenheit, als ein allgenugsames Wesen, besitzt. Denn die Prädikate von *sehr großer*, von erstaunlicher, von unermeßlicher Macht und Trefflichkeit geben gar keinen bestimmten Begriff, und sagen eigentlich nicht, was das Ding an sich selbst sei, sondern sind nur Verhältnisvorstellungen von der Größe des Gegenstandes, den der Beobachter (der Welt) mit sich selbst und seiner Fassungskraft vergleicht, und die gleich hochpreisend ausfallen, man mag den Gegenstand vergrößern, oder das beobachtende Subjekt in Verhältnis auf ihn kleiner machen. Wo es auf Größe (der Vollkommenheit) eines Dinges überhaupt ankommt, da gibt es keinen bestimmten Begriff als den, so die ganze mögliche Vollkommenheit begreift, und nur das All (omnitudo) der Realität ist im Begriffe durchgängig bestimmt.

Nun will ich nicht hoffen, daß sich jemand unterwinden sollte, das Verhältnis der von ihm beobachteten Weltgröße (nach Umfang sowohl als Inhalt) zur Allmacht, der Weltordnung zur höchsten Weisheit, der Welteinheit zur absoluten Einheit des Urhebers usw. einzusehen. Also kann die Physikotheologie keinen bestimmten Begriff von der obersten Weltursache geben, und daher zu einem Prinzip der Theologie, welche wiederum die Grundlage der Religion ausmachen soll nicht hinreichend sein.

Der Schritt zu der absoluten Totalität ist durch den empirischen Weg ganz und gar unmöglich. Nun tut man ihn doch aber im physischtheologischen Beweise. Welches Mittels bedient man sich also wohl, über eine so weite Kluft zu kommen?

Nachdem man bis zur Bewunderung der Größe der Weisheit, der Macht usw. des Welturhebers gelangt ist, und nicht weiter kommen kann, so verläßt man auf einmal dieses durch empirische Beweisgründe geführte Argument, und geht zu der gleich anfangs aus der Ordnung und Zweckmäßigkeit der Welt geschlossenen Zufälligkeit derselben. Von dieser Zufälligkeit allein geht man nun, lediglich durch transzendentale

Begriffe, zum Dasein eines schlechthin Notwendigen, und von dem Begriffe der absoluten Notwendigkeit der ersten Ursache auf den durchgängig bestimmten oder bestimmenden Begriff desselben, nämlich einer allbefassenden Realität. Also blieb der physischtheologische Beweis in seiner Unternehmung stecken, sprang in dieser Verlegenheit plötzlich zu dem kosmologischen Beweise über, und da dieser nur ein versteckter ontologischer Beweis ist, so vollführte er seine Absicht wirklich bloß durch reine Vernunft, ob er gleich anfänglich alle Verwandtschaft mit dieser abgeleugnet und alles auf einleuchtende Beweise aus Erfahrung ausgesetzt hatte.

Die Physikotheologen haben also gar nicht Ursache, gegen die transzendentale Beweisart so spröde zu tun, und auf sie mit dem Eigendünkel hellsehender Naturkenner, als auf das Spinnengewebe finsterer Grübler, herabzusehen. Denn, wenn sie sich nur selbst prüfen wollten, so würden sie finden, daß, nachdem sie eine gute Strecke auf dem Boden der Natur und Erfahrung fortgegangen sind, und sich gleichwohl immer noch eben so weit von dem Gegenstande sehen, der ihrer Vernunft entgegen scheint, sie plötzlich diesen Boden verlassen, und ins Reich bloßer Möglichkeiten übergehen, wo sie auf den Flügeln der Ideen demjenigen nahe zu kommen hoffen, was sich aller ihrer empirischen Nachsuchung entzogen hatte. Nachdem sie endlich durch einen so mächtigen Sprung festen Fuß gefaßt zu haben vermeinen, so verbreiten sie den nunmehr bestimmten Begriff (in dessen Besitz sie, ohne zu wissen wie, gekommen sind,) über das ganze Feld der Schöpfung, und erläutern das Ideal, welches lediglich ein Produkt der reinen Vernunft war, obzwar kümmerlich genug, und weit unter der Würde seines Gegenstandes, durch Erfahrung, ohne doch gestehen zu wollen, daß sie zu dieser Kenntnis oder Voraussetzung durch einen anderen Fußsteig, als den der Erfahrung, gelangt sind.

So liegt demnach dem physikotheologischen Beweise der kosmologische, diesem aber der ontologische Beweis, vom Dasein eines einigen Urwesens als höchsten Wesens, zum Grunde, und da außer diesen dreien Wegen keiner mehr der spekulativen Vernunft offen ist, so ist der ontologische Beweis, aus lauter reinen Vernunftbegriffen, der einzige mögliche, wenn überall nur ein Beweis von einem so weit über allen empirischen Verstandesgebrauch erhabenen Satze möglich ist.

Des dritten Hauptstücks

Siebenter Abschnitt
Kritik aller Theologie aus spekulativen Prinzipien der Vernunft

Wenn ich unter Theologie die Erkenntnis des Urwesens verstehe, so ist sie entweder die aus bloßer Vernunft *(theologia rationalis)* oder aus Offenbarung *(revelata)*. Die erstere denkt sich nun ihren Gegenstand entweder bloß durch reine Vernunft, vermittelst lauter transzendentaler Begriffe, *(ens originarium, realissimum, ens entium,)* und heißt die transzendentale Theologie, oder durch einen Begriff, den sie aus der Natur (unserer Seele) entlehnt, als die höchste Intelligenz, und müßte die *natürliche* Theologie heißen. Der, so allein eine transzendentale Theologie einräumt, wird *Deist*, der, so auch eine natürliche Theologie annimmt, *Theist* genannt. Der erstere gibt zu, daß wir allenfalls das Dasein eines Urwesens durch bloße Vernunft erkennen können, wovon aber unser Begriff bloß transzendental sei, nämlich nur als von einem Wesen, das alle Realität hat, die man aber nicht näher bestimmen kann. Der zweite behauptet, die Vernunft sei imstande, den Gegenstand nach der Analogie mit der Natur näher zu bestimmen, nämlich als ein Wesen, das durch Verstand und Freiheit den Urgrund aller anderen Dinge in sich enthalte. Jener stellt sich also unter demselben bloß eine *Weltursache*, (ob durch die Notwendigkeit seiner Natur, oder durch Freiheit, bleibt unentschieden,) dieser einen *Welturheber* vor.

Die transzendentale Theologie ist entweder diejenige, welche das Dasein des Urwesens von einer Erfahrung überhaupt (ohne über die Welt, wozu sie gehört, etwas näher zu bestimmen,) abzuleiten gedenkt, und heißt *Kosmotheologie*, oder glaubt durch bloße Begriffe, ohne Beihilfe der mindesten Erfahrung, sein Dasein zu erkennen, und wird *Ontotheologie* genannt.

Die *natürliche Theologie* schließt auf die Eigenschaften und das Dasein eines Welturhebers, aus der Beschaffenheit, der Ordnung und Einheit, die in dieser Welt angetroffen wird, in welcher zweierlei Kausalität und deren Regel angenommen werden muß, nämlich Natur und Freiheit. Daher steigt sie von dieser Welt zur höchsten Intelligenz auf, entweder als dem Prinzip aller natürlichen, oder aller sittlichen Ordnung und Vollkommenheit. Im ersteren Falle heißt sie *Physikotheologie*, im letzten *Moraltheologie*.

Da man unter dem Begriffe von Gott nicht etwa bloß eine blindwirkende ewige Natur, als die Wurzel der Dinge, sondern ein höchstes Wesen, das durch Verstand und Freiheit der Urheber der Dinge sein soll, zu verstehen gewohnt ist, und auch dieser Begriff allein uns interessiert, so könnte man, nach der Strenge, dem *Deisten* allen Glauben an Gott absprechen, und ihm lediglich die Behauptung eines Urwesens, oder obersten Ursache, übrig lassen. Indessen, da niemand darum, weil er etwas sich nicht zu behaupten getraut, beschuldigt werden darf, er wolle es gar leugnen, so ist es gelinder und billiger, zu sagen: der *Deist* glaube einen *Gott*, der *Theist* aber einen *lebendigen Gott (summam intelligentiam)*. Jetzt wollen wir die Möglichen Quellen aller dieser Versuche der Vernunft aufsuchen.

Ich begnüge mich hier, die theoretische Erkenntnis durch eine solche zu erklären, wodurch ich erkenne, was *da ist*, die praktische aber, dadurch ich mir vorstelle, was *da sein soll*. Diesem nach ist der theoretische Gebrauch der Vernunft derjenige, durch den ich a priori (als notwendig) erkenne, daß etwas sei; der praktische aber, durch den a priori erkannt wird, was geschehen solle. Wenn nun entweder, daß etwas sei, oder geschehen solle, ungezweifelt gewiß, aber doch nur bedingt ist: so kann doch entweder eine gewisse bestimmte Bedingung dazu schlechthin notwendig sein, oder sie kann nur als beliebig und zufällig vorausgesetzt werden. Im ersteren Falle wird die Bedingung postuliert *(per thesin)*, im zweiten supponiert *(per hypothesin)*. Da es praktische Gesetze gibt, die schlechthin notwendig sind (die moralischen), so muß, wenn diese irgendein Dasein, als die Bedingung der Möglichkeit ihrer *verbindenden Kraft*, notwendig voraussetzen, dieses Dasein *postuliert* werden, darum, weil das Bedingte, von welchem der Schluß auf diese bestimmte Bedingung geht, selbst a priori als schlechterdings notwendig erkannt wird. Wir werden künftig von den moralischen Gesetzen zeigen, daß sie das Dasein eines höchsten Wesens nicht bloß voraussetzen, sondern auch, da sie in anderweitiger Betrachtung schlechterdings notwendig sind, es mit Recht aber freilich nur praktisch, postulieren; jetzt setzen wir diese Schlußart noch beiseite.

Da, wenn bloß von dem, was da ist, (nicht, was sein soll,) die Rede ist, das Bedingte, welches uns in der Erfahrung gegeben wird, jederzeit auch als zufällig gedacht wird, so kann die zu ihm gehörige Bedingung daraus nicht als schlechthin notwendig erkannt werden, sondern dient nur als eine respektiv notwendige, oder vielmehr *nötige*, an sich selbst aber und a priori willkürliche Voraussetzung zum Vernunfterkenntnis des Bedingten. Soll also die absolute Notwendigkeit eines Dinges im theoretischen Erkenntnis erkannt werden, so könnte dieses allein aus Begriffen a priori geschehen, niemals aber als einer Ursache, in Beziehung auf ein Dasein, das durch Erfahrung gegeben ist.

Eine theoretische Erkenntnis ist *spekulativ*, wenn sie auf einen Gegenstand, oder solche Begriffe von einem Gegenstande, geht, wozu man in keiner Erfahrung gelangen kann. Sie wird der *Naturerkenntnis* entgegengesetzt, welche auf keine anderen Gegenstände oder Prädikate derselben geht, als die in einer möglichen Erfahrung gegeben werden können.

Der Grundsatz, von dem, was geschieht, (dem empirisch Zufälligen,) als Wirkung, auf eine Ursache zu schließen, ist ein Prinzip der Naturerkenntnis, aber nicht der spekulativen. Denn, wenn man von ihm, als einem Grundsatze, der die Bedingung möglicher Erfahrung überhaupt enthält, abstrahiert, und, indem man alles Empirische wegläßt, ihn vom Zufälligen überhaupt aussagen will, so bleibt nicht die mindeste Rechtfertigung eines solchen synthetischen Satzes übrig, um daraus zu ersehen, wie ich von etwas, was da ist, zu etwas davon ganz Verschiedenem (genannt Ursache) übergehen könne; ja der Begriff einer Ursache verliert ebenso, wie des Zufälligen, in solchem bloß spekulativen Gebrauche, alle Bedeutung, deren objektive Realität sich in concreto begreiflich machen lasse.

Wenn man nun vom Dasein der *Dinge* in der Welt auf ihre Ursache schließt, so gehört dieses nicht zum *natürlichen*, sondern zum *spekulativen* Vernunftgebrauch; weil jener nicht die Dinge selbst (Substanzen), sondern nur das, was *geschieht*, also ihre *Zustände*, als empirisch zufällig, auf irgendeine Ursache bezieht; daß die Substanz selbst (die

Materie) dem Dasein nach zufällig sei, würde ein bloß spekulatives Vernunfterkenntnis sein müssen. Wenn aber auch nur von der Form der Welt, der Art ihrer Verbindung und dem Wechsel derselben die Rede wäre, ich wollte aber daraus auf eine Ursache schließen, die von der Welt gänzlich unterschieden ist; so würde dieses wiederum ein Urteil der bloß spekulativen Vernunft sein, weil der Gegenstand hier gar kein Objekt einer möglichen Erfahrung ist. Aber alsdann würde der Grundsatz der Kausalität, der nur innerhalb dem Felde der Erfahrungen gilt, und außer demselben ohne Gebrauch, ja selbst ohne Bedeutung ist, von seiner Bestimmung gänzlich abgebracht.

Ich behaupte nun, daß alle Versuche eines bloß spekulativen Gebrauchs der Vernunft in Ansehung der Theologie gänzlich fruchtlos und ihrer inneren Beschaffenheit nach null und nichtig sind; daß aber die Prinzipien ihres Naturgebrauchs ganz und gar auf keine Theologie führen, folglich, wenn man nicht moralische Gesetze zum Grunde legt, oder zum Leitfaden braucht, es überall keine Theologie der Vernunft geben könne. Denn alle synthetischen Grundsätze des Verstandes sind von immanentem Gebrauch; zu der Erkenntnis eines höchsten Wesens aber wird ein transzendenter Gebrauch derselben erfordert, wozu unser Verstand gar nicht ausgerüstet ist. Soll das empirisch gültige Gesetz der Kausalität zu dem Urwesen führen, so müßte dieses in die Kette der Gegenstände der Erfahrung mitgehören; alsdann wäre es aber, wie alle Erscheinungen, selbst wiederum bedingt. Erlaubte man aber auch den Sprung über die Grenze der Erfahrung hinaus, vermittelst des dynamischen Gesetzes der Beziehung der Wirkungen auf ihre Ursachen; welchen Begriff kann uns dieses Verfahren verschaffen? Bei weitem keinen Begriff von einem höchsten Wesen, weil uns Erfahrung niemals die größte aller möglichen Wirkungen (als welche das Zeugnis von ihrer Ursache ablegen soll) darreicht. Soll es uns erlaubt sein, bloß, um in unserer Vernunft nichts Leeres übrigzulassen, diesen Mangel der völligen Bestimmung durch eine bloße Idee der höchsten Vollkommenheit und ursprünglichen Notwendigkeit auszufüllen: so kann dieses zwar aus Gunst eingeräumt, aber nicht aus dem Rechte eines unwiderstehlichen Beweises gefordert werden. Der physischtheologische Beweis könnte also vielleicht wohl anderen Beweisen (wenn solche zu haben sind) Nachdruck geben, indem er Spekulation mit Anschauung verknüpft: für sich selbst aber bereitet er mehr den Verstand zur theologischen Erkenntnis vor, und gibt ihm dazu eine gerade und natürliche Richtung, als daß er *allein* das Geschäft vollenden könnte.

Man sieht also hieraus wohl, daß transzendentale Fragen nur transzendentale Antworten, d. i. aus lauter Begriffen a priori ohne die mindeste empirische Beimischung, erlauben. Die Frage ist hier aber offenbar synthetisch und verlangt eine Erweiterung unserer Erkenntnis über alle Grenzen der Erfahrung hinaus, nämlich zu dem Dasein eines Wesens, das unserer bloßen Idee entsprechen soll, der niemals irgendeine Erfahrung gleichkommen kann. Nun ist, nach unseren obigen Beweisen, alle synthetische Erkenntnis a priori nur dadurch möglich, daß sie die formalen Bedingungen einer möglichen Erfahrung ausdrückt, und alle Grundsätze sind also nur von immanenter Gültigkeit, d. i. sie beziehen sich lediglich auf Gegenstände empirischer Erkenntnis, oder Erscheinungen. Also wird auch durch transzendentales Verfahren in Absicht auf die Theologie einer bloß spekulativen Vernunft nichts ausgerichtet.

Wollte man aber lieber alle obigen Beweise der Analytik in Zweifel ziehen, als sich die Überredung von dem Gewichte der so lange gebrauchten Beweisgründe rauben lassen; so kann man sich doch nicht weigern, der Aufforderung ein Genüge zu tun, wenn ich verlange, man solle sich wenigstens darüber rechtfertigen, wie und vermittelst welcher Erleuchtung man sich denn getraue, alle mögliche Erfahrung durch die Macht bloßer Ideen zu überfliegen. Mit neuen Beweisen, oder ausgebesserter Arbeit alter Beweise, würde ich bitten mich zu verschonen. Denn, ob man zwar hierin eben nicht viel zu wählen hat, indem endlich doch alle bloß spekulativen Beweise auf einen einzigen, nämlich den ontologischen, hinauslaufen, und ich also eben nicht fürchten darf, sonderlich durch die Fruchtbarkeit der dogmatischen Verfechter jener sinnenfreien Vernunft belästigt zu werden; obgleich ich überdem auch, ohne mich darum sehr streitbar zu dünken, die Ausforderung nicht ausschlagen will, in jedem Versuche dieser Art den Fehlschluß aufzudecken, und dadurch seine Anmaßung zu vereiteln: so wird daher doch die Hoffnung besseren Glücks bei denen, welche einmal dogmatischer Überredungen gewohnt sind, niemals völlig aufgehoben, und ich halte mich daher an der einzigen billigen Forderung, daß man sich allgemein und aus der Natur des menschlichen Verstandes, samt allen übrigen Erkenntnisquellen, darüber rechtfertige, wie man es anfangen wolle, sein Erkenntnis ganz und gar a priori zu erweitern, und bis dahin zu erstrecken, wo keine mögliche Erfahrung und mithin kein Mittel hinreicht, irgendeinem von uns selbst ausgedachten Begriffe seine objektive Realität zu versichern. Wie der Verstand auch zu diesem Begriffe gelangt sein mag, so kann doch das Dasein des Gegenstandes desselben nicht analytisch in demselben gefunden werden, weil eben darin die Erkenntnis der *Existenz* des Objekts besteht, daß dieses *außer dem Gedanken* an sich selbst gesetzt ist. Es ist aber gänzlich unmöglich, aus einem Begriffe von selbst hinauszugehen, und, ohne daß man der empirischen Verknüpfung folgt, (wodurch aber jederzeit nur Erscheinungen gegeben werden,) zu Entdeckung neuer Gegenstände und überschwenglicher Wesen zu gelangen.

Ob aber gleich die Vernunft in ihrem bloß spekulativen Gebrauche zu dieser so großen Absicht bei weitem nicht zulänglich ist, nämlich zum Dasein eines obersten Wesens zu gelangen; so hat sie doch darin sehr großen Nutzen, die Erkenntnis desselben, im Fall sie anders woher geschöpft werden könnte, zu *berichtigen*, mit sich selbst und jeder intelligiblen Absicht einstimmig zu machen, und von allem, was dem Begriffe eines Urwesens zuwider sein möchte, und aller Beimischung empirischer Einschränkungen zu reinigen.

Die transzendentale Theologie bleibt demnach, aller ihrer Unzulänglichkeit ungeachtet, dennoch von wichtigem negativen Gebrauche, und ist eine beständige

Zensur unserer Vernunft, wenn sie bloß mit reinen Ideen zu tun hat, die eben darum kein anderes, als transzendentales Richtmaß zulassen. Denn, wenn einmal, in anderweitiger, vielleicht praktischer Beziehung, die *Voraussetzung* eines höchsten und allgenugsamen Wesens, als oberster Intelligenz, ihre Gültigkeit ohne Widerrede behauptete: so wäre es von der größten Wichtigkeit, diesen Begriff auf seiner transzendentalen Seite, als den Begriff eines notwendigen und allerrealsten Wesens, genau zu bestimmen, und, was der höchsten Realität zuwider ist, was zur bloßen Erscheinung (dem Anthropomorphismus im weiteren Verstande) gehört, wegzuschaffen, und zugleich alle entgegengesetzten Behauptungen, sie mögen nun *atheistisch*, oder *deistisch*, oder *anthropomorphistisch* sein, aus dem Wege zu räumen; welches in einer solchen kritischen Behandlung sehr leicht ist, indem dieselben Gründe, durch welche das Unvermögen der menschlichen Vernunft, in Ansehung der Behauptung des Daseins eines dergleichen Wesens, vor Augen gelegt wird, notwendig auch zureichen, um die Untauglichkeit einer jeden Gegenbehauptung zu beweisen. Denn, wo will jemand durch reine Spekulation der Vernunft die Einsicht hernehmen, daß es kein höchstes Wesen, als Urgrund von Allem, gebe, oder daß ihm keine von den Eigenschaften zukomme, welche wir, ihren Folgen nach, als analogisch mit den dynamischen Realitäten eines denkenden Wesens, uns vorstellen, oder daß sie, in dem letzteren Falle, auch allen Einschränkungen unterworfen sein müßten, welche die Sinnlichkeit den Intelligenzen, die wir durch Erfahrung kennen, unvermeidlich auferlegt.

Das höchste Wesen bleibt also für den bloß spekulativen Gebrauch der Vernunft ein bloßes, aber doch *fehlerfreies Ideal*, ein Begriff, welcher die ganze menschliche Erkenntnis schließt und krönt, dessen objektive Realität auf diesem Wege zwar nicht bewiesen, aber auch nicht widerlegt werden kann, und, wenn es eine Moraltheologie geben sollte, die diesen Mangel ergänzen kann, so beweist alsdann die vorher nur problematische transzendentale Theologie ihre Unentbehrlichkeit, durch Bestimmung ihres Begriffs und unaufhörliche Zensur einer durch Sinnlichkeit oft genug getäuschten und mit ihren eigenen Ideen nicht immer einstimmigen Vernunft. Die Notwendigkeit, die Unendlichkeit, die Einheit, das Dasein außer der Welt (nicht als Weltseele), die Ewigkeit, ohne Bedingungen der Zeit, die Allgegenwart, ohne Bedingungen des Raumes, die Allmacht usw. sind lauter transzendentale Prädikate, und daher kann der gereinigte Begriff derselben, den eine jede Theologie so sehr nötig hat, bloß aus der transzendentalen gezogen werden.

Anhang zur transzendentalen Dialektik

Von dem regulativen Gebrauch der Ideen der reinen Vernunft

Der Ausgang aller dialektischen Versuche der reinen Vernunft bestätigt nicht allein, was wir schon in der transzendentalen Analytik bewiesen, nämlich daß alle unsere

Schlüsse, die uns über das Feld möglicher Erfahrung hinausführen wollen, trüglich und grundlos seien; sondern er lehrt uns zugleich dieses Besondere: daß die menschliche Vernunft dabei einen natürlichen Hang habe, diese Grenze zu überschreiten, daß transzendentale Ideen ihr ebenso natürlich seien, als dem Verstande die Kategorien, obgleich mit dem Unterschiede, daß, so wie die letzteren zur Wahrheit, d. i. der Übereinstimmung unserer Begriffe mit dem Objekte führen, die ersteren einen bloßen, aber unwiderstehlichen Schein bewirken, dessen Täuschung man kaum durch die schärfste Kritik abhalten kann.

Alles, was in der Natur unserer Kräfte gegründet ist, muß zweckmäßig und mit dem richtigen Gebrauche derselben einstimmig sein, wenn wir nur einen gewissen Mißverstand verhüten und die eigentliche Richtung derselben ausfindig machen können. Also werden die transzendentalen Ideen allem Vermuten nach ihren guten und folglich *immanenten* Gebrauch haben, obgleich, wenn ihre Bedeutung verkannt und sie für Begriffe von wirklichen Dingen genommen werden, sie transzendent in der Anwendung und eben darum trüglich sein können. Denn nicht die Idee an sich selbst, sondern bloß ihr Gebrauch kann, entweder in Ansehung der gesamten möglichen Erfahrung *überfliegend* (transzendent), oder *einheimisch* (immanent) sein, nachdem man sie entweder geradezu auf einen ihr vermeintlich entsprechenden Gegenstand, oder nur auf den Verstandesgebrauch überhaupt, in Ansehung der Gegenstände, mit welchen er zu tun hat, richtet, und alle Fehler der Subreption sind jederzeit einem Mangel der Urteilskraft, niemals aber dem Verstande oder der Vernunft zuzuschreiben.

Die Vernunft bezieht sich niemals geradezu auf einen Gegenstand, sondern lediglich auf den Verstand, und vermittelst desselben auf ihren eigenen empirischen Gebrauch, *schafft* also keine Begriffe (von Objekten), sondern *ordnet* sie nur, und gibt ihnen diejenige Einheit, welche sie in ihrer größtmöglichen Ausbreitung haben können, d. i. in Beziehung auf die Totalität der Reihen, als auf welche der Verstand gar nicht sieht, sondern nur auf diejenige Verknüpfung, *dadurch* allerwärts *Reihen* der Bedingungen nach Begriffen *zustande kommen*. Die Vernunft hat also eigentlich nur den Verstand und dessen zweckmäßige Anstellung zum Gegenstande, und, wie dieser das Mannigfaltige im Objekt durch Begriffe vereinigt, so vereinigt jene ihrerseits das Mannigfaltige der Begriffe durch Ideen, indem sie eine gewisse kollektive Einheit zum Ziele der Verstandeshandlungen setzt, welche sonst nur mit der distributiven Einheit beschäftigt sind.

Ich behaupte demnach: die transzendentalen Ideen sind niemals von konstitutivem Gebrauche, so, daß dadurch Begriffe gewisser Gegenstände gegeben würden, und in dem Falle, daß man sie so versteht, sind es bloß vernünftelnde (dialektische) Begriffe. Dagegen aber haben sie einen vortrefflichen und unentbehrlich notwendigen regulativen Gebrauch, nämlich den Verstand zu einem gewissen Ziele zu richten, in Aussicht auf welches die Richtungslinien aller seiner Regeln in einen Punkt zusammenlaufen, der, ob er zwar nur eine Idee *(focus imaginarius)*, d. i. ein Punkt ist, aus welchem die Verstandesbegriffe wirklich nicht ausgehen, indem er ganz außerhalb den Grenzen möglicher Erfahrung liegt, dennoch dazu dient, ihnen die größte Einheit neben der größten Ausbreitung zu verschaffen. Nun entspringt uns zwar hieraus die Täuschung, als wenn diese Richtungslinien von einem Gegenstande selbst, der außer dem Felde empirisch möglicher Erkenntnis läge, ausgeschlossen wären (so wie die Objekte hinter der Spiegelfläche gesehen werden), allein diese Illusion (welche man doch hindern kann, daß sie nicht betrügt,) ist gleichwohl unentbehrlich notwendig, wenn wir außer den Gegenständen, die uns vor Augen sind, auch diejenigen zugleich sehen wollen, die weit davon uns im Rücken liegen, d. i. wenn wir, in unserem Falle, den Verstand über jede gegebene Erfahrung (dem Teile der gesamten möglichen Erfahrung) hinaus, mithin auch zur größtmöglichen und äußersten Erweiterung abrichten wollen.

Übersehen wir unsere Verstandeserkenntnisse in ihrem ganzen Umfange, so finden wir, daß dasjenige, was Vernunft ganz eigentümlich darüber verfügt und zustande zu bringen sucht, das *Systematische* der Erkenntnis sei, d. i. der Zusammenhang derselben aus einem Prinzip. Diese Vernunfteinheit setzt jederzeit eine Idee voraus, nämlich die von der Form eines Ganzen der Erkenntnis, welches vor der bestimmten Erkenntnis der Teile vorhergeht und die Bedingungen enthält, jedem Teile seine Stelle und Verhältnis zu den übrigen a priori zu bestimmen. Diese Idee postuliert demnach vollständige Einheit der Verstandeserkenntnis, wodurch diese nicht bloß ein zufälliges Aggregat, sondern ein nach notwendigen Gesetzen zusammenhängendes System wird. Man kann eigentlich nicht sagen, daß diese Idee ein Begriff vom Objekte sei, sondern von der durchgängigen Einheit dieser Begriffe, sofern dieselbe dem Verstande zur Regel dient. Dergleichen Vernunftbegriffe werden nicht aus der Natur geschöpft, vielmehr befragen wir die Natur nach diesen Ideen, und halten unsere Erkenntnis für mangelhaft, solange sie denselben nicht adäquat ist. Man gesteht: daß sich schwerlich *reine Erde, reines Wasser, reine Luft* usw. finde. Gleichwohl hat man die Begriffe davon doch nötig (die also, was die völlige Reinigkeit betrifft, nur in der Vernunft ihren Ursprung haben), um den Anteil, den jede dieser Naturursachen an der Erscheinung hat, gehörig zu bestimmen, und so bringt man alle Materien auf die Erden (gleichsam die bloße Last), Salze und brennliche Wesen (als die Kraft), endlich auf Wasser und Luft als Vehikeln (gleichsam Maschinen, vermittelst deren die vorigen wirken), um nach der Idee eines Mechanismus die chemischen Wirkungen der Materien untereinander zu erklären. Denn, wiewohl man sich nicht wirklich so ausdrückt, so ist doch ein solcher Einfluß der Vernunft auf die Einteilungen der Naturforscher sehr leicht zu entdecken.

Wenn die Vernunft ein Vermögen ist, das Besondere aus dem Allgemeinen abzuleiten, so ist entweder das Allgemeine schon *an sich gewiß* und gegeben, und alsdann erfordert es nur *Urteilskraft* zur Subsumtion, und das Besondere wird dadurch notwendig bestimmt. Dieses will ich den apodiktischen Gebrauch der Vernunft nennen. Oder das Allgemeine wird nur *problematisch* angenommen, und ist eine bloße Idee, das

Besondere ist gewiß, aber die Allgemeinheit der Regel zu dieser Folge ist noch ein Problem; so werden mehrere besondere Fälle, die insgesamt gewiß sind, an der Regel versucht, ob sie daraus fließen, und in diesem Falle, wenn es den Anschein hat, daß alle anzugebenden besonderen Fälle daraus abfolgen, wird auf die Allgemeinheit der Regel, aus dieser aber nachher auf alle Fälle, die auch an sich nicht gegeben sind, geschlossen. Diesen will ich den hypothetischen Gebrauch der Vernunft nennen.

Der hypothetische Gebrauch der Vernunft aus zum Grunde gelegten Ideen, als problematischer Begriffe, ist eigentlich nicht *konstitutiv*, nämlich nicht so beschaffen, daß dadurch, wenn man nach aller Strenge urteilen will, die Wahrheit der allgemeinen Regel, die als Hypothese angenommen worden, folge; denn wie will man alle möglichen Folgen wissen, die, indem sie aus demselben angenommenen Grundsatze folgen, seine Allgemeinheit beweisen? Sondern er ist nur regulativ, um dadurch, soweit als es möglich ist, Einheit in die besonderen Erkenntnisse zu bringen, und die Regel dadurch der Allgemeinheit zu *nähern*.

Der hypothetische Vernunftgebrauch geht also auf die systematische Einheit der Verstandeserkenntnisse, diese aber ist der *Probierstein der Wahrheit* der Regeln. Umgekehrt ist die systematische Einheit (als bloße Idee) lediglich nur *projektierte* Einheit, die man an sich nicht als gegeben, sondern nur als Problem ansehen muß; welche aber dazu dient, zu dem Mannigfaltigen und besonderen Verstandesgebrauche ein Prinzipium zu finden, und diesen dadurch auch über die Fälle, die nicht gegeben sind, zu leiten und zusammenhängend zu machen.

Man sieht aber hieraus nur, daß die systematische oder Vernunfteinheit der mannigfaltigen Verstandeserkenntnis ein *logisches* Prinzip sei, um, da wo der Verstand allein nicht zu Regeln hinlangt, ihm durch Ideen fortzuhelfen, und zugleich der Verschiedenheit seiner Regeln Einhelligkeit unter einem Prinzip (systematische) und dadurch Zusammenhang zu verschaffen, soweit als es sich tun läßt. Ob aber die Beschaffenheit der Gegenstände, oder die Natur des Verstandes, der sie als solche erkennt, an sich zur systematischen Einheit bestimmt sei, und ob man diese a priori, auch ohne Rücksicht auf ein solches Interesse der Vernunft in gewisser Maaße postulieren, und also sagen könne: alle möglichen Verstandeserkenntnisse (darunter die empirischen) haben Vernunfteinheit, und stehen unter gemeinschaftlichen Prinzipien, woraus sie, unerachtet ihrer Verschiedenheit, abgeleitet werden können; das würde ein *transzendentaler* Grundsatz der Vernunft sein, welcher die systematische Einheit nicht bloß subjektiv- und logisch-, als Methode, sondern objektiv notwendig machen würde.

Wir wollen dieses durch einen Fall des Vernunftgebrauchs erläutern. Unter die verschiedenen Arten von Einheit nach Begriffen des Verstandes gehört auch die der Kausalität einer Substanz, welche Kraft genannt wird. Die verschiedenen Erscheinungen eben derselben Substanz zeigen beim ersten Anblicke soviel Ungleichartigkeit, daß man daher anfänglich beinahe so vielerlei Kräfte derselben annehmen muß, als Wirkungen sich hervortun, wie in dem menschlichen Gemüte die Empfindung, Bewußtsein, Einbildung, Erinnerung, Witz, Unterscheidungskraft, Lust, Begierde usw. Anfänglich gebietet eine logische Maxime, diese anscheinende Verschiedenheit soviel als möglich dadurch zu verringern, daß man durch Vergleichung die versteckte Identität entdecke, und nachsehe, ob nicht Einbildung, mit Bewußtsein verbunden, Erinnerung, Witz, Unterscheidungskraft, vielleicht gar Verstand und Vernunft sei. Die Idee einer *Grundkraft*, von welcher aber die Logik gar nicht ausmittelt, ob es dergleichen gebe, ist wenigstens das Problem einer systematischen Vorstellung der Mannigfaltigkeit von Kräften. Das logische Vernunftprinzip erfordert diese Einheit soweit als möglich zustande zu bringen, und je mehr die Erscheinungen der einen und anderen Kraft unter sich identisch gefunden werden, desto wahrscheinlicher wird es, daß sie nichts, als verschiedene Äußerungen einer und derselben Kraft seien, welche (komparativ) ihre *Grundkraft* heißen kann. Ebenso verfährt man mit den übrigen.

Die komparativen Grundkräfte müssen wiederum untereinander verglichen werden, um sie dadurch, daß man ihre Einhelligkeit entdeckt, einer einzigen radikalen, d. i. absoluten Grundkraft nahe zu bringen. Diese Vernunfteinheit aber ist bloß hypothetisch. Man behauptet nicht, daß eine solche in der Tat angetroffen werden müsse, sondern, daß man sie zugunsten der Vernunft, nämlich zu Errichtung gewisser Prinzipien, für die mancherlei Regeln, die die Erfahrung an die Hand geben mag, suchen, und, wo es sich tun läßt, auf solche Weise systematische Einheit ins Erkenntnis bringen müsse.

Es zeigt sich aber, wenn man auf den transzendentalen Gebrauch des Verstandes achthat, daß diese Idee einer Grundkraft überhaupt, nicht bloß als Problem zum hypothetischen Gebrauche bestimmt sei, sondern objektive Realität vorgebe, dadurch die systematische Einheit der mancherlei Kräfte einer Substanz postuliert und ein apodiktisches Vernunftprinzip errichtet wird. Denn, ohne daß wir einmal die Einhelligkeit der mancherlei Kräfte versucht haben, ja selbst wenn es uns nach allen Versuchen mißlingt, sie zu entdecken, setzen wir doch voraus: es werde eine solche anzutreffen sein, und dieses nicht allein, wie in dem angeführten Falle, wegen der Einheit der Substanz, sondern, wo so gar viele, obzwar in gewissem Grade gleichartige, angetroffen werden, wie an der Materie überhaupt, setzt die Vernunft systematische Einheit mannigfaltiger Kräfte voraus, da besondere Naturgesetze unter allgemeineren stehen, und die Ersparung der Prinzipien nicht bloß ein ökonomischer Grundsatz der Vernunft, sondern inneres Gesetz der Natur wird.

In der Tat ist auch nicht abzusehen, wie ein logisches Prinzip der Vernunfteinheit der Regeln stattfinden könne, wenn nicht ein transzendentales vorausgesetzt würde, durch welches eine solche systematische Einheit, als den Objekten selbst anhängend, a priori als notwendig angenommen wird. Denn mit welcher Befugnis kann die Vernunft im logischen Gebrauche verlangen, die Mannigfaltigkeit der Kräfte, welche uns die Natur zu erkennen gibt, als eine bloß versteckte Einheit zu behandeln, und sie aus irgendeiner Grundkraft, soviel an ihr ist, abzuleiten, wenn es ihr freistände zuzugeben, daß es ebensowohl möglich sei, alle Kräfte wären ungleichartig, und die systematische Einheit ihrer Ableitung der Natur nicht gemäß? denn alsdann würde sie gerade wider ihre Bestimmung verfahren, indem sie sich eine Idee zum Ziele setzte, die der Natureinrichtung ganz widerspräche. Auch kann man nicht sagen, sie habe zuvor von der zufälligen Beschaffenheit der Natur diese Einheit nach Prinzipien der Vernunft abgenommen. Denn das Gesetz der Vernunft, sie zu suchen, ist notwendig, weil wir ohne dasselbe gar keine Vernunft, ohne diese aber keinen zusammenhängenden Verstandesgebrauch, und in dessen Ermanglung kein zureichendes Merkmal empirischer Wahrheit haben würden, und wir also in Ansehung des letzteren die systematische Einheit der Natur durchaus als objektiv gültig und notwendig voraussetzen müssen.

Wir finden diese transzendentale Voraussetzung auch auf eine bewundernswürdige Weise in den Grundsätzen der Philosophen versteckt, wiewohl sie solche darin nicht immer erkannt, oder sich selbst gestanden haben. Daß alle Mannigfaltigkeiten einzelner Dinge die Identität der *Art* nicht ausschließen; daß die mancherlei Arten nur als verschiedentliche Bestimmungen von wenigen *Gattungen*, diese aber von noch höheren *Geschlechtern* usw. behandelt werden müssen; daß also eine gewisse systematische Einheit aller möglichen empirischen Begriffe, sofern sie von höheren und allgemeineren abgeleitet werden können, gesucht werden müsse; ist eine Schulregel oder logisches Prinzip, ohne welches kein Gebrauch der Vernunft stattfände, weil wir nur sofern vom Allgemeinen aufs Besondere schließen können, als allgemeine Eigenschaften der Dinge zum Grunde gelegt werden, unter denen die besonderen stehen.

Daß aber auch in der Natur eine solche Einhelligkeit angetroffen werde, setzen die Philosophen in der bekannten Schulregel voraus: daß man die Anfänge (Prinzipien) nicht ohne Not vervielfältigen müsse *(entia praeter necessitatem non esse multiplicanda)*. Dadurch wird gesagt: daß die Natur der Dinge selbst zur Vernunfteinheit Stoff darbiete, und die anscheinende unendliche Verschiedenheit dürfe uns nicht abhalten, hinter ihr Einheit der Grundeigenschaften zu vermuten, von welchen die Mannigfaltigkeit nur durch mehrere Bestimmung abgeleitet werden kann. Dieser Einheit, ob sie gleich eine bloße Idee ist, ist man zu allen Zeiten so eifrig nachgegangen, daß man eher Ursache gefunden, die Begierde nach ihr zu mäßigen, als sie aufzumuntern. Es war schon viel, daß die Scheidekünstler alle Salze auf zwei Hauptgattungen, saure und laugenhafte, zurückführen konnten, sie versuchen sogar auch diesen Unterschied bloß als eine Varietät oder verschiedene Äußerung eines und desselben Grundstoffs anzusehen. Die mancherlei Arten von Erden (den Stoff der Steine und sogar der Metalle) hat man nach und nach auf drei, endlich auf zwei, zu bringen gesucht; allein damit noch nicht zufrieden, können sie sich des Gedankens nicht entschlagen, hinter diesen Varietäten dennoch eine einzige Gattung, ja wohl gar zu diesen und den Salzen ein gemeinschaftliches Prinzip zu vermuten. Man möchte vielleicht glauben, dieses sei ein bloß ökonomischer Handgriff der Vernunft, um sich soviel als möglich Mühe zu ersparen, und ein hypothetischer Versuch, der, wenn er gelingt, dem vorausgesetzten Erklärungsgrunde eben durch diese Einheit Wahrscheinlichkeit gibt. Allein eine solche selbstsüchtige Absicht ist sehr leicht von der Idee zu unterscheiden, nach welcher jedermann voraussetzt, diese Vernunfteinheit sei der Natur selbst angemessen, und daß die Vernunft hier nicht bettle, sondern gebiete, obgleich ohne die Grenzen dieser Einheit bestimmen zu können.

Wäre unter den Erscheinungen, die sich uns darbieten, eine so große Verschiedenheit, ich will nicht sagen der Form (denn darin mögen sie einander ähnlich sein), sondern dem Inhalte, d. i. der Mannigfaltigkeit existierender Wesen nach, daß auch der allerschärfste menschliche Verstand durch Vergleichung der einen mit der anderen nicht die mindeste Ähnlichkeit ausfindig machen könnte (ein Fall, der sich wohl denken läßt), so würde das logische Gesetz der Gattungen ganz und gar nicht stattfinden, und es würde selbst kein Begriff von Gattung, oder irgendein allgemeiner Begriff, ja sogar kein Verstand stattfinden, als der es lediglich mit solchen zu tun hat. Das logische Prinzip der Gattungen setzt also ein transzendentales voraus, wenn es auf Natur (darunter ich hier nur Gegenstände, die uns gegeben werden, verstehe,) angewandt werden soll. Nach demselben wird in dem Mannigfaltigen einer möglichen Erfahrung notwendig Gleichartigkeit vorausgesetzt (ob wir gleich ihren Grad a priori nicht bestimmen können), weil ohne dieselbe keine empirischen Begriffe, mithin keine Erfahrung möglich wäre.

Dem logischen Prinzip der Gattungen, welches Identität postuliert, steht ein anderes, nämlich das der Arten entgegen, welches Mannigfaltigkeit und Verschiedenheiten der Dinge, unerachtet ihrer Übereinstimmung unter derselben Gattung, bedarf, und es dem Verstande zur Vorschrift macht, auf diese nicht weniger als auf jene aufmerksam zu sein. Dieser Grundsatz (der Scharfsinnigkeit, oder des Unterscheidungsvermögens) schränkt den Leichtsinn des ersteren (des Witzes) sehr ein, und die Vernunft zeigt hier ein doppeltes, einander widerstreitendes Interesse, einerseits das Interesse des *Umfanges* (der Allgemeinheit) in Ansehung der Gattungen, andererseits des *Inhalts* (der Bestimmtheit), in Absicht auf die Mannigfaltigkeit der Arten, weil der Verstand im ersteren Falle zwar viel *unter* seinen Begriffen, im zweiten aber desto mehr *in denselben* denkt. Auch äußert sich dieses an der sehr verschiedenen Denkungsart der Naturforscher, deren einige (die vorzüglich spekulativ sind), der Ungleichartigkeit gleichsam feind, immer auf die Einheit der Gattung hinaussehen, die anderen (vorzüglich empirische Köpfe) die Natur unaufhörlich in so viel Mannigfaltigkeit zu spalten suchen, daß man beinahe die Hoffnung aufgeben müßte, ihre Erscheinungen nach allgemeinen Prinzipien zu beurteilen.

Dieser letzteren Denkungsart liegt offenbar auch ein logisches Prinzip zum Grunde, welches die systematische Vollständigkeit aller Erkenntnisse zur Absicht hat, wenn ich, von der Gattung anhebend, zu dem Mannigfaltigen, das darunter enthalten sein mag, herabsteige, und auf solche Weise dem System Ausbreitung, wie im ersteren Falle, da ich zur Gattung aufsteige, Einfalt zu verschaffen suche. Denn aus der Sphäre des Begriffs, der eine Gattung bezeichnet, ist ebensowenig, wie aus dem Raume, den Materie einnehmen kann, zu ersehen, wie weit die Teilung derselben gehen könne. Daher jede *Gattung* verschiedene *Arten*, diese aber verschiedene *Unterarten* erfordert, und, da keine der letzteren stattfindet, die nicht immer wiederum eine Sphäre (Umfang als *conceptus communis*) hätte, so verlangt die Vernunft in ihrer ganzen Erweiterung, daß keine Art als die unterste an sich selbst angesehen werde, weil, da sie doch immer ein Begriff ist, der nur das, was verschiedenen Dingen gemein ist, in sich enthält, dieser nicht durchgängig bestimmt, mithin auch nicht zunächst auf ein Individuum bezogen sein könne, folglich jederzeit andere Begriffe, d. i. Unterarten, unter sich enthalten müsse. Dieses Gesetz der Spezifikation könnte so ausgedrückt werden: *entium varietates non temere esse minuendas*.

Man sieht aber leicht, daß auch dieses logische Gesetz ohne Sinn und Anwendung sein würde, läge nicht ein transzendentales *Gesetz der Spezifikation* zum Grunde, welches zwar freilich nicht von den Dingen, die unsere Gegenstände werden können, eine wirkliche *Unendlichkeit* in Ansehung der Verschiedenheiten fordert; denn dazu gibt das logische Prinzip, als welches lediglich die *Unbestimmtheit* der logischen Sphäre in Ansehung der möglichen Einteilung behauptet, keinen Anlaß; aber dennoch dem Verstande auferlegt, unter jeder Art, die uns vorkommt, Unterarten, und zu jeder Verschiedenheit kleinere Verschiedenheiten zu suchen. Denn, würde es keine *niederen* Begriffe geben, so gäbe es auch keine *höheren*. Nun erkennt der Verstand alles nur durch Begriffe: folglich, soweit er in der Einteilung reicht, niemals durch bloße Anschauung, sondern immer wiederum durch *niedere* Begriffe. Die Erkenntnis der Erscheinungen in ihrer durchgängigen Bestimmung (welche nur durch Verstand möglich ist) fordert eine unaufhörlich fortzusetzende Spezifikation seiner Begriffe, und einen Fortgang zu immer noch bleibenden Verschiedenheiten, wovon in dem Begriffe der Art, und noch mehr dem der Gattung, abstrahiert worden.

Auch kann dieses Gesetz der Spezifikation nicht von der Erfahrung entlehnt sein; denn diese kann keine so weitgehende Eröffnungen geben. Die empirische Spezifikation bleibt in der Unterscheidung des Mannigfaltigen bald stehen, wenn sie nicht durch das schon vorhergehende transzendentale Gesetz der Spezifikation, als ein Prinzip der Vernunft, geleitet worden, solche zu suchen, und sie noch immer zu vermuten, wenn sie sich gleich nicht den Sinnen offenbart. Daß absorbierende Erden nach verschiedener Art (Kalk- und muriatische Erden) sind, bedurfte zur Entdeckung eine zuvorkommende Regel der Vernunft, welche dem Verstande es zur Aufgabe machte, die Verschiedenheit zu suchen, indem sie die Natur so reichhaltig voraussetzte, sie zu vermuten. Denn wir haben ebensowohl nur unter Voraussetzung der Verschiedenheiten in der Natur Verstand, als unter der Bedingung, daß ihre Objekte Gleichartigkeit an sich haben, weil eben die Mannigfaltigkeit desjenigen, was unter einem Begriffe zusammengefaßt werden kann, den Gebrauch dieses Begriffs, und die Beschäftigung des Verstandes ausmacht.

Die Vernunft bereitet also dem Verstande sein Feld, 1. durch ein Prinzip der *Gleichartigkeit* des Mannigfaltigen unter höheren Gattungen, 2. durch einen Grundsatz der *Varietät* des Gleichartigen unter niederen Arten; und um die systematische Einheit zu vollenden, fügt sie 3. noch ein Gesetz der *Affinität* aller Begriffe hinzu, welches einen kontinuierlichen Übergang von einer jeden Art zu jeder anderen durch stufenartiges Wachstum der Verschiedenheit gebietet. Wir können sie die Prinzipien der *Homogenität*, der *Spezifikation* und der *Kontinuität* der Formen nennen. Das letztere entspringt dadurch, daß man die zwei ersteren vereinigt, nachdem man, sowohl im Aufsteigen zu höheren Gattungen, als im Herabsteigen zu niederen Arten, den systematischen Zusammenhang in der Idee vollendet hat; denn alsdann sind alle Mannigfaltigkeiten untereinander verwandt, weil sie insgesamt durch alle Grade der erweiterten Bestimmung von einer einzigen obersten Gattung abstammen.

Man kann sich die systematische Einheit unter den drei logischen Prinzipien auf folgende Art sinnlich machen. Man kann einen jeden Begriff als einen Punkt ansehen, der, als der Standpunkt eines Zuschauers, seinen Horizont hat, d. i. eine Menge von Dingen, die aus demselben können vorgestellt und gleichsam überschaut werden. Innerhalb diesem Horizonte muß eine Menge von Punkten ins Unendliche angegeben werden können, deren jeder wiederum seinen engeren Gesichtskreis hat; d. i. jede Art enthält Unterarten, nach dem Prinzip der Spezifikation, und der logische Horizont besteht nur aus kleineren Horizonten (Unterarten), nicht aber aus Punkten, die keinen Umfang haben (Individuen). Aber zu verschiedenen Horizonten, d. i. Gattungen, die aus ebensoviel Begriffen bestimmt werden, läßt sich ein gemeinschaftlicher Horizont, daraus man sie insgesamt als aus einem Mittelpunkte überschaut, gezogen denken, welcher die höhere Gattung ist, bis endlich die höchste Gattung der allgemeine und wahre Horizont ist, der aus dem Standpunkte des höchsten Begriffs bestimmt wird, und alle Mannigfaltigkeit, als Gattungen, Arten und Unterarten, unter sich befaßt.

Zu diesem höchsten Standpunkte führt mich das Gesetz der Homogenität, zu allen niedrigen und deren größten Varietät das Gesetz der Spezifikation. Da aber auf solche Weise in dem ganzen Umfange aller möglichen Begriffe nichts Leeres ist, und außer demselben nichts angetroffen werden kann, so entspringt aus der Voraussetzung jenes allgemeinen Gesichtskreises und der durchgängigen Einteilung desselben der Grundsatz: *non datur vacuum formarum*, d. i. es gibt nicht verschiedene ursprüngliche und erste Gattungen, die gleichsam isoliert und voneinander (durch einen leeren Zwischenraum) getrennt wären, sondern alle mannigfaltigen Gattungen sind nur Abteilungen einer einzigen obersten und allgemeinen Gattung; und aus diesem

Grundsatze dessen unmittelbare Folge: *datur continuum formarum*, d. i. alle Verschiedenheiten der Arten grenzen aneinander und erlauben keinen Übergang zueinander durch einen Sprung, sondern nur durch alle kleineren Grade des Unterschiedes, dadurch man von einer zu der anderen gelangen kann; mit einem Worte, es gibt keine Arten oder Unterarten, die einander (im Begriffe der Vernunft) die nächsten wären, sondern es sind noch immer Zwischenarten möglich, deren Unterschied von der ersten und zweiten kleiner ist, als dieser ihr Unterschied voneinander.

Das erste Gesetz also verhütet die Ausschweifung in die Mannigfaltigkeit verschiedener ursprünglichen Gattungen, und empfiehlt die Gleichartigkeit; das zweite schränkt dagegen diese Neigung zur Einhelligkeit wiederum ein, und gebietet Unterscheidung der Unterarten, bevor man sich mit seinem allgemeinen Begriffe zu den Individuen wende. Das dritte vereinigt jene beiden, indem sie bei der höchsten Mannigfaltigkeit dennoch die Gleichartigkeit durch den stufenartigen Übergang von einer Spezies zur anderen vorschreibt, welches eine Art von Verwandtschaft der verschiedenen Zweige anzeigt, insofern sie insgesamt aus einem Stamme entsprossen sind.

Dieses logische Gesetz des *continui specierum (formarum logicarum)* setzt aber ein transzendentales voraus *(lex continui in natura)*, ohne welches der Gebrauch des Verstandes durch jene Vorschrift nur irre geleitet werden würde, indem sie vielleicht einen der Natur gerade entgegengesetzten Weg nehmen würde. Es muß also dieses Gesetz auf reinen transzendentalen und nicht empirischen Gründen beruhen. Denn in dem letzteren Falle würde es später kommen als die Systeme; es hat aber eigentlich das Systematische der Naturerkenntnis zuerst hervorgebracht. Es sind hinter diesen Gesetzen auch nicht etwa Absichten auf eine mit ihnen, als bloßen Versuchen, anzustellende Probe verborgen, obwohl freilich dieser Zusammenhang, wo er zutrifft, einen mächtigen Grund abgibt, die hypothetisch ausgedachte Einheit für gegründet zu halten, und sie also auch in dieser Absicht ihren Nutzen haben, sondern man sieht es ihnen deutlich an, daß sie die Sparsamkeit der Grundursachen, die Mannigfaltigkeit der Wirkungen, und eine daherrührende Verwandtschaft der Glieder der Natur an sich selbst für vernunftmäßig und der Natur angemessen urteilen, und diese Grundsätze also direkt und nicht bloß als Handgriffe der Methode ihre Empfehlung bei sich führen.

Man sieht aber leicht, daß diese Kontinuität der Formen eine bloße Idee sei, der ein kongruierender Gegenstand in der Erfahrung gar nicht aufgewiesen werden kann, *nicht allein* um deswillen, weil die Spezies in der Natur wirklich abgeteilt sind, und daher an sich ein *quantum discretum* ausmachen müssen, und, wenn der stufenartige Fortgang in der Verwandtschaft derselben kontinuierlich wäre, sie auch eine wahre Unendlichkeit der Zwischenglieder, die innerhalb zweier gegebener Arten lägen, enthalten müßte, welches unmöglich ist: *sondern auch*, weil wir von diesem Gesetz gar keinen bestimmten empirischen Gebrauch machen können, indem dadurch nicht das geringste Merkmal der

Affinität angezeigt wird, nach welchem und wie weit wir die Gradfolge ihrer Verschiedenheit zu suchen, sondern nichts weiter, als eine allgemeine Anzeige, daß wir sie zu suchen haben.

Wenn wir die jetzt angeführten Prinzipien ihrer Ordnung nach versetzen, um sie *dem Erfahrungsgebrauch* gemäß zu stellen, so würden die Prinzipien der systematischen *Einheit* etwa so stehen: *Mannigfaltigkeit*, *Verwandtschaft* und *Einheit*, jede derselben aber als Ideen im höchsten Grade ihrer Vollständigkeit genommen. Die Vernunft setzt die Verstandeserkenntnisse voraus, die zunächst auf Erfahrung angewandt werden, und sucht ihre Einheit nach Ideen, die viel weiter geht, als Erfahrung reichen kann. Die Verwandtschaft des Mannigfaltigen, unbeschadet seiner Verschiedenheit, unter einem Prinzip der Einheit, betrifft nicht bloß die Dinge, sondern weit mehr noch die bloßen Eigenschaften und Kräfte der Dinge. Daher, wenn uns z. B. durch eine (noch nicht völlig berichtigte) Erfahrung der Lauf der Planeten als kreisförmig gegeben ist, und wir finden Verschiedenheiten, so vermuten wir sie in demjenigen, was den Zirkel nach einem beständigen Gesetze durch alle unendlichen Zwischengrade, zu einer dieser abweichenden Umläufe abändern kann, d. i. die Bewegungen der Planeten, die nicht Zirkel sind, werden etwa dessen Eigenschaften mehr oder weniger nahe kommen, und fallen auf die Ellipse. Die Kometen zeigen eine noch größere Verschiedenheit ihrer Bahnen, da sie (soweit Beobachtung reicht) nicht einmal im Kreise zurückkehren; allein wir raten auf einen parabolischen Lauf, der doch mit der Ellipsis verwandt ist, und, wenn die lange Achse der letzteren sehr weit gestreckt ist, in allen unseren Beobachtungen von ihr nicht unterschieden werden kann. So kommen wir, nach Anleitung jener Prinzipien, auf Einheit der Gattungen dieser Bahnen in ihrer Gestalt, dadurch aber weiter auf Einheit der Ursache aller Gesetze ihrer Bewegung (die Gravitation), von da wir nachher unsere Eroberungen ausdehnen, und auch alle Varietäten und scheinbare Abweichungen von jenen Regeln aus demselben Prinzip zu erklären suchen, endlich gar mehr hinzufügen, als Erfahrung jemals bestätigen kann, nämlich, uns nach den Regeln der Verwandtschaft selbst hyperbolische Kometenbahnen zu denken, in welchen diese Körper ganz und gar unsere Sonnenwelt verlassen, und, indem sie von Sonne zu Sonne gehen, die entfernteren Teile eines für uns unbegrenzten Weltsystems, das durch eine und dieselbe bewegende Kraft zusammenhängt, in ihrem Laufe vereinigen.

Was bei diesen Prinzipien merkwürdig ist, und uns auch allein beschäftigt, ist dieses: daß sie transzendental zu sein scheinen, und, ob sie gleich bloße Ideen zur Befolgung des empirischen Gebrauchs der Vernunft enthalten, denen der letztere nur gleichsam asymptotisch, d. i. bloß annähernd folgen kann, ohne sie jemals zu erreichen, sie gleichwohl, als synthetische Sätze a priori, objektive, aber unbestimmte Gültigkeit haben, und zur Regel möglicher Erfahrung dienen, auch wirklich in Bearbeitung derselben, als heuristische Grundsätze, mit gutem Glücke gebraucht werden, ohne daß man doch eine transzendentale Deduktion derselben zustande bringen kann, welches, wie oben bewiesen worden, in Ansehung der Ideen jederzeit unmöglich ist.

Wir haben in der transzendentalen Analytik unter den Grundsätzen des Verstandes die *dynamischen,* als bloß regulativen Prinzipien der *Anschauung,* von den *mathematischen,* die in Ansehung der letzteren konstitutiv sind, unterschieden. Diesem ungeachtet sind gedachte dynamische Gesetze allerdings konstitutiv in Ansehung der *Erfahrung,* indem sie die *Begriffe,* ohne welche keine Erfahrung stattfindet, a priori möglich machen. Prinzipien der reinen Vernunft können dagegen nicht einmal in Ansehung der empirischen *Begriffe* konstitutiv sein, weil ihnen kein korrespondierendes Schema der Sinnlichkeit gegeben werden kann, und sie also keinen Gegenstand in konkreto haben können. Wenn ich nun von einem solchen empirischen Gebrauch derselben, als konstitutiver Grundsätze, abgehe, wie will ich ihnen dennoch einen regulativen Gebrauch, und mit demselben einige objektive Gültigkeit sichern, und was kann derselbe für Bedeutung haben?

Der Verstand macht für die Vernunft ebenso einen so Gegenstand aus, als die Sinnlichkeit für den Verstand. Die Einheit aller möglichen empirischen Verstandeshandlungen systematisch zu machen, ist ein Geschäft der Vernunft, sowie der Verstand das Mannigfaltige der Erscheinungen durch Begriffe verknüpft und unter empirische Gesetze bringt. Die Verstandeshandlungen aber, ohne Schemate der Sinnlichkeit, sind *unbestimmt*: ebenso ist die *Vernunfteinheit* auch in Ansehung der Bedingungen, unter denen, und des Grades, wie weit, der Verstand seine Begriffe systematisch verbinden soll, an sich selbst *unbestimmt.* Allein, obgleich für die durchgängige systematische Einheit aller Verstandesbegriffe kein Schema in der *Anschauung* ausfindig gemacht werden kann, so kann und muß doch ein *Analogon* eines solchen Schema gegeben werden, welches die Idee des *Maximum* der Abteilung und der Vereinigung der Verstandeserkenntnis in einem Prinzip ist. Denn das Größeste und absolut Vollständige läßt sich bestimmt gedenken, weil alle restringierenden Bedingungen, welche unbestimmte Mannigfaltigkeit geben, weggelassen werden. Also ist die Idee der Vernunft ein Analogon von einem Schema der Sinnlichkeit, aber mit dem Unterschiede, daß die Anwendung der Verstandesbegriffe auf das Schema der Vernunft nicht ebenso eine Erkenntnis des Gegenstandes selbst ist (wie bei der Anwendung der Kategorien auf ihre sinnlichen Schemate), sondern nur eine Regel oder Prinzip der systematischen Einheit alles Verstandesgebrauchs. Da nun jeder Grundsatz, der dem Verstande durchgängige Einheit seines Gebrauchs a priori festsetzt, auch, obzwar nur indirekt, von dem Gegenstande der Erfahrung gilt: so werden die Grundsätze der reinen Vernunft auch in Ansehung dieses letzteren objektive Realität haben, allein nicht um etwas an ihnen *zu bestimmen,* sondern nur um das Verfahren anzuzeigen, nach welchem der empirische und bestimmte Erfahrungsgebrauch des Verstandes mit sich selbst durchgängig zusammenstimmend werden kann, dadurch, daß er mit dem Prinzip der durchgängigen Einheit, *soviel als möglich*, in Zusammenhang gebracht, und davon abgeleitet wird.

Ich nenne alle subjektiven Grundsätze, die nicht von der Beschaffenheit des Objekts, sondern dem Interesse der Vernunft, in Ansehung einer gewissen möglichen Vollkommenheit der Erkenntnis dieses Objekts, hergenommen sind, *Maximen* der Vernunft. So gibt es Maximen der spekulativen Vernunft, die lediglich auf dem spekulativen Interesse derselben beruhen, ob es zwar scheinen mag, sie wären objektive Prinzipien.

Wenn bloß regulative Grundsätze als konstitutiv betrachtet werden, so können sie als objektive Prinzipien widerstreitend sein; betrachtet man sie aber bloß als *Maximen*, so ist kein wahrer Widerstreit, sondern bloß ein verschiedenes Interesse der Vernunft, welches die Trennung der Denkungsart verursacht. In der Tat hat die Vernunft nur ein einiges Interesse und der Streit ihrer Maximen ist nur eine Verschiedenheit und wechselseitige Einschränkung der Methoden, diesem Interesse ein Genüge zu tun.

Auf solche Weise vermag bei *diesem* Vernünftler mehr das Interesse der *Mannigfaltigkeit* (nach dem Prinzip der Spezifikation), bei *jenem* aber das Interesse der *Einheit* (nach dem Prinzip der Aggregation). Ein jeder derselben glaubt sein Urteil aus der Einsicht des Objekts zu haben, und gründet es doch lediglich auf der größeren oder kleineren Anhänglichkeit an einen von beiden Grundsätzen, deren keine auf objektiven Gründen beruht, sondern nur auf dem Vernunftinteresse, und die daher besser Maximen als Prinzipien genannt werden könnten. Wenn ich einsehende Männer miteinander wegen der Charakteristik der Menschen, der Tiere oder Pflanzen, ja selbst der Körper des Mineralreichs im Streite sehe, da die einen z. B. besondere und in der Abstammung gegründete Volkscharaktere, oder auch entschiedene und erbliche Unterschiede der Familien, Rassen usw. annehmen, andere dagegen ihren Sinn darauf setzen, daß die Natur in diesem Stücke ganz und gar einerlei Anlagen gemacht habe, und aller Unterschied nur auf äußeren Zufälligkeiten beruhe, so darf ich nur die Beschaffenheit des Gegenstandes in Betrachtung ziehen, um zu begreifen, daß er für beide viel zu tief verborgen liege, als daß sie aus Einsicht in die Natur des Objekts sprechen könnten. Es ist nichts anderes, als das zwiefache Interesse der Vernunft, davon dieser Teil das eine, jener das andere zu Herzen nimmt, oder auch affektiert, mithin die Verschiedenheit der Maximen der Naturmannigfaltigkeit, oder der Natureinheit, welche sich gar wohl vereinigen lassen, aber solange sie für objektive Einsichten gehalten werden, nicht allein Streit, sondern auch Hindernisse veranlassen, welche die Wahrheit lange aufhalten, bis ein Mittel gefunden wird, das streitige Interesse zu vereinigen, und die Vernunft hierüber zufrieden zu stellen.

Ebenso ist es mit der Behauptung oder Anfechtung des so berufenen, von Leibniz in Gang gebrachten und durch Bonnet trefflich aufgestutzten Gesetzes der *kontinuierlichen Stufenleiter* der Geschöpfe bewandt, welche nichts als eine Befolgung des auf dem

Interesse der Vernunft beruhenden Grundsatzes der Affinität ist; denn Beobachtung und Einsicht in die Einrichtung der Natur konnte es gar nicht als objektive Behauptung an die Hand geben. Die Sprossen einer solchen Leiter, so wie sie uns Erfahrung angeben kann, stehen viel zu weit auseinander, und unsere vermeintlich kleinen Unterschiede sind gemeiniglich in der Natur selbst so weite Klüfte, daß auf solche Beobachtungen (vornehmlich bei einer großen Mannigfaltigkeit von Dingen, da es immer leicht sein muß, gewisse Ähnlichkeiten und Annäherungen zu finden,) als Absichten der Natur gar nichts zu rechnen ist. Dagegen ist die Methode, nach einem solchen Prinzip Ordnung in der Natur aufzusuchen, und die Maxime, eine solche, obzwar unbestimmt, wo, oder wie weit, in einer Natur überhaupt als gegründet anzusehen, allerdings ein rechtmäßiges und treffliches regulatives Prinzip der Vernunft; welches aber, als ein solches, viel weiter geht, als daß Erfahrung oder Beobachtung ihr gleichkommen könnte, doch ohne etwas zu bestimmen, sondern ihr nur zur systematischen Einheit den Weg vorzuzeichnen.

Von der Endabsicht der natürlichen Dialektik der menschlichen Vernunft

Die Ideen der reinen Vernunft können nimmermehr an sich selbst dialektisch sein, sondern ihr bloßer Mißbrauch muß es allein machen, daß uns von ihnen ein trüglicher Schein entspringt; denn sie sind uns durch die Natur unserer Vernunft aufgegeben, und dieser oberste Gerichtshof aller Rechte und Ansprüche unserer Spekulation kann unmöglich selbst ursprüngliche Täuschungen und Blendwerke enthalten. Vermutlich werden sie also ihre gute und zweckmäßige Bestimmung in der Naturanlage unserer Vernunft haben. Der Pöbel der Vernünftler schreit aber, wie gewöhnlich, über Ungereimtheit und Widersprüche, und schmäht auf die Regierung, in deren innerste Pläne er nicht zu dringen vermag, deren wohltätigen Einflüssen er auch selbst seine Erhaltung und sogar die Kultur verdanken sollte, die ihn in den Stand setzt, sie zu tadeln und zu verurteilen.

Man kann sich eines Begriffs a priori mit keiner Sicherheit bedienen, ohne seine transzendentale Deduktion zustande gebracht zu haben. Die Ideen der reinen Vernunft verstatten zwar keine Deduktion von der Art, als die Kategorien; sollen sie aber im mindesten einige, wenn auch nur unbestimmte, objektive Gültigkeit haben, und nicht bloß leere Gedankendinge *(entia rationis ratiocinantis)* vorstellen, so muß durchaus eine Deduktion derselben möglich sein, gesetzt, daß sie auch von derjenigen weit abwichen die man mit den Kategorien vornehmen kann. Das ist die Vollendung des kritischen Geschäftes der reinen Vernunft, und dieses wollen wir jetzt übernehmen.

Es ist ein großer Unterschied, ob etwas meiner Vernunft als ein *Gegenstand schlechthin*, oder nur als ein *Gegenstand in der Idee* gegeben wird. In dem ersteren Falle gehen meine Begriffe dahin, den Gegenstand zu bestimmen; im zweiten ist es wirklich nur ein Schema, dem direkt kein Gegenstand, auch nicht einmal hypothetisch zugegeben wird, sondern welches nur dazu dient, um andere Gegenstände, vermittelst der

Beziehung auf diese Idee, nach ihrer systematischen Einheit, mithin indirekt uns vorzustellen. So sage ich, der Begriff einer höchsten Intelligenz ist eine bloße Idee, d. i. seine objektive Realität soll nicht darin bestehen, daß er sich geradezu auf einen Gegenstand bezieht (denn in solcher Bedeutung würden wir seine objektive Gültigkeit nicht rechtfertigen können), sondern er ist nur ein nach Bedingungen der größten Vernunfteinheit geordnetes Schema, von dem Begriffe eines Dinges überhaupt, welches nur dazu dient, um die größte systematische Einheit im empirischen Gebrauche unserer Vernunft zu erhalten, indem man den Gegenstand der Erfahrung gleichsam von dem eingebildeten Gegenstande dieser Idee, als seinem Grunde, oder Ursache, ableitet. Alsdann heißt es z. B. die Dinge der Welt müssen so betrachtet werden, *als ob* sie von einer höchsten Intelligenz ihr Dasein hätten. Auf solche Weise ist die Idee eigentlich nur ein heuristischer und nicht ostensiver Begriff, und zeigt an, nicht wie ein Gegenstand beschaffen ist, sondern wie wir, unter der Leitung desselben, die Beschaffenheit und Verknüpfung der Gegenstände der Erfahrung überhaupt suchen sollen. Wenn man nun zeigen kann, daß, obgleich die dreierlei transzendentalen Ideen (psychologische, *kosmologische*, und *theologische*) direkt auf keinen ihnen korrespondierenden Gegenstand und dessen *Bestimmung* bezogen werden, dennoch alle Regeln des empirischen Gebrauchs der Vernunft unter Voraussetzung eines solchen *Gegenstandes in der Idee* auf systematische Einheit führen und die Erfahrungserkenntnis jederzeit erweitern, niemals aber derselben zuwider sein können: so ist es eine notwendige *Maxime* der Vernunft, nach dergleichen Ideen zu verfahren. Und dieses ist die transzendentale Deduktion aller Ideen der spekulativen Vernunft, nicht als *konstitutiver* Prinzipien der Erweiterung unserer Erkenntnis über mehr Gegenstände, als Erfahrung geben kann, sondern als *regulativer* Prinzipien der systematischen Einheit des Mannigfaltigen der empirischen Erkenntnis überhaupt, welche dadurch in ihren eigenen Grenzen mehr angebaut und berichtigt wird, als es ohne solche Ideen durch den bloßen Gebrauch der Verstandesgrundsätze geschehen könnte.

Ich will dieses deutlicher machen. Wir wollen den genannten Ideen als Prinzipien zufolge *erstlich* (in der Psychologie) alle Erscheinungen, Handlungen und Empfänglichkeit unseres Gemüts an dem Leitfaden der inneren Erfahrung so verknüpfen, *als ob* dasselbe eine einfache Substanz wäre, die, mit persönlicher Identität, beharrlich (wenigstens im Leben) existiert, indessen daß ihre Zustände, zu welcher die des Körpers nur als äußere Bedingungen gehören, kontinuierlich wechseln. Wir müssen *zweitens* (in der Kosmologie) die Bedingungen, der inneren sowohl als der äußeren Naturerscheinungen, in einer solchen nirgend zu vollendenden Untersuchung verfolgen, als ob dieselbe an sich unendlich und ohne ein erstes oder oberstes Glied sei, obgleich wir darum, außerhalb aller Erscheinungen, die bloß intelligiblen ersten Gründe derselben nicht leugnen, aber sie doch niemals in den Zusammenhang der Naturerklärungen bringen dürfen, weil wir sie gar nicht kennen. Endlich und *drittens* müssen wir (in Ansehung der Theologie) alles, was nur immer in den Zusammenhang der möglichen Erfahrung gehören mag, so betrachten, *als ob* diese eine absolute, aber durch und durch abhängige und immer noch innerhalb der Sinnenwelt bedingte Einheit ausmache, doch aber zugleich, *als ob* der Inbegriff aller Erscheinungen (die Sinnenwelt selbst) einen einzigen obersten und allgenugsamen Grund außer ihrem Umfange habe, nämlich eine gleichsam selbstständige, ursprüngliche und schöpferische Vernunft, in Beziehung auf welche wir allen empirischen Gebrauch *unserer* Vernunft in seiner größten Erweiterung so richten, *als ob* die Gegenstände selbst aus jenem Urbilde aller Vernunft entsprungen wären, das heißt: nicht von einer einfachen denkenden Substanz die inneren Erscheinungen der Seele, sondern nach der Idee eines einfachen Wesens jene voneinander ableiten; nicht von einer höchsten Intelligenz die Weltordnung und systematische Einheit derselben ableiten, sondern von der Idee einer höchstweisen Ursache die Regel hernehmen, nach welcher die Vernunft bei der Verknüpfung der Ursachen und Wirkungen in der Welt zu ihrer eigenen Befriedigung am besten zu brauchen sei.

Nun ist nicht das mindeste, was uns hindert, diese Ideen auch als objektiv und hypostatisch *anzunehmen*, außer allein die kosmologische, wo die Vernunft auf eine Antinomie stößt, wenn sie solche zustande bringen will (die psychologische und theologische enthalten dergleichen gar nicht). Denn ein Widerspruch ist in ihnen nicht, wie sollte uns daher jemand ihre objektive Realität streiten können, da er von ihrer Möglichkeit ebensowenig weiß, um sie zu verneinen, als wir, um sie zu bejahen. Gleichwohl ist's, um etwas anzunehmen, noch nicht genug, daß kein positives Hindernis dawider ist, und es kann uns nicht erlaubt sein, Gedankenwesen, welche alle unsere Begriffe übersteigen, obgleich keinem widersprechen, auf den bloßen Kredit der ihr Geschäft gern vollendenden spekulativen Vernunft, als wirkliche und bestimmte Gegenstände einzuführen. Also sollen sie an sich selbst nicht angenommen werden, sondern nur ihre Realität, als eines Schema des regulativen Prinzips der systematischen Einheit aller Naturerkenntnis, gelten, mithin sollen sie nur als Analoga von wirklichen Dingen, aber nicht als solche an sich selbst zum Grunde gelegt werden. Wir heben von dem Gegenstande der Idee die Bedingungen auf, welche unseren Verstandesbegriff einschränken, die aber es auch allein möglich machen, daß wir von irgendeinem Dinge einen bestimmten Begriff haben können. Und nun denken wir uns ein Etwas, wovon wir, was es an sich selbst sei, gar keinen Begriff haben, aber wovon wir uns doch ein Verhältnis zu dem Inbegriffe der Erscheinungen denken, das demjenigen analogisch ist, welches die Erscheinungen untereinander haben.

Wenn wir demnach solche idealische Wesen annehmen, so erweitern wir eigentlich nicht unsere Erkenntnis über die Objekte möglicher Erfahrung, sondern nur die empirische Einheit der letzteren, durch die systematische Einheit, wozu uns die Idee das Schema gibt, welche mithin nicht als konstitutives, sondern bloß als regulatives Prinzip gilt. Denn, daß wir ein der Idee korrespondierendes Ding, ein Etwas, oder wirkliches

Wesen setzen, dadurch ist nicht gesagt, wir wollten unsere Erkenntnis der Dinge mit transzendenten Begriffen erweitern; denn dieses Wesen wird nur in der Idee und nicht an sich selbst zum Grunde gelegt, mithin nur um die systematische Einheit auszudrücken, die uns zur Richtschnur des empirischen Gebrauchs der Vernunft dienen soll, ohne doch etwas darüber auszumachen, was der Grund dieser Einheit, oder die innere Eigenschaft eines solchen Wesens sei, auf welchem, als Ursache, sie beruhe.

So ist der transzendentale und einzige bestimmte Begriff, den uns die bloß spekulative Vernunft von Gott gibt, im genauesten Verstande *deistisch*, d. i. die Vernunft gibt nicht einmal die objektive Gültigkeit eines solchen Begriffs, sondern nur die Idee von Etwas an die Hand, worauf alle empirische Realität ihre höchste und notwendige Einheit gründet, und welches wir uns nicht anders, als nach der Analogie einer wirklichen Substanz, welche nach Vernunftgesetzen die Ursache aller Dinge sei, denken können, wofern wir es ja unternehmen, es überall als einen besonderen Gegenstand zu denken, und nicht lieber, mit der bloßen Idee des regulativen Prinzips der Vernunft zufrieden, die Vollendung aller Bedingungen des Denkens, als überschwenglich für den menschlichen Verstand, beiseite setzen wollen, welches aber mit der Absicht einer vollkommenen systematischen Einheit in unserem Erkenntnis, der wenigstens die Vernunft keine Schranken setzt, nicht zusammen bestehen kann.

Daher geschieht's nun, daß, wenn ich ein göttliches Wesen annehme, ich zwar weder von der inneren Möglichkeit seiner höchsten Vollkommenheit, noch der Notwendigkeit seines Daseins, den mindesten Begriff habe, aber alsdann doch allen anderen Fragen, die das Zufällige betreffen, ein Genüge tun kann, und der Vernunft die vollkommenste Befriedigung in Ansehung der nachzuforschenden größten Einheit in ihrem empirischen Gebrauche, aber nicht in Ansehung dieser Voraussetzung selbst, verschaffen kann; welches beweist, daß ihr spekulatives Interesse und nicht ihre Einsicht sie berechtige, von einem Punkte, der so weit über ihrer Sphäre liegt, auszugehen, um daraus ihre Gegenstände in einem vollständigen Ganzen zu betrachten.

Hier zeigt sich nun ein Unterschied der Denkungsart, bei einer und derselben Voraussetzung, der ziemlich subtil, aber gleichwohl in der Transzendentalphilosophie von großer Wichtigkeit ist. Ich kann genugsamen Grund haben, etwas relativ anzunehmen *(suppositio relativa)*, ohne doch befugt zu sein, es schlechthin anzunehmen *(suppositio absoluta)*. Diese Unterscheidung trifft zu, wenn es bloß um ein regulatives Prinzip zu tun ist, wovon wir zwar die Notwendigkeit an sich selbst, aber nicht den Quell derselben erkennen, und dazu wir einen obersten Grund bloß in der Absicht annehmen, um desto bestimmter die Allgemeinheit des Prinzips zu denken, als z. B. wenn ich mir ein Wesen als existierend denke, das einer bloßen und zwar transzendentalen Idee korrespondiert. Denn, da kann ich das Dasein dieses Dinges niemals an sich selbst annehmen, weil keine Begriffe, dadurch ich mir irgend einen Gegenstand bestimmt denken kann, dazu gelangen, und die Bedingungen der objektiven

Gültigkeit meiner Begriffe durch die Idee selbst ausgeschlossen sind. Die Begriffe der Realität, der Substanz, der Kausalität, selbst die der Notwendigkeit im Dasein, haben, außer dem Gebrauche, da sie die empirische Erkenntnis eines Gegenstandes möglich machen, gar keine Bedeutung, die irgendein Objekt bestimmte. Sie können also zwar zu Erklärung der Möglichkeit der Dinge in der Sinnenwelt, aber nicht der Möglichkeit eines *Weltganzen selbst* gebraucht werden, weil dieser Erklärungsgrund außerhalb der Welt und mithin kein Gegenstand einer möglichen Erfahrung sein müßte. Nun kann ich gleichwohl ein solches unbegreifliches Wesen, den Gegenstand einer bloßen Idee, relativ auf die Sinnenwelt, obgleich nicht an sich selbst, annehmen. Denn wenn dem größtmöglichen empirischen Gebrauche meiner Vernunft eine Idee (der systematisch vollständigen Einheit, von der ich bald bestimmter reden werde) zum Grunde liegt, die an sich selbst niemals adäquat in der Erfahrung kann dargestellt werden, ob sie gleich, um die empirische Einheit dem höchstmöglichen Grade zu nähern, unumgänglich notwendig ist, so werde ich nicht allein befugt, sondern auch genötigt sein, diese Idee zu realisieren, d. i. ihr einen wirklichen Gegenstand zu setzen, aber nur als ein Etwas überhaupt, das ich an sich selbst gar nicht kenne, und dem ich nur, als einem Grunde jener systematischen Einheit, in Beziehung auf diese letztere solche Eigenschaft gebe, als den Verstandesbegriffen im empirischen Gebrauche analogisch sind. Ich werde mir also nach der Analogie der Realitäten in der Welt der Substanzen, der Kausalität und der Notwendigkeit, ein Wesen denken, das alles dieses in der höchsten Vollkommenheit besitzt, und, indem diese Idee bloß auf meiner Vernunft beruht, dieses Wesen als *selbstständige Vernunft*, was durch Ideen der größten Harmonie und Einheit, Ursache vom Weltganzen ist, denken können, so daß ich alle, die Idee einschränkenden, Bedingungen weglasse, lediglich um, unter dem Schutze eines solchen Urgrundes, systematische Einheit des Mannigfaltigen im Weltganzen, und, vermittelst derselben, den größtmöglichen empirischen Vernunftgebrauch möglich zu machen, indem ich alle Verbindungen so ansehe, *als ob* sie Anordnungen einer höchsten Vernunft wären, von der die unsrige ein schwaches Nachbild ist. Ich denke mir alsdann dieses höchste Wesen durch lauter Begriffe, die eigentlich nur in der Sinnenwelt ihre Anwendung haben; da ich aber auch jene transzendentale Voraussetzung zu keinem anderen als relativen Gebrauch habe, nämlich, daß sie das Substratum der größtmöglichen Erfahrungseinheit abgeben solle, so darf ich ein Wesen, das ich von der Welt unterscheide, ganz wohl durch Eigenschaften denken, die lediglich zur Sinnenwelt gehören. Denn ich verlange keineswegs, und bin auch nicht befugt es zu verlangen, diesen Gegenstand meiner Idee, nach dem, was er an sich sein mag, zu erkennen; denn dazu habe ich keine Begriffe, und selbst die Begriffe von Realität, Substanz, Kausalität, ja sogar der Notwendigkeit im Dasein, verlieren alle Bedeutung, und sind leere Titel zu Begriffen, ohne allen Inhalt, wenn ich mich außer dem Felde der Sinne damit hinauswage. Ich denke mir nur die Relation eines mir an sich ganz unbekannten Wesens zur größten systematischen

Einheit des Weltganzen, lediglich um es zum Schema des regulativen Prinzips des größtmöglichen empirischen Gebrauchs meiner Vernunft zu machen.

Werfen wir unseren Blick nun auf den transzendentalen Gegenstand unserer Idee, so sehen wir, daß wir seine Wirklichkeit nach den Begriffen von Realität, Substanz, Kausalität usw. *an sich selbst* nicht voraussetzen können, weil diese Begriffe auf etwas, das von der Sinnenwelt ganz unterschieden ist, nicht die mindeste Anwendung haben. Also ist die Supposition der Vernunft von einem höchsten Wesen, als oberster Ursache, bloß relativ, zum Behuf der systematischen Einheit der Sinnenwelt gedacht, und ein bloßes Etwas in der Idee, wovon wir, was es *an sich* sei, keinen Begriff haben. Hierdurch erklärt sich auch, woher wir zwar in Beziehung auf das, was existierend den Sinnen gegeben ist, der Idee eines an sich *notwendigen* Urwesens bedürfen, niemals aber von diesem und seiner absoluten *Notwendigkeit* den mindesten Begriff haben können.

Nunmehr können wir das Resultat der ganzen transzendentalen Dialektik deutlich vor Augen stellen, und die Endabsicht der Ideen der reinen Vernunft, die nur durch Mißverstand und Unbehutsamkeit dialektisch werden, genau bestimmen. Die reine Vernunft ist in der Tat mit nichts als sich selbst beschäftigt, und kann auch kein anderes Geschäft haben, weil ihr nicht die Gegenstände zur Einheit des Erfahrungsbegriffs, sondern die Verstandeserkenntnisse zur Einheit des Vernunftbegriffs, d. i. des Zusammenhanges in einem Prinzip gegeben werden. Die Vernunfteinheit ist die Einheit des Systems, und diese systematische Einheit dient der Vernunft nicht objektiv zu einem Grundsatze, um sie über die Gegenstände, sondern subjektiv als Maxime, um sie über alles mögliche empirische Erkenntnis der Gegenstände zu verbreiten. Gleichwohl befördert der systematische Zusammenhang, den die Vernunft dem empirischen Verstandesgebrauche geben kann, nicht allein dessen Ausbreitung, sondern bewährt auch zugleich die Richtigkeit desselben, und das Prinzipium einer solchen systematischen Einheit ist auch objektiv, aber auf unbestimmte Art *(principium vagum)*, nicht als konstitutives Prinzip, um etwas in Ansehung seines direkten Gegenstandes zu bestimmen, sondern um, als bloß regulativer Grundsatz und Maxime, den empirischen Gebrauch der Vernunft durch Eröffnung neuer Wege, die der Verstand nicht kennt, ins Unendliche (Unbestimmte) zu befördern und zu befestigen, ohne dabei jemals den Gesetzen des empirischen Gebrauchs im mindesten zuwider zu sein.

Die Vernunft kann aber diese systematische Einheit nicht anders denken, als daß sie ihrer Idee zugleich einen Gegenstand gibt, der aber durch keine Erfahrung gegeben werden kann; denn Erfahrung gibt niemals ein Beispiel vollkommener systematischer Einheit. Dieses Vernunftwesen *(ens rationis ratiocinatae)* ist nun zwar eine bloße Idee, und wird also nicht schlechthin und *an sich selbst* als etwas Wirkliches angenommen, sondern nur problematisch zum Grunde gelegt (weil wir es durch keine Verstandesbegriffe erreichen können), um alle Verknüpfung der Dinge der Sinnenwelt so anzusehen, als ob sie in diesem Vernunftwesen ihren Grund hätten, lediglich aber in der Absicht, um darauf die systematische Einheit zu gründen, die der Vernunft unentbehrlich, der empirischen Verstandeserkenntnis aber auf alle Weise beförderlich und ihr gleichwohl niemals hinderlich sein kann.

Man verkennt sogleich die Bedeutung dieser Idee, wenn man sie für die Behauptung, oder auch nur die Voraussetzung einer wirklichen Sache hält, welcher man den Grund der systematischen Weltverfassung zuzuschreiben gedächte; vielmehr läßt man es gänzlich unausgemacht, was der unseren Begriffen sich entziehende Grund derselben an sich für Beschaffenheit habe, und setzt sich nur eine Idee zum Gesichtspunkte, aus welchem einzig und allein man jene, der Vernunft so wesentliche und dem Verstande so heilsame, Einheit verbreiten kann; mit einem Worte: dieses transzendentale Ding ist bloß das Schema jenes regulativen Prinzips, wodurch die Vernunft, so viel an ihr ist, systematische Einheit über alle Erfahrung verbreitet. Das erste Objekt einer solchen Idee bin ich selbst, bloß als denkende Natur (Seele) betrachtet. Will ich die Eigenschaften, mit denen ein denkendes Wesen an sich existiert, aufsuchen, so muß ich die Erfahrung befragen, und selbst von allen Kategorien kann ich keine auf diesen Gegenstand anwenden, als insofern das Schema derselben in der sinnlichen Anschauung gegeben ist. Hiermit gelange ich aber niemals zu einer systematischen Einheit aller Erscheinungen des inneren Sinnes. Statt des Erfahrungsbegriffs also (von dem, was die Seele wirklich ist), der uns nicht weit führen kann, nimmt die Vernunft den Begriff der empirischen Einheit alles Denkens, und macht dadurch, daß sie diese Einheit unbedingt und ursprünglich denkt, aus demselben einen Vernunftbegriff (Idee) von einer einfachen Substanz, die an sich selbst unwandelbar (persönlich identisch), mit anderen wirklichen Dingen außer ihr in Gemeinschaft stehe; mit einem Worte: von einer einfachen selbständigen Intelligenz. Hierbei aber hat sie nichts anderes vor Augen, als Prinzipien der systematischen Einheit in Erklärung der Erscheinungen der Seele, nämlich: alle Bestimmungen, als in einem einigen Subjekte, alle Kräfte, so viel möglich, als abgeleitet von einer einigen Grundkraft, allen Wechsel, als gehörig zu den Zuständen eines und desselben beharrlichen Wesens zu betrachten, und alle *Erscheinungen* im Raume, als von den Handlungen des *Denkens* ganz unterschieden vorzustellen. Jene Einfachheit der Substanz usw. sollte nur das Schema zu diesem regulativen Prinzip sein, und wird nicht vorausgesetzt, als sei sie der wirkliche Grund der Seeleneigenschaften. Denn diese können auch auf ganz anderen Gründen beruhen, die wir gar nicht kennen, wie wir denn die Seele auch durch diese angenommenen Prädikate eigentlich nicht an sich selbst erkennen könnten, wenn wir sie gleich von ihr schlechthin wollten gelten lassen, indem sie eine bloße Idee ausmachen, die in concreto gar nicht vorgestellt werden kann. Aus einer solchen psychologischen Idee kann nun nichts anderes als Vorteil entspringen, wenn man sich nur hütet, sie für etwas mehr als bloße Idee, d. i. bloß relativisch auf den systematischen Vernunftsgebrauch in Ansehung der Erscheinungen unserer Seele, gelten zu lassen. Denn da mengen sich keine empirischen Gesetze körperlicher Erscheinungen, die ganz von anderer Art sind, in die Erklärungen dessen, was bloß für den *inneren Sinn* gehört; da werden keine windigen Hypothesen, von Erzeugung, Zerstörung und Palingenesie der Seelen usw. zugelassen; also wird die Betrachtung dieses Gegenstandes des inneren Sinnes ganz rein und unvermengt mit ungleichartigen Eigenschaften angestellt, überdem die Vernunftuntersuchung darauf gerichtet, die Erklärungsgründe in diesem Subjekte, so weit es möglich ist, auf ein einziges Prinzip hinaus zu führen, welches alles durch ein solches Schema, als ob es ein wirkliches Wesen wäre, am besten, ja sogar einzig und allein, bewirkt wird. Die psychologische Idee kann auch nichts anderes als das Schema eines regulativen Begriffs bedeuten. Denn, wollte ich auch nur fragen, ob die Seele nicht an sich geistiger Natur sei, so hätte diese Frage gar keinen Sinn. Denn durch einen solchen Begriff nehme ich nicht bloß die körperliche Natur, sondern überhaupt alle Natur weg, d. i. alle Prädikate irgendeiner möglichen Erfahrung, mithin alle Bedingungen, zu einem solchen Begriffe einen Gegenstand zu denken, als welches doch einzig und allein es macht, daß man sagt, er habe einen Sinn.

Die zweite regulative Idee der bloß spekulativen Vernunft ist der Weltbegriff überhaupt. Denn Natur ist eigentlich nur das einzige gegebene Objekt, in Ansehung dessen die Vernunft regulative Prinzipien bedarf. Diese Natur ist zwiefach, entweder die denkende, oder die körperliche Natur. Allein zu der letzteren, um sie ihrer inneren Möglichkeit nach zu denken, d. i. die Anwendung der Kategorien auf dieselbe zu bestimmen, bedürfen wir keiner Idee, d. i. einer die Erfahrung übersteigenden Vorstellung; es ist auch keine in Ansehung derselben möglich, weil wir darin bloß durch sinnliche Anschauung geleitet werden, und nicht wie in dem psychologischen Grundbegriffe (Ich), welcher eine gewisse Form des Denkens, nämlich die Einheit desselben, a priori enthält. Also bleibt uns für die reine Vernunft nichts übrig, als Natur überhaupt, und die Vollständigkeit der Bedingungen in derselben nach irgendeinem Prinzip. Die absolute Totalität der Reihen dieser Bedingungen, in der Ableitung ihrer Glieder, ist eine Idee, die zwar im empirischen Gebrauche der Vernunft niemals völlig zustande kommen kann, aber doch zur Regel dient, wie wir in Ansehung derselben verfahren sollen, nämlich in der Erklärung gegebener Erscheinungen (im Zurückgehen oder Aufsteigen) so, als ob die Reihe an sich unendlich wäre, d. i. *in indefinitum*, aber wo die Vernunft selbst als bestimmende Ursache betrachtet wird (in der Freiheit), also bei praktischen Prinzipien, als ob wir nicht ein Objekt der Sinne, sondern des reinen Verstandes vor uns hätten, wo die Bedingungen nicht mehr in der Reihe der Erscheinungen, sondern außer derselben gesetzt werden können, und die Reihe der Zustände angesehen werden kann, *als ob* sie schlechthin (durch eine intelligible Ursache) angefangen würde; welches alles beweist, daß die kosmologischen Ideen nichts als regulative Prinzipien, und weit davon entfernt sind, gleichsam konstitutiv, eine wirkliche Totalität solcher Reihen zu setzen. Das übrige kann man an seinem Orte unter der Antinomie der reinen Vernunft suchen.

Die dritte Idee der reinen Vernunft, welche eine bloß relative Supposition eines Wesens enthält, als der einigen und allgenugsamen Ursache aller kosmologischen

Reihen, ist der Vernunftbegriff von *Gott*. Den Gegenstand dieser Idee, haben wir nicht den mindesten Grund, schlechthin anzunehmen (*an sich zu supponieren*); denn was kann uns wohl dazu vermögen, oder auch nur berechtigen, ein Wesen von der höchsten Vollkommenheit, und als seiner Natur nach schlechthin notwendig, aus dessen bloßem Begriffe an sich selbst zu glauben, oder zu behaupten, wäre es nicht die Welt, in Beziehung auf welche diese Supposition allein notwendig sein kann; und da zeigt es sich klar, daß die Idee desselben, so wie alle spekulativen Ideen, nichts weiter sagen wolle, als daß die Vernunft gebiete, alle Verknüpfung der Welt nach Prinzipien einer systematischen Einheit zu betrachten, mithin als ob sie insgesamt aus einem einzigen allbefassenden Wesen, als oberster und allgenugsamer Ursache, entsprungen wären. Hieraus ist klar, daß die Vernunft hierbei nichts als ihre eigene formale Regel in Erweiterung ihres empirischen Gebrauchs zur Absicht haben könne, niemals aber eine Erweiterung *über alle Grenzen* des *empirischen Gebrauchs*, folglich unter dieser Idee kein konstitutives Prinzip ihres auf mögliche Erfahrung gerichteten Gebrauchs verborgen liege.

Diese höchste formale Einheit, welche allein auf Vernunftbegriffen beruht, ist die *zweckmäßige* Einheit der Dinge, und das *spekulative* Interesse der Vernunft macht es notwendig, alle Anordnung in der Welt so anzusehen, als ob sie aus der Absicht einer allerhöchsten Vernunft entsprossen wäre. Ein solches Prinzip eröffnet nämlich unserer auf das Feld der Erfahrungen angewandten Vernunft ganz neue Aussichten, nach teleologischen Gesetzen die Dinge der Welt zu verknüpfen, und dadurch zu der größten systematischen Einheit derselben zu gelangen. Die Voraussetzung einer obersten Intelligenz, als der alleinigen Ursache des Weltganzen, aber freilich bloß in der Idee, kann also jederzeit der Vernunft nutzen und dabei doch niemals schaden. Denn, wenn wir in Ansehung der Figur der Erde (der runden, doch etwas abgeplatteten), der Gebirge und Meere usw. lauter weise Absichten eines Urhebers zum voraus annehmen, so können wir auf diesem Wege eine Menge von Entdeckungen machen. Bleiben wir nur bei dieser Voraussetzung, als einem bloß *regulativen* Prinzip, so kann selbst der Irrtum uns nicht schaden. Denn es kann allenfalls daraus nichts weiter folgen, als daß, wo wir einen teleologischen Zusammenhang *(nexus finalis)* erwarteten, ein bloß mechanischer oder physischer *(nexus effectivus)* angetroffen werde, wodurch wir, in einem solchen Falle, nur eine Einheit mehr vermissen, aber nicht die Vernunfteinheit in ihrem empirischen Gebrauche verderben. Aber sogar dieser Querstrich kann das Gesetz selbst in allgemeiner und teleologischer Absicht überhaupt nicht treffen. Denn, obzwar ein Zergliederer eines Irrtums überführt werden kann, wenn er irgend ein Gliedmaß eines tierischen Körpers auf einen Zweck bezieht, von welchem man deutlich zeigen kann, daß er daraus nicht erfolge: so ist es doch gänzlich unmöglich, in einem Falle zu *beweisen*, daß eine Natureinrichtung, es mag sein welche es wolle, ganz und gar keinen Zweck habe. Daher erweitert auch die Physiologie (der Ärzte) ihre sehr eingeschränkte empirische Kenntnis von den Zwecken des Gliederbaues eines organischen Körpers durch einen Grundsatz, welchen bloß reine Vernunft eingab, so weit, daß man darin ganz dreist und zugleich mit aller Verständigen Einstimmung annimmt, es habe alles an dem Tiere seinen Nutzen und gute Absicht; welche Voraussetzung, wenn sie konstitutiv sein sollte, viel weiter geht, als uns bisherige Beobachtung berechtigen kann; woraus denn zu ersehen ist, daß sie nichts als ein regulatives Prinzip der Vernunft sei, um zur höchsten systematischen Einheit, vermittelst der Idee der zweckmäßigen Kausalität der obersten Weltursache, und, *als ob* diese, als höchste Intelligenz, nach der weisesten Absicht die Ursache von allem sei, zu gelangen.

Gehen wir aber von dieser Restriktion der Idee auf den bloß regulativen Gebrauch ab, so wird die Vernunft auf so mancherlei Weise irregeführt, indem sie alsdann den Boden der Erfahrung, der doch die Merkzeichen ihres Ganges enthalten muß, verläßt, und sich über denselben zu dem Unbegreiflichen und Unerforschlichen hinwagt, über dessen Höhe sie notwendig schwindlicht wird, weil sie sich aus dem Standpunkte desselben von allem mit der Erfahrung stimmigen Gebrauch gänzlich abgeschnitten sieht.

Der erste Fehler, der daraus entspringt, daß man die Idee eines höchsten Wesens nicht bloß regulativ, sondern (welches der Natur einer Idee zuwider ist) konstitutiv braucht, ist die faule Vernunft *(ignava ratio)*. Man kann jeden Grundsatz so nennen, welcher macht, daß man seine Naturuntersuchung, wo es auch sei, für schlechthin vollendet ansieht, und die Vernunft sich also zur Ruhe begibt, als ob sie ihr Geschäft völlig ausgerichtet habe. Daher selbst die psychologische Idee, wenn sie als ein konstitutives Prinzip für die Erklärung der Erscheinungen unserer Seele, und hernach gar, zur Erweiterung unserer Erkenntnis dieses Subjekts, noch über alle Erfahrung hinaus (ihren Zustand nach dem Tode) gebraucht wird, es der Vernunft zwar sehr bequem macht, aber auch allen Naturgebrauch derselben nach der Leitung der Erfahrungen ganz verdirbt und zugrunde richtet. So erklärt der dogmatische Spiritualist die durch allen Wechsel der Zustände unverändert bestehende Einheit der Person aus der Einheit der denkenden Substanz, die er in dem Ich unmittelbar wahrzunehmen glaubt, das Interesse, was wir an Dingen nehmen, die sich allererst nach unserem Tode zutragen sollen, aus dem Bewußtsein der immateriellen Natur unseres denkenden Subjekts usw. und überhebt sich aller Naturuntersuchung der Ursache dieser unserer inneren Erscheinungen aus physischen Erklärungsgründen, indem er gleichsam durch den Machtspruch einer transzendenten Vernunft die immanenten Erkenntnisquellen der Erfahrung, zum Behuf seiner Gemächlichkeit, aber mit Einbuße aller Einsicht, vorbeigeht. Noch deutlicher fällt diese nachteilige Folge bei dem Dogmatismus unserer Idee von einer höchsten Intelligenz und dem darauf fälschlich gegründeten theologischen System der Natur (Physikotheologie) in die Augen. Denn da dienen alle sich in der Natur zeigenden, oft nur von uns selbst dazu gemachten Zwecke dazu, es uns in der Erforschung der Ursachen recht bequem zu machen, nämlich, anstatt sie in den allgemeinen Gesetzen des Mechanismus der Materie zu suchen, sich geradezu auf den unerforschlichen Ratschluß der höchsten Weisheit zu berufen, und die Vernunftbemühung alsdann für vollendet anzusehen, wenn man sich ihres Gebrauchs überhebt, der doch nirgend einen Leitfaden findet, als wo ihn uns die Ordnung der Natur und die Reihe der Veränderungen, nach ihren inneren und allgemeineren Gesetzen, an die Hand gibt. Dieser Fehler kann vermieden werden, wenn wir nicht bloß einige Naturstücke, als z. B. die Verteilung des festen Landes, das Bauwerk desselben, und die Beschaffenheit und Lage der Gebirge, oder wohl gar nur die Organisation im Gewächs- und Tierreiche aus dem Gesichtspunkte der Zwecke betrachten, sondern diese systematische Einheit der Natur, in Beziehung auf die Idee einer höchsten Intelligenz, *ganz allgemein* machen. Denn alsdann legen wir eine Zweckmäßigkeit nach allgemeinen Gesetzen der Natur zum Grunde, von denen keine besondere Einrichtung ausgenommen, sondern nur mehr oder weniger kenntlich für uns ausgezeichnet worden, und haben ein regulatives Prinzip der systematischen Einheit einer teleologischen Verknüpfung, die wir aber nicht zum voraus bestimmen, sondern nur in Erwartung derselben die physischmechanische Verknüpfung nach allgemeinen Gesetzen verfolgen dürfen. Denn so allein kann das Prinzip der zweckmäßigen Einheit den Vernunftgebrauch in Ansehung der Erfahrung jederzeit erweitern, ohne ihm in irgendeinem Falle Abbruch zu tun.

Der zweite Fehler, der aus der Mißdeutung des gedachten Prinzips der systematischen Einheit entspringt, ist der der verkehrten Vernunft *(perversa ratio,* υστερον προτερον *rationis).* Die Idee der systematischen Einheit sollte nur dazu dienen, um als regulatives Prinzip sie in der Verbindung der Dinge nach allgemeinen Naturgesetzen zu suchen, und, soweit sich etwas davon auf dem empirischen Wege antreffen läßt, um so viel auch zu glauben, daß man sich der Vollständigkeit ihres Gebrauchs genähert habe, ob man sie freilich niemals erreichen wird. Anstatt dessen kehrt man die Sache um, und fängt davon an, daß man die Wirklichkeit eines Prinzips der zweckmäßigen Einheit als hypostatisch zum Grunde legt, den Begriff einer solchen höchsten Intelligenz, weil er an sich gänzlich unerforschlich ist, anthropomorphistisch bestimmt, und dann der Natur Zwecke, gewaltsam und diktatorisch, aufdringt, anstatt sie, wie billig, auf dem Wege der physischen Nachforschung zu suchen, so daß nicht allein Teleologie, die bloß dazu dienen sollte, um die Natureinheit nach allgemeinen Gesetzen zu ergänzen, nun vielmehr dahin wirkt, sie aufzuheben, sondern die Vernunft sich noch dazu selbst um ihren Zweck bringt, nämlich das Dasein einer solchen intelligenten obersten Ursache, nach diesem, aus der Natur zu beweisen. Denn, wenn man nicht die höchste Zweckmäßigkeit in der Natur a priori, d. i. als zum Wesen derselben gehörig, voraussetzen kann, wie will man denn angewiesen sein, sie zu suchen und auf der Stufenleiter derselben sich der höchsten Vollkommenheit eines Urhebers, als einer schlechterdings notwendigen, mithin a priori erkennbaren Vollkommenheit, zu nähern? Das regulative Prinzip verlangt, die systematische Einheit als *Natureinheit* welche nicht bloß empirisch erkannt, sondern a priori, obzwar noch unbestimmt, vorausgesetzt wird, schlechterdings, mithin als aus dem Wesen der Dinge folgend, vorauszusetzen. Lege ich aber zuvor ein höchstes ordnendes Wesen zum Grunde, so wird die Natureinheit in der

Tat aufgehoben. Denn sie ist der Natur der Dinge ganz fremd und zufällig, und kann auch nicht aus allgemeinen Gesetzen derselben erkannt werden. Daher entspringt ein fehlerhafter Zirkel im Beweisen, da man das voraussetzt, was eigentlich hat bewiesen werden sollen.

Das regulative Prinzip der systematischen Einheit der Natur für ein konstitutives nehmen, und, was nur in der Idee zum Grunde des einhelligen Gebrauchs der Vernunft gelegt wird, als Ursache hypostatisch voraussetzen, heißt nur die Vernunft verwirren. Die Naturforschung geht ihren Gang ganz allein an der Kette der Naturursachen nach allgemeinen Gesetzen derselben, zwar nach der Idee eines Urhebers, aber nicht um die Zweckmäßigkeit, der sie allerwärts nachgeht, von demselben abzuleiten, sondern sein Dasein aus dieser Zweckmäßigkeit, die in den Wesen der Naturdinge gesucht wird, womöglich auch in den Wesen aller Dinge überhaupt, mithin als schlechthin notwendig zu erkennen. Das Letztere mag nun gelingen oder nicht, so bleibt die Idee immer richtig, und ebensowohl auch deren Gebrauch, wenn er auf die Bedingungen eines bloß regulativen Prinzips restringiert worden.

Vollständige zweckmäßige Einheit ist Vollkommenheit (schlechthin betrachtet). Wenn wir diese nicht in dem Wesen der Dinge, welche den ganzen Gegenstand der Erfahrung, d. i. aller unserer objektiv gültigen Erkenntnis, ausmachen, mithin in allgemeinen und notwendigen Naturgesetzen finden; wie wollen wir daraus gerade auf die Idee einer höchsten und schlechthin notwendigen Vollkommenheit eines Urwesens schließen, welches der Ursprung aller Kausalität ist? Die größte systematische, folglich auch die zweckmäßige Einheit ist die Schule und selbst die Grundlage der Möglichkeit des größten Gebrauchs der Menschenvernunft. Die Idee derselben ist also mit dem Wesen unserer Vernunft unzertrennlich verbunden. Eben dieselbe Idee ist also für uns gesetzgebend, und so ist es sehr natürlich, eine ihr korrespondierende gesetzgebende Vernunft *(intellectus archetypus)* anzunehmen, von der alle systematische Einheit der Natur, als dem Gegenstande unserer Vernunft, abzuleiten sei.

Wir haben bei Gelegenheit der Antinomie der reinen Vernunft gesagt: daß alle Fragen, welche die reine Vernunft aufwirft, schlechterdings beantwortlich sein müssen, und daß die Entschuldigung mit den Schranken unserer Erkenntnis, die in vielen Naturfragen ebenso unvermeidlich als billig ist, hier nicht gestattet werden könne, weil uns hier nicht von der Natur der Dinge, sondern allein durch die Natur der Vernunft und lediglich über ihre innere Einrichtung, die Fragen vorgelegt werden. Jetzt können wir diese dem ersten Anscheine nach kühne Behauptung in Ansehung der zwei Fragen, wobei die reine Vernunft ihr größtes Interesse hat, bestätigen, und dadurch unsere Betrachtung über die Dialektik derselben zur gänzlichen Vollendung bringen.

Frägt man denn also (in Absicht auf eine transzendentale Theologie)*erstlich*: ob es etwas von der Welt Unterschiedenes gebe, was den Grund der Weltordnung und ihres Zusammenhanges nach allgemeinen Gesetzen enthalte, so ist die Antwort: *ohne Zweifel.*

Denn die Welt ist eine Summe von Erscheinungen, es muß also irgendein transzendentaler, d. i. bloß dem reinen Verstande denkbarer Grund derselben sein. Ist *zweitens* die Frage: ob dieses Wesen Substanz, von der größten Realität, notwendig usw. sei; so antworte ich: *daß diese Frage gar keine Bedeutung habe*. Denn alle Kategorien, durch welche ich mir einen Begriff von einem solchen Gegenstande zu machen versuche, sind von keinem anderen als empirischen Gebrauche, und haben gar keinen Sinn, wenn sie nicht auf Objekte möglicher Erfahrung, d. i. auf die Sinnenwelt angewandt werden. Außer diesem Felde sind sie bloß Titel zu Begriffen, die man einräumen, dadurch man aber auch nichts verstehen kann. Ist endlich *drittens* die Frage: ob wir nicht wenigstens dieses von der Welt unterschiedene Wesen nach einer *Analogie* mit den Gegenständen der Erfahrung denken dürfen? so ist die Antwort: *allerdings*, aber nur als Gegenstand in der Idee und nicht in der Realität, nämlich nur, sofern er ein uns unbekanntes Substratum der systematischen Einheit, Ordnung und Zweckmäßigkeit der Welteinrichtung ist, welche sich die Vernunft zum regulativen Prinzip ihrer Naturforschung machen muß. Noch mehr, wir können in dieser Idee gewisse Anthropomorphismen, die dem gedachten regulativen Prinzip beförderlich sind, ungescheut und ungetadelt erlauben. Denn es ist immer nur eine Idee, die gar nicht direkt auf ein von der Welt unterschiedenes Wesen, sondern auf das regulative Prinzip der systematischen Einheit der Welt, aber nur vermittelst eines Schema derselben, nämlich einer obersten Intelligenz, die nach weisen Absichten Urheber derselben sei, bezogen wird. Was dieser Ungrund der Welteinheit an sich selbst sei, hat dadurch nicht gedacht werden sollen, sondern wie wir ihn, oder vielmehr seine Idee, relativ auf den systematischen Gebrauch der Vernunft in Ansehung der Dinge der Welt, brauchen sollen.

Auf solche Weise aber *können* wir doch (wird man fortfahren zu fragen) einen einigen weisen und allgewaltigen Welturheber annehmen? *Ohne allen Zweifel*; und nicht allein dies, sondern wir *müssen* einen solchen voraussetzen. Aber alsdann erweitern wir doch unsere Erkenntnis über das Feld möglicher Erfahrung? *Keineswegs*. Denn wir haben nur ein Etwas vorausgesetzt, wovon wir gar keinen Begriff haben, was es an sich selbst sei (einen bloß transzendentalen Gegenstand), aber, in Beziehung auf die systematische und zweckmäßige Ordnung des Weltbaues, welche wir, wenn wir die Natur studieren, voraussetzen müssen, haben wir jenes uns unbekannte Wesen nur *nach der Analogie* mit einer Intelligenz (ein empirischer Begriff) gedacht, d. i. es in Ansehung der Zwecke und der Vollkommenheit, die sich auf demselben gründen, gerade mit denen Eigenschaften begabt, die nach den Bedingungen unserer Vernunft den Grund einer solchen systematischen Einheit enthalten können. Diese Idee ist also *respektiv auf den Weltgebrauch* unserer Vernunft ganz gegründet. Wollten wir ihr aber schlechthin objektive Gültigkeit erteilen, so würden wir vergessen, daß es lediglich ein Wesen in der Idee sei, das wir denken, und, indem wir alsdann von einem durch die Weltbetrachtung gar nicht bestimmbaren Grunde anfingen, würden wir dadurch außerstand gesetzt, dieses Prinzip dem empirischen Vernunftgebrauch angemessen anzuwenden.

Aber (wird man ferner fragen) auf solche Weise kann ich doch von dem Begriffe und der Voraussetzung eines höchsten Wesens in der vernünftigen Weltbetrachtung Gebrauch machen? Ja, dazu war auch eigentlich diese Idee von der Vernunft zum Grunde gelegt. Allein darf ich nun zweckähnliche Anordnungen als Absichten ansehen, indem ich sie vom göttlichen Willen, obzwar vermittelst besonderer dazu in der Welt darauf gestellten Anlagen, ableite? Ja, das könnt ihr auch tun, aber so, daß es euch gleich viel gelten muß, ob jemand sage, die göttliche Weisheit hat alles so zu seinen obersten Zwecken geordnet, oder die Idee der höchsten Weisheit ist ein Regulativ in der Nachforschung der Natur und ein Prinzip der systematischen und zweckmäßigen Einheit derselben nach allgemeinen Naturgesetzen, auch selbst da, wo wir jene nicht gewahr werden, d. i. es muß euch da, wo ihr sie wahrnehmt, völlig einerlei sein, zu sagen: Gott hat es weislich so gewollt, oder die Natur hat es also weislich geordnet. Denn die größte systematische und zweckmäßige Einheit, welche eure Vernunft aller Naturforschung als regulatives Prinzip zum Grunde zu legen verlangte, war eben das, was euch berechtigte, die Idee einer höchsten Intelligenz als ein Schema des regulativen Prinzips zum Grunde zu legen, und, so viel ihr nun, nach demselben, Zweckmäßigkeit in der Welt antrefft, so viel habt ihr Bestätigung der Rechtmäßigkeit eurer Idee; da aber gedachtes Prinzip nichts anderes zur Absicht hatte, als notwendige und größtmögliche Natureinheit zu suchen, so werden wir diese zwar, so weit als wir sie erreichen, der Idee eines höchsten Wesens zu danken haben, können aber die allgemeinen Gesetze der Natur, als in Absicht auf welche die Idee nur zum Grunde gelegt wurde, ohne mit uns selbst in Widerspruch zu geraten, nicht vorbeigehen, um diese Zweckmäßigkeit der Natur als zufällig und hyperphysisch ihrem Ursprunge nach anzusehen, weil wir nicht berechtigt waren, ein Wesen über die Natur von den gedachten Eigenschaften anzunehmen, sondern nur die Idee desselben zum Grunde zu legen, um nach der Analogie einer Kausalbestimmung der Erscheinungen als systematisch untereinander verknüpft anzusehen.

Eben daher sind wir auch berechtigt, die Weltursache in der Idee nicht allein nach einem subtileren Anthropomorphismus (ohne welchen sich gar nichts von ihm denken lassen würde), nämlich als ein Wesen, das Verstand, Wohlgefallen und Mißfallen, imgleichen eine demselben gemäße Begierde und Willen hat usw. zu denken, sondern demselben unendliche Vollkommenheit beizulegen, die also diejenige weit übersteigt, dazu wir durch empirische Kenntnis der Weltordnung berechtigt sein können. Denn das regulative Gesetz der systematischen Einheit will, daß wir die Natur so studieren sollen, *als ob* allenthalben ins Unendliche systematische und zweckmäßige Einheit, bei der größtmöglichen Mannigfaltigkeit, angetroffen würde. Denn, wiewohl wir nur wenig von dieser Weltvollkommenheit ausspähen, oder erreichen werden, so gehört es doch zur Gesetzgebung unserer Vernunft, sie allerwärts zu suchen und zu vermuten, und es muß uns jederzeit vorteilhaft sein, niemals aber kann es nachteilig werden, nach diesem Prinzip die Naturbetrachtung anzustellen. Es ist aber, unter dieser Vorstellung, der zum Grunde gelegten Idee eines höchsten Urhebers, auch klar: daß ich nicht das Dasein und die Kenntnis eines solchen Wesens, sondern nur die Idee desselben zum Grunde lege, und also eigentlich nichts von diesem Wesen, sondern bloß von der Idee desselben, d. i. von der Natur der Dinge der Welt, nach einer solchen Idee, ableite. Auch scheint ein gewisses, obzwar unentwickeltes Bewußtsein, des echten Gebrauchs dieses unseren Vernunftbegriffs, die bescheidene und billige Sprache der Philosophen aller Zeiten veranlaßt zu haben, da sie von der Weisheit und Vorsorge der Natur, und der göttlichen Weisheit, als gleichbedeutenden Ausdrücken reden, ja den ersteren Ausdruck, so lange es um bloß spekulative Vernunft zu tun ist, vorziehen, weil er die Anmaßung einer größeren Behauptung, als die ist, wozu wir befugt sind, zurückhält, und zugleich die Vernunft auf ihr eigentümliches Feld, die Natur, zurückweist.

So enthält die reine Vernunft, die uns anfangs nichts Geringeres, als Erweiterung der Kenntnisse über alle Grenzen der Erfahrung, zu versprechen schiene, wenn wir sie recht verstehen, nichts als regulative Prinzipien, die zwar größere Einheit gebieten, als der empirische Verstandesgebrauch erreichen kann, aber eben dadurch, daß sie das Ziel der Annäherung desselben so weit hinausrücken, die Zusammenstimmung desselben mit sich selbst durch systematische Einheit zum höchsten Grade bringen, wenn man sie aber mißversteht, und sie für konstitutive Prinzipien transzendenter Erkenntnisse hält, durch einen zwar glänzenden, aber trüglichen Schein, Überredung und eingebildetes Wissen, hiermit aber ewige Widersprüche und Streitigkeiten hervorbringen.

* *
*

So fängt denn alle menschliche Erkenntnis mit Anschauungen an, geht von da zu Begriffen, und endigt mit Ideen. Ob sie zwar in Ansehung aller dreien Elemente Erkenntnisquellen a priori hat, die beim ersten Anblicke die Grenzen aller Erfahrung zu verschmähen scheinen, so überzeugt doch eine vollendete Kritik, daß alle Vernunft im spekulativen Gebrauche mit diesen Elementen niemals über das Feld möglicher Erfahrung hinauskommen könne, und daß die eigentliche Bestimmung dieses obersten Erkenntnisvermögens sei, sich aller Methoden und der Grundsätze derselben nur zu bedienen, um der Natur nach allen möglichen Prinzipien der Einheit, worunter die der Zwecke die vornehmste ist, bis in ihr Innerstes nachzugehen, niemals aber ihre Grenze zu überfliegen, außerhalb welcher *für uns* nichts als leerer Raum ist. Zwar hat uns die kritische Untersuchung aller Sätze, welche unsere Erkenntnis über die wirkliche Erfahrung hinaus erweitern können, in der transzendentalen Analytik hinreichend überzeugt, daß sie niemals zu etwas mehr, als einer möglichen Erfahrung leiten können, und, wenn man nicht selbst gegen die klarsten abstrakten und allgemeinen Lehrsätze mißtrauisch wäre, wenn nicht reizende und scheinbare Aussichten uns lockten, den

Zwang der ersteren abzuwerfen, so hätten wir allerdings der mühsamen Abhörung aller dialektischen Zeugen, die eine transzendente Vernunft zum Behuf ihrer Anmaßungen auftreten läßt, überhoben sein können; denn wir wußten es schon zum voraus mit völliger Gewißheit, daß alles Vorgeben derselben zwar vielleicht ehrlich gemeint, aber schlechterdings nichtig sein müsse, weil es eine Kundschaft betraf, die kein Mensch jemals bekommen kann. Allein, weil doch des Redens kein Ende wird, wenn man nicht hinter die wahre Ursache des Scheins kommt, wodurch selbst der Vernünftigste hintergangen werden kann, und die Auflösung aller unserer transzendenten Erkenntnis in ihre Elemente (als ein Studium unserer inneren Natur) an sich selbst keinen geringen Wert hat, dem Philosophen aber sogar Pflicht ist, so war es nicht allein nötig, diese ganze, obzwar eitle Bearbeitung der spekulativen Vernunft bis zu ihren ersten Quellen ausführlich nachzusuchen, sondern, da der dialektische Schein hier nicht allein dem Urteile nach täuschend, sondern auch dem Interesse nach, das man hier am Urteile nimmt, anlockend, und jederzeit natürlich ist, und so in alle Zukunft bleiben wird, so war es ratsam, gleichsam die Akten dieses Prozesses ausführlich abzufassen, und sie im Archive der menschlichen Vernunft, zur Verhütung künftiger Irrungen ähnlicher Art, niederzulegen.

II.
Transzendentale Methodenlehre

Wenn ich den Inbegriff aller Erkenntnis der reinen und spekulativen Vernunft wie ein Gebäude ansehe, dazu wir wenigstens die Idee in uns haben, so kann ich sagen, wir haben in der transzendentalen Elementarlehre den Bauzeug überschlagen und bestimmt, zu welchem Gebäude, von welcher Höhe und Festigkeit er zulange. Freilich fand es sich, daß, ob wir zwar einen Turm im Sinne hatten, der bis an den Himmel reichen sollte, der Vorrat der Materialien doch nur zu einem Wohnhause zureichte, welches zu unseren Geschäften auf der Ebene der Erfahrung gerade geräumig und hoch genug war, sie zu übersehen; daß aber jene kühne Unternehmung aus Mangel an Stoff fehlschlagen mußte, ohne einmal auf die Sprachverwirrung zu rechnen, welche die Arbeiter über den Plan unvermeidlich entzweien, und sie in alle Welt zerstreuen mußte, um sich, ein jeder nach seinem Entwurfe, besonders anzubauen. Jetzt ist es uns nicht sowohl um die Materialien, als vielmehr um den Plan zu tun, und, indem wir gewarnt sind, es nicht auf einen beliebigen blinden Entwurf, der vielleicht unser ganzes Vermögen übersteigen könnte, zu wagen, gleichwohl doch von der Errichtung eines festen Wohnsitzes nicht wohl abstehen können, den Anschlag zu einem Gebäude in Verhältnis auf den Vorrat, der uns gegeben und zugleich unserem Bedürfnis angemessen ist, zu machen.

Ich verstehe also unter der transzendentalen Methodenlehre die Bestimmung der formalen Bedingungen eines vollständigen Systems der reinen Vernunft. Wir werden es in dieser Absicht mit einer *Disziplin*, einem *Kanon*, einer *Architektonik*, endlich einer *Geschichte* der reinen Vernunft zu tun haben, und dasjenige in transzendentaler Absicht leisten, was, unter dem Namen einer *praktischen Logik*, in Ansehung des Gebrauchs des Verstandes überhaupt in den Schulen gesucht, aber schlecht geleistet wird; weil, da die allgemeine Logik auf keine besondere Art der Verstandeserkenntnis (z. B. nicht auf die reine), auch nicht auf gewisse Gegenstände eingeschränkt ist, sie, ohne Kenntnisse aus anderen Wissenschaften zu borgen, nichts mehr tun kann, als Titel zu *möglichen Methoden* und technische Ausdrücke, deren man sich in Ansehung des Systematischen in allerlei Wissenschaften bedient, vorzutragen, die den Lehrling zum voraus mit Namen bekannt machen, deren Bedeutung und Gebrauch er künftig allererst soll kennenlernen.

Erstes Hauptstück
Die Disziplin der reinen Vernunft

Die negativen Urteile, die es nicht bloß der logischen Form, sondern auch dem Inhalte nach sind, stehen bei der Wißbegierde der Menschen in keiner sonderlichen Achtung, man sieht sie wohl gar als neidische Feinde unseres unablässig zur Erweiterung strebenden Erkenntnistriebes an, und es bedarf beinahe einer Apologie, um ihnen nur Duldung, und noch mehr, um ihnen Gunst und Hochschätzung zu verschaffen.

Man kann zwar *logisch* alle Sätze, die man will, negativ ausdrücken, in Ansehung des Inhalts aber unserer Erkenntnis überhaupt, ob sie durch ein Urteil erweitert, oder beschränkt wird, haben die verneinenden das eigentümliche Geschäft, lediglich den *Irrtum abzuhalten*. Daher auch negative Sätze, welche eine falsche Erkenntnis abhalten sollen, wo doch niemals ein Irrtum möglich ist, zwar sehr wahr, aber doch leer, d. i. ihrem Zwecke gar nicht angemessen, und eben darum oft lächerlich sind. Wie der Satz jenes Schulredners: daß Alexander ohne Kriegsheer keine Länder hätte erobern können.

Wo aber die Schranken unserer möglichen Erkenntnis sehr enge, der Anreiz zum Urteilen groß, der Schein, der sich darbietet, sehr betrüglich, und der Nachteil aus dem Irrtum erheblich ist, da hat das *Negative* der Unterweisung, welches bloß dazu dient, um uns vor Irrtümer zu verwahren, noch mehr Wichtigkeit, als manche positive Belehrung, dadurch unser Erkenntnis Zuwachs bekommen könnte. Man nennt den *Zwang*, wodurch der beständige Hang, von gewissen Regeln abzuweichen, eingeschränkt, und endlich vertilgt wird, die *Disziplin*. Sie ist von der *Kultur* unterschieden, welche bloß eine *Fertigkeit* verschaffen soll, ohne eine andere, schon vorhandene, dagegen aufzuheben. Zu der Bildung eines Talents, welches schon vor sich selbst einen Antrieb zur Äußerung hat, wird also die Disziplin einen negativen, die Kultur aber und Doktrin einen positiven Beitrag leisten.

Daß das Temperament, imgleichen daß Talente, die sich gern eine freie und uneingeschränkte Bewegung erlauben, (als Einbildungskraft und Witz,) in mancher Absicht einer Disziplin bedürfen, wird jedermann leicht zugeben. Daß aber die Vernunft, der es eigentlich obliegt, allen anderen Bestrebungen ihre Disziplin vorzuschreiben, selbst noch eine solche nötig habe, das mag allerdings befremdlich scheinen, und in der Tat ist sie auch einer solchen Demütigung eben darum bisher entgangen, weil, bei der Feierlichkeit und dem gründlichen Anstande, womit sie auftritt, niemand auf den Verdacht eines leichtsinnigen Spiels, mit Einbildungen statt Begriffen, und Worten statt Sachen, leichtlich geraten konnte.

Es bedarf keiner Kritik der Vernunft im empirischen Gebrauche, weil ihre Grundsätze am Probierstein der Erfahrung einer kontinuierlichen Prüfung unterworfen werden; imgleichen auch nicht in der Mathematik, wo ihre Begriffe an der reinen Anschauung sofort in concreto dargestellt werden müssen, und jedes Ungegründete und Willkürliche dadurch alsbald offenbar wird. Wo aber weder empirische noch reine Anschauung die Vernunft in einem sichtbaren Geleise halten, nämlich in ihrem transzendentalen Gebrauche, nach bloßen Begriffen, da bedarf sie so sehr einer Disziplin, die ihren Hang zur Erweiterung, über die engen Grenzen möglicher Erfahrung, bändige, und sie von Ausschweifung und Irrtum abhalte, daß auch die ganze Philosophie der reinen Vernunft bloß mit diesem negativen Nutzen zu tun hat. Einzelnen Verirrungen kann durch *Zensur* und den Ursachen derselben durch Kritik abgeholfen werden. Wo aber, wie in der reinen Vernunft, ein ganzes System von Täuschungen und Blendwerken angetroffen wird, die unter sich wohl verbunden und unter gemeinschaftlichen Prinzipien vereinigt sind, da scheint eine ganz eigene und zwar negative Gesetzgebung erforderlich zu sein, welche unter dem Namen einer *Disziplin* aus der Natur der Vernunft und der Gegenstände ihres reinen Gebrauchs gleichsam ein System der Vorsicht und Selbstprüfung errichte, vor welchem kein falscher vernünftelnder Schein bestehen kann, sondern sich sofort, unerachtet aller Gründe seiner Beschönigung, verraten muß.

Es ist aber wohl zu merken: daß ich in diesem zweiten Hauptteile der transzendentalen Kritik die Disziplin der reinen Vernunft nicht auf den Inhalt, sondern bloß auf die Methode der Erkenntnis aus reiner Vernunft richte. Das erstere ist schon in der Elementarlehre geschehen. Es hat aber der Vernunftgebrauch so viel Ähnliches, auf welchen Gegenstand er auch angewandt werden mag, und ist doch, sofern er transzendental sein soll, zugleich von allem anderen so wesentlich unterschieden, daß, ohne die warnende Negativlehre einer besonders darauf gestellten Disziplin, die Irrtümer nicht zu verhüten sind, die aus einer unschicklichen Befolgung solcher

Methoden, die zwar sonst der Vernunft, aber nur nicht hier anpassen, notwendig entspringen müssen.

Des ersten Hauptstücks

Erster Abschnitt
Die Disziplin der reinen Vernunft im dogmatischen Gebrauche

Die Mathematik gibt das glänzendste Beispiel, einer sich, ohne Beihilfe der Erfahrung, von selbst glücklich erweiternden reinen Vernunft. Beispiele sind ansteckend, vornehmlich für dasselbe Vermögen, welches sich natürlicherweise schmeichelt, eben dasselbe Glück in anderen Fällen zu haben, welches ihm in einem Falle zuteil worden. Daher hofft reine Vernunft im transzendentalen Gebrauche sich ebenso glücklich und gründlich erweitern zu können, als es ihr im mathematischen gelungen ist, wenn sie vornehmlich dieselbe Methode dort anwendet, die hier von so augenscheinlichem Nutzen gewesen ist. Es liegt uns also viel daran, zu wissen: ob die Methode, zur apodiktischen Gewißheit zu gelangen, die man in der letzteren Wissenschaft *mathematisch* nennt, mit derjenigen einerlei sei, womit man eben dieselbe Gewißheit in der Philosophie sucht, und die daselbst *dogmatisch* genannt werden müßte.

Die *philosophische* Erkenntnis ist die *Vernunfterkenntnis aus Begriffen*, die mathematische aus der *Konstruktion* der Begriffe. Einen Begriff aber *konstruieren*, heißt: die ihm korrespondierende Anschauung a priori darstellen. Zur Konstruktion eines Begriffs wird also eine *nicht empirische* Anschauung erfordert, die folglich, als Anschauung, ein *einzelnes* Objekt ist, aber nichtsdestoweniger, als die Konstruktion eines Begriffs (einer allgemeinen Vorstellung), Allgemeingültigkeit für alle möglichen Anschauungen, die unter denselben Begriff gehören, in der Vorstellung ausdrücken muß. So konstruiere ich einen Triangel, indem ich den diesem Begriffe entsprechenden Gegenstand, entweder durch bloße Einbildung, in der reinen, oder nach derselben auch auf dem Papier, in der empirischen Anschauung, beidemal aber völlig a priori, ohne das Muster dazu aus irgendeiner Erfahrung geborgt zu haben, darstelle. Die einzelne hingezeichnete Figur ist empirisch, und dient gleichwohl den Begriff, unbeschadet seiner Allgemeinheit, auszudrücken, weil bei dieser empirischen Anschauung immer nur auf die Handlung der Konstruktion des Begriffs, welchem viele Bestimmungen, z. E. der Größe, der Seiten und der Winkel, ganz gleichgültig sind, gesehen, und also von diesen Verschiedenheiten, die den Begriff des Triangels nicht verändern, abstrahiert wird.

Die philosophische Erkenntnis betrachtet also das Besondere nur im Allgemeinen, die mathematische das Allgemeine im Besonderen, ja gar im Einzelnen, gleichwohl doch a priori und vermittelst der Vernunft, so daß, wie dieses Einzelne unter gewissen allgemeinen Bedingungen der Konstruktion bestimmt ist, ebenso der Gegenstand des

Begriffs, dem dieses Einzelne nur als sein Schema korrespondiert, allgemein bestimmt gedacht werden muß.

In dieser Form besteht also der wesentliche Unterschied dieser beiden Arten der Vernunfterkenntnis, und beruht nicht auf dem Unterschied ihrer Materie, oder Gegenstände. Diejenigen, welche Philosophie von Mathematik dadurch zu unterscheiden vermeinten, daß sie von jener sagten, sie habe bloß die *Qualität*, diese aber nur die *Quantität* zum Objekt, haben die Wirkung für die Ursache genommen. Die Form der mathematischen Erkenntnis ist die Ursache, daß diese lediglich auf Quanta gehen kann. Denn nur der Begriff von Größen läßt sich konstruieren, d. i. a priori in der Anschauung darlegen, Qualitäten aber lassen sich in keiner anderen als empirischen Anschauung darstellen. Daher kann eine Vernunfterkenntnis derselben nur durch Begriffe möglich sein. So kann niemand eine dem Begriff der Realität korrespondierende Anschauung anders woher, als aus der Erfahrung nehmen, niemals aber a priori aus sich selbst und vor dem empirischen Bewußtsein derselben teilhaftig werden. Die konische Gestalt wird man ohne alle empirische Beihilfe, bloß nach dem Begriffe, anschauend machen können, aber die Farbe dieses Kegels wird in einer oder anderer Erfahrung zuvor gegeben sein müssen. Den Begriff einer Ursache überhaupt kann ich auf keine Weise in der Anschauung darstellen, als an einem Beispiele, das mir Erfahrung an die Hand gibt, usw. Übrigens handelt die Philosophie ebensowohl von Größen, als die Mathematik, z. B. von der Totalität, der Unendlichkeit usw. Die Mathematik beschäftigt sich auch mit dem Unterschiede der Linien und Flächen, als Räumen, von verschiedener Qualität, mit der Kontinuität der Ausdehnung, als einer Qualität derselben. Aber, obgleich sie in solchen Fällen einen gemeinschaftlichen Gegenstand haben, so ist die Art, ihn durch die Vernunft zu behandeln, doch ganz anders in der philosophischen, als mathematischen Betrachtung. Jene hält sich bloß an allgemeinen Begriffen, diese kann mit dem bloßen Begriffe nichts ausrichten, sondern eilt sogleich zur Anschauung, in welcher sie den Begriff in concreto betrachtet, aber doch nicht empirisch, sondern bloß in einer solchen, die sie a priori darstellt, d. i. konstruiert hat, und in welcher dasjenige, was aus den allgemeinen Bedingungen der Konstruktion folgt, auch von dem Objekte des konstruierten Begriffs allgemein gelten muß.

Man gebe einem Philosophen den Begriff eines Triangels, und lasse ihn nach seiner Art ausfindig machen, wie sich wohl die Summe seiner Winkel zum rechten verhalten möge. Er hat nun nichts als den Begriff von einer Figur, die in drei geraden Linien eingeschlossen ist, und an ihr den Begriff von ebensoviel Winkeln. Nun mag er diesem Begriffe nachdenken, so lange er will, er wird nichts Neues herausbringen. Er kann den Begriff der geraden Linie, oder eines Winkels, oder der Zahl drei zergliedern und deutlich machen, aber nicht auf andere Eigenschaften kommen, die in diesen Begriffen gar nicht liegen. Allein der Geometer nehme diese Frage vor. Er fängt sofort davon an, einen Triangel zu konstruieren. Weil er weiß, daß zwei rechte Winkel zusammen gerade so viel austragen, als alle berührenden Winkel, die aus einem Punkte auf einer geraden

Linie gezogen werden können, zusammen, so verlängert er eine Seite seines Triangels, und bekommt zwei berührende Winkel, die zweien rechten zusammen gleich sind. Nun teilt er den äußeren von diesen Winkeln, indem er eine Linie mit der gegenüberstehenden Seite des Triangels parallel zieht, und sieht, daß hier ein äußerer berührender Winkel entspringe, der einem inneren gleich ist, usw. Er gelangt auf solche Weise durch eine Kette von Schlüssen, immer von der Anschauung geleitet, zur völlig einleuchtenden und zugleich allgemeinen Auflösung der Frage.

Die Mathematik aber konstruiert nicht bloß Größen *(quanta)*, wie in der Geometrie, sondern auch die bloße Größe *(quantitatem)*, wie in der Buchstabenrechnung, wobei sie von der Beschaffenheit des Gegenstandes, der nach einem solchen Größenbegriff gedacht werden soll, gänzlich abstrahiert. Sie wählt sich alsdann eine gewisse Bezeichnung aller Konstruktionen von Größen überhaupt (Zahlen, als der Addition, Subtraktion usw.), Ausziehung der Wurzel, und, nachdem sie den allgemeinen Begriff der Größen nach den verschiedenen Verhältnissen derselben auch bezeichnet hat, so stellt sie alle Behandlung, die durch die Größe erzeugt und verändert wird, nach gewissen allgemeinen Regeln in der Anschauung dar; wo eine Größe durch die andere dividiert werden soll, setzt sie beider ihre Charaktere nach der bezeichnenden Form der Division zusammen usw., und gelangt also vermittelst einer symbolischen Konstruktion ebensogut, wie die Geometrie nach einer ostensiven oder geometrischen (der Gegenstände selbst) dahin, wohin die diskursive Erkenntnis vermittelst bloßer Begriffe niemals gelangen könnte.

Was mag die Ursache dieser so verschiedenen Lage sein, darin sich zwei Vernunftkünstler befinden, deren der eine seinen Weg nach Begriffen, der andere nach Anschauungen nimmt, die er a priori den Begriffen gemäß darstellt. Nach den oben vorgetragenen transzendentalen Grundlehren ist diese Ursache klar. Es kommt hier nicht auf analytische Sätze an, die durch bloße Zergliederung der Begriffe erzeugt werden können, (hierin würde der Philosoph ohne Zweifel den Vorteil über seinen Nebenbuhler haben,) sondern auf synthetische, und zwar solche, die a priori sollen erkannt werden. Denn ich soll nicht auf dasjenige sehen, was ich in meinem Begriffe vom Triangel wirklich denke, (dieses ist nichts weiter, als die bloße Definition,) vielmehr soll ich über ihn zu Eigenschaften, die in diesem Begriffe nicht liegen, aber doch zu ihm gehören, hinausgehen. Nun ist dieses nicht anders möglich, als daß ich meinen Gegenstand nach den Bedingungen, entweder der empirischen Anschauung, oder der reinen Anschauung bestimme. Das erstere würde nur einen empirischen Satz (durch Messen seiner Winkel), der keine Allgemeinheit, noch weniger Notwendigkeit enthielte, abgeben, und von dergleichen ist gar nicht die Rede. Das zweite Verfahren aber ist die mathematische und zwar hier die geometrische Konstruktion, vermittelst deren ich in einer reinen Anschauung, ebenso wie in der empirischen, das Mannigfaltige, was zu dem Schema eines Triangels überhaupt, mithin zu seinem Begriffe gehört, hinzusetzen wodurch allerdings allgemeine synthetische Sätze konstruiert werden müssen.

Ich würde also umsonst über den Triangel philosophieren, d. i. diskursiv nachdenken, ohne dadurch im mindesten weiter zu kommen, als auf die bloße Definition, von der ich aber billig anfangen müßte. Es gibt zwar eine transzendentale Synthesis aus lauter Begriffen, die wiederum allein dem Philosophen gelingt, die aber niemals mehr als ein Ding überhaupt betrifft, unter welchen Bedingungen dessen Wahrnehmung zur möglichen Erfahrung gehören könne. Aber in den mathematischen Aufgaben ist hiervon und überhaupt von der Existenz gar nicht die Frage, sondern von den Eigenschaften der Gegenstände an sich selbst, lediglich sofern diese mit dem Begriffe derselben verbunden sind.

Wir haben in dem angeführten Beispiele nur deutlich zu machen gesucht, welcher große Unterschied zwischen dem diskursiven Vernunftgebrauch nach Begriffen und dem intuitiven durch die Konstruktion der Begriffe anzutreffen sei. Nun frägts sich natürlicherweise, was die Ursache sei, die einen solchen zwiefachen Vernunftgebrauch notwendig macht, und an welchen Bedingungen man erkennen könne, ob nur der erste, oder auch der zweite stattfinde.

Alle unsere Erkenntnis bezieht sich doch zuletzt auf mögliche Anschauungen: denn durch diese allein wird ein Gegenstand gegeben. Nun enthält ein Begriff a priori (ein nicht empirischer Begriff) entweder schon eine reine Anschauung in sich, und alsdann kann er konstruiert werden; oder nichts als die Synthesis möglicher Anschauungen, die a priori nicht gegeben sind, und alsdann kann man wohl durch ihn synthetisch und a priori urteilen, aber nur diskursiv, nach Begriffen, und niemals intuitiv durch die Konstruktion des Begriffes.

Nun ist von aller Anschauung keine a priori gegeben, als die bloße Form der Erscheinungen, Raum und Zeit, und ein Begriff von diesen, als Quantis, läßt sich entweder zugleich mit der Qualität derselben (ihre Gestalt), oder auch bloß ihre Quantität (die bloße Synthesis des gleichartig Mannigfaltigen) durch Zahl a priori in der Anschauung darstellen, d. i. konstruieren. Die Materie aber der Erscheinungen, wodurch uns *Dinge* im Raume und der Zeit gegeben werden, kann nur in der Wahrnehmung, mithin a posteriori vorgestellt werden. Der einzige Begriff, der a priori diesen empirischen Gehalt der Erscheinungen vorstellt, ist der Begriff des *Dinges* überhaupt, und die synthetische Erkenntnis von demselben a priori kann nichts weiter, als die bloße Regel der Synthesis desjenigen, was die Wahrnehmung a posteriori geben mag, niemals aber die Anschauung des realen Gegenstandes a priori liefern, weil diese notwendig empirisch sein muß.

Synthetische Sätze, die auf *Dinge* überhaupt, deren Anschauung sich a priori gar nicht geben läßt, gehen, sind transzendental. Demnach lassen sich transzendentale Sätze niemals durch Konstruktion der Begriffe, sondern nur nach Begriffen a priori geben. Sie enthalten bloß die Regel, nach der eine gewisse synthetische Einheit desjenigen, was nicht a priori anschaulich vorgestellt werden kann, (der Wahrnehmungen,) empirisch gesucht werden soll. Sie können aber keinen einzigen ihrer Begriffe a priori in irgendeinem Falle darstellen, sondern tun dieses nur a posteriori, vermittelst der Erfahrung, die nach jenen synthetischen Grundsätzen allererst möglich wird.

Wenn man von einem Begriffe synthetisch urteilen soll, so muß man aus diesem Begriffe hinausgehen, und zwar zur Anschauung, in welcher er gegeben ist. Denn, bliebe man bei dem stehen, was im Begriffe enthalten ist, so wäre das Urteil bloß analytisch, und eine Erklärung des Gedanken, nach demjenigen, was wirklich in ihm enthalten ist. Ich kann aber von dem Begriffe zu der ihm korrespondierenden reinen oder empirischen Anschauung gehen, um ihn in derselben in concreto zu erwägen, und, was dem Gegenstande desselben zukommt, a priori oder a posteriori zu erkennen. Das erstere ist die rationale und mathematische Erkenntnis durch die Konstruktion des Begriffs, das zweite die bloße empirische (mechanische) Erkenntnis, die niemals notwendige und apodiktische Sätze geben kann. So könnte ich meinen empirischen Begriff vom Golde zergliedern, ohne dadurch etwas weiter zu gewinnen, als alles, was ich bei diesem Worte wirklich denke, herzählen zu können, wodurch in meinem Erkenntnis zwar eine logische Verbesserung vorgeht, aber keine Vermehrung oder Zusatz erworben wird. Ich nehme aber die Materie, welche unter diesem Namen vorkommt, und stelle mit ihr Wahrnehmungen an, welche mir verschiedene synthetische, aber empirische Sätze an die Hand geben werden. Den mathematischen Begriff eines Triangels würde ich konstruieren, d. i. a priori in der Anschauung geben, und auf diesem Wege eine synthetische, aber rationale Erkenntnis bekommen. Aber, wenn mir der transzendentale Begriff einer Realität, Substanz, Kraft usw. gegeben ist, so bezeichnet er weder eine empirische, noch reine Anschauung, sondern lediglich die Synthesis der empirischen Anschauungen (die also a priori nicht gegeben werden können), und es kann also aus ihm, weil die Synthesis nicht a priori zu der Anschauung, die ihm korrespondiert, hinausgehen kann, auch kein bestimmender synthetischer Satz, sondern nur ein Grundsatz der Synthesismöglicher empirischer Anschauungen entspringen. Also ist ein transzendentaler Satz ein synthetisches Vernunfterkenntnis nach bloßen Begriffen, und mithin diskursiv, indem dadurch alle synthetische Einheit der empirischen Erkenntnis allererst möglich, keine Anschauung aber dadurch a priori gegeben wird.

So gibt es denn einen doppelten Vernunftgebrauch, der, unerachtet der Allgemeinheit der Erkenntnis und ihrer Erzeugung a priori, welche sie gemein haben, dennoch im Fortgange sehr verschieden ist, und zwar darum, weil in der Erscheinung, als wodurch uns alle Gegenstände gegeben werden, zwei Stücke sind: die Form der Anschauung (Raum und Zeit), die völlig a priori erkannt und bestimmt werden kann, und die Materie (das Physische), oder der Gehalt, welcher ein Etwas bedeutet, das im Raume und der Zeit angetroffen wird, mithin ein Dasein enthält und der Empfindung korrespondiert. In Ansehung des letzteren, welches niemals anders auf bestimmte Art, als empirisch gegeben werden kann, können wir nichts a priori haben, als unbestimmte Begriffe der Synthesis möglicher Empfindungen, sofern sie zur Einheit der Apperzeption (in einer möglichen Erfahrung) gehören. In Ansehung der ersteren können wir unsere Begriffe in der Anschauung a priori bestimmen, indem wir uns im Raume und der Zeit die Gegenstände selbst durch gleichförmige Synthesis schaffen, indem wir sie bloß als *Quanta* betrachten. Jener heißt der Vernunftgebrauch nach Begriffen, indem wir nichts weiter tun können, als Erscheinungen dem realen Inhalte nach unter Begriffe zu bringen, welche darauf nicht anders als empirisch, d. i. a posteriori, (aber jenen Begriffen als Regeln einer empirischen Synthesis gemäß,) können bestimmt werden; dieser ist der Vernunftgebrauch durch Konstruktion der Begriffe, indem diese, da sie schon auf eine Anschauung a priori gehen, auch eben darum a priori und ohne alle empirische data in der reinen Anschauung bestimmt gegeben werden können. Alles, was da ist (ein Ding im Raum oder der Zeit), zu erwägen, ob und wiefern es ein Quantum ist oder nicht, daß ein Dasein in demselben oder Mangel vorgestellt werden müsse, wie fern dieses Etwas (welches Raum oder Zeit erfüllt) ein erstes Substratum, oder bloße Bestimmung sei, eine Beziehung seines Daseins auf etwas anderes, als Ursache oder Wirkung, habe, und endlich isoliert oder in wechselseitiger Abhängigkeit mit anderen in Ansehung des Daseins stehe, die Möglichkeit dieses Daseins, die Wirklichkeit und Notwendigkeit, oder die Gegenteile derselben zu erwägen: dieses alles gehört zum *Vernunfterkenntnis* aus Begriffen, welches *philosophisch* genannt wird. Aber im Raume eine Anschauung a priori zu bestimmen (Gestalt), die Zeit zu teilen (Dauer), oder bloß das Allgemeine der Synthesis von einem und demselben in der Zeit und dem Raume, und die daraus entspringende Größe einer Anschauung überhaupt (Zahl) zu erkennen, das ist ein *Vernunftgeschäft* durch Konstruktion der Begriffe, und heißt *mathematisch*.

Das große Glück, welches die Vernunft vermittelst der Mathematik macht, bringt ganz natürlicherweise die Vermutung zuwege, daß es, wo nicht ihr selbst, doch ihrer Methode, auch außer dem Felde der Größen gelingen werde, indem sie alle ihre Begriffe auf Anschauungen bringt, die sie a priori geben kann, und wodurch sie, so zu reden, Meister über die Natur wird; da hingegen reine Philosophie mit diskursiven Begriffen a priori in der Natur herumpfuscht, ohne die Realität derselben a priori anschauend und eben dadurch beglaubigt machen zu können. Auch scheint es den Meistern in dieser Kunst an dieser Zuversicht zu sich selbst und dem gemeinen Wesen an großen Erwartungen von ihrer Geschicklichkeit, wenn sie sich einmal hiermit befassen sollten, gar nicht zu fehlen. Denn da sie kaum jemals über ihre Mathematik philosophiert haben, (ein schweres Geschäft!) so kommt ihnen der spezifische Unterschied des einen Vernunftgebrauchs von dem anderen gar nicht in Sinn und Gedanken. Gangbare und empirisch gebrauchte Regeln, die sie von der gemeinen Vernunft borgen, gelten ihnen dann statt Axiomen. Wo ihnen die Begriffe von Raum und Zeit, womit sie sich (als den einzigen ursprünglichen Quantis) beschäftigen, herkommen mögen, daran ist ihnen gar nichts gelegen, und ebenso scheint es ihnen unnütz zu sein, den Ursprung reiner Verstandesbegriffe, und hiermit auch den Umfang ihrer Gültigkeit zu erforschen, sondern nur sich ihrer zu bedienen. In allem diesem tun sie ganz recht, wenn sie nur ihre angewiesene Grenze, nämlich die der *Natur* nicht überschreiten. So aber geraten sie unvermerkt, von dem Felde der Sinnlichkeit, auf den unsicheren Boden reiner und selbst transzendentaler Begriffe, wo der Grund *(instabilis tellus, innabilis unda)* ihnen weder zu stehen, noch zu schwimmen erlaubt, und sich nur flüchtige Schritte tun lassen, von denen die Zeit nicht die mindeste Spur aufbehält, da hingegen ihr Gang in der Mathematik eine Heeresstraße macht, welche noch die späteste Nachkommenschaft mit Zuversicht betreten kann.

Da wir es uns zur Pflicht gemacht haben, die Grenzen der reinen Vernunft im transzendentalen Gebrauche genau und mit Gewißheit zu bestimmen, diese Art der Bestrebung aber das Besondere an sich hat, unerachtet der nachdrücklichsten und klarsten Warnungen, sich noch immer durch Hoffnung hinhalten zu lassen, ehe man den Anschlag gänzlich aufgibt, über Grenzen der Erfahrungen hinaus in die reizenden Gegenden des Intellektuellen zu gelangen: so ist es notwendig, noch gleichsam den letzten Anker einer phantasiereichen Hoffnung wegzunehmen, und zu zeigen, daß die Befolgung der mathematischen Methode in dieser Art Erkenntnis nicht den mindesten Vorteil schaffen könne, es müßte denn der sein, die Blößen ihrer selbst desto deutlicher aufzudecken, daß Meßkunst und Philosophie zwei ganz verschiedene Dinge seien, ob sie sich zwar in der Naturwissenschaft einander die Hand bieten, mithin das Verfahren des einen niemals von dem anderen nachgeahmt werden könne.

Die Gründlichkeit der Mathematik beruht auf Definitionen, Axiomen, Demonstrationen. Ich werde mich damit begnügen, zu zeigen: daß keines dieser Stücke in dem Sinne, darin sie der Mathematiker nimmt, von der Philosophie könne geleistet, noch nachgeahmt werden. Daß der Meßkünstler, nach seiner Methode, in der Philosophie nichts als Kartengebäude zustande bringe, der Philosoph nach der seinigen in dem Anteil der Mathematik nur ein Geschwätz erregen könne, wiewohl eben darin Philosophie besteht, seine Grenzen zu kennen, und selbst der Mathematiker, wenn das Talent desselben nicht etwa schon von der Natur begrenzt und auf sein Fach eingeschränkt ist, die Warnungen der Philosophie nicht ausschlagen, noch sich über sie wegsetzen kann.

1. Von den Definitionen. *Definieren* soll, wie es der Ausdruck selbst gibt, eigentlich nur so viel bedeuten, als, den ausführlichen Begriff eines Dinges innerhalb seiner Grenzen ursprünglich darstellen. Nach einer solchen Forderung kann ein *empirischer* Begriff gar nicht definiert, sondern nur *expliziert* werden. Denn, da wir an ihm nur einige Merkmale von einer gewissen Art Gegenstände der Sinne haben, so ist es niemals sicher, ob man unter dem Worte, der denselben Gegenstand bezeichnet, nicht einmal mehr, das andere Mal weniger Merkmale desselben denke. So kann der eine im Begriffe vom *Golde* sich außer dem Gewichte, der Farbe, der Zähigkeit, noch die Eigenschaft, daß es nicht rostet, denken, der andere davon vielleicht nichts wissen. Man bedient sich gewisser Merkmale nur so lange, als sie zum Unterscheiden hinreichend sind; neue Bemerkungen dagegen

nehmen welche weg und setzen einige hinzu, der Begriff steht also niemals zwischen sicheren Grenzen. Und wozu sollte es auch dienen, einen solchen Begriff zu definieren, da, wenn z. B. von dem Wasser und dessen Eigenschaften die Rede ist, man sich bei dem nicht aufhalten wird, was man bei dem Worte Wasser denkt, sondern zu Versuchen schreitet, und das Wort, mit den wenigen Merkmalen, die ihm anhängen, nur eine *Bezeichnung* und nicht einen Begriff der Sache ausmachen soll, mithin die angebliche Definition nichts anderes als Wortbestimmung ist. Zweitens kann auch, genau zu reden, kein a priori gegebener Begriff definiert werden, z. B. Substanz, Ursache, Recht, Billigkeit usw. Denn ich kann niemals sicher sein, daß die deutliche Vorstellung eines (noch verworren) gegebenen Begriffs ausführlich entwickelt worden, als wenn ich weiß, daß dieselbe dem Gegenstande adäquat sei. Da der Begriff desselben aber, so wie er gegeben ist, viel dunkle Vorstellungen enthalten kann, die wir in der Zergliederung übergehen, ob wir sie zwar in der Anwendung jederzeit brauchen: so ist die Ausführlichkeit der Zergliederung meines Begriffs immer zweifelhaft, und kann nur durch vielfältig zutreffende Beispiele *vermutlich*, niemals aber *apodiktisch* gewiß gemacht werden. Anstatt des Ausdrucks: Definition, würde ich lieber den der *Exposition* brauchen, der immer noch behutsam bleibt, und bei dem der Kritiker sie auf einen gewissen Grad gelten lassen und doch wegen der Ausführlichkeit noch Bedenken tragen kann. Da also weder empirisch, noch a priori gegebene Begriffe definiert werden können, so bleiben keine anderen als willkürlich gedachte übrig, an denen man dieses Kunststück versuchen kann. Meinen Begriff kann ich in solchem Falle jederzeit definieren; denn ich muß doch wissen, was ich habe denken wollen, da ich ihn selbst vorsetzlich gemacht habe, und er mir weder durch die Natur des Verstandes, noch durch die Erfahrung gegeben worden, aber ich kann nicht sagen, daß ich dadurch einen wahren Gegenstand definiert habe. Denn, wenn der Begriff auf empirischen Bedingungen beruht, z. B. eine Schiffsuhr, so wird der Gegenstand und dessen Möglichkeit durch diesen willkürlichen Begriff noch nicht gegeben; ich weiß daraus nicht einmal, ob er überall einen Gegenstand habe, und meine Erklärung kann besser eine Deklaration (meines Projekts) als Definition eines Gegenstandes heißen. Also blieben keine anderen Begriffe übrig, die zum Definieren taugen, als solche, die eine willkürliche Synthesis enthalten, welche a priori konstruiert werden kann, mithin hat nur die Mathematik Definitionen. Denn, den Gegenstand, den sie denkt, stellt sie auch a priori in der Anschauung dar, und dieser kann sicher nicht mehr noch weniger enthalten, als der Begriff, weil durch die Erklärung der Begriff von dem Gegenstande ursprünglich, d. i. ohne die Erklärung irgend wovon abzuleiten, gegeben wurde. Die deutsche Sprache hat für die Ausdrücke der *Exposition*, *Explikation*, *Deklaration* und *Definition* nichts mehr, als das eine Wort: Erklärung, und daher müssen wir schon von der Strenge der Forderung, da wir nämlich den philosophischen Erklärungen den Ehrennamen der Definition verweigerten, etwas ablassen, und wollen diese ganze Anmerkung darauf einschränken, daß philosophische

Definitionen nur als Expositionen gegebener, mathematische aber als Konstruktionen ursprünglich gemachter Begriffe, jene nur analytisch durch Zergliederung (deren Vollständigkeit nicht apodiktisch gewiß ist), diese synthetisch zustande gebracht werden, und also den Begriff selbst *machen*, dagegen die ersteren ihn nur *erklären*. Hieraus folgt:

a) daß man es in der Philosophie der Mathematik nicht so nachtun müsse, die Definition voranzuschicken, als nur etwa zum bloßen Versuche. Denn, da sie Zergliederungen gegebener Begriffe sind, so gehen diese Begriffe, obzwar nur noch verworren, voran, und die unvollständige Exposition geht vor der vollständigen, so, daß wir aus einigen Merkmalen, die wir aus einer noch unvollendeten Zergliederung gezogen haben, manches vorher schließen können, ehe wir zur vollständigen Exposition, d. i. zur Definition gelangt sind; mit einem Worte, daß in der Philosophie die Definition, als abgemessene Deutlichkeit, das Werk eher schließe, als anfangen müsse. Dagegen haben wir in der Mathematik gar keinen Begriff vor der Definition, als durch welche der Begriff allererst gegeben wird, sie muß also und kann auch jederzeit davon anfangen.

b) Mathematische Definitionen können niemals irren. Denn, weil der Begriff durch die Definition zuerst gegeben wird, so enthält er gerade nur das, was die Definition durch ihn gedacht haben will. Aber, obgleich dem Inhalte nach nichts Unrichtiges darin vorkommen kann, so kann doch bisweilen, obzwar nur selten, in der Form (der Einkleidung) gefehlt werden, nämlich in Ansehung der Präzision. So hat die gemeine Erklärung der Kreislinie, daß sie eine *krumme* Linie sei, deren alle Punkte von einem einigen (dem Mittelpunkte) gleich weit abstehen, den Fehler, daß die Bestimmung krumm unnötiger Weise eingeflossen ist. Denn es muß einen besonderen Lehrsatz geben, der aus der Definition gefolgert wird und leicht bewiesen werden kann: daß eine jede Linie, deren alle Punkte von einem einigen gleich weit abstehen, krumm (kein Teil von ihr gerade) sei. Analytische Definitionen können dagegen auf vielfältige Art irren, entweder indem sie Merkmale hineinbringen, die wirklich nicht im Begriffe lagen, oder an der Ausführlichkeit ermangeln, die das Wesentliche einer Definition ausmacht, weil man der Vollständigkeit seiner Zergliederung nicht so völlig gewiß sein kann. Um deswillen läßt sich die Methode der Mathematik im Definieren in der Philosophie nicht nachahmen.

2. Von den Axiomen. Diese sind synthetische Grundsätze a priori, sofern sie unmittelbar gewiß sind. Nun läßt sich nicht ein Begriff mit dem anderen synthetisch und doch unmittelbar verbinden, weil, damit wir über einen Begriff hinausgehen können, ein drittes vermittelndes Erkenntnis nötig ist. Da nun Philosophie bloß die Vernunfterkenntnis nach Begriffen ist, so wird in ihr kein Grundsatz anzutreffen sein, der den Namen eines Axioms verdiene. Die Mathematik dagegen ist der Axiomen fähig, weil sie vermittelst der Konstruktion der Begriffe in der Anschauung des Gegenstandes die Prädikate desselben a priori und unmittelbar verknüpfen kann, z. B. daß drei Punkte

jederzeit in einer Ebene liegen. Dagegen kann ein synthetischer Grundsatz bloß aus Begriffen niemals unmittelbar gewiß sein; z. B. der Satz: alles, was geschieht, hat seine Ursache, da ich mich nach einem dritten herumgehen muß, nämlich der Bedingung der Zeitbestimmung in einer Erfahrung, und nicht direkt unmittelbar aus den Begriffen allein einen solchen Grundsatz erkennen konnte. Diskursive Grundsätze sind also ganz etwas anderes als intuitive, d. i. Axiomen. Jene erfordern jederzeit noch eine Deduktion, deren die letzteren ganz und gar entbehren können, und, da diese eben um desselben Grundes willen evident sind, welches die philosophischen Grundsätze, bei aller ihrer Gewißheit, doch niemals vorgeben können, so fehlt unendlich viel daran, daß irgendein synthetischer Satz der reinen und transzendentalen Vernunft so augenscheinlich sei (wie man sich trotzig auszudrücken pflegt), als der Satz: *daß zweimal zwei vier geben*. Ich habe zwar in der Analytik, bei der Tafel der Grundsätze des reinen Verstandes, auch gewisser Axiomen der Anschauung gedacht; allein der daselbst angeführte Grundsatz war selbst kein Axiom, sondern diente nur dazu, das Prinzipium der Möglichkeit der Axiomen überhaupt anzugeben, und selbst nur ein Grundsatz aus Begriffen. Denn sogar die Möglichkeit der Mathematik muß in der Transzendentalphilosophie gezeigt werden. Die Philosophie hat also keine Axiomen und darf niemals ihre Grundsätze a priori so schlechthin gebieten, sondern muß sich dazu bequemen, ihre Befugnis wegen derselben durch gründliche Deduktion zu rechtfertigen.

3. Von den Demonstrationen. Nur ein apodiktischer Beweis, sofern er intuitiv ist, kann Demonstration heißen. Erfahrung lehrt uns wohl, was da sei, aber nicht, daß es gar nicht anders sein könne. Daher können empirische Beweisgründe keinen apodiktischen Beweis verschaffen. Aus Begriffen a priori (im diskursiven Erkenntnisse) kann aber niemals anschauende Gewißheit d. i. Evidenz entspringen, so sehr auch sonst das Urteil apodiktisch gewiß sein mag. Nur die Mathematik enthält also Demonstrationen, weil sie nicht aus Begriffen, sondern der Konstruktion derselben, d. i. der Anschauung, die den Begriffen entsprechend a priori gegeben werden kann, ihr Erkenntnis ableitet. Selbst das Verfahren der Algeber mit ihren Gleichungen, aus denen sie durch Reduktion die Wahrheit zusamt dem Beweise hervorbringt, ist zwar keine geometrische, aber doch charakteristische Konstruktion, in welcher man an den Zeichen die Begriffe, vornehmlich von dem Verhältnisse der Größen, in der Anschauung darlegt, und, ohne einmal auf das Heuristische zu sehen, alle Schlüsse vor Fehlern dadurch sichert, daß jeder derselben vor Augen gestellt wird. Da hingegen das philosophische Erkenntnis dieses Vorteils entbehren muß, indem es das Allgemeine jederzeit in abstracto (durch Begriffe) betrachten muß, indessen daß Mathematik das Allgemeine in concreto (in der einzelnen Anschauung) und doch durch reine Vorstellung a priori erwägen kann, wobei jeder Fehltritt sichtbar wird. Ich möchte die ersteren daher lieber *akroamatische* (diskursive) *Beweise* nennen, weil sie sich nur durch lauter Worte (den Gegenstand in Gedanken) führen lassen, als *Demonstrationen*, welche, wie der Ausdruck es schon anzeigt, in der Anschauung des Gegenstandes fortgehen.

Aus allem diesem folgt nun, daß es sich für die Natur der Philosophie gar nicht schicke, vornehmlich im Felde der reinen Vernunft, mit einem dogmatischen Gange zu strotzen und sich mit den Titeln und Bändern der Mathematik auszuschmücken, in deren Orden sie doch nicht gehört, ob sie zwar auf schwesterliche Vereinigung mit derselben zu hoffen alle Ursache hat. Jene sind eitle Anmaßungen, die niemals gelingen können, vielmehr ihre Absicht rückgängig machen müssen, die Blendwerke einer ihre Grenzen verkennenden Vernunft zu entdecken, und, vermittelst hinreichender Aufklärung unserer Begriffe, den Eigendünkel der Spekulation auf das bescheidene, aber gründliche Selbsterkenntnis zurückzuführen. Die Vernunft wird also in ihren transzendentalen Versuchen nicht so zuversichtlich vor sich hinsehen können, gleich als wenn der Weg, den sie zurückgelegt hat, so ganz gerade zum Ziele führe, und auf ihre zum Grunde gelegten Prämissen nicht so mutig rechnen können, daß es nicht nötig wäre, öfters zurück zu sehen und achtzuhaben, ob sich nicht etwa im Fortgange der Schlüsse Fehler entdecken, die in den Prinzipien übersehen worden, und es nötig machen, sie entweder mehr zu bestimmen, oder ganz abzuändern.

Ich teile alle apodiktischen Sätze (sie mögen nun erweislich oder auch unmittelbar gewiß sein) in *Dogmata* und *Mathemata* ein. Ein direkt synthetischer Satz aus Begriffen ist ein *Dogma*; hingegen ein dergleichen Satz durch Konstruktion der Begriffe, ist ein *Mathema*. Analytische Urteile lehren uns eigentlich nichts mehr vom Gegenstande, als was der Begriff, den wir von ihm haben, schon in sich enthält, weil sie die Erkenntnis über den Begriff des Subjekts nicht erweitern, sondern diesen nur erläutern. Sie können daher nicht füglich Dogmen heißen (welches Wort man vielleicht durch *Lehrsprüche* übersetzen könnte). Aber unter den gedachten zwei Arten synthetischer Sätze a priori können, nach dem gewöhnlichen Redegebrauch, nur die zum philosophischen Erkenntnisse gehörigen diesen Namen führen, und man würde schwerlich die Sätze der Rechenkunst, oder Geometrie, Dogmata nennen. Also bestätigt dieser Gebrauch die Erklärung, die wir gaben, daß nur Urteile aus Begriffen, und nicht die aus der Konstruktion der Begriffe, dogmatisch heißen können.

Nun enthält die ganze reine Vernunft in ihrem bloß spekulativen Gebrauche nicht ein einziges direkt synthetisches Urteil aus Begriffen. Denn durch Ideen ist sie, wie wir gezeigt haben, gar keiner synthetischen Urteile, die objektive Gültigkeit hätten, fähig; durch Verstandesbegriffe aber errichtet sie zwar sichere Grundsätze, aber gar nicht direkt aus Begriffen, sondern immer nur indirekt durch Beziehung dieser Begriffe auf etwas ganz Zufälliges, nämlich *mögliche Erfahrung*; da sie denn, wenn diese (etwas als Gegenstand möglicher Erfahrungen) vorausgesetzt wird, allerdings apodiktisch gewiß sind, an sich selbst aber (direkt) a priori gar nicht einmal erkannt werden können. So kann niemand den Satz: alles, was geschieht, hat seine Ursache, aus diesen gegebenen Begriffen allein gründlich einsehen. Daher ist er kein Dogma, ob er gleich in einem anderen Gesichtspunkte, nämlich dem einzigen Felde seines möglichen Gebrauchs, d. i. der Erfahrung, ganz wohl und apodiktisch bewiesen werden kann. Er heißt aber *Grundsatz* und nicht *Lehrsatz*, ob er gleich bewiesen werden muß, darum, weil er die besondere Eigenschaft hat, daß er seinen Beweisgrund, nämlich Erfahrung, selbst zuerst möglich macht, und bei dieser immer vorausgesetzt werden muß.

Gibt es nun im spekulativen Gebrauche der reinen Vernunft auch dem Inhalte nach gar keine Dogmate, so ist alle *dogmatische* Methode, sie mag nun dem Mathematiker abgeborgt sein, oder eine eigentümliche Manier werden sollen, für sich unschicklich. Denn sie verbirgt nur die Fehler und Irrtümer, und täuscht die Philosophie, deren eigentliche Absicht ist, alle Schritte der Vernunft in ihrem klarsten Lichte sehen zu lassen. Gleichwohl kann die Methode immer *systematisch* sein. Denn unsere Vernunft (subjektiv) ist selbst ein System, aber in ihrem reinen Gebrauche, vermittelst bloßer Begriffe, nur ein System der Nachforschung nach Grundsätzen der Einheit, zu welcher *Erfahrung* allein den Stoff hergeben kann. Von der eigentümlichen Methode einer Transzendentalphilosophie läßt sich aber hier nichts sagen, da wir es nur mit einer Kritik unserer Vermögensumstände zu tun haben, ob wir überall bauen, und wie hoch wir wohl unser Gebäude, aus dem Stoffe, den wir haben, (den reinen Begriffen a priori,) aufführen können.

Des ersten Hauptstücks

Zweiter Abschnitt
Die Disziplin der reinen Vernunft in Ansehung ihres polemischen Gebrauchs

Die Vernunft muß sich in allen ihren Unternehmungen der Kritik unterwerfen, und kann der Freiheit derselben durch kein Verbot Abbruch tun, ohne sich selbst zu schaden und einen ihr nachteiligen Verdacht auf sich zu ziehen. Da ist nun nichts so wichtig, in Ansehung des Nutzens, nichts so heilig, das sich dieser prüfenden und musternden Durchsuchung, die kein Ansehen der Person kennt, entziehen dürfte. Auf dieser Freiheit beruht sogar die Existenz der Vernunft, die kein diktatorisches Ansehen hat, sondern deren Ausspruch jederzeit nichts als die Einstimmung freier Bürger ist, deren jeglicher seine Bedenklichkeiten, ja sogar sein *veto*, ohne Zurückhalten muß äußern können.

Ob nun aber gleich die Vernunft sich der Kritik niemals *verweigern* kann, so hat sie doch nicht jederzeit Ursache, sie zu *scheuen*. Aber die reine Vernunft in ihrem dogmatischen (nicht mathematischen) Gebrauche ist sich nicht so sehr der genauesten Beobachtung ihrer obersten Gesetze bewußt, daß sie nicht mit Blödigkeit, ja mit gänzlicher Ablegung alles angemaßten dogmatischen Ansehens, vor dem kritischen Auge einer höheren und richterlichen Vernunft erscheinen müßte.

Ganz anders ist es bewandt, wenn sie es nicht mit der Zensur des Richters, sondern den Ansprüchen ihres Mitbürgers zu tun hat, und sich dagegen bloß verteidigen soll. Denn, da diese ebensowohl dogmatisch sein wollen, obzwar im Verneinen, als jene im Bejahen: so findet eine Rechtfertigung κατ' ανθρωπον statt, die wider alle

Beeinträchtigung sichert, und einen titulierten Besitz verschafft, der keine fremden Anmaßungen scheuen darf, ob er gleich selbst κατ' αληθειαν nicht hinreichend bewiesen werden kann.

Unter dem polemischen Gebrauche der reinen Vernunft verstehe ich nun die Verteidigung ihrer Sätze gegen die dogmatischen Verneinungen derselben. Hier kommt es nun nicht darauf an, ob ihre Behauptungen nicht vielleicht auch falsch sein möchten, sondern nur, daß niemand das Gegenteil jemals mit apodiktischer Gewißheit (ja auch nur mit größerem Scheine) behaupten könne. Denn wir sind alsdann doch nicht bittweise in unserem Besitz, wenn wir einen, obzwar nicht hinreichenden, Titel derselben vor uns haben, und es völlig gewiß ist, daß niemand die Unrechtmäßigkeit dieses Besitzes jemals beweisen könne.

Es ist etwas Bekümmerndes und Niederschlagendes, daß es überhaupt eine Antithetik der reinen Vernunft geben, und diese, die doch den obersten Gerichtshof über alle Streitigkeiten vorstellt, mit sich selbst in Streit geraten soll. Zwar hatten wir oben eine solche scheinbare Antithetik derselben vor uns; aber es zeigte sich, daß sie auf einem Mißverstande beruhte, da man nämlich, dem gemeinen Vorurteile gemäß, Erscheinungen für Sachen an sich selbst nahm, und dann eine absolute Vollständigkeit ihrer Synthesis, auf eine oder andere Art (die aber auf beiderlei Art gleich unmöglich war), verlangte, welches aber von Erscheinungen gar nicht erwartet werden kann. Es war also damals kein wirklicher *Widerspruch der Vernunft* mit ihr selbst bei den Sätzen: die Reihe *an sich gegebener* Erscheinungen hat einen absolut ersten Anfang, und: diese Reihe ist schlechthin und *an sich selbst* ohne allen Anfang; denn beide Sätze bestehen gar wohl zusammen, weil *Erscheinungen* nach ihrem Dasein (als Erscheinungen) *an sich selbst gar* nichts d. i. etwas Widersprechendes sind, und also deren Voraussetzung natürlicherweise widersprechende Folgerungen nach sich ziehen muß.

Ein solcher Mißverstand kann aber nicht vorgewandt und dadurch der Streit der Vernunft beigelegt werden, wenn etwa theistisch behauptet würde: *es ist ein höchstes Wesen*, und dagegen atheistisch: *es ist kein höchstes Wesen*; oder, in der Psychologie: alles, was denkt, ist von absoluter beharrlicher Einheit und also von aller vergänglichen materiellen Einheit unterschieden, welchem ein anderer entgegengesetzte: die Seele ist nicht immaterielle Einheit und kann von der Vergänglichkeit nicht ausgenommen werden. Denn der Gegenstand der Frage ist hier von allem Fremdartigen, das seiner Natur widerspricht, frei, und der Verstand hat es nur mit *Sachen an sich selbst* und nicht mit Erscheinungen zu tun. Es würde also hier freilich ein wahrer Widerstreit anzutreffen sein, wenn nur die reine Vernunft auf der verneinenden Seite etwas zu sagen hätte, was dem Grunde einer Behauptung nahe käme; denn was die Kritik der Beweisgründe des dogmatisch Bejahenden betrifft, die kann man ihm sehr wohl einräumen, ohne darum diese Sätze aufzugeben, die doch wenigstens das Interesse der Vernunft für sich haben, darauf sich der Gegner gar nicht berufen kann.

Ich bin zwar nicht der Meinung, welche vortreffliche und nachdenkende Männer (z. B. Sulzer) so oft geäußert haben, da sie die Schwäche der bisherigen Beweise fühlten: daß man hoffen könne, man werde dereinst noch evidente Demonstrationen der zwei Kardinalsätze unserer reinen Vernunft: es ist ein Gott, es ist ein künftiges Leben, erfinden. Vielmehr bin ich gewiß, daß dieses niemals geschehen werde. Denn, wo will die Vernunft den Grund zu solchen synthetischen Behauptungen, die sich nicht auf Gegenstände der Erfahrung und deren innere Möglichkeit beziehen, hernehmen? Aber es ist auch apodiktisch gewiß, daß niemals irgendein Mensch auftreten werde, der das *Gegenteil* mit dem mindesten Scheine, geschweige dogmatisch behaupten könne. Denn, weil er dieses doch bloß durch reine Vernunft dartun könnte, so müßte er es unternehmen, zu beweisen: daß ein höchstes Wesen, daß das in uns denkende Subjekt, als reine Intelligenz, *unmöglich* sei. Wo will er aber die Kenntnisse hernehmen, die ihn, von Dingen über alle mögliche Erfahrung hinaus so synthetisch zu urteilen, berechtigten. Wir können also darüber ganz unbekümmert sein, daß uns jemand das Gegenteil einstens beweisen werde; daß wir darum eben nicht nötig haben, auf schulgerechte Beweise zu sinnen, sondern immerhin diejenigen Sätze annehmen können, welche mit dem spekulativen Interesse unserer Vernunft im empirischen Gebrauch ganz wohl zusammenhängen, und überdem es mit dem praktischen Interesse zu vereinigen die einzigen Mittel sind. Für den Gegner (der hier nicht bloß als Kritiker betrachtet werden muß,) haben wir unser non liquet in Bereitschaft, welches ihn unfehlbar verwirren muß, indessen daß wir die Retorsion desselben auf uns nicht weigern, indem wir die subjektive Maxime der Vernunft beständig im Rückhalte haben, die dem Gegner notwendig fehlt, und unter deren Schutz wir alle seine Luftstreiche mit Ruhe und Gleichgültigkeit ansehen können.

Auf solche Weise gibt es eigentlich gar keine Antithetik der reinen Vernunft. Denn der einzige Kampfplatz für sie würde auf dem Felde der reinen Theologie und Psychologie zu suchen sein; dieser Boden aber trägt keinen Kämpfer in seiner ganzen Rüstung, und mit Waffen, die zu fürchten wären. Er kann nur mit Spott oder Großsprecherei auftreten, welches als ein Kinderspiel belacht werden kann. Das ist eine tröstende Bemerkung, die der Vernunft wieder Mut gibt; denn, worauf wollte sie sich sonst verlassen, wenn sie, die allein alle Irrungen abzutun berufen ist, in sich selbst zerrüttet wäre, ohne Frieden und ruhigen Besitz hoffen zu können?

Alles, was die Natur selbst anordnet, ist zu irgendeiner Absicht gut. Selbst Gifte dienen dazu, andere Gifte, welche sich in unseren eigenen Säften erzeugen, zu überwältigen, und dürfen daher in einer vollständigen Sammlung von Heilmitteln (Offizin) nicht fehlen. Die Einwürfe, wider die Überredungen und den Eigendünkel unserer bloß spekulativen Vernunft, sind selbst durch die Natur dieser Vernunft aufgegeben, und müssen also ihre gute Bestimmung und Absicht haben, die man nicht in den Wind schlagen muß. Wozu hat uns die Vorsehung manche Gegenstände, ob sie gleich mit unserem höchsten Interesse zusammenhängen, so hoch gestellt, daß uns fast nur vergönnt ist, sie in einer undeutlichen und von uns selbst bezweifelten Wahrnehmung anzutreffen, dadurch ausspähende Blicke mehr gereizt, als befriedigt werden, ob es nützlich sei, in Ansehung solcher Aussichten dreiste Bestimmungen zu wagen, ist wenigstens zweifelhaft, vielleicht gar schädlich. Allemal aber und ohne allen Zweifel ist es nützlich, die forschende sowohl, als prüfende Vernunft in völlige Freiheit zu versetzen, damit sie ungehindert ihr eigen Interesse besorgen könne, welches ebensowohl dadurch befördert wird, daß sie ihren Einsichten Schranken setzt, als daß sie solche erweitert, und welches allemal leidet, wenn sich fremde Hände einmengen, um sie wider ihren natürlichen Gang nach erzwungenen Absichten zu lenken.

Lasset demnach euren Gegner nur Vernunft sagen, und bekämpfst ihn bloß mit Waffen der Vernunft. Übrigens seid wegen der guten Sache (des praktischen Interesses) außer Sorgen, denn die kommt in bloß spekulativem Streite niemals mit ins Spiel. Der Streit entdeckt alsdann nichts, als eine gewisse Antinomie der Vernunft, die, da sie auf ihrer Natur beruht, notwendig angehört und geprüft werden muß. Er kultiviert dieselbe durch Betrachtung ihres Gegenstandes auf zweien Seiten, und berichtigt ihr Urteil dadurch, daß er solches einschränkt. Das, was hierbei streitig wird, ist nicht die *Sache*, sondern der *Ton*. Denn es bleibt euch noch genug übrig, um die vor der schärfsten Vernunft gerechtfertigte Sprache eines festen *Glaubens* zu sprechen, wenn ihr gleich die des *Wissens* habt aufgeben müssen.

Wenn man den kaltblütigen, zum Gleichgewichte des Urteils eigentlich geschaffenen *David Hume* fragen sollte: was bewog euch, durch mühsam ergrübelte Bedenklichkeiten, die für den Menschen so tröstliche und nützliche Überredung, daß ihre Vernunfteinsicht zur Behauptung und zum bestimmten Begriff eines höchsten Wesens zulange, zu untergraben? so würde er antworten: nichts, als die Absicht, die Vernunft in ihrer Selbsterkenntnis weiter zu bringen, und zugleich ein gewisser Unwille über den Zwang, den man der Vernunft antun will, indem man mit ihr groß tut, und sie zugleich hindert, ein freimütiges Geständnis ihrer Schwächen abzulegen, die ihr bei der Prüfung ihrer selbst offenbar werden. Fragt ihr dagegen den, den Grundsätzen des *empirischen* Vernunftgebrauchs allein ergebenen, und aller transzendenten Spekulation abgeneigten *Priestley*, was er für Bewegungsgründe gehabt habe, unserer Seele Freiheit und Unsterblichkeit (die Hoffnung des künftigen Lebens ist bei ihm nur die Erwartung eines Wunders der Wiedererweckung), zwei solche Grundpfeiler aller Religion niederzureißen, er, der selbst ein frommer und eifriger Lehrer der Religion ist; so würde er nichts anderes antworten können, als: das Interesse der Vernunft, welche dadurch verliert, daß man gewisse Gegenstände den Gesetzen der materiellen Natur, den einzigen, die wir genau kennen und bestimmen können, entziehen will. Es würde unbillig scheinen, den letzteren, der seine paradoxe Behauptung mit der Religionsabsicht zu vereinigen weiß, zu verschreien, und einem wohldenkenden Manne wehe zu tun, weil er sich nicht zurechtfinden kann, sobald er sich aus dem Felde der Naturlehre verloren hatte. Aber diese Gunst muß dem nicht minder gut gesinnten und seinem sittlichen Charakter nach untadelhaften *Hume* ebensowohl zustatten kommen, der seine abgezogene Spekulation darum nicht verlassen kann, weil er mit Recht dafür hält, daß ihr Gegenstand ganz außerhalb den Grenzen der Naturwissenschaft im Felde reiner Ideen liege.

Was ist nun hierbei zu tun, vornehmlich in Ansehung der Gefahr, die daraus dem gemeinen Besten zu drohen scheint? Nichts ist natürlicher, nichts billiger, als die Entschließung, die ihr deshalb zu nehmen habt. Laßt diese Leute nur machen; wenn sie Talent, wenn sie tiefe und neue Nachforschung, mit einem Worte, wenn sie nur Vernunft zeigen, so gewinnt jederzeit die Vernunft. Wenn ihr andere Mittel ergreift, als die einer zwanglosen Vernunft, wenn ihr über Hochverrat schreiet, das gemeine Wesen, das sich auf so subtile Bearbeitungen gar nicht versteht, gleichsam als zum Feuerlöschen zusammenruft, so macht ihr euch lächerlich. Denn es ist die Rede gar nicht davon, was dem gemeinen Besten hierunter vorteilhaft, oder nachteilig sei, sondern nur, wie weit die Vernunft es wohl in ihrer von allem Interesse abstrahierenden Spekulation bringen könne, und ob man auf diese überhaupt etwas rechnen, oder sie lieber gegen das Praktische gar aufgeben müsse. Anstatt also mit dem Schwerte drein zu schlagen, so sehet vielmehr von dem sicheren Sitze der Kritik diesem Streite geruhig zu, der für die Kämpfenden mühsam, für euch unterhaltend, und bei einem gewiß unblutigen Ausgange, für eure Einsichten ersprießlich ausfallen muß. Denn es ist sehr was Ungereimtes, von der Vernunft Aufklärung zu erwarten, und ihr doch vorher vorzuschreiben, auf welche Seite sie notwendig ausfallen müsse. Überdem wird Vernunft schon von selbst durch Vernunft so wohl gebändigt und in Schranken gehalten, daß ihr gar nicht nötig habt, Scharwachen aufzubieten, um demjenigen Teile, dessen besorgliche Obermacht euch gefährlich scheint, bürgerlichen Widerstand entgegenzusetzen. In dieser Dialektik gibt's keinen Sieg, über den ihr besorgt zu sein Ursache hättet.

Auch bedarf die Vernunft gar sehr eines solchen Streits, und es wäre zu wünschen, daß er eher und mit uneingeschränkter öffentlicher Erlaubnis wäre geführt worden. Denn um desto früher wäre eine reife Kritik zustande gekommen, bei deren Erscheinung alle diese Streithändel von selbst wegfallen müssen, indem die Streitenden ihre Verblendung und Vorurteile, welche sie veruneinigt haben, einsehen lernen.

Es gibt eine gewisse Unlauterkeit in der menschlichen Natur, die am Ende doch, wie alles, was von der Natur kommt, eine Anlage zu guten Zwecken enthalten muß, nämlich eine Neigung, seine wahren Gesinnungen zu verhehlen, und gewisse angenommene, die man für gut und rühmlich hält, zur Schau zu tragen. Ganz gewiß haben die Menschen durch diesen Hang, sowohl sich zu verhehlen, als auch einen ihnen vorteilhaften Schein anzunehmen, sich nicht bloß *zivilisiert*, sondern nach und nach, in gewisser Maße, *moralisiert*, weil keiner durch die Schminke der Anständigkeit, Ehrbarkeit und Sittsamkeit durchdringen konnte, also an vermeintlich echten Beispielen des Guten, die er um sich sah, eine Schule der Besserung für sich selbst fand. Allein diese Anlage, sich besser zu stellen, als man ist, und Gesinnungen zu äußern, die man nicht hat, dient nur gleichsam *provisorisch* dazu, um den Menschen aus der Rohigkeit zu bringen, und ihn zuerst wenigstens die *Manier* des Guten, das er kennt, annehmen zu lassen; denn nachher, wenn die echten Grundsätze einmal entwickelt und in die Denkungsart übergegangen sind, so muß jene Falschheit nach und nach kräftig bekämpft werden, weil sie sonst das Herz verdirbt, und gute Gesinnungen unter dem Wucherkraute des schönen Scheins nicht aufkommen läßt.

Es tut mir leid, eben dieselbe Unlauterkeit, Verstellung und Heuchelei sogar in den Äußerungen der spekulativen Denkungsart wahrzunehmen, worin doch Menschen, das Geständnis ihrer Gedanken billigermaßen offen und unverhohlen zu entdecken, weit weniger Hindernisse und gar keinen Vorteil haben. Denn was kann den Einsichten nachteiliger sein, als sogar bloße Gedanken verfälscht einander mitzuteilen, Zweifel, die wir wider unsere eigenen Behauptungen fühlen, zu verhehlen, oder Beweisgründen, die uns selbst nicht genugtun, einen Anstrich von Evidenz zu geben? So lange indessen bloß die Privateitelkeit diese geheimen Ränke anstiftet (welches in spekulativen Urteilen, die kein besonderes Interesse haben und nicht leicht einer apodiktischen Gewißheit fähig sind, gemeiniglich der Fall ist), so widersteht denn doch die Eitelkeit anderer *mit öffentlicher Genehmigung*, und die Sachen kommen zuletzt dahin, wo die lauterste Gesinnung und Aufrichtigkeit, obgleich weit früher, sie hingebracht haben würde. Wo aber das gemeine Wesen dafür hält, daß spitzfindige Vernünftler mit nichts minderem umgehen, als die Grundfeste der öffentlichen Wohlfahrt wankend zu machen, da scheint es nicht allein der Klugheit gemäß, sondern auch erlaubt und wohl gar rühmlich, der guten Sache eher durch Scheingründe zu Hilfe zu kommen, als den vermeintlichen Gegnern derselben auch nur den Vorteil zu lassen, unseren Ton zur Mäßigung einer bloß praktischen Überzeugung herabzustimmen, und uns zu nötigen, den Mangel der spekulativen und apodiktischen Gewißheit zu gestehen. Indessen sollte ich denken, daß sich mit der Absicht, eine gute Sache zu behaupten, in der Welt wohl nichts übler, als Hinterlist, Verstellung und Betrug vereinigen lasse. Daß es in der Abwiegung der Vernunftgründe, einer bloßen Spekulation alles ehrlich zugehen müsse, ist wohl das wenigste, was man fordern kann. Könnte man aber auch nur auf dieses Wenige sicher rechnen, so wäre der Streit der spekulativen Vernunft über die wichtigen Fragen von Gott, der Unsterblichkeit (der Seele) und der Freiheit, entweder längst entschieden, oder würde sehr bald zu Ende gebracht werden. So steht öfters die Lauterkeit der Gesinnung im umgekehrten Verhältnisse der Gutartigkeit der Sache selbst, und diese hat vielleicht mehr aufrichtige und redliche Gegner, als Verteidiger.

Ich setze also Leser voraus, die keine gerechte Sache mit Unrecht verteidigt wissen wollen. In Ansehung deren ist es nun entschieden, daß, nach unseren Grundsätzen der Kritik, wenn man nicht auf dasjenige sieht, was geschieht, sondern was billig geschehen sollte, es eigentlich gar keine Polemik der reinen Vernunft geben müsse. Denn wie können zwei Personen einen Streit über eine Sache führen, deren Realität keiner von beiden in einer wirklichen, oder auch nur möglichen Erfahrung darstellen kann, über deren Idee er allein brütet, um aus ihr etwas mehr als Idee, nämlich die Wirklichkeit des Gegenstandes selbst, herauszubringen? Durch welches Mittel wollen sie aus dem Streite herauskommen, da keiner von beiden seine Sache geradezu begreiflich und gewiß machen, sondern nur die seines Gegners angreifen und widerlegen kann? Denn dieses ist das Schicksal aller Behauptungen der reinen Vernunft: daß, da sie über die Bedingungen aller möglichen Erfahrung hinausgehen, außerhalb welchen kein Dokument der Wahrheit irgendwo angetroffen wird, sich aber gleichwohl der Verstandesgesetze, die bloß zum empirischen Gebrauche bestimmt sind, ohne die sich aber kein Schritt im synthetischen Denken tun läßt, bedienen müssen, sie dem Gegner jederzeit Blößen geben und sich gegenseitig die Blöße ihres Gegners zunutze machen können.

Man kann die Kritik der reinen Vernunft als den wahren Gerichtshof für alle Streitigkeiten derselben ansehen; denn sie ist in die letzteren, als welche auf Objekte unmittelbar gehen, nicht mit verwickelt, sondern ist dazu gesetzt, die Rechtsame der Vernunft überhaupt nach den Grundsätzen ihrer ersten Institution zu bestimmen und zu beurteilen.

Ohne dieselbe ist die Vernunft gleichsam im Stande der Natur, und kann ihre Behauptungen und Ansprüche nicht anders geltend machen, oder sichern, als durch *Krieg*. Die Kritik dagegen, welche alle Entscheidungen aus den Grundregeln ihrer eigenen Einsetzung hernimmt, deren Ansehen keiner bezweifeln kann, verschafft uns die Ruhe eines gesetzlichen Zustandes, in welchem wir unsere Streitigkeit nicht anders führen sollen, als durch *Prozeß*. Was die Händel in dem ersten Zustande endigt, ist ein *Sieg*, dessen sich beide Teile rühmen, auf den mehrenteils ein nur unsicherer Friede folgt, den die Obrigkeit stiftet, welche sich ins Mittel legt, im zweiten aber die *Sentenz*, die, weil sie hier die Quelle der Streitigkeiten selbst trifft, einen ewigen Frieden gewähren muß. Auch nötigen die endlosen Streitigkeiten einer bloß dogmatischen Vernunft, endlich in irgendeiner Kritik dieser Vernunft selbst, und in einer Gesetzgebung, die sich auf sie gründet, Ruhe zu suchen; so wie Hobbes behauptet: der Stand der Natur sei ein Stand des Unrechts und der Gewalttätigkeit, und man müsse ihn notwendig verlassen, um sich dem gesetzlichen Zwange zu unterwerfen, der allein unsere Freiheit dahin einschränkt, daß sie mit jedes anderen Freiheit und eben dadurch mit dem gemeinen Besten zusammen bestehen könne.

Zu dieser Freiheit gehört denn auch die, seine Gedanken, seine Zweifel, die man sich nicht selbst auflösen kann, öffentlich zur Beurteilung auszustellen, ohne darüber für einen unruhigen und gefährlichen Bürger verschrieen zu werden. Dies liegt schon in dem ursprünglichen Rechte der menschlichen Vernunft, welche keinen anderen Richter erkennt, als selbst wiederum die allgemeine Menschenvernunft, worin ein jeder seine Stimme hat; und, da von dieser alle Besserung, deren unser Zustand fähig ist, herkommen muß, so ist ein solches Recht heilig, und darf nicht geschmälert werden. Auch ist es sehr unweise, gewisse gewagte Behauptungen oder vermessene Angriffe auf die, welche schon die Beistimmung des größten und besten Teils des gemeinen Wesens auf ihrer Seite haben, für gefährlich auszuschreien: denn das heißt, ihnen eine Wichtigkeit geben, die sie gar nicht haben sollten. Wenn ich höre, daß ein nicht gemeiner Kopf die Freiheit des menschlichen Willens, die Hoffnung eines künftigen Lebens, und das Dasein Gottes wegdemonstriert haben solle, so bin ich begierig, das Buch zu lesen, denn ich erwarte von seinem Talent, daß er meine Einsichten weiter bringen werde. Das weiß ich schon zum voraus völlig gewiß, daß er nichts von allem diesem wird geleistet haben, nicht darum, weil ich etwa schon im Besitze unbezwinglicher Beweise dieser wichtigen Sätze zu sein glaubte, sondern weil mich die transzendentale Kritik, die mir den ganzen Vorrat unserer reinen Vernunft aufdeckte, völlig überzeugt hat, daß, so wie sie zu bejahenden Behauptungen in diesem Felde ganz unzulänglich ist, so wenig und noch weniger werde sie wissen, um über diese Fragen etwas verneinend behaupten zu können. Denn, wo will der angebliche Freigeist seine Kenntnis hernehmen, daß es z. B. kein höchstes Wesen gebe? Dieser Satz liegt außerhalb dem Felde möglicher Erfahrung, und darum auch außer den Grenzen aller menschlichen Einsicht. Den dogmatischen Verteidiger der guten Sache gegen diesen Feind würde ich gar nicht lesen, weil ich zum voraus weiß, daß er nur darum die Scheingründe des anderen angreifen werde, um seinen eigenen Eingang zu verschaffen, überdem ein alltägiger Schein doch nicht so viel Stoff zu neuen Bemerkungen gibt, als ein befremdlicher und sinnreich ausgedachter. Hingegen würde der nach seiner Art auch dogmatische Religionsgegner, meiner Kritik gewünschte Beschäftigung und Anlaß zu mehrerer Berichtigung ihrer Grundsätze geben, ohne daß seinetwegen im mindesten etwas zu befürchten wäre.

Aber die Jugend, welche dem akademischen Unterrichte anvertraut ist, soll doch wenigstens vor dergleichen Schriften gewarnt, und von der frühen Kenntnis so gefährlicher Sätze abgehalten werden, ehe ihre Urteilskraft gereift, oder vielmehr die Lehre, welche man in ihnen gründen will, fest gewurzelt ist, um aller Überredung zum Gegenteil, woher sie auch kommen möge, kräftig zu widerstehen?

Müßte es bei dem dogmatischen Verfahren in Sachen der reinen Vernunft bleiben, und die Abfertigung der Gegner eigentlich polemisch, d. i. so beschaffen sein, daß man sich ins Gefecht einließe, und mit Beweisgründen zu entgegengesetzten Behauptungen bewaffnete, so wäre freilich nichts ratsamer *vor der Hand*, aber zugleich nichts eitler und fruchtloser *auf die Dauer*, als die Vernunft der Jugend eine Zeitlang unter Vormundschaft zu setzen, und wenigstens so lange vor Verführung zu bewahren. Wenn aber in der Folge entweder Neugierde, oder der Modeton des Zeitalters ihr dergleichen Schriften in die Hände spielen: wird alsdann jene jugendliche Überredung noch Stich halten? Derjenige, der nichts als dogmatische Waffen mitbringt, um den Angriffen seines Gegners zu widerstehen, und die verborgene Dialektik, die nicht minder in seinem eigenen Busen, als in dem des Gegenteils liegt, nicht zu entwickeln weiß, sieht Scheingründe, die den Vorzug der Neuigkeit haben, gegen Scheingründe, welche dergleichen nicht mehr haben, sondern vielmehr den Verdacht einer mißbrauchten Leichtgläubigkeit der Jugend erregen, auftreten. Er glaubt nicht besser zeigen zu können, daß er der Kinderzucht entwachsen sei, als wenn er sich über jene wohlgemeinten Warnungen wegsetzt, und, dogmatisch gewohnt, trinkt er das Gift, das seine Grundsätze dogmatisch verdirbt, in langen Zügen in sich.

Gerade das Gegenteil von dem, was man hier anrät, muß in der akademischen Unterweisung geschehen, aber freilich nur unter der Voraussetzung eines gründlichen Unterrichts in der Kritik der reinen Vernunft. Denn, um die Prinzipien derselben so früh als möglich in Ausübung zu bringen, und ihre Zulänglichkeit bei dem größten dialektischen Scheine zu zeigen, ist es durchaus nötig, die für den Dogmatiker so furchtbaren Angriffe wider seine, obzwar noch schwache, aber durch Kritik aufgeklärte Vernunft zu richten, und ihn den Versuch machen zu lassen, die grundlosen Behauptungen des Gegners Stück für Stück an jenen Grundsätzen zu prüfen. Es kann ihm gar nicht schwer werden, sie in lauter Dunst aufzulösen, und so fühlt er frühzeitig seine eigene Kraft, sich wider dergleichen schädliche Blendwerke, die für ihn zuletzt allen Schein verlieren müssen, völlig zu sichern. Ob nun zwar eben dieselben Streiche, die das Gebäude des Feindes niederschlagen, auch seinem eigenen spekulativen Bauwerke, wenn er etwa dergleichen zu errichten gedächte, ebenso verderblich sein müssen: so ist er darüber doch gänzlich unbekümmert, indem er es gar nicht bedarf, darinnen zu wohnen, sondern noch eine Aussicht in das praktische Feld vor sich hat, wo er mit Grund einen festeren Boden hoffen kann, um darauf sein vernünftiges und heilsames System zu errichten.

So gibts demnach keine eigentliche Polemik im Felde der reinen Vernunft. Beide Teile sind Luftfechter, die sich mit ihrem Schatten herumbalgen, denn sie gehen über die Natur hinaus, wo für ihre dogmatischen Griffe nichts vorhanden ist, was sich fassen und halten ließe. Sie haben gut kämpfen; die Schatten, die sie zerhauen, wachsen, wie die Helden in Walhalla, in einem Augenblicke wiederum zusammen, um sich aufs neue in unblutigen Kämpfen belustigen zu können.

Es gibt aber auch keinen zulässigen skeptischen Gebrauch der reinen Vernunft, welchen man den Grundsatz der *Neutralität* bei allen ihren Streitigkeiten nennen könnte. Die Vernunft wider sich selbst zu verhetzen, ihr auf beiden Seiten Waffen zu reichen, und alsdann ihrem hitzigsten Gefechte ruhig und spöttisch zuzusehen, sieht aus einem dogmatischen Gesichtspunkte nicht wohl aus, sondern hat das Ansehen einer schadenfrohen und hämischen Gemütsart an sich. Wenn man indessen die unbezwingliche Verblendung und das Großtun der Vernünftler, die sich durch keine Kritik will mäßigen lassen, ansieht, so ist doch wirklich kein anderer Rat, als der Großsprecherei auf einer Seite, eine andere, welche auf eben dieselben Rechte fußt, entgegen zu setzen, damit die Vernunft durch den Widerstand eines Feindes wenigstens nur stutzig gemacht werde, um in ihre Anmaßungen einigen Zweifel zu setzen, und der Kritik Gehör zu geben. Allein es bei diesen Zweifeln gänzlich bewenden zu lassen, und es darauf auszusetzen, die Überzeugung und das Geständnis seiner Unwissenheit, nicht bloß als ein Heilmittel wider den dogmatischen Eigendünkel, sondern zugleich als die Art, den Streit der Vernunft mit sich selbst zu beendigen, empfehlen zu wollen, ist ein ganz vergeblicher Anschlag, und kann keineswegs dazu tauglich sein, der Vernunft einen Ruhestand zu verschaffen, sondern ist höchstens nur ein Mittel, sie aus ihrem süßen dogmatischen Traume zu erwecken, um ihren Zustand in sorgfältigere Prüfung zu ziehen. Da indessen diese skeptische Manier, sich aus einem verdrießlichen Handel der Vernunft zu ziehen, gleichsam der kurze Weg zu sein scheint, zu einer beharrlichen philosophischen Ruhe zu gelangen, wenigstens die Heeresstraße, welche diejenigen gern einschlagen, die sich in einer spöttischen Verachtung aller Nachforschungen dieser Art ein philosophisches Ansehen zu geben meinen, so finde ich es nötig, diese Denkungsart in ihrem eigentümlichen Lichte darzustellen.

Von der Unmöglichkeit einer skeptischen Befriedigung der mit sich selbst veruneinigten reinen Vernunft

Das Bewußtsein meiner Unwissenheit, (wenn diese nicht zugleich als notwendig erkannt wird,) statt daß sie meine Untersuchungen endigen sollte, ist vielmehr die eigentliche Ursache, sie zu erwecken. Alle Unwissenheit ist entweder die der Sachen, oder der Bestimmung und Grenzen meiner Erkenntnis. Wenn die Unwissenheit nun zufällig ist, so muß sie mich antreiben, im ersteren Falle den Sachen (Gegenständen) *dogmatisch*, im zweiten den Grenzen meiner möglichen Erkenntnis *kritisch* nachzuforschen. Daß aber meine Unwissenheit schlechthin notwendig sei, und mich daher von aller weiteren Nachforschung freispreche, läßt sich nicht empirisch, aus *Beobachtung*, sondern allein kritisch, durch *Ergründung* der ersten Quellen unserer Erkenntnis ausmachen. Also kann die Grenzbestimmung unserer Vernunft nur nach Gründen a priori geschehen; die Einschränkung derselben aber, welche eine obgleich nur unbestimmte Erkenntnis einer nie völlig zu hebenden Unwissenheit ist, kann auch a posteriori, durch das, was uns bei allem Wissen immer noch zu wissen übrigbleibt, erkannt werden. Jene durch Kritik der Vernunft selbst allein mögliche Erkenntnis seiner Unwissenheit ist also *Wissenschaft*, diese ist nichts als *Wahrnehmung*, von der man nicht sagen kann, wie weit der Schluß aus selbiger reichen möge. Wenn ich mir die Erdfläche (dem sinnlichen Scheine gemäß) als einen Teller vorstelle, so kann ich nicht wissen, wie weit sie sich erstrecke. Aber das lehrt mich die Erfahrung: daß, wohin ich nur komme, ich immer einen Raum um mich sehe, dahin ich weiter fortgehen könnte; mithin erkenne ich Schranken meiner jedesmal wirklichen Erdkunde, aber nicht die Grenzen aller möglichen Erdbeschreibung. Bin ich aber doch so weit gekommen, zu wissen, daß die Erde eine Kugel und ihre Fläche eine Kugelfläche sei, so kann ich auch aus einem kleinen Teil derselben, z. B. der Größe eines Grades, den Durchmesser, und, durch diesen, die völlige Begrenzung der Erde, d. i. ihre Oberfläche, bestimmt und nach Prinzipien a priori erkennen; und ob ich gleich in Ansehung der Gegenstände, die diese Fläche enthalten mag, unwissend bin, so bin ich es doch nicht in Ansehung des Umfanges, der sie enthält, der Größe und Schranken derselben.

Der Inbegriff aller möglichen Gegenstände für unsere Erkenntnis scheint uns eine ebene Fläche zu sein, die ihren scheinbaren Horizont hat, nämlich das, was den ganzen Umfang derselben befaßt und von uns der Vernunftbegriff der unbedingten Totalität genannt worden. Empirisch denselben zu erreichen, ist unmöglich, und nach einem gewissen Prinzip ihn a priori zu bestimmen, dazu sind alle Versuche vergeblich gewesen. Indessen gehen doch alle Fragen unserer reinen Vernunft auf das, was außerhalb diesem Horizonte, oder allenfalls auch in seiner Grenzlinie liegen möge.

Der berühmte David Hume war einer dieser Geographen der menschlichen Vernunft, welcher jene Fragen insgesamt dadurch hinreichend abgefertigt zu haben vermeinte, daß er sie außerhalb den Horizont derselben verwies, den er doch nicht bestimmen konnte. Er hielt sich vornehmlich bei dem Grundsatze der Kausalität auf, und bemerkte von ihm ganz richtig, daß man seine Wahrheit (ja nicht einmal die objektive Gültigkeit des Begriffs einer wirkenden Ursache überhaupt) auf gar keine Einsicht, d. i. Erkenntnis a priori, fuße, daß daher auch nicht im mindesten die Notwendigkeit dieses Gesetzes, sondern eine bloße allgemeine Brauchbarkeit desselben in dem Laufe der Erfahrung und eine daher entspringende subjektive Notwendigkeit, die er Gewohnheit nennt, sein ganzes Ansehen ausmache. Aus dem Unvermögen unserer Vernunft nun, von diesem Grundsatze einen über alle Erfahrung hinausgehenden Gebrauch zu machen, schloß er die Nichtigkeit aller Anmaßungen der Vernunft überhaupt über das Empirische hinauszugehen.

Man kann ein Verfahren dieser Art, die Fakta der Vernunft der Prüfung und nach Befinden dem Tadel zu unterwerfen, die *Zensur* der Vernunft nennen. Es ist außer *Zweifel*, daß diese Zensur unausbleiblich auf Zweifel gegen allen transzendenten Gebrauch der Grundsätze führe. Allein dies ist nur der zweite Schritt, der noch lange nicht das Werk vollendet. Der erste Schritt in Sachen der reinen Vernunft, der das Kindesalter derselben auszeichnet ist *dogmatisch*. Der obengenannte zweite Schritt ist *skeptisch*, und zeugt von Vorsichtigkeit der durch Erfahrung gewitzigten Urteilskraft. Nun ist aber noch ein dritter Schritt nötig, der nur der gereiften und männlichen Urteilskraft zukommt, welche feste und ihrer Allgemeinheit nach bewährte Maximen zum Grunde hat; nämlich, nicht die Fakta der Vernunft, sondern die Vernunft selbst, nach ihrem ganzen Vermögen und Tauglichkeit zu reinen Erkenntnissen a priori, der Schätzung zu unterwerfen; welches nicht die Zensur, sondern *Kritik* der Vernunft ist, wodurch nicht bloß *Schranken*, sondern die bestimmten *Grenzen* derselben, nicht bloß Unwissenheit an einem oder anderen Teil, sondern in Ansehung aller möglichen Fragen von einer gewissen Art, und zwar nicht etwa nur vermutet, sondern aus Prinzipien bewiesen wird. So ist der Skeptizismus ein Ruheplatz für die menschliche Vernunft, da sie sich über ihre dogmatische Wanderung besinnen und den Entwurf von der Gegend machen kann, wo sie sich befindet, um ihren Weg fernerhin mit mehrerer Sicherheit wählen zu können, aber nicht ein Wohnplatz zum beständigen Aufenthalte; denn dieser kann nur in einer völligen Gewißheit angetroffen werden, es sei nun der Erkenntnis der Gegenstände selbst, oder der Grenzen, innerhalb denen alle unsere Erkenntnis von Gegenständen eingeschlossen ist.

Unsere Vernunft ist nicht etwa eine unbestimmbar weit ausgebreitete Ebene, deren Schranken man nur so überhaupt erkennt, sondern muß vielmehr mit einer Sphäre verglichen werden, deren Halbmesser sich aus der Krümmung des Bogens auf ihrer Oberfläche (der Natur synthetischer Sätze a priori) finden, daraus aber auch der Inhalt und die Begrenzung derselben mit Sicherheit angeben läßt. Außer dieser Sphäre (Feld der Erfahrung) ist nichts für ihr Objekt, ja selbst Fragen über dergleichen vermeintliche Gegenstände betreffen nur subjektive Prinzipien einer durchgängigen Bestimmung der Verhältnisse, welche unter den Verstandesbegriffen innerhalb dieser Sphäre vorkommen können.

Wir sind wirklich im Besitz synthetischer Erkenntnis a priori, wie dieses die Verstandesgrundsätze, welche die Erfahrung antizipieren, dartun. Kann jemand nun die Möglichkeit derselben sich gar nicht begreiflich machen, so mag er zwar anfangs zweifeln, ob sie uns auch wirklich a priori beiwohnen; er kann dieses aber noch nicht für eine Unmöglichkeit derselben, durch bloße Kräfte des Verstandes, und alle Schritte, die die Vernunft nach der Richtschnur derselben tut, für nichtig ausgeben. Er kann nur sagen: wenn wir ihren Ursprung und Echtheit einsähen, so würden wir den Umfang und die Grenzen unserer Vernunft bestimmen können; ehe aber dieses geschehen ist, sind alle Behauptungen der letzten blindlings gewagt. Und auf solche Weise wäre ein durchgängiger Zweifel an aller dogmatischen Philosophie, die ohne Kritik der Vernunft selbst ihren Gang geht, ganz wohl gegründet; allein darum könnte doch der Vernunft nicht ein solcher Fortgang, wenn er durch bessere Grundlegung vorbereitet und gesichert würde, gänzlich abgesprochen werden. Denn, einmal liegen alle Begriffe, ja alle Fragen, welche uns die reine Vernunft vorlegt, nicht etwa in der Erfahrung, sondern selbst wiederum nur in der Vernunft, und müssen daher können aufgelöst und ihrer Gültigkeit oder Nichtigkeit nach begriffen werden. Wir sind auch nicht berechtigt, diese Aufgaben, als läge ihre Auflösung wirklich in der Natur der Dinge, doch unter dem Vorwande unseres Unvermögens abzuweisen, und uns ihrer weiteren Nachforschung zu weigern, da die Vernunft in ihrem Schoße allein diese Ideen selbst erzeugt hat, von deren Gültigkeit oder dialektischem Scheine sie also Rechenschaft zu geben gehalten ist.

Alles skeptische Polemisieren ist eigentlich nur wider den Dogmatiker gekehrt, der, ohne ein Mißtrauen auf seine ursprünglichen objektiven Prinzipien zu setzen, d. i. ohne

Kritik, gravitätisch seinen Gang fortsetzt, bloß um ihm das Konzept zu verrücken und ihn zur Selbsterkenntnis zu bringen. An sich macht sie in Ansehung dessen, was wir wissen und was wir dagegen nicht wissen können, ganz und gar nichts aus. Alle fehlgeschlagenen dogmatischen Versuche der Vernunft sind Fakta, die der Zensur zu unterwerfen immer nützlich ist. Dieses aber kann nichts über die Erwartungen der Vernunft entscheiden, einen besseren Erfolg ihrer künftigen Bemühungen zu hoffen und darauf Ansprüche zu machen; die bloße Zensur kann also die Streitigkeit über die Rechtsame der menschlichen Vernunft niemals zu Ende bringen.

Da Hume vielleicht der geistreichste unter allen Skeptikern, und ohne Widerrede der vorzüglichste in Ansehung des Einflusses ist, den das skeptische Verfahren auf die Erweckung einer gründlichen Vernunftprüfung haben kann, so verlohnt es sich wohl der Mühe, den Gang seiner Schlüsse und die Verirrungen eines so einsehenden und schätzbaren Mannes, die doch auf der Spur der Wahrheit angefangen haben, so weit es zu meiner Absicht schicklich ist, vorstellig zu machen.

Hume hatte es vielleicht in Gedanken, wiewohl er es niemals völlig entwickelte, daß wir in Urteilen von gewisser Art, über unseren Begriff vom Gegenstande hinausgehen. Ich habe diese Art von Urteilen *synthetisch* genannt. Wie ich aus meinem Begriffe, den ich bis dahin habe, vermittelst der Erfahrung hinausgehen könne, ist keiner Bedenklichkeit unterworfen. Erfahrung ist selbst eine solche Synthesis der Wahrnehmungen, welche meinen Begriff, den ich vermittelst einer Wahrnehmung habe, durch andere hinzukommende vermehrt. Allein wir glauben auch a priori aus unserem Begriffe hinausgehen und unsere Erkenntnis erweitern zu können. Dieses versuchen wir entweder durch den reinen Verstand, in Ansehung desjenigen, was wenigstens ein *Objekt der Erfahrung* sein kann, oder sogar durch reine Vernunft, in Ansehung solcher Eigenschaften der Dinge, oder auch wohl des Daseins solcher Gegenstände, die in der Erfahrung niemals vorkommen können. Unser Skeptiker unterschied diese beiden Arten der Urteile nicht, wie er es doch hätte tun sollen, und hielt geradezu diese Vermehrung der Begriffe aus sich selbst, und, sozusagen, die Selbstgebärung unseres Verstandes (samt der Vernunft), ohne durch Erfahrung geschwängert zu sein, für unmöglich, mithin alle vermeintlichen Prinzipien derselben a priori für eingebildet, und fand, daß sie nichts als eine aus Erfahrung und deren Gesetzen entspringende Gewohnheit, mithin bloß empirische d. i. an sich zufällige Regeln sind, denen wir eine vermeinte Notwendigkeit und Allgemeinheit beimessen. Er bezog sich aber zu Behauptung dieses befremdlichen Satzes auf den allgemein anerkannten Grundsatz von dem Verhältnis der Ursache zur Wirkung. Denn da uns kein Verstandesvermögen von dem Begriffe eines Dinges zu dem Dasein von etwas anderem, was dadurch allgemein und notwendig gegeben sei, führen kann: so glaubte er daraus folgern zu können, daß wir ohne Erfahrung nichts haben, was unseren Begriff vermehren und uns zu einem solchen a priori sich selbst erweiternden Urteile berechtigen könnte. Daß das Sonnenlicht, welches das Wachs beleuchtet, es zugleich schmelze, indessen es den Ton härtet, könne kein Verstand aus Begriffen, die wir vorher von diesen Dingen hatten, erraten, viel weniger gesetzmäßig schließen, und nur Erfahrung könne uns ein solches Gesetz lehren. Dagegen haben wir in der transzendentalen Logik gesehen: daß, ob wir zwar niemals *unmittelbar* über den Inhalt des Begriffs, der uns gegeben ist, hinausgehen können, wir doch völlig a priori, aber in Beziehung auf ein drittes, nämlich *mögliche* Erfahrung, also doch a priori, das Gesetz der Verknüpfung mit anderen Dingen erkennen können. Wenn also vorher fest gewesenes Wachs schmilzt, so kann ich a priori erkennen, daß etwas vorausgegangen sein müsse, (z. B. Sonnenwärme,) worauf dieses nach einem beständigen Gesetze gefolgt ist, ob ich zwar, ohne Erfahrung, aus der Wirkung weder die Ursache noch aus der Ursache, die Wirkung, a priori und ohne Belehrung der Erfahrung *bestimmt* erkennen könnte. Er schloß also fälschlich aus der Zufälligkeit unserer Bestimmung *nach dem Gesetze*, auf die Zufälligkeit des *Gesetzes* selbst, und das Herausgehen aus dem Begriffe eines Dinges auf mögliche Erfahrung (welches a priori geschieht und die objektive Realität desselben ausmacht,) verwechselte er mit der Synthesis der Gegenstände wirklicher Erfahrung, welche freilich jederzeit empirisch ist; dadurch machte er aber aus einem Prinzip der Affinität, welches im Verstande seinen Sitz hat, und notwendige Verknüpfung aussagt, eine Regel der Assoziation, die bloß in der nachbildenden Einbildungskraft angetroffen wird, und nur zufällige, gar nicht objektive Verbindungen darstellen kann.

Die skeptischen Verirrungen aber dieses sonst äußerst scharfsinnigen Mannes entsprangen vornehmlich aus einem Mangel, den er doch mit allen Dogmatikern gemein hatte nämlich, daß er nicht alle Arten der Synthesis des Verstandes a priori systematisch übersah. Denn da würde er, ohne der übrigen hier Erwähnung zu tun, z. B. den *Grundsatz der Beharrlichkeit* als einen solchen gefunden haben, der ebensowohl, als der der Kausalität, die Erfahrung antizipiert. Dadurch würde er auch dem a priori sich erweiternden Verstande und der reinen Vernunft bestimmte Grenzen haben vorzeichnen können. Da er aber unseren Verstand nur *einschränkt*, ohne ihn zu *begrenzen*, und, zwar ein allgemeines Mißtrauen, aber keine bestimmte Kenntnis der uns unvermeidlichen Unwissenheit zustande bringt, da er einige Grundsätze des Verstandes unter Zensur bringt, ohne diesen Verstand in Ansehung seines ganzen Vermögens auf die Probierwage der Kritik zu bringen, und, indem er ihm dasjenige abspricht, was er wirklich nicht leisten kann, weiter geht, und ihm alles Vermögen, sich a priori zu erweitern, bestreitet, unerachtet er dieses ganze Vermögen nicht zur Schätzung gezogen; so widerfährt ihm das, was jederzeit den Skeptizismus niederschlägt, nämlich, daß er selbst bezweifelt wird, indem seine Einwürfe nur auf Faktis, welche zufällig sind, nicht aber auf Prinzipien beruhen, die eine notwendige Entsagung auf das Recht dogmatischer Behauptungen bewirken könnten.

Da er auch zwischen den gegründeten Ansprüchen des Verstandes und den dialektischen Anmaßungen der Vernunft, wider welche doch hauptsächlich seine Angriffe gerichtet sind, keinen Unterschied kennt: so fühlt die Vernunft, deren ganz eigentümlicher Schwung hierbei nicht im mindesten gestört, sondern nur gehindert worden, den Raum zu ihrer Ausbreitung nicht verschlossen, und kann von ihren Versuchen, unerachtet sie hier oder da gezwackt wird, niemals gänzlich abgebracht werden. Denn wider Angriffe rüstet man sich zur Gegenwehr, und setzt noch um desto steifer seinen Kopf darauf, um seine Forderungen durchzusetzen. Ein völliger Überschlag aber seines ganzen Vermögens und die daraus entspringende Überzeugung der Gewißheit eines kleinen Besitzes, bei der Eitelkeit höherer Ansprüche, hebt allen Streit auf, und bewegt, sich an einem eingeschränkten, aber unstrittigen Eigentume friedfertig zu begnügen.

Wider den unkritischen Dogmatiker, der die Sphäre seines Verstandes nicht gemessen, mithin die Grenzen seiner möglichen Erkenntnis nicht nach Prinzipien bestimmt hat, der also nicht schon zum voraus weiß, wie viel er kann, sondern es durch bloße Versuche ausfindig zu machen denkt, sind diese skeptischen Angriffe nicht allein gefährlich, sondern ihm sogar verderblich. Denn, wenn er auf einer einzigen Behauptung betroffen wird, die er nicht rechtfertigen, deren Schein er aber auch nicht aus Prinzipien entwickeln kann, so fällt der Verdacht auf alle, so überredend sie auch sonst immer sein mögen.

Und so ist der Skeptiker der Zuchtmeister des dogmatischen Vernünftlers auf eine gesunde Kritik des Verstandes und der Vernunft selbst. Wenn er dahin gelangt ist, so hat er weiter keine Anfechtung zu fürchten; denn er unterscheidet alsdann seinen Besitz von dem, was gänzlich außerhalb demselben liegt, worauf er keine Ansprüche macht und darüber auch nicht in Streitigkeiten verwickelt werden kann. So ist das skeptische Verfahren zwar an sich selbst für die Vernunftfragen nicht *befriedigend*, aber doch *vorübend*, um ihre Vorsichtigkeit zu erwecken und auf gründliche Mittel zu weisen, die sie in ihren rechtmäßigen Besitzen sichern können.

Des ersten Hauptstücks

Dritter Abschnitt
Die Disziplin der reinen Vernunft in Ansehung der Hypothesen

Weil wir denn durch Kritik unserer Vernunft endlich so viel wissen, daß wir in ihrem reinen und spekulativen Gebrauche in der Tat gar nichts wissen können; sollte sie nicht ein desto weiteres Feld zu *Hypothesen* eröffnen, da es wenigstens vergönnt ist, zu dichten und zu meinen, wenngleich nicht zu behaupten?

Wo nicht etwa Einbildungskraft *schwärmen*, sondern, unter der strengen Aufsicht der Vernunft, *dichten* soll, so muß immer vorher etwas völlig gewiß und nicht erdichtet, oder bloße Meinung sein, und das ist die *Möglichkeit* des Gegenstandes selbst. Alsdann ist es wohl erlaubt, wegen der Wirklichkeit desselben, zur Meinung seine Zuflucht zu nehmen, die aber, um nicht grundlos zu sein, mit dem, was wirklich gegeben und folglich gewiß ist, als Erklärungsgrund in Verknüpfung gebracht werden muß, und alsdann *Hypothese* heißt.

Da wir uns nun von der Möglichkeit der dynamischen Verknüpfung a priori nicht den mindesten Begriff machen können, und die Kategorie des reinen Verstandes nicht dazu dient, dergleichen zu erdenken, sondern nur, wo sie in der Erfahrung angetroffen wird, zu verstehen: so können wir nicht einen einzigen Gegenstand, nach einer neuen und empirisch nicht anzugebenden Beschaffenheit, diesen Kategorien gemäß, ursprünglich aussinnen und sie einer erlaubten Hypothese zum Grunde legen; denn dieses hieße, der Vernunft leere Hirngespinste, statt der Begriffe von Sachen, unterzulegen. So ist es nicht erlaubt, sich irgend neue ursprüngliche Kräfte zu erdenken, z. B. einen Verstand, der vermögend sei, seinen Gegenstand ohne Sinne anzuschauen, oder eine Anziehungskraft ohne alle Berührung, oder eine neue Art Substanzen, z. B. die ohne Undurchdringlichkeit im Raume gegenwärtig wäre, folglich auch keine Gemeinschaft der Substanzen, die von aller derjenigen unterschieden ist, welche Erfahrung an die Hand gibt: keine Gegenwart anders, als im Raume; keine Dauer, als bloß in der Zeit. Mit einem Worte: es ist unserer Vernunft nur möglich, die Bedingungen möglicher Erfahrung als Bedingungen der Möglichkeit der Sachen zu brauchen; keineswegs aber, ganz unabhängig von diesen, sich selbst welche gleichsam zu schaffen, weil dergleichen Begriffe, obzwar ohne Widerspruch, dennoch auch ohne Gegenstand sein würden.

Die Vernunftbegriffe sind, wie gesagt, bloße Ideen, und haben freilich keinen Gegenstand in irgendeiner Erfahrung, aber bezeichnen darum doch nicht gedichtete und zugleich dabei für möglich angenommene Gegenstände. Sie sind bloß problematisch gedacht, um, in Beziehung auf sie (als heuristische Fiktionen), regulative Prinzipien des systematischen Verstandesgebrauchs im Felde der Erfahrung zu gründen. Geht man davon ab, so sind es bloße Gedankendinge, deren Möglichkeit nicht erweislich ist, und die daher auch nicht der Erklärung wirklicher Erscheinungen durch eine Hypothese zum Grunde gelegt werden können. Die Seele sich als einfach *denken*, ist ganz wohl erlaubt, um, nach dieser *Idee*, eine vollständige und notwendige Einheit aller Gemütskräfte, ob man sie gleich nicht in concreto einsehen kann, zum Prinzip unserer Beurteilung ihrer inneren Erscheinungen zu legen. Aber die Seele als einfache Substanz *anzunehmen* (ein transzendenter Begriff), wäre ein Satz, der nicht allein unerweislich, (wie es mehrere physische Hypothesen sind,) sondern auch ganz willkürlich und blindlings gewagt sein würde, weil das Einfache in ganz und gar keiner Erfahrung vorkommen kann, und, wenn man unter Substanz hier das beharrliche Objekt der sinnlichen Anschauung versteht, die Möglichkeit einer *einfachen Erscheinung* gar nicht einzusehen ist. Bloß intelligible Wesen, oder bloß intelligible Eigenschaften der Dinge der Sinnenwelt, lassen sich mit keiner gegründeten Befugnis der Vernunft als Meinung annehmen, obzwar (weil man von ihrer Möglichkeit oder Unmöglichkeit keine Begriffe hat) auch durch keine vermeinte bessere Einsicht dogmatisch ableugnen.

Zur Erklärung gegebener Erscheinungen können keine anderen Dinge und Erklärungsgründe, als die, so nach schon bekannten Gesetzen der Erscheinungen mit den gegebenen in Verknüpfung gesetzt worden, angeführt werden. Eine *transzendentale Hypothese*, bei der eine bloße Idee der Vernunft zur Erklärung der Naturdinge gebraucht würde, würde daher gar keine Erklärung sein, indem das, was man aus bekannten empirischen Prinzipien nicht hinreichend versteht, durch etwas erklärt werden würde, davon man gar nichts versteht. Auch würde das Prinzip einer solchen Hypothese eigentlich nur zur Befriedigung der Vernunft und nicht zur Beförderung des Verstandesgebrauchs in Ansehung der Gegenstände dienen. Ordnung und Zweckmäßigkeit in der Natur muß wiederum aus Naturgründen und nach Naturgesetzen erklärt werden, und hier sind selbst die wildesten Hypothesen, wenn sie nur physisch sind, erträglicher, als eine hyperphysische, d. i. die Berufung auf einen göttlichen Urheber, den man zu diesem Behuf voraussetzt. Denn das wäre ein Prinzip der faulen Vernunft *(ignava ratio)*, alle Ursachen, deren objektive Realität, wenigstens der Möglichkeit nach, man noch durch fortgesetzte Erfahrung kann kennenlernen, auf einmal vorbeizugehen, um in einer bloßen Idee, die der Vernunft sehr bequem ist, zu ruhen. Was aber die absolute Totalität des Erklärungsgrundes in der Reihe derselben betrifft, so kann das kein Hindernis in Ansehung der Weltobjekte machen, weil, da diese nichts als Erscheinungen sind, an ihnen niemals etwas Vollendetes in der Synthesis der Reihen von Bedingungen gehofft werden kann.

Transzendentale Hypothesen des spekulativen Gebrauchs der Vernunft, und eine Freiheit, zu Ersetzung des Mangels an physischen Erklärungsgründen, sich allenfalls hyperphysischer zu bedienen, kann gar nicht gestattet werden, teils weil die Vernunft dadurch gar nicht weiter gebracht wird, sondern vielmehr den ganzen Fortgang ihres Gebrauchs abschneidet, teils weil diese Lizenz sie zuletzt um alle Früchte der Bearbeitung ihres eigentümlichen Bodens, nämlich der Erfahrung, bringen müßte. Denn, wenn uns die Naturerklärung hier oder da schwer wird, so haben wir beständig einen transzendenten Erklärungsgrund bei der Hand, der uns jener Untersuchung überhebt, und unsere Nachforschung schließt nicht durch Einsicht, sondern durch gänzliche Unbegreiflichkeit eines Prinzips, welches so schon zum voraus ausgedacht war, daß es den Begriff des absolut Ersten enthalten mußte.

Das zweite erforderliche Stück zur Annehmungswürdigkeit einer Hypothese ist die Zulänglichkeit derselben, um daraus a priori die Folgen, welche gegeben sind, zu bestimmen. Wenn man zu diesem Zwecke hilfleistende Hypothesen herbeizurufen genötigt ist, so geben sie den Verdacht einer bloßen Erdichtung, weil jede derselben an sich dieselbe Rechtfertigung bedarf, welche der zum Grunde gelegte Gedanke nötig hatte, und daher keinen tüchtigen Zeugen abgeben kann. Wenn, unter Voraussetzung einer unbeschränkt vollkommenen Ursache, zwar an Erklärungsgründen aller Zweckmäßigkeit, Ordnung und Größe, die sich in der Welt finden, kein Mangel ist, so bedarf jene doch, bei den, wenigstens nach unseren Begriffen, sich zeigenden

Abweichungen und Übeln, noch neuer Hypothesen, um gegen diese, als Einwürfe, gerettet zu werden. Wenn die einfache Selbständigkeit der menschlichen Seele, die zum Grunde ihrer Erscheinungen gelegt worden, durch die Schwierigkeiten ihrer, den Abänderungen einer Materie (dem Wachstum und Abnahme) ähnlichen Phänomene angefochten wird, so müssen neue Hypothesen zu Hilfe gerufen werden, die zwar nicht ohne Schein, aber doch ohne alle Beglaubigung sind, außer derjenigen, welche ihnen die zum Hauptgrunde angenommene Meinung gibt, der sie gleichwohl das Wort reden sollen.

Wenn die hier zum Beispiele angeführten Vernunftbehauptungen (unkörperliche Einheit der Seele und Dasein eines höchsten Wesens) nicht als Hypothesen, sondern a priori bewiesene Dogmate gelten sollen, so ist alsdann von ihnen gar nicht die Rede. In solchem Falle aber sehe man sich ja vor, daß der Beweis die apodiktische Gewißheit einer Demonstration habe. Denn die Wirklichkeit solcher Ideen bloß *wahrscheinlich* machen zu wollen, ist ein ungereimter Vorsatz, ebenso, als wenn man einen Satz der Geometrie bloß wahrscheinlich zu beweisen gedächte. Die von aller Erfahrung abgesonderte Vernunft kann alles nur a priori und als notwendig oder gar nicht erkennen; daher ist ihr Urteil niemals Meinung, sondern entweder Enthaltung von allem Urteile, oder apodiktische Gewißheit. Meinungen und wahrscheinliche Urteile von dem, was Dingen zukommt, können nur als Erklärungsgründe dessen, was wirklich gegeben ist, oder Folgen nach empirischen Gesetzen von dem, was als wirklich zum Grunde liegt, mithin nur in der Reihe der Gegenstände der Erfahrung vorkommen. Außer diesem Felde ist *meinen* so viel, als mit Gedanken spielen, es müßte denn sein, daß man von einem unsicheren Wege des Urteils bloß die Meinung hätte, vielleicht auf ihm die Wahrheit zu finden.

Ob aber gleich bei bloß spekulativen Fragen der reinen Vernunft keine Hypothesen stattfinden, um Sätze darauf zu gründen, so sind sie dennoch ganz zulässig, um sie allenfalls nur zu verteidigen, d. i. zwar nicht im dogmatischen, aber doch im polemischen Gebrauche. Ich verstehe aber unter Verteidigung nicht die Vermehrung der Beweisgründe seiner Behauptung, sondern die bloße Vereitlung der Scheineinsichten des Gegners, welche unserem behaupteten Satze Abbruch tun sollen. Nun haben aber alle synthetischen Sätze aus reiner Vernunft das Eigentümliche an sich: daß, wenn der, welcher die Realität gewisser Ideen behauptet, gleich niemals so viel weiß, um diesen seinen Satz gewiß zu machen, auf der anderen Seite der Gegner ebensowenig wissen kann, um das Widerspiel zu behaupten. Diese Gleichheit des Loses der menschlichen Vernunft, begünstigt nun zwar im spekulativen Erkenntnisse keinen von beiden, und da ist auch der rechte Kampfplatz nimmer beizulegender Fehden. Es wird sich aber in der Folge zeigen, daß doch, in Ansehung des *praktischen Gebrauchs*, die Vernunft ein Recht habe, etwas anzunehmen, was sie auf keine Weise im Felde der bloßen Spekulation, ohne hinreichende Beweisgründe, vorauszusetzen befugt wäre; weil alle solche Voraussetzungen der Vollkommenheit der Spekulation Abbruch tun, um welche sich aber das praktische Interesse gar nicht bekümmert. Dort ist sie also im Besitze, dessen Rechtmäßigkeit sie nicht beweisen darf, und wovon sie in der Tat den Beweis auch nicht führen könnte. Der Gegner soll also beweisen. Da dieser aber ebensowenig etwas von dem bezweifelten Gegenstande weiß, um dessen Nichtsein darzutun, als der erstere, der dessen Wirklichkeit behauptet: so zeigt sich hier ein Vorteil auf der Seite desjenigen, der etwas als praktisch notwendige Voraussetzung behauptet *(melior est conditio possidentis)*. Es steht ihm nämlich frei, sich gleichsam aus Notwehr eben derselben Mittel für seine gute Sache, als der Gegner wider dieselbe, d. i. der Hypothesen zu bedienen, die gar nicht dazu dienen sollen, um den Beweis derselben zu verstärken, sondern nur zu zeigen, daß der Gegner viel zu wenig von dem Gegenstande des Streites verstehe, als daß er sich eines Vorteils der spekulativen Einsicht in Ansehung unserer schmeicheln könne.

Hypothesen sind also im Felde der reinen Vernunft nur als Kriegswaffen erlaubt, nicht um darauf ein Recht zu gründen, sondern nur es zu verteidigen. Den Gegner aber müssen wir hier jederzeit in uns selbst suchen. Denn spekulative Vernunft in ihrem transzendentalen Gebrauche ist *an sich* dialektisch. Die Einwürfe, die zu fürchten sein möchten, liegen in uns selbst. Wir müssen sie, gleich alten, aber niemals verjährenden Ansprüchen, hervorsuchen, um einen ewigen Frieden auf deren Vernichtigung zu gründen. Äußere Ruhe ist nur scheinbar. Der Keim der Anfechtungen, der in der Natur der Menschenvernunft liegt, muß ausgerottet werden; wie können wir ihn aber ausrotten, wenn wir ihm nicht Freiheit, ja selbst Nahrung geben, Kraut auszuschießen, um sich dadurch zu entdecken, und es nachher mit der Wurzel zu vertilgen? Sinnet demnach selbst auf Einwürfe, auf die noch kein Gegner gefallen ist, und leihet ihm sogar Waffen, oder räumet ihm den günstigsten Platz ein, den er sich nur wünschen kann. Es ist hierbei gar nichts zu fürchten, wohl aber zu hoffen, nämlich, daß ihr euch einen in alle Zukunft niemals mehr anzufechtenden Besitz verschaffen werdet.

Zu euerer vollständigen Rüstung gehören nun auch die Hypothesen der reinen Vernunft, welche, obzwar nur bleierne Waffen (weil sie durch kein Erfahrungsgesetz gestählt sind), dennoch immer so viel vermögen, als die, deren sich irgendein Gegner wider euch bedienen mag. Wenn euch also, wider die (in irgendeiner anderen nicht spekulativen Rücksicht) angenommene immaterielle und keiner körperlichen Umwandlung unterworfene Natur der Seele, die Schwierigkeit aufstößt, daß gleichwohl die Erfahrung sowohl die Erhebung, als Zerrüttung unserer Geisteskräfte bloß als verschiedene Modifikation unserer Organen zu beweisen scheine; so könnt ihr die Kraft dieses Beweises dadurch schwächen, daß ihr annehmt, unser Körper sei nichts, als die Fundamentalerscheinung, worauf, als Bedingung, sich in dem jetzigen Zustande (im Leben) das ganze Vermögen der Sinnlichkeit und hiermit alles Denken bezieht. Die Trennung vom Körper sei das Ende dieses sinnlichen Gebrauchs eurer Erkenntniskraft und der Anfang des intellektuellen. Der Körper wäre also nicht die Ursache des Denkens, sondern eine bloß restringierende Bedingung desselben, mithin zwar als Beförderung des sinnlichen und animalischen, aber desto mehr auch als Hindernis des reinen und spirituellen Lebens anzusehen, und die Abhängigkeit des ersteren von der körperlichen Beschaffenheit bewiese nichts für die Abhängigkeit des ganzen Lebens von dem Zustande unserer Organen. Ihr könnt aber noch weiter gehen, und wohl gar neue, entweder nicht aufgeworfene, oder nicht weit genug getriebene Zweifel ausfindig machen.

Die Zufälligkeit der Zeugungen, die bei Menschen, sowie beim vernunftslosen Geschöpfe, von der Gelegenheit, überdem aber auch oft vom Unterhalte, von der Regierung, deren Launen und Einfällen, oft sogar vom Laster abhängt, macht eine große Schwierigkeit wider die Meinung der auf Ewigkeiten sich erstreckenden Fortdauer eines Geschöpfs, dessen Leben unter so unerheblichen und unserer Freiheit so ganz und gar überlassenen Umständen zuerst angefangen hat. Was die Fortdauer der ganzen Gattung (hier auf Erden) betrifft, so hat diese Schwierigkeit in Ansehung derselben wenig auf sich, weil der Zufall im Einzelnen nichtsdestoweniger einer Regel im Ganzen unterworfen ist; aber in Ansehung eines jeden Individuum eine so mächtige Wirkung von so geringfügigen Ursachen zu erwarten, scheint allerdings bedenklich. Hiewider könnt ihr aber eine transzendentale Hypothese aufbieten: daß alles Leben eigentlich nur intelligibel sei, den Zeitveränderungen gar nicht unterworfen, und weder durch Geburt angefangen habe, noch durch den Tod geendigt werde. Daß dieses Leben nichts als eine bloße Erscheinung, d. i. eine sinnliche Vorstellung von dem reinen geistigen Leben, und die ganze Sinnenwelt ein bloßes Bild sei, welches unserer jetzigen Erkenntnisart vorschwebt, und, wie ein Traum, an sich keine objektive Realität habe: dass, wenn wir die Sachen und uns selbst anschauen sollen, *wie sie sind*, wir uns in einer Welt geistiger Naturen sehen würden, mit welcher unsere einzig wahre Gemeinschaft weder durch Geburt angefangen habe, noch durch den Leibestod (als bloße Erscheinungen) aufhören werde, usw.

Ob wir nun gleich von allem diesem, was wir hier wider den Angriff hypothetisch vorschützen, nicht das Mindeste wissen, noch im Ernste behaupten, sondern alles nicht einmal Vernunftidee, sondern bloß zur Gegenwehr *ausgedachter* Begriff ist, so verfahren wir doch hierbei ganz vernunftmäßig, indem wir dem Gegner, welcher alle Möglichkeit erschöpft zu haben meint, indem er den Mangel ihrer empirischen Bedingungen für einen Beweis der gänzlichen Unmöglichkeit des von uns Geglaubten fälschlich ausgibt, nur zeigen: daß er ebensowenig durch bloße Erfahrungsgesetze das ganze Feld möglicher Dinge an sich selbst umspannen, als wir außerhalb der Erfahrung für unsere Vernunft irgend etwas auf gegründete Art erwerben können. Der solche hypothetische Gegenmittel wider die Anmaßungen des dreist verneinenden Gegners verkehrt, muß nicht dafür gehalten werden, als wolle er sie sich als seine wahren Meinungen eigen machen. Er verläßt sie, sobald er den dogmatischen Eigendünkel des Gegners abgefertigt hat. Denn so bescheiden und gemäßigt es auch anzusehen ist, wenn jemand sich in Ansehung fremder Behauptungen bloß weigernd und verneinend verhält, so ist doch jederzeit, sobald er diese seine Einwürfe als Beweise des Gegenteils geltend machen will, der Anspruch nicht weniger stolz und eingebildet, als ob er die bejahende Partei und deren Behauptung ergriffen hätte.

Man sieht also hieraus, daß im spekulativen Gebrauche der Vernunft Hypothesen keine Gültigkeit als Meinungen an sich selbst, sondern nur relativ auf entgegengesetzte transzendente Anmaßungen haben. Denn die Ausdehnung der Prinzipien möglicher Erfahrung auf die Möglichkeit der Dinge überhaupt ist ebensowohl transzendent, als die Behauptung der objektiven Realität solcher Begriffe, welche ihre Gegenstände nirgends als außerhalb der Grenze aller möglichen Erfahrung finden können. Was reine Vernunft assertorisch urteilt, muß (wie alles, was Vernunft erkennt,) notwendig sein, oder es ist gar nichts. Demnach enthält sie in der Tat gar keine Meinungen. Die gedachten Hypothesen aber sind nur problematische Urteile, die wenigstens nicht widerlegt, obgleich freilich durch nichts bewiesen werden können, und sind also keine Privatmeinungen, können aber doch nicht füglich (selbst zur inneren Beruhigung) gegen sich regende Skrupel entbehrt werden. In dieser Qualität aber muß man sie erhalten, und ja sorgfältig verhüten, daß sie nicht als an sich selbst beglaubigt, und von einiger absoluten Gültigkeit, auftreten, und die Vernunft unter Erdichtungen und Blendwerken ersäufen.

Des ersten Hauptstücks

Vierter Abschnitt
Die Disziplin der reinen Vernunft in Ansehung ihrer Beweise

Die Beweise transzendentaler und synthetischer Sätze haben das Eigentümliche, unter allen Beweisen einer synthetischen Erkenntnis a priori, an sich, daß die Vernunft bei jenen vermittelst ihrer Begriffe sich nicht geradezu an den Gegenstand wenden darf, sondern zuvor die objektive Gültigkeit der Begriffe und die Möglichkeit der Synthesis derselben a priori dartun muß. Dieses ist nicht etwa bloß eine nötige Regel der Behutsamkeit, sondern betrifft das Wesen und die Möglichkeit der Beweise selbst. Wenn ich über den Begriff von einem Gegenstande a priori hinausgehen soll, so ist dieses, ohne einen besonderen und außerhalb diesem Begriffe befindlichen Leitfaden, unmöglich. In der Mathematik ist es die Anschauung a priori, die meine Synthesis leitet, und da können alle Schlüsse unmittelbar von der reinen Anschauung geführt werden. Im transzendentalen Erkenntnis, so lange es bloß mit Begriffen des Verstandes zu tun hat, ist diese Richtschnur die mögliche Erfahrung. Der Beweis zeigt nämlich nicht, daß der gegebene Begriff (z. B. von dem, was geschieht,) geradezu auf einen anderen Begriff (den einer Ursache) führe; denn dergleichen Übergang wäre ein Sprung, der sich gar nicht verantworten ließe; sondern er zeigt, daß die Erfahrung selbst, mithin das Objekt der Erfahrung, ohne eine solche Verknüpfung unmöglich wäre. Also mußte der Beweis zugleich die Möglichkeit anzeigen, synthetisch und a priori zu einer gewissen Erkenntnis von Dingen zu gelangen, die in dem Begriffe von ihnen nicht enthalten war. Ohne diese Aufmerksamkeit laufen die Beweise wie Wasser, welche ihre Ufer durchbrechen, wild und querfeldein, dahin, wo der Hang der verborgenen Assoziation sie zufälligerweise herleitet. Der Schein der Überzeugung, welcher auf subjektiven Ursachen der Assoziation beruht, und für die Einsicht einer natürlichen Affinität gehalten wird, kann der Bedenklichkeit gar nicht die Wage halten, die sich billigermaßen über dergleichen gewagte Schritte einfinden muß. Daher sind auch alle Versuche, den Satz des zureichenden Grundes zu beweisen, nach dem allgemeinen Geständnisse der Kenner, vergeblich gewesen, und ehe die transzendentale Kritik auftrat, hat man lieber, da man diesen Grundsatz doch nicht verlassen konnte, sich trotzig auf den gesunden Menschenverstand berufen, (eine Zuflucht, die jederzeit beweist, daß die Sache der Vernunft verzweifelt ist,) als neue dogmatische Beweise versuchen wollen.

Ist aber der Satz, über den ein Beweis geführt werden soll, eine Behauptung der reinen Vernunft, und will ich sogar vermittelst bloßer Ideen über meine Erfahrungsbegriffe hinausgehen, so müßte derselbe noch vielmehr die Rechtfertigung eines solchen Schrittes der Synthesis (wenn er anders möglich wäre) als eine notwendige Bedingung seiner Beweiskraft in sich enthalten. So scheinbar daher auch der vermeintliche Beweis der einfachen Natur unserer denkenden Substanz aus der Einheit der Apperzeption sein mag, so steht ihm doch die Bedenklichkeit unabweislich entgegen: daß, da die absolute Einfachheit doch kein Begriff ist, der unmittelbar auf eine Wahrnehmung bezogen werden kann, sondern als Idee bloß geschlossen werden muß, gar nicht einzusehen ist, wie mich das bloße Bewußtsein, welches *in allem Denken* enthalten ist, oder wenigstens sein kann, ob es zwar sofern eine einfache Vorstellung ist, zu dem Bewußtsein und der Kenntnis eines Dinges überführen solle, *in welchem* das Denken allein enthalten sein kann. Denn, wenn ich mir die Kraft meines Körpers in Bewegung vorstelle, so ist er sofern für mich absolute Einheit, und meine Vorstellung von ihm ist einfach; daher kann ich diese auch durch die Bewegung eines Punkts ausdrücken, weil sein Volumen hierbei nichts tut, und, ohne Verminderung der Kraft, so klein, wie man will, und also auch als in einem Punkt befindlich gedacht werden kann. Hieraus werde ich aber doch nicht schließen: daß, wenn mir nichts, als die bewegende Kraft eines Körpers, gegeben ist, der Körper als einfache Substanz gedacht werden könne, darum, weil seine Vorstellung von aller Größe des Raumesinhalts abstrahiert und also einfach ist. Hierdurch nun, daß das Einfache in der Abstraktion vom Einfachen im Objekt ganz unterschieden ist, und daß das Ich, welches im ersteren Verstande gar keine Mannigfaltigkeit *in sich* faßt, im zweiten, da es die Seele selbst bedeutet, ein sehr komplexen Begriff sein kann, nämlich sehr vieles *unter sich* zu enthalten und zu bezeichnen, entdecke ich einen Paralogismus. Allein, um diesen vorher zu ahnden, (denn ohne eine solche vorläufige Vermutung würde man gar keinen Verdacht gegen den Beweis fassen,) ist durchaus nötig, ein immerwährendes Kriterium der Möglichkeit solcher synthetischen Sätze die mehr beweisen sollen, als Erfahrung geben kann, bei Hand zu haben, welches darin besteht:

daß der Beweis nicht geradezu auf das verlangte Prädikat, sondern nur vermittelst eines Prinzips der Möglichkeit, unseren gegebenen Begriff a priori bis zu Ideen zu erweitern, und diese zu realisieren, geführt werde. Wenn diese Behutsamkeit immer gebraucht wird, wenn man, ehe der Beweis noch versucht wird, zuvor weislich bei sich zu Rate geht, wie und mit welchem Grunde der Hoffnung man wohl eine solche Erweiterung durch reine Vernunft erwarten könne, und woher man, in dergleichen Falle, diese Einsichten, die nicht aus Begriffen entwickelt, und auch nicht in Beziehung auf mögliche Erfahrung antizipiert werden können, denn hernehmen wolle: so kann man sich viel schwere und dennoch fruchtlose Bemühungen ersparen, indem man der Vernunft nichts zumutet, was offenbar über ihr Vermögen geht, oder vielmehr sie, die, bei Anwandlungen ihrer spekulativen Erweiterungssucht, sich nicht gerne einschränken läßt, der Disziplin der Enthaltsamkeit unterwirft.

Die erste Regel ist also diese: keine transzendentalen Beweise zu versuchen, ohne zuvor überlegt und sich desfalls gerechtfertigt zu haben, woher man die Grundsätze nehmen wolle, auf welche man sie zu errichten gedenkt, und mit welchem Rechte man von ihnen den guten Erfolg der Schlüsse erwarten könne. Sind es Grundsätze des Verstandes (z. B. der Kausalität), so ist es umsonst, vermittelst ihrer zu Ideen der reinen Vernunft zu gelangen; denn jene gelten nur für Gegenstände möglicher Erfahrung. Sollen es Grundsätze aus reiner Vernunft sein, so ist wiederum alle Mühe umsonst. Denn die Vernunft hat deren zwar, aber als objektive Grundsätze sind sie insgesamt dialektisch, und können allenfalls nur wie regulative Prinzipien des systematisch zusammenhängenden Erfahrungsgebrauchs gültig sein. Sind aber dergleichen angebliche Beweise schon vorhanden: so setzet der trüglichen Überzeugung das *non liquet* eurer gereiften Urteilskraft entgegen, und, ob ihr gleich das Blendwerk derselben noch nicht durchdringen könnt, so habt ihr doch völliges Recht, die Deduktion der darin gebrauchten Grundsätze zu verlangen, welche, wenn sie aus bloßer Vernunft entsprungen sein sollen, euch niemals geschafft werden kann. Und so habt ihr nicht einmal nötig, euch mit der Entwicklung und Widerlegung eines jeden grundlosen Scheins zu befassen, sondern könnt alle an Kunstgriffen unerschöpfliche Dialektik am Gerichtshofe einer kritischen Vernunft, welche Gesetze verlangt, in ganzen Haufen auf einmal abweisen.

Die *zweite* Eigentümlichkeit transzendentaler Beweise ist diese: daß zu jedem transzendentalen Satze nur *ein einziger* Beweis gefunden werden könne. Soll ich nicht aus Begriffen, sondern aus der Anschauung, die einem Begriffe korrespondiert, es sei nun eine reine Anschauung, wie in der Mathematik, oder empirische, wie in der Naturwissenschaft, schließen: so gibt mir die zum Grunde gelegte Anschauung mannigfaltigen Stoff zu synthetischen Sätzen, welchen ich auf mehr als eine Art verknüpfen, und, indem ich von mehr als einem Punkte ausgehen darf, durch verschiedene Wege zu demselben Satze gelangen kann.

Nun geht aber ein jeder transzendentaler Satz bloß von Einem Begriffe aus, und sagt die synthetische Bedingung der Möglichkeit des Gegenstandes nach diesem Begriffe. Der Beweisgrund kann also nur ein einziger sein, weil außer diesem Begriffe nichts weiter ist, wodurch der Gegenstand bestimmt werden könnte, der Beweis also nichts weiter, als die Bestimmung eines Gegenstandes überhaupt nach diesem Begriffe, der auch nur ein einziger ist, enthalten kann. Wir hatten z. B. in der transzendentalen Analytik den Grundsatz: alles, was geschieht, hat eine Ursache, aus der einzigen Bedingung der objektiven Möglichkeit eines Begriffs, von dem, was überhaupt geschieht, gezogen: daß die Bestimmung einer Begebenheit in der Zeit, mithin diese (Begebenheit) als zur Erfahrung gehörig, ohne unter einer solchen dynamischen Regel zu stehen, unmöglich wäre. Dieses ist nun auch der einzig mögliche Beweisgrund; denn dadurch nur, daß dem Begriffe vermittelst des Gesetzes der Kausalität ein Gegenstand bestimmt wird, hat die vorgestellte Begebenheit objektive Gültigkeit, d. i. Wahrheit. Man hat zwar noch andere Beweise von diesem Grundsatze z. B. aus der Zufälligkeit versucht; allein, wenn dieser beim Lichte betrachtet wird, so kann man kein Kennzeichen der Zufälligkeit auffinden, als das *Geschehen*, d. i. das Dasein, vor welchem ein Nichtsein des Gegenstandes vorhergeht, und kommt also immer wiederum auf den nämlichen Beweisgrund zurück. Wenn der Satz bewiesen werden soll: alles, was denkt, ist einfach; so hält man sich nicht bei dem Mannigfaltigen des Denkens auf, sondern beharrt bloß bei dem Begriffe des Ich, welcher einfach ist und worauf alles Denken bezogen wird. Ebenso ist es mit dem transzendentalen Beweise vom Dasein Gottes bewandt, welcher lediglich auf der Reziprokabilität der Begriffe vom realsten und notwendigen Wesen beruht, und nirgends anders gesucht werden kann.

Durch diese warnende Anmerkung wird die Kritik der Vernunftbehauptungen sehr ins Kleine gebracht. Wo Vernunft ihr Geschäft durch bloße Begriffe treibt, da ist nur ein einziger Beweis möglich, wenn überall nur irgendeiner möglich ist. Daher, wenn man schon den Dogmatiker mit zehn Beweisen auftreten sieht, da kann man sicher glauben, daß er gar keinen habe. Denn, hätte er einen, der (wie es in Sachen der reinen Vernunft sein muß) apodiktisch bewiese, wozu bedürfte er der übrigen? Seine Absicht ist nur, wie die von jenem Parlamentsadvokaten: das eine Argument ist für diesen, das andere für jenen, nämlich, um sich die Schwäche seiner Richter zunutze zu machen, die, ohne sich tief einzulassen, und, um von dem Geschäft bald loszukommen, das Erstebeste, was ihnen eben auffällt, ergreifen und darnach entscheiden.

Die dritte eigentümliche Regel der reinen Vernunft, wenn sie in Ansehung transzendentaler Beweise einer Disziplin unterworfen wird, ist: daß ihre Beweise niemals *apagogisch*, sondern jederzeit *ostensiv* sein müssen. Der direkte oder ostensive Beweis ist in aller Art der Erkenntnis derjenige, welcher mit der Überzeugung von der Wahrheit, zugleich Einsicht in die Quellen derselben verbindet; der apagogische dagegen kann zwar Gewißheit, aber nicht Begrifflichkeit der Wahrheit in Ansehung des Zusammenhanges mit den Gründen ihrer Möglichkeit hervorbringen. Daher sind die letzteren mehr eine Nothilfe, als ein Verfahren, welches allen Absichten der Vernunft ein Genüge tut. Doch haben diese einen Vorzug der Evidenz vor den direkten Beweisen, darin: daß der Widerspruch allemal mehr Klarheit in der Vorstellung bei sich führt, als die beste Verknüpfung, und sich dadurch dem Anschaulichen einer Demonstration mehr nähert.

Die eigentliche Ursache des Gebrauchs apagogischer Beweise in verschiedenen Wissenschaften ist wohl diese. Wenn die Gründe, von denen eine gewisse Erkenntnis abgeleitet werden soll, zu mannigfaltig oder zu tief verborgen liegen: so versucht man, ob sie nicht durch die Folgen zu erreichen sei. Nun wäre der *modus ponens*, auf die Wahrheit einer Erkenntnis aus der Wahrheit ihrer Folgen zu schließen, nur alsdann erlaubt, wenn alle möglichen Folgen daraus wahr sind; denn alsdann ist zu diesem nur ein einziger Grund möglich, der also auch der wahre ist. Dieses Verfahren aber ist untunlich, weil es über unsere Kräfte geht, alle möglichen Folgen von irgendeinem angenommenen Satze einzusehen; doch bedient man sich dieser Art zu schließen, obzwar freilich mit einer gewissen Nachsicht, wenn es darum zu tun ist, um etwas bloß als Hypothese zu beweisen, indem man den Schluß nach der Analogie einräumt: daß, wenn so viele Folgen, als man nur immer versucht hat, mit einem angenommenen Grunde wohl zusammenstimmen, alle übrigen möglichen auch darauf einstimmen werden. Um deswillen kann durch diesen Weg niemals eine Hypothese in demonstrierte Wahrheit verwandelt werden. Der *modus tollens* der Vernunftschlüsse, die von den Folgen auf die Gründe schließen, beweist nicht allein ganz strenge, sondern auch überaus leicht. Denn, wenn auch nur eine einzige falsche Folge aus einem Satze gezogen werden kann, so ist dieser Satz falsch. Anstatt nun die ganze Reihe der Gründe in einem ostensiven Beweise durchzulaufen, die auf die Wahrheit einer Erkenntnis, vermittelst der vollständigen Einsicht in ihre Möglichkeit, führen kann, darf man nur unter den aus dem Gegenteil derselben fließenden Folgen eine einzige falsch finden, so ist dieses Gegenteil auch falsch, mithin die Erkenntnis, welche man zu beweisen hatte, wahr.

Die apagogische Beweisart kann aber nur in den Wissenschaften erlaubt sein, wo es unmöglich ist, das Subjektive unserer Vorstellungen dem Objektiven, nämlich der Erkenntnis desjenigen, was am Gegenstande ist, *unterzuschieben*. Wo dieses letztere aber herrschend ist, da muß es sich häufig zutragen, daß das Gegenteil eines gewissen Satzes entweder bloß den subjektiven Bedingungen des Denkens widerspricht, aber nicht dem Gegenstande, oder daß beide Sätze nur unter einer subjektiven Bedingung, die, fälschlich für objektiv gehalten, einander widersprechen, und da die Bedingung falsch ist, alle beide falsch sein können, ohne daß von der Falschheit des einen auf die Wahrheit des anderen geschlossen werden kann.

In der Mathematik ist diese Subreption unmöglich; daher haben sie daselbst auch ihren eigentlichen Platz. In der Naturwissenschaft, weil sich daselbst alles auf empirische Anschauungen gründet, kann jene Erschleichung durch viel verglichene Beobachtungen zwar so mehrenteils verhütet werden; aber diese Beweisart ist daselbst doch mehrenteils unerheblich. Aber die transzendentalen Versuche der reinen Vernunft werden insgesamt innerhalb dem eigentlichen Medium des dialektischen Scheins angestellt, d. i. des Subjektiven, welches sich der Vernunft in ihren Prämissen als objektiv anbietet, oder gar aufdrängt. Hier nun kann es, was synthetische Sätze betrifft, gar nicht erlaubt werden, seine Behauptungen dadurch zu rechtfertigen, daß man das Gegenteil widerlegt. Denn, entweder diese Widerlegung ist nichts anderes, als die bloße Vorstellung des Widerstreits der entgegengesetzten Meinung, mit den subjektiven Bedingungen der Begreiflichkeit durch unsere Vernunft, welches gar nichts dazu tut, um die Sache selbst darum zu verwerfen, (sowie z. B. die unbedingte Notwendigkeit im Dasein eines Wesens schlechterdings von uns nicht begriffen werden kann, und sich daher *subjektiv* jedem spekulativen Beweise eines notwendigen obersten Wesens mit Recht, der Möglichkeit eines solchen Urwesens aber *an sich selbst* mit Unrecht widersetzt,) oder beide, sowohl der behauptende, als der verneinende Teil, legen, durch den transzendentalen Schein betrogen, einen unmöglichen Begriff vom Gegenstande zum Grunde, und da gilt die Regel: *non entis nulla sunt praedicata,* d. i. sowohl was man bejahend, als was man verneinend von dem Gegenstande behauptete, ist beides unrichtig, und man kann nicht apagogisch durch die Widerlegung des Gegenteils zur Erkenntnis der Wahrheit gelangen. So zum Beispiel, wenn vorausgesetzt wird, daß die Sinnenwelt *an sich selbst* ihrer Totalität nach gegeben sei, so ist es falsch, daß sie *entweder* unendlich dem Raume nach, *oder* endlich und begrenzt sein müsse, darum weil beides falsch ist. Denn Erscheinungen (als bloße Vorstellungen), die doch *an sich selbst* (als Objekte) gegeben wären, sind etwas Unmögliches, und die Unendlichkeit dieses eingebildeten Ganzen würde zwar unbedingt sein, widerspräche aber (weil alles an Erscheinungen bedingt ist) der unbedingten Größenbestimmung, die doch im Begriffe vorausgesetzt wird.

Die apagogische Beweisart ist auch das eigentliche Blendwerk, womit die Bewunderer der Gründlichkeit unserer dogmatischen Vernünftler jederzeit hingehalten worden: sie ist gleichsam der Champion, der die Ehre und das unstreitige Recht seiner genommenen Partei dadurch beweisen will, daß er sich mit jedermann zu raufen anheischig macht, der es bezweifeln wollte, obgleich durch solche Großsprecherei nichts in der Sache, sondern nur der respektiven Stärke der Gegner ausgemacht wird, und zwar auch nur auf der Seite desjenigen, der sich angreifend verhält. Die Zuschauer, indem sie sehen, daß ein jeder in seiner Reihe bald Sieger ist, bald unterliegt, nehmen oftmals daraus Anlaß, das Objekt des Streites selbst skeptisch zu bezweifeln. Aber sie haben nicht Ursache dazu, und es ist genug, ihnen zuzurufen: *non defensoribus istis tempus eget*. Ein jeder muß seine Sache vermittelst eines durch transzendentale Deduktion der Beweisgründe geführten rechtlichen Beweises, d. i. direkt, führen, damit man sehe, was seine Vernunftansprüche für sich selbst anzuführen haben. Denn, fußet sich sein Gegner auf subjektive Gründe, so ist er freilich leicht zu widerlegen, aber ohne Vorteil für den Dogmatiker, der gemeiniglich ebenso den subjektiven Ursachen des Urteils anhängt, und gleichergestalt von seinem Gegner in die Enge getrieben werden kann. Verfahren aber beide Teile bloß direkt, so werden sie entweder die Schwierigkeit, ja Unmöglichkeit, den Titel ihrer Behauptungen auszufinden, von selbst bemerken, und sich zuletzt nur auf Verjährung berufen können, oder die Kritik wird den dogmatischen Schein leicht entdecken, und die reine Vernunft nötigen, ihre zu hoch getriebenen Anmaßungen im spekulativen Gebrauch aufzugeben, und sich innerhalb die Grenzen ihres eigentümlichen Bodens, nämlich praktischer Grundsätze, zurückzuziehen.

Zweites Hauptstück
Der Kanon der reinen Vernunft

Es ist demütigend für die menschliche Vernunft, daß sie in ihrem reinen Gebrauche nichts ausrichtet, und sogar noch einer Disziplin bedarf, um ihre Ausschweifungen zu bändigen, und die Blendwerke, die ihr daher kommen, zu verhüten. Allein andererseits erhebt es sie wiederum und gibt ihr ein Zutrauen zu sich selbst, daß sie diese Disziplin selbst ausüben kann und muß, ohne eine andere Zensur über sich zu gestatten, imgleichen daß die Grenzen, die sie ihrem spekulativen Gebrauche zu setzen genötigt ist, zugleich die vernünftelnden Anmaßungen jeden Gegners einschränken, und mithin alles, was ihr noch von ihren vorher übertriebenen Forderungen übrigbleiben möchte, gegen alle Angriffe sicherstellen könne. Der größte und vielleicht einzige Nutzen aller Philosophie der reinen Vernunft ist also wohl nur negativ; da sie nämlich nicht, als Organon, zur Erweiterung, sondern, als Disziplin, zur Grenzbestimmung dient, und, anstatt Wahrheit zu entdecken, nur das stille Verdienst hat, Irrtümer zu verhüten.

Indessen muß es doch irgendwo einen Quell von positiven Erkenntnissen geben, welche ins Gebiet der reinen Vernunft gehören, und die vielleicht nur durch Mißverstand zu Irrtümern Anlaß geben, in der Tat aber das Ziel der Beeiferung der Vernunft ausmachen. Denn welcher Ursache sollte sonst wohl die nicht zu dämpfende Begierde, durchaus über die Grenze der Erfahrung hinaus irgendwo festen Fuß zu fassen, zuzuschreiben sein? Sie ahndet Gegenstände, die ein großes Interesse für sie bei sich führen. Sie tritt den Weg der bloßen Spekulation an, um sich ihnen zu nähern; aber diese fliehen vor sie. Vermutlich wird auf dem einzigen Wege, der ihr noch übrig ist, nämlich dem des *praktischen* Gebrauchs, besseres Glück für sie zu hoffen sein.

Ich verstehe unter einem Kanon den Inbegriff der Grundsätze a priori des richtigen Gebrauchs gewisser Erkenntnisvermögen überhaupt. So ist die allgemeine Logik in ihrem analytischen Teile ein Kanon für Verstand und Vernunft überhaupt, aber nur der Form nach, denn sie abstrahiert von allem Inhalte. So war die transzendentale Analytik der Kanon des reinen *Verstandes*; denn der ist allein wahrer synthetischer Erkenntnisse a priori fähig. Wo aber kein richtiger Gebrauch einer Erkenntniskraft möglich ist, da gibt es keinen Kanon. Nun ist alle synthetische Erkenntnis der reinen *Vernunft* in ihrem spekulativen Gebrauche, nach allen bisher geführten Beweisen, gänzlich unmöglich.

Also gibt es gar keinen Kanon des spekulativen Gebrauchs derselben (denn dieser ist durch und durch dialektisch), sondern alle transzendentale Logik ist in dieser Absicht nichts als Disziplin. Folglich, wenn es überall einen richtigen Gebrauch der reinen Vernunft gibt, in welchem Fall es auch einen *Kanon* derselben geben muß, so wird dieser nicht den spekulativen, sondern den *praktischen Vernunftgebrauch* betreffen, den wir also jetzt untersuchen wollen.

Des Kanons der reinen Vernunft

Erster Abschnitt
Von dem letzten Zwecke des reinen Gebrauchs unserer Vernunft

Die Vernunft wird durch einen Hang ihrer Natur getrieben, über den Erfahrungsgebrauch hinauszugehen, sich in einem reinen Gebrauche und vermittelst bloßer Ideen zu den äußersten Grenzen aller Erkenntnis hinaus zu wagen, und nur allererst in der Vollendung ihres Kreises, in einem für sich bestehenden systematischen Ganzen, Ruhe zu finden. Ist nun diese Bestrebung bloß auf ihr spekulatives, oder vielmehr einzig und allein auf ihr praktisches Interesse gegründet?

Ich will das Glück, welches die reine Vernunft in spekulativer Absicht macht, jetzt beiseite setzen, und frage nur nach den Aufgaben, deren Auflösung ihren letzten Zweck ausmacht, sie mag diesen nun erreichen oder nicht, und in Ansehung dessen alle anderen bloß den Wert der Mittel haben. Diese höchsten Zwecke werden, nach der Natur der Vernunft, wiederum Einheit haben müssen, um dasjenige Interesse der Menschheit, welches keinem höheren untergeordnet ist, vereinigt zu befördern.

Die Endabsicht, worauf die Spekulation der Vernunft im transzendentalen Gebrauche zuletzt hinausläuft, betrifft drei Gegenstände: die Freiheit des Willens, die Unsterblichkeit der Seele, und das Dasein Gottes. In Ansehung aller drei ist das bloß spekulative Interesse der Vernunft nur sehr gering, und in Absicht auf dasselbe würde wohl schwerlich eine ermüdende, mit unaufhörlichen Hindernissen ringende Arbeit transz. Nachforschung übernommen werden, weil man von allen Entdeckungen, die hierüber zu machen sein möchten, doch keinen Gebrauch machen kann, der in concreto, d. i. in der Naturforschung, seinen Nutzen bewiese. Der Wille mag auch frei sein, so kann dieses doch nur die intelligible Ursache unseres Wollens angehen. Denn, was die Phänomene der Äußerungen desselben, d. i. die Handlungen betrifft, so müssen wir, nach einer unverletzlichen Grundmaxime, ohne welche wir keine Vernunft im empirischen Gebrauche ausüben können, sie niemals anders als alle übrigen Erscheinungen der Natur, nämlich nach unwandelbaren Gesetzen derselben, erklären. Es mag zweitens auch die geistige Natur der Seele (und mit derselben ihre Unsterblichkeit) eingesehen werden können, so kann darauf doch, weder in Ansehung der Erscheinungen dieses Lebens, als einen Erklärungsgrund, noch auf die besondere Beschaffenheit des künftigen Zustandes Rechnung gemacht werden, weil unser Begriff einer unkörperlichen Natur bloß negativ ist, und unsere Erkenntnis nicht im mindesten erweitert, noch einigen tauglichen Stoff zu Folgerungen darbietet, als etwa zu solchen, die nur für Erdichtungen gelten können, die aber von der Philosophie nicht gestattet werden. Wenn auch drittens das Dasein einer höchsten Intelligenz bewiesen wäre: so würden wir uns zwar daraus das Zweckmäßige in der Welteinrichtung und Ordnung in allgemeinen begreiflich machen, keineswegs aber befugt sein, irgendeine besondere Anstalt und Ordnung daraus abzuleiten, oder, wo sie nicht wahrgenommen wird, darauf kühnlich zu schließen, indem es eine notwendige Regel des spekulativen Gebrauchs der Vernunft ist, Natursachen nicht vorbeizugehen, und das, wovon wir uns durch Erfahrung belehren können, aufzugeben, um etwas, was wir kennen, von demjenigen abzuleiten, was alle unsere Kenntnis gänzlich übersteigt. Mit einem Worte, diese drei Sätze bleiben für die spekulative Vernunft jederzeit transzendent, und haben gar keinen immanenten, d. i. für Gegenstände der Erfahrung zulässigen, mithin für uns auf einige Art nützlichen Gebrauch, sondern sind an sich betrachtet ganz müßige und dabei noch äußert schwere Anstrengungen unserer Vernunft.

Wenn demnach diese drei Kardinalsätze uns zum *Wissen* gar nicht nötig sind, und uns gleichwohl durch unsere Vernunft dringend empfohlen werden; so wird ihre Wichtigkeit wohl eigentlich nur das *Praktische* angehen müssen.

Praktisch ist alles, was durch Freiheit möglich ist. Wenn die Bedingungen der Ausübung unserer freien Willkür aber empirisch sind, so kann die Vernunft dabei keinen anderen als regulativen Gebrauch haben, und nur die Einheit empirischer Gesetze zu bewirken dienen, wie z. B. in der Lehre der Klugheit die Vereinigung aller Zwecke, die uns von unseren Neigungen aufgegeben sind, in den einigen, die *Glückseligkeit*, und die Zusammenstimmung der Mittel, um dazu zu gelangen, das ganze Geschäft der Vernunft ausmacht, die um deswillen keine anderen als *pragmatische* Gesetze des freien Verhaltens, zu Erreichung der uns von den Sinnen empfohlenen Zwecke, und also keine reinen Gesetze, völlig a priori bestimmt, liefern kann. Dagegen würden reine praktische Gesetze, deren Zweck durch die Vernunft völlig a priori gegeben ist, und die nicht empirisch bedingt, sondern schlechthin gebieten, Produkte der reinen Vernunft sein. Dergleichen aber sind die *moralischen* Gesetze, mithin gehören diese allein zum praktischen Gebrauche der reinen Vernunft, und erlauben einen Kanon.

Die ganze Zurüstung also der Vernunft, in der Bearbeitung, die man reine Philosophie nennen kann, ist in der Tat nur auf die drei gedachten Probleme gerichtet. Diese selber aber haben wiederum ihre entferntere Absicht, nämlich, *was zu tun sei*, wenn der Wille frei, wenn ein Gott und eine künftige Welt ist. Da dieses nun unser Verhalten in Beziehung auf den höchsten Zweck betrifft, so ist die letzte Absicht der weislich uns versorgenden Natur, bei der Einrichtung unserer Vernunft, eigentlich nur aufs Moralische gestellt.

Es ist aber Behutsamkeit nötig, um, da wir unser Augenmerk auf einen Gegenstand werfen, der der transzendentalen Philosophie fremdist, nicht in Episoden auszuschweifen und die Einheit des Systems zu verletzen, andererseits auch, um, indem man von seinem neuen Stoffe zu wenig sagt, es an Deutlichkeit oder Überzeugung nicht fehlen zu lassen. Ich hoffe beides dadurch zu leisten, daß ich mich so nahe als möglich am Transzendentalen halte und das, was etwa hierbei psychologisch, d. h. empirisch sein möchte, gänzlich beiseite setze.

Und da ist denn zuerst anzumerken, daß ich mich vorjetzt des Begriffs der Freiheit nur im praktischen Verstande bedienen werde, und den in transzendentaler Bedeutung, welcher nicht als ein Erklärungsgrund der Erscheinungen empirisch vorausgesetzt werden kann, sondern selbst ein Problem für die Vernunft ist, hier, als oben abgetan, beiseite setze. Eine Willkür nämlich ist bloß *tierisch (arbitrium brutum)*, die nicht anders als durch sinnliche Antriebe, d. i. *pathologisch* bestimmt werden kann. Diejenige aber, welche unabhängig von sinnlichen Antrieben, mithin durch Bewegursachen, welche nur von der Vernunft vorgestellt werden, bestimmt werden kann, heißt die *freie Willkür (arbitrium liberum)*, und alles, was mit dieser, es sei als Grund oder Folge, zusammenhängt, wird *Praktisch* genannt. Die praktische Freiheit kann durch Erfahrung bewiesen werden. Denn, nicht bloß das, was reizt, d. i. die Sinne unmittelbar affiziert, bestimmt die menschliche Willkür, sondern wir haben ein Vermögen, durch Vorstellungen von dem, was selbst auf entferntere Art nützlich oder schädlich ist, die Eindrücke auf unser sinnliches Begehrungsvermögen zu überwinden; diese Überlegungen aber von dem, was in Ansehung unseres ganzen Zustandes begehrungswert, d. i. gut und nützlich ist, beruhen auf der Vernunft. Diese gibt daher auch Gesetze, welche Imperative, d. i. objektive *Gesetze der Freiheit* sind, und welche sagen, *was geschehen soll*, ob es gleich vielleicht nie geschieht, und sich darin von *Naturgesetzen*, die nur von dem handeln, *was geschieht*, unterscheiden, weshalb sie auch praktische Gesetze genannt werden.

Ob aber die Vernunft selbst in diesen Handlungen, dadurch sie Gesetze vorschreibt, nicht wiederum durch anderweitige Einflüsse bestimmt sei, und das, was in Absicht auf sinnliche Antriebe Freiheit heißt, in Ansehung höherer und entfernterer wirkender Ursachen nicht wiederum Natur sein möge, das geht uns im Praktischen, da wir nur die Vernunft um die *Vorschrift* des Verhaltens zunächst befragen, nichts an, sondern ist eine bloß spekulative Frage, die wir, so lange als unsere Absicht aufs Tun oder Lassen gerichtet ist, beiseite setzen können. Wir erkennen also die praktische Freiheit durch Erfahrung, als eine von den Natururursachen, nämlich eine Kausalität der Vernunft in Bestimmung des Willens, indessen daß die transzendentale Freiheit eine Unabhängigkeit dieser Vernunft selbst (in Ansehung ihrer Kausalität, eine Reihe von Erscheinungen anzufangen,) von allen bestimmenden Ursachen der Sinnenwelt fordert, und sofern dem Naturgesetze, mithin aller möglichen Erfahrung, zuwider zu sein scheint, und also ein Problem bleibt. Allein vor die Vernunft im praktischen Gebrauche gehört dieses Problem nicht, also haben wir es in einem Kanon der reinen Vernunft nur mit zwei Fragen zu tun, die das praktische Interesse der reinen Vernunft angehen, und in Ansehung deren ein Kanon ihres Gebrauchs möglich sein muß, nämlich: ist ein Gott? ist ein künftiges Leben? Die Frage wegen der transzendentalen Freiheit betrifft bloß das spekulative Wissen, welche wir als ganz gleichgültig beiseite setzen können, wenn es um das Praktische zu tun ist, und worüber in der Antinomie der reinen Vernunft schon hinreichende Erörterung zu finden ist.

Des Kanons der reinen Vernunft

Zweiter Abschnitt
Von dem Ideal des höchsten Guts, als einem Bestimmungsgrunde des letzten Zwecks der reinen Vernunft

Die Vernunft führte uns in ihrem spekulativen Gebrauche durch das Feld der Erfahrungen, und, weil daselbst für sie niemals völlige Befriedigung anzutreffen ist, von da zu spekulativen Ideen, die uns aber am Ende wiederum auf Erfahrung zurückführten, und also ihre Absicht auf eine zwar nützliche, aber unserer Erwartung gar nicht gemäße Art erfüllten. Nun bleibt uns noch ein Versuch übrig: ob nämlich auch reine Vernunft im praktischen Gebrauche anzutreffen sei, ob sie in demselben zu den Ideen führe, welche die höchsten Zwecke der reinen Vernunft, die wir eben angeführt haben, erreichen, und diese also aus dem Gesichtspunkte ihres praktischen Interesses nicht dasjenige gewähren könne, was sie uns in Ansehung des spekulativen ganz und gar abschlägt.

Alles Interesse meiner Vernunft (das spekulative sowohl, als das praktische) vereinigt sich in folgenden drei Fragen:

1. *Was kann ich wissen?*
2. *Was soll ich tun?*
3. *Was darf ich hoffen?*

Die erste Frage ist bloß spekulativ. Wir haben (wie ich mir schmeichle) alle möglichen Beantwortungen derselben erschöpft und endlich diejenige gefunden, mit welcher sich die Vernunft zwar befriedigen muß, und, wenn sie nicht aufs Praktische sieht, auch Ursache hat zufrieden zu sein; sind aber von den zwei großen Zwecken, worauf diese ganze Bestrebung der reinen Vernunft eigentlich gerichtet war, ebenso weit entfernt geblieben, als ob wir uns aus Gemächlichkeit dieser Arbeit gleich anfangs verweigert hätten. Wenn es also um Wissen zu tun ist, so ist wenigstens so viel sicher und ausgemacht, daß uns dieses, in Ansehung jener zwei Aufgaben, niemals zuteil werden könne.

Die zweite Frage ist bloß praktisch. Sie kann als eine solche zwar der reinen Vernunft angehören, ist aber alsdann doch nicht transzendental, sondern moralisch, mithin kann sie unsere Kritik an sich selbst nicht beschäftigen.

Die dritte Frage, nämlich: wenn ich nun tue, was ich soll, was darf ich alsdann hoffen? ist praktisch und theoretisch zugleich, so, daß das Praktische nur als ein Leitfaden zur Beantwortung der theoretischen, und, wenn diese hoch geht, spekulativen Frage führt. Denn alles *Hoffen* geht auf Glückseligkeit, und ist in Absicht auf das Praktische und das Sittengesetz eben dasselbe, was das Wissen und das Naturgesetz in Ansehung der theoretischen Erkenntnis der Dinge ist. Jenes läuft zuletzt auf den Schluß hinaus, daß etwas sei (was den letzten möglichen Zweck bestimmt), *weil etwas geschehen soll*; dieses, daß etwas *sei* (was als oberste Ursache wirkt), *weil etwas geschieht*.

Glückseligkeit ist die Befriedigung aller unserer Neigungen, (sowohl *extensive*, der Mannigfaltigkeit der selben, als *intensive*, dem Grade, und auch *protensive*, der Dauer nach). Das praktische Gesetz aus dem Bewegungsgrunde der *Glückseligkeit* nenne ich pragmatisch (Klugheitsregel); dasjenige aber, wofern ein solches ist, das zum Bewegungsgrunde nichts anderes hat, als die *Würdigkeit, glücklich zu sein*, moralisch (Sittengesetz). Das erstere rät, was zu tun sei, wenn wir der Glückseligkeit wollen teilhaftig, das zweite gebietet, wie wir uns verhalten sollen, um nur der Glückseligkeit würdig zu werden. Das erstere gründet sich auf empirische Prinzipien; denn anders, als vermittelst der Erfahrung, kann ich weder wissen, welche Neigungen da sind, die befriedigt werden wollen, noch welches die Naturursachen sind, die ihre Befriedigung bewirken können. Das zweite abstrahiert von Neigungen, und Naturmitteln sie zu befriedigen, und betrachtet nur die Freiheit eines vernünftigen Wesens überhaupt, und die notwendigen Bedingungen, unter denen sie allein mit der Austeilung der Glückseligkeit nach Prinzipien zusammenstimmt, und *kann* also wenigstens auf bloßen Ideen der reinen Vernunft beruhen und a priori erkannt werden.

Ich nehme an, daß es wirklich reine moralische Gesetze gebe, die völlig a priori (ohne Rücksicht auf empirische Bewegungsgründe, d. i. Glückseligkeit,) das Tun und Lassen, d. i. den Gebrauch der Freiheit eines vernünftigen Wesens überhaupt, bestimmen, und daß diese Gesetze *schlechterdings* (nicht bloß hypothetisch unter Voraussetzung anderer empirischen Zwecke) gebieten, und also in aller Absicht notwendig sind. Diesen Satz kann ich mit Recht voraussetzen, nicht allein, indem ich mich auf die Beweise der aufgeklärtesten Moralisten, sondern auf das sittliche Urteil eines jeden Menschen berufe, wenn er sich ein dergleichen Gesetz deutlich denken will.

Die reine Vernunft enthält also, zwar nicht in ihrem spekulativen, aber doch in einem gewissen praktischen, nämlich dem moralischen Gebrauche, Prinzipien der *Möglichkeit der Erfahrung*, nämlich solcher Handlungen, die den sittlichen Vorschriften gemäß in der *Geschichte* des Menschen anzutreffen sein *könnten*. Denn, da sie gebietet, daß solche geschehen sollen, so müssen sie auch geschehen können, und es muß also eine besondere Art von systematischer Einheit, nämlich die moralische, möglich sein, indessen daß die systematische Natureinheit *nach spekulativen Prinzipien der Vernunft* nicht bewiesen werden konnte, weil die Vernunft zwar in Ansehung der Freiheit überhaupt, aber nicht in Ansehung der gesamten Natur Kausalität hat, und moralische Vernunftprinzipien zwar freie Handlungen, aber nicht Naturgesetze hervorbringen können. Demnach haben die Prinzipien der reinen Vernunft in ihrem praktischen, namentlich aber, dem moralischen Gebrauche, objektive Realität.

Ich nenne die Welt, sofern sie allen sittlichen Gesetzen gemäß wäre, (wie sie es denn, nach der *Freiheit* der vernünftigen Wesen, sein *kann*, und, nach den notwendigen Gesetzen der *Sittlichkeit*, sein *soll*,) eine moralische Welt. Diese wird sofern bloß als intelligible Welt gedacht, weil darin von allen Bedingungen (Zwecken) und selbst von allen Hindernissen der Moralität in derselben (Schwäche oder Unlauterkeit der menschlichen Natur) abstrahiert wird. Sofern ist sie also eine bloße, aber doch praktische Idee, die wirklich ihren Einfluß auf die Sinnenwelt haben kann und soll, um sie dieser Idee so viel als möglich gemäß zu machen. Die Idee einer moralischen Welt hat daher objektive Realität, nicht als wenn sie auf einen Gegenstand einer intelligiblen Anschauung ginge (dergleichen wir uns gar nicht denken können), sondern auf die Sinnenwelt, aber als einen Gegenstand der reinen Vernunft in ihrem praktischen Gebrauche, und ein *corpus mysticum* der vernünftigen Wesen in ihr, sofern deren freie Willkür unter moralischen Gesetzen sowohl mit sich selbst, als mit jedes anderen Freiheit durchgängige systematische Einheit an sich hat.

Das war die Beantwortung der ersten von den zwei Fragen der reinen Vernunft, die das praktische Interesse betrafen: *Tue das, wodurch du würdig wirst, glücklich zu sein*. Die zweite frägt nun: wie, wenn ich mich nun so verhalte, daß ich der Glückseligkeit nicht unwürdig sei, darf ich auch hoffen, ihrer dadurch teilhaftig werden zu können? Es kommt bei der Beantwortung derselben darauf an, ob die Prinzipien der reinen Vernunft, welche a priori das Gesetz vorschreiben, auch diese Hoffnung notwendigerweise damit verknüpfen.

Ich sage demnach: daß ebensowohl, als die moralischen Prinzipien nach der Vernunft in ihrem *praktischen* Gebrauche notwendig sind, ebenso notwendig sei es auch nach der Vernunft, in ihrem *theoretischen* Gebrauch anzunehmen, daß jedermann die Glückseligkeit in demselben Maße zu hoffen Ursache habe, als er sich derselben in seinem Verhalten würdig gemacht hat, und daß also das System der Sittlichkeit mit dem der Glückseligkeit unzertrennlich, aber nur in der Idee der reinen Vernunft verbunden sei.

Nun läßt sich in einer intelligiblen, d. i. der moralischen Welt, in deren Begriff wir von allen Hindernissen der Sittlichkeit (der Neigungen,) abstrahieren, ein solches System der mit der Moralität verbundenen proportionierten Glückseligkeit auch als notwendig denken, weil die durch sittliche Gesetze teils bewegte, teils restringierte Freiheit, selbst die Ursache der allgemeinen Glückseligkeit, die vernünftigen Wesen also selbst, unter der Leitung solcher Prinzipien, Urheber ihrer eigenen und zugleich anderer dauerhafter Wohlfahrt sein würden. Aber dieses System der sich selbst lohnenden Moralität ist nur eine Idee, deren Ausführung auf der Bedingung beruht, daß *jedermann* tue, was er soll, d. i. alle Handlungen vernünftiger Wesen so geschehen, als ob sie aus einem obersten Willen, der alle Privatwillkür in sich, oder unter sich befaßt, entsprängen. Da aber die Verbindlichkeit aus dem moralischen Gesetze für jedes besonderen Gebrauch der Freiheit gültig bleibt, wenngleich andere diesem Gesetze sich nicht gemäß verhielten, so ist weder aus der Natur der Dinge der Welt, noch der Kausalität der Handlungen selbst und ihrem Verhältnisse zur Sittlichkeit bestimmt, wie sich ihre Folgen zur Glückseligkeit verhalten werden, und die angeführte notwendige Verknüpfung der Hoffnung, glücklich zu sein, mit dem unablässigen Bestreben, sich der Glückseligkeit würdig zu machen, kann durch die Vernunft nicht erkannt werden, wenn man bloß Natur zum Grunde legt, sondern darf nur gehofft werden, wenn eine *höchste Vernunft*, die nach moralischen Gesetzen gebietet, zugleich als Ursache der Natur zum Grunde gelegt wird.

Ich nenne die Idee einer solchen Intelligenz, in welcher der moralisch vollkommenste Wille, mit der höchsten Seligkeit verbunden, die Ursache aller Glückseligkeit in der Welt ist, sofern sie mit der Sittlichkeit (als der Würdigkeit glücklich zu sein) in genauem Verhältnisse steht, *das Ideal des höchsten Guts*. Also kann die reine Vernunft nur in dem Ideal des höchsten *ursprünglichen* Guts den Grund der praktisch notwendigen Verknüpfung beider Elemente des höchsten abgeleiteten Gutes, nämlich einer intelligiblen d. i. *moralischen* Welt, antreffen. Da wir uns nun notwendigerweise durch die Vernunft, als zu einer solchen Welt gehörig, vorstellen müssen, obgleich die Sinne uns nichts als eine Welt von Erscheinungen darstellen, so werden wir jene als eine Folge unseres Verhaltens in der Sinnenwelt, da uns diese eine solche Verknüpfung nicht darbietet, als eine für uns künftige Welt annehmen müssen. Gott also und ein künftiges Leben, sind zwei von der Verbindlichkeit, die uns reine Vernunft auferlegt, nach Prinzipien eben derselben Vernunft nicht zu trennende Voraussetzungen.

Die Sittlichkeit an sich selbst macht ein System aus, aber nicht die Glückseligkeit, außer, sofern sie der Moralität genau angemessen ausgeteilt ist. Dieses aber ist nur möglich in der intelligiblen Welt, unter einem weisen Urheber und Regierer. Einen solchen, samt dem Leben in einer solchen Welt, die wir als eine künftige ansehen müssen, sieht sich die Vernunft genötigt anzunehmen, oder die moralischen Gesetze als leere Hirngespinste anzusehen, weil der notwendige Erfolg derselben, den dieselbe Vernunft mit ihnen verknüpft, ohne jene Voraussetzung wegfallen müßte. Daher auch jedermann die moralischen Gesetze als *Gebote* ansieht, welches sie aber nicht sein könnten, wenn sie nicht a priori angemessene Folgen mit ihrer Regel verknüpften, und also *Verheißungen* und *Drohungen* bei sich führten. Dieses können sie aber auch nicht tun, wo sie nicht in einem notwendigen Wesen, als dem höchsten Gut liegen, welches eine solche zweckmäßige Einheit allein möglich machen kann.

Leibnitz nannte die Welt, sofern man darin nur auf die vernünftigen Wesen und ihren Zusammenhang nach moralischen Gesetzen unter der Regierung des höchsten Guts achthat, das *Reich der Gnaden*, und unterschied es vom *Reiche der Natur*, da sie zwar unter moralischen Gesetzen stehen, aber keine anderen Erfolge ihres Verhaltens erwarten, als nach dem Laufe der Natur unserer Sinnenwelt. Sich also im Reiche der Gnaden zu sehen, wo alle Glückseligkeit auf uns wartet, außer sofern wir unseren Anteil an derselben durch die Unwürdigkeit, glücklich zu sein, nicht selbst einschränken, ist eine praktisch notwendige Idee der Vernunft.

Praktische Gesetze, sofern sie zugleich subjektive Gründe der Handlungen, d. i. subjektive Grundsätze werden, heißen *Maximen*. Die *Beurteilung* der Sittlichkeit, ihrer Reinigkeit und Folgen nach, geschieht nach *Ideen*, die *Befolgung* ihrer Gesetze nach *Maximen*.

Es ist notwendig, daß unser ganzer Lebenswandel sittlichen Maximen untergeordnet werde; es ist aber zugleich unmöglich, daß dieses geschehe, wenn die Vernunft nicht mit dem moralischen Gesetze, welches eine bloße Idee ist, eine wirkende Ursache verknüpft, welche dem Verhalten nach demselben einen unseren höchsten Zwecken genau entsprechenden Ausgang, es sei in diesem, oder einem anderen Leben, bestimmt. Ohne also einen Gott und eine für uns jetzt nicht sichtbare, aber gehoffte Welt, sind die herrlichen Ideen der Sittlichkeit zwar Gegenstände des Beifalls und der Bewunderung, aber nicht Triebfedern des Vorsatzes und der Ausübung, weil sie nicht den ganzen Zweck, der einem jeden vernünftigen Wesen natürlich und durch eben dieselbe reine Vernunft a priori bestimmt und notwendig ist, erfüllen.

Glückseligkeit allein ist für unsere Vernunft bei weitem nicht das vollständige Gut. Sie billigt solche nicht (so sehr als auch Neigung dieselbe wünschen mag), wofern sie nicht mit der Würdigkeit, glücklich zu sein, d. i. dem sittlichen Wohlverhalten, vereinigt ist. Sittlichkeit allein, und, mit ihr, die bloße *Würdigkeit*, glücklich zu sein, ist aber auch noch lange nicht das vollständige Gut. Um dieses zu vollenden, muß der, so sich als der Glückseligkeit nicht unwert verhalten hatte, hoffen können, ihrer teilhaftig zu werden. Selbst die von aller Privatabsicht freie Vernunft, wenn sie, ohne dabei ein eigenes Interesse in Betracht zu ziehen, sich in die Stelle eines Wesens setzte, das alle Glückseligkeit anderen auszuteilen hätte, kann nicht anders urteilen; denn in der praktischen Idee sind beide Stücke wesentlich verbunden, obzwar so, daß die moralische Gesinnung, als Bedingung, den Anteil an Glückseligkeit, und nicht umgekehrt die Aussicht auf Glückseligkeit die moralische Gesinnung zuerst möglich mache. Denn im letzteren Falle wäre sie nicht moralisch und also auch nicht der ganzen Glückseligkeit würdig, die vor der Vernunft keine andere Einschränkung erkennt, als die, welche von unserem eigenen unsittlichen Verhalten herrührt.

Glückseligkeit also, in dem genauen Ebenmaße mit der Sittlichkeit der vernünftigen Wesen, dadurch sie derselben würdig sind, macht allein das höchste Gut einer Welt aus, darin wir uns nach den Vorschriften der reinen aber praktischen Vernunft durchaus versetzen müssen, und welche freilich nur eine intelligible Welt ist, da die Sinnenwelt uns von der Natur der Dinge dergleichen systematische Einheit der Zwecke nicht verheißt, deren Realität auch auf nichts anderes gegründet werden kann, als auf die Voraussetzung eines höchsten ursprünglichen Guts, da selbständige Vernunft, mit aller Zulänglichkeit einer obersten Ursache ausgerüstet, nach der vollkommensten Zweckmäßigkeit die allgemeine, obgleich in der Sinnenwelt uns sehr verborgene Ordnung der Dinge gründet, erhält und vollführt.

Diese Moraltheologie hat nun den eigentümlichen Vorzug vor der spekulativen, daß sie unausbleiblich auf den Begriff eines *einigen, allervollkommensten* und *vernünftigen* Urwesens führt, worauf uns spekulative Theologie nicht einmal aus objektiven Gründen *hinweist*, geschweige uns davon *überzeugen* konnte. Denn, wir finden weder in der transzendentalen, noch natürlichen Theologie, so weit uns auch Vernunft darin führen mag, einigen bedeutenden Grund, nur ein einiges Wesen anzunehmen, welches wir allen Naturursachen vorsetzen, und von dem wir zugleich diese in allen Stücken abhängend zu machen hinreichende Ursache hätten. Dagegen, wenn wir aus dem Gesichtspunkte der sittlichen Einheit, als einem notwendigen Weltgesetze, die Ursache erwägen, die diesem allein den angemessenen Effekt, mithin auch für uns verbindende Kraft geben kann, so muß es ein einiger oberster Wille sein, der alle diese Gesetze in sich befaßt. Denn, wie wollten wir unter verschiedenen Willen vollkommene Einheit der Zwecke finden? Dieser Wille muß allgewaltig sein, damit die ganze Natur und deren Beziehung auf Sittlichkeit in der Welt ihm unterworfen sei; allwissend, damit er das Innerste der Gesinnungen und deren moralischen Wert erkenne; allgegenwärtig, damit er unmittelbar allem Bedürfnisse, welches das höchste Weltbeste erfordert, nahe sei; ewig, damit in keiner Zeit diese Übereinstimmung der Natur und Freiheit ermangle, usw.

Aber diese systematische Einheit der Zwecke in dieser Welt der Intelligenzen, welche, obzwar, als bloße Natur, nur Sinnenwelt, als ein System der Freiheit aber, intelligible, d. i. moralische Welt *(regnum gratiae)* genannt werden kann, führt unausbleiblich auch auf die zweckmäßige Einheit aller Dinge, die dieses große Ganze ausmachen, nach allgemeinen Naturgesetzen, so wie die erstere nach allgemeinen und notwendigen Sittengesetzen, und vereinigt die praktische Vernunft mit der spekulativen. Die Welt muß als aus einer Idee entsprungen vorgestellt werden, wenn sie mit demjenigen Vernunftgebrauch, ohne welchen wir uns selbst der Vernunft unwürdig halten würden, nämlich dem moralischen, als welcher durchaus auf der Idee des höchsten Guts beruht, zusammenstimmen soll. Dadurch bekommt alle Naturforschung eine Richtung nach der Form eines Systems der Zwecke, und wird in ihrer höchsten Ausbreitung Physikotheologie. Diese aber, da sie doch von sittlicher Ordnung, als einer in dem Wesen der Freiheit gegründeten und nicht durch äußere Gebote zufällig gestifteten Einheit, anhob, bringt die Zweckmäßigkeit der Natur auf Gründe, die a priori mit der inneren

Möglichkeit der Dinge unzertrennlich verknüpft sein müssen, und dadurch auf eine *transzendentale Theologie*, die sich das Ideal der höchsten ontologischen Vollkommenheit zu einem Prinzip der systematischen Einheit nimmt, welches nach allgemeinen und notwendigen Naturgesetzen alle Dinge verknüpft, weil sie alle in der absoluten Notwendigkeit eines einigen Urwesens ihren Ursprung haben.

Was können wir für einen *Gebrauch* von unserem Verstande machen, selbst in Ansehung der Erfahrung, wenn wir uns nicht Zwecke vorsetzen? Die höchsten Zwecke aber sind die der Moralität, und diese kann uns nur reine Vernunft zu erkennen geben. Mit diesen nun versehen, und an dem Leitfaden derselben, können wir von der Kenntnis der Natur selbst keinen zweckmäßigen Gebrauch in Ansehung der Erkenntnis machen, wo die Natur nicht selbst zweckmäßige Einheit hingelegt hat; denn ohne diese hätten wir sogar selbst keine Vernunft, weil wir keine Schule für dieselbe haben würden, und keine Kultur durch Gegenstände, welche den Stoff zu solchen Begriffen darböten. Jene zweckmäßige Einheit ist aber notwendig, und in dem Wesen der Willkür selbst gegründet, diese also, welche die Bedingung der Anwendung derselben in concreto enthält, muß es auch sein, und so würde die transzendentale Steigerung unserer Vernunfterkenntnis nicht die Ursache, sondern bloß die Wirkung von der praktischen Zweckmäßigkeit sein, die uns die reine Vernunft auferlegt.

Wir finden daher auch in der Geschichte der menschlichen Vernunft: daß, ehe die moralischen Begriffe genugsam gereinigt, bestimmt, und die systematische Einheit der Zwecke nach denselben und zwar aus notwendigen Prinzipien eingesehen waren, die Kenntnis der Natur und selbst ein ansehnlicher Grad der Kultur der Vernunft in manchen anderen Wissenschaften, teils nur rohe und umherschweifende Begriffe von der Gottheit hervorbringen konnte, teils eine zu bewundernde Gleichgültigkeit überhaupt in Ansehung dieser Frage übrig ließ. Eine größere Bearbeitung sittlicher Ideen, die durch das äußerst reine Sittengesetz unserer Religion notwendig gemacht wurde, schärfte die Vernunft auf den Gegenstand, durch das Interesse, das sie an demselben zu nehmen nötigte, und, ohne daß weder erweiterte Naturerkenntnisse, noch richtige und zuverlässige transzendentale Einsichten (dergleichen zu aller Zeit gemangelt haben), dazu beitrugen, brachten sie einen Begriff vom göttlichen Wesen zustande, den wir jetzt für den richtigen halten, nicht weil uns spekulative Vernunft von dessen Richtigkeit überzeugt, sondern weil er mit den moralischen Vernunftprinzipien vollkommen zusammenstimmt. Und so hat am Ende doch immer nur reine Vernunft, aber nur in ihrem praktischen Gebrauche, das Verdienst, ein Erkenntnis, das die bloße Spekulation nur wähnen, aber nicht geltend machen kann, an unser höchstes Interesse zu knüpfen, und dadurch zwar nicht zu einem demonstrierten Dogma, aber doch zu einer schlechterdings notwendigen Voraussetzung bei ihren wesentlichsten Zwecken zu machen.

Wenn aber praktische Vernunft nun diesen hohen Punkt erreicht hat, nämlich den Begriff eines einigen Urwesens, als des höchsten Guts, so darf sie sich gar nicht unterwinden, gleich als hätte sie sich über alle empirischen Bedingungen seiner Anwendung erhoben, und zur unmittelbaren Kenntnis neuer Gegenstände emporgeschwungen, um von diesem Begriffe auszugehen, und die moralischen Gesetze selbst von ihm abzuleiten. Denn diese waren es eben, deren *innere* praktische Notwendigkeit uns zu der Voraussetzung einer selbständigen Ursache, oder eines weisen Weltregierers führte, um jenen Gesetzen Effekt zu geben, und daher können wir sie nicht nach diesem wiederum als zufällig und vom bloßen Willen abgeleitet ansehen, insonderheit von einem solchen Willen, von dem wir gar keinen Begriff haben würden, wenn wir ihn nicht jenen Gesetzen gemäß gebildet hätten. Wir werden, soweit praktische Vernunft uns zu führen das Recht hat, Handlungen nicht darum für verbindlich halten, weil sie Gebote Gottes sind, sondern sie darum als göttliche Gebote ansehen, weil wir dazu innerlich verbindlich sind. Wir werden die Freiheit, unter der zweckmäßigen Einheit nach Prinzipien der Vernunft, studieren, und nur sofern glauben dem göttlichen Willen gemäß zu sein, als wir das Sittengesetz, welches uns die Vernunft aus der Natur der Handlungen selbst lehrt, heilig halten, ihm dadurch allein zu dienen glauben, daß wir das Weltbeste an uns und an anderen befördern. Die Moraltheologie ist also nur von immanentem Gebrauche, nämlich unsere Bestimmung hier in der Welt zu erfüllen, indem wir in das System aller Zwecke passen, und nicht schwärmerisch oder wohl gar frevelhaft den Leitfaden einer moralisch gesetzgebenden Vernunft im guten Lebenswandel zu verlassen, um ihn unmittelbar an die Idee des höchsten Wesens zu knüpfen, welches einen transzendenten Gebrauch geben würde, aber ebenso, wie der der bloßen Spekulation, die letzten Zwecke der Vernunft verkehren und vereiteln muß.

Des Kanons der reinen Vernunft

Dritter Abschnitt
Vom Meinen, Wissen und Glauben

Das Fürwahrhalten ist eine Begebenheit in unserem Verstande, die auf objektiven Gründen beruhen mag, aber auch subjektive Ursachen im Gemüte dessen, der da urteilt, erfordert. Wenn es für jedermann gültig ist, sofern er nur Vernunft hat, so ist der Grund desselben objektiv hinreichend, und das Fürwahrhalten heißt alsdann *Überzeugung*. Hat es nur in der besonderer Beschaffenheit des Subjekts seinen Grund, so wird es *Überredung* genannt.

Überredung ist ein bloßer Schein, weil der Grund des Urteils, welcher lediglich im Subjekte liegt, für objektiv gehalten wird. Daher hat ein solches Urteil auch nur Privatgültigkeit, und das Fürwahrhalten läßt sich nicht mitteilen. Wahrheit aber beruht auf der Übereinstimmung mit dem Objekte, in Ansehung dessen folglich die Urteile eines jeden Verstandes einstimmig sein müssen *(consentientia uni tertio, consentiunt inter se)*. Der Probierstein des Fürwahrhaltens, ob es Überzeugung oder bloße Überredung sei, ist also, äußerlich, die Möglichkeit, dasselbe mitzuteilen und das Fürwahrhalten für jedes Menschen Vernunft gültig zu befinden; denn alsdann ist wenigstens eine Vermutung, der Grund der Einstimmung aller Urteile, ungeachtet der Verschiedenheit der Subjekte untereinander, werde auf dem gemeinschaftlichen Grunde, nämlich dem Objekte, beruhen, mit welchem sie daher alle zusammenstimmen und dadurch die Wahrheit des Urteils beweisen werden.

Überredung demnach kann von der Überzeugung subjektiv zwar nicht unterschieden werden, wenn das Subjekt das Fürwahrhalten, bloß als Erscheinung seines eigenen Gemüts, vor Augen hat; der Versuch aber, den man mit den Gründen desselben, die für uns gültig sind, an anderer Verstand macht, ob sie auf fremde Vernunft eben dieselbe Wirkung tun, als auf die unsrige, ist doch ein, obzwar nur subjektives, Mittel, zwar nicht Überzeugung zu bewirken, aber doch die bloße Privatgültigkeit des Urteils, d. i. etwas in ihm, was bloße Überredung ist, zu entdecken.

Kann man überdem die subjektiven *Ursachen* des Urteils, welche wir für objektive *Gründe* desselben nehmen, entwickeln, und mithin das trügliche Fürwahrhalten als eine Begebenheit in unserem Gemüte erklären, ohne dazu die Beschaffenheit des Objekts nötig zu haben, so entblößen wir den Schein und werden dadurch nicht mehr hintergangen, obgleich immer noch in gewissem Grade versucht, wenn die subjektive Ursache des Scheins unserer Natur anhängt.

Ich kann nichts *behaupten*, d. i. als ein für jedermann notwendig gültiges Urteil aussprechen, als was Überzeugung wirkt. Überredung kann ich für mich behalten, wenn ich mich dabei wohlbefinde, kann sie aber und soll sie außer mir nicht geltend machen wollen.

Das Fürwahrhalten, oder die subjektive Gültigkeit des Urteils, in Beziehung auf die Überzeugung (welche zugleich objektiv gilt), hat folgende drei Stufen: *Meinen*, *Glauben* und *Wissen*. *Meinen* ist ein mit Bewußtsein *sowohl* subjektiv, als objektiv unzureichendes Fürwahrhalten. Ist das letztere nur subjektiv zureichend und wird zugleich für objektiv unzureichend gehalten, so heißt es *Glauben*. Endlich heißt das sowohl subjektiv als objektiv zureichende Fürwahrhalten das *Wissen*. Die subjektive Zulänglichkeit heißt *Überzeugung* (für mich selbst), die objektive, *Gewißheit* (für jedermann). Ich werde mich bei der Erläuterung so faßlicher Begriffe nicht aufhalten.

Ich darf mich niemals unterwinden, zu *meinen*, ohne wenigstens etwas zu *wissen*, vermittelst dessen das an sich bloß problematische Urteil eine Verknüpfung mit Wahrheit bekommt, die, ob sie gleich nicht vollständig, doch mehr als willkürliche Erdichtung ist. Das Gesetz einer solchen Verknüpfung muß überdem gewiß sein. Denn, wenn ich in Ansehung dessen auch nichts als Meinung habe, so ist alles nur Spiel der Einbildung, ohne die mindeste Beziehung auf Wahrheit. In Urteilen aus reiner Vernunft ist es gar nicht erlaubt, zu meinen. Denn, weil sie nicht auf Erfahrungsgründe gestützt werden, sondern alles a priori erkannt werden soll, wo alles notwendig ist, so erfordert das Prinzip der Verknüpfung Allgemeinheit und Notwendigkeit, mithin völlige Gewißheit, widrigenfalls gar keine Leitung auf Wahrheit angetroffen wird. Daher ist es ungereimt, in der reinen Mathematik zu meinen; man muß wissen, oder sich alles Urteilens enthalten. Ebenso ist es mit den Grundsätzen der Sittlichkeit bewandt, da man nicht auf bloße Meinung, daß etwas *erlaubt* sei, eine Handlung wagen darf, sondern dieses wissen muß.

Im transzendentalen Gebrauche der Vernunft ist dagegen Meinen freilich zu wenig, aber Wissen auch zu viel. In bloß spekulativer Absicht können wir also hier gar nicht urteilen; weil subjektive Gründe des Fürwahrhaltens, wie die, so das Glauben bewirken können, bei spekulativen Fragen keinen Beifall verdienen, da sie sich frei von aller empirischen Beihilfe nicht halten, noch in gleichem Maße anderen mitteilen lassen.

Es kann aber überall bloß in *praktischer Beziehung* das theoretisch unzureichende Fürwahrhalten Glauben genannt werden. Diese praktische Absicht ist nun entweder die der *Geschicklichkeit*, oder der *Sittlichkeit*, die erste zu beliebigen und zufälligen, die zweite aber zu schlechthin notwendigen Zwecken.

Wenn einmal ein Zweck vorgesetzt ist, so sind die Bedingungen der Erreichung desselben hypothetisch notwendig. Diese Notwendigkeit ist subjektiv, aber doch nur komparativ zureichend, wenn ich gar keine anderen Bedingungen weiß, unter denen der Zweck zu erreichen wäre; aber sie ist schlechthin und für jedermann zureichend, wenn ich gewiß weiß, daß niemand andere Bedingungen kennen könne, die auf den vorgesetzten Zweck führen. Im ersten Falle ist meine Voraussetzung und das Fürwahrhalten gewisser Bedingungen ein bloß zufälliger, im zweiten Falle aber ein notwendiger Glaube. Der Arzt muß bei einem Kranken, der in Gefahr ist, etwas tun, kennt aber die Krankheit nicht. Er sieht auf die Erscheinungen, und urteilt, weil er nichts Besseres weiß, es sei die Schwindsucht. Sein Glaube ist selbst in seinem eigenen Urteile bloß zufällig, ein anderer möchte es vielleicht besser treffen. Ich nenne dergleichen zufälligen Glauben, der aber dem wirklichen Gebrauche der Mittel zu gewissen Handlungen zum Grunde liegt, den *pragmatischen Glauben*.

Der gewöhnliche Probierstein: ob etwas bloße Überredung, oder wenigstens subjektive Überzeugung, d. i. festes Glauben sei, was jemand behauptet, ist das *Wetten*. Öfters spricht jemand seine Sätze mit so zuversichtlichem und unlenkbarem Trotze aus, daß er alle Besorgnis des Irrtums gänzlich abgelegt zu haben scheint. Eine Wette macht ihn stutzig. Bisweilen zeigt sich, daß er zwar Überredung genug, die auf einen Dukaten an Wert geschätzt werden kann, aber nicht auf zehn, besitze. Denn den ersten wagt er noch wohl, aber bei zehn wird er allererst inne, was er vorher nicht bemerkte, daß es nämlich doch wohl möglich sei, er habe sich geirrt. Wenn man sich in Gedanken vorstellt, man solle worauf das Glück des ganzen Lebens verwetten, so schwindet unser triumphierendes Urteil gar sehr, wir werden überaus schüchtern und entdecken so allererst, daß unser Glaube so weit nicht zulange. So hat der pragmatische Glaube nur einen Grad, der nach Verschiedenheit des Interesses, das dabei im Spiele ist, groß oder auch klein sein kann.

Weil aber, ob wir gleich in Beziehung auf ein Objekt gar nichts unternehmen können, also das Fürwahrhalten bloß theoretisch ist, wir doch in vielen Fällen eine Unternehmung in Gedanken fassen und uns einbilden können, zu welcher wir hinreichende Gründe zu haben vermeinen, wenn es ein Mittel gäbe, die Gewißheit der Sache auszumachen, so gibt es in bloß theoretischen Urteilen ein *Analogon* von *praktischen*, auf deren Fürwahrhaltung das Wort *Glauben* paßt, und den wir den *doktrinalen Glauben* nennen können. Wenn es möglich wäre durch irgendeine Erfahrung auszumachen, so möchte ich wohl alles das Meinige darauf verwetten, daß es wenigstens in irgendeinem von den Planeten, die wir sehen, Einwohner gebe. Daher sage ich, ist es nicht bloß Meinung, sondern ein starker Glaube (auf dessen Richtigkeit ich schon viele Vorteile des Lebens wagen würde), daß es auch Bewohner anderer Welten gebe.

Nun müssen wir gestehen, daß die Lehre vom Dasein Gottes zum doktrinalen Glauben gehöre. Denn, ob ich gleich in Ansehung der theoretischen Weltkenntnis nichts zu *verfügen* habe, was diesen Gedanken, als Bedingung meiner Erklärungen der Erscheinungen der Welt, notwendig voraussetze, sondern vielmehr verbunden bin, meiner Vernunft mich so zu bedienen, als ob alles bloß Natur sei; so ist doch die zweckmäßige Einheit eine so große Bedingung der Anwendung der Vernunft auf Natur, daß ich, da mir überdem Erfahrung reichlich davon Beispiele darbietet, sie gar nicht vorbeigehen kann. Zu dieser Einheit aber kenne ich keine andere Bedingung, die sie mir zum Leitfaden der Naturforschung machte, als wenn ich voraussetze, daß eine höchste Intelligenz alles nach den weisesten Zwecken so geordnet habe. Folglich ist es eine Bedingung einer zwar zufälligen, aber doch nicht unerheblichen Absicht, nämlich, um eine Leitung in der Nachforschung der Natur zu haben, einen weisen Welturheber vorauszusetzen. Der Ausgang meiner Versuche bestätigt auch so oft die Brauchbarkeit dieser Voraussetzung, und nichts kann auf entscheidende Art dawider angeführt werden; daß ich viel zu wenig sage, wenn ich mein Fürwahrhalten bloß ein Meinen nennen wollte, sondern es kann selbst in diesem theoretischen Verhältnisse gesagt werden, daß ich festiglich einen Gott glaube; aber alsdann ist dieser Glaube in strenger Bedeutung dennoch nicht praktisch, sondern muß ein doktrinaler Glaube genannt werden, den die *Theologie* der Natur (Physikotheologie) notwendig allerwärts bewirken muß. In Ansehung eben derselben Weisheit, in Rücksicht auf die vortreffliche Ausstattung der menschlichen Natur und die derselben so schlecht angemessene Kürze des Lebens, kann ebensowohl genugsamer Grund zu einem doktrinalen Glauben des künftigen Lebens der menschlichen Seele angetroffen werden.

Der Ausdruck des Glaubens ist in solchen Fällen ein Ausdruck der Bescheidenheit in *objektiver* Absicht, aber doch zugleich der Festigkeit des Zutrauens in *subjektiver*. Wenn ich das bloß theoretische Fürwahrhalten hier auch nur Hypothese nennen wollte, die ich anzunehmen berechtigt wäre, so würde ich mich dadurch schon anheischig machen, mehr, von der Beschaffenheit einer Weltursache und einer anderen Welt, Begriff zu haben, als ich wirklich aufzeigen kann; denn was ich auch nur als Hypothese annehme, davon muß ich wenigstens seinen Eigenschaften nach so viel kennen, daß ich *nicht seinen Begriff*, sondern *nur sein Dasein* erdichten darf. Das Wort Glauben aber geht nur auf die Leitung, die mir eine Idee gibt, und den subjektiven Einfluß auf die Beförderung meiner Vernunfthandlungen, die mich an derselben festhält, ob ich gleich von ihr nicht imstande bin, in spekulativer Absicht Rechenschaft zu geben.

Aber der bloß doktrinale Glaube hat etwas Wankendes in sich; man wird oft durch Schwierigkeiten, die sich in der Spekulation vorfinden, aus demselben gesetzt, ob man zwar unausbleiblich dazu immer wiederum zurückkehrt.

Ganz anders ist es mit dem *moralischen Glauben* bewandt. Denn da ist es schlechterdings notwendig, daß etwas geschehen muß, nämlich, daß ich dem sittlichen Gesetze in allen Stücken Folge leiste. Der Zweck ist hier unumgänglich festgestellt, und es ist nur eine einzige Bedingung nach aller meiner Einsicht möglich, unter welcher dieser Zweck mit allen gesamten Zwecken zusammenhängt, und dadurch praktische Gültigkeit habe, nämlich, daß ein Gott und eine künftige Welt sei: ich weiß auch ganz gewiß, daß niemand andere Bedingungen kenne, die auf dieselbe Einheit der Zwecke unter dem moralischen Gesetze führe. Da aber also die sittliche Vorschrift zugleich meine Maxime ist (wie denn die Vernunft gebietet, daß sie es sein soll), so werde ich unausbleiblich ein Dasein Gottes und ein künftiges Leben glauben, und ich bin sicher, daß diesen Glauben nichts wankend machen könnte, weil dadurch meine sittlichen Grundsätze selbst umgestürzt werden würden, denen ich nicht entsagen kann, ohne in meinen eigenen Augen verabscheuungswürdig zu sein.

Auf solche Weise bleibt uns, nach Vereitlung aller ehrsüchtigen Absichten einer über die Grenzen aller Erfahrung hinaus herumschweifenden Vernunft, noch genug übrig, daß wir damit in praktischer Absicht zufrieden zu sein Ursache haben. Zwar wird freilich sich niemand rühmen können: er *wisse*, daß ein Gott und daß ein künftig Leben sei; denn, wenn er das weiß, so ist er gerade der Mann, den ich längst gesucht habe. Alles Wissen (wenn es einen Gegenstand der bloßen Vernunft betrifft) kann man mitteilen, und ich würde also auch hoffen können, durch seine Belehrung mein Wissen in so bewunderungswürdigem Maße ausgedehnt zu sehen. Nein, die Überzeugung ist nicht *logische*, sondern *moralische* Gewißheit, und, da sie auf subjektiven Gründen (der moralischen Gesinnung) beruht, so muß ich nicht einmal sagen: *es ist* moralisch gewiß, daß ein Gott sei usw., sondern, *ich bin* moralisch gewiß usw. Das heißt: der Glaube an einen Gott und eine andere Welt ist mit meiner moralischen Gesinnung so verwebt, daß, so wenig ich Gefahr laufe, die erstere einzubüßen, ebensowenig besorge ich, daß mir der zweite jemals entrissen werden könne.

Das einzige Bedenkliche, das sich hierbei findet, ist, daß sich dieser Vernunftglaube auf die Voraussetzung moralischer Gesinnungen gründet. Gehen wir davon ab, und nehmen einen, der in Ansehung sittlicher Gesetze gänzlich gleichgültig wäre, so wird die Frage, welche die Vernunft aufwirft, bloß eine Aufgabe für die Spekulation, und kann alsdann zwar noch mit starken Gründen aus der Analogie, aber nicht mit solchen, denen sich die hartnäckigste Zweifelsucht ergeben müßte, unterstützt werden. Es ist aber kein Mensch bei diesen Fragen frei von allem Interesse. Denn, ob er gleich von dem moralischen, durch den Mangel guter Gesinnungen, getrennt sein möchte: so bleibt doch auch in diesem Falle genug übrig, um zu machen, daß er ein göttliches Dasein und eine Zukunft *fürchte*. Denn hierzu wird nichts mehr erfordert, als daß er wenigstens keine *Gewißheit* vorschützen könne, daß *kein* solches Wesen und *kein* künftig Leben anzutreffen sei, wozu, weil es durch bloße Vernunft, mithin apodiktisch bewiesen werden müßte, er die Unmöglichkeit von beiden darzutun haben würde, welches gewiß kein vernünftiger Mensch übernehmen kann. Das würde ein *negativer* Glaube sein, der zwar nicht Moralität und gute Gesinnungen, aber doch das Analogon derselben bewirken, nämlich den Ausbruch der bösen mächtig zurückhalten könnte.

Ist das aber alles, wird man sagen, was reine Vernunft ausrichtet, indem sie über die Grenzen der Erfahrung hinaus Aussichten eröffnet? nichts mehr, als zwei Glaubensartikel? so viel hätte auch wohl der gemeine Verstand, ohne darüber die Philosophen zu Rate zu ziehen, ausrichten können!

Ich will hier nicht das Verdienst rühmen, das Philosophie durch die mühsame Bestrebung ihrer Kritik um die menschliche Vernunft habe; gesetzt, es sollte auch beim Ausgange bloß negativ befunden werden; denn davon wird in dem folgenden Abschnitte noch etwas vorkommen. Aber verlangt ihr denn, daß ein Erkenntnis, welches alle Menschen angeht, den gemeinen Verstand übersteigen, und euch nur von Philosophen entdeckt werden solle? Eben das, was ihr tadelt, ist die beste Bestätigung von der Richtigkeit der bisherigen Behauptungen, da es das, was man anfangs nicht vorhersehen konnte, entdeckt, nämlich, daß die Natur, in dem, was Menschen ohne Unterschied angelegen ist, keiner parteiischen Austeilung ihrer Gaben zu beschuldigen sei, und die höchste Philosophie in Ansehung der wesentlichen Zwecke der menschlichen Natur es nicht weiter bringen könne, als die Leitung, welche sie auch dem gemeinsten Verstande hat angedeihen lassen.

Drittes Hauptstück
Die Architektonik der reinen Vernunft

Ich verstehe unter einer *Architektonik* die Kunst der Systeme. Weil die systematische Einheit dasjenige ist, was gemeine Erkenntnis allererst zur Wissenschaft, d. i. aus einem bloßen Aggregat derselben ein System macht, so ist Architektonik die Lehre des Scientifischen in unserer Erkenntnis überhaupt, und sie gehört also notwendig zur Methodenlehre.

Unter der Regierung der Vernunft dürfen unsere Erkenntnisse überhaupt keine Rhapsodie, sondern sie müssen ein System ausmachen, in welchem sie allein die wesentlichen Zwecke derselben unterstützen und befördern können. Ich verstehe aber unter einem Systeme die Einheit der mannigfaltigen Erkenntnisse unter einer Idee. Diese ist der Vernunftbegriff von der Form eines Ganzen, sofern durch denselben der Umfang des Mannigfaltigen sowohl, als die Stelle der Teile untereinander, a priori bestimmt wird. Der szientifische Vernunftbegriff enthält also den Zweck und die Form des Ganzen, das mit demselben kongruiert. Die Einheit des Zwecks, worauf sich alle Teile und in der Idee desselben auch untereinander beziehen, macht, daß ein jeder Teil bei der Kenntnis der übrigen vermißt werden kann, und keine zufällige Hinzusetzung, oder unbestimmte Größe der Vollkommenheit, die nicht ihre a priori bestimmten Grenzen habe, stattfindet. Das Ganze ist also gegliedert *(articulatio)* und nicht gehäuft *(coacervatio)*; es kann zwar innerlich *(per intus susceptionem)*, aber nicht äußerlich *(per appositionem)* wachsen, wie ein tierischer Körper, dessen Wachstum kein Glied hinzusetzt, sondern, ohne Veränderung der Proportion, ein jedes zu seinen Zwecken stärker und tüchtiger macht.

Die Idee bedarf zur Ausführung ein *Schema*, d. i. eine a priori aus dem Prinzip des Zwecks bestimmte wesentliche Mannigfaltigkeit und Ordnung der Teile. Das Schema, welches nicht nach einer Idee, d. i. aus dem Hauptzwecke der Vernunft, sondern empirisch, nach zufällig sich darbietenden Absichten (deren Menge man nicht voraus wissen kann), entworfen wird, gibt *technische*, dasjenige aber, was nur zufolge einer Idee entspringt (wo die Vernunft die Zwecke a priori aufgibt, und nicht empirisch erwartet), gründet *architektonische* Einheit. Nicht technisch, wegen der Ähnlichkeit des Mannigfaltigen, oder des zufälligen Gebrauchs der Erkenntnis in concreto zu allerlei beliebigen äußeren Zwecken, sondern architektonisch, um der Verwandtschaft willen und der Ableitung von einem einigen obersten und inneren Zwecke, der das Ganze allererst möglich macht, kann dasjenige entspringen, was wir Wissenschaft nennen, dessen Schema den Umriß *(monogramma)* und die Einteilung des Ganzen in Glieder, der Idee gemäß, d. i. a priori enthalten, und dieses von allen anderen sicher und nach Prinzipien unterscheiden muß.

Niemand versucht es, eine Wissenschaft zustande zu bringen, ohne daß ihm eine Idee zum Grunde liege. Allein, in der Ausarbeitung derselben entspricht das Schema, ja sogar die Definition, die er gleich zu Anfang von seiner Wissenschaft gibt, sehr selten seiner Idee; denn diese liegt, wie ein Keim, in der Vernunft, in welchem alle Teile noch sehr eingewickelt und kaum der mikroskopischen Beobachtung kennbar, verborgen liegen. Um deswillen muß man Wissenschaften, weil sie doch alle aus dem Gesichtspunkte eines gewissen allgemeinen Interesses ausgedacht werden, nicht nach der Beschreibung, die der Urheber derselben davon gibt, sondern nach der Idee, welche man aus der natürlichen Einheit der Teile, die er zusammengebracht hat, in der Vernunft selbst gegründet findet, erklären und bestimmen. Denn da wird sich finden, daß der Urheber und oft noch seine spätesten Nachfolger um eine Idee herumirren, die sie sich selbst nicht haben deutlich machen und daher den eigentümlichen Inhalt, die Artikulation (systematische Einheit) und Grenzen der Wissenschaft nicht bestimmen können.

Es ist schlimm, daß nur allererst, nachdem wir lange Zeit, nach Anweisung einer in uns versteckt liegenden Idee, rhapsodistisch viele dahin sich beziehenden Erkenntnisse, als Bauzeug, gesammelt, ja gar lange Zeiten hindurch sie technisch zusammengesetzt haben, es uns dann allererst möglich ist, die Idee in hellerem Lichte zu erblicken, und ein Ganzes nach den Zwecken der Vernunft architektonisch zu entwerfen. Die Systeme scheinen, wie Gewürme, durch eine generatio aequivoca, aus dem bloßen Zusammenfluß von aufgesammelten Begriffen, anfangs verstümmelt, mit der Zeit vollständig, gebildet worden zu sein, ob sie gleich alle insgesamt ihr Schema, als den ursprünglichen Keim, in der sich bloß auswickelnden Vernunft hatten, und darum, nicht allein ein jedes für sich nach einer Idee gegliedert, sondern noch dazu alle untereinander in einem System menschlicher Erkenntnis wiederum als Glieder eines Ganzen zweckmäßig vereinigt sind, und eine Architektonik alles menschlichen Wissens erlauben, die jetziger Zeit, da schon so viel Stoff gesammelt ist, oder aus Ruinen eingefallener alter Gebäude genommen werden kann, nicht allein möglich, sondern nicht einmal sogar schwer sein würde. Wir begnügen uns hier mit der Vollendung unseres Geschäftes, nämlich, lediglich die *Architektonik* aller Erkenntnis aus *reiner Vernunft* zu entwerfen, und fangen nur von dem Punkte an, wo sich die allgemeine Wurzel unserer Erkenntniskraft teilt und zwei Stämme auswirft, deren einer *Vernunft* ist. Ich verstehe hier aber unter Vernunft das ganze obere Erkenntnisvermögen, und setze also das Rationale dem Empirischen entgegen.

Wenn ich von allem Inhalte der Erkenntnis, objektiv betrachtet, abstrahiere, so ist alles Erkenntnis, subjektiv, entweder historisch oder rational. Die historische Erkenntnis ist *cognitio ex datis*, die rationale aber *cognitio ex principiis*. Eine Erkenntnis mag ursprünglich gegeben sein, woher sie wolle, so ist sie doch bei dem, der sie besitzt, historisch, wenn er nur in dem Grade und so viel erkennt, als ihm anderwärts gegeben worden, es mag dieses ihm nun durch unmittelbare Erfahrung oder Erzählung, oder auch Belehrung (allgemeiner Erkenntnisse) gegeben sein. Daher hat der, welcher ein System der Philosophie, z. B. das *Wolfische*, eigentlich *gelernt* hat, ob er gleich alle Grundsätze, Erklärungen und Beweise, zusamt der Einteilung des ganzen Lehrgebäudes, im Kopfe hätte, und alles an den Fingern abzählen könnte, doch keine andere als vollständige *historische* Erkenntnis der Wolfischen Philosophie; er weiß und urteilt nur so viel, als ihm gegeben war. Streitet ihm eine Definition, so weiß er nicht, wo er eine andere hernehmen soll. Er bildete sich nach fremder Vernunft, aber das nachbildende

Vermögen ist nicht das erzeugende, d. i. das Erkenntnis entsprang bei ihm nicht *aus* Vernunft, und, ob es gleich, objektiv, allerdings ein Vernunfterkenntnis war, so ist es doch, subjektiv, bloß historisch. Er hat gut gefaßt und behalten, d. i. gelernt, und ist ein Gipsabdruck von einem lebenden Menschen. Vernunfterkenntnisse, die es objektiv sind, (d. i. anfangs nur aus der eigenen Vernunft des Menschen entspringen können,) dürfen nur dann allein auch subjektiv diesen Namen führen, wenn sie aus allgemeinen Quellen der Vernunft, woraus auch die Kritik, ja selbst die Verwerfung des Gelernten entspringen kann, d. i. aus Prinzipien geschöpft worden.

Alle Vernunfterkenntnis ist nun entweder die aus Begriffen, oder aus der Konstruktion der Begriffe; die erstere heißt philosophisch, die zweite mathematisch. Von dem inneren Unterschiede beider habe ich schon im ersten Hauptstücke gehandelt. Ein Erkenntnis demnach kann objektiv philosophisch sein, und ist doch subjektiv historisch, wie bei den meisten Lehrlingen, und bei allen, die über die Schule niemals hinausgehen und zeitlebens Lehrlinge bleiben. Es ist aber doch sonderbar, daß das mathematische Erkenntnis, so wie man es erlernt hat, doch auch subjektiv für Vernunfterkenntnis gelten kann, und ein solcher Unterschied bei ihr nicht so, wie bei dem philosophischen stattfindet. Die Ursache ist, weil die Erkenntnisquellen, aus denen der Lehrer allein schöpfen kann, nirgend anders als in den wesentlichen und echten Prinzipien der Vernunft liegen, und mithin von dem Lehrlinge nirgend anders hergenommen, noch etwa gestritten werden können, und dieses zwar darum, weil der Gebrauch der Vernunft hier nur in concreto, obzwar dennoch a priori, nämlich an der reinen, und eben deswegen fehlerfreien, Anschauung geschieht, und alle Täuschung und Irrtum ausschließt. Man kann also unter allen Vernunftwissenschaften (a priori) nur allein Mathematik, niemals aber Philosophie (es sei denn historisch), sondern, was die Vernunft betrifft, höchstens nur *philosophieren* lernen.

Das System aller philosophischen Erkenntnis ist nun *Philosophie*. Man muß sie objektiv nehmen, wenn man darunter das Urbild der Beurteilung aller Versuche zu philosophieren versteht, welche jede subjektive Philosophie zu beurteilen dienen soll, deren Gebäude oft so mannigfaltig und so veränderlich ist. Auf diese Weise ist Philosophie eine bloße Idee von einer möglichen Wissenschaft, die nirgend in concreto gegeben ist, welcher man sich aber auf mancherlei Wegen zu nähern sucht, so lange, bis der einzige, sehr durch Sinnlichkeit verwachsene Fußsteig entdeckt wird, und das bisher verfehlte Nachbild, so weit als es Menschen vergönnt ist, dem Urbilde gleich zu machen gelingt. Bis dahin kann man keine Philosophie lernen; denn, wo ist sie, wer hat sie im Besitze, und woran läßt sie sich erkennen? Man kann nur philosophieren lernen, d. i. das Talent der Vernunft in der Befolgung ihrer allgemeinen Prinzipien an gewissen vorhandenen Versuchen üben, doch immer mit Vorbehalt des Rechts der Vernunft, jene selbst in ihren Quellen zu untersuchen und zu bestätigen, oder zu verwerfen.

Bis dahin ist aber der Begriff von Philosophie nur ein *Schulbegriff*, nämlich von einem System der Erkenntnis, die nur als Wissenschaft gesucht wird, ohne etwas mehr als die systematische Einheit dieses Wissens, mithin die *logische* Vollkommenheit der Erkenntnis zum Zwecke zu haben. Es gibt aber noch einen *Weltbegriff (conceptus cosmicus)*, der dieser Benennung jederzeit zum Grunde gelegen hat, vornehmlich wenn man ihn gleichsam personifizierte und in dem Ideal des *Philosophen* sich als ein Urbild vorstellte. In dieser Absicht ist Philosophie die Wissenschaft von der Beziehung aller Erkenntnis auf die wesentlichen Zwecke der menschlichen Vernunft *(teleologia rationis humanae)*, und der Philosoph ist nicht ein Vernunftkünstler, sondern der Gesetzgeber der menschlichen Vernunft. In solcher Bedeutung wäre es sehr ruhmredig, sich selbst einen Philosophen zu nennen, und sich anzumaßen, dem Urbilde, das nur in der Idee liegt, gleichgekommen zu sein.

Der Mathematiker, der Naturkündiger, der Logiker sind, so vortrefflich die ersteren auch überhaupt im Vernunfterkenntnisse, die zweiten besonders im philosophischen Erkenntnisse Fortgang haben mögen, doch nur Vernunftkünstler. Es gibt noch einen Lehrer im Ideal, der alle diese ansetzt, sie als Werkzeuge nutzt, um die wesentlichen Zwecke der menschlichen Vernunft zu befördern. Diesen allein müßten wir den Philosophen nennen; aber, da er selbst doch nirgend, die Idee aber seiner Gesetzgebung allenthalben in jeder Menschenvernunft angetroffen wird, so wollen wir uns lediglich an der letzteren halten, und näher bestimmen, was Philosophie, nach diesem Weltbegriffe, für systematische Einheit aus dem Standpunkte der Zwecke vorschreibe.

Wesentliche Zwecke sind darum noch nicht die höchsten, deren (bei vollkommener systematischer Einheit der Vernunft) nur ein einziger sein kann. Daher sind sie entweder der Endzweck, oder subalterne Zwecke, die zu jenem als Mittel notwendig gehören. Der erstere ist kein anderer, als die ganze Bestimmung des Menschen, und die Philosophie über dieselbe heißt Moral. Um dieses Vorzugs willen, den die Moralphilosophie vor aller anderen Vernunftbewerbung hat, verstand man auch bei den Alten unter dem Namen des Philosophen jederzeit zugleich und vorzüglich den Moralisten, und selbst macht der äußere Schein der Selbstbeherrschung durch Vernunft, daß man jemanden noch jetzt, bei seinem eingeschränkten Wissen, nach einer gewissen Analogie, Philosoph nennt.

Die Gesetzgebung der menschlichen Vernunft (Philosophie) hat nun zwei Gegenstände, Natur und Freiheit, und enthält also sowohl das Naturgesetz, als auch das Sittengesetz, anfangs in zwei besonderen, zuletzt aber in einem einzigen philosophischen System. Die Philosophie der Natur geht auf alles, was *da ist*; die der Sitten, nur auf das, was *da sein soll*.

Alle Philosophie aber ist entweder Erkenntnis aus reiner Vernunft, oder Vernunfterkenntnis aus empirischen Prinzipien. Die erstere heißt reine, die zweite empirische Philosophie.

Die Philosophie der reinen Vernunft ist nun entweder *Propädeutik* (Vorübung), welche das Vermögen der Vernunft in Ansehung aller reinen Erkenntnis a priori untersucht, und heißt *Kritik*, oder zweitens das System der reinen Vernunft (Wissenschaft), die ganze (wahre sowohl als scheinbare) philosophische Erkenntnis aus reiner Vernunft im systematischen Zusammenhange, und heißt *Metaphysik*; wiewohl dieser Name auch der ganzen reinen Philosophie mit Inbegriff der Kritik gegeben werden kann, um, sowohl die Untersuchung alles dessen, was jemals a priori erkannt werden kann, als auch die Darstellung desjenigen, was ein System reiner philosophischer Erkenntnisse dieser Art ausmacht, von allein empirischen aber, imgleichen dem mathematischen Vernunftgebrauche unterschieden ist, zusammen zu fassen.

Die Metaphysik teilt sich in die des *spekulativen* und *praktischen* Gebrauchs der reinen Vernunft, und ist also entweder *Metaphysik der Natur*, oder *Metaphysik der Sitten*. Jene enthält alle reinen Vernunftprinzipien aus bloßen Begriffen (mithin mit Ausschließung der Mathematik) von dem *theoretischen* Erkenntnisse aller Dinge; diese die Prinzipien, welche das *Tun und Lassen* a priori bestimmen und notwendig machen. Nun ist die Moralität die einzige Gesetzmäßigkeit der Handlungen, die völlig a priori aus Prinzipien abgeleitet werden kann. Daher ist die Metaphysik der Sitten eigentlich die reine Moral, in welcher keine Anthropologie (keine empirische Bedingung) zum Grunde gelegt wird. Die Metaphysik der spekulativen Vernunft ist nun das, was man im *engeren Verstande* Metaphysik zu nennen pflegt; sofern aber reine Sittenlehre doch gleichwohl zu dem besonderen Stamme menschlicher und zwar philosophischer Erkenntnis aus reiner Vernunft gehört, so wollen wir ihr jene Benennung erhalten, obgleich wir sie, als zu unserem Zwecke *jetzt* nicht gehörig, hier beiseite setzen.

Es ist von der äußersten Erheblichkeit, Erkenntnisse, die ihrer Gattung und Ursprunge nach von anderen unterschieden sind, zu *isolieren*, und sorgfältig zu verhüten, daß sie nicht mit anderen, mit welchen sie im Gebrauche gewöhnlich verbunden sind, in ein Gemisch zusammenfließen. Was Chemiker beim Scheiden der Materien, was Mathematiker in ihrer reinen Größenlehre tun, das liegt noch weit mehr dem Philosophen ob, damit er den Anteil, den eine besondere Art der Erkenntnis am herumschweifenden Verstandesgebrauch hat, ihren eigenen Wert und Einfluß sicher bestimmen könne. Daher hat die menschliche Vernunft seitdem, daß sie gedacht, oder vielmehr nachgedacht hat, niemals einer Metaphysik entbehren, aber gleichwohl sie nicht, genugsam geläutert von allem Fremdartigen, darstellen können. Die Idee einer solchen Wissenschaft ist ebenso alt, als spekulative Menschenvernunft; und welche Vernunft spekuliert nicht, es mag nun auf scholastische, oder populäre Art geschehen? Man muß indessen gestehen, daß die Unterscheidung der zwei Elemente unserer Erkenntnis, deren die einen völlig a priori in unserer Gewalt sind, die anderen nur a posteriori aus der Erfahrung genommen werden können, selbst bei Denkern von Gewerbe, nur sehr undeutlich blieb, und daher niemals die Grenzbestimmung einer besonderen Art von Erkenntnis, mithin nicht die echte Idee einer Wissenschaft, die so lange und so sehr die menschliche Vernunft beschäftigt hat, zustande bringen konnte. Wenn man sagte: Metaphysik ist die Wissenschaft von den ersten Prinzipien der menschlichen Erkenntnis, so bemerkte man dadurch nicht eine ganz besondere Art, sondern nur einen Rang in Ansehung der Allgemeinheit, dadurch sie also vom Empirischen nicht kenntlich unterschieden werden konnte; denn auch unter empirischen Prinzipien sind einige allgemeiner, und darum höher als andere, und, in der Reihe einer solchen Unterordnung, (da man das, was völlig a priori, von dem, was nur a posteriori erkannt wird, nicht unterscheidet,) wo soll man den Abschnitt machen, der den *ersten* Teil und die obersten Glieder von dem *letzten* und den untergeordneten unterschiede? Was würde man dazu sagen, wenn die Zeitrechnung die Epochen der Welt nur so bezeichnen könnte, daß sie sie in die ersten Jahrhunderte und in die darauffolgenden einteilte? Gehört das fünfte, das zehnte usw. Jahrhundert auch zu den ersten? würde man fragen; ebenso frage ich: gehört der Begriff des Ausgedehnten zur Metaphysik? ihr antwortet, ja! ei, aber auch der des Körpers? ja! und der des flüssigen Körpers? ihr werdet stutzig, denn, wenn es so weiterfortgeht, so wird alles in die Metaphysik gehören. Hieraus sieht man, daß der bloße Grad der Unterordnung (das Besondere unter dem Allgemeinen) keine Grenzen einer Wissenschaft bestimmen könne, sondern in unserem Falle die gänzliche Ungleichartigkeit und Verschiedenheit des Ursprungs. Was aber die Grundidee der Metaphysik noch auf einer anderen Seite verdunkelte, war, daß sie als Erkenntnis a priori mit der Mathematik eine gewisse Gleichartigkeit zeigt, die zwar, was den Ursprung a priori betrifft, sie einander verwandt, was aber die Erkenntnisart aus Begriffen bei jener, in Vergleichung mit der Art, bloß durch Konstruktion der Begriffe a priori zu urteilen, bei dieser, mithin den Unterschied einer philosophischen Erkenntnis von der mathematischen anlangt; so zeigt sich eine so entschiedene Ungleichartigkeit, die man zwar jederzeit gleichsam fühlte, niemals aber auf deutliche Kriterien bringen konnte. Dadurch ist es nun geschehen, daß, da Philosophen selbst in der Entwicklung der Idee ihrer Wissenschaften fehlten, die Bearbeitung derselben keinen bestimmten Zweck und keine sichere Richtschnur haben konnte, und sie, bei einem so willkürlich gemachten Entwurfe, unwissend in dem Wege, den sie zu nehmen hätten, und jederzeit unter sich streitig, über die Entdeckungen, die ein jeder auf dem seinigen gemacht haben wollte, ihre Wissenschaft zuerst bei anderen und endlich sogar bei sich selbst in Verachtung brachten.

Alle reine Erkenntnis a priori macht also, vermöge des besonderen Erkenntnisvermögens, darin es allein seinen Sitz haben kann, eine besondere Einheit aus, und Metaphysik ist diejenige Philosophie, welche jene Erkenntnis in dieser systematischen Einheit darstellen soll. Der spekulative Teil derselben, der sich diesen Namen vorzüglich zugeeignet hat, nämlich die, welche wir *Metaphysik der Natur* nennen, und alles, sofern es *ist*, (nicht das, was sein soll,) aus Begriffen a priori erwägt, wird nun auf folgende Art eingeteilt.

Die im engeren Verstande so genannte Metaphysik besteht aus der *Transzendentalphilosophie* und der *Physiologie* der reinen Vernunft. Die erstere betrachtet nur den *Verstand*, und Vernunft selbst in einem System aller Begriffe und Grundsätze, die sich auf Gegenstände überhaupt beziehen, ohne Objekte anzunehmen, die *gegeben wären (Ontologia)*; die zweite betrachtet *Natur*, d. i. den Inbegriff *gegebener* Gegenstände, (sie mögen nun den Sinnen, oder, wenn man will, einer anderen Art von Anschauung gegeben sein,) und ist also *Physiologie* (obgleich nur *rationalis*). Nun ist aber der Gebrauch der Vernunft in dieser rationalen Naturbetrachtung entweder physisch, oder hyperphysisch, oder besser, entweder *immanent* oder *transzendent*. Der erstere geht auf die Natur, so weit als ihre Erkenntnis in der Erfahrung *(in concreto)* kann angewandt werden, der zweite auf diejenige Verknüpfung der Gegenstände der Erfahrung, welche alle Erfahrung übersteigt. Diese *transzendente* Physiologie hat daher entweder eine *innere* Verknüpfung, oder *äußere*, die aber beide über mögliche Erfahrung hinausgehen, zu ihrem Gegenstande; jene ist die Physiologie der gesamten Natur, d. i. die *transzendentale Welterkenntnis*, diese des Zusammenhanges der gesamten Natur mit einem Wesen über der Natur, d. i. die transzendentale *Gotteserkenntnis*.

Die immanente Physiologie betrachtet dagegen Natur als den Inbegriff aller Gegenstände der Sinne, mithin so wie sie uns gegeben ist, aber nur nach Bedingungen a priori, unter denen sie uns überhaupt gegeben werden kann. Es sind aber nur zweierlei Gegenstände derselben. 1. Die der äußeren Sinne, mithin der Inbegriff derselben, die *körperliche Natur*. 2. Der Gegenstand des inneren Sinnes, die Seele, und, nach den Grundbegriffen derselben überhaupt, die *denkende Natur*. Die Metaphysik der körperlichen Natur heißt *Physik*, aber, weil sie nur die Prinzipien ihrer Erkenntnis a priori enthalten soll, *rationale Physik*. Die Metaphysik der denkenden Natur heißt *Psychologie* und aus der eben angeführten Ursache ist hier nur die *rationale Erkenntnis* derselben zu verstehen.

Demnach besteht das ganze System der Metaphysik aus vier Hauptteilen. 1. Der *Ontologie*. 2. Der *rationalen Physiologie*. 3. Der *rationalen Kosmologie*. 4. Der *rationalen Theologie*. Der zweite Teil, nämlich die Naturlehre der reinen Vernunft, enthält zwei Abteilungen, die *physica rationalis*und *psychologia rationalis*.

Die ursprüngliche Idee einer Philosophie der reinen Vernunft schreibt diese Abteilung selbst vor; sie ist also *architektonisch*, ihren wesentlichen Zwecken gemäß, und nicht bloß *technisch*, nach zufällig wahrgenommenen Verwandtschaften und gleichsam auf gut Glück angestellt, eben darum aber auch unwandelbar und legislatorisch. Es finden sich aber hierbei einige Punkte, die Bedenklichkeit erregen, und die Überzeugung von der Gesetzmäßigkeit derselben schwächen könnten.

Zuerst, wie kann ich eine Erkenntnis a priori, mithin Metaphysik, von Gegenständen erwarten, sofern sie unseren Sinnen, mithin a posteriori gegeben sind? und, wie ist es möglich, nach Prinzipien a priori, die Natur der Dinge zu erkennen und zu einer *rationalen* Physiologie zu gelangen? Die Antwort ist: wir nehmen aus der Erfahrung nichts weiter, als was nötig ist, uns ein Objekt, teils des äußeren, teils des inneren Sinnes zu *geben*. Jenes geschieht durch den bloßen Begriff Materie (undurchdringliche leblose Ausdehnung), dieses durch den Begriff eines denkenden Wesens (in der empirischen inneren Vorstellung: Ich denke). Übrigens müßten wir in der ganzen Metaphysik dieser Gegenstände, uns aller empirischen Prinzipien gänzlich enthalten, die über den Begriff noch irgendeine Erfahrung hinzusetzen möchten, um etwas über diese Gegenstände daraus zu urteilen.

Zweitens: wo bleibt denn die *empirische Psychologie*, welche von jeher ihren Platz in der Metaphysik behauptet hat, und von welcher man in unseren Zeiten so große Dinge zur Aufklärung derselben erwartet hat, nachdem man die Hoffnung aufgab, etwas Taugliches a priori auszurichten? Ich antworte: sie kommt dahin, wo die eigentliche (empirische) Naturlehre hingestellt werden muß, nämlich auf die Seite der *angewandten* Philosophie, zu welcher die reine Philosophie die Prinzipien a priori enthält, die also mit jener zwar verbunden, aber nicht vermischt werden muß. Also muß empirische Psychologie aus der Metaphysik gänzlich verbannt sein, und ist schon durch die Idee derselben davon gänzlich ausgeschlossen. Gleichwohl wird man ihr nach dem Schulgebrauch doch noch immer (obzwar nur als Episode) ein Plätzchen darin verstatten müssen, und zwar aus ökonomischen Bewegursachen, weil sie noch nicht so reich ist, daß sie allein ein Studium ausmachen, und doch zu wichtig, als daß man sie ganz ausstoßen, oder anderwärts anheften sollte, wo sie noch weniger Verwandtschaft als in der Metaphysik antreffen dürfte. Es ist also bloß ein so lange aufgenommener Fremdling, dem man auf einige Zeit einen Aufenthalt vergönnt, bis er in einer ausführlichen Anthropologie (dem Pendant zu der empirischen Naturlehre) seine eigene Behausung wird beziehen können.

Das ist also die allgemeine Idee der Metaphysik, welche, da man ihr anfänglich mehr zumutete, als billigerweise verlangt werden kann, und sich eine zeitlang mit angenehmen Erwartungen ergötzte, zuletzt in allgemeine Verachtung gefallen ist, da man sich in seiner Hoffnung betrogen fand. Aus dem ganzen Verlauf unserer Kritik wird man sich hinlänglich überzeugt haben: daß, wenngleich Metaphysik nicht die Grundfeste der Religion sein kann, so müsse sie doch jederzeit als die Schutzwehr derselben stehenbleiben, und daß die menschliche Vernunft, welche schon durch die Richtung ihrer Natur dialektisch ist, einer solchen Wissenschaft niemals entbehren könnte, die sie zügelt, und, durch ein szientifisches und völlig einleuchtendes Selbsterkenntnis, die Verwüstungen abhält, welche eine gesetzlose spekulative Vernunft sonst ganz unfehlbar, in Moral sowohl als Religion, anrichten würde. Man kann also sicher sein, so spröde, oder geringschätzend auch diejenigen tun, die eine Wissenschaft nicht nach ihrer Natur, sondern allein aus ihren zufälligen Wirkungen zu beurteilen wissen, man werde jederzeit zu ihr, wie zu einer mit uns entzweiten Geliebten zurückkehren, weil die Vernunft, da es hier wesentliche Zwecke betrifft, rastlos, entweder auf gründliche Einsicht oder Zerstörung schon vorhandener guter Einsichten arbeiten muß.

Metaphysik also, sowohl der Natur, als der Sitten, vornehmlich die Kritik der sich auf eigenen Flügeln wagenden Vernunft, welche *vorübend* (propädeutisch) vorhergeht, machen eigentlich allein dasjenige aus, was wir im echten Verstande Philosophie nennen können. Diese bezieht alles auf Weisheit, aber durch den Weg der Wissenschaft, den einzigen, der, wenn er einmal gebahnt ist, niemals verwächst, und keine Verirrungen verstattet. Mathematik, Naturwissenschaft, selbst die empirische Kenntnis des Menschen, haben einen hohen Wert als Mittel, größtenteils zu zufälligen, am Ende aber doch zu notwendigen und wesentlichen Zwecken der Menschheit, aber alsdann nur durch Vermittlung einer Vernunfterkenntnis aus bloßen Begriffen, die, man mag sie benennen, wie man will, eigentlich nichts als Metaphysik ist.

Eben deswegen ist Metaphysik auch die Vollendung aller *Kultur* der menschlichen Vernunft, die unentbehrlich ist, wenn man gleich ihren Einfluß, als Wissenschaft, auf gewisse bestimmte Zwecke bei Seite setzt. Denn sie betrachtet die Vernunft nach ihren Elementen und obersten Maximen, die selbst der *Möglichkeit* einiger Wissenschaften, und dem *Gebrauche* aller, zum Grunde liegen müssen. Daß sie, als bloße Spekulation, mehr dazu dient, Irrtümer abzuhalten, als Erkenntnis zu erweitern, tut ihrem Werte keinen Abbruch, sondern gibt ihr vielmehr Würde und Ansehen durch das Zensoramt, welches die allgemeine Ordnung und Eintracht, ja den Wohlstand des wissenschaftlichen gemeinen Wesens sichert, und dessen mutige und fruchtbare Bearbeitungen abhält, sich nicht von dem Hauptzwecke, der allgemeinen Glückseligkeit, zu entfernen.

Viertes Hauptstück
Die Geschichte der reinen Vernunft

Dieser Titel steht nur hier, um eine Stelle zu bezeichnen, die im System übrigbleibt, und künftig ausgefüllt werden muß. Ich begnüge mich, aus einem bloß transzendentalen Gesichtspunkte, nämlich der Natur der reinen Vernunft, einen flüchtigen Blick auf das Ganze der bisherigen Bearbeitungen derselben zu werfen, welches freilich meinem Auge zwar Gebäude, aber nur in Ruinen vorstellt.

Es ist merkwürdig genug, ob es gleich natürlicherweise nicht anders zugehen konnte, daß die Menschen im Kindesalter der Philosophie davon anfingen, wo wir jetzt lieber endigen möchten, nämlich, zuerst die Erkenntnis Gottes, und die Hoffnung oder wohl gar die Beschaffenheit einer anderen Welt zu studieren. Was auch die alten Gebräuche, die noch von dem rohen Zustande der Völker übrig waren, für grobe Religionsbegriffe eingeführt haben mochten, so hinderte dieses doch nicht den aufgeklärteren Teil, sich freien Nachforschungen über diesen Gegenstand zu widmen, und man sah leicht ein, daß es keine gründliche und zuverlässigere Art geben könne, der unsichtbaren Macht, die die Welt regiert, zu gefallen, um wenigstens in einer anderen Welt glücklich zu sein, als den guten Lebenswandel. Daher waren Theologie und Moral die zwei Triebfedern, oder besser, Beziehungspunkte zu allen abgezogenen Vernunftforschungen, denen man sich nachher jederzeit gewidmet hat. Die erstere war indessen eigentlich das, was die bloß spekulative Vernunft nach und nach in das Geschäft zog, welches in der Folge unter dem Namen der Metaphysik so berühmt geworden.

Ich will jetzt die Zeiten nicht unterscheiden, auf welche diese oder jene Veränderung der Metaphysik traf, sondern nur die Verschiedenheit der Idee, welche die hauptsächlichsten Revolutionen veranlaßte, in einem flüchtigen Abrisse darstellen. Und da finde ich eine dreifache Absicht, in welcher die namhaftesten Veränderungen auf dieser Bühne des Streits gestiftet worden.

1. *In Ansehung des Gegenstandes* aller unserer Vernunfterkenntnisse, waren einige bloß *Sensual-*, andere bloß *Intellektualphilosophen*. *Epikur* kann der vornehmste Philosoph der Sinnlichkeit, *Plato* des Intellektuellen genannt werden. Dieser Unterschied der Schulen aber, so subtil er auch ist, hatte schon in den frühesten Zeiten angefangen, und hat sich lange ununterbrochen erhalten. Die von der ersteren behaupteten, in den Gegenständen der Sinne sei allein Wirklichkeit, alles übrige sei Einbildung; die von der zweiten sagten dagegen: in den Sinnen ist nichts als Schein, nur der Verstand erkennt das Wahre. Darum stritten aber die ersteren den Verstandesbegriffen doch eben nicht Realität ab, sie war aber bei ihnen nur *logisch*, bei den anderen aber *mystisch*. Jene räumten *intellektuelle Begriffe* ein, aber nahmen bloß sensible *Gegenstände* an. Diese verlangten, daß die wahren Gegenstände bloß *intelligibel* wären, und behaupteten eine *Anschauung* durch den von keinen Sinnen begleiteten und ihrer Meinung nach nur verwirrten reinen Verstand.

2. *In Ansehung des Ursprungs* reiner Vernunfterkenntnisse, ob sie aus der Erfahrung abgeleitet, oder, unabhängig von ihr, in der Vernunft ihre Quelle haben. *Aristoteles* kann als das Haupt der *Empiristen*, *Plato* aber der *Noologisten* angesehen werden. *Locke*, der in neueren Zeiten dem ersteren, und *Leibnitz*, der dem letzteren (obzwar in einer genugsamen Entfernung von dessen mystischem Systeme) folgte, haben es gleichwohl in diesem Streite noch zu keiner Entscheidung bringen können. Wenigstens verfuhr *Epikur* seinerseits viel konsequenter nach seinem Sensualsystem (denn er ging mit seinen Schlüssen niemals über die Grenze der Erfahrung hinaus), als Aristoteles und Locke, (vornehmlich aber der letztere,) der, nachdem er alle Begriffe und Grundsätze von der Erfahrung abgeleitet hatte, soweit im Gebrauche derselben geht, daß er behauptet, man könne das Dasein Gottes und die Unsterblichkeit der Seele (obzwar beide Gegenstände ganz außer den Grenzen möglicher Erfahrung liegen) ebenso evident beweisen, als irgendeinen mathematischen Lehrsatz.

3. *In Ansehung der Methode.* Wenn man etwas Methode nennen soll, so muß es ein Verfahren nach *Grundsätzen* sein. Nun kann man die jetzt in diesem Fache der Naturforschung herrschende Methode in die *naturalistische* und *szientifische* einteilen. Der *Naturalist* der reinen Vernunft nimmt es sich zum Grundsatze: daß durch gemeine Vernunft ohne Wissenschaft (welche er die gesunde Vernunft nennt) sich in Ansehung der erhabensten Fragen, die die Aufgabe der Metaphysik ausmachen, mehr ausrichten lasse, als durch Spekulation. Er behauptet also, daß man die Größe und Weite des Mondes sicherer nach dem Augenmaße, als durch mathematische Umschweife bestimmen könne. Es ist bloße Misologie, auf Grundsätze gebracht, und, welches das ungereimteste ist, die Vernachlässigung aller künstlichen Mittel, als eine *eigene Methode* angerühmt, seine Erkenntnis zu erweitern. Denn was die Naturalisten aus *Mangel* mehrerer Einsicht betrifft, so kann man ihnen mit Grunde nichts zur Last legen. Sie folgen der gemeinen Vernunft, ohne sich ihrer Unwissenheit als einer Methode zu rühmen, die das Geheimnis enthalten solle, die Wahrheit aus Demokrits tiefem Brunnen herauszuholen. *Quod sapio, satis est mihi; non ego curo, esse quod Arcesilas aerumnosique Solones, Pers.* ist ihr Wahlspruch, bei dem sie vergnügt und beifallswürdig leben können, ohne sich um die Wissenschaft zu bekümmern, noch deren Geschäft zu verwirren.

Was nun die Beobachter einer *szientifischen* Methode betrifft, so haben sie hier die Wahl, entweder *dogmatisch* oder *skeptisch*, in allen Fällen aber doch die Verbindlichkeit *systematisch* zu verfahren. Wenn ich hier in Ansehung der ersteren den berühmten *Wolf*, bei der zweiten *David Hume* nenne, so kann ich die übrigen, meiner jetzigen Absicht nach, ungenannt lassen. Der *kritische* Weg ist allein noch offen. Wenn der Leser diesen in meiner Gesellschaft durchzuwandern Gefälligkeit und Geduld gehabt hat, so mag er jetzt urteilen, ob nicht, wenn es ihm beliebt, das Seinige dazu beizutragen, um diesen Fußsteig zur Heeresstraße zu machen, dasjenige, was viele Jahrhunderte nicht leisten konnten, noch vor Ablauf des gegenwärtigen erreicht werden möge: nämlich, die menschliche Vernunft in dem, was ihre Wißbegierde jederzeit, bisher aber vergeblich, beschäftigt hat, zur völligen Befriedigung zu bringen.